조형진 활자인쇄술 연구 총서

4

中國活字印刷技術史圖錄(下)

The Sample Collection from History of Typography in China (volume 2)

부록: 韓國活字本圖錄

Appx. The Sample Collection from Korean Type Edition

成造木子

聚珍版擺印書籍固極簡捷然字數十萬撿擇成章其木子大小難以畫一若逐字鋸削又非經面工豈能整齊造木子之法利用堅木解板厚四分許豎截作方條寬一寸許先架爐烘乾兩面用鉋取平以淨厚二分八釐爲準然後橫截成木子每個約寬木一塊長一尺四寸寬一寸八分中挖槽寸深三分底牆欲平直外牆以鐵鑲口下寸許將木子數十個入排槽內用活門擠

조형진 활자인쇄술 연구 총서

4

中國活字印刷技術史圖錄(下)

The Sample Collection from History of Typography in China (volume 2)

부록: 韓國活字本圖錄

Appx. The Sample Collection from Korean Type Edition

曺 炯 鎭
Cho, Hyung-Jin

한국학술정보

成造木子

聚珍版擺印書籍固稱簡捷然因數十萬散字中揀擷成章其木子大小難以畫一若逐字鐫刻又非歲月工費故製造木子之法利用棗木解板厚四分許豎裁作方條寬一寸許先架爐曬乾兩面用鉋取平以淨厚二分八釐爲準然後橫截成木子每個約寬

木一塊長一尺四寸寬一寸八分中挖槽寸深三分底牆欲平直外牆以鐵鑲口下寸許將木子數十個仄排槽內用活門攔

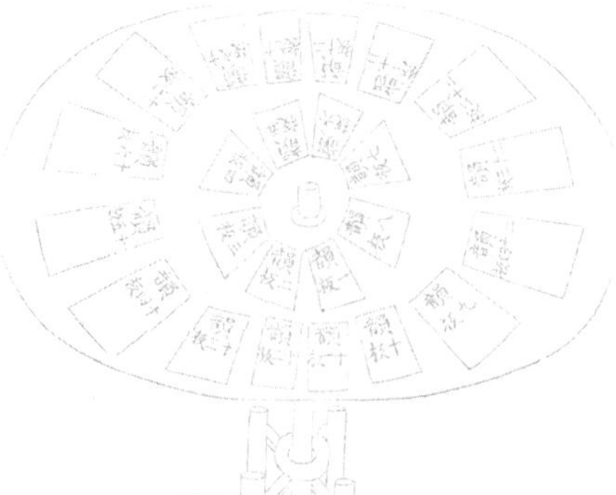

목차(하권)

Ⅵ

淸 時代 前期의 活字印刷

Ⅵ. 清 時代 前期의 活字印刷

Typography in the Early Period of Qing Dynasty

◁ 目 次 ▷

1. 서영 목차 및 판본 사항

<서영 1> 「草廬吳文正公集」, 康熙9(1670)년목활자본.[1)]

<서영 2> 「文苑英華律賦選」, 吹藜閣康熙25(1686)년동활자본.

<서영 3> 「嚴陵張九儀增釋地理琢玉斧巒頭歌括」, 張九儀康熙40(1701)년목활자본.[2)]

<서영 4> 「松鶴山房文集」, 陳夢雷康熙52(1713)년內府동활자본.[3)]

<서영 5> 「律呂正義」, 內府康熙연간(1662-1722)동활자본.

<서영 6> 「古今圖書集成」, 內府康熙59(1720)년-雍正4(1726)연간동활자본.

<서영 7> 「周易說略」, 眞合齋康熙58(1719)년磁활자본.[4)]

<서영 8> 「蒿庵閑話」, 眞合齋康熙58(1719)년磁활자본.[5)]

---

1) 徐憶農, 「活字本」(南京: 江蘇古籍出版社, 2002), 134.

2) 鄒毅, 「證驗千年活版印刷術」(北京: 社會科學文獻出版社, 2010), 圖 8-11.

3) 張秀民 저, 韓琦 增訂, 「中國印刷史」(浙江: 浙江古籍出版社, 2006), 603.

4) 徐憶農(2002), 137.

5) 張秀民 저, 韓琦 增訂(2006), 575.

<서영 9> 「萬麻野貓編」, 康熙연간(1662-1722) 목활자본.[6]

<서영 10> 「唐眉山詩集」, 南陔草堂雍正3(1725)년목활자본.[7]

<서영 11> 「精訂綱鑑二十一史通俗衍義」, 呂撫乾隆원(1736)년교니활자자모본.[8]

<서영 12> 「太平寰宇記」, 樂모씨乾隆32(1767)년목활자본.

<서영 13> 「武英殿聚珍版程式」, 武英殿聚珍版叢書乾隆41(1776)년목활자본.

<서영 14> 「農書」, 武英殿聚珍版單行本嘉慶연간(1796-1820) 목활자본.

<서영 15> 「萬壽衢歌樂章」, 武英殿聚珍版叢書乾隆38(1773)-59(1794) 연간목활자朱墨투인본.[9]

<서영 16> 「意林」, 武英殿聚珍版叢書乾隆47(1782)년목활자본.

<서영 17> 「絜齋毛詩經筵講義」, 武英殿聚珍版叢書乾隆38(1773)-59(1794) 연간목활자본.

<서영 18> 「儀禮識誤」, 武英殿聚珍版叢書乾隆38(1773)-59(1794) 연간목활자본.

<서영 19> 「絳帖平」, 武英殿聚珍版叢書乾隆38(1773)-59(1794) 연간목활자본.[10]

<서영 20> 「紹興戊辰同年小錄」, 乾隆48(1783)년목활자본.

<서영 21> 「寶祐丙辰登科錄」, 乾隆48(1783)년목활자본.

---

6) 徐憶農(2002), 151.

7) 北京圖書館 원편, 勝村哲也 복간편, 「中國版刻圖錄」(京都: 朋友書店, 1983).

8) 1. 張秀民 저, 韓琦 增訂(2006), 578-579.
   2. 徐憶農(2002), 37-38.

9) 張秀民 저, 韓琦 增訂(2006), 619.

10) 艾俊川, "談活字本的鑑定-以排印工藝特徵爲中心", 「文津學志」 제3집(2006). 64.

<서영 22> 「吳興合璧」, 乾隆52(1787)년목활자본.

<서영 23> 「婺源山水游記」, 紫陽書院乾隆55(1790)년목활자본.

<서영 24> 「紅樓夢」, 萃文書屋乾隆56(1791)년목활자본.

<서영 25> 「紅樓夢」, 萃文書屋乾隆57(1792)년목활자본.

<서영 26> 「甫里逸詩」, 易安書屋乾隆58(1793)년목활자본.

<서영 27> 「雍正硃批諭旨」, 內府乾隆(1736-1795)초년朱墨套印목활자본.

<서영 28> 「京畿金石考」, 問字堂乾隆연간(1736-1795)목활자본.

<서영 29> 「題奏事件」, 公慎堂乾隆(1736-1795)-嘉慶연간(1796-1820)목활자본.[11)]

<서영 30> 「歷代臣鑒」, 乾隆연간목활자본.

<서영 31> 「拙存堂文初集」, 陳希敬乾隆연간목활자본.

<서영 32> 「琅嬛靑囊要叢書」, 「琅嬛詩集」, 抱蘭軒嘉慶8(1803)년목활자본.

<서영 33> 「琅嬛靑囊要叢書」, 「琅嬛秘書」, 抱蘭軒嘉慶8(1803)년목활자본.

<서영 34> 「琅嬛靑囊要叢書」, 「琅嬛地理書」, 抱蘭軒嘉慶8(1803)년목활자본.

<서영 35> 「琅嬛靑囊要叢書」, 「琅嬛天文集」, 抱蘭軒嘉慶8(1803)년목활자본.

<서영 36> 「太平御覽」, 汪昌序嘉慶11(1806)년목활자본.

<서영 37> 「九國志」, 敷文閣嘉慶12(1807)년목활자본.

---

11) 徐憶農(2002), 145.

<서영 38> 「兼明書」, 吳志忠嘉慶16(1811)년목활자본.[12]

<서영 39> 「緯略」, 白鹿山房嘉慶17(1812)년목활자본.

<서영 40> 「人嶽萃編」, 耕學草堂嘉慶17(1812)년목활자본.

<서영 41> 「續資治通鑑長編」, 愛日精盧嘉慶24(1819)년목활자본.

<서영 42> 「愛日精盧藏書志」, 愛日精盧嘉慶25(1820)년목활자본.

<서영 43> 「淞南志」, 刻字局嘉慶연간(1796-1820)목활자본.[13]

---

12) 鄭毅(2010), 圖 3-2-3.

13) 北京圖書館 원편, 勝村哲也 복간편(1983).

2. 서영

<서영 1> 「草廬吳文正公集」, 康熙9(1670)년목활자본, 23.8 × 15.5cm.

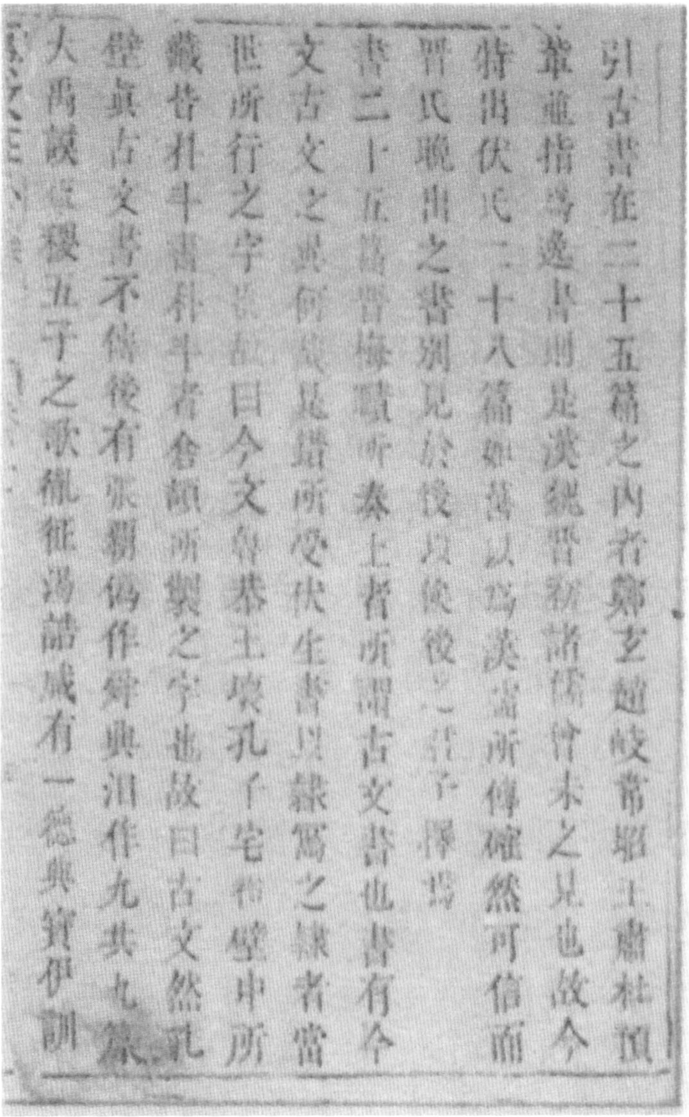
引古書在二十五篇之內若鄭玄趙岐韋昭王肅杜預
輩並指爲逸書則是漢魏晉初諸儒曾未之見也故今
特出伏氏二十八篇如舊以爲漢儒所傳確然可信而
晉氏晚出之書別見於後以俟後之君子擇焉
書二十五篇晉梅賾所奏上者所謂古文書也書有今
文古文之異何哉晁錯所受伏生書以隸寫之隸者當
世所行之字故曰今文魯恭王壞孔子宅得壁中所
藏皆科斗書科斗者倉頡所製之字也故曰古文然孔
壁眞古文書不傳後有張霸僞作舜典汨作九共九篇
大禹謨益稷五子之歌胤征湯誥咸有一德典寶伊訓

<서영 2-1> 「文苑英華律賦選」, 吹藜閣康熙25(1686)년동활자본, 권1 제1엽상엽, 20.2 × 13.7cm.

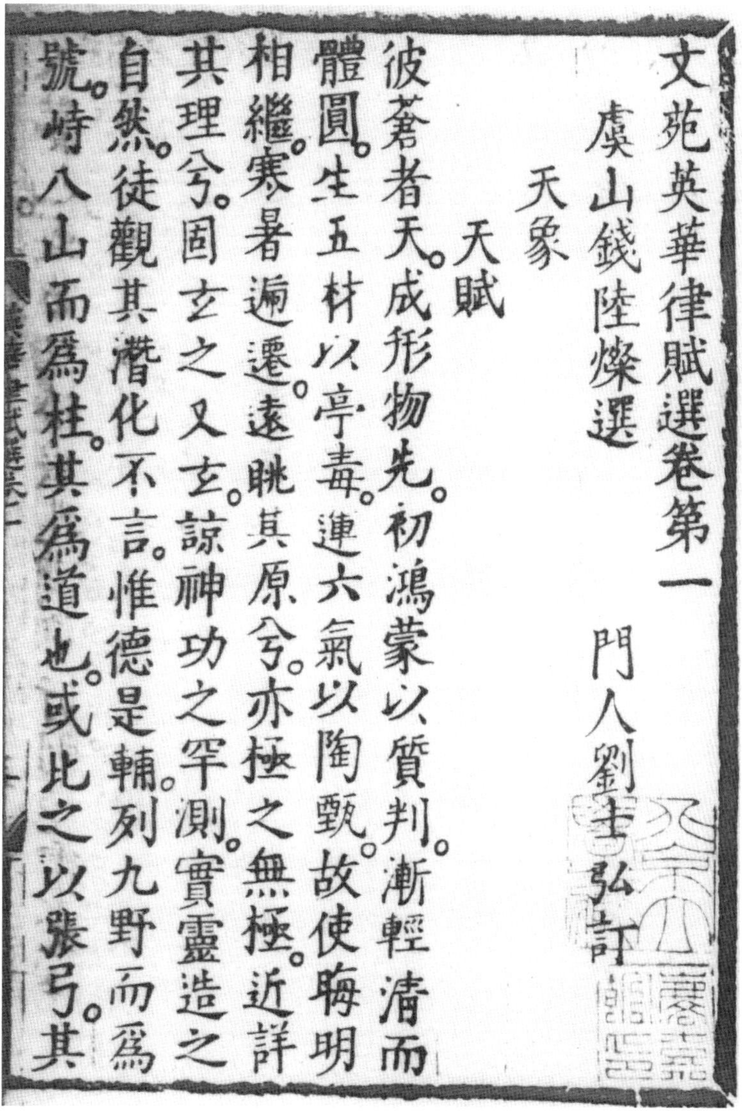

文苑英華律賦選卷第一

虞山錢陸燦選　門人劉士弘訂

天象

天賦

彼蒼者天。成形物先。初鴻蒙以質判。漸輕清而體圓。生五材以亭毒。運六氣以陶甄。故使晦明相繼。寒暑遞遷。遠眺其原兮。亦極之無極。近詳其理兮。固玄之又玄。諒神功之罕測。實靈造之自然。徒觀其潛化不言。惟德是輔。列九野而爲號。峙八山而爲柱。其爲道也。或比之以張弓。其

<서영 2-2> 「文苑英華律賦選」, 吹藜閣康熙25(1686)년동활자본, 권1 제3엽상엽.

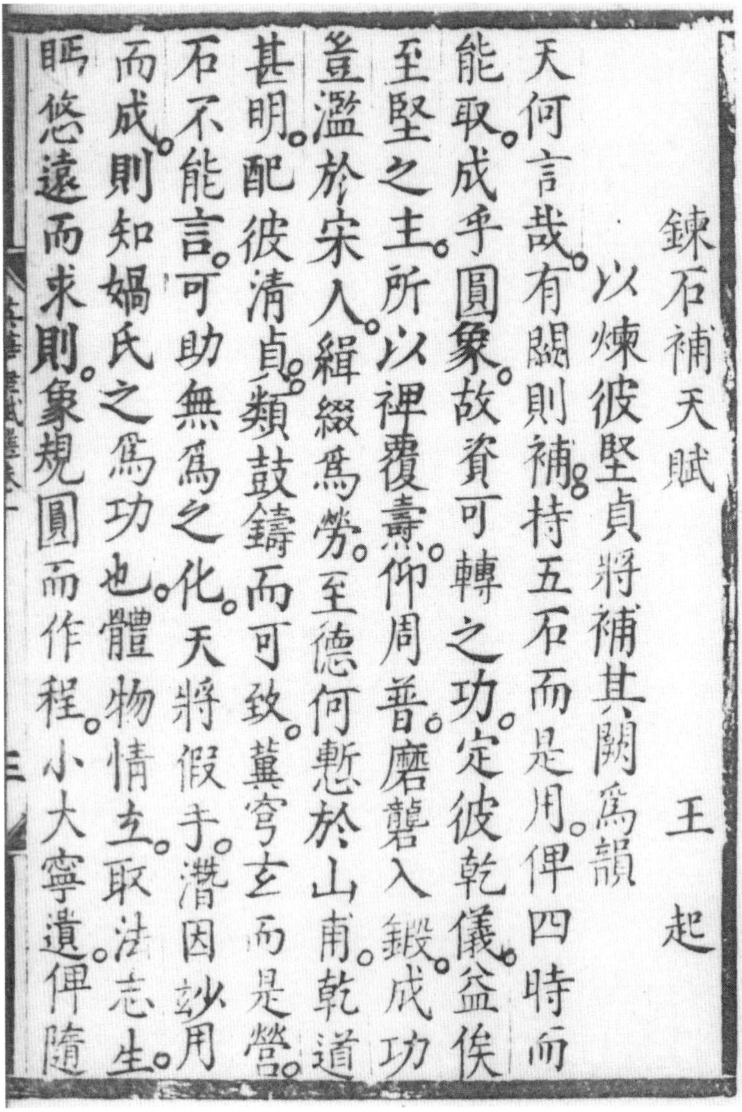
鍊石補天賦 王 起
以煉彼堅貞將補其闕爲韻
天何言哉。有闕則補。持五石而是用。俾四時而能取。成乎圓象。故資可轉之功。定彼乾儀。益俟至堅之主。所以裨覆燾。仰周普。磨礱入鍜。成功豈濫於宋人。緝綴爲勞。至德何慙於山甫。乾道甚明。配彼清貞。類鼓鑄而可致。冀穹玄而是營。石不能言。可助無爲之化。天將假手。潛因妙用而成。則知媧氏之爲功也。體物情玄。取法志生。眂悠遠而求則。象規圓而作程。小大寧遺。俾隨

<서영 3> 「嚴陵張九儀增釋地理琢玉斧巒頭歌括」, 張九儀康熙40(1701)년목활자본.

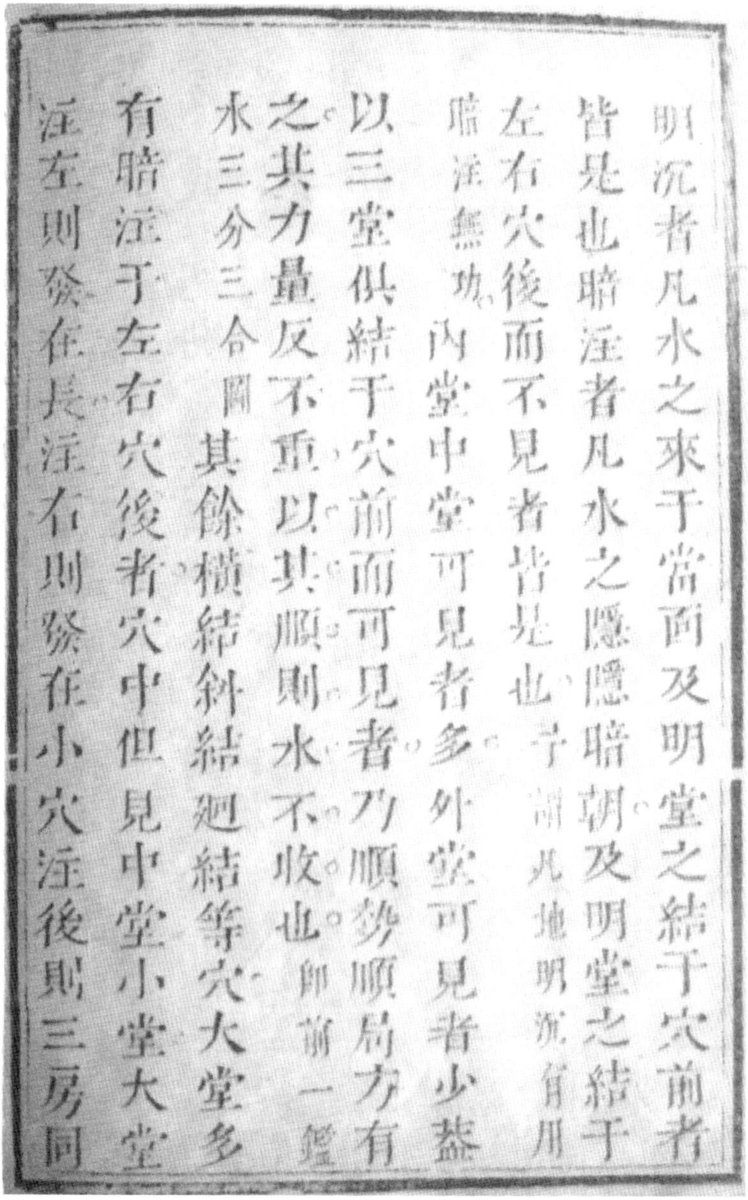
明沉者凡水之來于當面及明堂之結于穴前者
皆是也暗注者凡水之隱隱暗朝及明堂之結于
左右穴後而不見者皆是也子謂凡地明沉有用
暗注無功內堂中堂可見者多外堂可見者少蓋
以三堂俱結于穴前而可見者乃順勢順局方有
之其力量反不重以其順則水不收也即前一證
水三分三合圖其餘橫結斜結廻結等穴大堂多
有暗注于左右穴後者穴中但見中堂小堂大堂
注左則發在長注右則發在小穴注後則三房同

<서영 4> 「松鶴山房文集」, 陳夢雷康熙52(1713)년內府동활자본, 序 제1엽상엽.

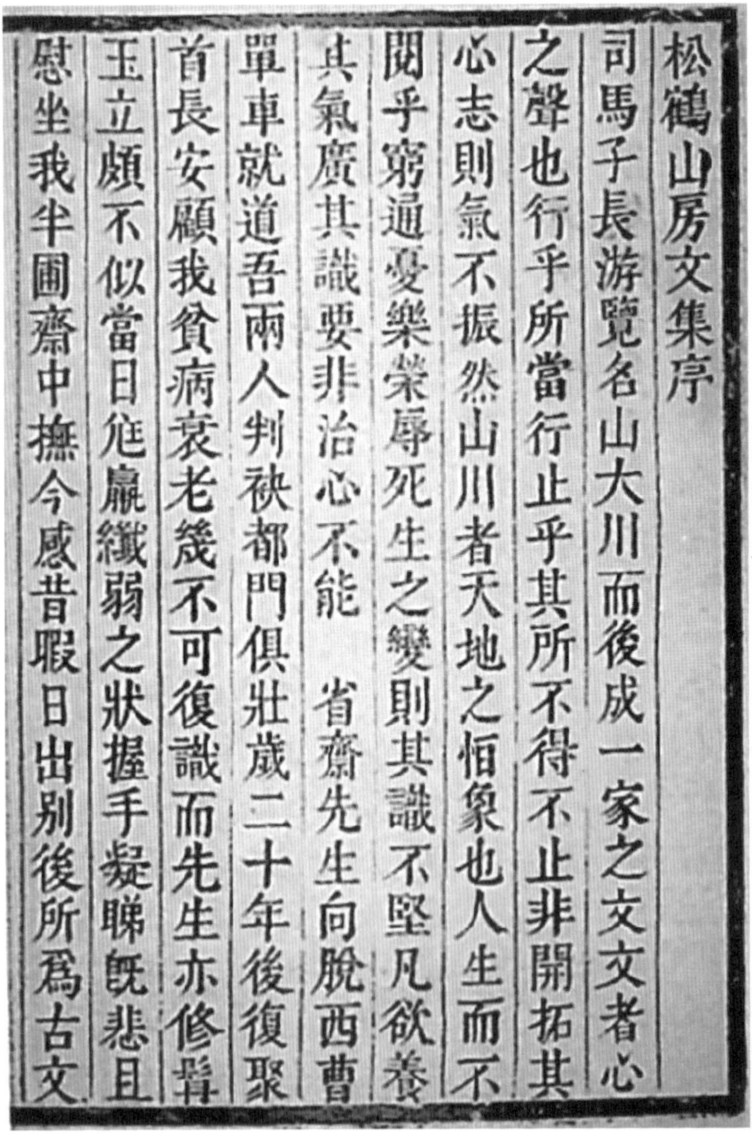
松鶴山房文集序
司馬子長游覽名山大川而後成一家之文文者心
之聲也行乎所當行止乎其所不得不止非開拓其
心志則氣不振然山川者天地之恒象也人生而不
閲乎窮通憂樂榮辱死生之變則其識不堅凡欲養
其氣廣其識要非治心不能　省齋先生向脫西曹
單車就道吾兩人判袂都門俱壯歲二十年後復聚
首長安顧我貧病衰老幾不可復識而先生亦修髯
玉立頗不似當日尩羸纖弱之狀握手疑睇既悲且
慰坐我半圃齋中撫今感昔暇日出别後所爲古文

<서영 5-1> 「律呂正義」, 內府康熙연간(1662-1722)동활자본, 상편 黃鐘爲萬事根本1 제3엽상엽, 20.6 × 13.6cm.

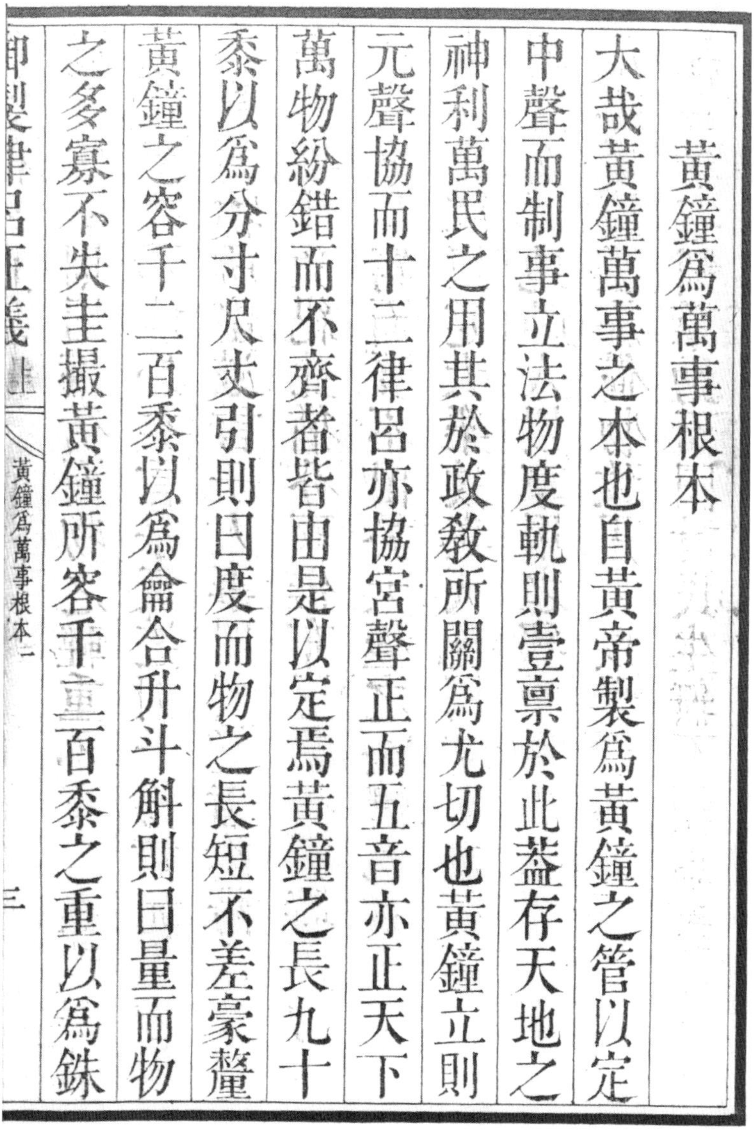

黃鐘爲萬事根本
大哉黃鐘萬事之本也自黃帝製爲黃鐘之管以定
中聲而制事立法物度軌則壹禀於此蓋存天地之
神利萬民之用其於政教所關爲尤切也黃鐘立則
元聲協而十二律呂亦協宮聲正而五音亦正天下
萬物紛錯而不齊者皆由是以定焉黃鐘之長九十
黍以爲分寸尺丈引則曰度而物之長短不差豪釐
黃鐘之容千二百黍以爲龠合升斗斛則曰量而物
之多寡不失圭撮黃鐘所容千二百黍之重以爲銖
御製律呂正義上
黃鐘爲萬事根本一
三

<서영 5-2> 「律呂正義」, 內府康熙연간(1662-1722)동활자본, 하편 笙3 제38엽하엽.

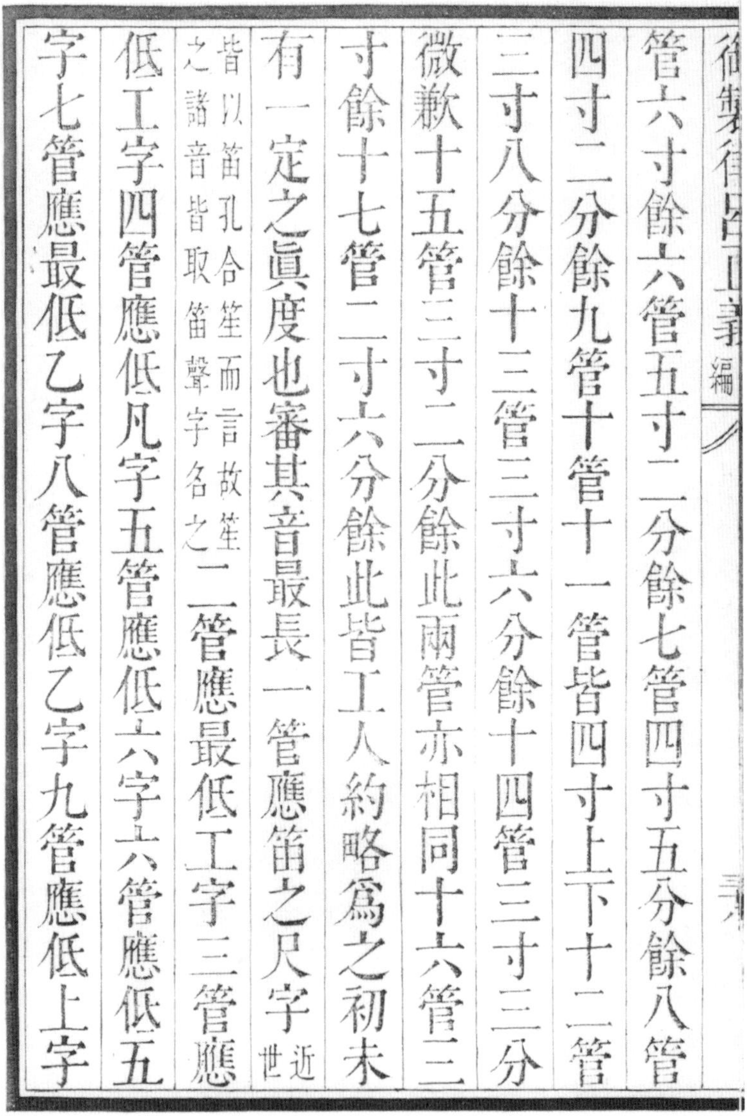

御製律呂正義 編

管六寸餘六管五寸二分餘七管四寸五分餘八管四寸二分餘九管十管十一管皆四寸上下十二管三寸八分餘十三管三寸六分餘十四管三寸三分微歉十五管三寸二分餘此兩管亦相同十六管三寸餘十七管二寸六分餘此皆工人約略爲之初未有一定之眞度也審其音最長一管應笛之尺字近世皆以笛孔合笙而言故笙之諸音皆取笛聲字名之二管應最低工字三管應低工字四管應低凡字五管應低六字六管應低五字七管應最低乙字八管應低乙字九管應低上字

<서영 5-3> 「律呂正義」, 內府康熙연간(1662-1722)동활자본, 하편 笙3 제39엽상엽.

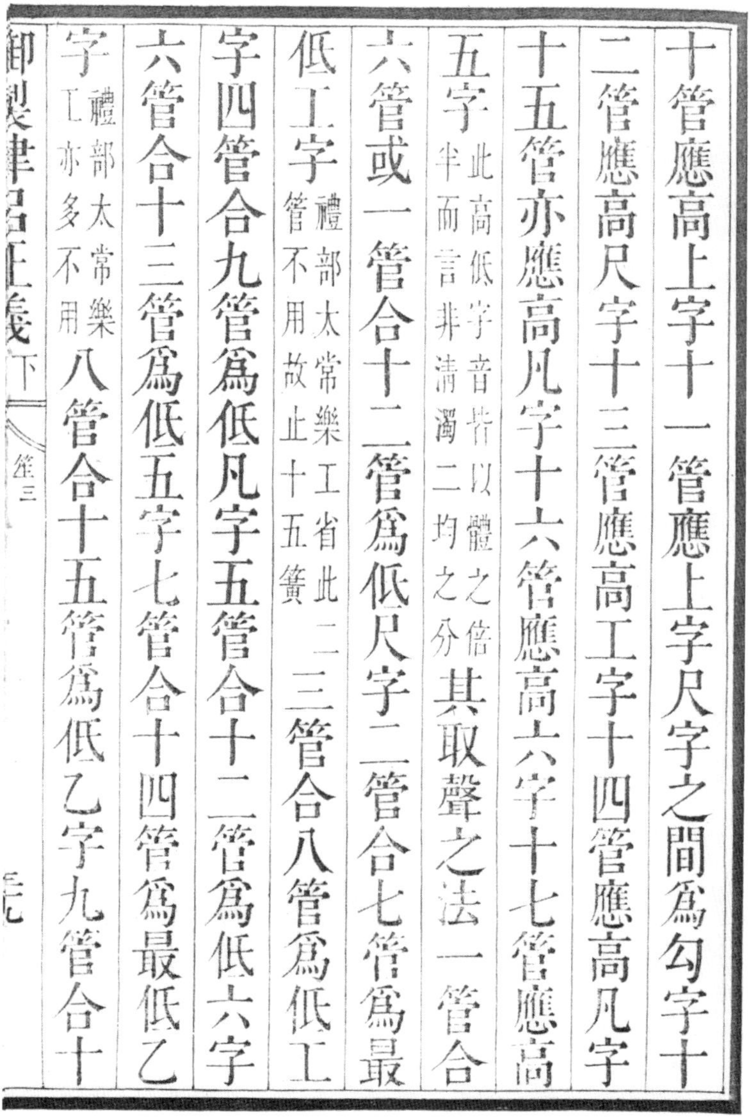
十管應高上字十一管應上字尺字之間爲勾字十
二管應高尺字十三管應高工字十四管應高凡字
十五管亦應高凡字十六管應高六字十七管應高
五字此高低字音皆以體之倍半而言非清濁二均之分其取聲之法一管合
六管或一管合十二管爲低尺字二管合七管爲最
低工字禮部太常樂工省此二管不用故止十五簧三管合八管爲低工
字四管合九管爲低凡字五管合十二管爲低六字
六管合十三管爲低五字七管合十四管爲最低乙
字禮部太常樂工亦多不用八管合十五管爲低乙字九管合十
御製律呂正義 下 笙三 三九

<서영 5-4> 「律呂正義」, 內府康熙연간(1662-1722)동활자본, 상편 黃鐘爲萬事根本1 제3엽상엽.

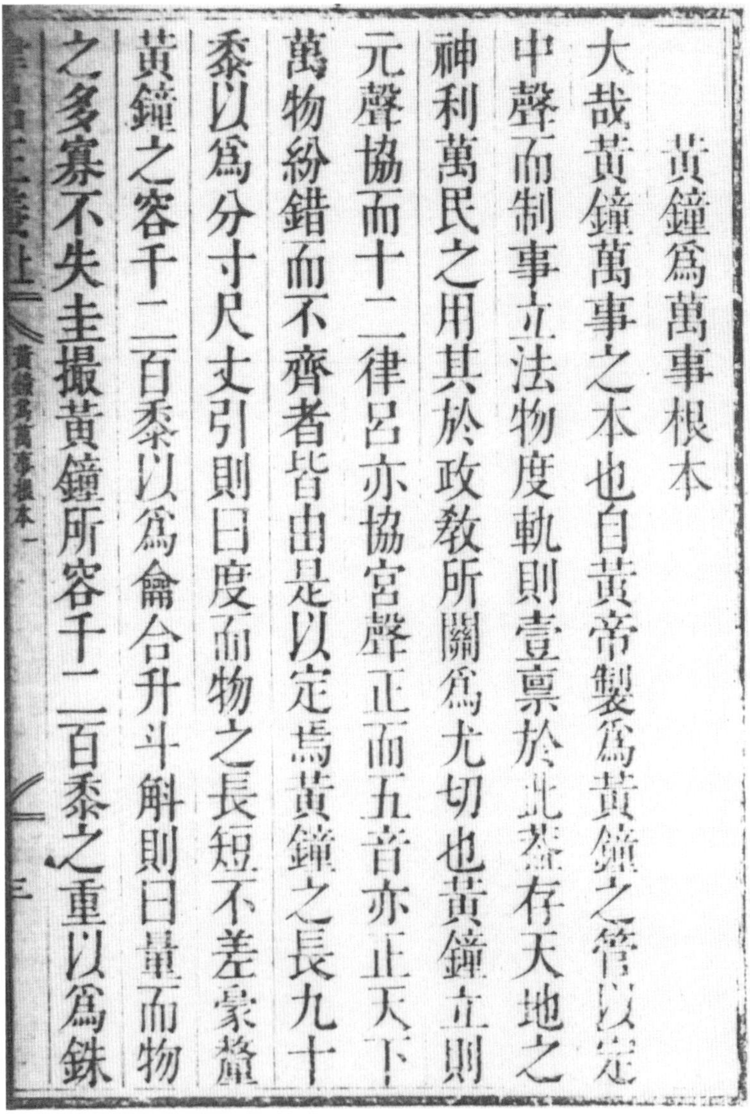
黃鐘爲萬事根本

大哉黃鐘萬事之本也自黃帝製爲黃鐘之管以定
中聲而制事立法物度軌則壹稟於此葢存天地之
神利萬民之用其於政教所關爲尤切也黃鐘立則
元聲協而十二律呂亦協宮聲正而五音亦正天下
萬物紛錯而不齊者皆由是以定焉黃鐘之長九十
黍以爲分寸尺丈引則曰度而物之長短不差豪釐
黃鐘之容千二百黍以爲龠合升斗斛則曰量而物
之多寡不失圭撮黃鐘所容千二百黍之重以爲銖

黃鐘爲萬事根本一
三

<서영 5-5> 「律呂正義」, 內府康熙연간(1662-1722)동활자본, 상편 黃鐘爲萬事根本1 제17엽하엽.

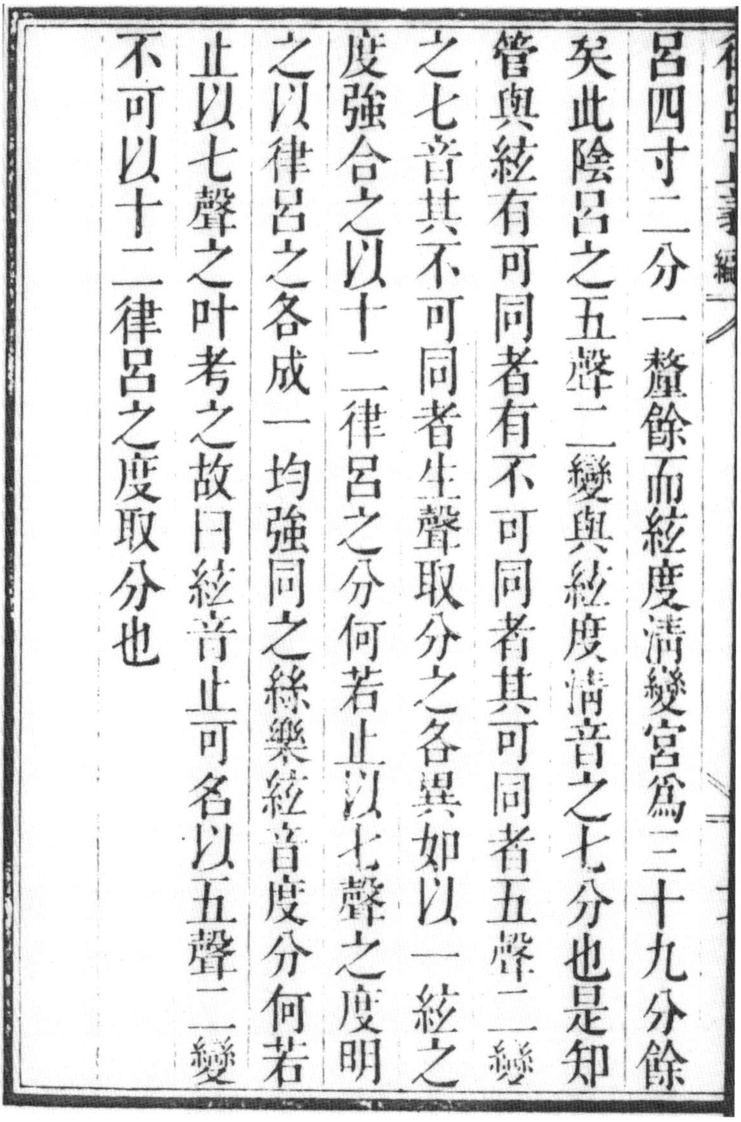

呂四寸二分一釐餘而絃度淸變宮爲三十九分餘
矣此陰呂之五聲二變與絃度淸音之七分也是知
管與絃有可同者有不可同者其可同者五聲二變
之七音其不可同者生聲取分之各異如以一絃之
度強合之以十二律呂之分何若止以七聲之度明
之以律呂之各成一均強同之絲樂絃音度分何若
止以七聲之叶考之故曰絃音止可名以五聲二變
不可以十二律呂之度取分也

<서영 6-1> 「古今圖書集成」, 內府康熙59(1720)년-雍正4(1726)연간동활자본, 목록 권1 제1엽상엽.

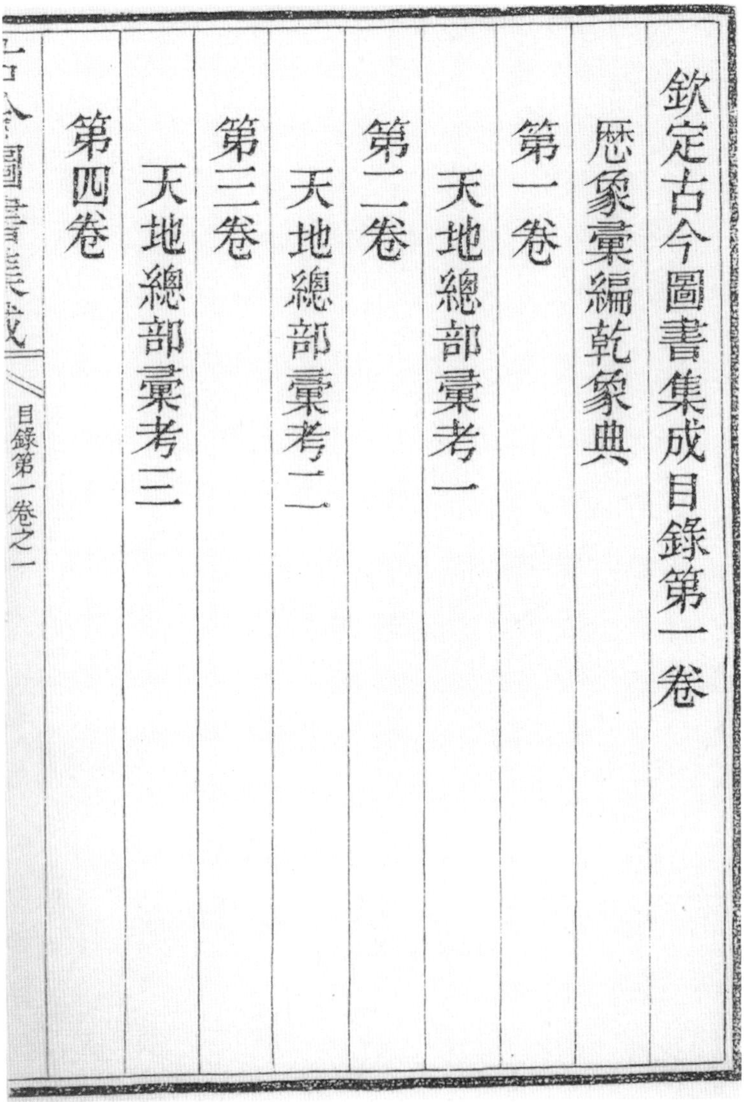
欽定古今圖書集成目錄第一卷
歷象彙編乾象典
第一卷
天地總部彙考一
第二卷
天地總部彙考二
第三卷
天地總部彙考三
第四卷
古今圖書集成 目錄第一卷之一

<서영 6-2> 「古今圖書集成」, 內府康熙59(1720)년-雍正4(1726)연간동활자본, 乾象典목록 권1 제1엽상엽.

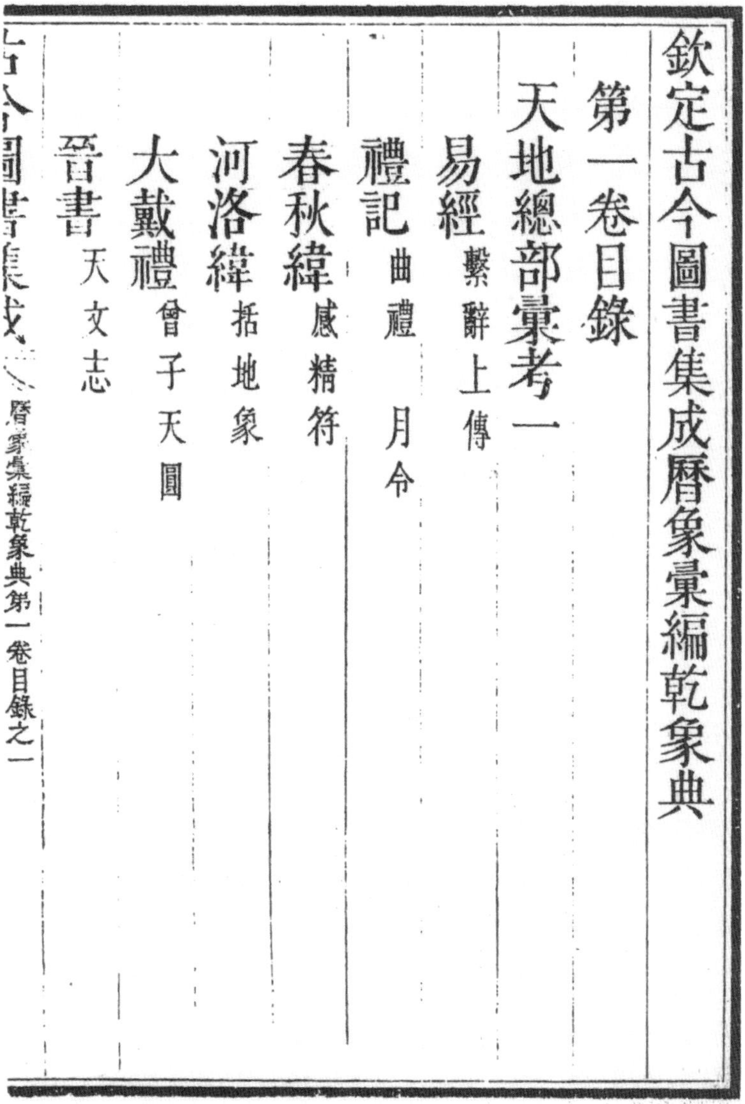
欽定古今圖書集成曆象彙編乾象典

第一卷目錄

天地總部彙考一

易經 繫辭上傳

禮記 曲禮 月令

春秋緯 感精符

河洛緯 括地象

大戴禮 曾子天圓

晉書 天文志

古今圖書集成曆象彙編乾象典第一卷目錄之一

<서영 6-3> 「古今圖書集成」, 內府康熙59(1720)년-雍正4(1726)연간동활자본, 乾象典 권1 제1엽하엽.

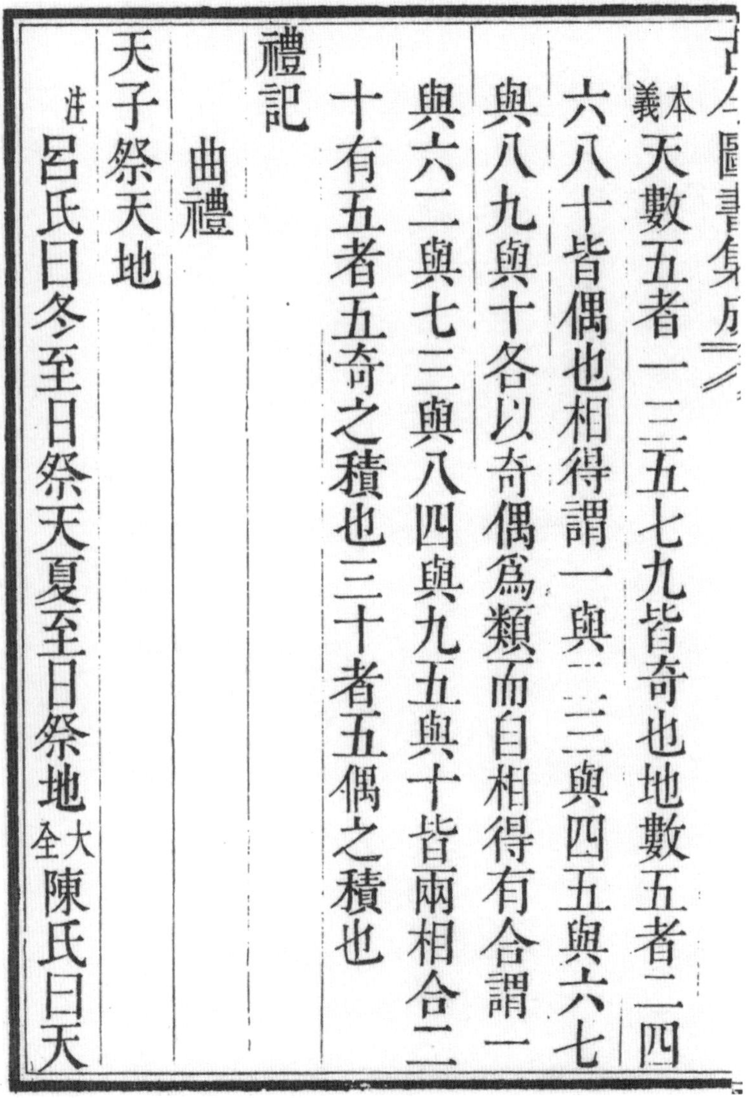

古今圖書集成

本義天數五者一三五七九皆奇也地數五者二四
六八十皆偶也相得謂一與二三與四五與六七
與八九與十各以奇偶爲類而自相得有合謂一
與六二與七三與八四與九五與十皆兩相合二
十有五者五奇之積也三十者五偶之積也

禮記

曲禮

天子祭天地

注呂氏曰冬至日祭天夏至日祭地大全陳氏曰天

<서영 6-4> 「古今圖書集成」, 內府康熙59(1720)년-雍正4(1726)연간동활자본, 乾象典 권1 제1엽상엽, 20.5 × 13.5cm.

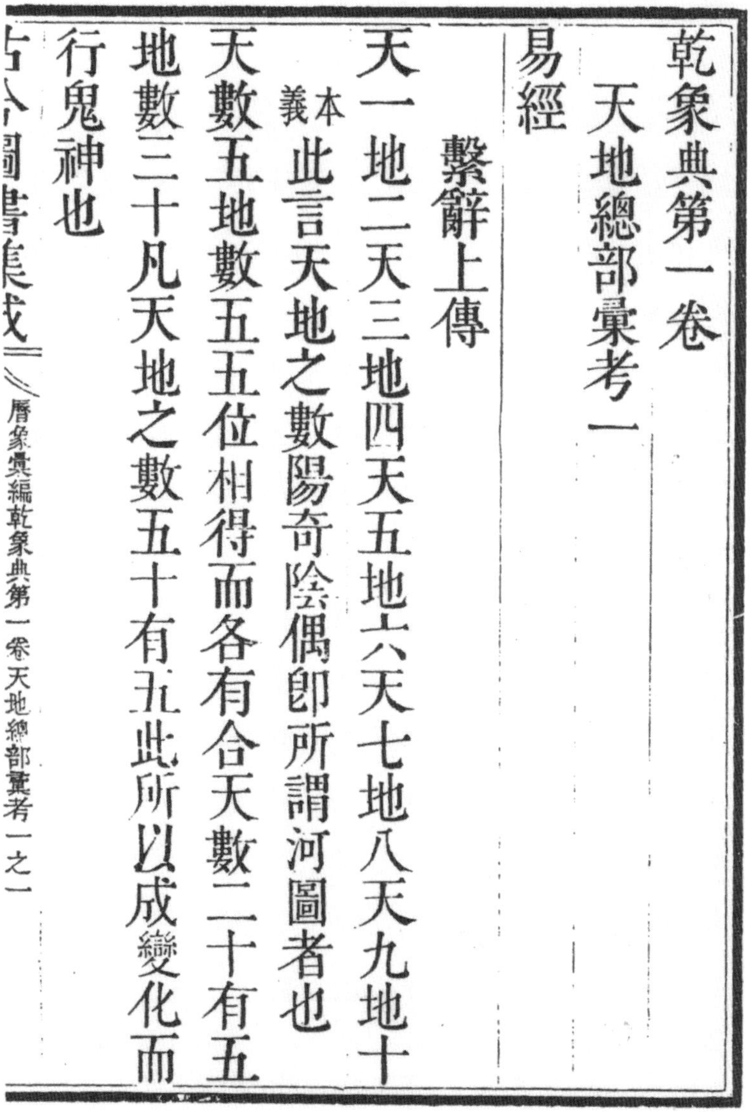

乾象典第一卷

天地總部彙考一

易經

繫辭上傳

天一地二天三地四天五地六天七地八天九地十

本義 此言天地之數陽奇陰偶即所謂河圖者也

天數五地數五五位相得而各有合天數二十有五地數三十凡天地之數五十有五此所以成變化而行鬼神也

古今圖書集成 曆象彙編乾象典第一卷天地總部彙考一之一

<서영 6-5> 「古今圖書集成」, 內府康熙59(1720)년-雍正4(1726)연간동활자본, 禽蟲典 권1 제1엽하엽.

古今圖書集成

舜命益爲虞以若鳥獸

按書經舜典帝曰疇若予上下草木鳥獸僉曰益哉
帝曰俞咨益汝作朕虞益拜稽首讓于朱虎熊羆帝
曰俞往哉汝諧

蔡注 上下山林澤藪也史記曰朱虎熊羆爲伯益之
佐 大全 孔氏曰若謂順施政教取之有時用之有節
張氏曰聖人以萬物爲一體故曰予草木鳥獸先
王之世山澤爲之厲禁獺祭魚然後漁人入澤梁
與夫昆蟲未蟄不以火田之類皆若之之事故獸

<서영 6-6> 「古今圖書集成」, 內府康熙59(1720)년-雍正4(1726)연간동활자본, 禽蟲典 권1 제1엽상엽.

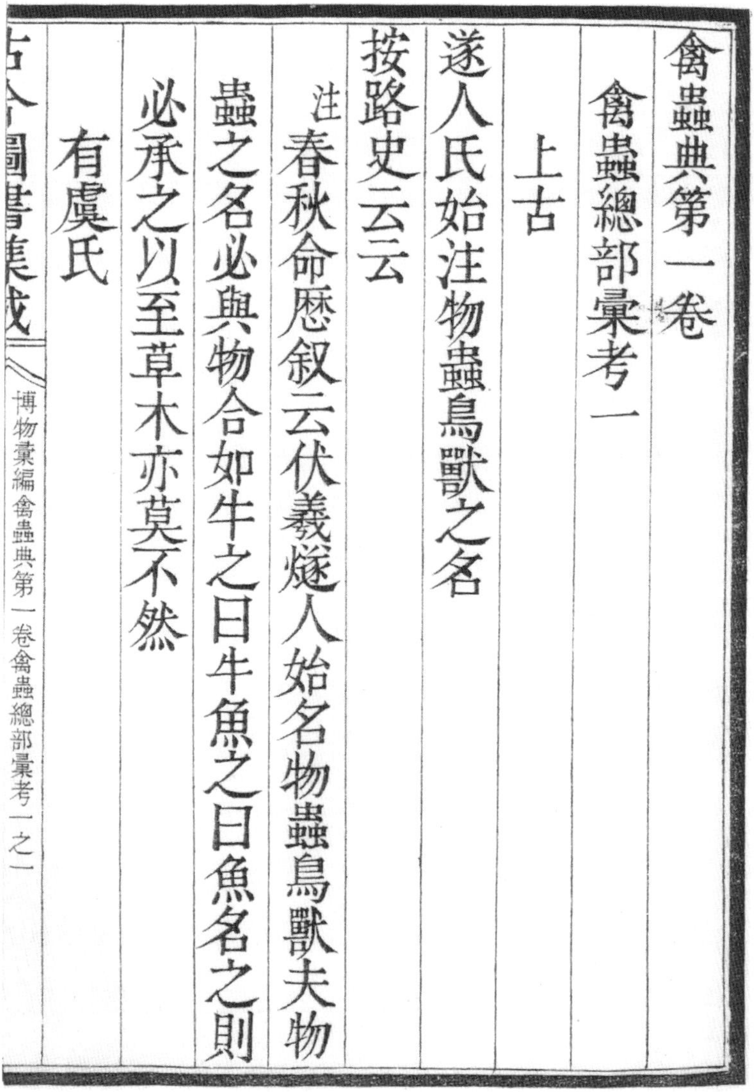
禽蟲典第一卷
禽蟲總部彙考一
上古
遂人氏始注物蟲鳥獸之名
按路史云云
注 春秋命歷叙云伏羲燧人始名物蟲鳥獸夫物
蟲之名必與物合如牛之曰牛魚之曰魚名之則
必承之以至草木亦莫不然
有虞氏

古今圖書集成
博物彙編禽蟲典第一卷禽蟲總部彙考一之一

<서영 6-7> 「古今圖書集成」, 內府康熙59(1720)년-雍正4(1726)연간동활자본, 禽蟲典 권1 제7엽상엽.

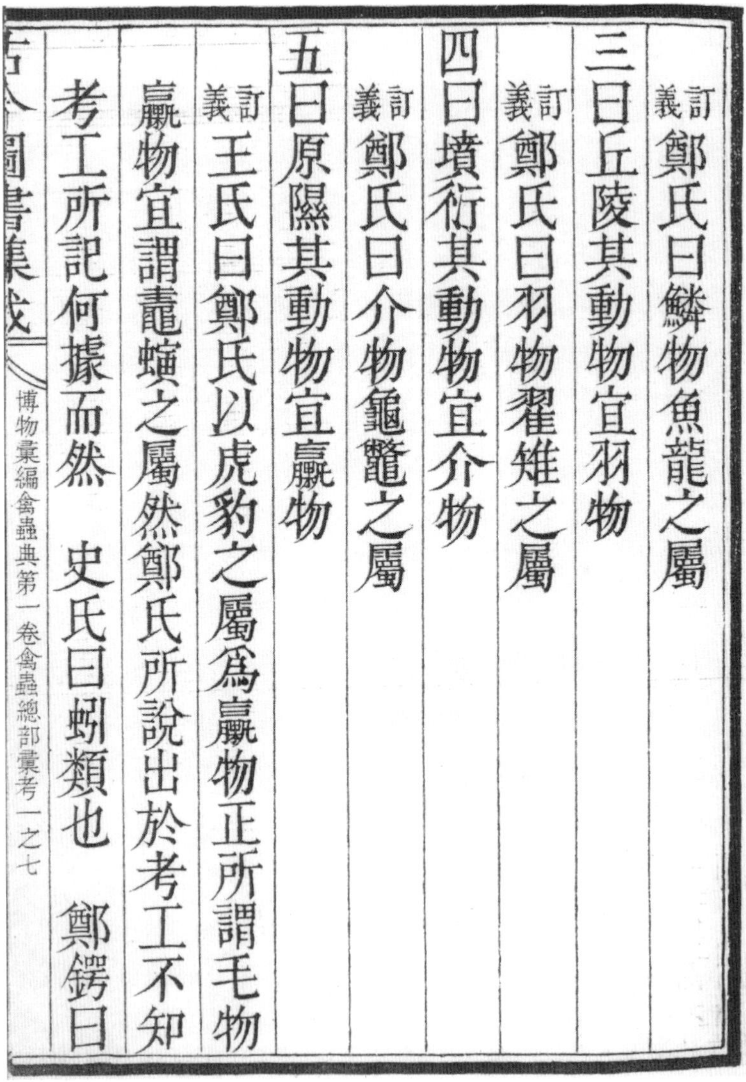

訂義鄭氏曰鱗物魚龍之屬
三曰丘陵其動物宜羽物
訂義鄭氏曰羽物翟雉之屬
四曰墳衍其動物宜介物
訂義鄭氏曰介物龜鼈之屬
五曰原隰其動物宜臝物
訂義王氏曰鄭氏以虎豹之屬爲臝物正所謂毛物
臝物宜謂鼃蠙之屬然鄭氏所說出於考工不知
考工所記何據而然　史氏曰蚓類也　鄭鍔曰

古今圖書集成　博物彙編禽蟲典第一卷禽蟲總部彙考一之七

<서영 6-8> 「古今圖書集成」, 內府康熙59(1720)년-雍正4(1726)연간동활자본, 歲功典 권65 제1엽상엽.

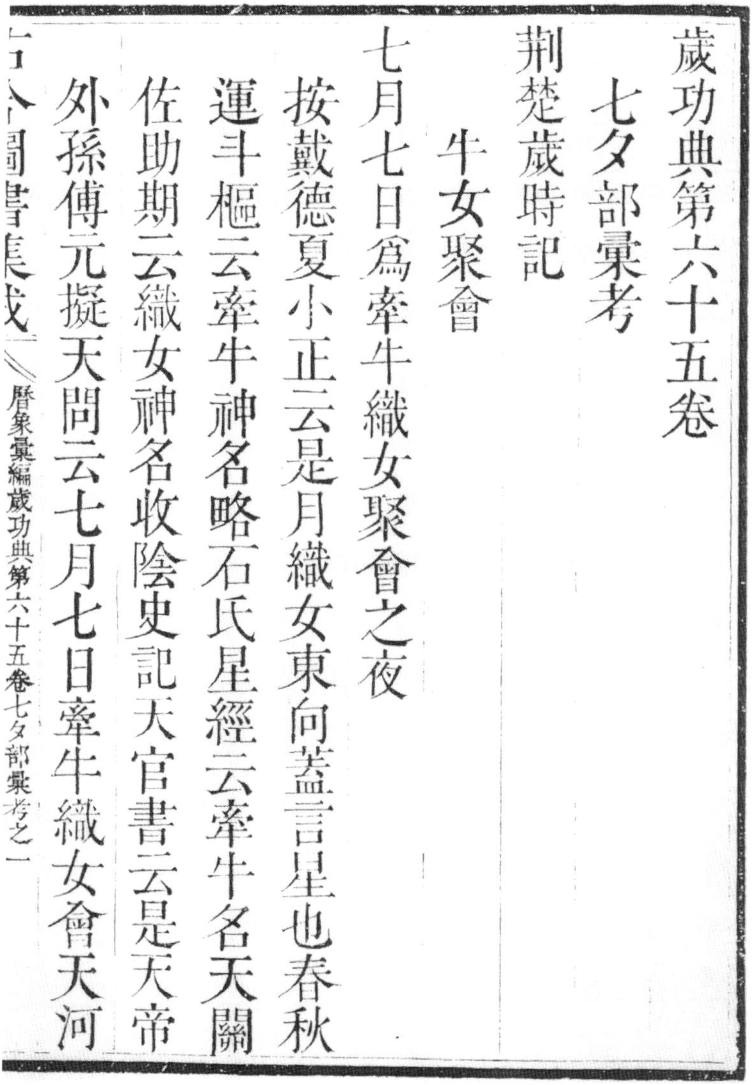
歲功典第六十五卷
七夕部彙考
荊楚歲時記
牛女聚會
七月七日爲牽牛織女聚會之夜
按戴德夏小正云是月織女東向蓋言星也春秋
運斗樞云牽牛神名略石氏星經云牽牛名天關
佐助期云織女神名收陰史記天官書云是天帝
外孫傅元擬天問云七月七日牽牛織女會天河
古今圖書集成 曆象彙編歲功典第六十五卷七夕部彙考之一

<서영 7-1> 「周易說略」, 眞合齋康熙58(1719)년磁활자본, 序 제1엽하엽.

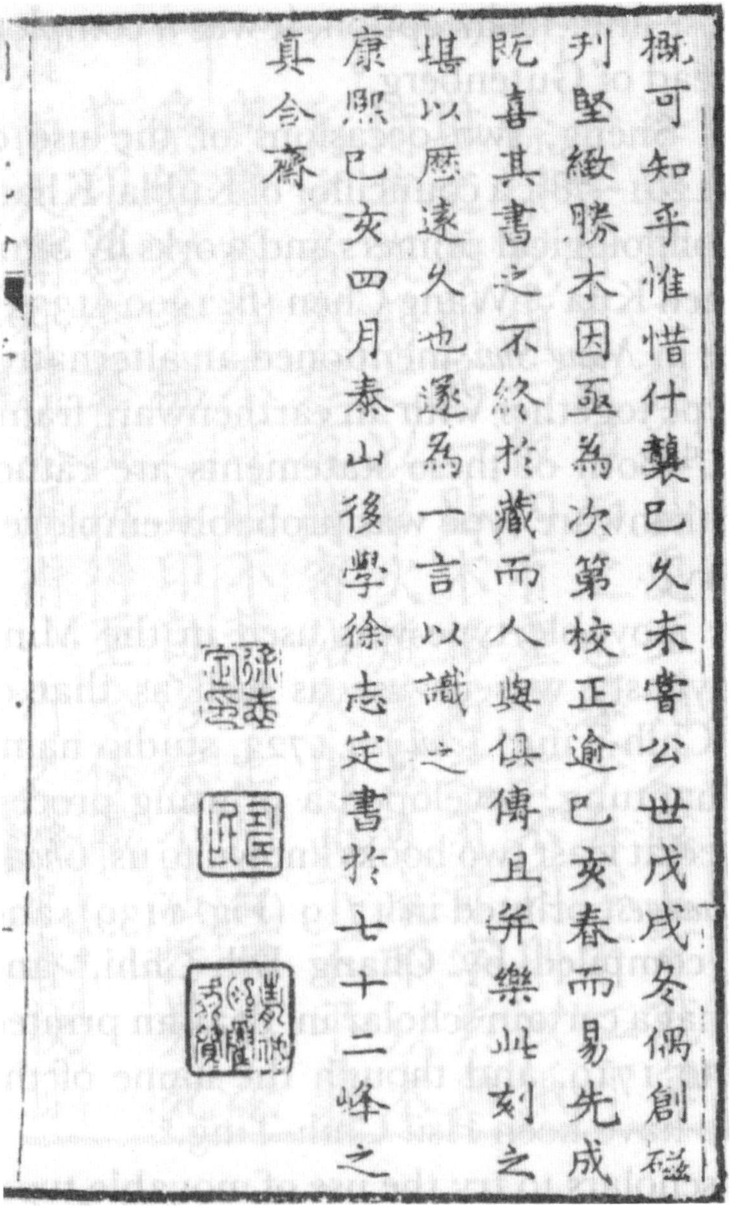
槪可知乎惟惜什襲已久未嘗公世戊戌冬偶創磁
刊堅緻勝木因亟爲次第校正逾已亥春而易先成
旣喜其書之不終於藏而人與俱傳且幷樂此刻之
堪以歷遠久也遂爲一言以識之
康熙己亥四月泰山後學徐志定書於七十二峰之
眞合齋

<서영 7-2> 「周易說略」, 眞合齋康熙58(1719)년磁활자본, 권2 제1엽상엽.

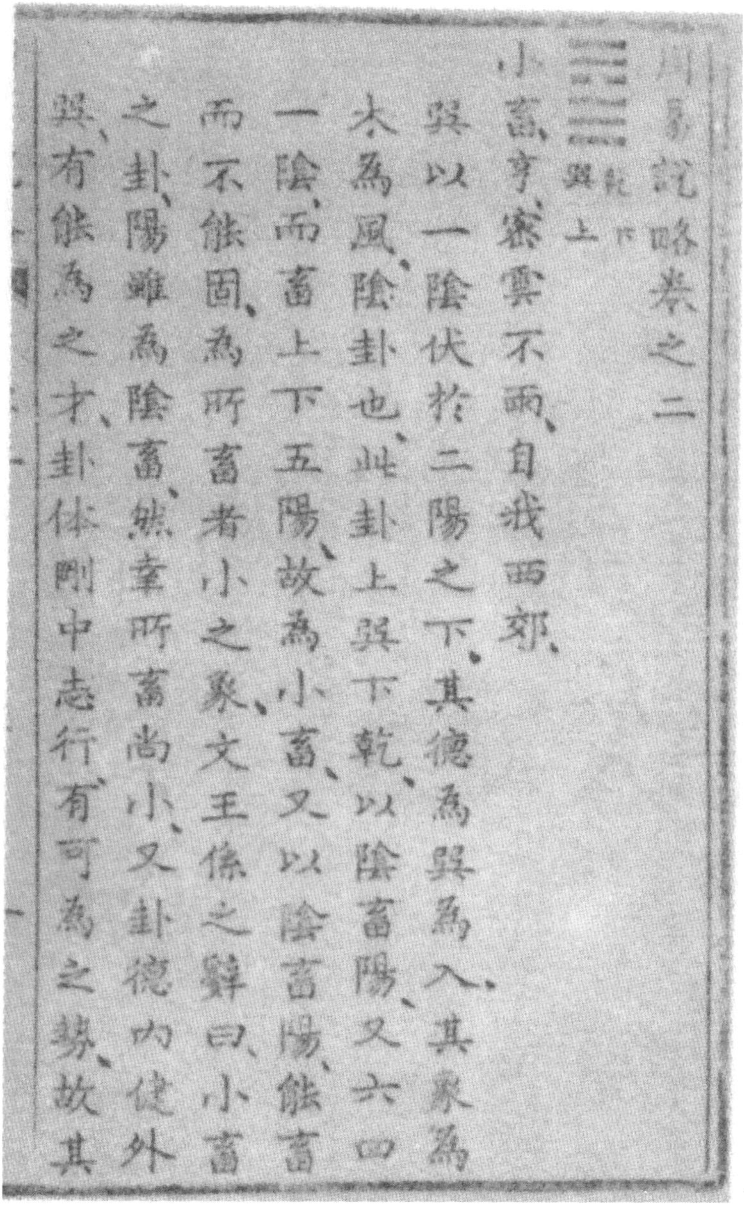
周易說略卷之二

䷈ 乾下巽上

小畜、亨、密雲不雨、自我西郊、

巽以一陰伏於二陽之下、其德爲巽爲入、其象爲太爲風、陰卦也、此卦上巽下乾、以陰畜陽、又六四一陰、而畜上下五陽、故爲小畜、又以陰畜陽、能畜而不能固、爲所畜者小之象、文王係之辭曰、小畜之卦、陽雖爲陰畜、然幸所畜尚小、又卦德內健外巽、有能爲之才、卦体剛中志行有可爲之勢、故其

<서영 8-1> 「蒿庵閑話」, 眞合齋康熙58(1719)년磁활자본, 권1 제1엽상엽.

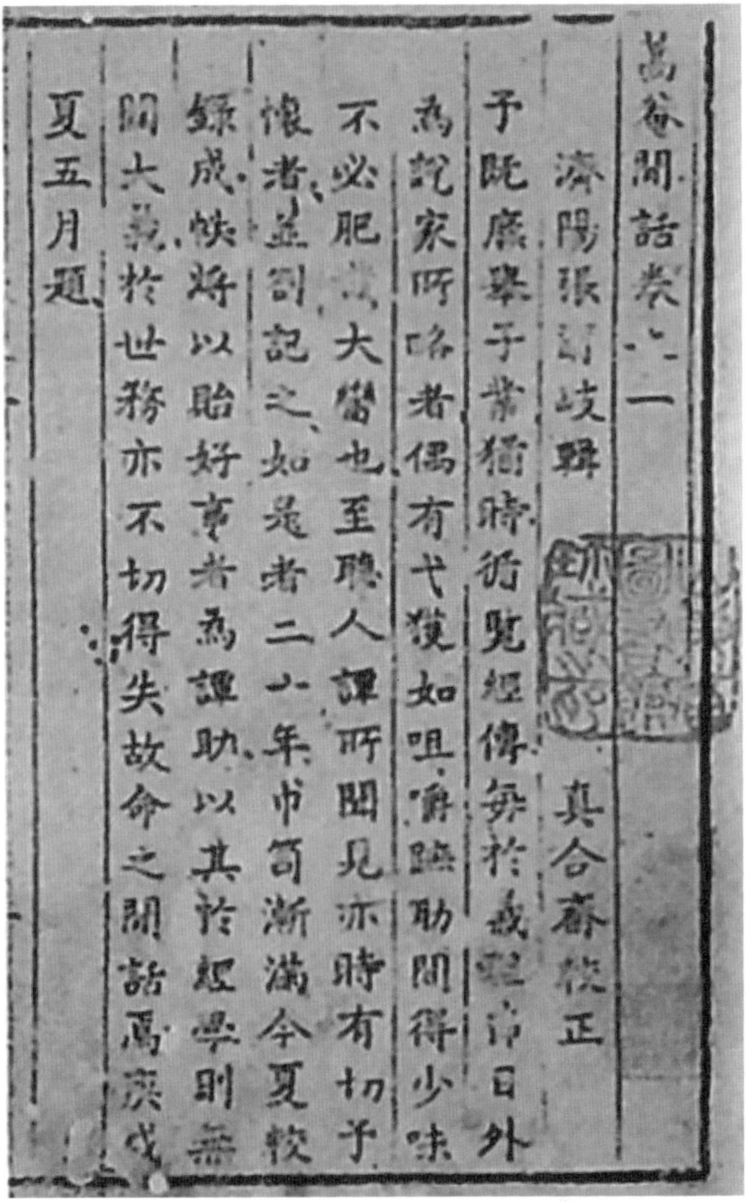
蒿菴閒話卷之一

濟陽張爾岐輯　　真合齋校正

予既廢舉子業猶時時覽經傳每於義理訓詁外

為說家所略者偶有弋獲如咀嚼雞肋間得少味

不必肥𦞦大嚼也至聽人譚所聞見亦時有切予

懷者並劄記之如是者二十年巾笥漸滿今夏較

錄成帙將以貽好事者為譚助以其於經學則無

關六義於世務亦不切得失故命之閒話焉戊

夏五月題

<서영 8-2> 「蒿庵閑話」, 眞合齋康熙58(1719)년磁활자본, 권1 제21엽하엽.

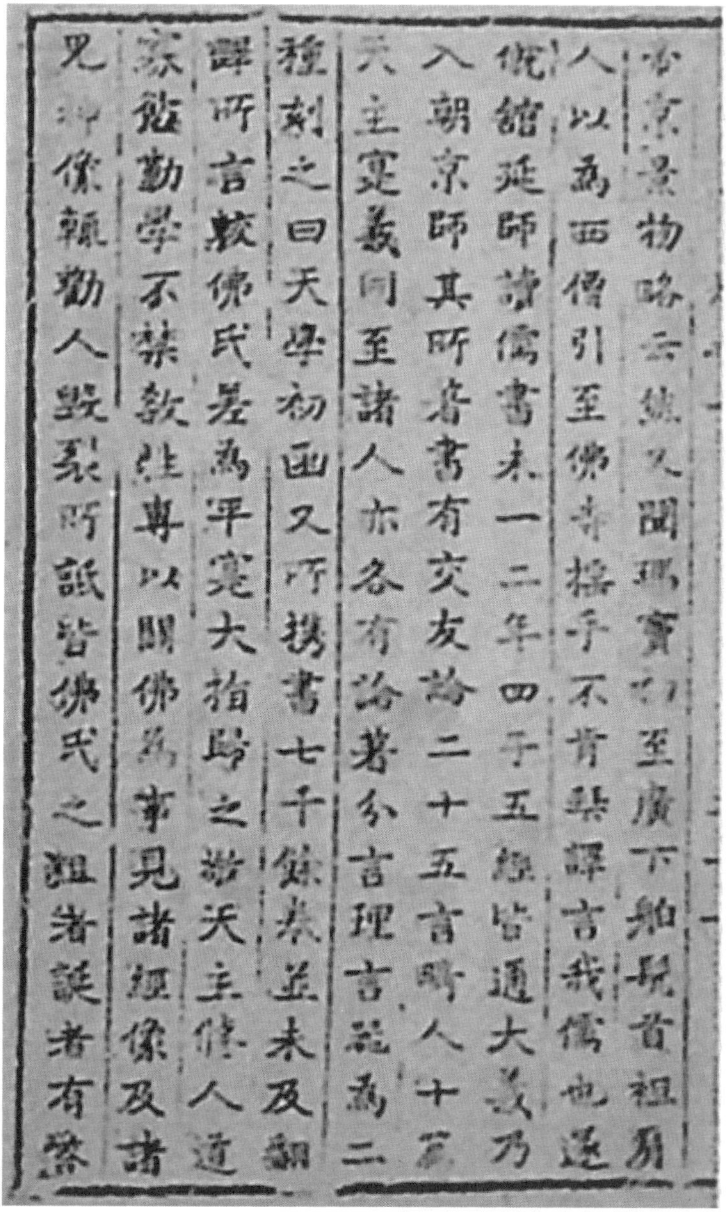

帝京景物略云雖又聞瑪竇初至廣下舶髡首袒肩
人以為西僧引至佛寺搖手不肯拜譯言我儒也遂
僦館延師讀儒書未一二年四子五經皆通大義乃
入朝京師其所著書有交友論二十五言畸人十篇
天主實義同至諸人亦各有論著分言理言器為二
種刻之曰天學初函又所攜書七千餘卷並未及翻
譯所言較佛氏甚為平實大指歸之敬天主使人遵
孝慈勸學不禁殺然專以闢佛為事見諸經像及諸
見神像輒勸人毀裂所祇皆佛氏之粗者誕者有祭

<서영 9> 「萬厤野獲編」, 康熙연간(1662-1722)목활자본, 권1 제1엽상엽, 14.7 × 9.9cm.

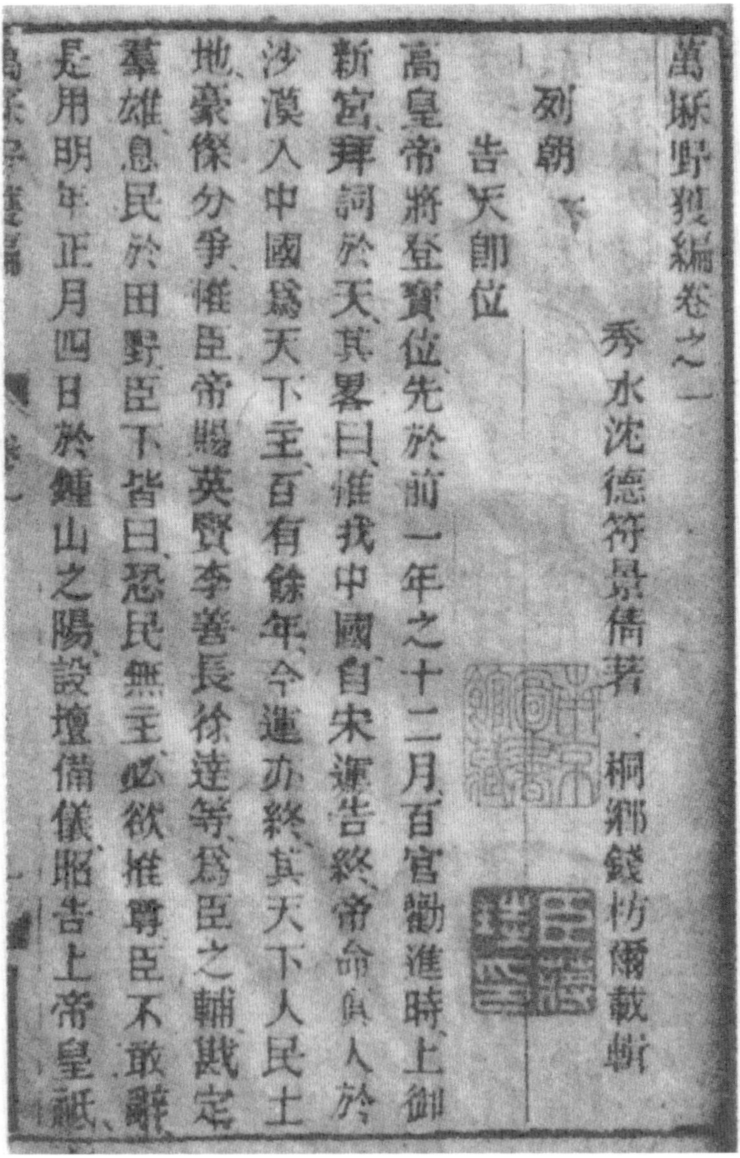

萬厤野獲編卷之一
秀水沈德符景倩著　桐鄉錢枋爾載輯
列朝
告天即位
高皇帝將登寶位先於前一年之十二月百官勸進時上御
新宮禋祀於天其畧曰惟我中國自宋運告終帝命眞人於
沙漠入中國爲天下主百有餘年今運亦終其天下人民土
地豪傑分爭惟臣帝賜英賢李善長徐達等爲臣之輔戡定
羣雄息民於田野臣下皆曰恐民無主必欲推尊臣不敢辭
是用明年正月四日於鍾山之陽設壇備儀昭告上帝皇祇

<서영 10> 「唐眉山詩集」, 南陔草堂雍正3(1725)년목활자본, 권6 제1엽상엽.

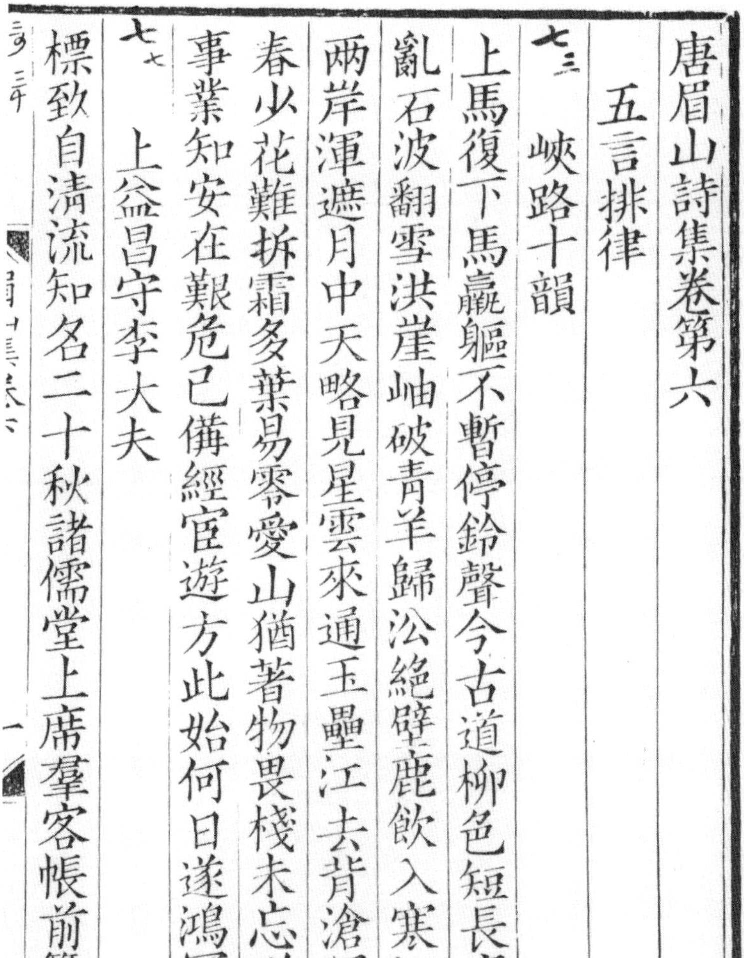

唐眉山詩集卷第六

五言排律

七三 峽路十韻

上馬復下馬羸軀不暫停鈴聲今古道柳色短長亭
亂石波翻雪洪崖岫破青羊歸㳂絶壁鹿飲入寒汀
兩岸渾遮月中天略見星雲來通玉壘江去背滄溟
春必花難拆霜多葉易零愛山猶著物畏棧未忘形
事業知安在艱危已備經宦遊方此始何日遂鴻冥

七七 上益昌守李大夫

標致自清流知名二十秋諸儒堂上席羣客帳前籌

<서영 11-1> 「精訂綱鑑二十一史通俗衍義」, 呂撫乾隆원(1736)년교니활자자모본, 권1 제1엽상엽.

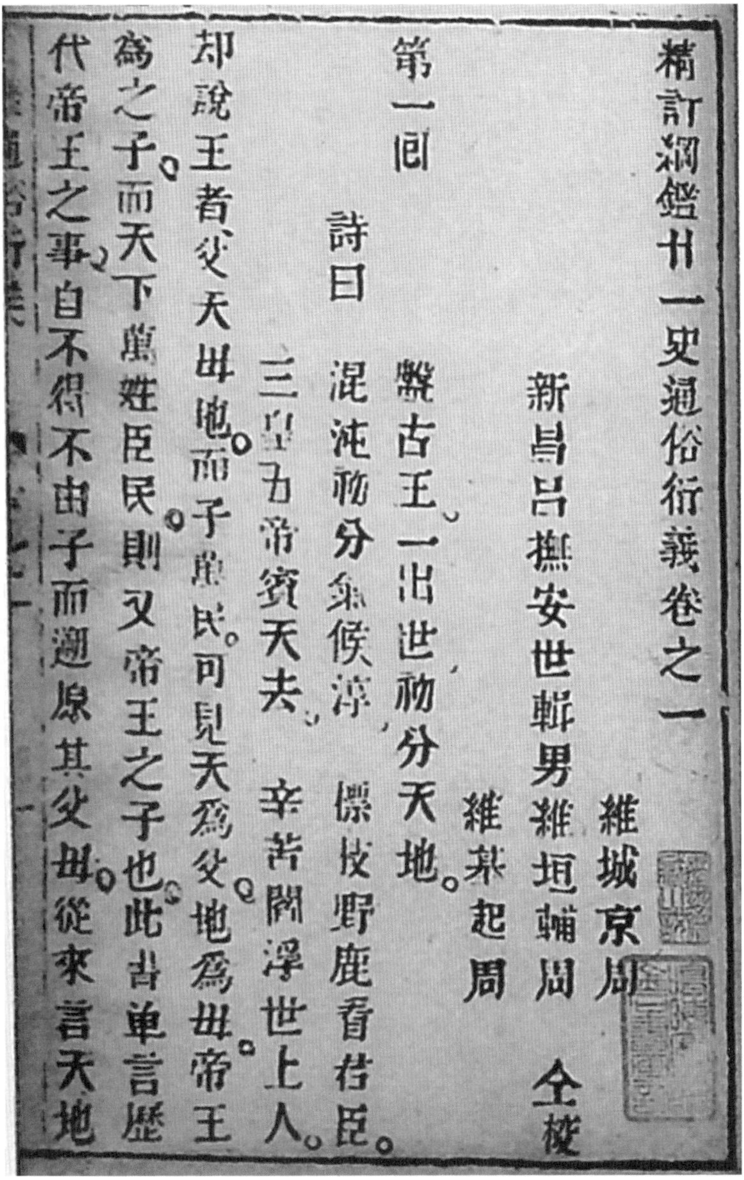

精訂綱鑑廿一史通俗衍義卷之一

維城京周

新昌呂撫安世輯 男維垣輔周 仝校

維棊起周

第一回

盤古王。一出世初分天地。

詩曰 混沌初分氣候淳, 傈披野鹿看君臣。

三皇五帝資天夫。 辛苦鬧浮世上人。

却說王者。父天母地。而子庶民。可見天爲父。地爲母。帝王爲之子。而天下庶姓臣民則又帝王之子也。此書單言歷代帝王之事。自不得不由子而遡原其父母。從來言天地

<서영 11-2> 「精訂綱鑑二十一史通俗衍義」, 呂撫乾隆원(1736)년교니활자자모본, 권25 제44엽하엽.

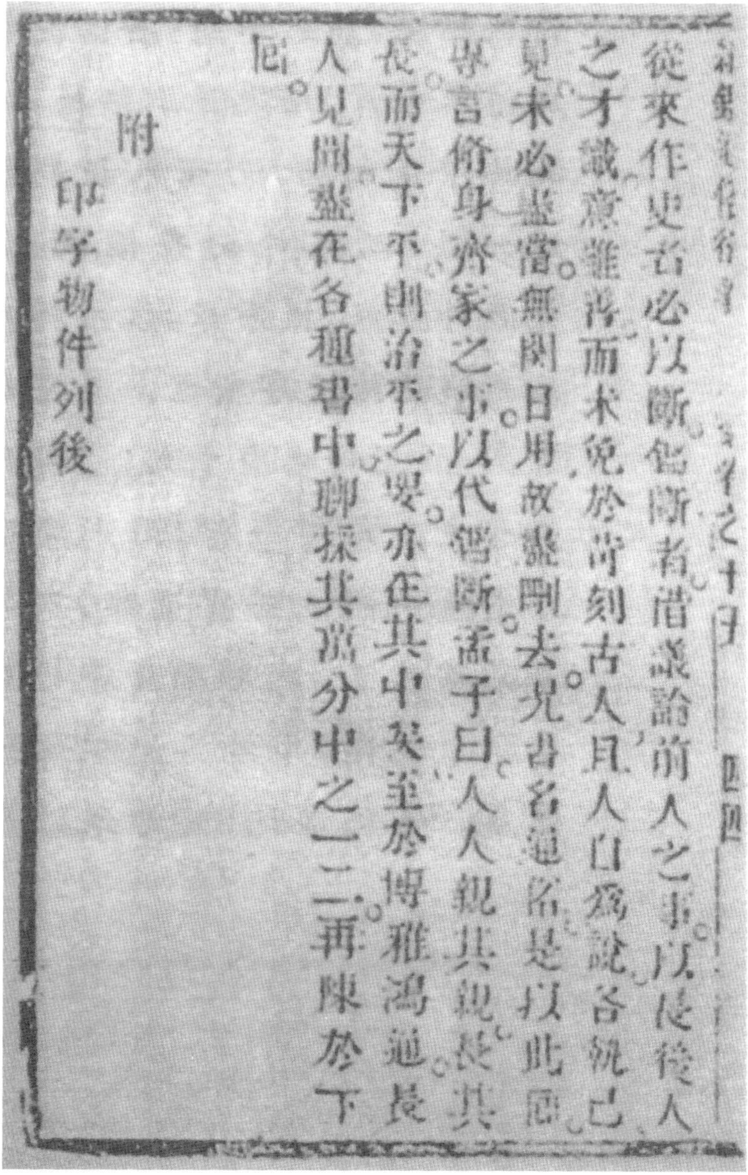
從來作史者必以斷語斷者借議論前人之事以長後人之才識意雖落而未免於苛刻古人且人自爲說各執己見未必盡當無關日用故盡刪去凡君名道名是以此區專言脩身齊家之事以代獨斷論子曰人人親其親長其長而天下平則治平之要亦在其中矣至於博雅鴻通長人見聞盡在各種書中聊採其富分中之一二再陳於下區

附 印字物件列後

<서영 11-3> 「精訂綱鑑二十一史通俗衍義」, 呂撫乾隆원(1736)년교니활자자모본, 권25 제45엽하엽.

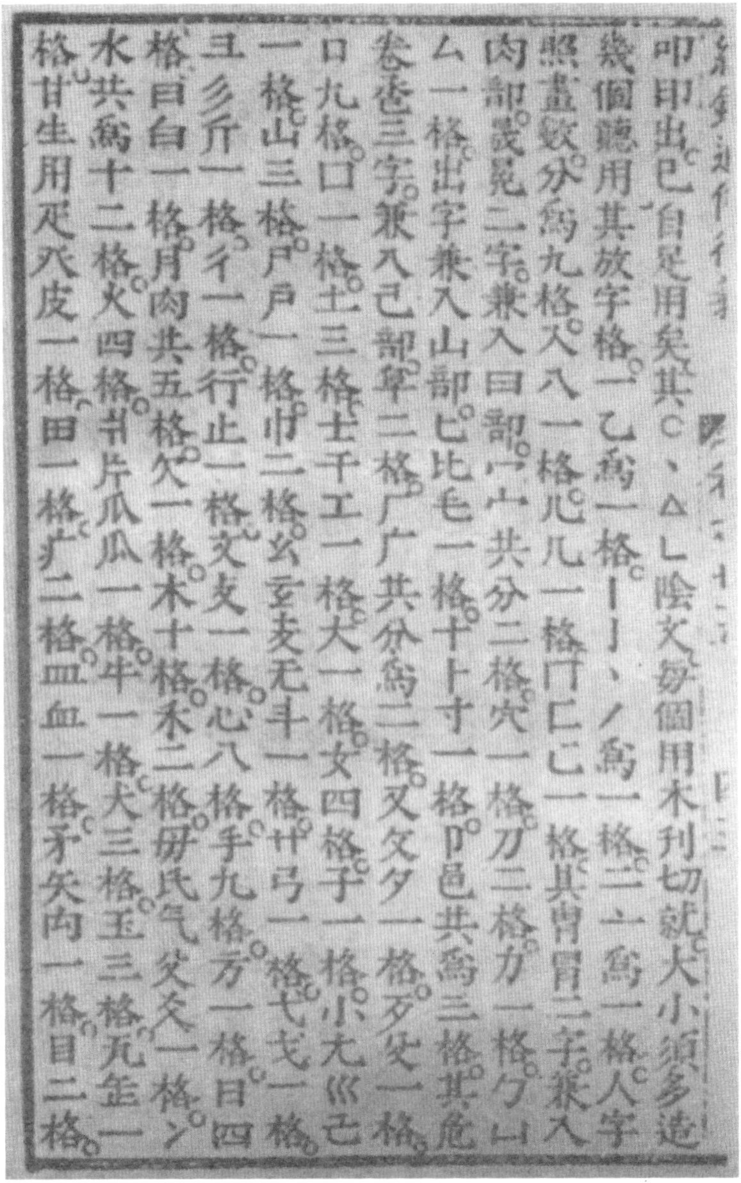
叩印出已自足用矣其○、△乚陰文每個用木刊切就大小須多造
幾個聽用其放字格一乙爲一格丨亅丶丿爲一格二亠爲一格人字
照畫欽分爲九格八入一格儿几一格冂匚匸一格其冑冒二字兼入
冃部冕冕二字兼入曰部冖宀共分二格穴一格刀二格力一格勹凵
厶一格出字兼入山部匕比毛一格十卜寸一格卩邑共爲三格其危
卷巷三字兼入己部夅二格厂广共分爲二格又夂夕一格歹殳一格
口九格口一格土三格士千工一格大一格女四格子一格小尢巛己
一格山三格尸戶一格巾二格幺玄麦旡斗一格廾弓一格弋戈一格
彐彡斤一格彳一格行止一格文支一格心八格手九格方一格日四
格月白一格月肉共五格欠一格木十格禾二格毋氏气一格爻爻一格冫
水共爲十二格火四格爿片瓜瓜一格牛一格犬三格玉三格瓦缶一
格甘生用疋疒皮一格田一格疒二格皿血一格矛矢肉一格目二格

<서영 11-4> 「精訂綱鑑二十一史通俗衍義」, 呂撫乾隆원(1736)년교니활자자모본,
권25 제45엽상엽.

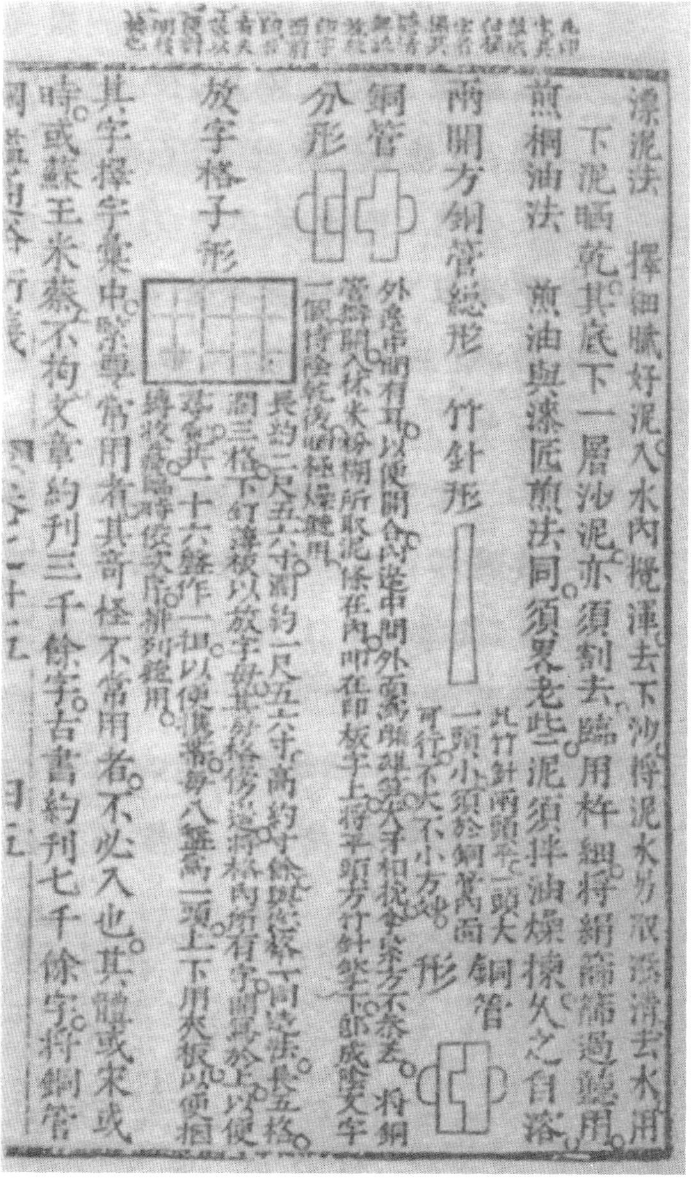

<서영 11-5> 「精訂綱鑑二十一史通俗衍義」, 呂撫乾隆원(1736)년교니활자자모본, 권25 제46엽하엽.

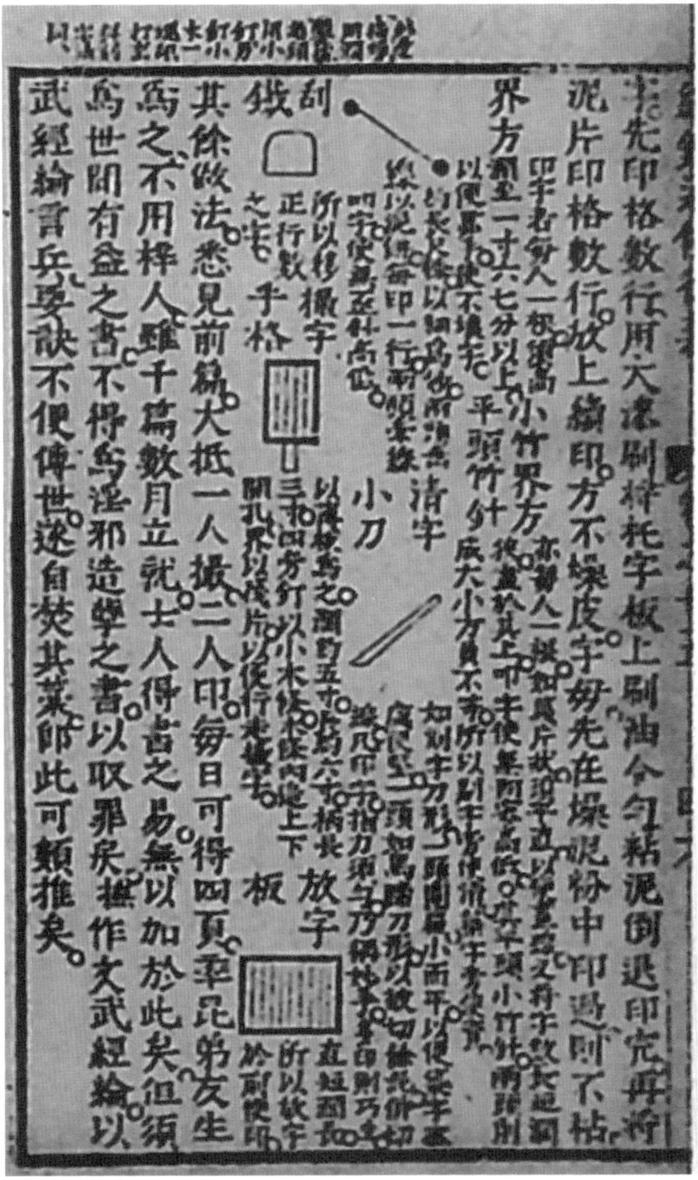

字先印格數行用天漆刷將耗字板上刷油令勻粘泥倒退印完再將
泥片印格數行放上編印方不燥皮字每先在燥泥粉中印過則不粘
界方 平頭竹針
刮鐵 清字 小刀 放字 板
其餘做法悉見前編大抵一人撮二人印每日可得四頁率昆弟友生
爲之不用梓人雖千萬數月立就士人得書之易無以加於此矣但須
爲世間有益之書不得爲淫邪造孽之書以取罪戾擬作文武經綸以
武經綸言兵要訣不便傳世遂自焚其藁即此可類推矣

<서영 11-6> 「精訂綱鑑二十一史通俗衍義」, 呂撫乾隆원(1736)년교니활자자모본, 권25 제46엽상엽.

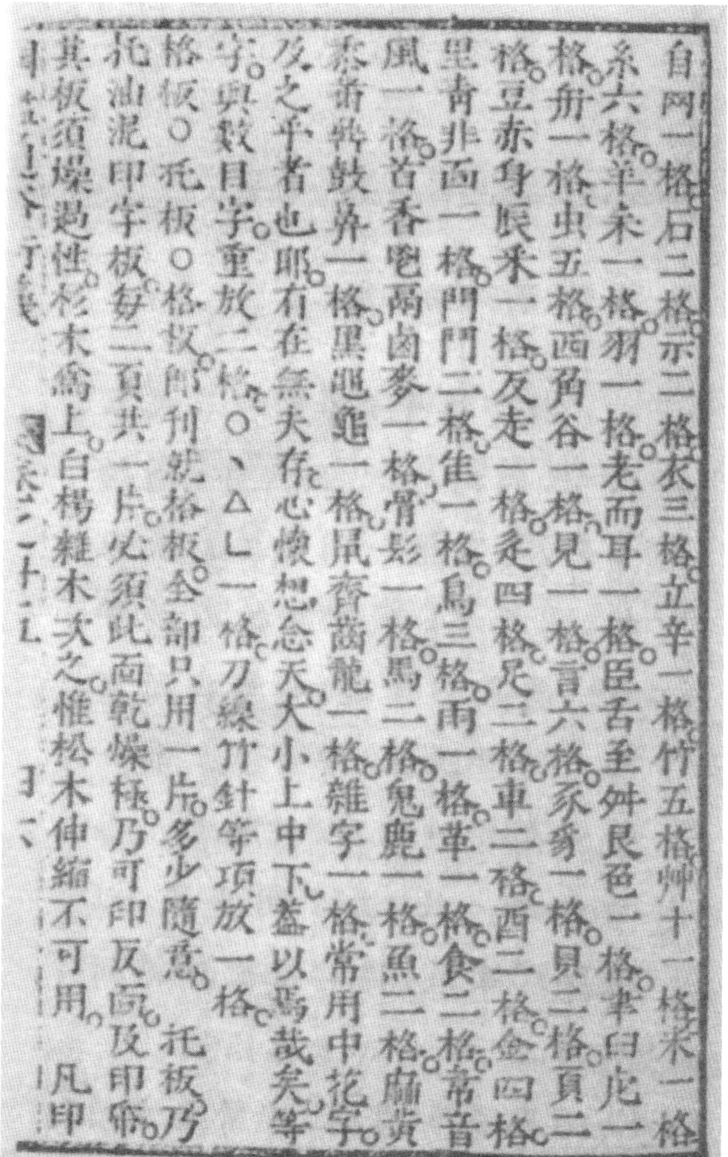
自网一格。后二格。示二格。衣三格。立辛一格。竹五格。艸十一格。米一格
糸六格。羊未一格。羽一格。老而耳一格。臣舌至舛艮邑一格。聿臼卢一
格。舟一格。虫五格。西角谷一格。見一格。言六格。豕豸一格。貝二格。頁二
格。豆赤身辰釆一格。及走一格。辵四格。足三格。車二格。酉二格。金四格。
里青非面一格。門門二格。隹一格。鳥三格。雨一格。革一格。食二格。音
風一格。首香髟鬲鬯鹵麥一格。骨彭一格。馬二格。鬼鹿一格。魚二格。麻黃
黍黹黽鼓鼻一格。黑黽龜一格。鼠齊齒龍一格。雜字一格。常用中花字。
及之乎者也耶。有在無夫存心懷想念天。大小上中下。蓋以焉哉矣等
字。與數目字。重放二格。○、△乚一格。刀綫竹針等項。放一格。
格板○托板○格板。即刊就格板。全部只用一片。多少隨意。托板乃
托油泥印字板。每二頁共一片。必須此兩乾燥極。乃可印反面。及印齊。
其板須燥過。從杉木為上。白楊椴木次之。惟松木伸縮不可用。凡印

<서영 12-1> 「太平寰宇記」, 欒모씨乾隆32(1767)년목활자본, 권1 제1엽하엽.

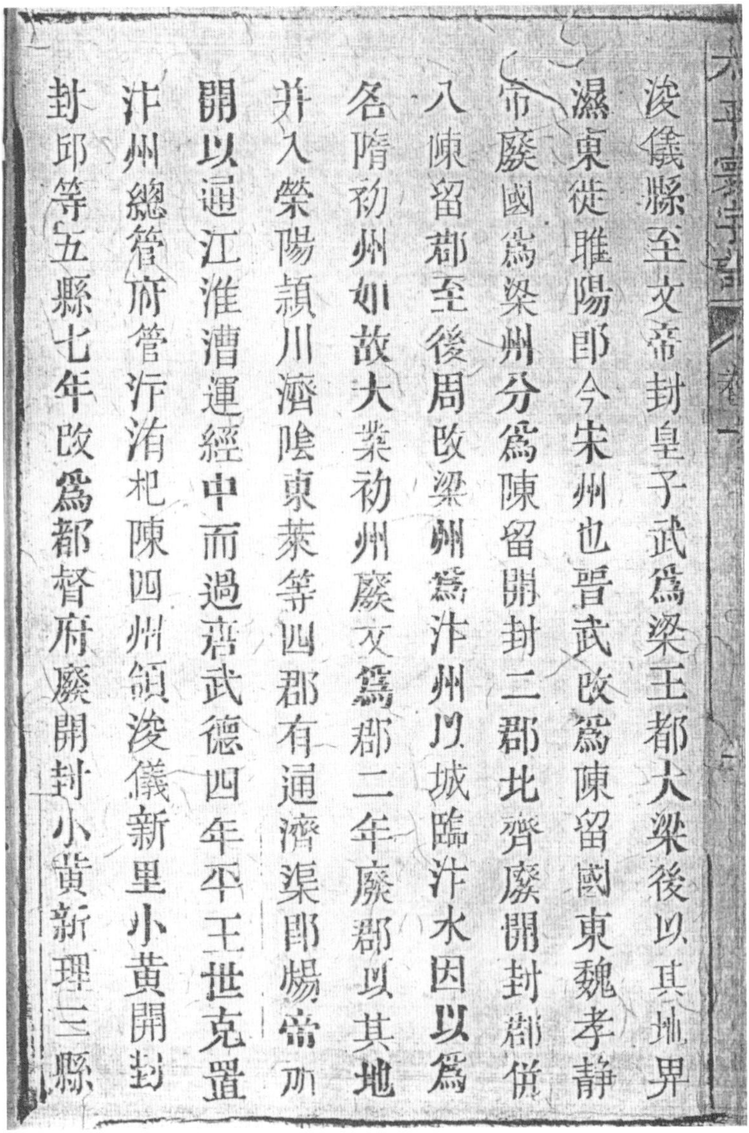

太平寰宇記 卷一

浚儀縣至文帝封皇子武爲梁王都大梁後以其地界
濕東徙睢陽即今宋州也晉武改爲陳留國東魏孝靜
帝廢國爲梁州分爲陳留開封二郡北齊廢開封郡併
入陳留郡至後周改梁州爲汴州以城臨汴水因以爲
名隋初州如故大業初州廢又爲郡二年廢郡以其地
并入滎陽潁川濟陰東萊等四郡有通濟渠即煬帝所
開以通江淮漕運經中而過唐武德四年平王世充置
汴州總管府管汴洧杞陳四州領浚儀新里小黄開封
封邱等五縣七年改爲都督府廢開封小黄新里三縣

<서영 12-2> 「太平寰宇記」, 樂모씨乾隆32(1767)년목활자본, 권1 제1엽상엽, 21.1 × 13.5cm.

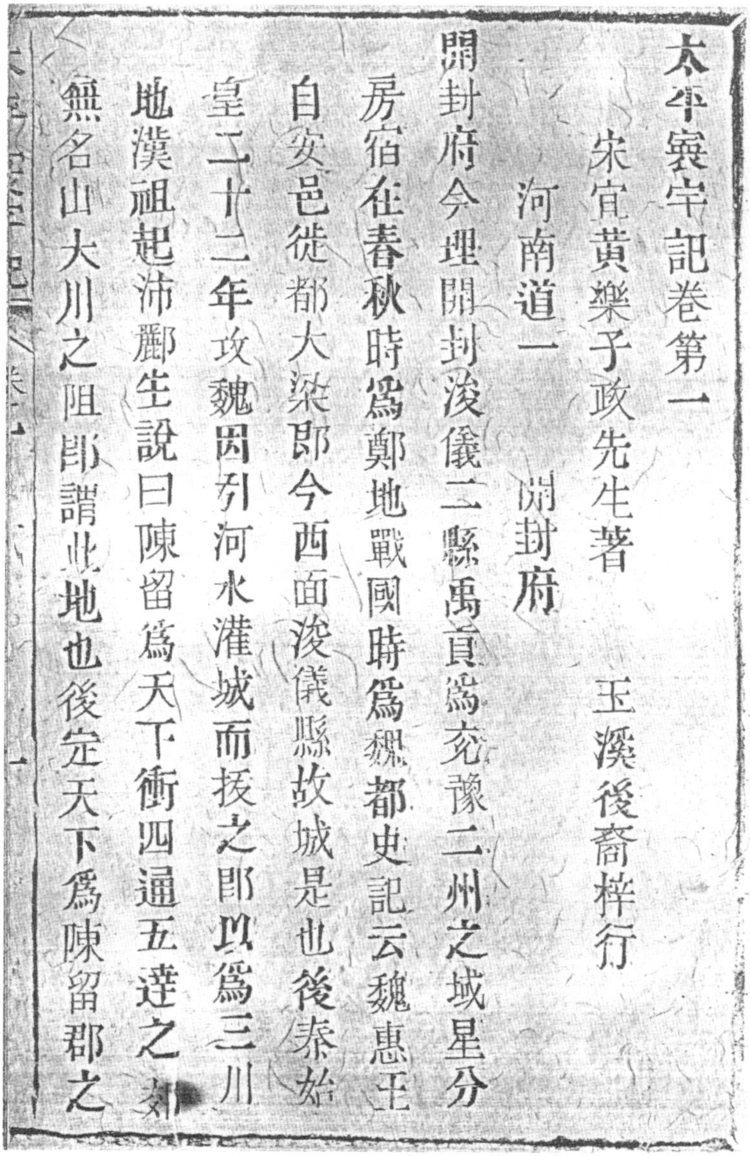
太平寰宇記卷第一
宋宜黃樂子政先生著　玉溪後裔梓行
河南道一　開封府
開封府今理開封浚儀二縣禹貢爲兖豫二州之域星分
房宿在春秋時爲鄭地戰國時爲魏都史記云魏惠王
自安邑徙都大梁卽今西面浚儀縣故城是也後秦始
皇二十二年攻魏因引河水灌城而拔之卽以爲三川
地漢祖起沛酈生說曰陳留爲天下衝四通五達之郊
無名山大川之阻卽謂此地也後定天下爲陳留郡之

<서영 12-3> 「太平寰宇記」, 樂모씨乾隆32(1767)년목활자본, 권5 말엽하엽.

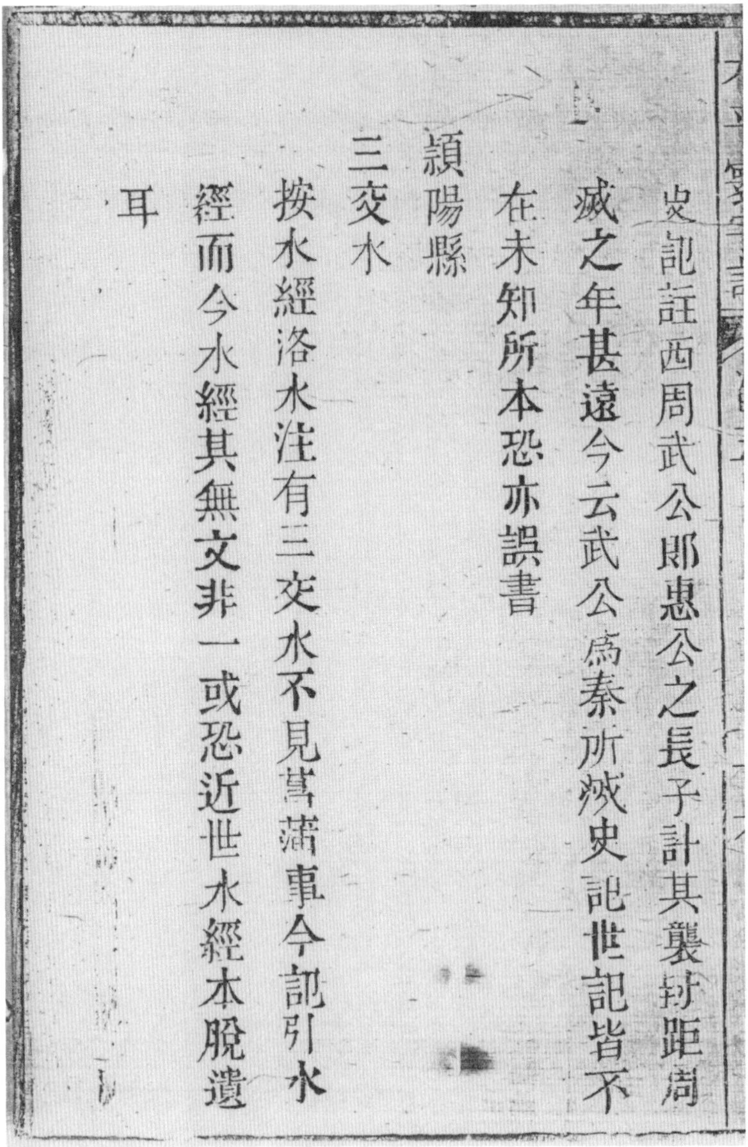
史記註西周武公即惠公之長子計其襲封距周
滅之年甚遠今云武公爲秦所滅史記世記皆不
在未知所本恐亦誤書

潁陽縣

三交水
按水經洛水注有三交水不見其滿事今記引水
經而今水經其無文非一或恐近世水經本脫遺
耳

<서영 12-4> 「太平寰宇記」, 欒모씨乾隆32(1767)년목활자본, 권6 제1엽상엽.

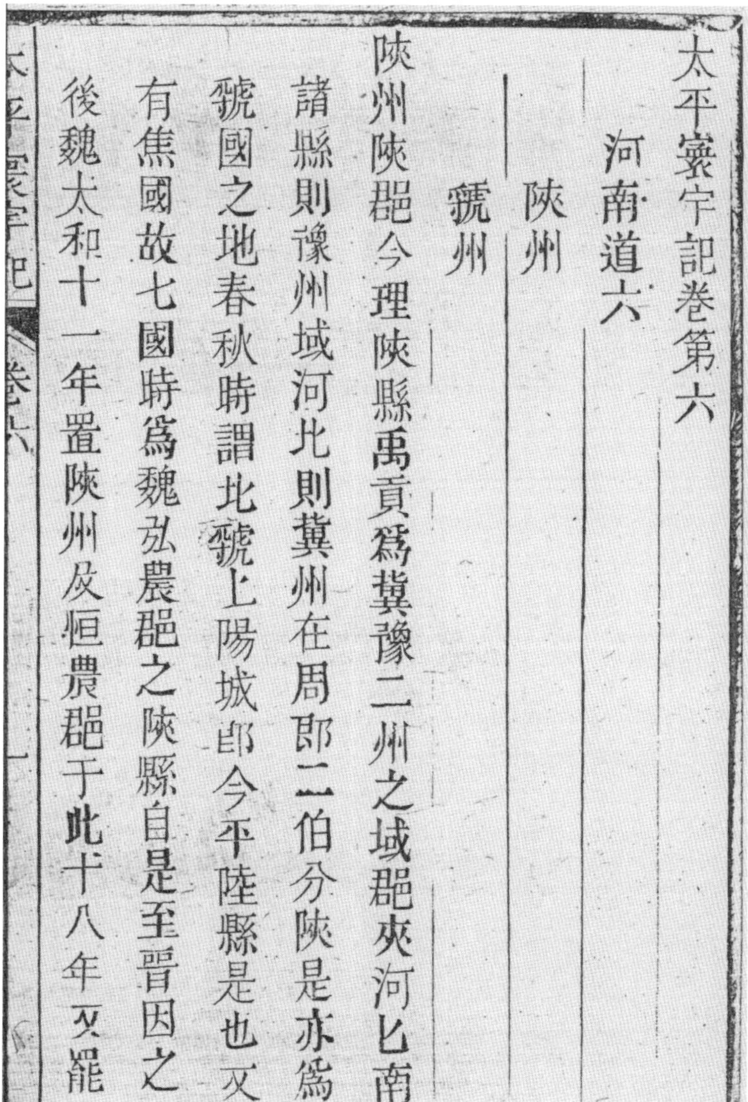

太平寰宇記卷第六
河南道六
陝州
虢州
陝州陝郡今理陝縣禹貢爲冀豫二州之域郡夾河已南
諸縣則豫州域河北則冀州在周即二伯分陝是亦爲
虢國之地春秋時謂北虢上陽城即今平陸縣是也又
有焦國故七國時爲魏弘農郡之陝縣自是至晉因之
後魏太和十一年置陝州及恒農郡于此十八年又罷
太平寰宇記　卷六　一

<서영 13-1> 「武英殿聚珍版程式」, 武英殿聚珍版叢書乾隆41(1776)년목활자본, 十韻 제1엽상엽, 18.5 × 11.6cm.

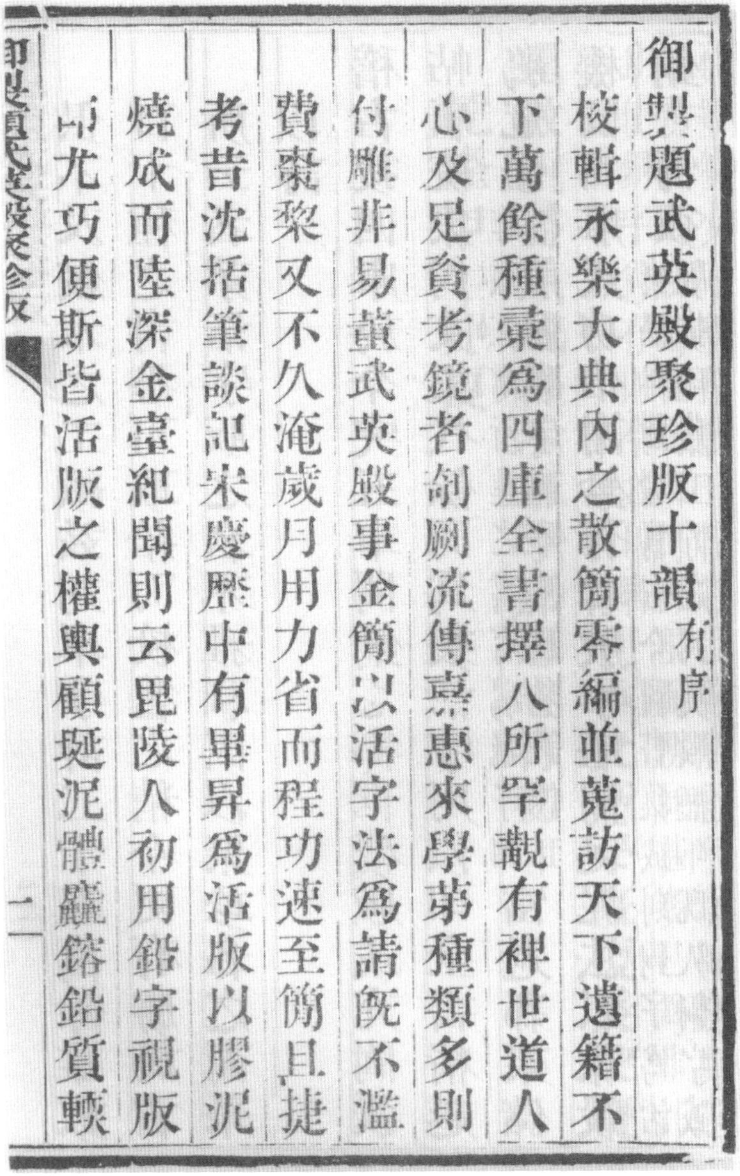

御製題武英殿聚珍版十韻 有序
校輯永樂大典內之散簡零編並蒐訪天下遺籍不
下萬餘種彙爲四庫全書擇八所罕覯有裨世道人
心及足資考鏡者剞劂流傳嘉惠來學第種類多則
付雕非易董武英殿事金簡以活字法爲請旣不濫
費棗梨又不久淹歲月用力省而程功速至簡且捷
考昔沈括筆談記宋慶歷中有畢昇爲活版以膠泥
燒成而陸深金臺紀聞則云毗陵人初用鉛字視版
印尤巧便斯皆活版之權輿顧埏泥體麤鎔鉛質輭

御製題武英殿聚珍版　一

<서영 13-2> 「武英殿聚珍版程式」, 武英殿聚珍版叢書乾隆41(1776)년목활자본, 目錄 제1엽상엽.

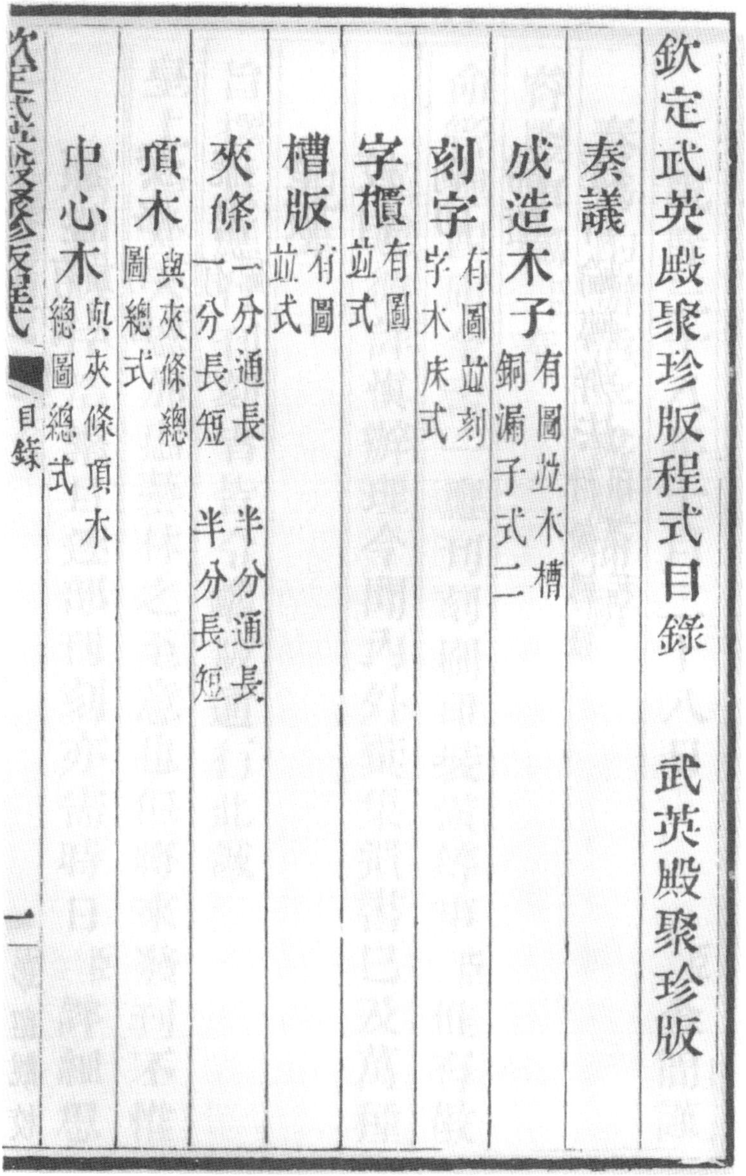
欽定武英殿聚珍版程式目錄　武英殿聚珍版

奏議

成造木子 有圖並木槽銅漏子式二

刻字 有圖並刻字木床式

字櫃 有圖並式

槽版 有圖並式

夾條 一分通長 一分長短 半分通長 半分長短

頂木 與夾條總圖總式

中心木 與夾條頂木總圖總式

欽定武英殿聚珍版程式 目錄 一

<서영 13-3> 「武英殿聚珍版程式」, 武英殿聚珍版叢書乾隆41(1776)년목활자본, 奏議 제1엽상엽.

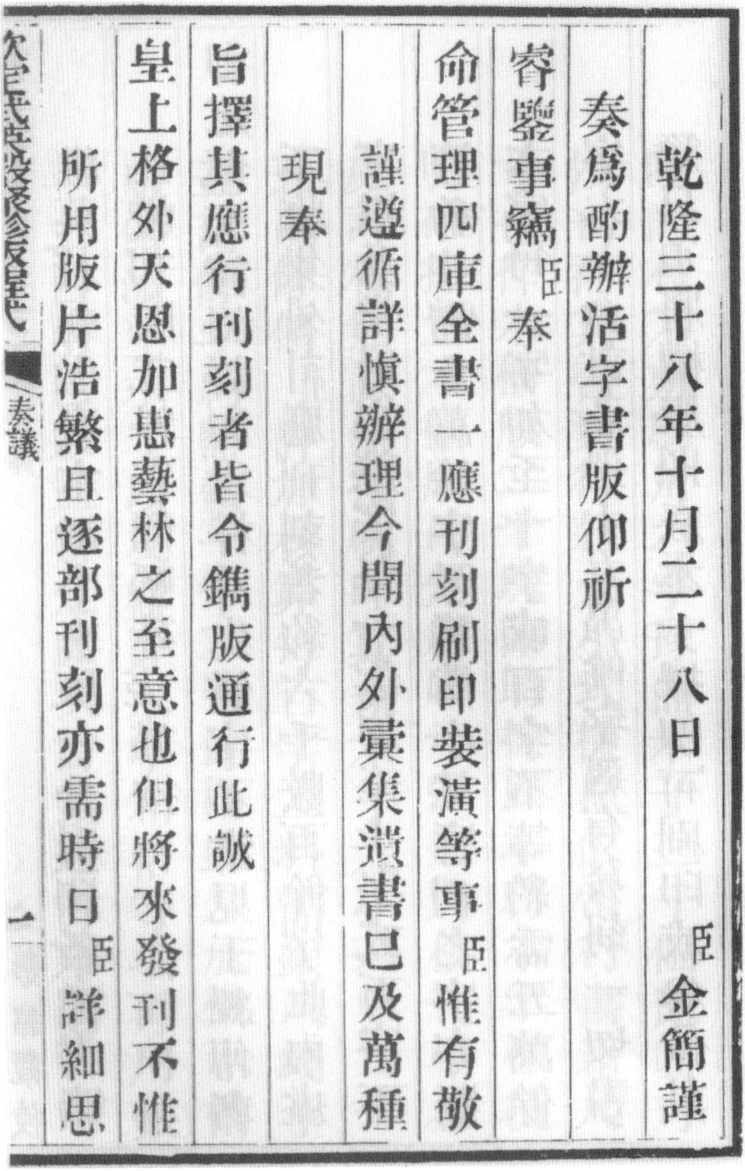

乾隆三十八年十月二十八日 臣 金簡謹

奏爲酌辦活字書版仰祈

睿鑒事竊 臣 奉

命管理四庫全書一應刊刻刷印裝潢等事 臣 惟有敬

謹遵循詳慎辦理今聞內外彙集遺書已及萬種

現奉

旨擇其應行刊刻者皆令鐫版通行此誠

皇上格外天恩加惠藝林之至意也但將來發刊不惟

所用版片浩繁且逐部刊刻亦需時日 臣 詳細思

欽定武英殿聚珍版程式 奏議 一

<서영 13-4> 「武英殿聚珍版程式」, 武英殿聚珍版叢書乾隆41(1776)년목활자본, 成造木子 제15엽상엽.

成造木子

聚珍版擺印書籍固稱簡捷然以數十萬散字中掇輯成章其木子大小難以畫一若逐字鏇削又事繁而工費故製造木子之法利用棗木解板厚四分許豎裁作方條寬一寸許先架疊曬乾兩面用鑤取平以淨厚二分八釐爲準然後橫截成木子每個約寬四分豫以硬木一塊長一尺四寸寬一寸八分中挖槽一條內寬一寸深三分底牆欲平直外牆以鐵鑲口下首兩牆挖空寸許將木子數十個仄排槽內用活閂擠緊鑤之以平

欽定武英殿聚珍版程式 成造木子 一五

<서영 13-5> 「武英殿聚珍版程式」, 武英殿聚珍版叢書乾隆41(1776)년목활자본, 刻字 제17엽하엽.

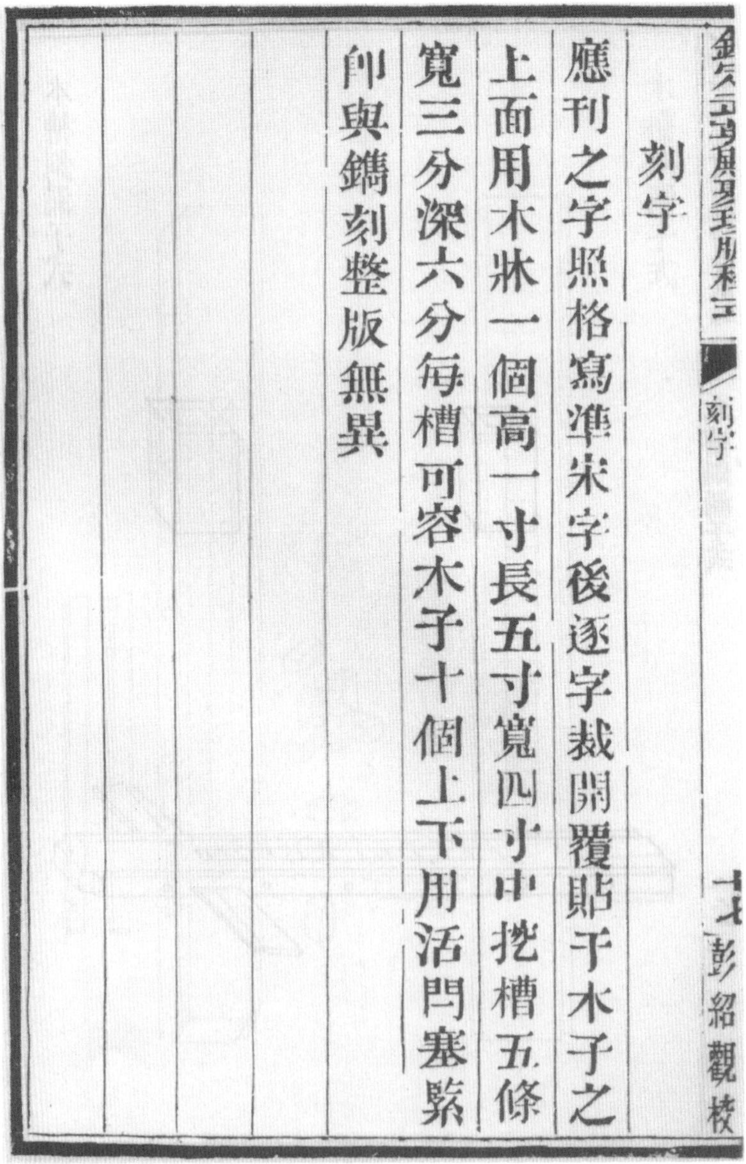
欽定武英殿聚珍版程式 刻字 十七 彭紹觀校

刻字

應刊之字照格寫準宋字後逐字裁開覆貼于木子之上面用木牀一個高一寸長五寸寬四寸中挖槽五條寬三分深六分每槽可容木子十個上下用活閂塞緊仰與鐫刻整版無異

<서영 13-6> 「武英殿聚珍版程式」, 武英殿聚珍版叢書乾隆41(1776)년목활자본, 字櫃 제19엽상엽.

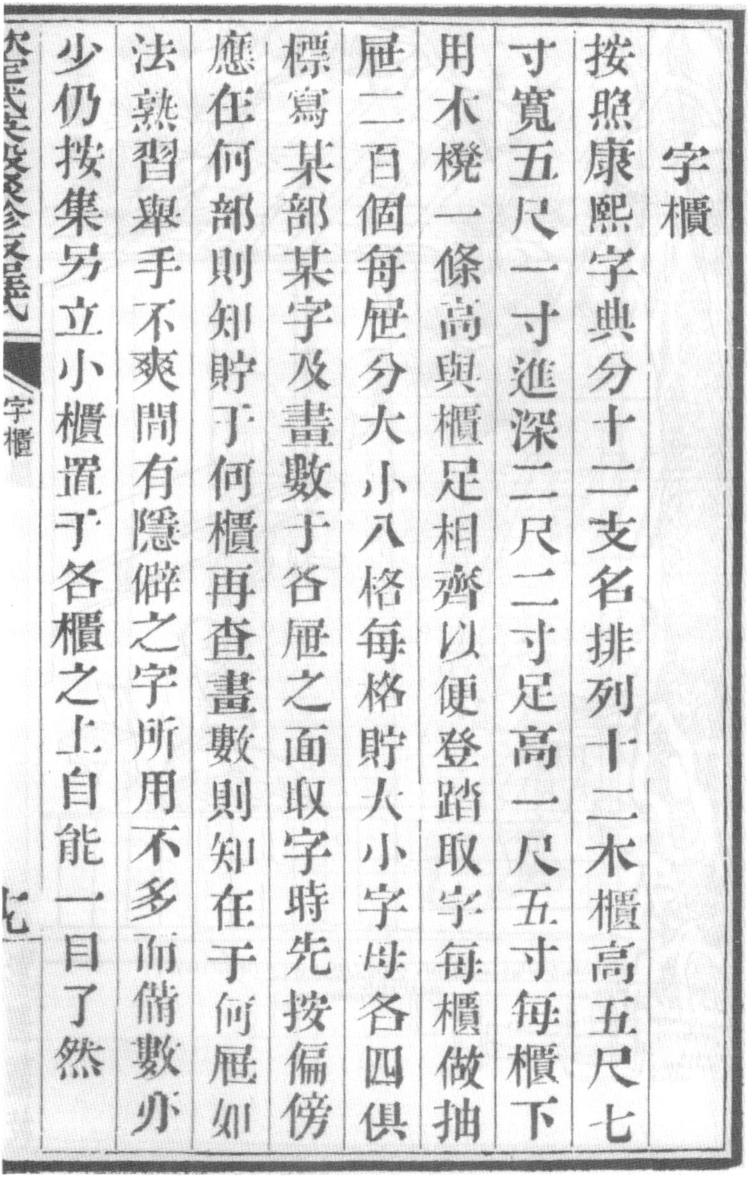

字櫃

按照康熙字典分十二支名排列十二木櫃高五尺七寸寬五尺一寸進深二尺二寸足高一尺五寸每櫃下用木櫈一條高與櫃足相齊以便登踏取字每櫃做抽屜二百個每屜分大小八格每格貯大小字母各四俱標寫某部某字及畫數于各屜之面取字時先按偏傍應在何部則知貯于何櫃再查畫數則知在于何屜如法熟習舉手不爽間有隱僻之字所用不多而備數亦少仍按集另立小櫃置于各櫃之上自能一目了然

武英殿聚珍版程式　字櫃　七

<서영 13-7> 「武英殿聚珍版程式」, 武英殿聚珍版叢書乾隆41(1776)년목활자본, 擺書 제27엽하엽.

欽定武英殿聚珍版程式 擺書 二十七 彭紹觀校

擺書

俱用麤通文義明白字體之人分稿後即將原文統計
文內某字用若干個各以類聚另謄一單按單取完各
字置于類盤之內然後照稿順其文義配合夾條頂木
排擺于槽版之內隨用小方簽寫某書某卷某頁貼于
槽版之外邊以便查記凡遇大字書每人一日可擺二
版小字書只可得一版之數間有某字即同某字今字
櫃中祇其重複酌存其一抑或原稿內寫法與字櫃中
寫法不同而實即一字者俱不可不審其同異而辨其

<서영 13-8> 「武英殿聚珍版程式」, 武英殿聚珍版叢書乾隆41(1776)년목활자본, 墊版 제29엽상엽.

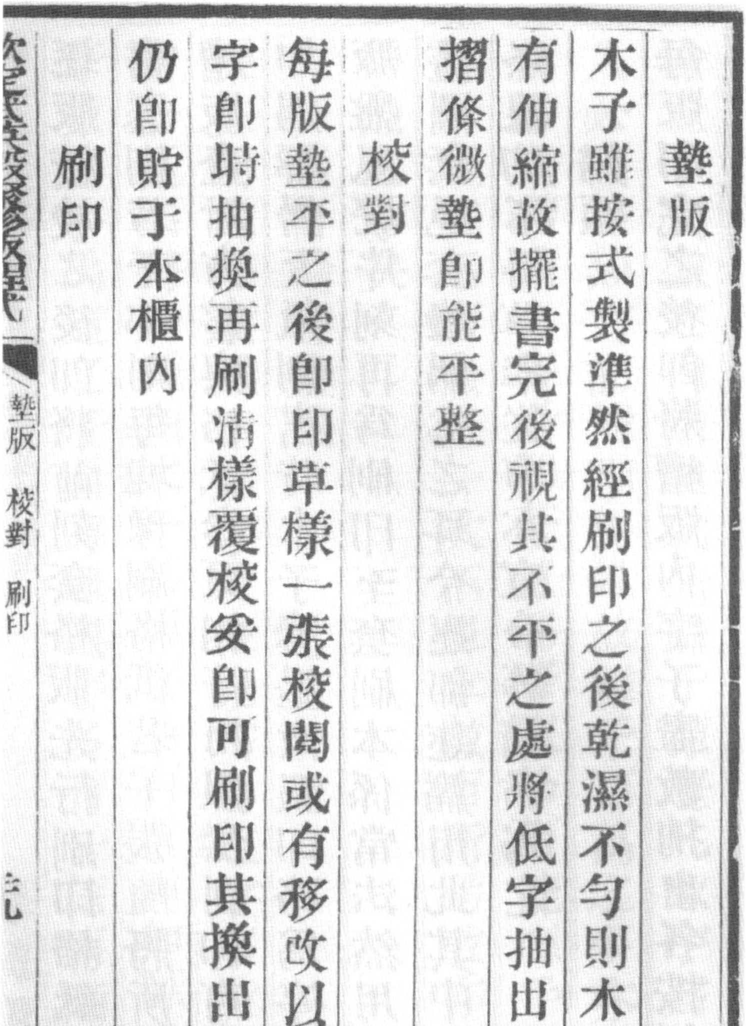
墊版
木子雖按式製準然經刷印之後乾濕不勻則木性究
有伸縮故擺書完後視其不平之處將低字抽出用紙
摺條微墊即能平整
校對
每版墊平之後即印草樣一張校閱或有移改以及錯
字即時抽換再刷清樣覆校妥即可刷印其換出之字
仍即貯于本櫃內
刷印

欽定武英殿聚珍版程式 墊版 校對 刷印 廿九

<서영 13-9> 「武英殿聚珍版程式」, 武英殿聚珍版叢書乾隆41(1776)년목활자본, 歸類 제29엽하엽.

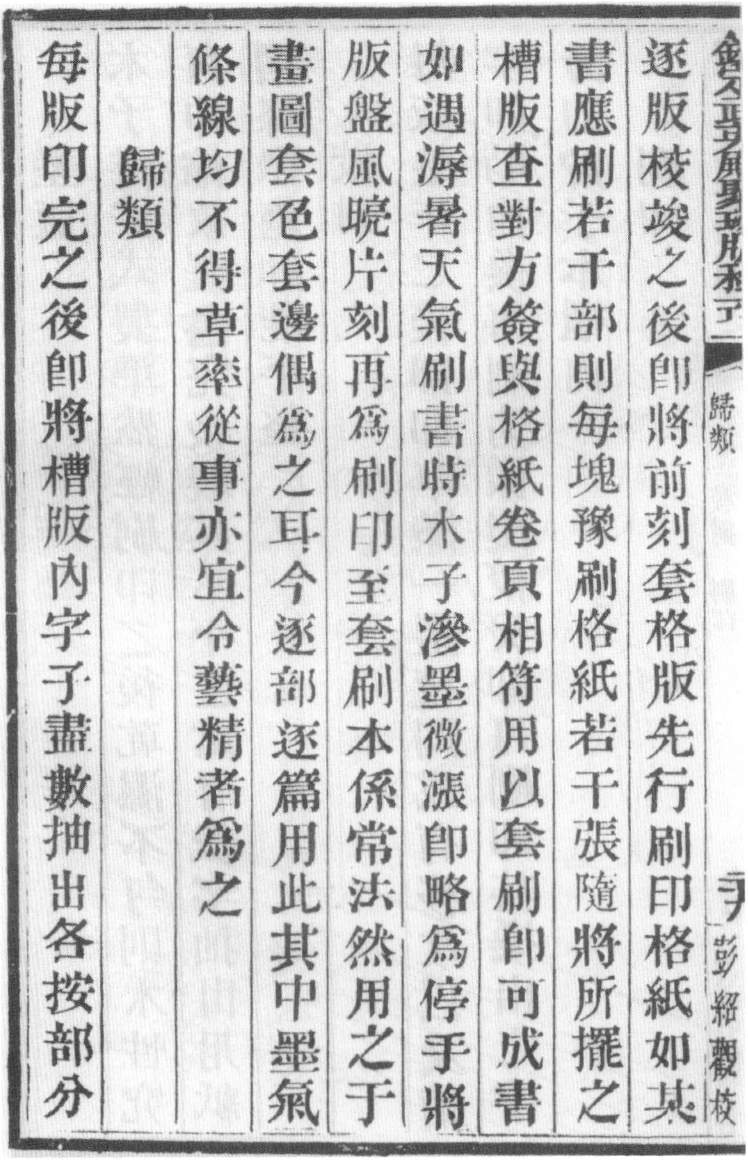

欽定武英殿聚珍版程式　歸類　彭紹觀校

逐版校竣之後即將前刻套格版先行刷印格紙如其書應刷若干部則每塊豫刷格紙若干張隨將所擺之槽版查對方簽與格紙卷頁相符用以套刷即可成書如遇溽暑天氣刷書時木子滲墨微漲即略爲停手將版盤風晾片刻再爲刷印至套刷本係常法然用之于書圖套色套邊偶爲之耳今逐部逐篇用此其中墨氣條線均不得草率從事亦宜令藝精者爲之

歸類

每版印完之後即將槽版內字子盡數抽出各按部分

<서영 13-10> 「武英殿聚珍版程式」, 武英殿聚珍版叢書乾隆41(1776)년목활자본,
逐日輪轉辦法 제30엽상엽.

欽定武英殿聚珍版程式 逐日輪轉辦法

檢置于類盤之內然後就櫃歸于原屜凡取字歸字出入必須按類方能淸晰無訛故雖千百萬之多亦不覺其浩繁若稍有紊淆則茫無涯際取給何能應手仍于每年歲底逐櫃檢查一次不但字數有所稽攷亦且無魯魚之謬矣

逐日輪轉辦法

現在刊成字數其中虛字及經見常用之字多備已不啻倍蓰然書帙種類不一其用字各有所重如算書之于數目字禹貢之于山海地輿字多有一語而兩三見

<서영 14-1> 「農書」, 武英殿聚珍版單行本嘉慶연간(1796-1820)목활자본, 권22 제23엽상엽 造活字印書法, 18.4 × 11.7cm.

造活字印書法伏羲氏畫八卦造書以代結繩之政而
文籍生焉注云書字於木刻其側以為契各持其一以相考合黃帝時倉頡視鳥
跡以為篆文即古文科斗書也周宣王時史籀變科斗
而為大篆秦李斯損益之而為小篆程邈省篆而為隸
由隸而楷由楷而草則又漢魏間諸賢變體之作此書
法之大概也或書之竹謂之竹簡或書於縑帛謂之帛
書厥後文籍寖廣縑貴而簡重不便於用又為之紙故
字從巾按前漢皇后紀已有赫蹏紙至後漢蔡倫以木
膚麻頭敝布魚網造紙稍為蔡倫紙而文籍資之以為

<서영 14-2> 「農書」, 武英殿聚珍版單行本嘉慶연간(1796-1820)목활자본, 권22 제24엽하엽 寫韻刻字法.

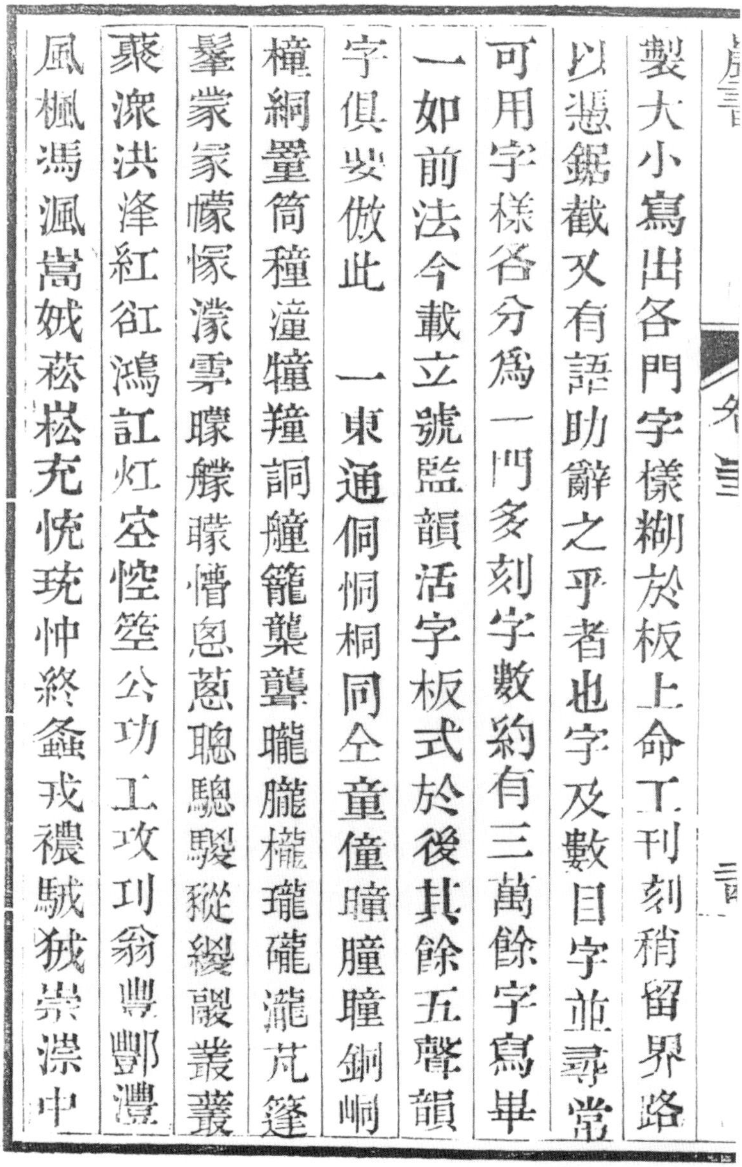

製大小寫出各門字樣糊於板上命工刊刻稍留界路
以憑鋸截又有語助辭之乎者也字及數目字並尋常
可用字樣各分爲一門多刻字數約有三萬餘字寫畢
一如前法今載立號監韻活字板式於後其餘五聲韻
字俱要做此 一東 通侗恫桐同仝童僮曈瞳犝銅峒
橦絧罿筒穜潼犝撞詷艟籠龔聾曨朧櫳瓏礲瀧芃蓬
鬆蒙冡幪懞濛雺矇艨曚懵悤蔥聰驄騣豵緵鬷叢藂
葼淙洪洚紅谼鴻訌灴空悾箜公功工攻玒翁豐酆灃
風楓馮渢嵩娀菘崧充㤝珫忡終螽戎襛駥狨崇漴中

<서영 15> 「萬壽衢歌樂章」, 武英殿聚珍版叢書乾隆38(1773)-59(1794)연간목활자朱墨투인본, 권1 제4엽하엽.

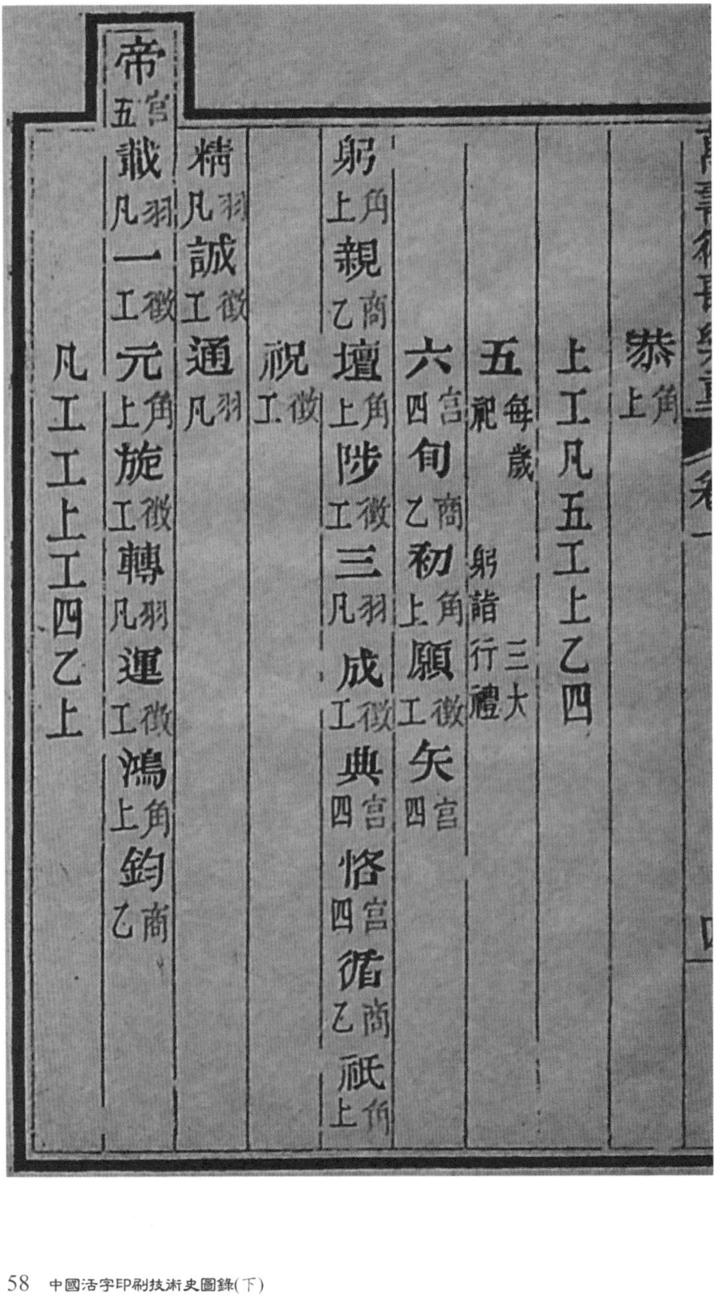

<서영 16-1> 「意林」, 武英殿聚珍版叢書乾隆47(1782)년목활자본, 권1 제1엽상엽.

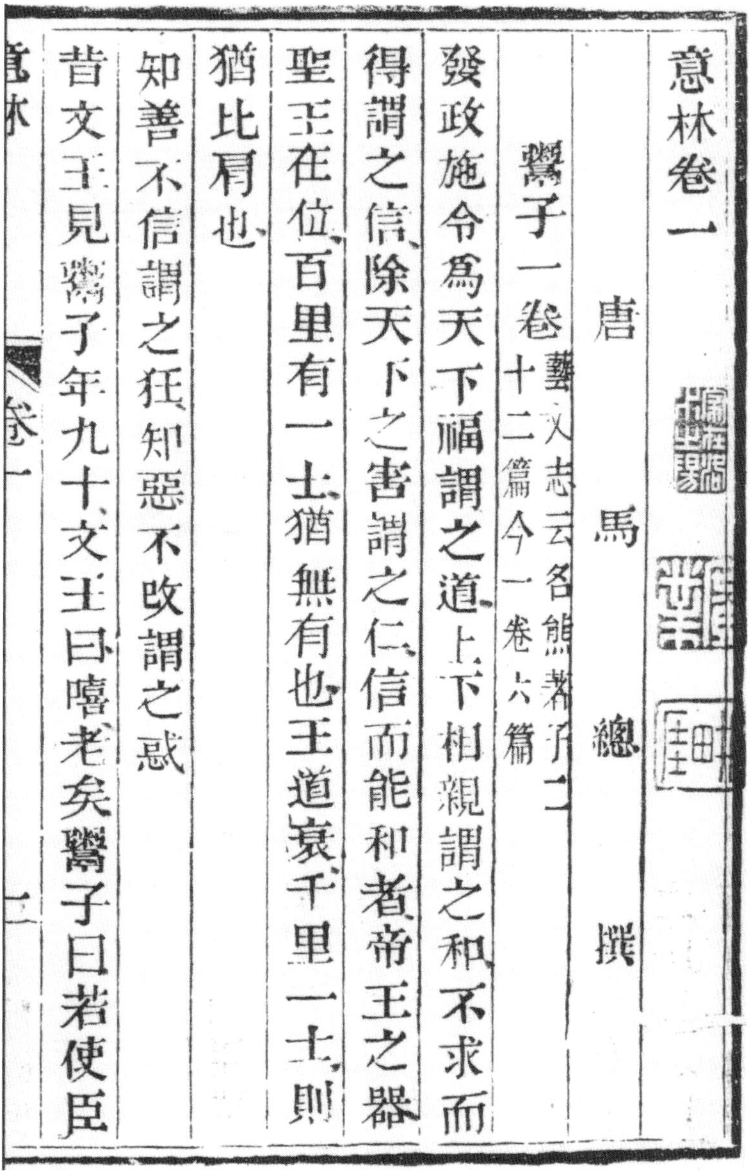
意林卷一
唐 馬總 撰
鬻子一卷 藝文志云名熊著子二十二篇今一卷六篇
發政施令爲天下福謂之道上下相親謂之和不求而得謂之信除天下之害謂之仁信而能和者帝王之器
聖王在位百里有一士猶無有也王道衰千里一士則猶比肩也
知善不信謂之狂知惡不改謂之惑
昔文王見鬻子年九十文王曰嘻老矣鬻子曰若使臣
意林 卷一

<서영 16-2> 「意林」, 武英殿聚珍版叢書乾隆47(1782)년목활자본, 권1 제14엽상엽.

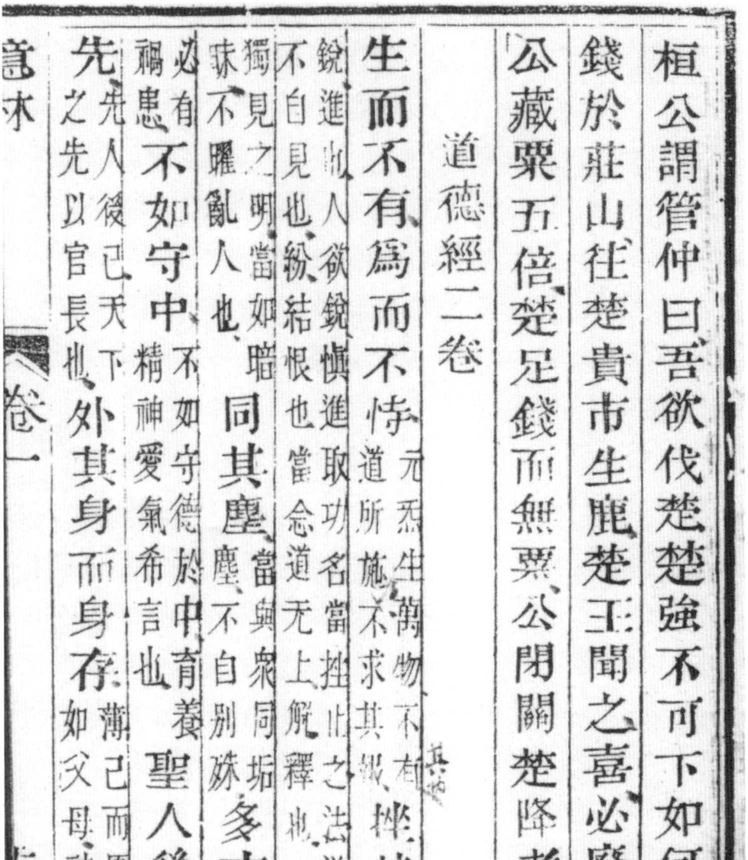
桓公謂管仲曰吾欲伐楚楚強不可下如何曰公但鑄錢於莊山往楚買市生鹿楚王聞之喜必廢農而獵鹿公藏粟五倍楚足錢而無粟公閉關楚降者十分有四

道德經二卷

生而不有爲而不恃元炁生萬物不有道所施不求其報挫其銳解其紛銳進也人欲銳愼進取功名當挫止之法道不自見也紛結根也當念道无上般釋也和其光雖有獨見之明當如暗昧不曜亂人也同其塵當與衆同垢塵不自別殊多言數窮口開舌擧必有禍患不如守中不如守德於中育養精神愛氣希言也聖人後其身而身先先人後己天下之先以官長也外其身而身存薄己而厚人人愛之如父母神明祐之如

意林　卷一　十

<서영 16-3> 「意林」, 武英殿聚珍版叢書乾隆47(1782)년목활자본, 권3 제1엽상엽.

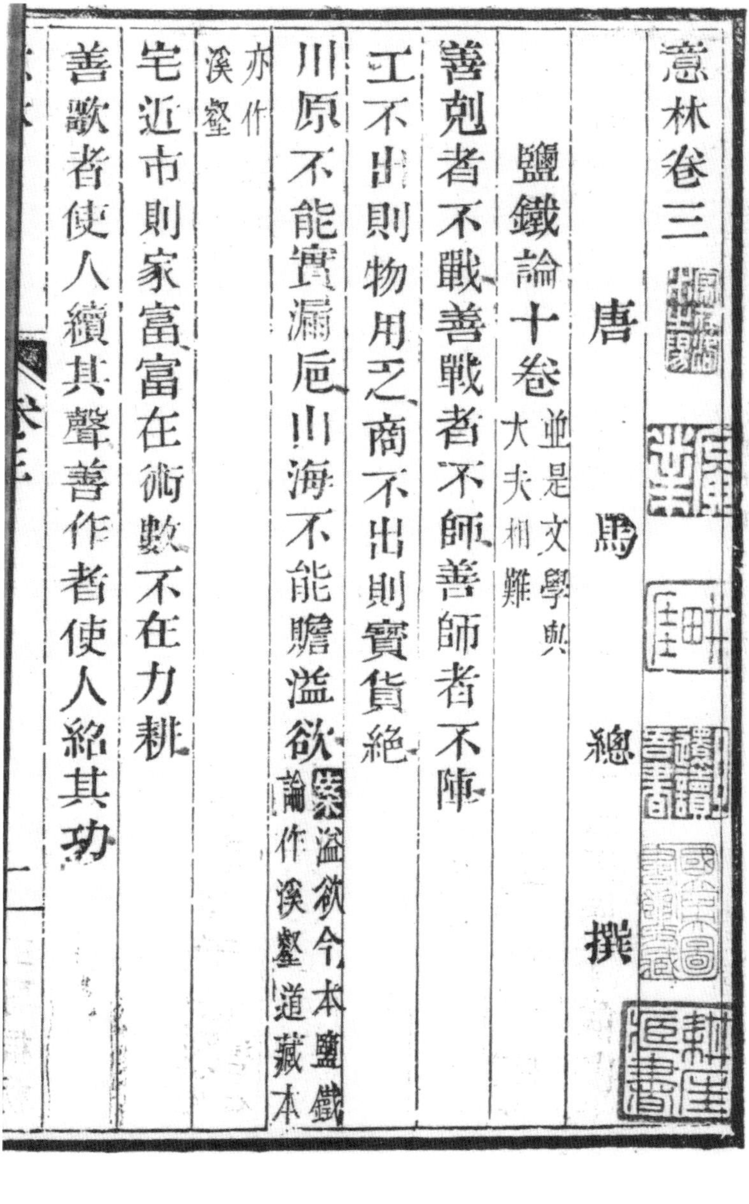

意林卷三

唐 馬總 撰

鹽鐵論十卷 並是文學與大夫相難

善剋者不戰善戰者不師善師者不陣

工不出則物用乏商不出則實貨絕

川原不能實漏巵山海不能贍溢欲 案溢欲今本鹽鐵論作溪壑道藏本亦作溪壑

宅近市則家富富在術數不在力耕

善歎者使人續其聲善作者使人紹其功

<서영 17-1> 「絜齋毛詩經筵講義」, 武英殿聚珍版叢書乾隆38(1773)-59(1794)연간목활자본, 권3 제6엽하엽.

絜齋毛詩經筵講義 卷三 六 劉躍雲校

則縱橫放肆淪胥爲惡矣女子之思歸人之常情也然
父母既終無歸寧之道嫌疑所在何可不謹古者女子
許嫁而笄非有大故不入其門既嫁而返兄弟弗與同
席而坐弗與同器而食所以別嫌明微防于未然者若
是其嚴哉父母猶在歸于親旁安慰其心禮所當然也
父母既歿兄弟雖我同氣非有鞠養劬勞之恩其又可
歸乎歸若未害也然此心一縱或至于不保其身則害
莫大焉漢史所謂知其非禮而不能自還者是也齊襄
公鳥獸之行瀆亂禮經詩人至以雄狐目之亦惟姜氏

<서영 17-2> 「絜齋毛詩經筵講義」, 武英殿聚珍版叢書乾隆38(1773)-59(1794)연간목활자본,
권1 제1엽상엽, 18.5 × 11.6cm.

絜齋毛詩經筵講義卷一

宋 袁燮 撰

詩序一

國史明乎得失之迹傷人倫之廢哀刑政之苛吟咏情
性以風其上達于事變而懷其舊俗者也故變風發乎
情止乎禮義發乎情民之性也止乎禮義先王之澤也
臣觀先王盛時禮樂教化薰蒸陶冶人人有士君子之
行發而爲詩莫非性情之正流風遺俗久而不泯雖更
乎衰世而氣脈猶存此變風之作所以皆止于禮義而

絜齋毛詩經筵講義 卷一 一

<서영 18-1>「儀禮識誤」, 武英殿聚珍版叢書乾隆38(1773)-59(1794)연간목활자본, 권1 제1엽상엽.

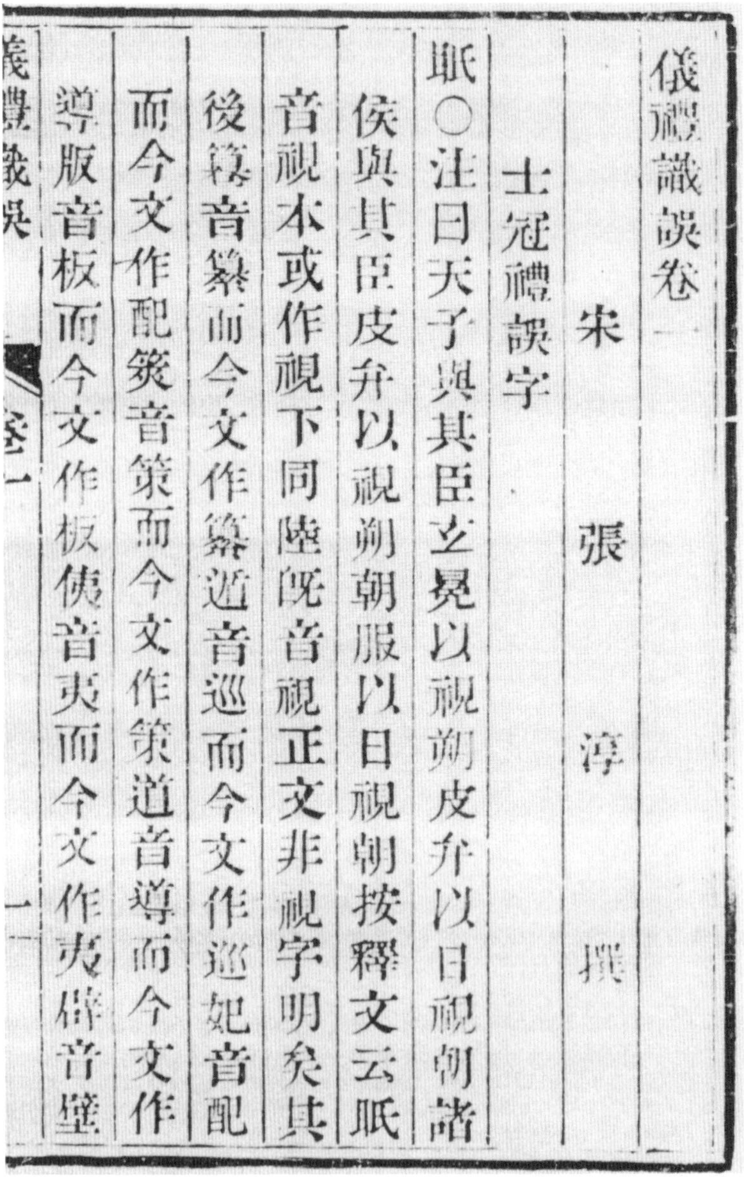
儀禮識誤卷一

宋 張淳 撰

士冠禮誤字

眡○注曰天子與其臣玄冕以視朔皮弁以日視朝諸
侯與其臣皮弁以視朔朝服以日視朝按釋文云眡
音視本或作視下同陸旣音視正文非視字明矣其
後篹音纂而今文作篹遁音巡而今文作巡妃音配
而今文作配筴音策而今文作筞道音導而今文作
導版音板而今文作板俠音夾而今文作夾辟音壁

儀禮識誤 卷一 一

<서영 18-2> 「儀禮識誤」, 武英殿聚珍版叢書乾隆38(1773)-59(1794)연간목활자본, 권1 제10엽하엽.

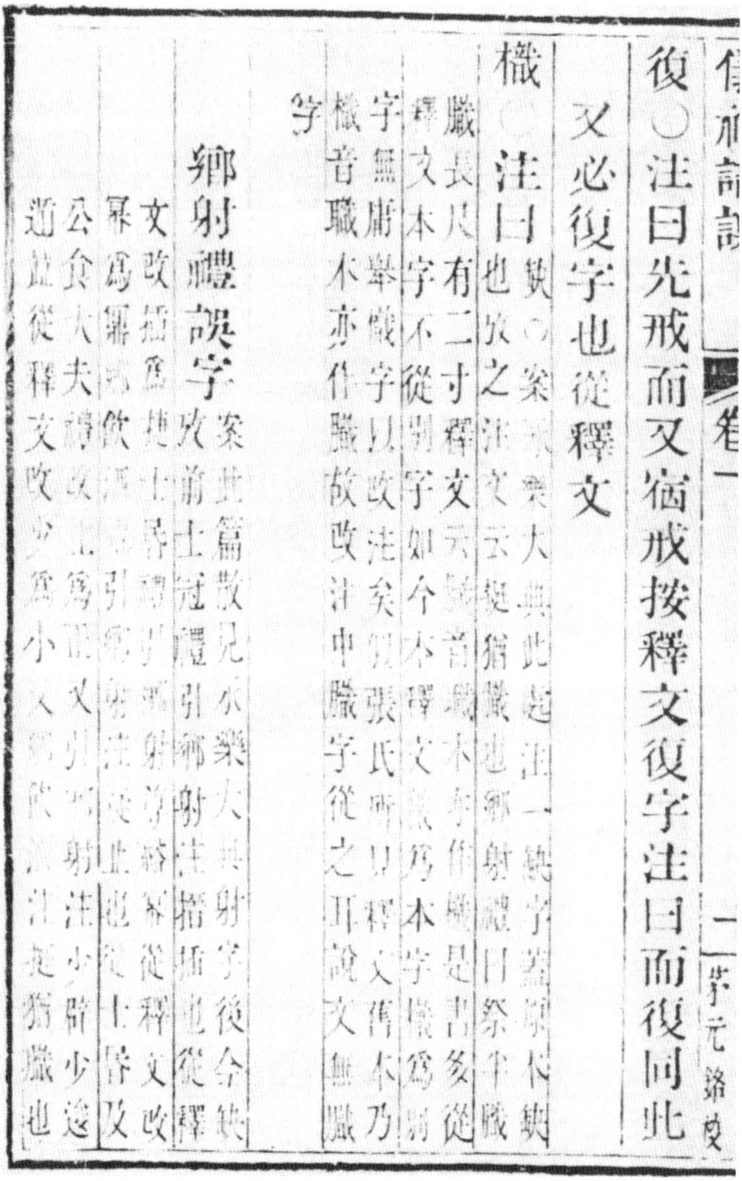
復○注曰先戒而又宿戒按釋文復字注曰而復同此
又必復字也從釋文
識○注曰
鄉射禮誤字

<서영 18-3> 「儀禮識誤」, 武英殿聚珍版叢書乾隆38(1773)-59(1794)연간목활자본, 권1 제11엽하엽.

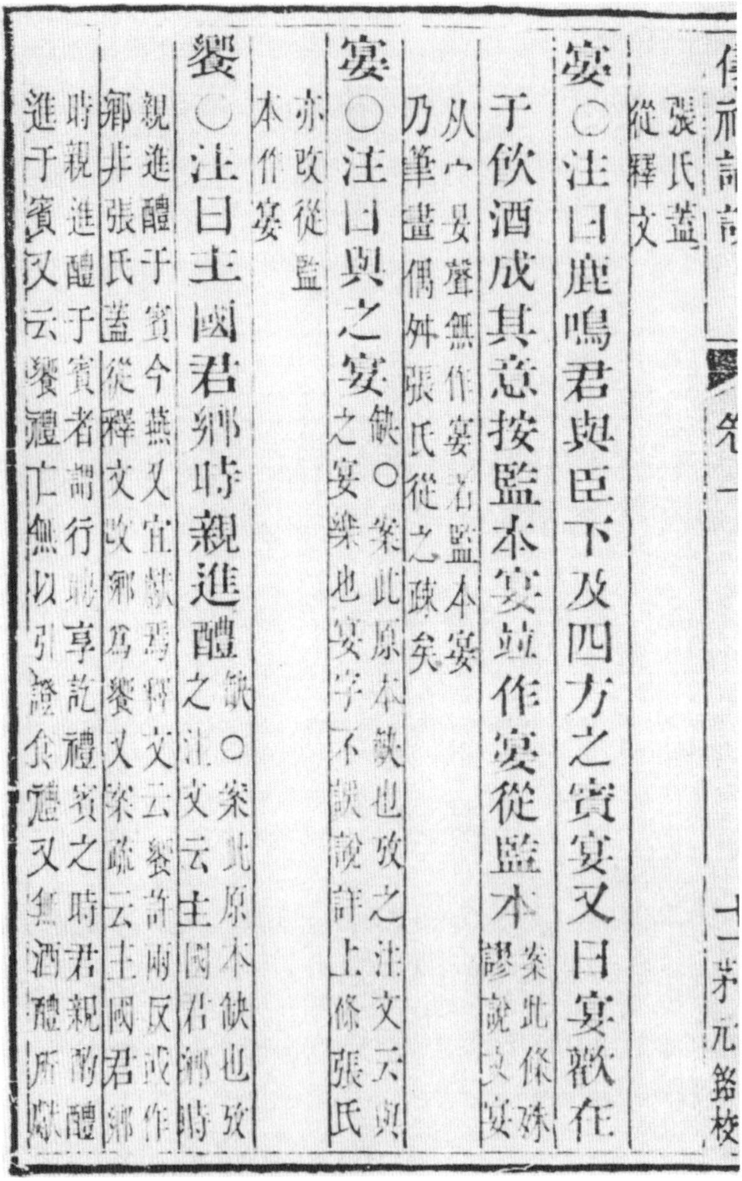

儀禮識誤 卷一 十一 茅元銘校

張氏蓋從釋文

宴○注曰鹿鳴君與臣下及四方之賓宴又曰宴歡在于飲酒成其意按監本宴並作宴從監本 案此係殊謬說改宴

从宀晏聲無作宴者監本宴乃筆畫偶舛張氏從之疎矣

宴○注曰與之宴 缺○案此原本缺也攷之注文云與之宴樂也宴字不誤說詳上條張氏亦改從監本作宴

饗○注曰主國君鄉時親進醴 缺○案此原本缺也攷之注文云主國君鄉時親進醴于賓今燕又宜獻焉釋文云饗許兩反或作鄉非張氏蓋從釋文改鄉爲饗又案疏云主國君鄉時親進醴于賓者謂行聘享訖禮賓之時君親酌醴進于賓又云饗禮亡無以引證食禮又無酒醴所獻

<서영 18-4> 「儀禮識誤」, 武英殿聚珍版叢書乾隆38(1773)-59(1794)연간목활자본, 권1 제11엽상엽.

改膱從職則鄕射記五職祭半職職長尺有二寸及注內職字凡三見皆改從職可知

燕禮誤字

路○注曰寢露寢按疏露作路後記之注亦作路從疏

鼏○經曰冪用綌若 案此下原本缺攷之經文冪用綌若錫注曰冪用綌若錫冬夏異也絺及注兩冪字張氏並改從鼏前士昏禮綌冪加勺徹尊冪及鄉飲酒鄉射綌冪從釋文改冪爲鼏燕禮釋文雖無鼏字蓋據士昏鄉飲酒鄉射釋文訂正又篇內執冪者反冪徹冪之屬皆改從鼏可推而知其說甚詳士昏禮鼏字下

大○注曰宰夫大宰之屬巾箱杭本大作人從監嚴本

壹○注曰所謂缺 ○案此原本缺也攷之注文云記所謂一張一弛者是之類歟釋文一作壹

儀禮識誤 卷一 十二

<서영 18-5> 「儀禮識誤」, 武英殿聚珍版叢書乾隆38(1773)-59(1794)연간목활자본, 권2 제16엽하엽.

儀禮識誤 卷二 十六 項家達校

經字必鼏後乃啓二尊之蓋鼏同從注
七○注曰古文朼作七監本七誤作上從諸本
侈○經曰主婦被錫衣移袂按釋文云侈本又作移昌
爾反從釋文
作○注曰今文辯爲徧按釋文云作徧從釋文
直於○經曰置于膚北按釋文云直於音値下注直室
同今改二字從釋文
食○注曰先飲啗之按釋文云先食作飲飯者皆非案原
本脫先字皆字今據釋文補正疏亦作食特牲饋食注亦曰先食啗

<서영 18-6> 「儀禮識誤」, 武英殿聚珍版叢書乾隆38(1773)-59(1794)연간목활자본, 권2 제17엽상엽.

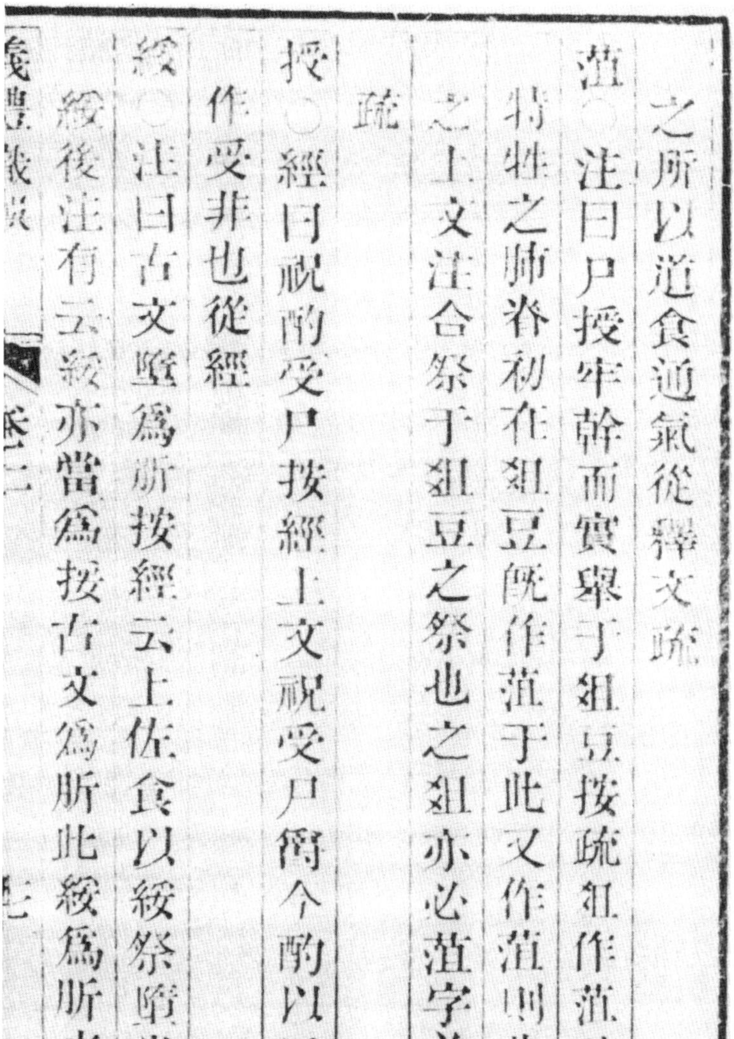
之所以道食道氣從釋文疏
菹○注曰尸授牢幹而實擧于俎豆按疏俎作菹疏于
特牲之肺脊初在俎豆既作菹于此又作菹則此篇
之上文注合祭于俎豆之祭也之俎亦必菹字並從
疏
授○經曰祝酌受尸按經上文祝受尸爵今酌以授尸
作受非也從經
綏○注曰古文墮爲肵按經云上佐食以綏祭墮當爲
綏後注有云綏亦當爲挼古文爲肵此綏爲肵之證
儀禮識誤 卷二

<서영 19> 「絳帖平」, 武英殿聚珍版叢書乾隆38(1773)-59(1794)연간목활자본, 제18엽하엽.

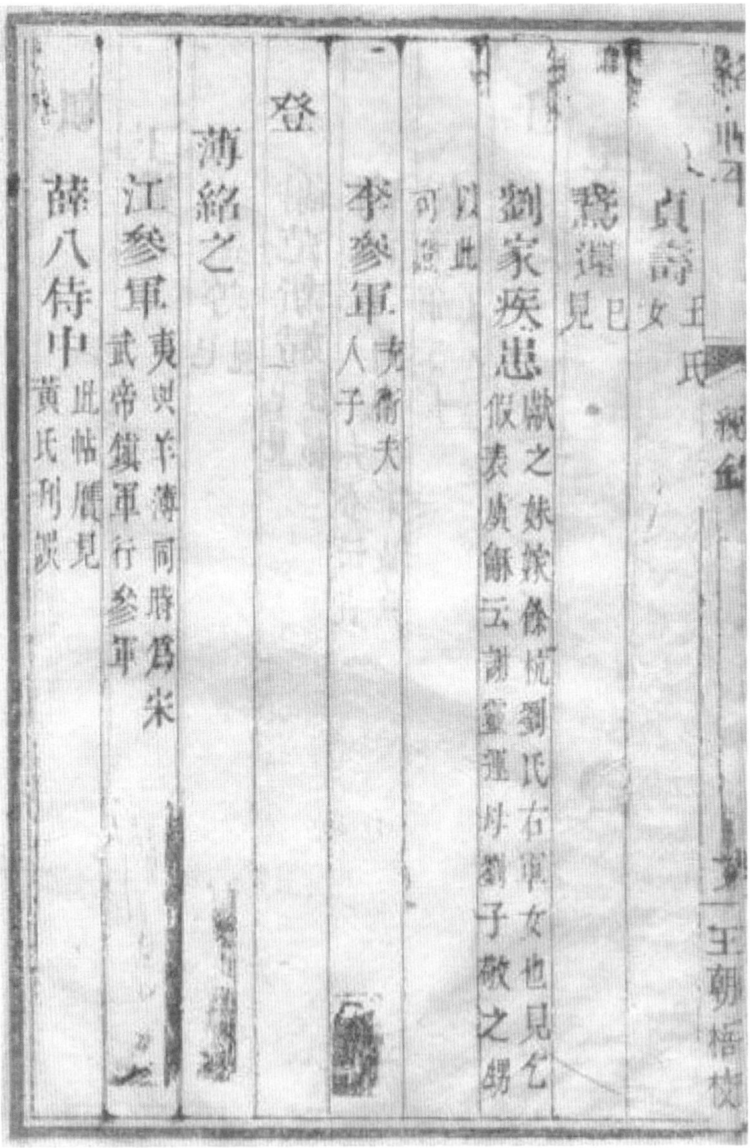

貞詩 王氏女

鸞 彈見已

劉家疾患 獻之妹洪餘杭劉氏右軍女也見乞假表頂𩛠云謝鑒運母劉子敬之甥

以此可證

李參軍 充衛夫人子

登

薄紹之

江參軍 夷與羊薄同時爲宋武帝鎮軍行參軍

薛八侍中 此帖屢見黃氏刊誤

<서영 20> 「紹興戊辰同年小錄」, 乾隆48(1783)년목활자본, 제1엽상엽, 18.9 × 18.7cm.

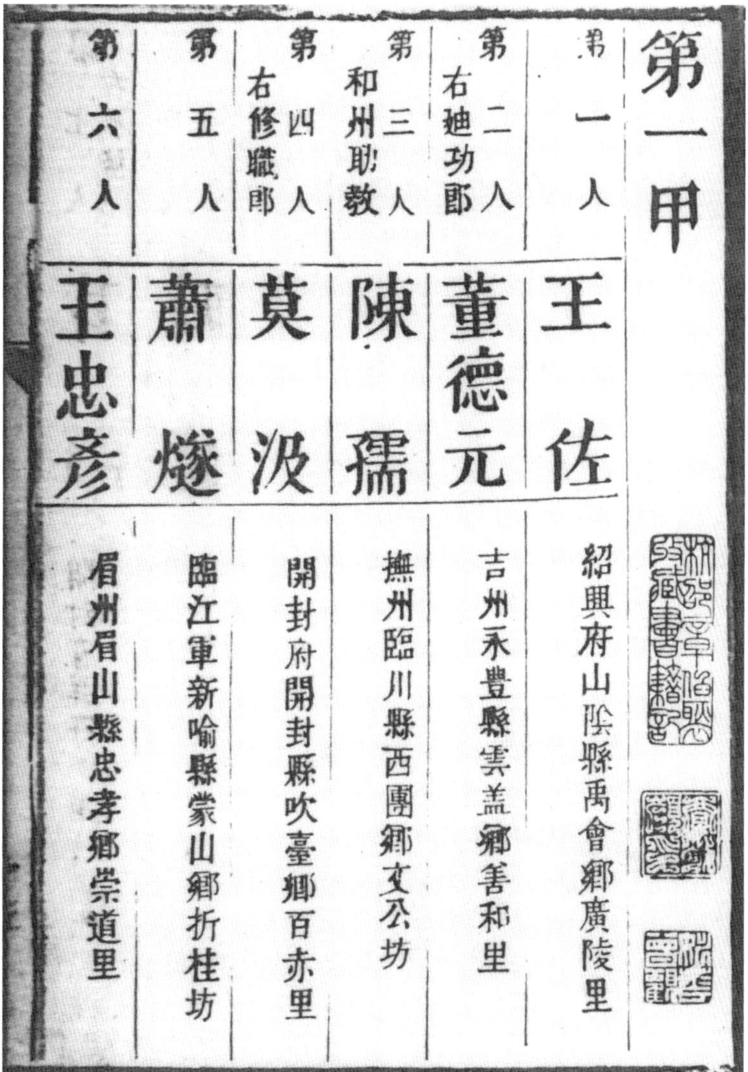

第一甲

第一人 王佐 紹興府山陰縣禹會鄉廣陵里

第二人 右廸功郎 董德元 吉州永豐縣雲蓋鄉善和里

第三人 和州助教 陳孺 撫州臨川縣西團鄉支公坊

第四人 右修職郎 莫汲 開封府開封縣吹臺鄉百赤里

第五人 蕭燧 臨江軍新喻縣蒙山鄉折桂坊

第六人 王忠彥 眉州眉山縣忠孝鄉崇道里

<서영 21-1> 「寶祐丙辰登科錄」, 乾隆48(1783)년목활자본, 제97엽상엽, 18.9 × 18.7cm.

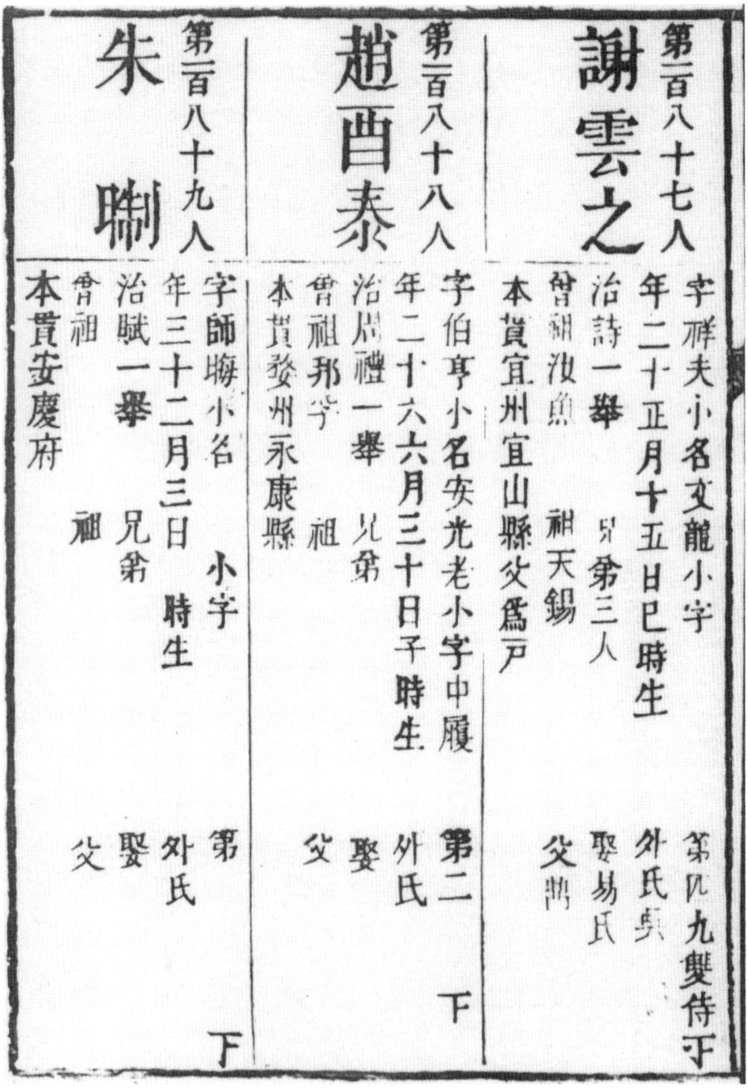
第一百八十七人
謝雲之
字祥夫小名文龍小字　第四 九 雙侍下
年二十正月十五日巳時生　外氏吳
治詩一舉　兄弟三人　娶易氏
曾祖汝魚　祖天錫　父鵬
本貫宜州宜山縣父為戶
第一百八十八人
趙酉泰
字伯亨小名安光老小字中履　第二　下
年二十六六月三十日子時生　外氏
治周禮一舉　兄弟　娶
曾祖邦宇　祖　父
本貫婺州永康縣
第一百八十九人
朱[口+制]
字師晦小名　小字　第　下
年三十二月三日　時生　外氏
治賦一舉　兄弟　娶
曾祖　祖　父
本貫安慶府

<서영 21-2> 「寶祐丙辰登科錄」, 乾隆48(1783)년목활자본, 跋.

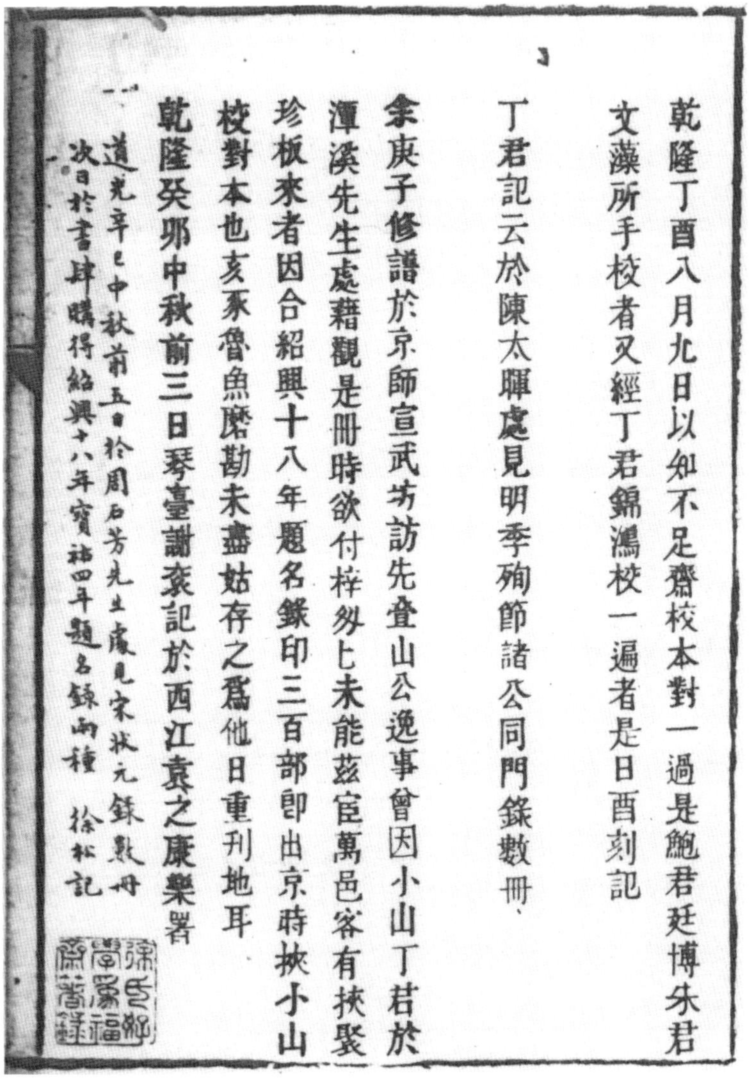

乾隆丁酉八月九日以知不足齋校本對一過是鮑君廷博朱君
文藻所手校者又經丁君錦鴻校一遍者是日酉刻記

丁君記云於陳太暉處見明季殉節諸公同門錄數冊

余庚子修譜於京師宣武坊訪先登山公逸事曾因小山丁君於
潭溪先生處藉觀是冊時欲付梓匆匆未能茲宦萬邑客有挾聚
珍板來者因合紹興十八年題名錄印三百部即出京時挾小山
校對本也亥豕魯魚磨勘未盡姑存之竢他日重刊地耳
乾隆癸卯中秋前三日琴臺謝袠記於西江袁之康樂署

道光辛巳中秋前五日於周石芳先生處見宋狀元錄數冊
次日於書肆購得紹興十八年寶祐四年題名錄兩種 徐松記

<서영 22-1> 「吳興合璧」, 乾隆52(1787)년목활자본, 권1 제1엽상엽, 18.3 × 13.0cm

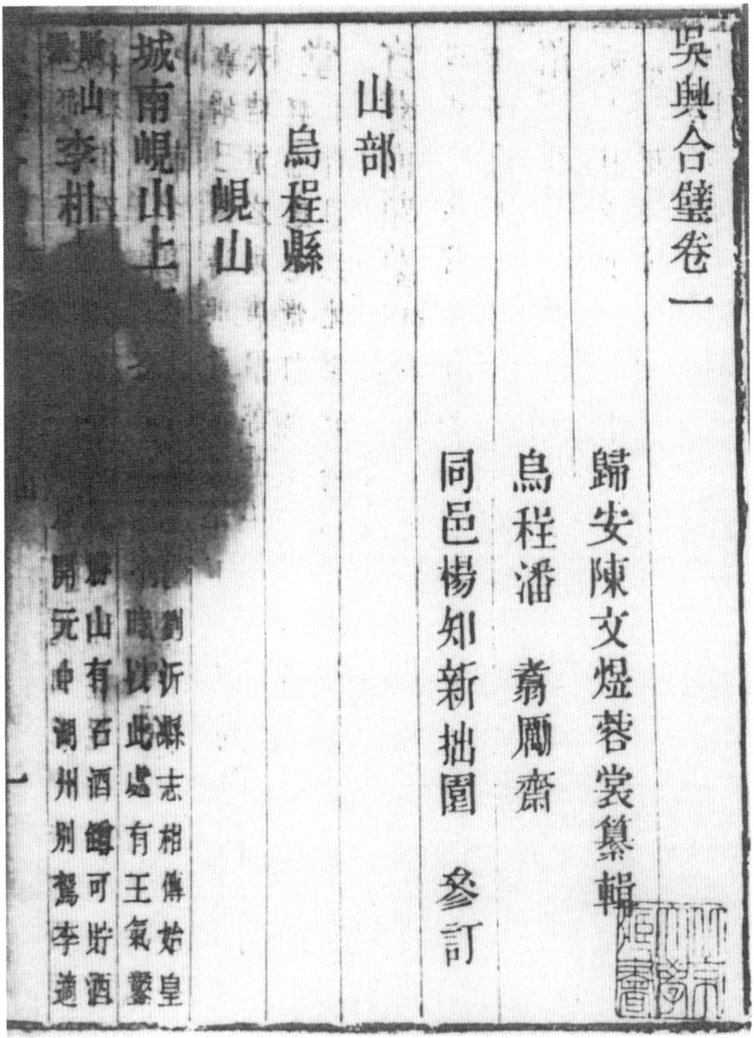

<서영 22-2> 「吳興合璧」, 乾隆52(1787)년목활자본, 권2 제34엽하엽.

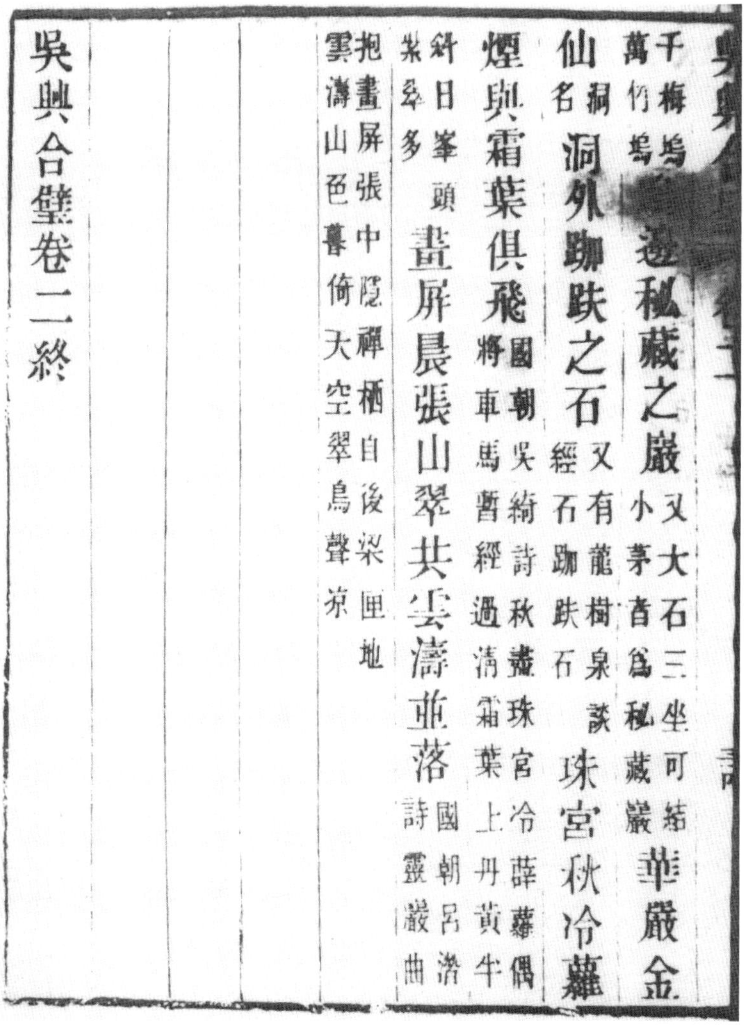

<서영 22-3> 「吳興合璧」, 乾隆52(1787)년목활자본, 권3 제35엽상엽.

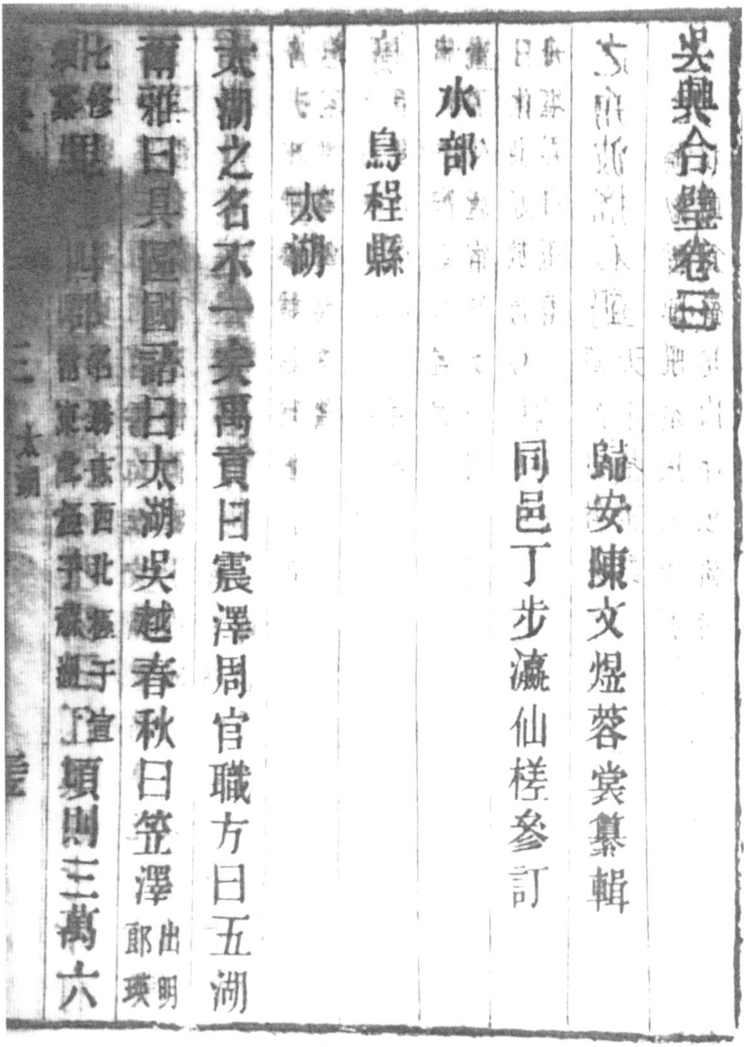

<서영 23> 「婺源山水游記」, 紫陽書院乾隆55(1790)년목활자본, 권1 제1엽상엽.

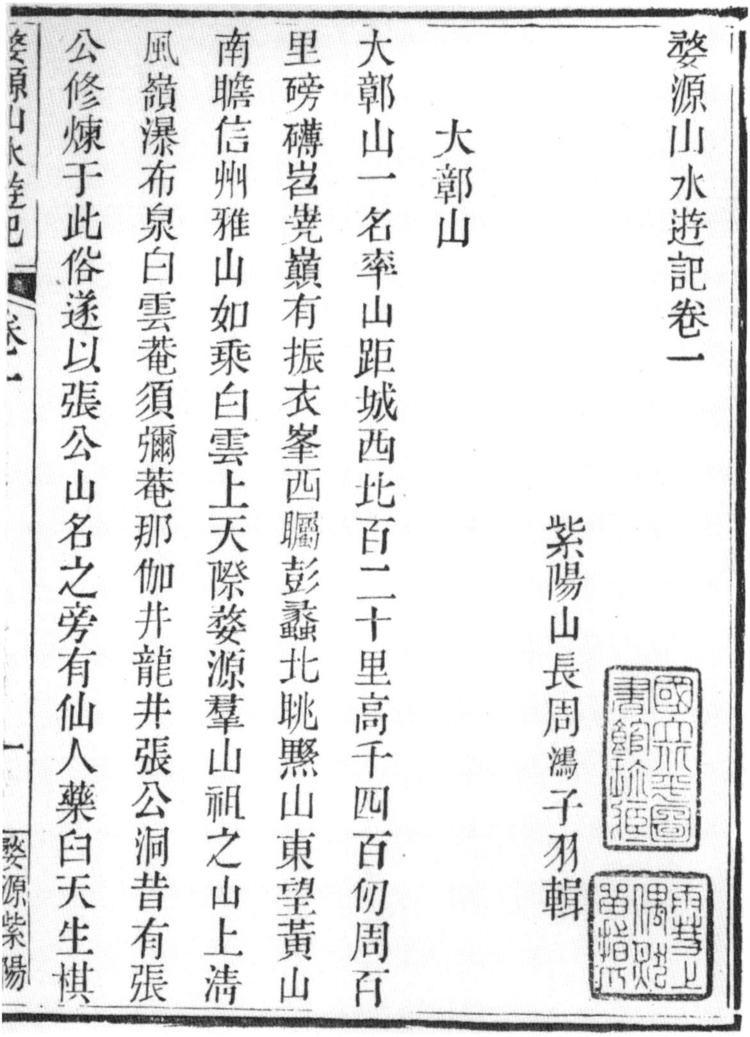

婺源山水遊記卷一

紫陽山長周瀉子羽輯

大鄣山

大鄣山一名率山距城西北百二十里高千四百仞周百
里磅礴岧嶢嶺有振衣峯西矚彭蠡北眺黟山東望黃山
南瞻信州雅山如乘白雲上天際婺源羣山祖之山上淸
風嶺瀑布泉白雲菴須彌菴那伽井龍井張公洞昔有張
公修煉于此俗遂以張公山名之旁有仙人藥臼天生棋

婺源山水遊記 卷一 一 婺源紫陽

<서영 24-1> 「紅樓夢」, 萃文書屋乾隆56(1791)년목활자본, 27회 제1엽하엽.

紅樓夢 第廿七回 紫鵑等 論
樣兒看慣了也都不理論了所以也沒人去理由他悶坐只管
睡覺去了那林黛玉倚着床欄杆兩手抱着膝眼睛含着淚好
似木雕泥塑的一般直坐到二更多天方纔睡了一宿無話至
次日乃是四月二十六日原來這日未時交芒種節尚古風俗
凡交芒種節的這日都要設擺各色禮物祭餞花神言芒種一
過便是夏日了衆花皆卸花神退位須要餞行閨中更興這件
風俗所以大觀園中之人都早起來了那些女孩子們或用花
瓣柳枝編成轎馬的或用綾錦紗羅疊成干旄旌幢的都用綵
線繫了每一顆樹每一枝花上都繫了這些物事滿園裡繡帶
飄飄花枝招展更兼這些人打扮的桃羞杏讓燕妒鶯慚一時

<서영 24-2> 「紅樓夢」, 萃文書屋乾隆56(1791)년목활자본, 27회 제1엽상엽, 16.5 × 10.9cm.

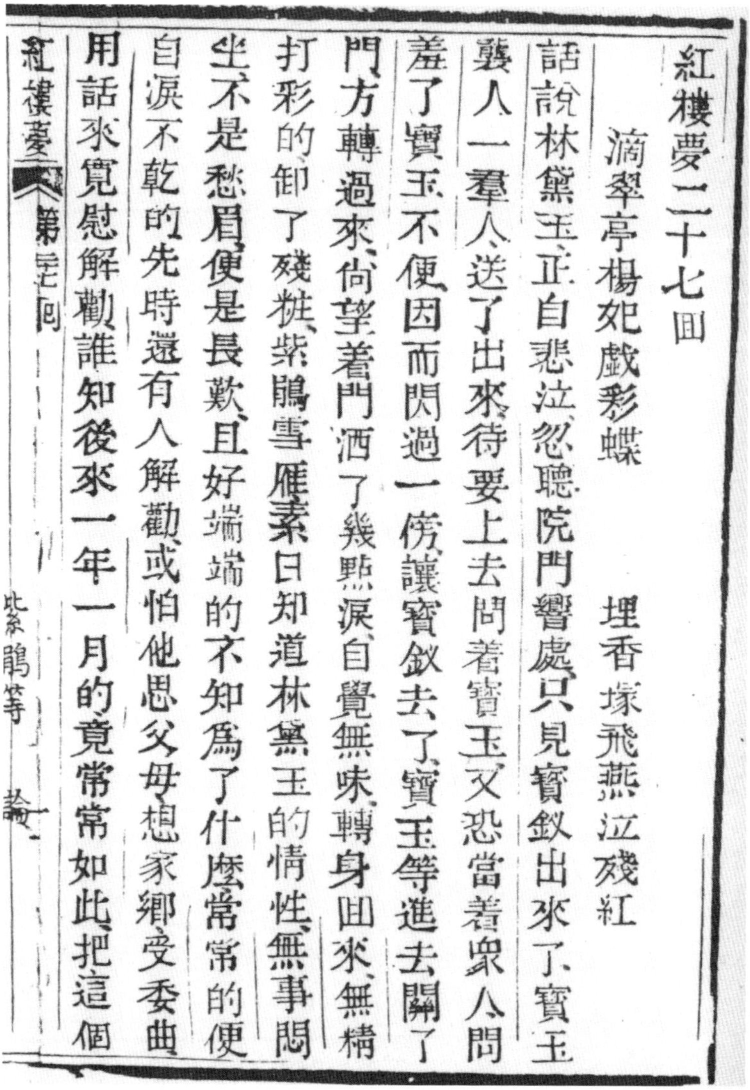

紅樓夢二十七回
滴翠亭楊妃戲彩蝶　埋香塚飛燕泣殘紅
話說林黛玉正自悲泣忽聽院門響處只見寶釵出來了寶玉
襲人一羣人送了出來待要上去問着寶玉又恐當着衆人問
羞了寶玉不便因而閃過一傍讓寶釵去了寶玉等進去關了
門方轉過來尚望着門洒了幾點淚自覺無味轉身回來無精
打彩的卸了殘粧紫鵑雪雁素日知道林黛玉的情性無事悶
坐不是愁眉便是長歎且好端端的不知爲了什麼常常的便
自淚不乾的先時還有人解勸或怕他思父母想家鄉受委曲
用話來寬慰解勸誰知後來一年一月的竟常常如此把這個
紅樓夢　第廿七回　紫鵑等

<서영 25-1> 「紅樓夢」, 萃文書屋乾隆57(1792)년목활자본, 引言 제1엽하엽.

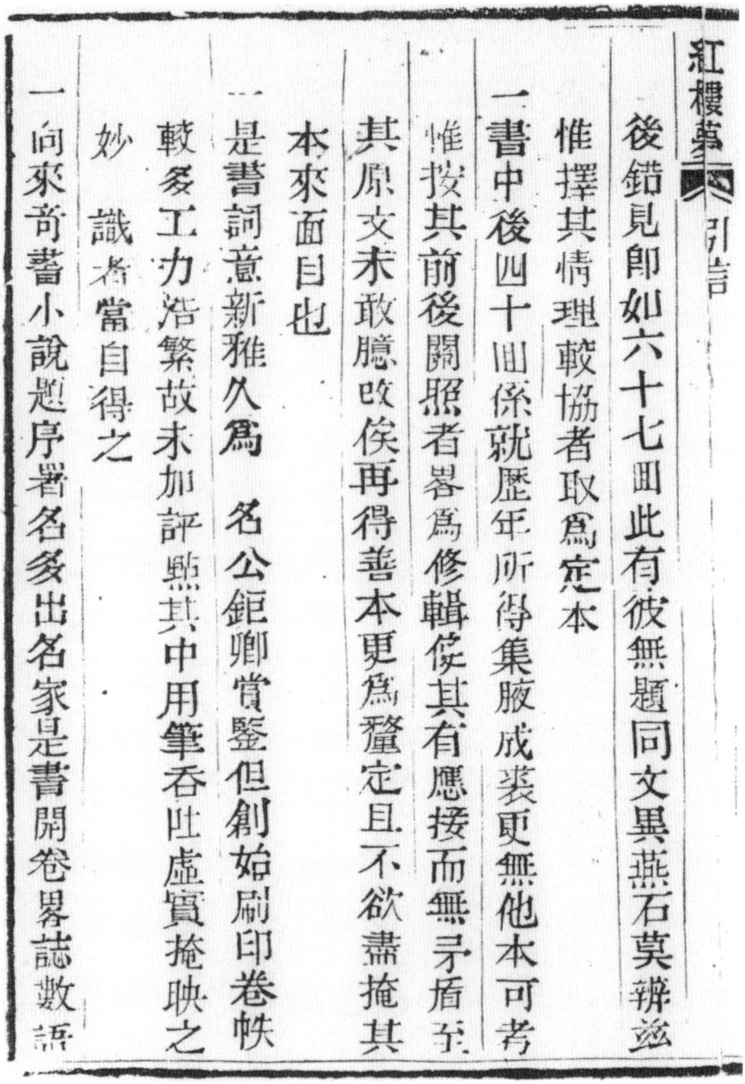

紅樓夢 引言

後錯見即如六十七回此有彼無題同文異燕石莫辨兹
惟擇其情理較協者取爲定本
一書中後四十回係就歷年所得集腋成裘更無他本可考
惟按其前後關照者畧爲修輯使其有應接而無矛盾至
其原文未敢臆改俟再得善本更爲釐定且不欲盡掩其
本來面目也
一是書詞意新雅久爲 名公鉅卿賞鑒但創始刷印卷帙
較多工力浩繁故未加評點其中用筆吞吐虛實掩映之
妙 識者當自得之
一向來奇書小說題序署名多出名家是書開卷畧誌數語

<서영 25-2> 「紅樓夢」, 萃文書屋乾隆57(1792)년목활자본, 引言 제1엽상엽.

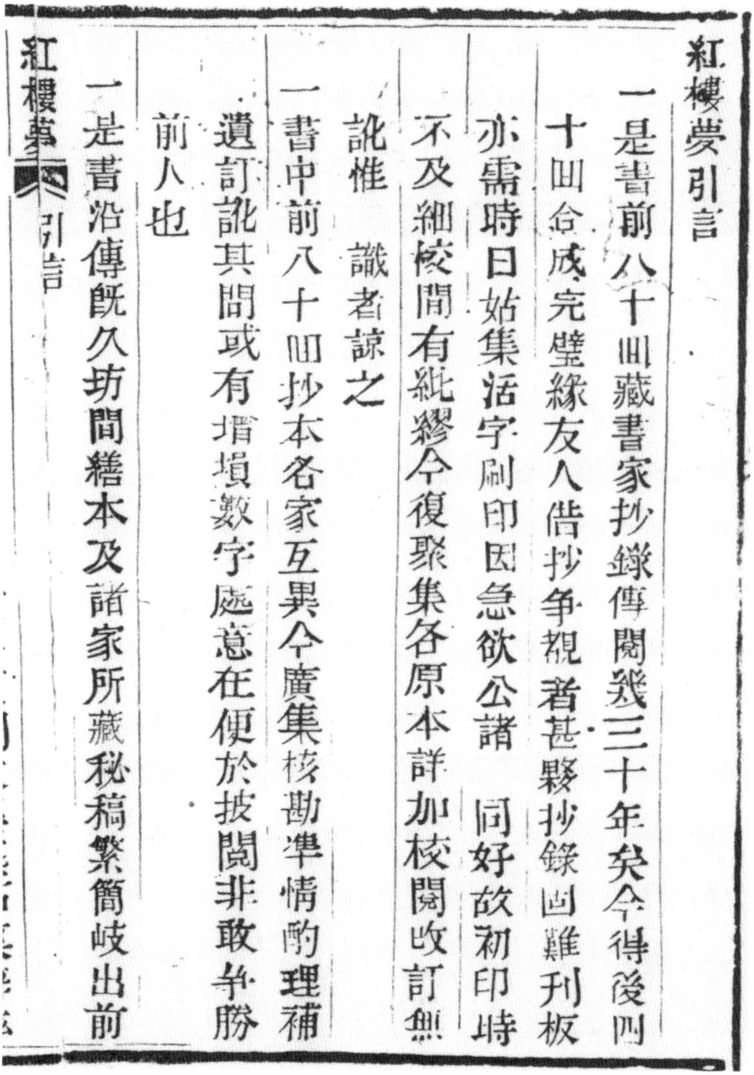

紅樓夢引言

一是書前八十回藏書家抄錄傳閱幾三十年矣今得後四十回合成完璧緣友人借抄爭覩者甚夥抄錄固難刊板亦需時日姑集活字刷印因急欲公諸 同好故初印時不及細校間有紕繆今復聚集各原本詳加校閱改訂無訛惟 識者諒之

一書中前八十回抄本各家互異今廣集核勘準情酌理補遺訂訛其間或有增損數字處意在便於披閱非敢爭勝前人也

一是書沿傳既久坊間繕本及諸家所藏秘稿繁簡歧出前

紅樓夢 引言

<서영 25-3> 「紅樓夢」, 萃文書屋乾隆57(1792)년목활자본, 27회 제1엽하엽.

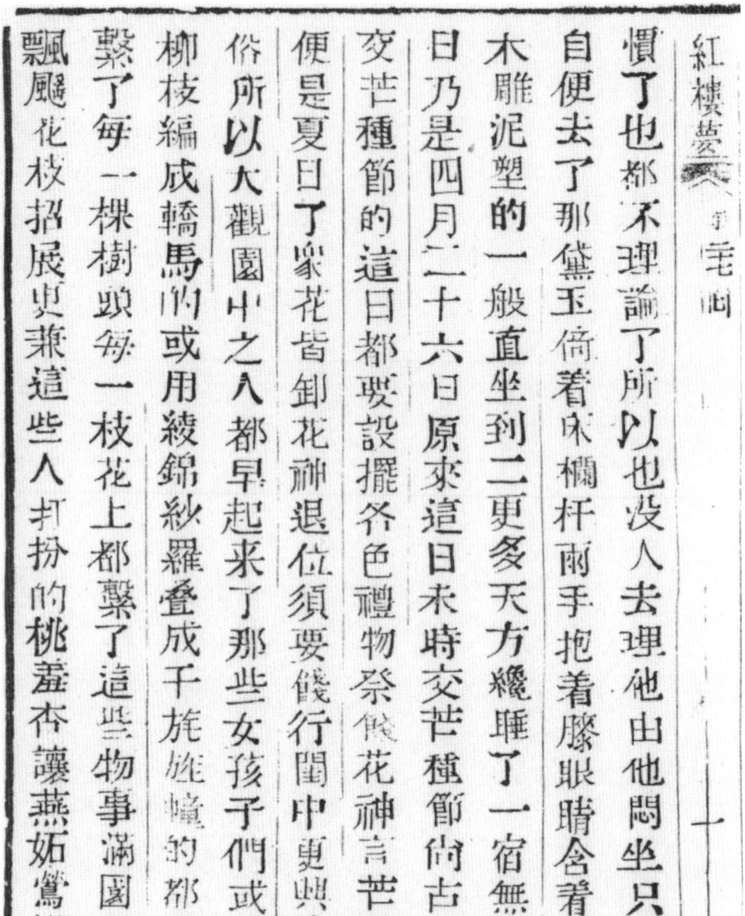

紅樓夢

慣了也都不理論了所以也沒人去理他由他悶坐只管外間
自便去了那黛玉倚着床欄杆兩手抱着膝眼睛含着淚好似
木雕泥塑的一般直坐到二更多天方纔睡了一宿無話至次
日乃是四月二十六日原來這日未時交芒種節尚古風俗凡
交芒種節的這日都要設擺各色禮物祭餞花神言芒種一過
便是夏日了衆花皆卸花神退位須要餞行閨中更興這件風
俗所以大觀園中之人都早起來了那些女孩子們或用花瓣
柳枝編成轎馬的或用綾錦紗羅疊成干旄旌幢的都用綵線
繫了每一棵樹頭每一枝花上都繫了這些物事滿園裏繡帶
飄颺花枝招展更兼這些人打扮的桃羞杏讓燕妬鶯慚一時

<서영 25-4> 「紅樓夢」, 萃文書屋乾隆57(1792)년목활자본, 27회 제1엽상엽, 16.5 × 10.9cm.

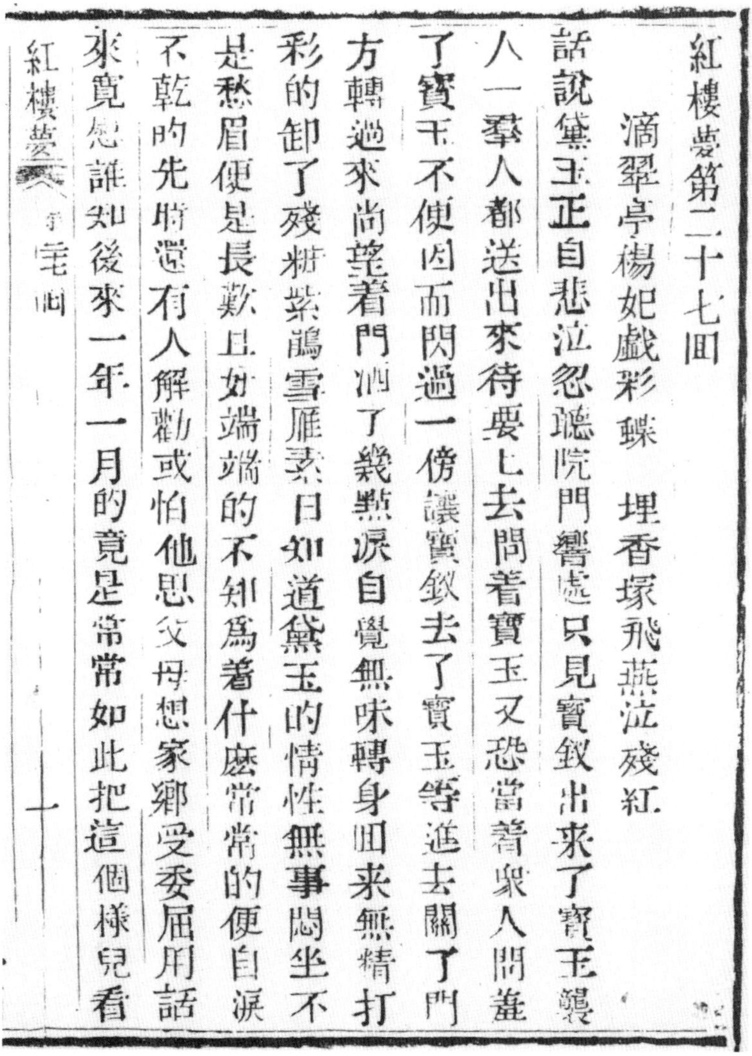
紅樓夢第二十七回

滴翠亭楊妃戲彩蝶　埋香塚飛燕泣殘紅

話說黛玉正自悲泣忽聽院門響處只見寶釵出來了寶玉襲人一羣人都送出來待要上去問着寶玉又恐當着衆人問羞了寶玉不便因而閃過一傍讓寶釵去了寶玉等進去關了門方轉過來尚望着門洒了幾點淚自覺無味轉身回来無精打彩的卸了殘粧紫鵑雪雁素日知道黛玉的情性無事悶坐不是愁眉便是長歎且好端端的不知爲着什麼常常的便自淚不乾的先時還有人解勸或怕他思父母想家鄉受委屈用話來寬慰誰知後來一年一月的竟是常常如此把這個樣兒看

紅樓夢　卷　第廿七回　一

<서영 26> 「甫里逸詩」, 易安書屋乾隆58(1793)년목활자본, 제1엽상엽.

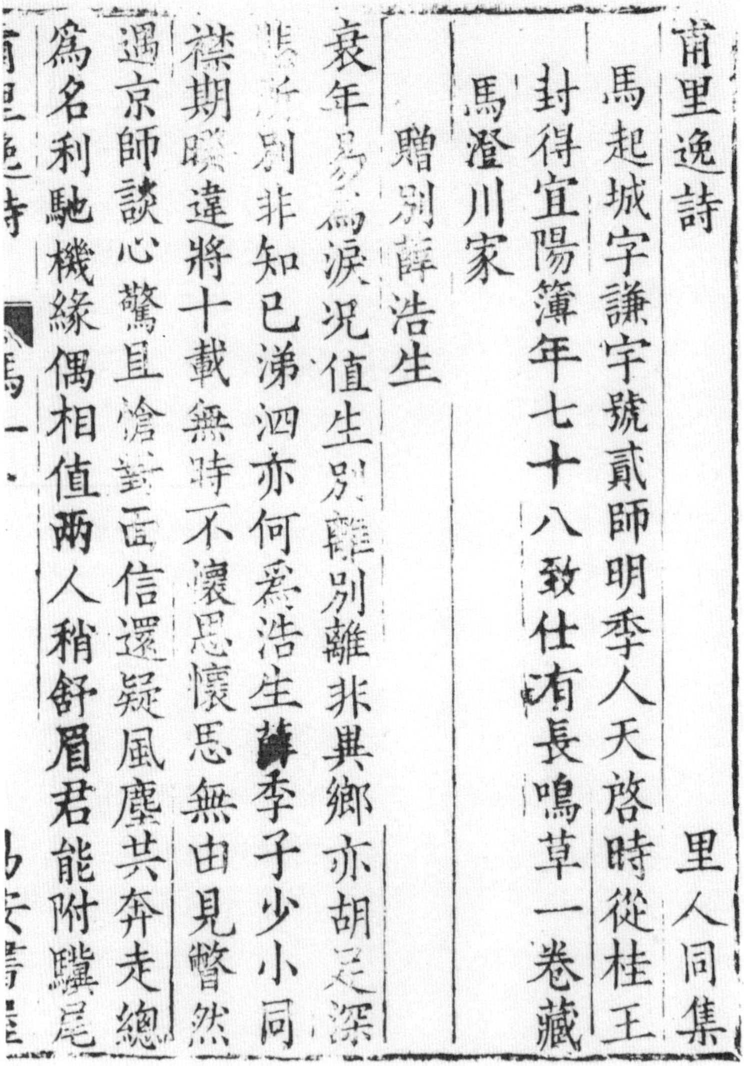
甫里逸詩　　里人同集
馬起城字謙宇號貳師明季人天啓時從桂王
封得宜陽簿年七十八致仕有長鳴草一卷藏
馬澄川家
贈別薛浩生
衰年易為淚況值生別離別離非異鄉亦胡足深
悲所別非知己涕泗亦何爲浩生薛季子少小同
襟期睽違將十載無時不懷思懷思無由見瞥然
遇京師談心驚且愴對面信還疑風塵共奔走總
爲名利馳機緣偶相值兩人稍舒眉君能附驥尾
甫里逸詩　卷一　易安書屋

<서영 27> 「雍正硃批諭旨」, 內府乾隆(1736-1795)초년朱墨套印목활자본, 권4 제15엽상엽,
21.0 × 16.2cm.

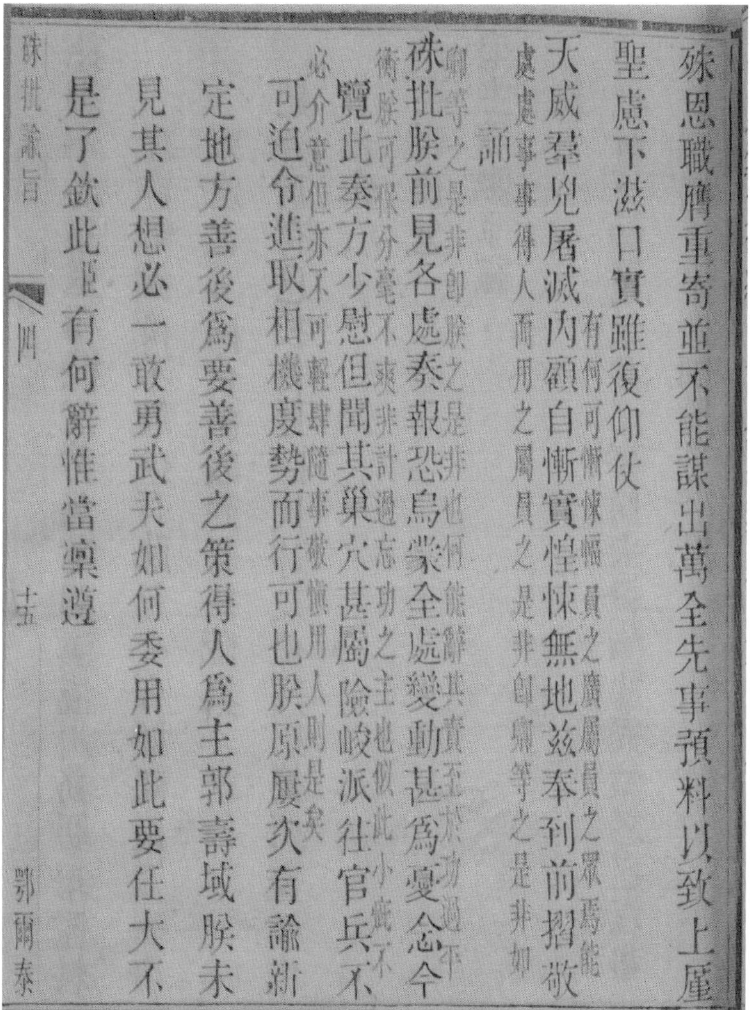

殊恩職膺重寄並不能謀出萬全先事預料以致上廑
聖慮下滋口實雖復仰仗
天威犁兕屠滅內顧自慚實惶悚無地茲奉到前摺敬
有何可慚悚惕員之廣屬員之眾爲能
處處處事事得人而用之屬員之是非卽卿等之是非如
誦
卿等之是非卽朕之是非也何能辭其責至於功過不
硃批朕前見各處奏報恐烏蒙全處變動甚爲憂念今
衛朕可保分毫不爽非計過忘功之主也似此小疵不
覽此奏方少慰但聞其巢穴甚屬險峻派往官兵不
必介意但亦不可輕肆隨事徹慎用人則是矣
可追命進取相機度勢而行可也朕原屢次有諭新
定地方善後爲要善後之策得人爲主鄂壽域朕未
見其人想必一敢勇武夫如何委用如此要任大不
是了欽此臣有何辭惟當稟遵

硃批諭旨 卷四 十五 鄂爾泰

<서영 28-1> 「京畿金石考」, 問字堂乾隆연간(1736-1795)목활자본, 권상 제32엽하엽.

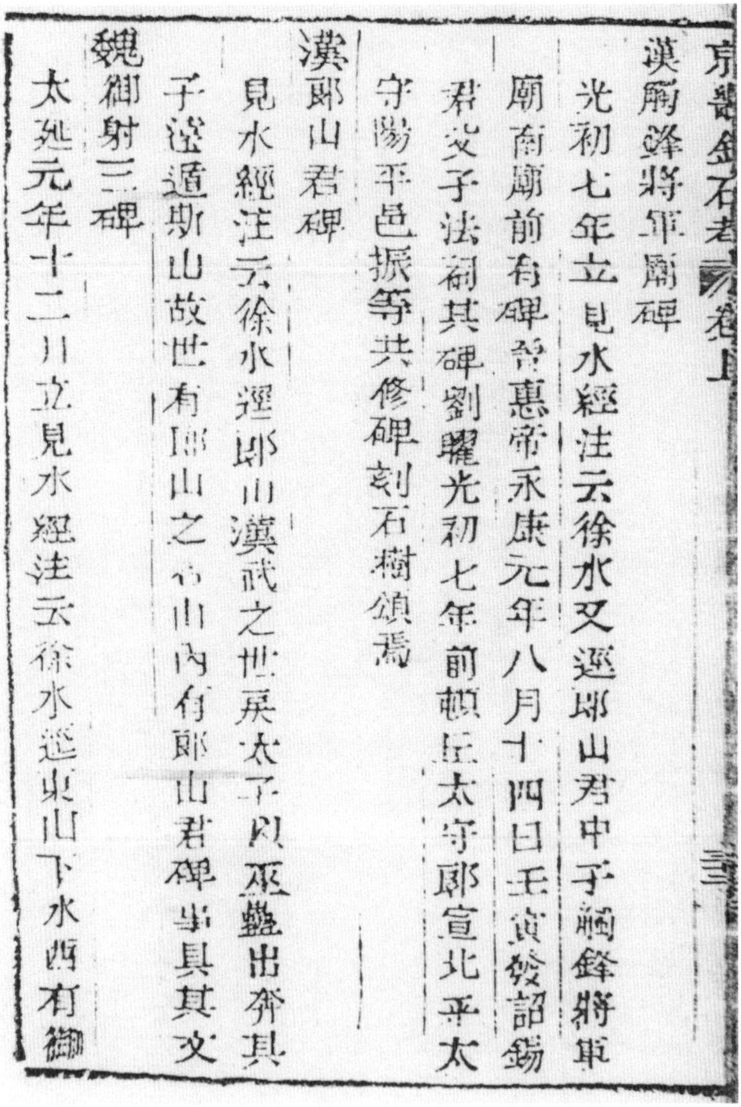
京畿金石考 卷上

漢觸鋒將軍廟碑
光初七年立 見水經注云徐水又逕郎山君中子觸鋒將軍廟南廟前有碑晉惠帝永康元年八月十四日壬寅發詔錫君父子法祠其碑劉曜光初七年前頓丘太守郎宣北平太守陽平邑振等共修碑刻石樹頌焉
漢郎山君碑
見水經注云徐水逕郎山漢武之世戾太子以巫蠱出奔其子遁逃斯山故世有郎山之名山內有郎山君碑事具其文
魏御射三碑
太延元年十二月立見水經注云徐水逕東山下水西有御

<서영 28-2> 「京畿金石考」, 問字堂乾隆연간(1736-1795)목활자본, 권상 제1엽상엽.

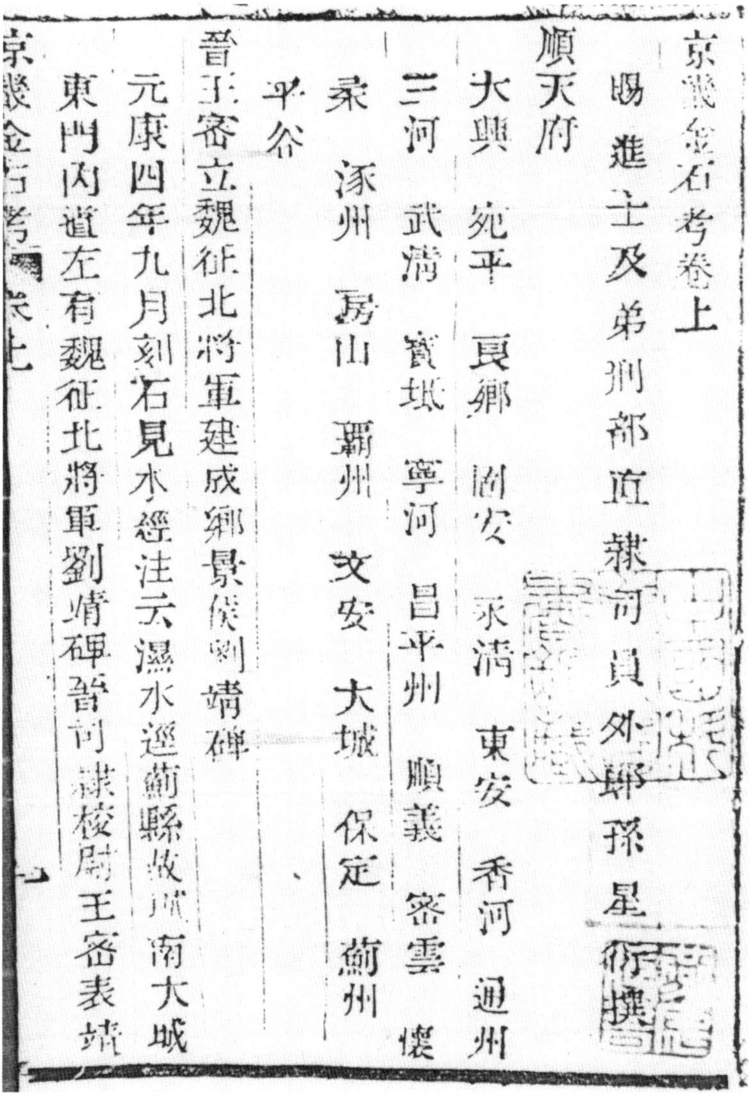
京畿金石考卷上
賜進士及弟刑部直隸司員外郎孫星衍撰
順天府
大興 宛平 良鄉 固安 永淸 東安 香河 通州
三河 武淸 寶坻 寧河 昌平州 順義 密雲 懷
柔 涿州 房山 霸州 文安 大城 保定 薊州
平谷
晉王密立魏征北將軍建成鄉景侯劉靖碑
元康四年九月刻石見水經注云濕水逕薊縣故城南大城
東門內道左有魏征北將軍劉靖碑晉司隸校尉王密表靖

<서영 29-1> 「題奏事件」, 公愼堂乾隆(1736-1795)-嘉慶연간(1796-1820)목활자본,
乾隆35년9월14일, 제1엽상엽.

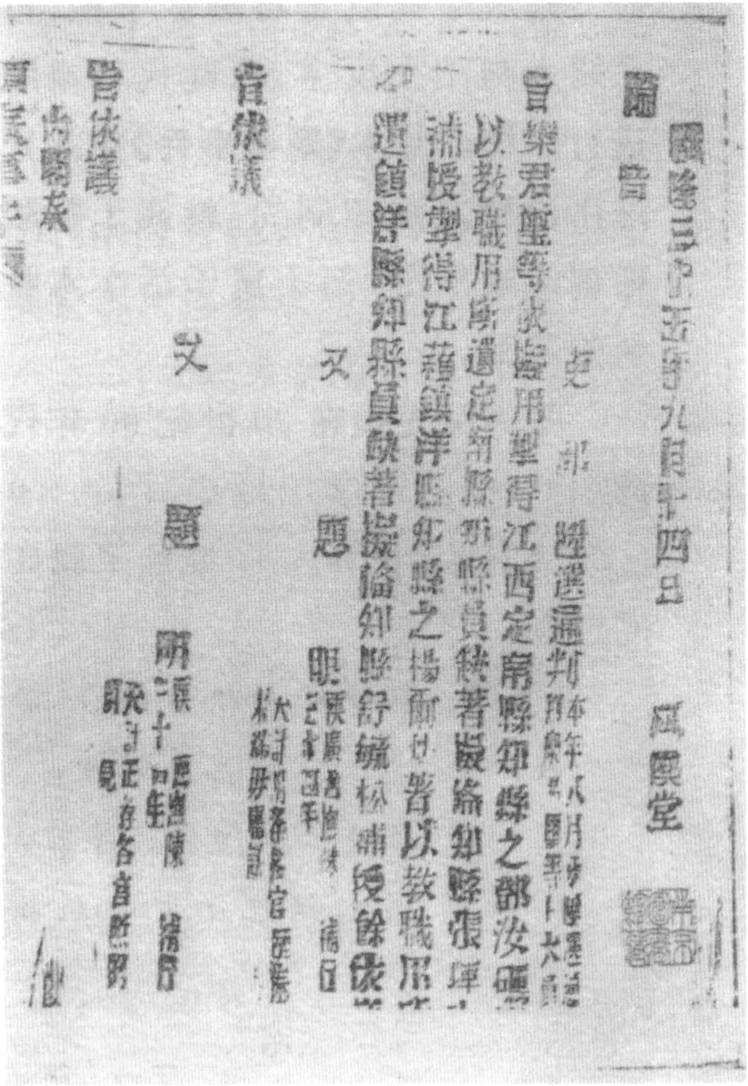
乾隆三十五年九月十四日 公慎堂

<서영 29-2> 「題奏事件」, 公愼堂乾隆(1736-1795)-嘉慶연간(1796-1820)목활자본,
乾隆38년8월16일, 제1엽상엽, 24.2 × 16.4cm.

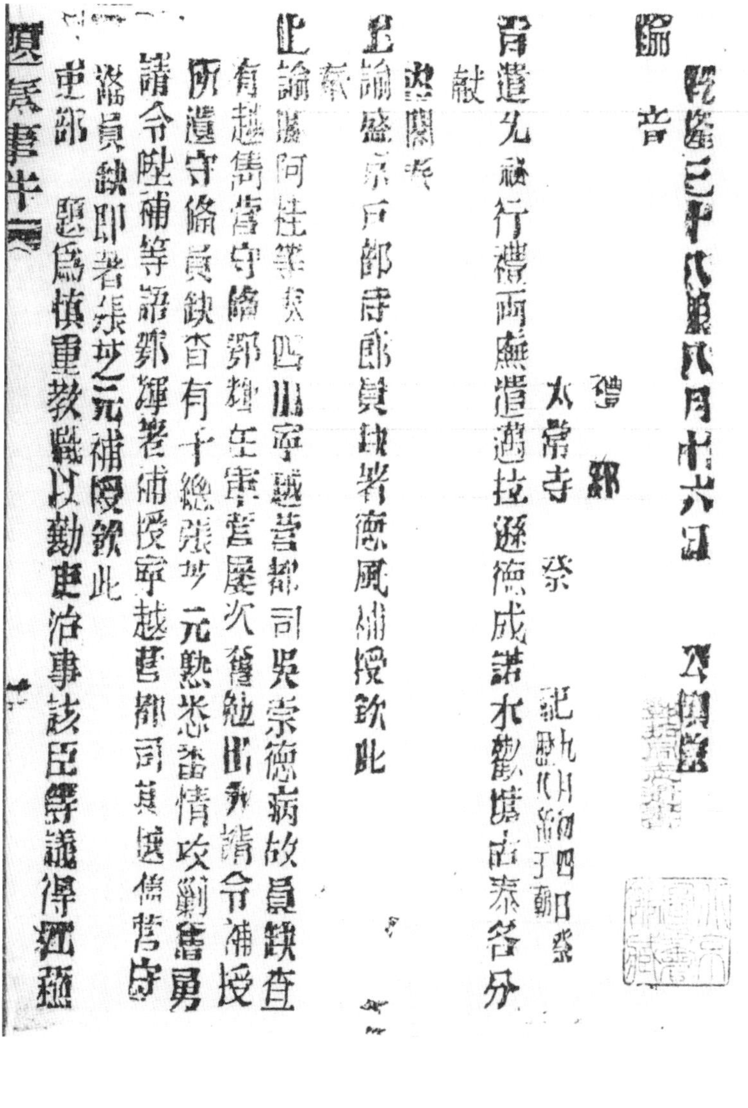

乾隆三十八年八月十六日 公慎堂

諭旨

旨遣允祕行禮兩廡遣鄂拉遜德成諸水觀保由泰各分

獻 禮部 太常寺 祭

欽此

上諭盛京戶部侍郎員缺著德風補授欽此

奉

上諭據阿桂等奏四川寧越營都司吳崇德病故員缺查

有越巂營守備鄧森年熟悉營伍屢次奮勉出力請令補授

所遺守備員缺查有千總張芳元熟悉番情攻剿奮勇

請令陞補等語鄧森年著補授寧越營都司其遺越巂營守

備員缺即著張芳元補授欽此

吏部 題爲慎重教職以勸吏治事該臣等議得[illegible]

題奏事件 十一

<서영 30-1> 「歷代臣鑑」, 乾隆연간목활자본, 권6 제14엽하엽.

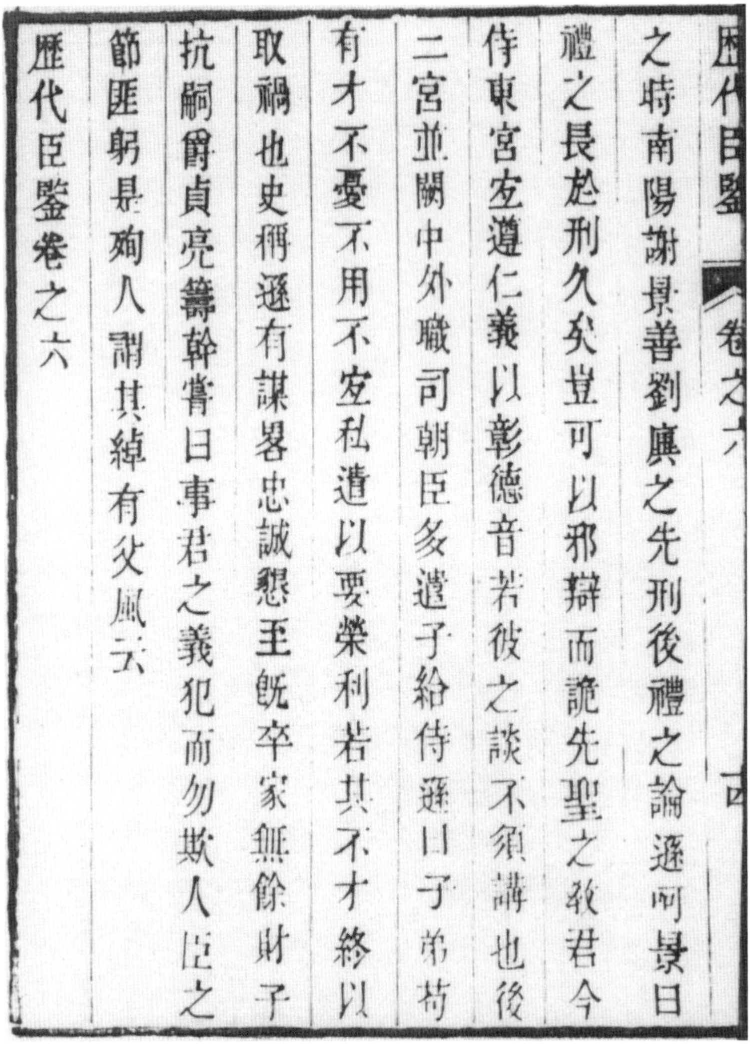

歷代臣鑑　卷之六

之時南陽謝景善劉廙之先刑後禮之論遜可景曰
禮之長於刑久矣豈可以邪辯而詭先聖之教君今
侍東宮宜遵仁義以彰德音若彼之談不須講也後
二宮並闕中外職司朝臣多遣子給侍遜曰子弟苟
有才不憂不用不宜私遣以要榮利若其不才終以
取禍也史稱遜有謀畧忠誠懇至既卒家無餘財子
抗嗣爵貞亮籌幹嘗曰事君之義犯而勿欺人臣之
節匪躬是殉人謂其緯有父風云

歷代臣鑑卷之六

<서영 30-2> 「歷代臣鑑」, 乾隆연간목활자본, 권1 제1엽상엽, 20.0 × 13.9cm.

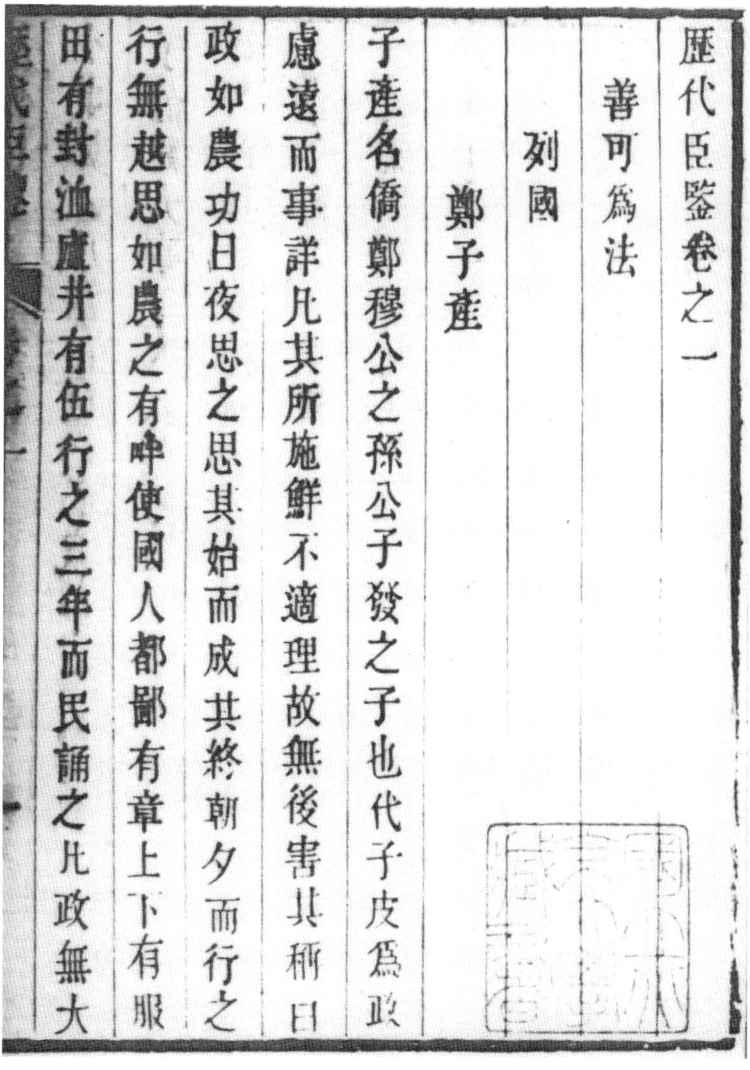
歷代臣鑑卷之一

善可爲法

列國

鄭子產

子產名僑鄭穆公之孫公子發之子也代子皮爲政慮遠而事詳凡其所施鮮不適理故無後害其稱曰政如農功日夜思之思其始而成其終朝夕而行之行無越思如農之有畔使國人都鄙有章上下有服田有封洫廬井有伍行之三年而民誦之凡政無大

<서영 31-1> 「拙存堂文初集」, 陳希敬乾隆연간목활자본, 권1 제1엽상엽, 21.9 × 14.3cm.

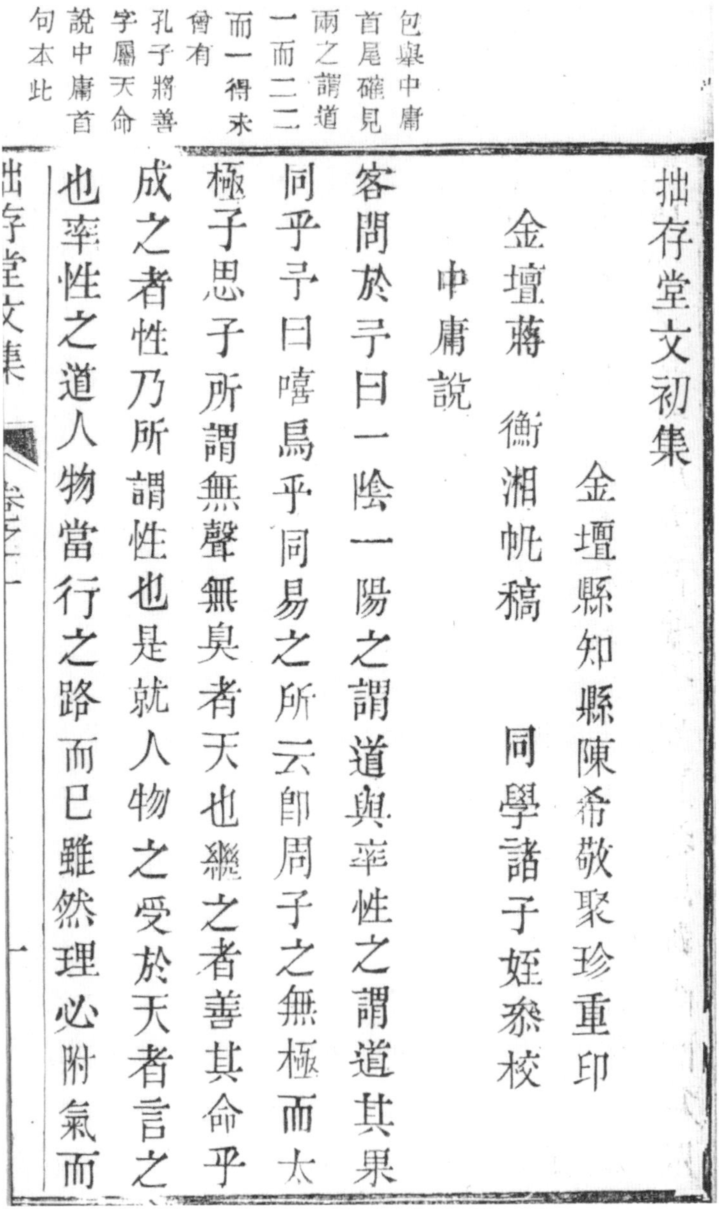

包舉中庸首尾確見兩之謂道一而二二而一得求曾有孔子將善字屬天命說中庸首句本此

拙存堂文初集

金壇縣知縣陳希敬聚珍重印

金壇蔣　衡湘帆稿　同學諸子姪叅校

中庸說

客問於予曰一陰一陽之謂道與率性之謂道其果同乎予曰噫焉乎同易之所云即周子之無極而太極子思子所謂無聲無臭者天也繼之者善其命乎成之者性乃所謂性也是就人物之受於天者言之也率性之道人物當行之路而已雖然理必附氣而

拙存堂文集　卷上　一

<서영 31-2> 「拙存堂文初集」, 陳希敬乾隆연간목활자본, 권1 제2엽하엽.

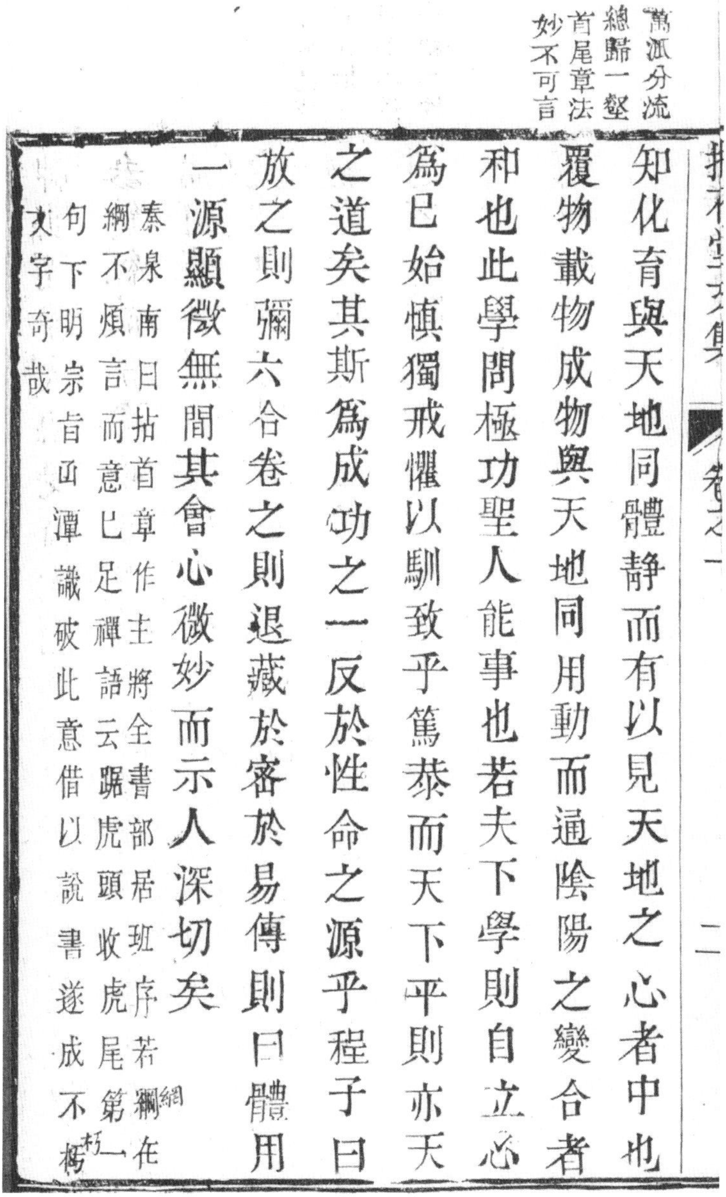

萬派分流
總歸一壑
首尾章法
妙不可言

拙存堂文集 卷之一 二

知化育與天地同體靜而有以見天地之心者中也
覆物載物成物與天地同用動而通陰陽之變合者
和也此學問極功聖人能事也若夫下學則自立必
爲已始慎獨戒懼以馴致乎篤恭而天下平則亦天
之道矣其斯爲成功之一反於性命之源乎程子曰
放之則彌六合卷之則退藏於密於易傳則曰體用
一源顯微無間其會心微妙而示人深切矣

秦泉南曰拈首章作主將全書部居班序若綱在
網不煩言而意已足禪語云騎虎頭收虎尾第一
句下明宗旨函潭識破此意借以說書遂成不朽
文字奇哉

<서영 32> 「琅嬛青囊要叢書」, 「琅嬛詩集」, 抱蘭軒嘉慶8(1803)년목활자본, 권1 제1엽상엽, 14.3 × 8.9cm.

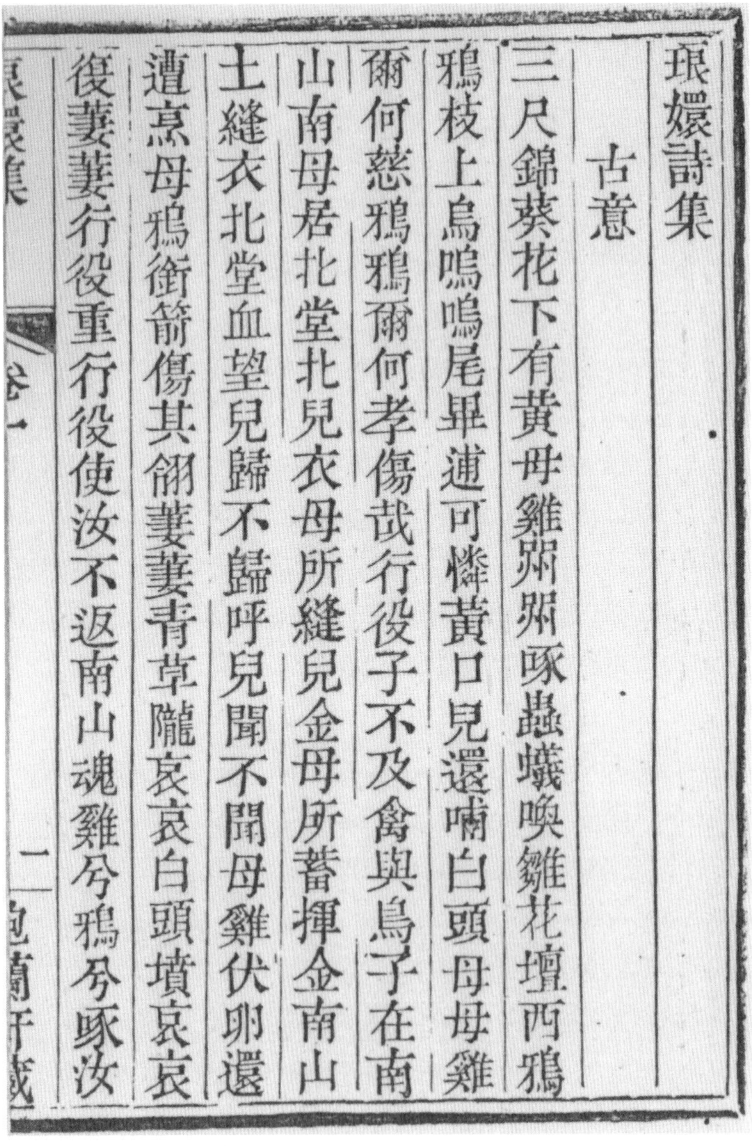

琅嬛詩集

古意

三尺錦葵花下有黃母雞喌喌啄蟲蟻喚雛花壇西鴉
鴉枝上烏嗚嗚尾畢逋可憐黃口兒還哺白頭母母雞
爾何慈鴉鴉爾何孝傷哉行役子不及禽與烏子在南
山南母居北堂北兒衣母所縫兒金母所蓄揮金南山
土縫衣北堂血望兒歸不歸呼兒聞不聞母雞伏卵還
遭烹母鴉銜箭傷其翮萋萋青草隴哀哀白頭墳哀哀
復萋萋行役重行役使汝不返南山魂雞兮鴉兮啄汝

琅嬛集 卷一 一 抱蘭軒藏

<서영 33> 「琅嬛靑囊要叢書」, 「琅嬛秘書」, 抱蘭軒嘉慶8(1803)년목활자본, 권1 제1엽상엽.

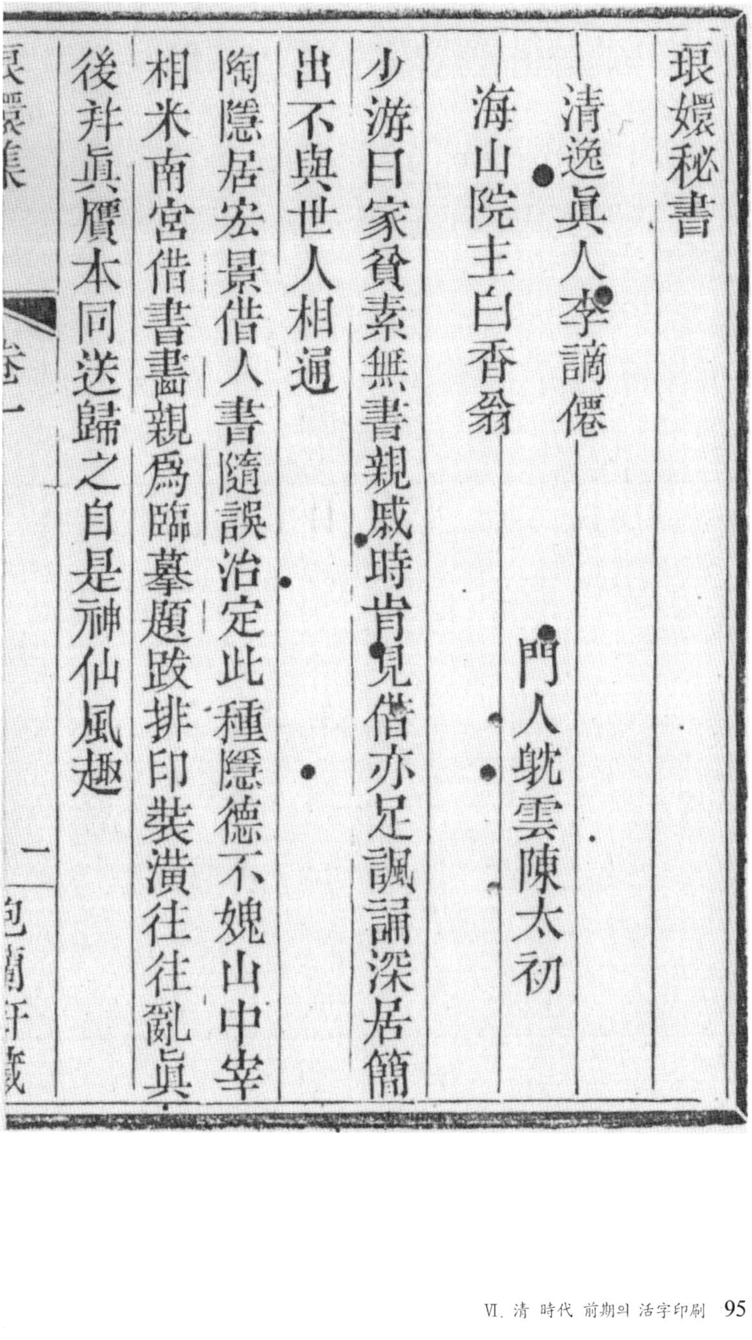
琅嬛秘書
清逸眞人李調僊
海山院主白香翁
門人毓雲陳太初
少游曰家貧素無書親戚時肯見借亦足諷誦深居簡
出不與世人相通
陶隱居宏景借人書隨誤治定此種隱德不媿山中宰
相米南宮借書畫親爲臨摹題跋排印裝潢往往亂眞
後幷眞贋本同送歸之自是神仙風趣
琅嬛集 卷一 一 抱蘭軒藏

<서영 34> 「琅嬛靑囊要叢書」, 「琅嬛地理書」, 抱蘭軒嘉慶8(1803)년목활자본, 권4 제14엽하엽.

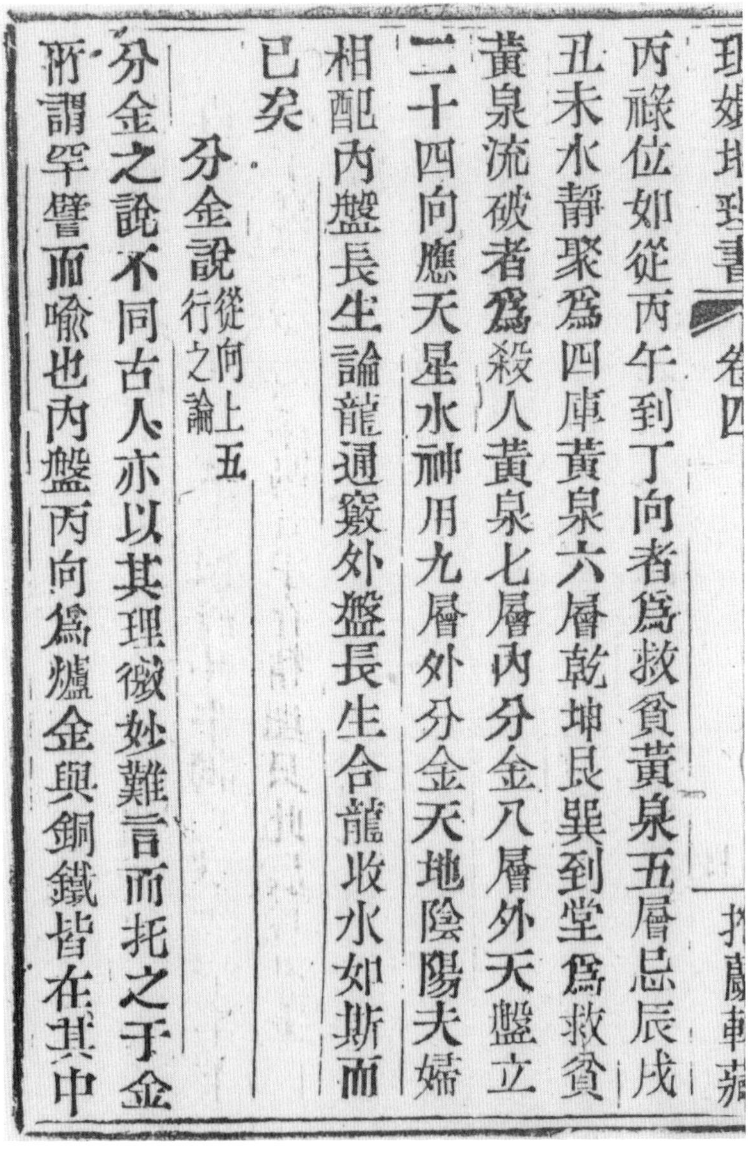

琅嬛地理書 卷四　抱蘭軒藏

丙祿位如從丙午到丁向者爲救貧黃泉五層忌辰戌
丑未水靜聚爲四庫黃泉六層乾坤艮巽到堂爲救貧
黃泉流破者爲殺人黃泉七層內分金八層外天盤立
二十四向應天星水神用九層外分金天地陰陽夫婦
相配內盤長生論龍通竅外盤長生合龍收水如斯而
已矣

分金說 從向上五行之論

分金之說不同古人亦以其理微妙難言而托之于金
所謂罕譬而喻也內盤丙向爲爐金與銅鐵皆在其中

<서영 35> 「琅嬛靑囊要叢書」, 「琅嬛天文集」, 抱蘭軒嘉慶8(1803)년목활자본, 권1 제1엽상엽.

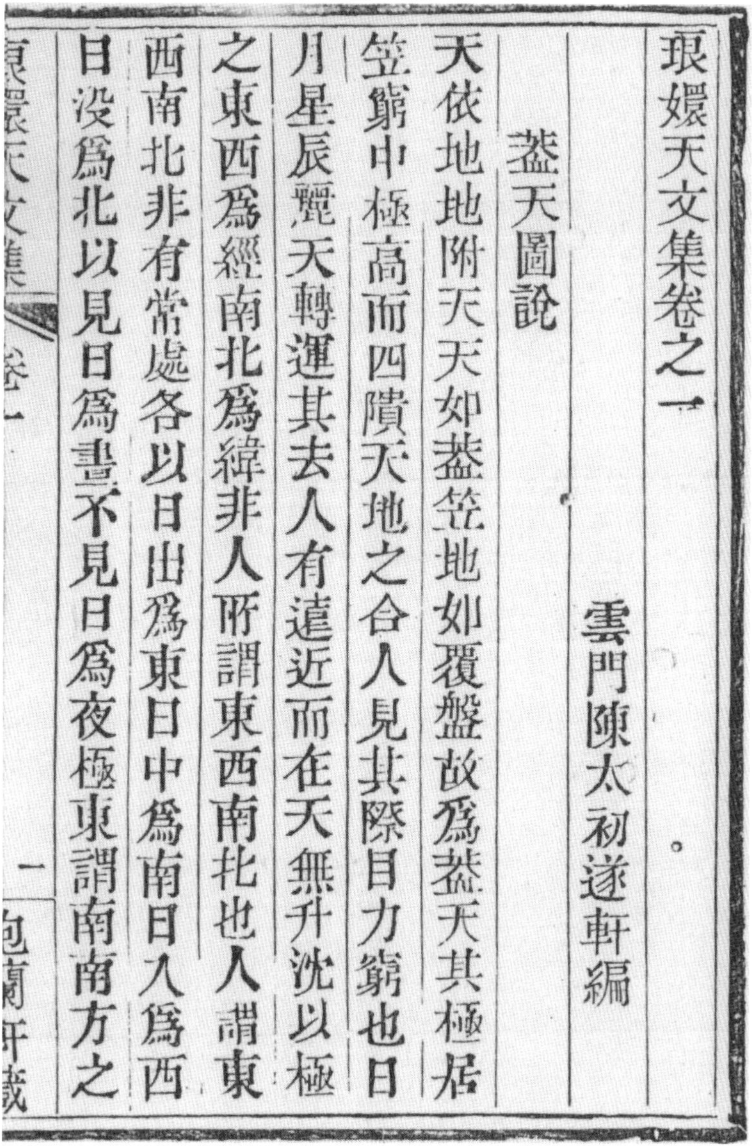
琅嬛天文集卷之一
雲門陳太初遂軒編
葢天圖說
天依地地附天天如葢笠地如覆盤故爲葢天其極居
笠觚中極高而四隤天地之合人見其際目力窮也日
月星辰麗天轉運其去人有遠近而在天無升沈以極
之東西爲經南北爲緯非人所謂東西南北也人謂東
西南北非有常處各以日出爲東日中爲南日入爲西
日沒爲北以見日爲晝不見日爲夜極東謂南南方之
琅嬛天文集 卷之一 一 抱蘭軒藏

<서영 36-1> 「太平御覽」, 汪昌序嘉慶11(1806)년목활자본, 권1 제1엽상엽, 21.7 × 15.6cm.

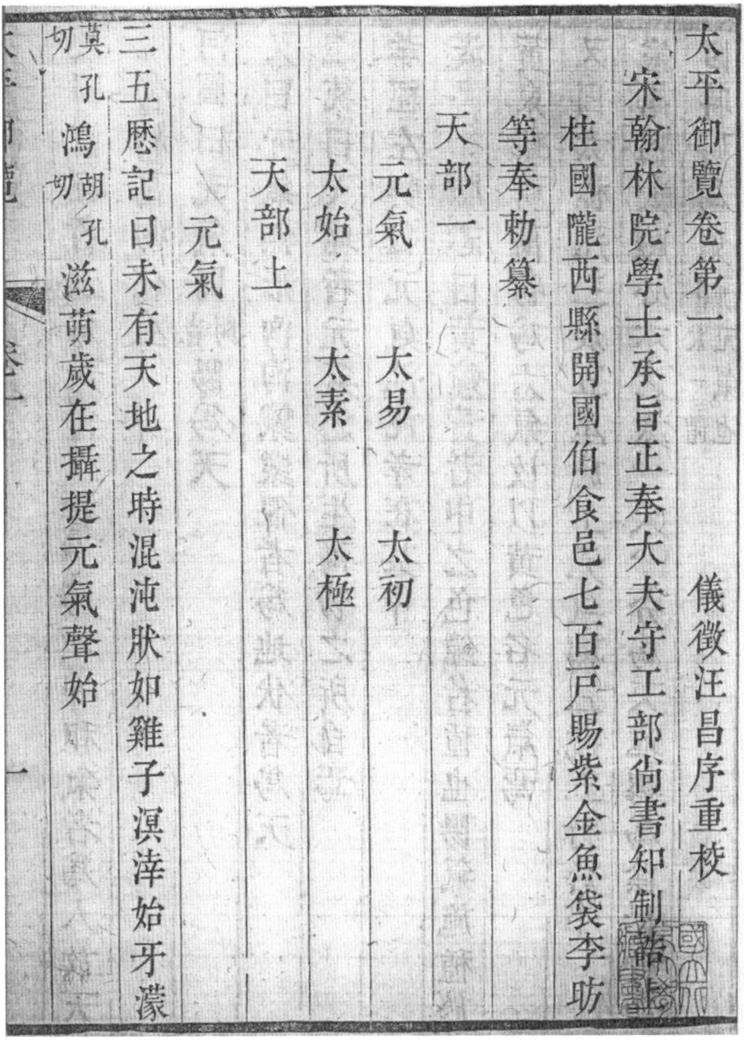

太平御覽卷第一　　儀徵汪昌序重校

宋翰林院學士承旨正奉大夫守工部尚書知制誥

柱國隴西縣開國伯食邑七百戶賜紫金魚袋李昉

等奉勅纂

天部一

元氣　太易　太初

太始　太素　太極

天部上

元氣

三五歷記曰未有天地之時混沌狀如雞子溟涬始牙濛

莫孔切鴻胡孔切滋萌歲在攝提元氣肇始

<서영 36-2> 「太平御覽」, 汪昌序嘉慶11(1806)년목활자본, 권15 제1엽상엽.

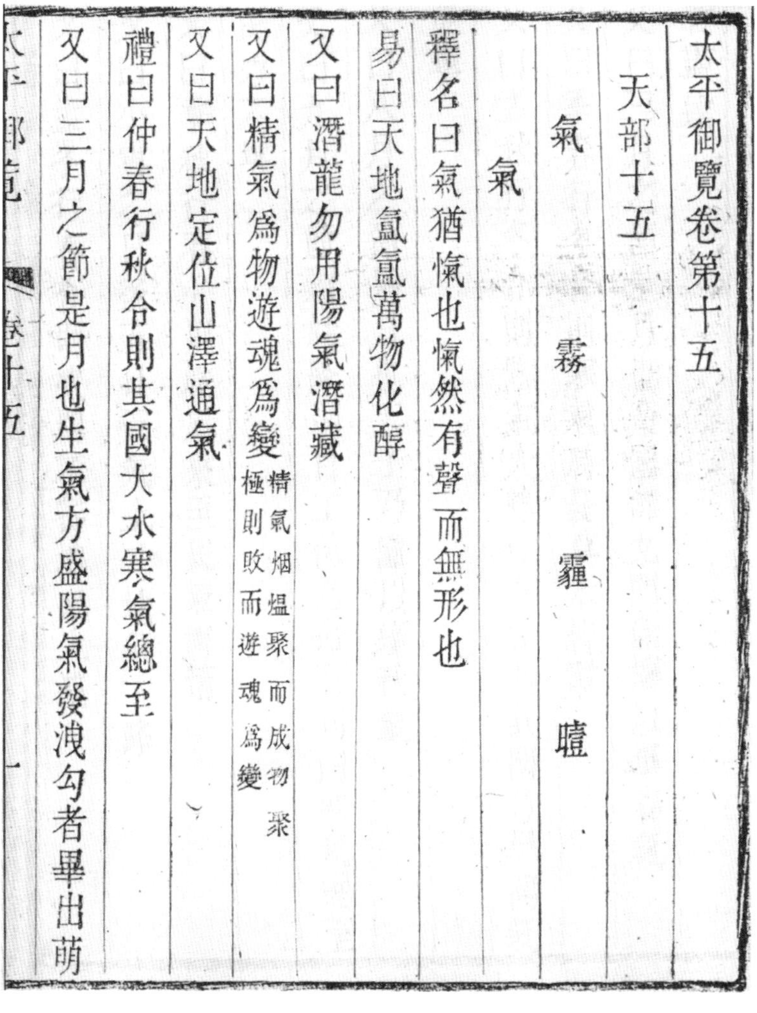

太平御覽卷第十五

天部十五

氣　霧　霾　曀

氣

釋名曰氣猶愾也愾然有聲而無形也

易曰天地氤氳萬物化醇

又曰潛龍勿用陽氣潛藏

又曰精氣爲物遊魂爲變 精氣烟熅聚而成物聚極則敗而遊魂爲變

又曰天地定位山澤通氣

禮曰仲春行秋令則其國大水寒氣總至

又曰三月之節是月也生氣方盛陽氣發洩句者畢出萌

太平御覽 卷十五 一

<서영 36-3> 「太平御覽」, 汪昌序嘉慶11(1806)년목활자본, 권30 제1엽하엽.

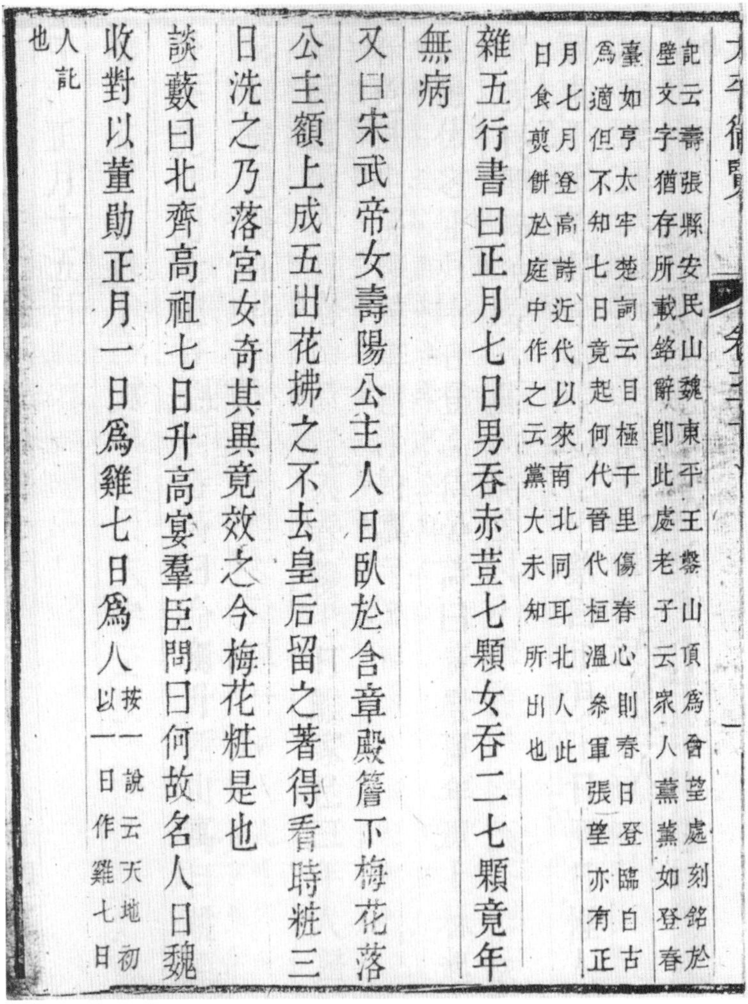
太平御覽 卷三十

記云壽張縣安民山魏東平王翕山頂爲會望處刻銘於壁文字猶存所載銘辭卽此處老子云衆人薰薰如登春臺如亨太牢楚詞云目極千里傷春心則春日登臨自古爲適但不知七日竟起何代晉代桓溫叅軍張望亦有正月七月登高詩近代以來南北同耳北人此日食煎餅於庭中作之云黨大未知所出也

雜五行書曰正月七日男吞赤荳七顆女吞二七顆竟年無病

又曰宋武帝女壽陽公主人日臥於含章殿簷下梅花落公主額上成五出花拂之不去皇后留之著得看時粧三日洗之乃落宮女奇其異竟效之今梅花粧是也

談藪曰北齊高祖七日升高宴羣臣問曰何故名人日魏收對以董勛正月一日爲雞七日爲人按一說云天地初以一日作雞七日人訖也

<서영 36-4> 「太平御覽」, 汪昌序嘉慶11(1806)년목활자본, 권30 제1엽상엽.

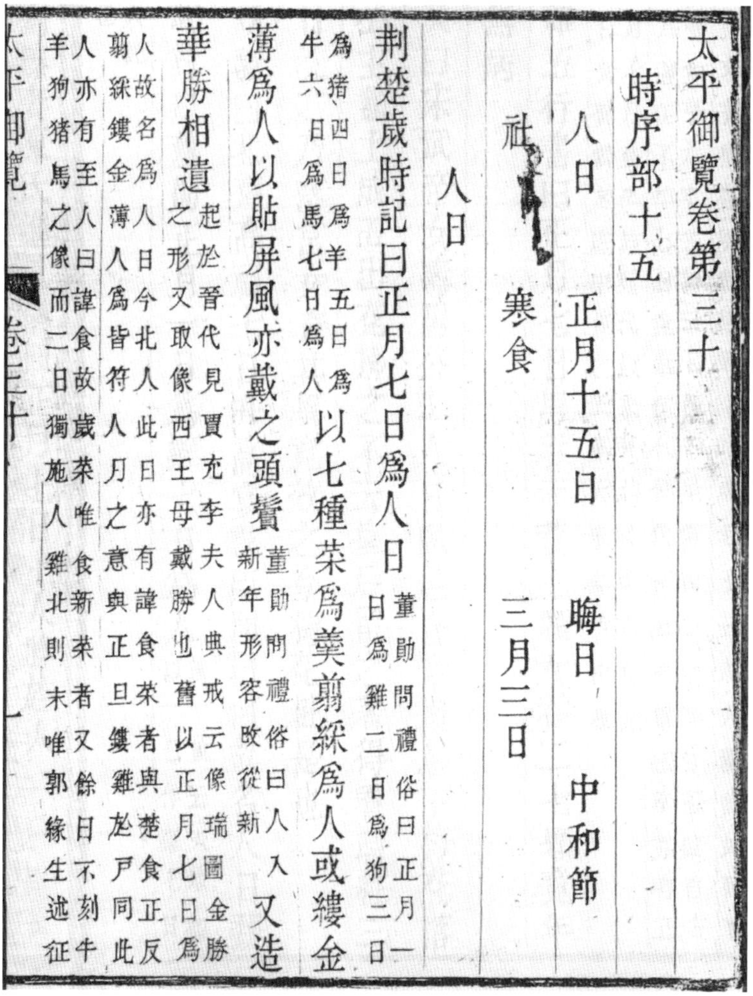
太平御覽卷第三十
時序部十五
人日　正月十五日　晦日　中和節
社　寒食　三月三日
人日
荆楚歲時記曰正月七日爲人日董勛問禮俗曰正月一日爲雞二日爲狗三日爲猪四日爲羊五日爲牛六日爲馬七日爲人以七種菜爲羹翦綵爲人或鏤金薄爲人以貼屏風亦戴之頭鬢董勛問禮俗曰人入新年形容改從新又造華勝相遺起於晉代見賈充李夫人典戒云像瑞圖金勝之形又取像西王母戴勝也舊以正月七日爲人故名爲人日今北人此日亦有諱食菜者與楚食正反翦綵鏤金薄人爲皆符人月之意與正旦鏤雞於戶同此人亦有至人日諱食故歲菜唯食新菜者又餘日不刻牛羊狗猪馬之像而二日獨施人雞北則末唯郭緣生述征
太平御覽　卷三十　一

<서영 36-5> 「太平御覽」, 汪昌序嘉慶11(1806)년목활자본, 권929 제1엽하엽.

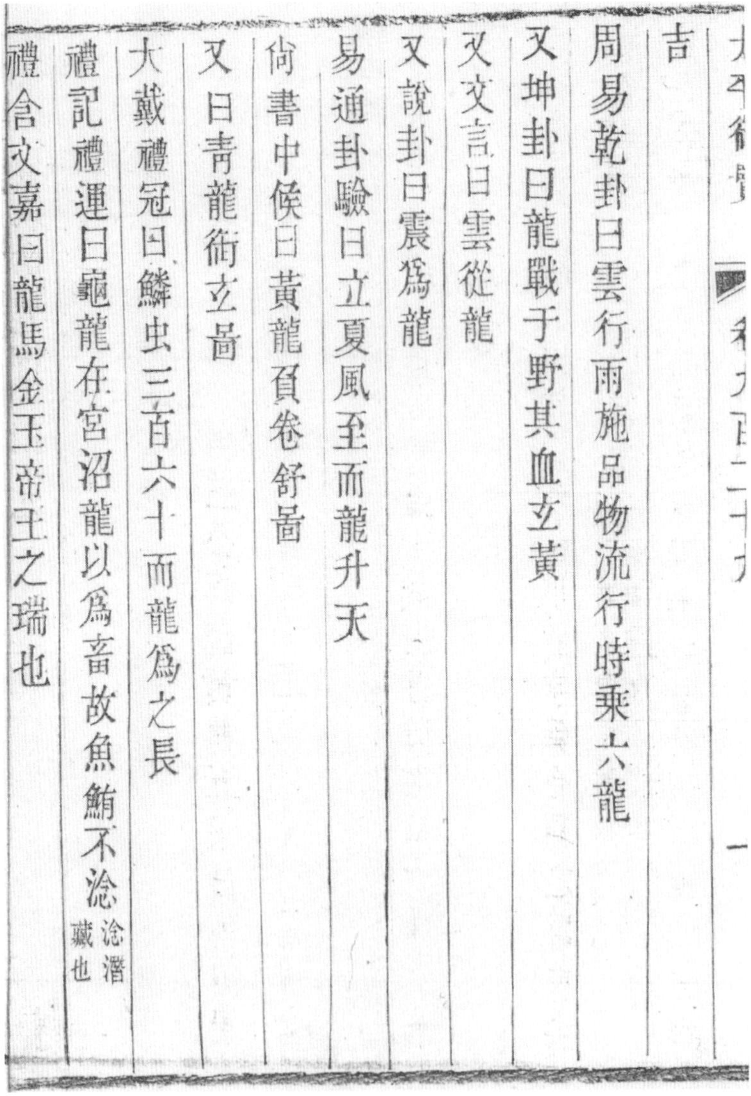
太平御覽 卷九百二十九 一

吉

周易乾卦曰雲行雨施品物流行時乘六龍

又坤卦曰龍戰于野其血玄黃

又文言曰雲從龍

又說卦曰震爲龍

易通卦驗曰立夏風至而龍升天

尚書中候曰黃龍負卷舒圖

又曰青龍銜玄圖

大戴禮冠曰鱗虫三百六十而龍爲之長

禮記禮運曰龜龍在宮沼龍以爲畜故魚鮪不淰 淰潛藏也

禮含文嘉曰龍馬金玉帝王之瑞也

<서영 36-6> 「太平御覽」, 汪昌序嘉慶11(1806)년목활자본, 권929 제1엽상엽.

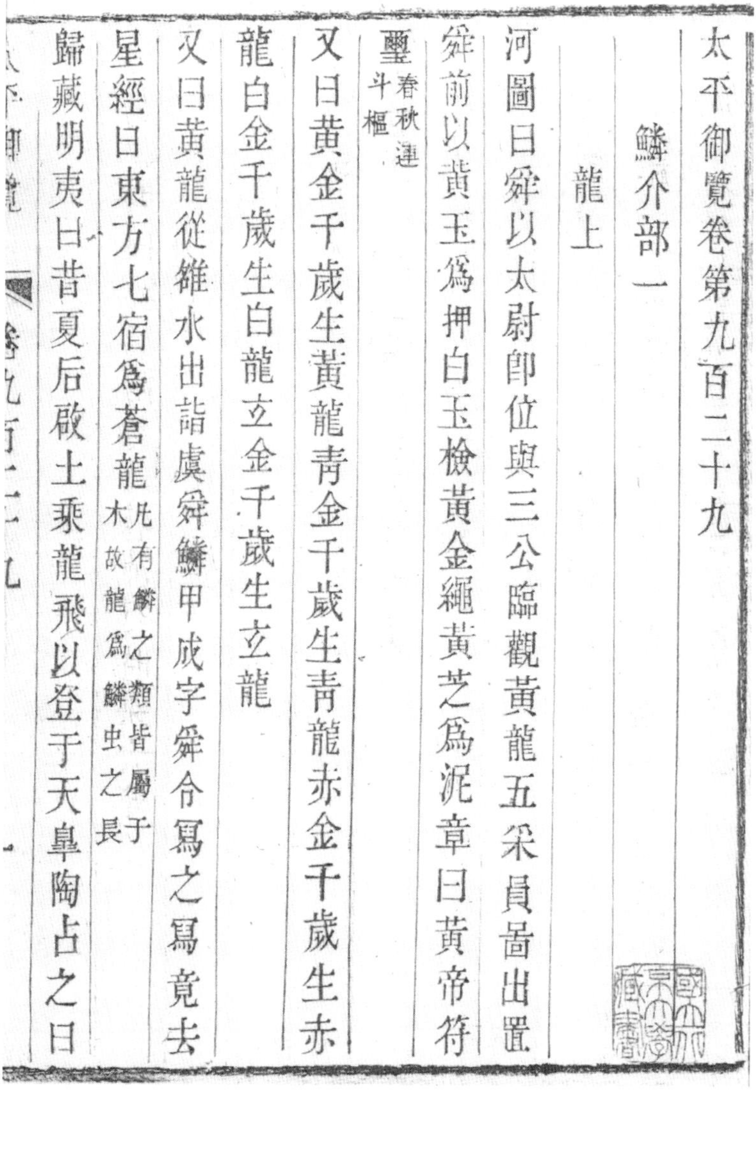
太平御覽卷第九百二十九

鱗介部一

龍上

河圖曰舜以太尉即位與三公臨觀黃龍五采負圖出置舜前以黃玉爲押白玉檢黃金繩黃芝爲泥章曰黃帝符璽（春秋運斗樞）

又曰黃金千歲生黃龍青金千歲生青龍赤金千歲生赤龍白金千歲生白龍玄金千歲生玄龍

又曰黃龍從雒水出詣虞舜鱗甲成字舜令寫之寫竟去

星經曰東方七宿爲蒼龍（凡有鱗之類皆屬于木故龍爲鱗虫之長）

歸藏明夷曰昔夏后啟土乘龍飛以登于天皐陶占之曰

太平御覽　卷九百二十九　一

<서영 37-1> 「九國志」, 敷文閣嘉慶12(1807)년목활자본, 권1 제1엽상엽, 19.0 × 13.5cm.

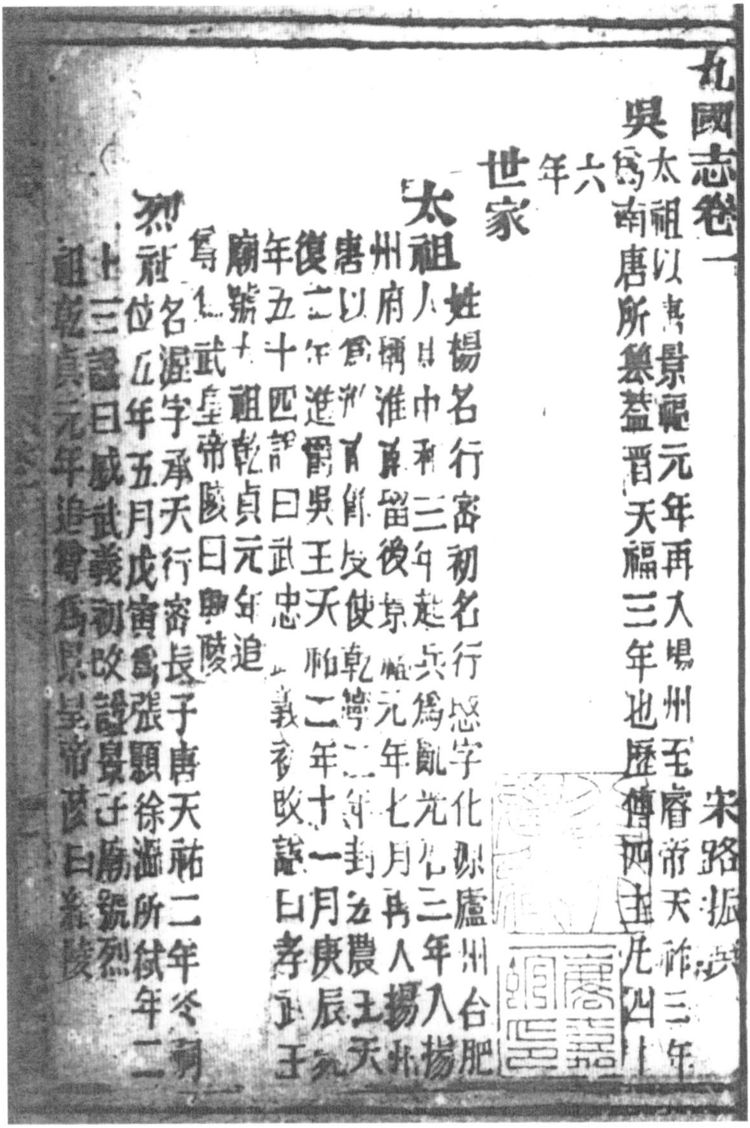

九國志卷一

吳　　　　宋 路振 撰

太祖以唐景福元年再入揚州至睿帝天祚三年
爲南唐所奪蓋晉天福三年也歷傳四主凡四十
六年

世家

太祖姓楊名行密初名行愍字化源廬州合肥
人唐中和三年起兵爲亂光啓三年入揚
州府攝淮南留後景福元年七月再入揚
唐以爲淮南節度使乾寧二年封弘農王天
復二年進爵吳王天祐二年十一月庚辰王
年五十四諡曰武忠　　又改諡曰孝武王
廟號太祖乾貞元年追
尊爲武皇帝陵曰興陵

烈祖名渥字承天行密長子唐天祐二年冬二
嗣位五年五月戊寅爲張顥徐溫所弒年二
十三諡曰威武義初改諡景王廟號烈
祖乾貞元年追尊爲景皇帝陵曰紹陵

<서영 37-2> 「九國志」, 敷文閣嘉慶12(1807)년목활자본, 권2 제1엽하엽.

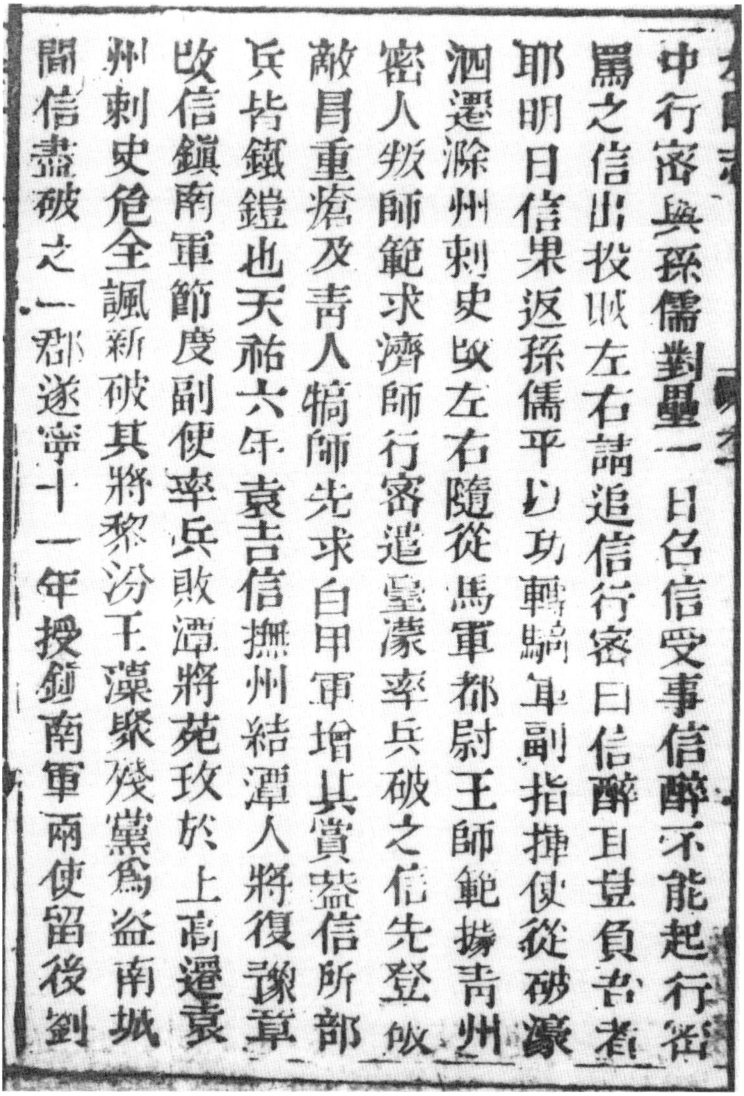
中行密與孫儒對壘一日召信受事信辭不能起行密
罵之信出投城左右請追信行密曰信辭耳豈負者者
耶明日信果返孫儒平以功轉騎軍副指揮使從破濠
泗還滁州刺史改左右隨從馬軍都尉王師範據青州
密人叛師範求濟師行密遣臺濛率兵破之信先登敗
敵冑重瘡及青人犒師先求白甲軍增其賞盡信所部
兵皆鐵鎧也天祐六年袁吉信撫州結潭人將復豫章
改信鎮南軍節度副使率兵敗潭將苑玫於上高還袁
州刺史危全諷新破其將黎汾王藻聚殘黨爲盜南城
聞信盡破之一郡遂寧十一年授鎮南軍兩使留後劉

<서영 38> 「兼明書」, 吳志忠嘉慶16(1811)년목활자본, 권1 제1엽상엽.

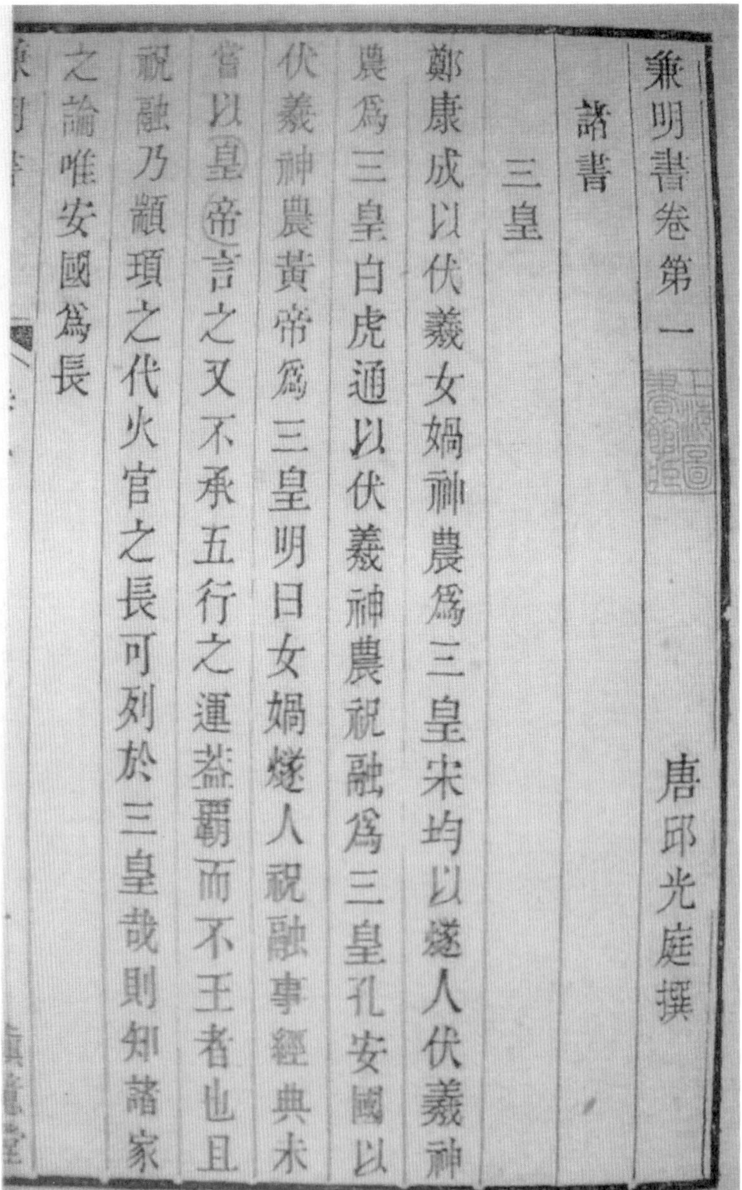

兼明書卷第一　唐邱光庭撰

諸書

三皇

鄭康成以伏羲女媧神農爲三皇宋均以燧人伏羲神農爲三皇白虎通以伏羲神農祝融爲三皇孔安國以伏羲神農黃帝爲三皇明曰女媧燧人祝融事經典未嘗以皇帝言之又不承五行之運蓋霸而不王者也且祝融乃顓頊之代火官之長可列於三皇哉則知諸家之論唯安國爲長

<서영 39-1> 「緯略」, 白鹿山房嘉慶17(1812)년목활자본, 권3 제1엽상엽, 18.4 × 13.6cm.

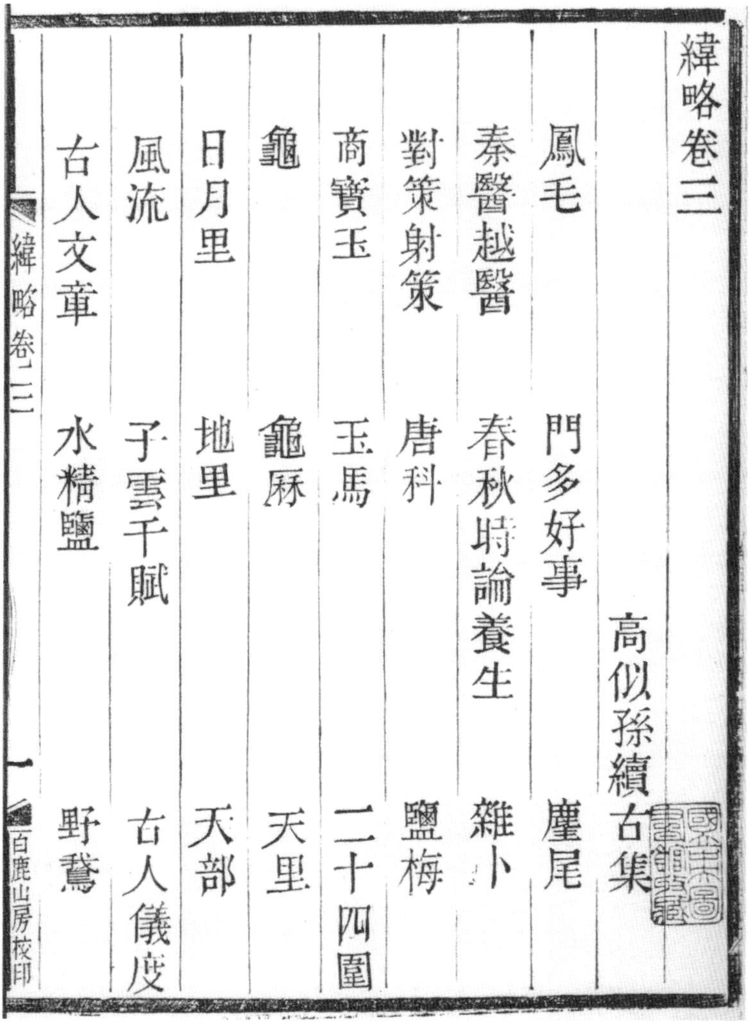
緯略卷三

高似孫續古集

鳳毛　門多好事　麈尾

秦醫越醫　春秋時論養生　雜卜

對策射策　唐科　鹽梅

商寶玉　玉馬　二十四圍

龜　龜麻　天里

日月里　地里　天部

風流　子雲千賦　古人儀度

古人文章　水精鹽　野鶩

緯略卷三　一　白鹿山房校印

<서영 39-2> 「緯略」, 白鹿山房嘉慶17(1812)년목활자본, 권3 제7엽하엽.

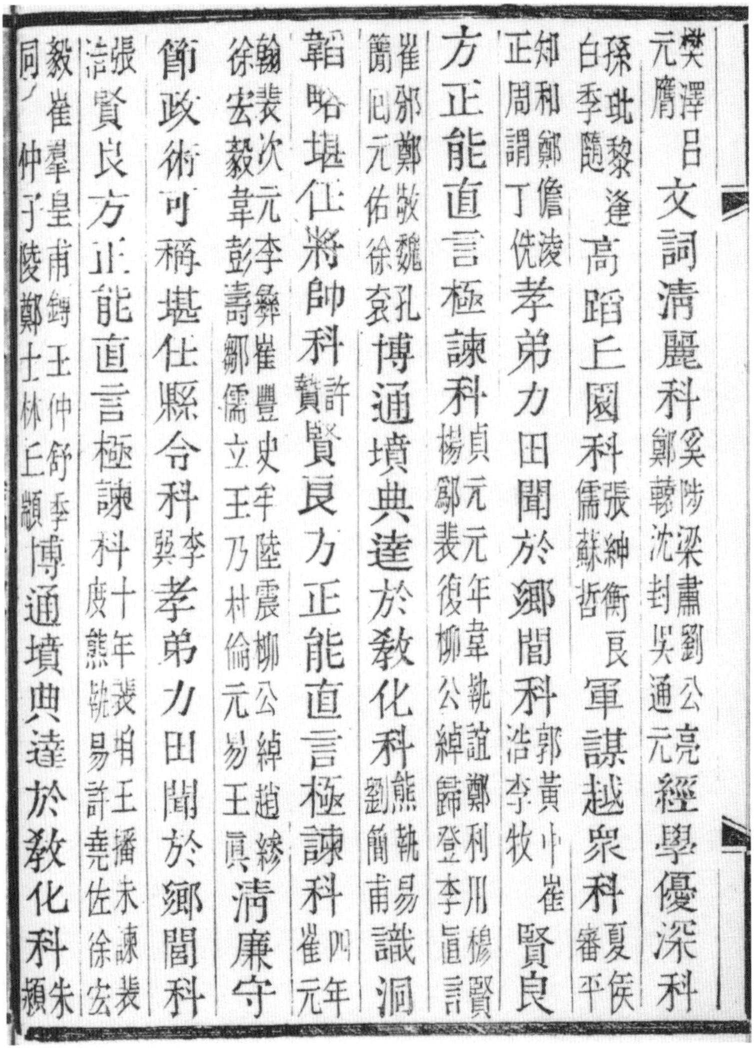

樊澤呂元膺文詞清麗科奚陟梁肅劉公亮鄭藹沈封吳通元經學優深科
孫玭黎逢白季隨高蹈丘園科張紳衡艮儒蘇哲軍謀越衆科夏侯審平
鄭和鄭儋淩正周謂丁伉孝弟力田聞於鄉閭科郭黃中崔浩李牧賢良
方正能直言極諫科貞元元年韋執誼鄭利用穆贇楊鄧裴復柳公綽歸登李直言
崔邠鄭敬魏孔簡同元佑徐亥博通墳典達於教化科熊執易劉簡甫識洞
韜略堪任將帥科許贊賢良方正能直言極諫科四年崔元
翰裴次元李彝崔豐史牟陸震柳公綽趙參徐宏毅韋彭壽鄒儒立王乃朴倫元易王眞清廉守
節政術可稱堪任縣令科李巽孝弟力田聞於鄉閭科
張浩賢良方正能直言極諫科十年裴垍王播朱邁裴度熊執易許堯佐徐宏
毅崔羣皇甫鎛王仲舒李同仲子陵鄭士林丘頴博通墳典達於教化科朱頴

<서영 39-3> 「緯略」, 白鹿山房嘉慶17(1812)년목활자본, 권3 제8엽상엽.

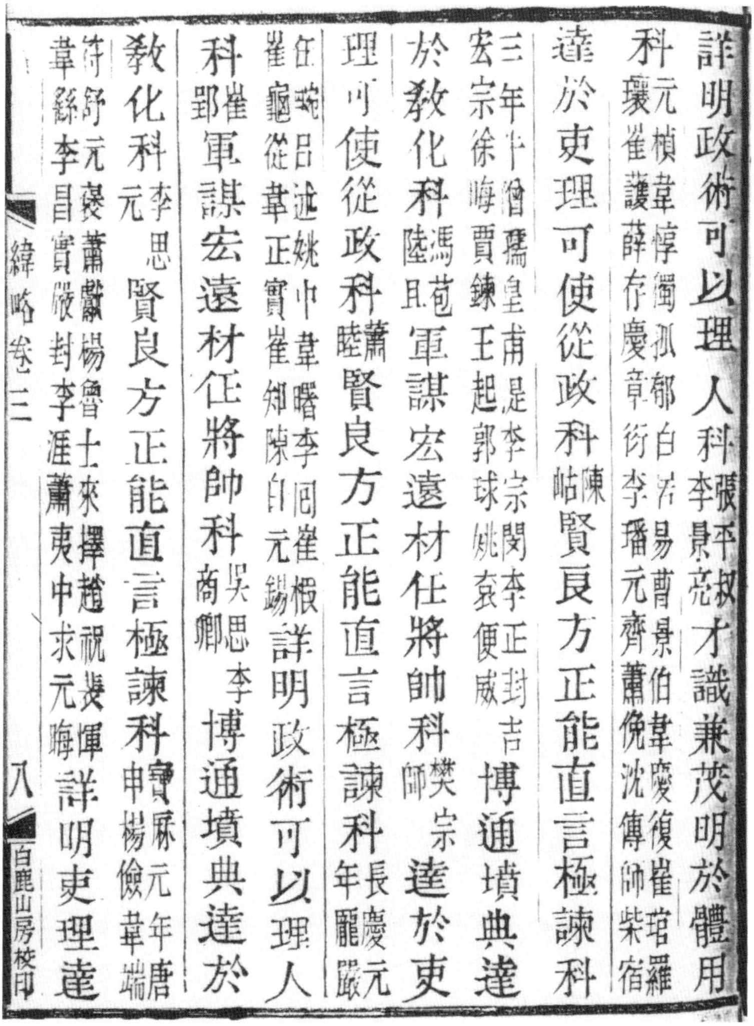

詳明政術可以理人科張平叔李景亮才識兼茂明於體用
科元稹韋惇獨孤郁白居易曹景伯韋慶復崔琯羅讓崔護薛存慶韋衎李蟠元齊蕭俛沈傳師柴宿
達於吏理可使從政科陳岵賢良方正能直言極諫科
三年牛僧孺皇甫湜李宗閔李正封吉宏宗徐晦賈餗王起郭球姚衮便威博通墳典達
於教化科馮芭陸亘軍謀宏遠材任將帥科樊宗師達於吏
理可使從政科蕭睦賢良方正能直言極諫科長慶元年龐嚴
丘紓呂述姚中韋曙李回崔根崔龜從韋正實崔郊陳自元錫詳明政術可以理人
科崔郢軍謀宏遠材任將帥科吳思李商卿博通墳典達於
教化科李思元賢良方正能直言極諫科寶曆元年唐申楊儉韋端
侍舒元褒蕭徽楊魯士來擇趙祝裴惲韋繇李昌實殷侑封李涯蕭夷中求元晦詳明吏理達

緯略卷三 八 白鹿山房校印

<서영 40-1> 「人嶽萃編」, 耕學草堂嘉慶17(1812)년목활자본, 권1 제1엽상엽, 22.9 × 14.6cm.

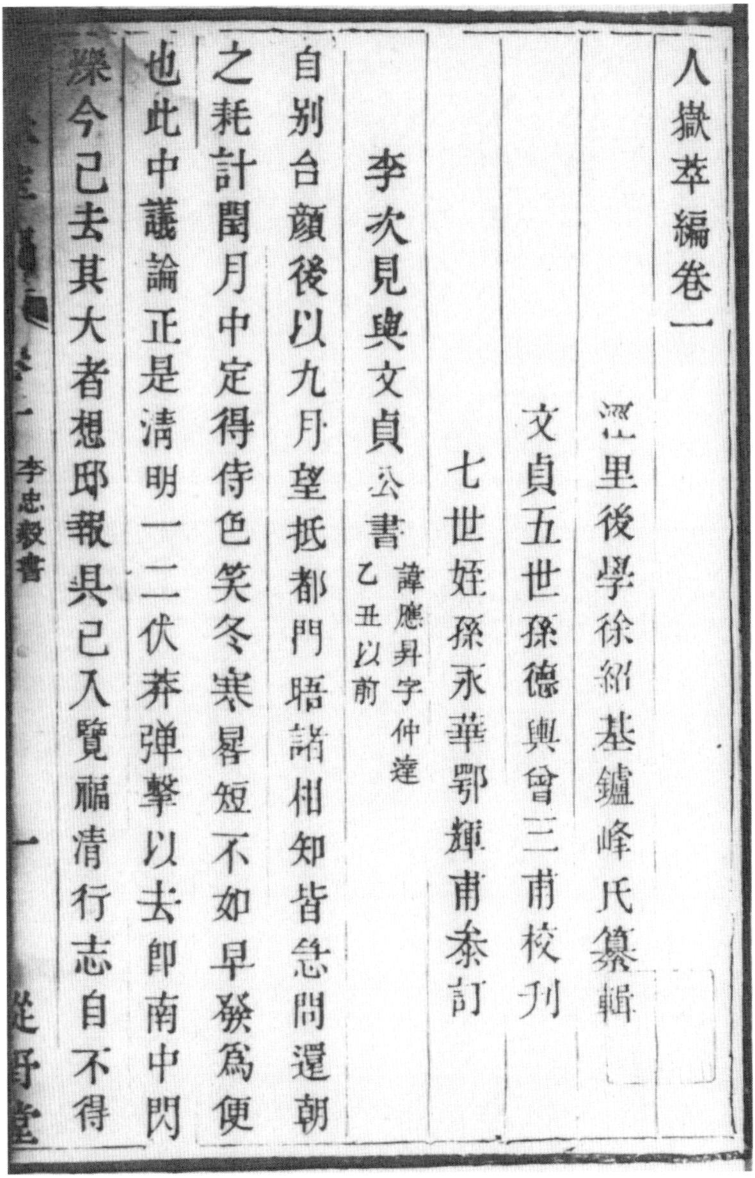

人嶽萃編卷一

涇里後學徐紹基鑪峰氏纂輯

文貞五世孫德輿曾三甫校刊

七世姪孫永華鄂輝甫叅訂

李次見與文貞公書 諱應昇字仲達 乙丑以前

自別台顏後以九月望抵都門晤諸相知皆急問還朝之耗計閏月中定得侍色笑冬寒晷短不如早發爲便也此中議論正是淸明一二伏莽弾擊以去卽南中閃爍今已去其大者想邸報具已入覽福淸行志自不得

人嶽萃編 卷一 李忠毅書 一

<서영 40-2> 「人獄萃編」, 耕學草堂嘉慶17(1812)년목활자본, 권2 제1엽상엽.

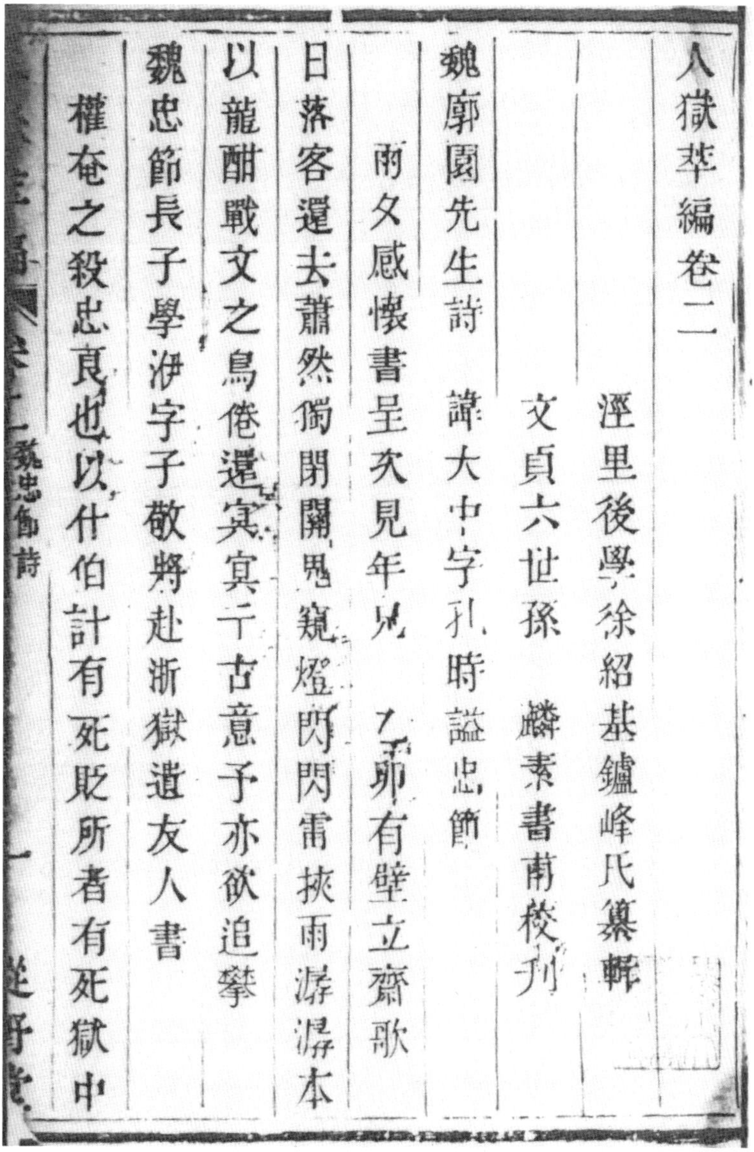
人獄萃編卷二
涇里後學徐紹基鑪峰氏纂輯
文貞六世孫 麟素書甫校刊
魏廓園先生詩 諱大中字孔時謚忠節
雨夕感懷書呈夾見年兄 乙卯有壁立齋歌
日落客還去蕭然獨閉關鬼窺燈閃閃雷挾雨潺潺本
以龍酣戰文之鳥倦還寰寰千古意予亦欲追攀
魏忠節長子學洢字子敬將赴浙獄遺友人書
權奄之殺忠良也以什伯計有死貶所者有死獄中
魏忠節詩

<서영 41-1> 「續資治通鑑長編」, 愛日精廬嘉慶24(1819)년목활자본, 권1 제1엽상엽, 21.6 × 15.4cm.

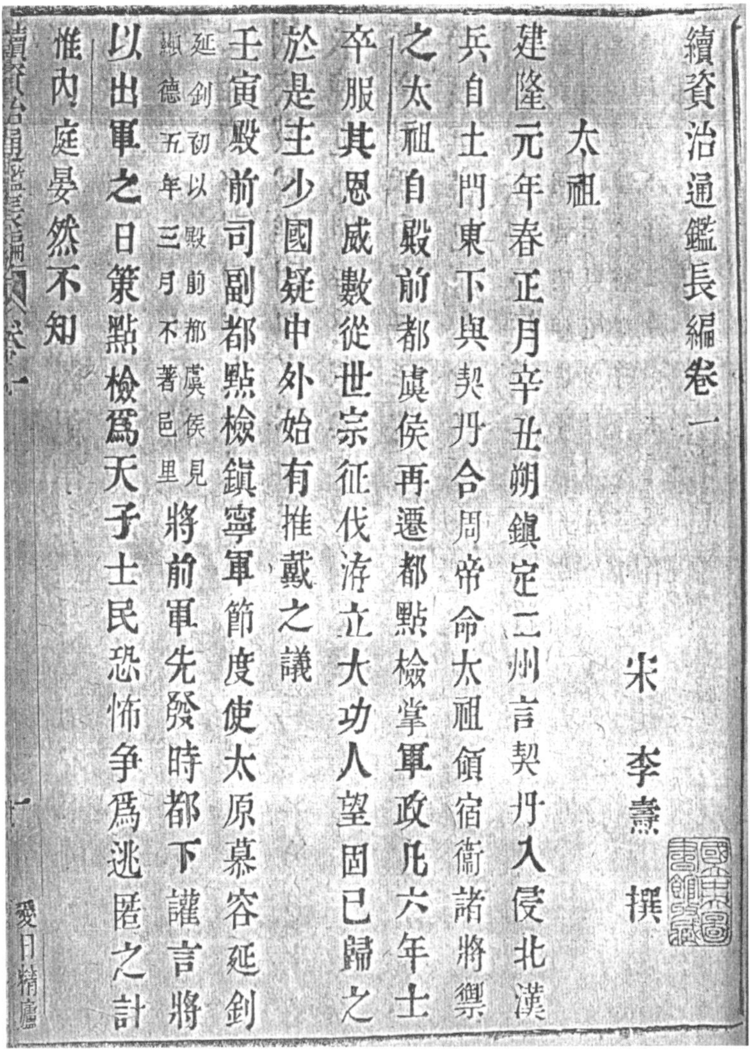

續資治通鑑長編卷一

宋 李燾 撰

太祖

建隆元年春正月辛丑朔鎮定二州言契丹入侵北漢兵自土門東下與契丹合周帝命太祖領宿衛諸將禦之太祖自殿前都虞候再遷都點檢掌軍政凡六年士卒服其恩威數從世宗征伐洊立大功人望固已歸之於是主少國疑中外始有推戴之議

壬寅殿前司副都點檢鎮寧軍節度使太原慕容延釗延釗初以殿前都虞候見顯德五年三月不著邑里將前軍先發時都下讙言將以出軍之日策點檢爲天子士民恐怖爭爲逃匿之計惟內庭晏然不知

續資治通鑑長編卷一 一 愛日精廬

<서영 41-2> 「續資治通鑑長編」, 愛日精盧嘉慶24(1819)년목활자본, 권2 제1엽상엽.

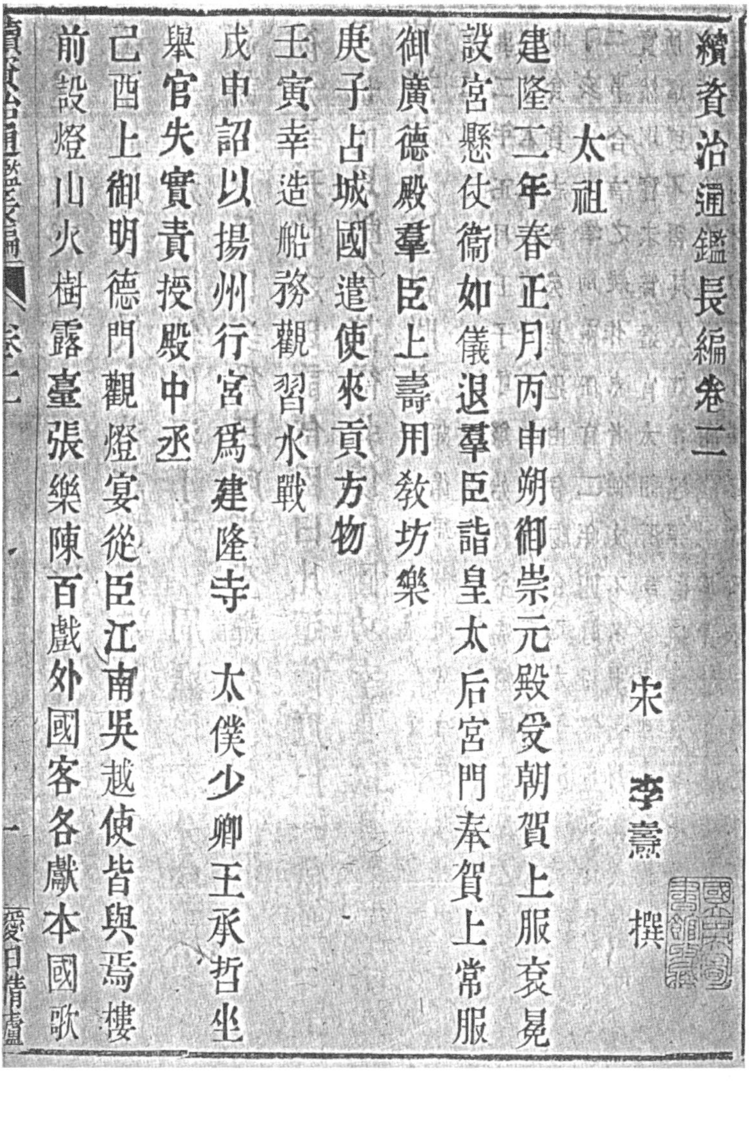
續資治通鑑長編卷二

宋 李燾 撰

太祖

建隆二年春正月丙申朔御崇元殿受朝賀上服衮冕
設宮懸仗衛如儀退羣臣詣皇太后宮門奉賀上常服
御廣德殿羣臣上壽用教坊樂
庚子占城國遣使來貢方物
壬寅幸造船務觀習水戰
戊申詔以揚州行宮爲建隆寺 太僕少卿王承哲坐
舉官失實責授殿中丞
己酉上御明德門觀燈宴從臣江南吳越使皆與焉樓
前設燈山火樹露臺張樂陳百戲外國客各獻本國歌

續資治通鑑長編 卷二 一 愛日精盧

<서영 41-3> 「續資治通鑑長編」, 愛日精盧嘉慶24(1819)년목활자본, 권25 말엽하엽.

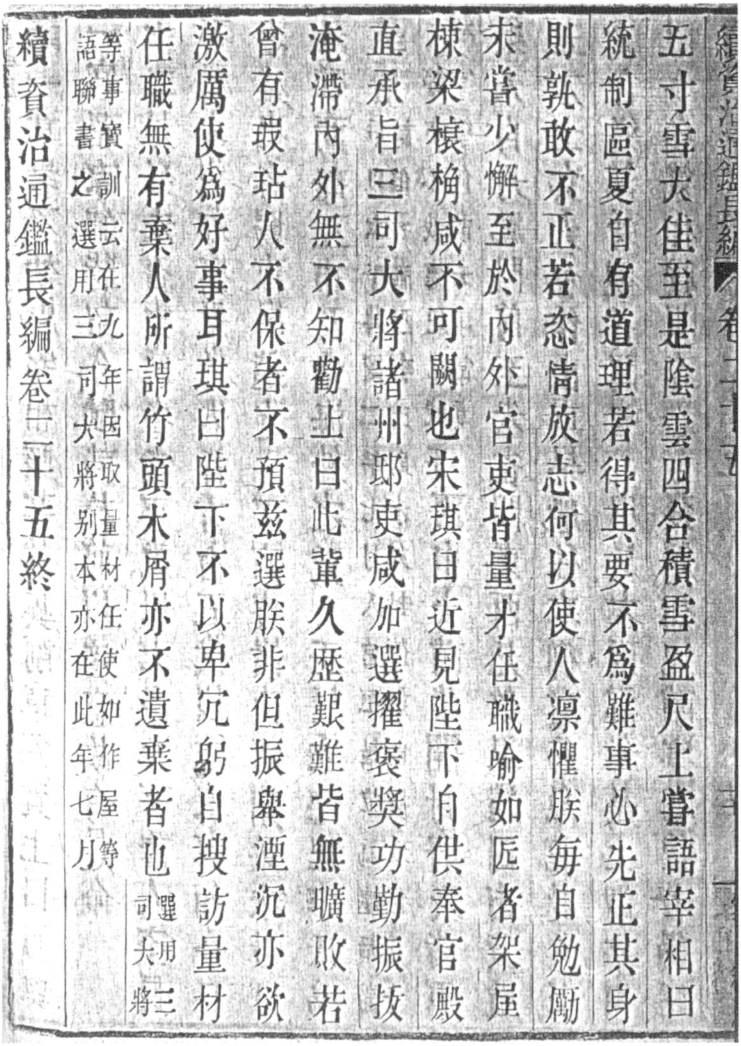
五寸雪大佳至是陰雲四合積雪盈尺上嘗語宰相曰統制區夏自有道理若得其要不爲難事必先正其身則孰敢不正若恣情放志何以使人凜懼朕每自勉勵未嘗少懈至於內外官吏皆量才任職喻如匠者架屋棟梁榱桷咸不可闕也宋琪曰近見陛下自供奉官殿直承旨三司大將諸州郡吏咸加選擢褒獎功勤振拔淹滯內外無不知勸上曰此輩久歷艱難皆無曠敗若曾有瑕玷人不保者不預茲選朕非但振舉湮沉亦欲激厲使爲好事耳琪曰陛下不以卑冗躬自搜訪量材任職無有棄人所謂竹頭木屑亦不遺棄者也選用三司大將等事實訓云在九年因取量材任使如作屋等語聯書之選用三司大將別本亦在此年七月

續資治通鑑長編卷二十五終

<서영 41-4> 「續資治通鑑長編」, 愛日精盧嘉慶24(1819)년목활자본, 권26 제1엽상엽.

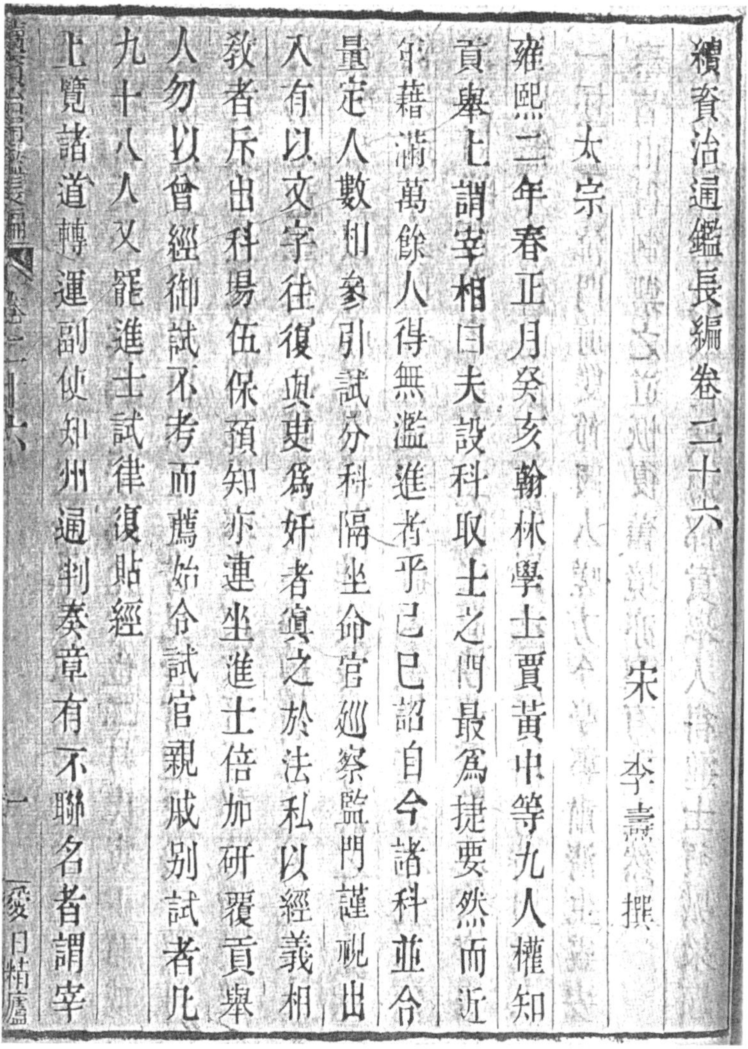
續資治通鑑長編卷二十六
宋 李燾 撰
太宗
雍熙二年春正月癸亥翰林學士賈黃中等九人權知
貢舉上謂宰相曰夫設科取士之門最爲捷要然而近
年籍滿萬餘人得無濫進者乎已巳詔自今諸科並令
量定人數相參引試分科隔坐命官巡察監門謹視出
入有以文字往復與吏爲奸者寘之於法私以經義相
教者斥出科場伍保預知亦連坐進士倍加研覆貢舉
人勿以曾經御試不考而薦始令試官親戚別試者凡
九十八人又罷進士試律復貼經
上覽諸道轉運副使知州通判奏章有不聯名者謂宰
續資治通鑑長編 卷二十六 一 愛日精廬

<서영 42> 「愛日精廬藏書志」, 愛日精廬嘉慶25(1820)년목활자본, 권1 제1엽상엽.

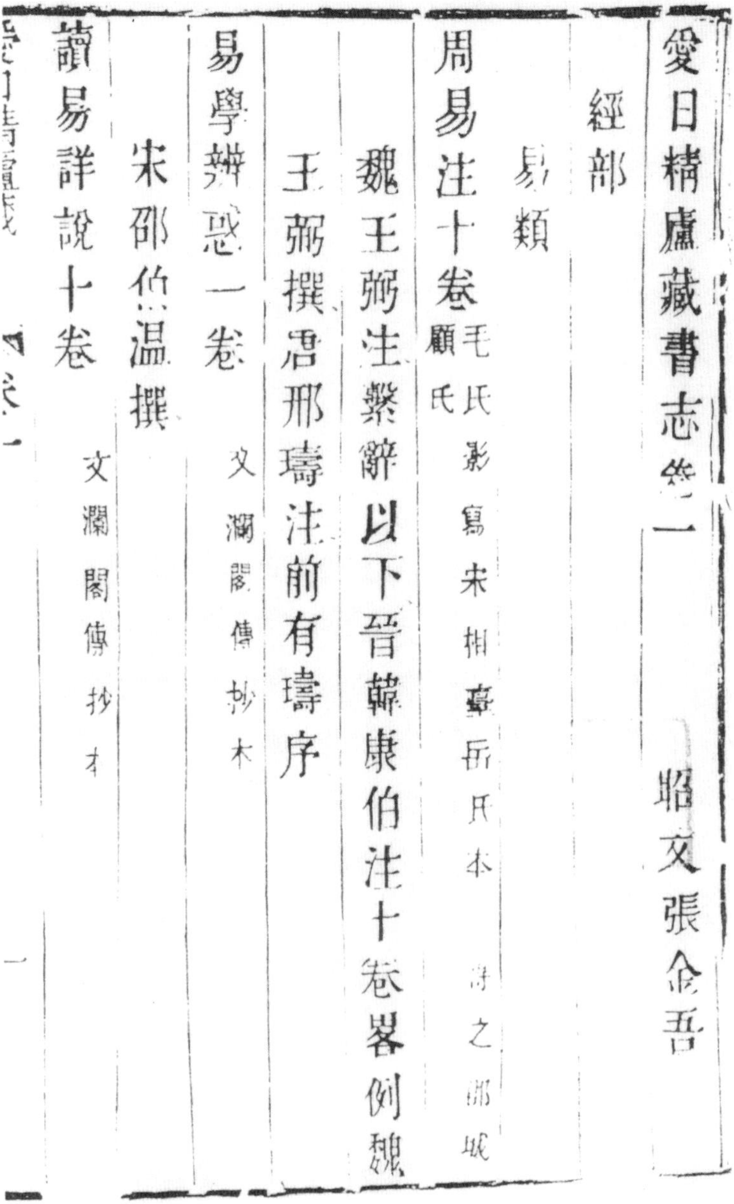

愛日精廬藏書志卷一　　昭文張金吾

經部

易類

周易注十卷 毛氏影寫宋相臺岳氏本 顧氏 [illegible]之[illegible]城

魏王弼注繫辭以下晉韓康伯注十卷畧例魏

王弼撰唐邢璹注前有璹序

易學辨惑一卷 文瀾閣傳抄本

宋邵伯溫撰

讀易詳說十卷 文瀾閣傳抄本

愛日精廬藏書志　卷一　一

<서영 43> 「淞南志」, 刻字局嘉慶연간(1796-1820)목활자본, 권2 제1엽상엽.

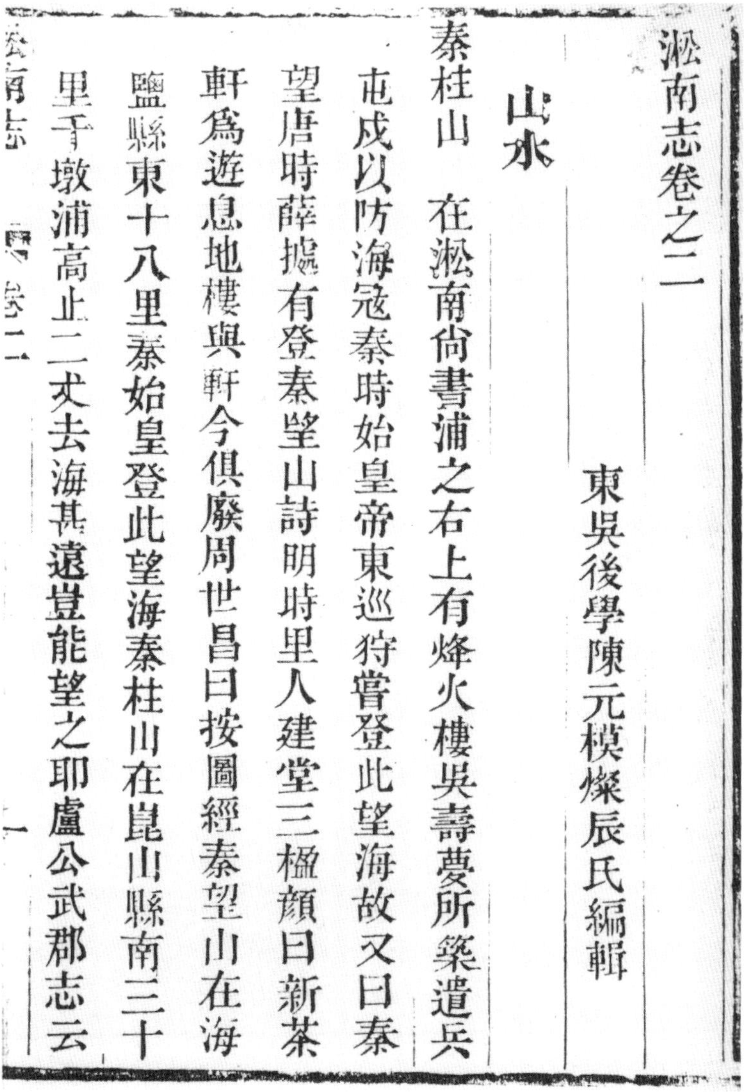

淞南志卷之二

東吳後學陳元模燦辰氏編輯

山水

秦柱山　在淞南尚書浦之右上有烽火樓吳壽夢所築遣兵屯戍以防海寇秦時始皇帝東巡狩嘗登此望海故又曰秦望唐時薛據有登秦望山詩明時里人建堂三楹顏曰新茶軒爲遊息地樓與軒今俱廢周世昌曰按圖經秦望山在海鹽縣東十八里秦始皇登此望海秦柱山在崑山縣南三十里于墩浦高止二丈去海甚遠豈能望之耶盧公武郡志云

淞南志　卷二　一

Ⅶ

清 時代 後期의 活字印刷

Ⅶ. 清 時代 後期의 活字印刷
Typography in the Late Period of Qing Dynasty

◁ 目 次 ▷

1. 서영 목차 및 판본 사항

<서영 1> 「南疆繹史勘本」, 李瑤道光10(1830)년교니활자본.

<서영 2> 「校補金石例四種」, 李瑤道光12(1832)년교니활자본.

<서영 3> 「學海類編」, 「棠陰比事」, 晁모씨道光11(1831)년목활자본.

<서영 4> 「學海類編」, 「禹公圖註」, 晁모씨道光11(1831)년목활자본.

<서영 5> 「學海類編」, 「古文尙書考」, 晁모씨道光11(1831)년목활자본.

<서영 6> 「學海類編」, 「尙書古文辨」, 晁모씨道光11(1831)년목활자본.

<서영 7> 「學海類編」, 「詩經協韻考異」, 晁모씨道光11(1831)년목활자본.

<서영 8> 「學海類編」, 「詩論」, 晁모씨道光11(1831)년목활자본.

<서영 9> 「丹棱文鈔」, 道光21(1895)년목활자본.

<서영 10> 「泥版試印初編」, 翟金生道光24(1844)년泥활자본.[1]

<서영 11> 「仙屛書屋初集詩錄」, 翟金生道光27(1847)년泥활자본.[2]

---

1) 1. 張秀民 저, 韓琦 增訂, 「中國印刷史」(浙江: 浙江古籍出版社, 2006), 583.
2. 北京圖書館 원편, 勝村哲也 복간편, 「中國版刻圖錄」(京都: 朋友書店, 1983).

<서영 12> 「泥板試印續編」, 翟金生道光28(1848)년泥활자본.

<서영 13> 「修業堂集」, 翟廷珍道光28(1848)년翟金生泥활자본.[3]

<서영 14> 「涇川水東翟氏宗譜」, 翟家祥咸豊7(1857)년翟金生泥활자본.[4]

<서영 15> 「海國圖志」, 薛子瑜道光24(1844)년목활자본.[5]

<서영 16> 「音論」, 林春祺道光26(1846)년福田書海동활자본.

<서영 17> 「詩本音」, 林春祺道光26(1846)년福田書海동활자본.

<서영 18> 「軍中醫方備要」, 林春祺福田書海동활자본.

<서영 19> 「四書便蒙」, 林春祺福田書海동활자본.[6]

<서영 20> 「安吳四種」, 倦游閣道光26(1846)년목활자본.

<서영 21> 「帝里明代人文略」, 津逮樓道光30(1850)년동?활자본.[7]

<서영 22> 「逆臣傳」, 淸芬館道光연간(1821-1850)목활자본.[8]

<서영 23> 「明季五藩實錄」, 半松居士嘉慶(1796-1820)・道光연간(1821-1850)목활자본.

<서영 24> 「南宋文範」, 道光연간(1821-1850)목활자본.

<서영 25> 「甲遁眞授秘集」, 花雨書巢主人咸豊2(1852)년목활자본.

<서영 26> 「水陸攻守戰略秘書」, 「兵法心要」, 麟桂咸豊3(1853)년福田書海동활자본.

---

2) 1. 徐憶農, 「活字本」(南京: 江蘇古籍出版社, 2002), 161.
   2. 張秀民 저, 韓琦 增訂(2006), 585.

3) 張秀民 저, 韓琦 增訂(2006), 586.

4) 張秀民 저, 韓琦 增訂(2006), 587.

5) 北京圖書館 원편, 勝村哲也 복간편(1983).

6) 張秀民 저, 韓琦 增訂(2006), 611.

7) 北京圖書館 원편, 勝村哲也 복간편(1983).

8) 鄒毅, 「證驗千年活版印刷術」(北京: 社會科學文獻出版社, 2010), 圖 3-7-12.

<서영 27> 「水陸攻守戰略秘書」, 「百戰奇略」, 麟桂咸豊3(1853)년福田書海동활자본.

<서영 28> 「琳琅秘室叢書」, 「鷄肋編」, 琳琅秘室咸豊3(1853)년목활자본.

<서영 29> 「討粵匪檄」, 咸豊연간(1851-1861)목활자본.[9]

<서영 30> 「趙文肅公文集」, 同治3(1864)년목활자본.

<서영 31> 「遲鴻軒所見書畫錄」, 文學山房同治12(1873)년목활자본.

<서영 32> 「經傳釋詞」, 文學山房목활자본.

<서영 33> 「化學指南」, 同文館同治12(1873)년기계식鉛활자본.

<서영 34> 「資治通鑑紀事本末」, 朝宗書屋咸豊(1851-1861)・同治연간(1862-1874)목활자본.[10]

<서영 35> 「陶淵明集」, 4색투인목활자본.

<서영 36> 「蟠室老人文集」, 葛芾棠光緖6(1880)년목활자본.[11]

<서영 37> 「火器略說」, 弢園光緖7(1881)년기계식鉛활자본.

<서영 38> 「容甫先生遺詩」, 述古齋光緖11(1885)년목활자본.

<서영 39> 「山西省屯留縣應徵光緖十貳年銀總數民欠未完散數徵信冊」, 戶部光緖12(1886)년목활자・목판투인본.

<서영 40> 「盤洲文集」, 光緖27(1901)년목활자본.

<서영 41> 「乙巳東瀛游記」, 周錫璋光緖31(1905)년기계식鉛활자본.

<서영 42> 「劉氏續修族譜」, 彭城堂光緖33(1907)년목활자・목판朱墨투인본.[12]

---

9) 艾俊川, "談活字本的鑑定-以排印工藝特徵爲中心", 「文津學志」 제3집(2006), 66.

10) 鄒毅(2010), 圖 3-2-5.

11) 徐憶農(2002), 170.

12) 鄒毅(2010), 圖 7-1.

<서영 43> 「皇極會歸寶懺」, 王卓堂光緖33(1907)년활자본.[13]

<서영 44> 「幣制說帖及簡明總要並度支部說帖各督撫議制摺奏及節畧」, 光緖34(1908)년鉛활자본.

<서영 45> 「佛說高王觀世音經」, 光緖연간목활자본.[14]

<서영 46> 「圍棋譜」, 光緖연간(1875-1908)년목활자・목판투인본.[15]

<서영 47> 「二十七年晥局朱道稟裁煤費稿」, 光緖연간(1875-1908)목활자본.[16]

<서영 48> 「歷朝聖訓」, 總理各國事務衙門光緖연간(1875-1908)鉛활자본.

<서영 49> 「四明文獻集」, 王存善民國5(1916)년기계식鉛활자본.

<서영 50> 「霍氏宗譜」, 敦睦堂民國6(1917)년목활자본.

<서영 51> 「王子安集佚文」, 民國7(1918)년기계식鉛활자본.

<서영 52> 「朱氏痲科」, 文明軒民國9(1920)년활자본.[17]

<서영 53> 「五餘讀書廛隨筆」, 勴堂民國9(1920)년기계식鉛활자본.

<서영 54> 「夏侍郞年譜」, 聚珍倣宋印書局民國9(1920)년기계식鉛활자본.

<서영 55> 「文選類詁」, 丁福保民國14(1925)년기계식鉛활자본.

<서영 56> 「金石學錄」, 西泠印社民國연간(1911-)목활자본.

<서영 57> 「越畫見聞」, 西泠印社民國연간(1911-)목활자본.

<서영 58> 「開元天寶遺事」, 西泠印社民國연간(1911-)목활자본.

---

13) 鄒毅(2010), 圖 3-7-14.

14) 鄒毅(2010), 圖 3-7-22.

15) 鄒毅(2010), 圖 7-8.

16) 艾俊川(2006), 67.

17) 鄒毅(2010), 圖 4-1-1.

<서영 59> 「唐詩三百首」, 江蘇古籍出版社1998년목판・泥활자・주석활자・동활자・瓷版・목활자藍印본.

<서영 60> 「劉氏三修族譜」, 淸兩儀堂목활자본.[18]

<서영 61> 「效驗引編」, 淸臨安藥局목활자紅藍인본.[19]

<서영 62> 「西藏志」, (淸)徐絅목활자본.

<서영 63> 「斜川詩集」, 淸목활자본.

<서영 64> 「唱道眞言」, 淸목활자본.[20]

<서영 65> 「國史經籍志」, (淸)徐象橒목활자본.

<서영 66> 「包村紀略」, (淸)沈溪書屋목활자본.[21]

<서영 67> 「唐荊川先生纂輯武編」, 淸목활자본.

<서영 68> 「城步縣志」, 淸활자본.[22]

<서영 69> 「傷寒附翼」, 淸활자본.[23]

<서영 70> 「巫氏房譜」, 淸활자본.[24]

---

18) 鄭毅(2010), 圖 4-1-9.

19) 鄭毅(2010), 圖 7-9.

20) 鄭毅(2010), 圖 3-6-3.

21) 北京圖書館 원편, 勝村哲也 복간편(1983).

22) 鄭毅(2010), 圖 3-6-1.

23) 鄭毅(2010), 圖 3-7-1.

24) 鄭毅(2010), 圖 8-12, 圖 4-1-7.

中國活字印刷技術史圖錄

2. 서영

<서영 1-1> 「南疆繹史勘本」, 李瑤道光10(1830)년교니활자본. 卷首 제1엽상엽.

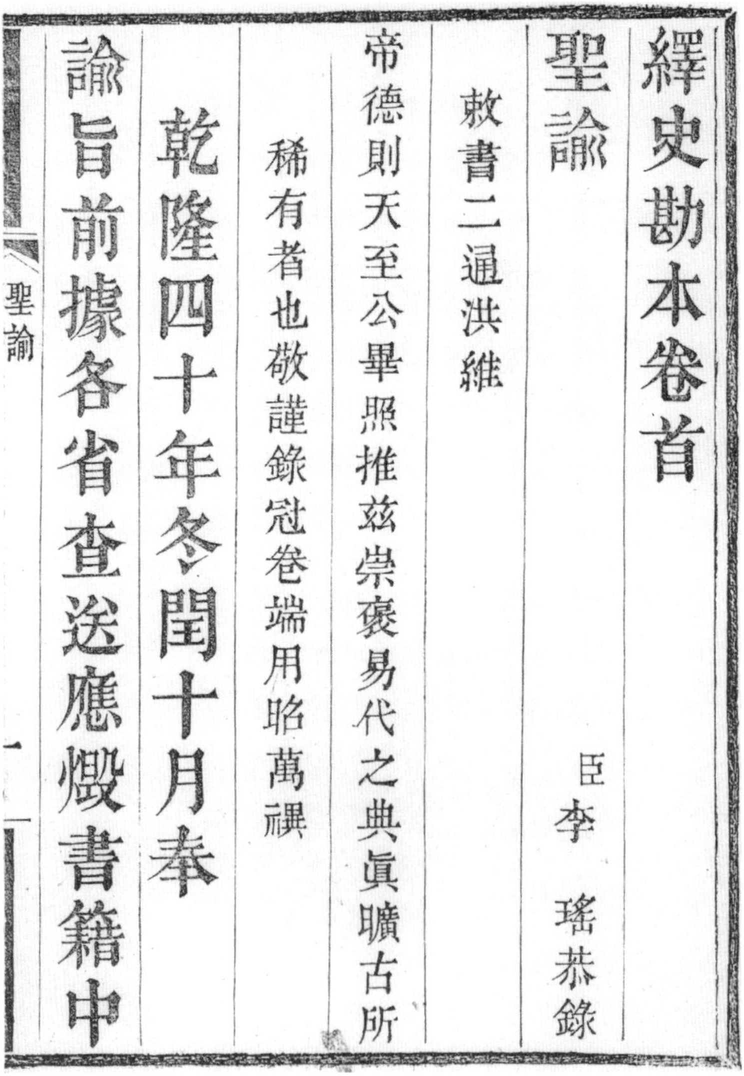
繹史勘本卷首

聖諭

臣李瑤恭錄

敕書二通洪維

帝德則天至公畢照推玆崇褒易代之典眞曠古所

稀有者也敬謹錄冠卷端用昭萬禩

乾隆四十年冬閏十月奉

諭旨前據各省查送應燬書籍中

聖諭 一

<서영 1-2> 「南疆繹史勘本」, 李瑤道光10(1830)년교니활자본. 自序 제1엽상엽.

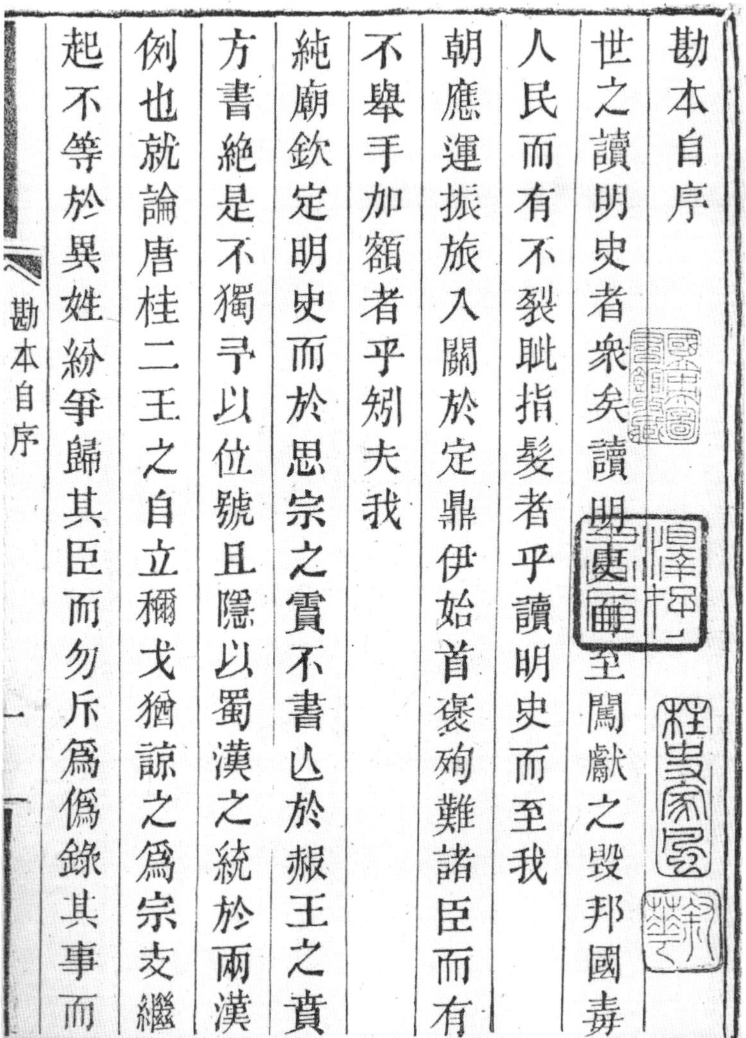

勘本自序

世之讀明史者衆矣讀明[illegible]至闖獻之毀邦國壽
人民而有不裂眦指髮者乎讀明史而至我
朝應運振旅入關於定鼎伊始首褒殉難諸臣而有
不舉手加額者乎矧夫我
純廟欽定明史而於思宗之賓不書亾於搬王之賓
方書絶是不獨弖以位號且隱以蜀漢之統於兩漢
例也就論唐桂二王之自立稱戈猶諒之爲宗支繼
起不等於異姓紛爭歸其臣而勿斥爲僞錄其事而

勘本自序 一

<서영 1-3> 「南疆繹史勘本」, 李瑤道光10(1830)년교니활자본. 권1 제1엽상엽, 21.0 × 15.3cm.

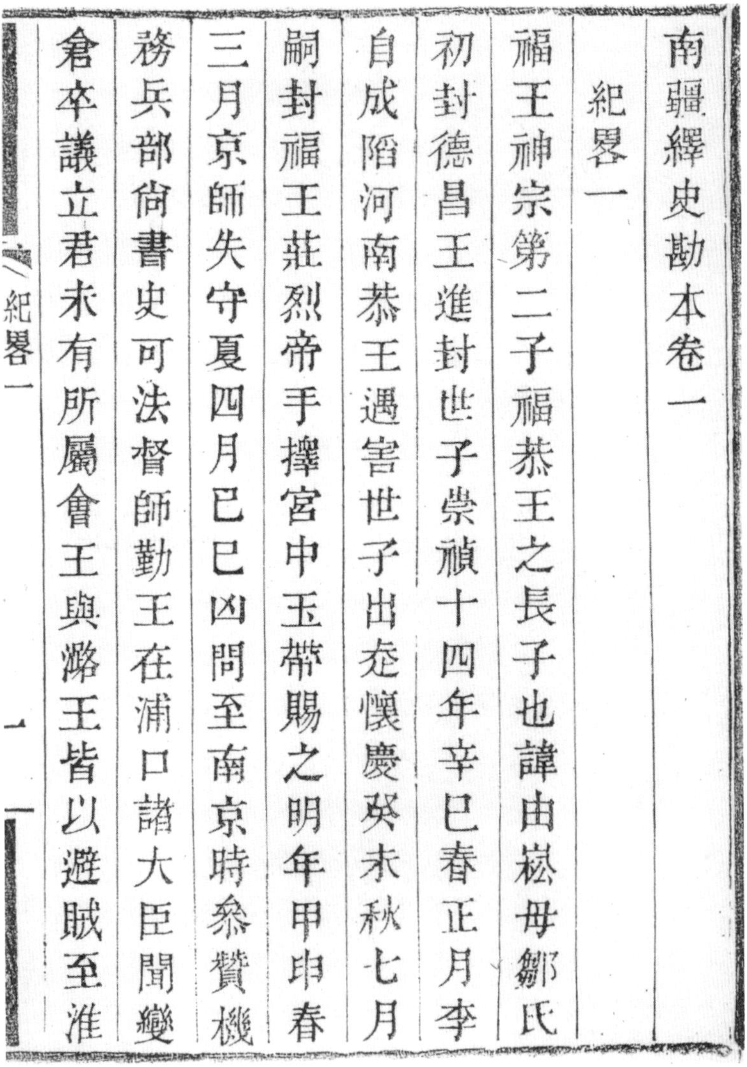

南疆繹史勘本卷一

紀畧一

福王神宗第二子福恭王之長子也諱由崧母鄒氏
初封德昌王進封世子崇禎十四年辛巳春正月李
自成陷河南恭王遇害世子出奔懷慶癸未秋七月
嗣封福王莊烈帝手擇宮中玉帶賜之明年甲申春
三月京師失守夏四月己巳凶問至南京時參贊機
務兵部尚書史可法督師勤王在浦口諸大臣聞變
倉卒議立君未有所屬會王與潞王皆以避賊至淮

紀畧一　一

<서영 1-4> 「南疆繹史勘本」, 李瑤道光10(1830)년교니활자본. 摭遺 권1 제1엽상엽.

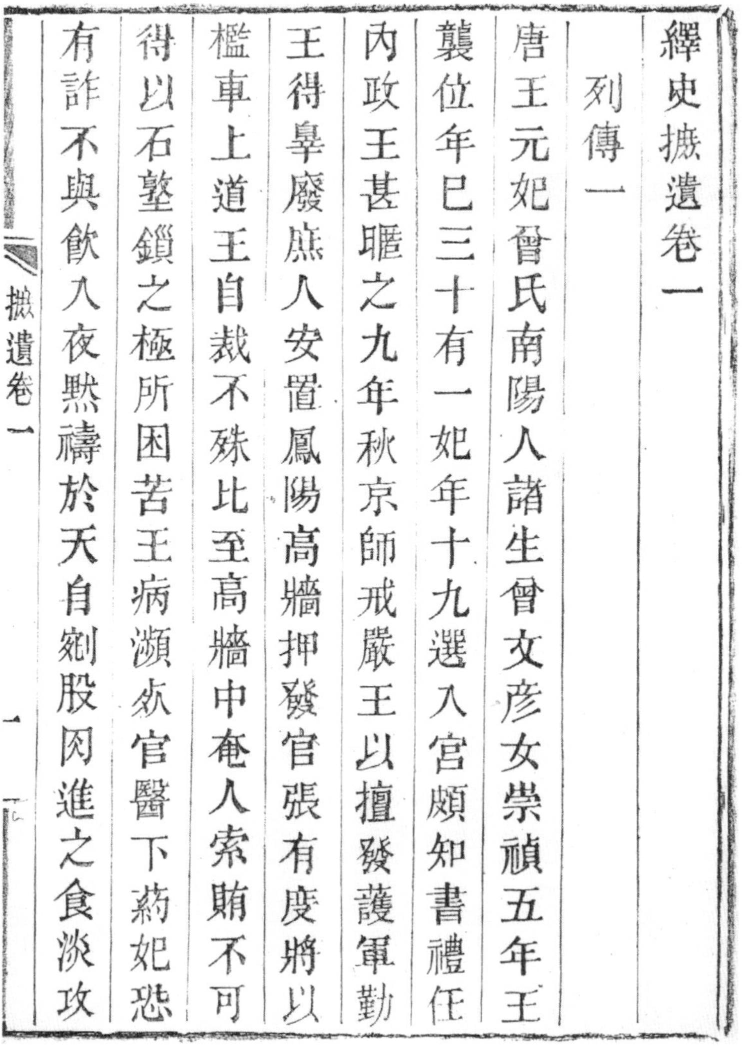

繹史摭遺卷一

列傳一

唐王元妃曾氏南陽人諸生曾文彦女崇禎五年王
襲位年已三十有一妃年十九選入宮頗知書禮任
內政王甚暱之九年秋京師戒嚴王以擅發護軍勤
王得辠廢庶人安置鳳陽高牆押發官張有度將以
檻車上道王自裁不殊比至高牆中奄人索賄不可
得以石墼鎖之極所困苦王病瀕死官醫下葯妃恐
有詐不與飲入夜默禱於天自刲股肉進之食淡攻

摭遺卷一

一

<서영 1-5> 「南疆繹史勘本」, 李瑤道光10(1830)년교니활자본. 摭遺 권10 말엽하엽.

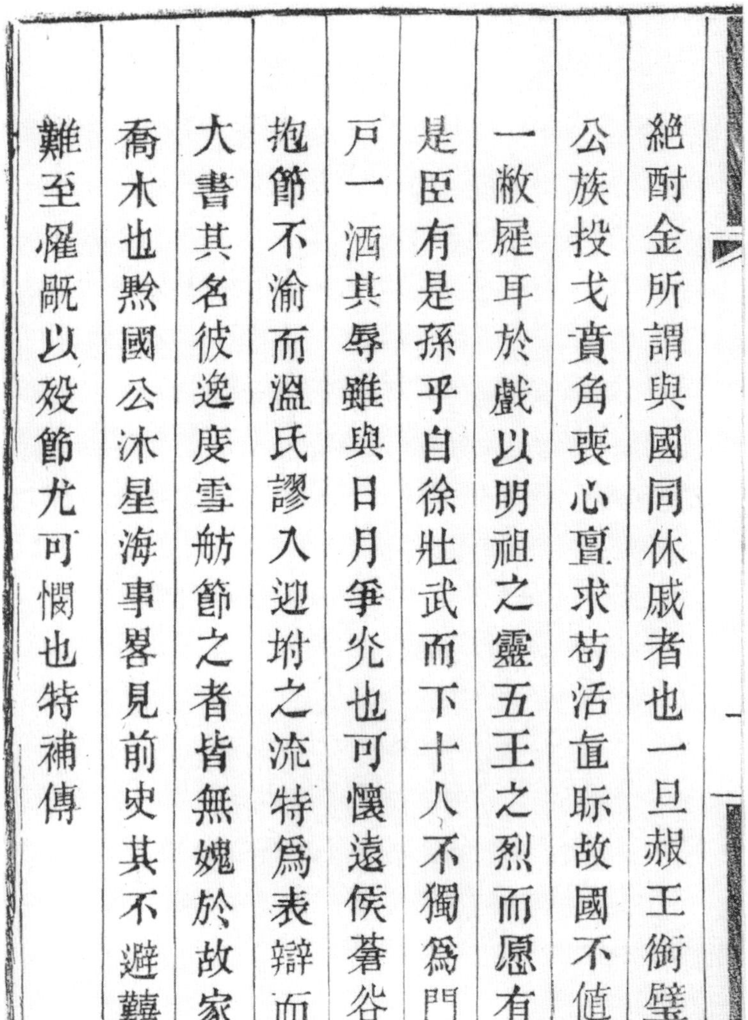
絕酎金所謂與國同休戚者也一旦赧王銜璧
公族投戈賁角喪心亶求苟活亶眎故國不値
一敝屣耳於戲以明祖之靈五王之烈而愿有
是臣有是孫乎自徐壯武而下十八不獨爲門
戸一洒其辱雖與日月爭光也可懷遠侯蒼谷
抱節不渝而溫氏謬入迎附之流特爲表辯而
大書其名彼逸度雪舫節之者皆無媿於故家
喬木也黔國公沐星海事畧見前史其不避囏
難至擢旣以殁節尤可憫也特補傳

<서영 1-6> 「南疆繹史勘本」, 李瑤道光10(1830)년교니활자본. 摭遺 권11 제1엽상엽.

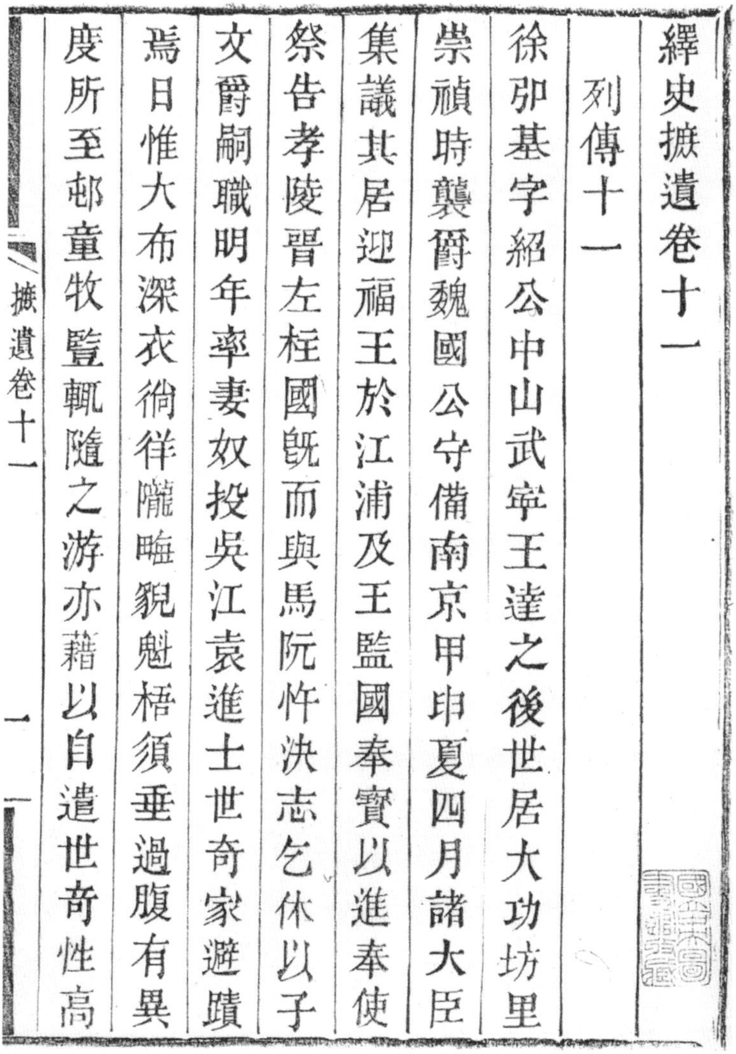

繹史摭遺卷十一

列傳十一

徐弘基字紹公中山武寧王達之後世居大功坊里崇禎時襲爵魏國公守備南京甲申夏四月諸大臣集議其居迎福王於江浦及王監國奉寶以進奉使祭告孝陵晋左柱國旣而與馬阮忤決志乞休以子文爵嗣職明年率妻奴投吳江袁進士世奇家避蹟焉日惟大布深衣徜徉隴畮貌魁梧須垂過腹有異度所至邨童牧豎輒隨之游亦藉以自遣世奇性高

摭遺卷十一　一

<서영 2-1> 「校補金石例四種」, 李瑤道光12(1832)년교니활자본, 권4 제1엽상엽, 20.5 × 14.0cm.

金石例卷之四

濟南　潘昂霄景梁

○銘文之始

事祖廣記云蔡邕曰黃帝有金几之銘王子年拾遺記曰黃帝以神金鑄器皆有銘題凡所造建皆記其年時此銘之起也

三禮圖云檀弓曰銘明旌也以死者爲不可別已故以其旗識之　註明旌神明之旌也

士喪禮云爲銘各以其物亾則以緇長半幅䞓末長

<서영 2-2> 「校補金石例四種」, 李瑤道光12(1832)년교니활자본, 補 권1 제1엽상엽.

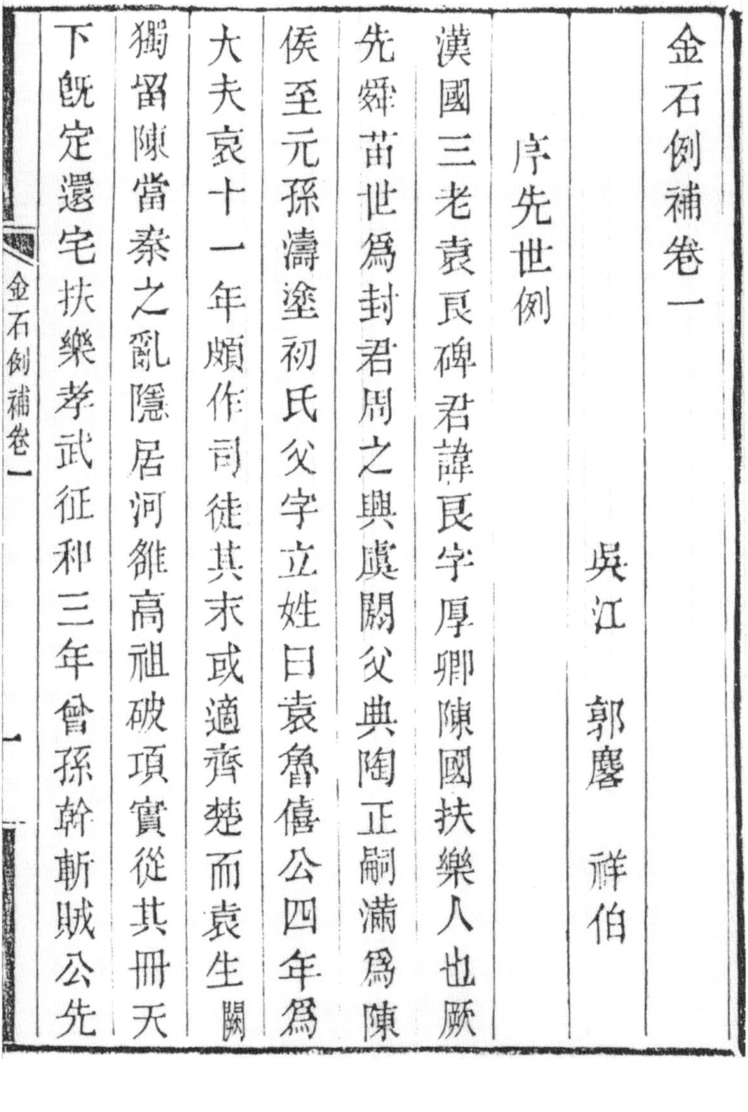

金石例補卷一

吳江 郭麐 祥伯

序先世例

漢國三老袁良碑君諱良字厚卿陳國扶樂人也厥先舜苗世爲封君周之興虞閼父典陶正嗣滿爲陳侯至元孫濤塗初氏父字立姓曰袁魯僖公四年爲大夫哀十一年頗作司徒其末或適齊楚而袁生闕獨留陳當秦之亂隱居河雒高祖破項實從其冊天下既定還宅扶樂孝武征和三年曾孫幹斬賊公先

金石例補卷一　一

<서영 3-1> 「學海類編」, 「棠陰比事」, 晁모씨道光11(1831)년목활자본, 원편 제6엽하엽.

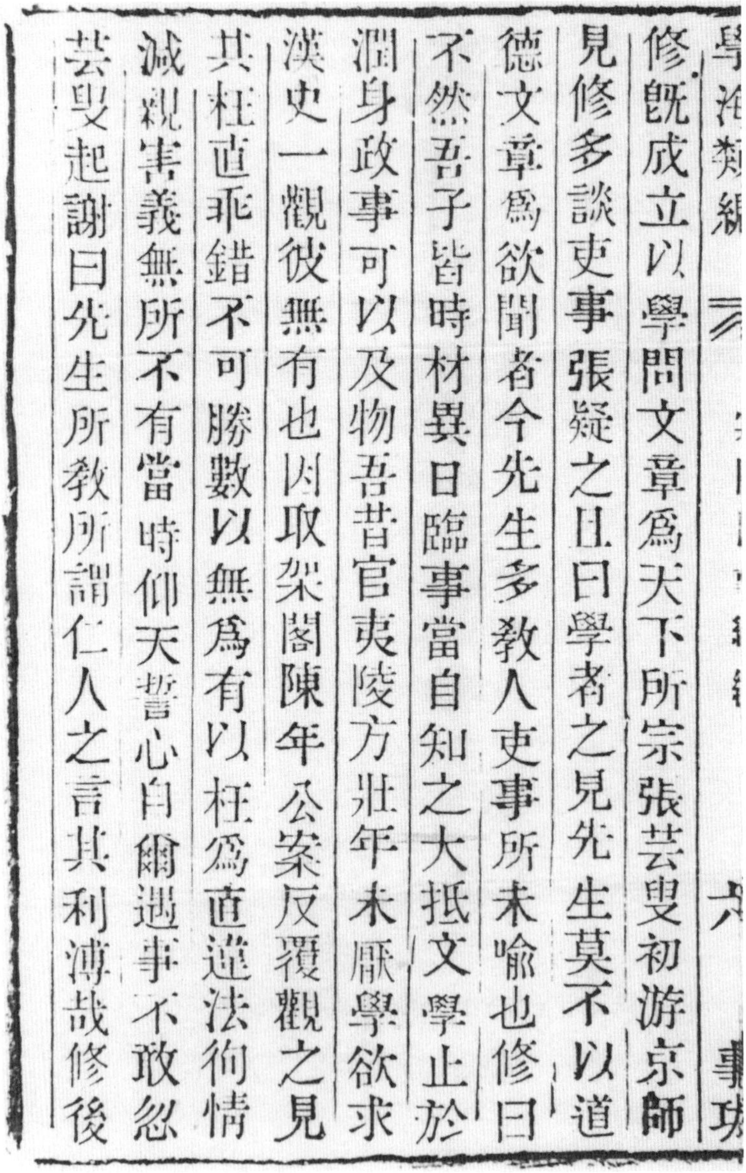
學海類編 … 六

修既成立以學問文章爲天下所宗張芸叟初游京師
見修多談吏事張疑之且曰學者之見先生莫不以道
德文章爲欲聞者今先生多教人吏事所未喻也修曰
不然吾子皆時材異日臨事當自知之大抵文學止於
潤身政事可以及物吾昔官夷陵方壯年未厭學欲求
漢史一觀彼無有也因取架閣陳年公案反覆觀之見
其枉直乖錯不可勝數以無爲有以枉爲直違法徇情
滅親害義無所不有當時仰天誓心自爾遇事不敢忽
芸叟起謝曰先生所教所謂仁人之言其利溥哉修後

<서영 3-2> 「學海類編」, 「棠陰比事」, 晁모씨道光11(1831)년목활자본, 원편 제1엽상엽.

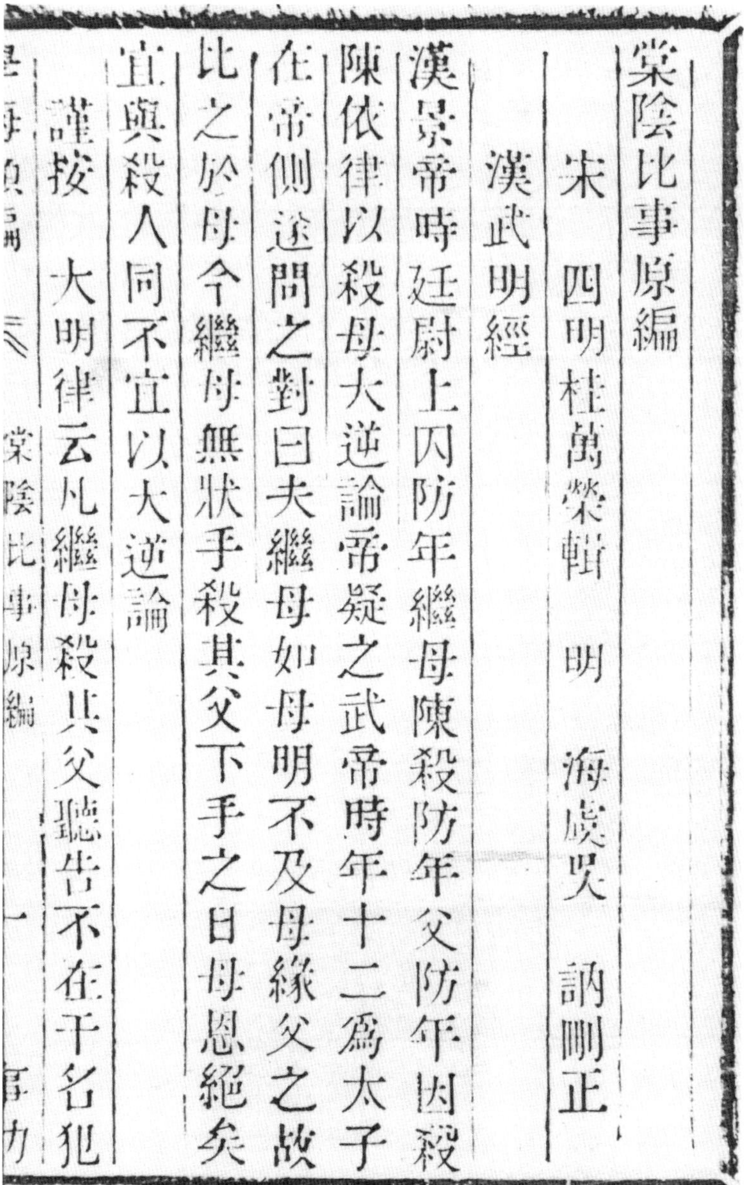

棠陰比事原編
宋 四明桂萬榮輯 明 海虞吳訥刪正
漢武明經
漢景帝時廷尉上囚防年繼母陳殺防年父防年因殺
陳依律以殺母大逆論帝疑之武帝時年十二爲太子
在帝側遂問之對曰夫繼母如母明不及母緣父之故
比之於母今繼母無狀手殺其父下手之日母恩絕矣
宜與殺人同不宜以大逆論
謹按 大明律云凡繼母殺其父聽告不在干名犯

學海類編 三 棠陰比事原編 一

<서영 4-1> 「學海類編」, 「禹公圖註」, 晁모씨道光11(1831)년목활자본, 제34엽하엽.

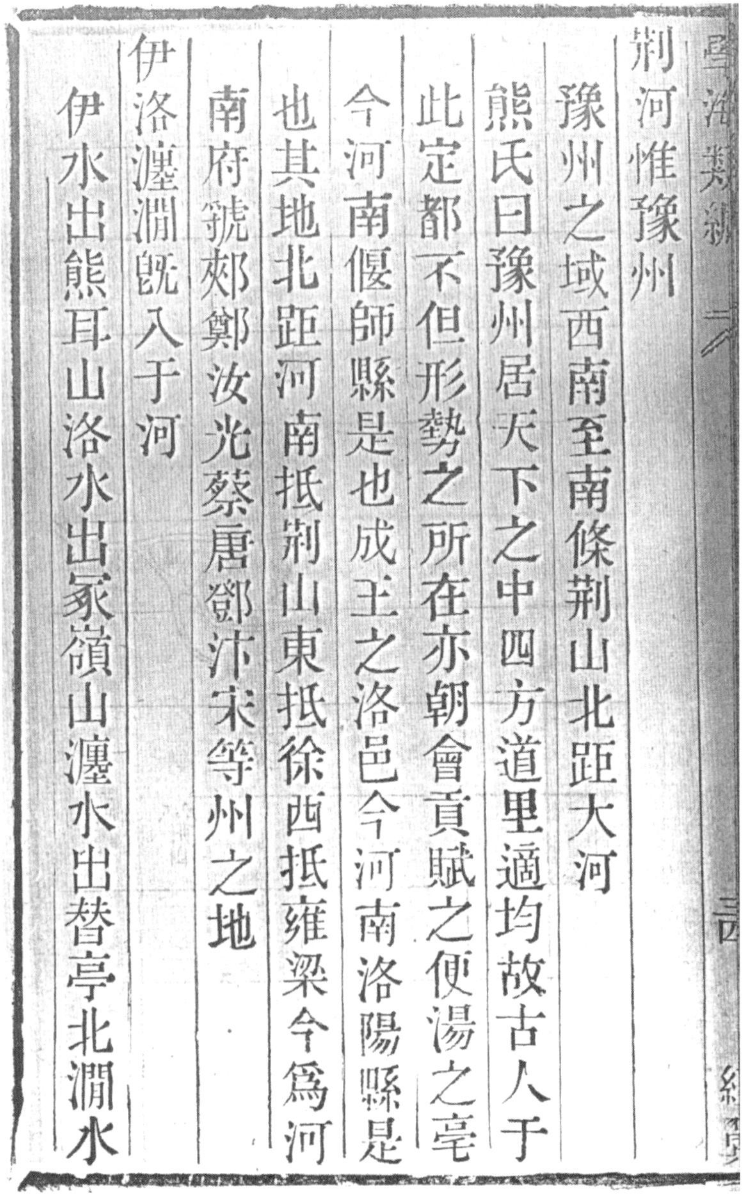

荊河惟豫州
豫州之域西南至南條荊山北距大河
熊氏曰豫州居天下之中四方道里適均故古人于
此定都不但形勢之所在亦朝會貢賦之便湯之亳
今河南偃師縣是也成王之洛邑今河南洛陽縣是
也其地北距河南抵荊山東抵徐西抵雍梁今爲河
南府號郟鄭汝光蔡唐鄧汴宋等州之地
伊洛瀍澗既入于河
伊水出熊耳山洛水出冢嶺山瀍水出替亭北澗水

<서영 4-2> 「學海類編」, 「禹公圖註」, 晁모씨道光11(1831)년목활자본, 제1엽상엽, 19.3 × 11.1cm.

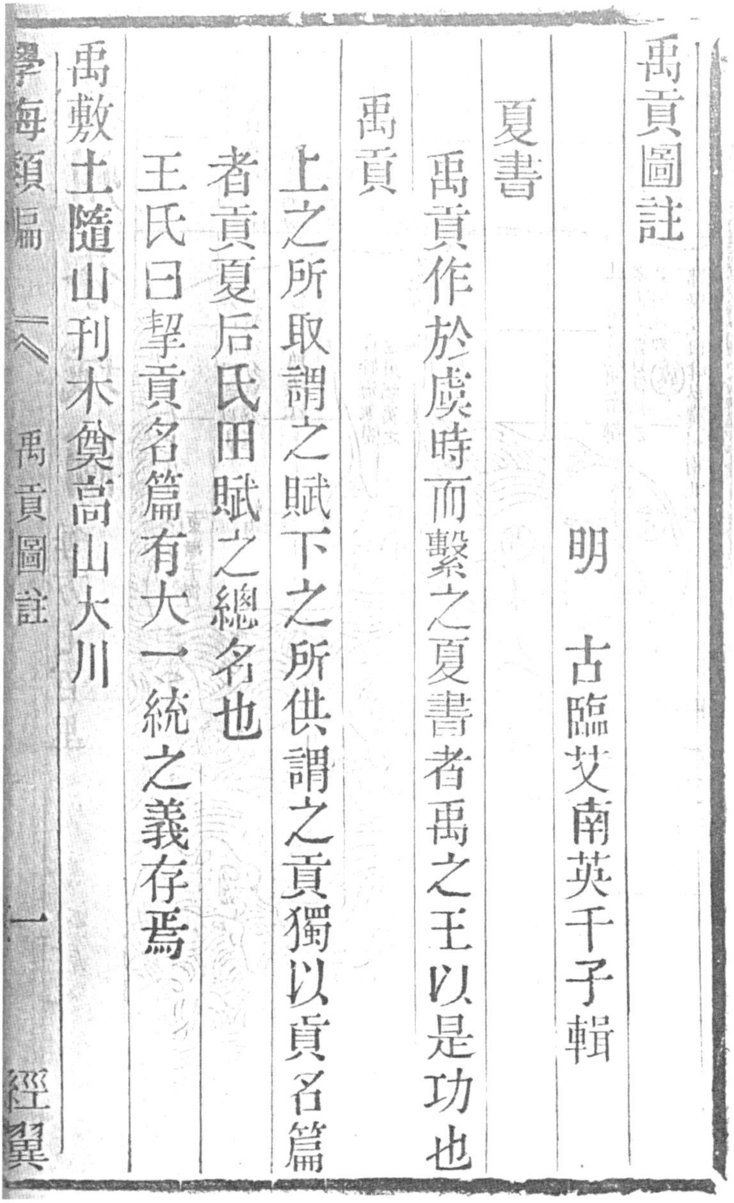

禹貢圖註

明　古臨艾南英千子輯

夏書

禹貢作於虞時而繫之夏書者禹之王以是功也

禹貢

上之所取謂之賦下之所供謂之貢獨以貢名篇
者貢夏后氏田賦之總名也
王氏曰挈貢名篇有大一統之義存焉

禹敷土隨山刊木奠高山大川

學海類編　二　禹貢圖註　一　經翼

<서영 5> 「學海類編」, 「古文尚書考」, 晁모씨道光11(1831)년목활자본, 제1엽상엽.

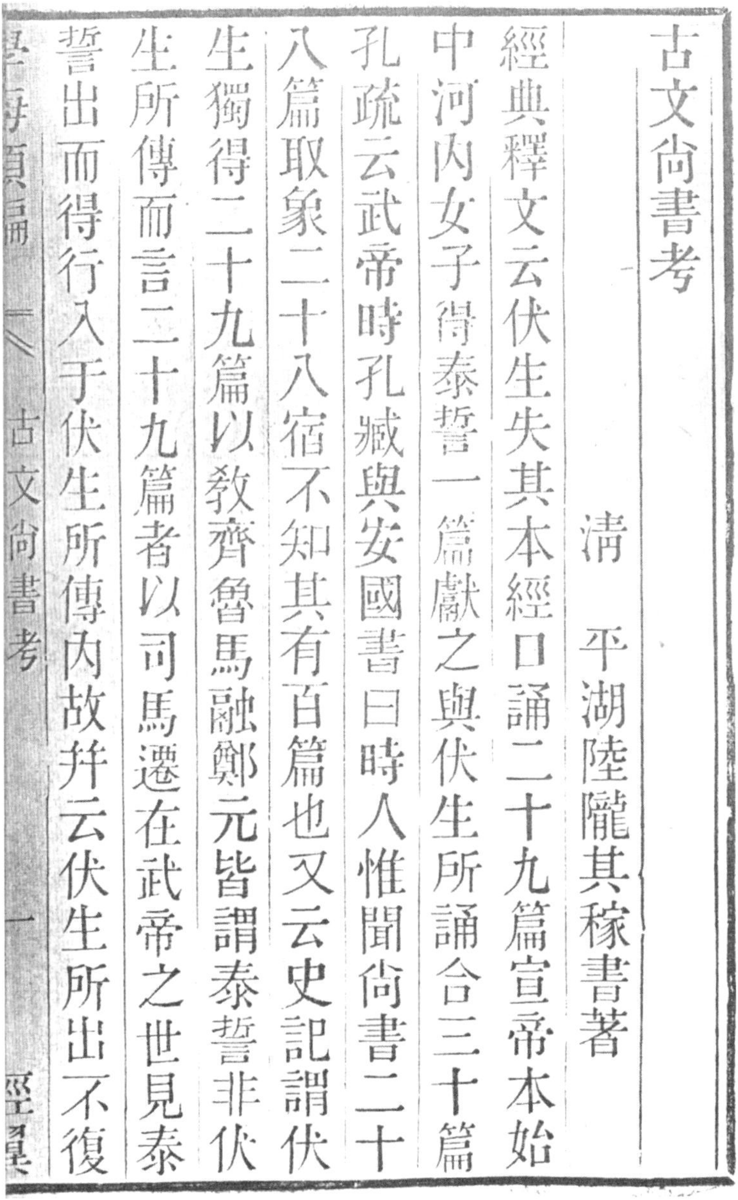

古文尚書考

清　平湖陸隴其稼書著

經典釋文云伏生失其本經口誦二十九篇宣帝本始中河内女子得泰誓一篇獻之與伏生所誦合三十篇孔疏云武帝時孔臧與安國書曰時人惟聞尚書二十八篇取象二十八宿不知其有百篇也又云史記謂伏生獨得二十九篇以教齊魯馬融鄭元皆謂泰誓非伏生所傳而言二十九篇者以司馬遷在武帝之世見泰誓出而得行入于伏生所傳内故并云伏生所出不復

學海類編　《古文尚書考　一　經翼

<서영 6> 「學海類編」, 「尙書古文辨」, 晁모씨道光11(1831)년목활자본, 제1엽상엽.

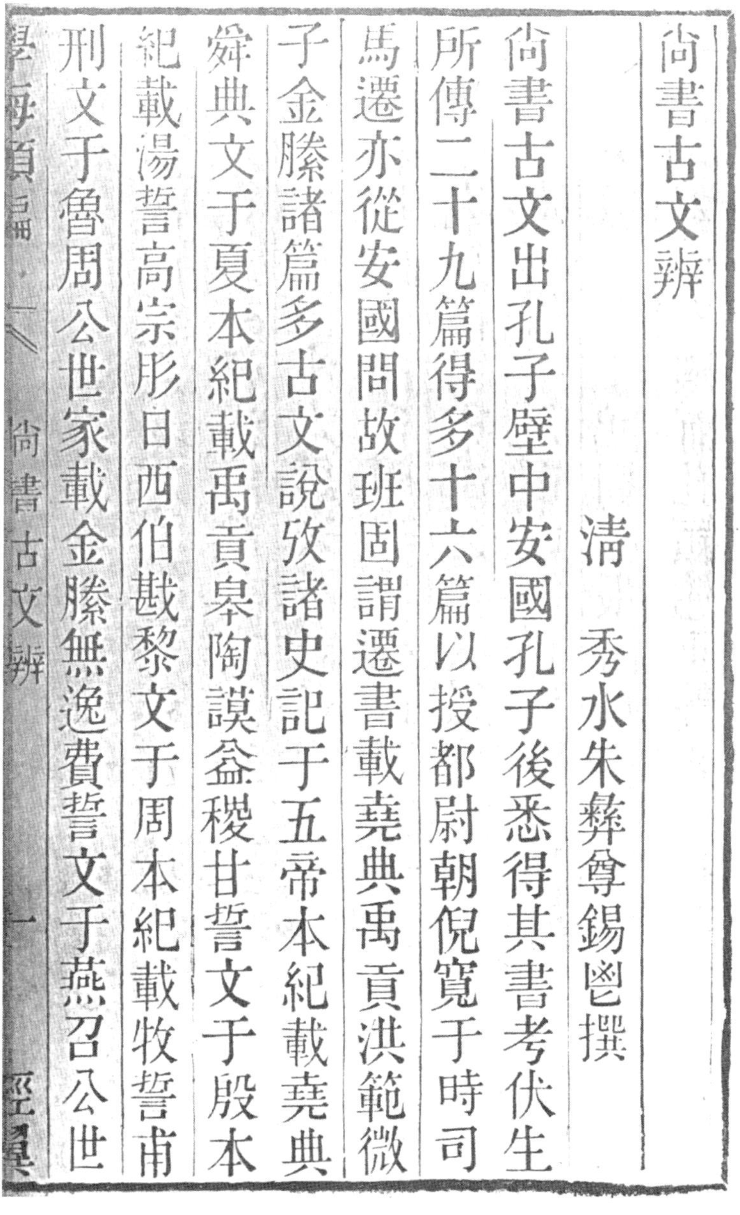

尙書古文辨

清 秀水朱彝尊錫鬯撰

尙書古文出孔子壁中安國孔子後悉得其書考伏生所傳二十九篇得多十六篇以授都尉朝倪寬于時司馬遷亦從安國問故班固謂遷書載堯典禹貢洪範微子金縢諸篇多古文說攷諸史記于五帝本紀載堯典舜典文于夏本紀載禹貢皋陶謨益稷甘誓文于殷本紀載湯誓高宗肜日西伯戡黎文于周本紀載牧誓甫刑文于魯周公世家載金縢無逸費誓文于燕召公世

學海類編 二 尙書古文辨 一 經翼

<서영 7> 「學海類編」, 「詩經協韻考異」, 晁모씨道光11(1831)년목활자본, 제1엽상엽.

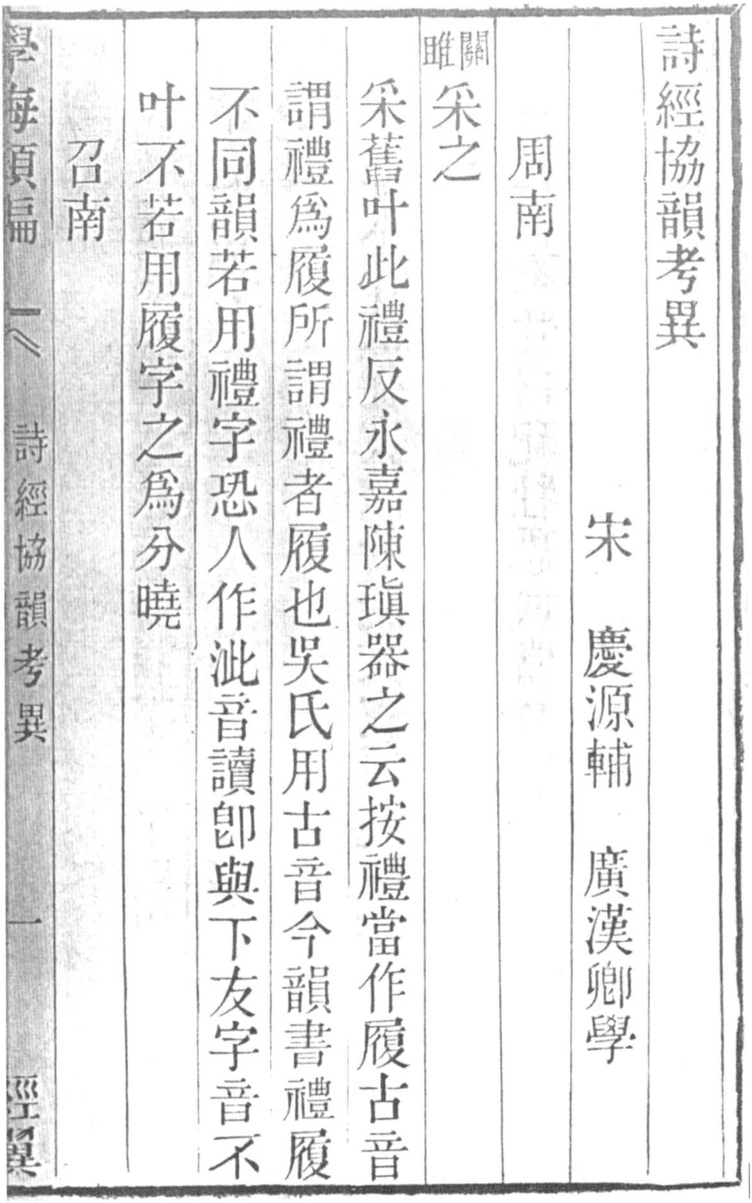

詩經協韻考異

宋 慶源輔 廣漢卿學

周南

關雎 采之

采舊叶此禮反永嘉陳瑱器之云按禮當作履古音

謂禮爲履所謂禮者履也吳氏用古音今韻書禮履

不同韻若用禮字恐人作泚音讀卽與下友字音不

叶不若用履字之爲分曉

召南

學海類編 一 詩經協韻考異 一 經翼

<서영 8> 「學海類編」, 「詩論」, 晁모씨道光11(1831)년목활자본, 제1엽상엽.

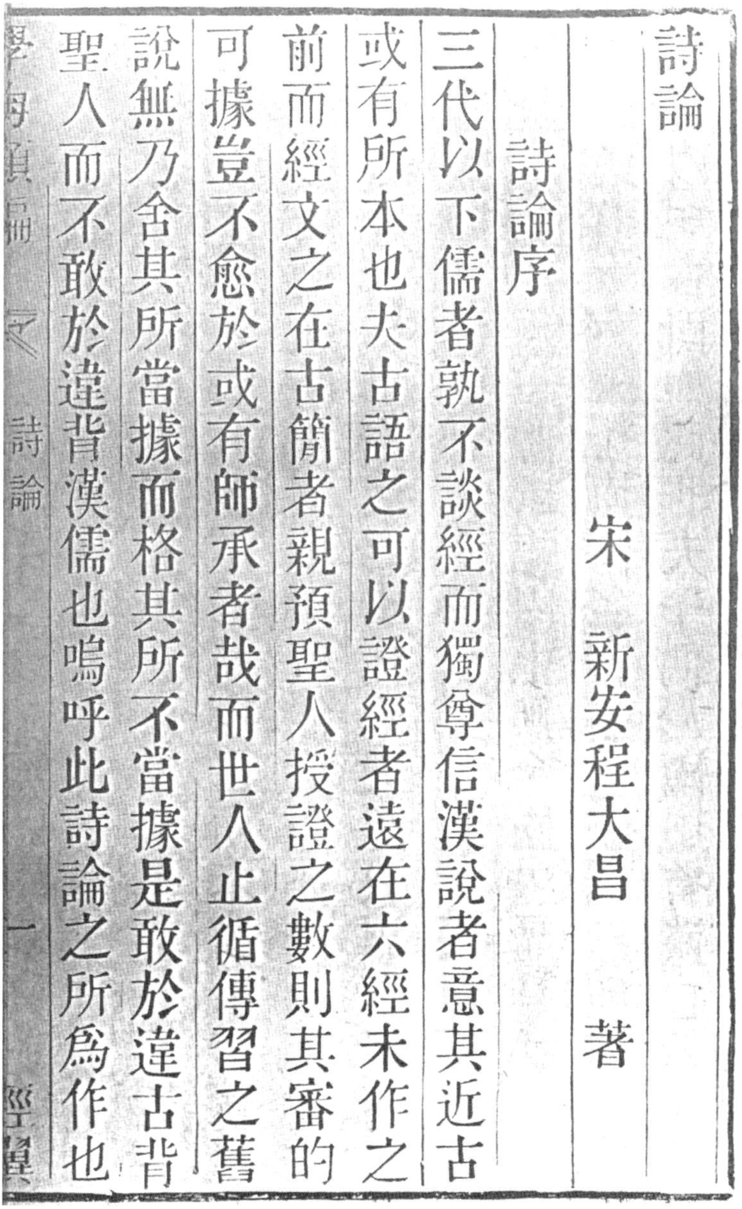

詩論

宋 新安程大昌 著

詩論序

三代以下儒者孰不談經而獨尊信漢說者意其近古或有所本也夫古語之可以證經者遠在六經未作之前而經文之在古簡者親預聖人授證之數則其審的可據豈不愈於或有師承者哉而世人止循傳習之舊說無乃舍其所當據而格其所不當據是敢於違古背聖人而不敢於違背漢儒也嗚呼此詩論之所爲作也

學海類編 詩論 一

<서영 9-1> 「丹棱文鈔」, 道光21(1895)년목활자본, 권1 제1엽상엽, 22.6 × 15.3cm.

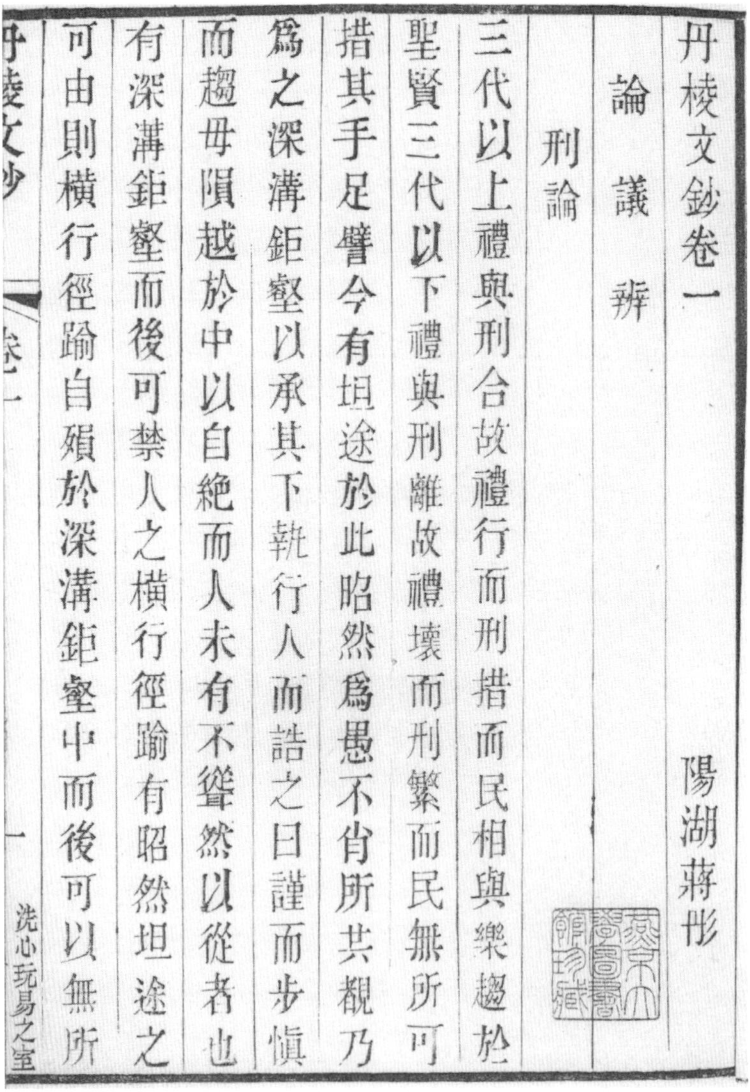
丹棱文鈔卷一
陽湖蔣彤
論議辨
刑論
三代以上禮與刑合故禮行而刑措而民相與樂趨於
聖賢三代以下禮與刑離故禮壞而刑繁而民無所可
措其手足譬今有坦途於此昭然爲愚不肖所共覩乃
爲之深溝鉅壑以承其下執行人而詰之曰謹而步愼
而趨毋隕越於中以自絕而人未有不聳然以從者也
有深溝鉅壑而後可禁人之横行徑踰有昭然坦途之
可由則横行徑踰自殞於深溝鉅壑中而後可以無所
丹棱文鈔
卷之一
一
洗心玩易之室

<서영 9-2> 「丹棱文鈔」, 道光21(1895)년목활자본, 권2 제1엽상엽.

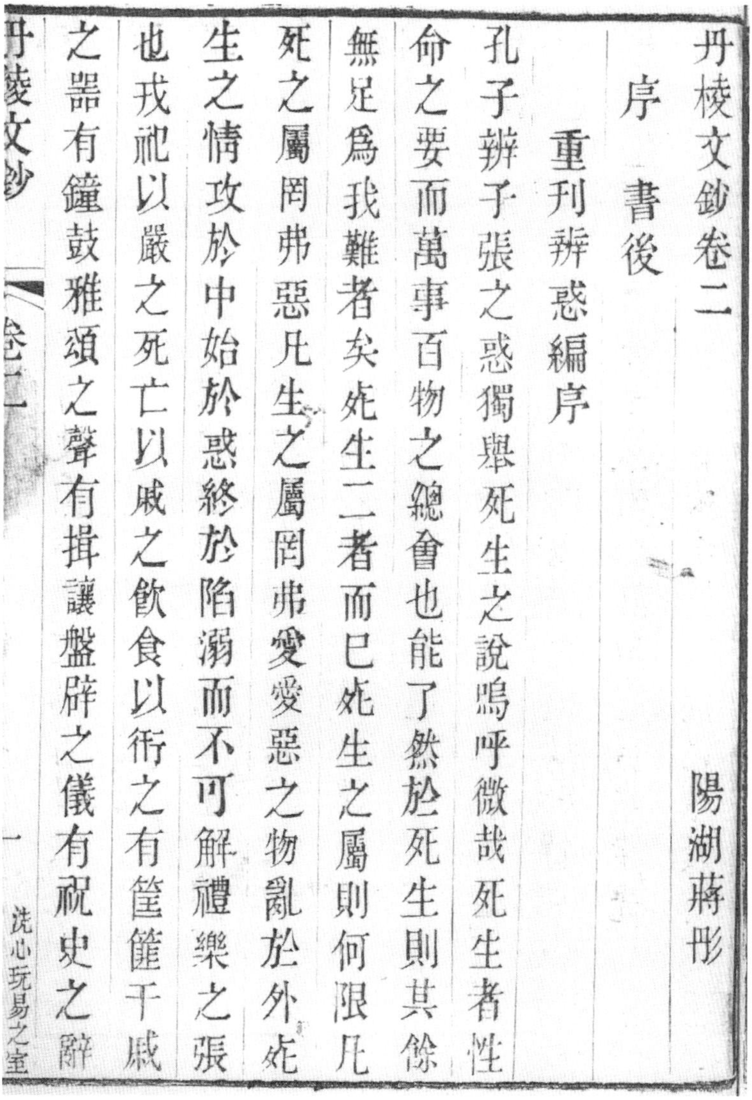
丹棱文鈔卷二　陽湖蔣彤
序書後
重刊辨惑編序
孔子辨子張之惑獨舉死生之說嗚呼微哉死生者性
命之要而萬事百物之總會也能了然於死生則其餘
無足爲我難者矣死生二者而已死生之屬則何限凡
死之屬罔弗惡凡生之屬罔弗愛愛惡之物亂於外死
生之情攻於中始於惑終於陷溺而不可解禮樂之張
也戎祀以嚴之死亡以戚之飲食以衎之有筐篚干戚
之器有鐘鼓雅頌之聲有揖讓盤辟之儀有祝史之辭
丹棱文鈔　卷二　一　洗心玩易之室

<서영 10-1> 「泥版試印初編」, 翟金生道光24(1844)년泥활자본, 自序 제1엽하엽.

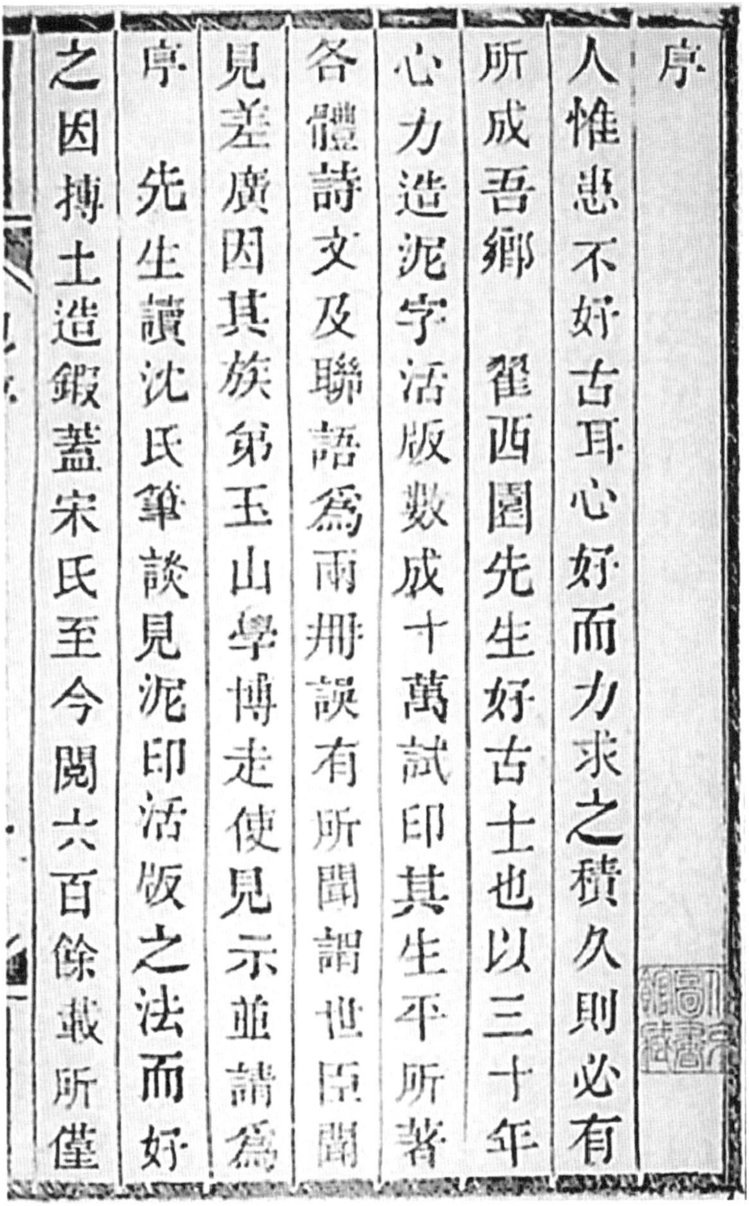

序
人惟患不好古耳心好而力求之積久則必有
所成吾鄉　翟西園先生好古士也以三十年
心力造泥字活版數成十萬試印其生平所著
各體詩文及聯語爲兩冊誤有所聞謂世臣聞
見差廣因其族弟玉山學博走使見示並請爲
序　先生讀沈氏筆談見泥印活版之法而好
之因摶土造鍜蓋宋氏至今閱六百餘載所僅

<서영 10-2> 「泥版試印初編」, 翟金生道光24(1844)년泥활자본, 自序 말엽하엽.

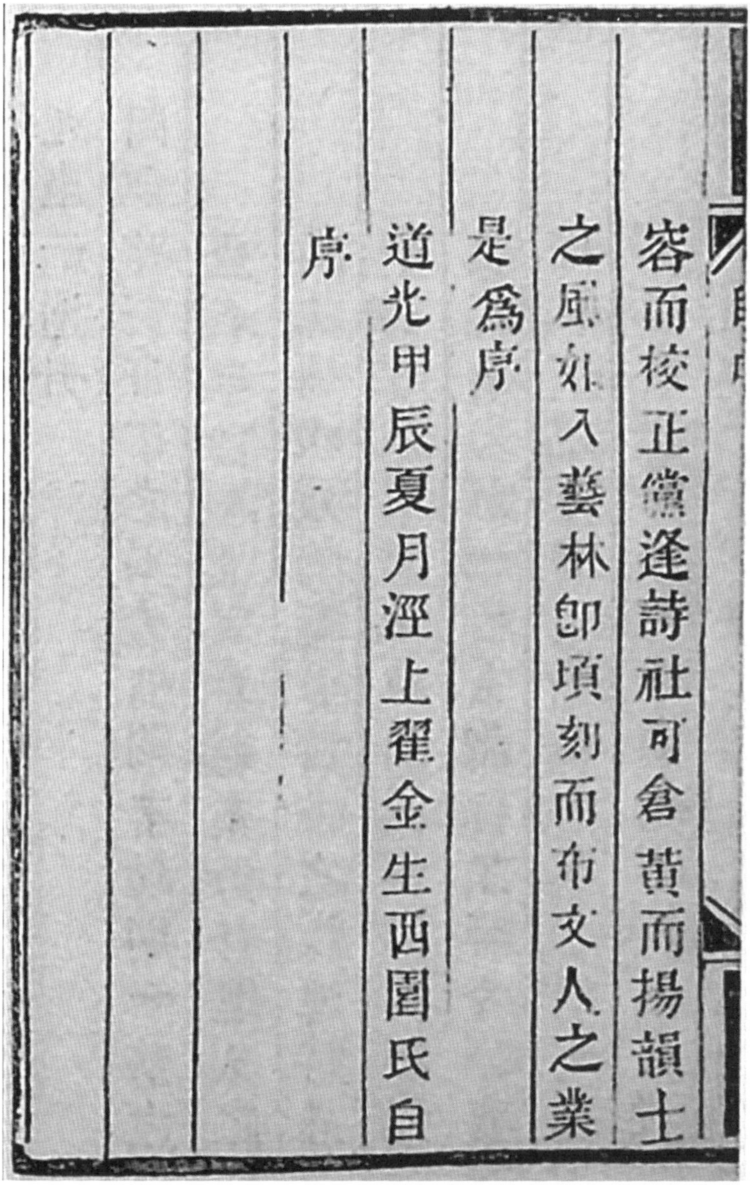
容而校正儻逢詩社可倉黃而揚韻士
之風亦入藝林即頃刻而布文人之業
是爲序
道光甲辰夏月涇上翟金生西園氏自
序

<서영 10-3> 「泥版試印初編」, 翟金生道光24(1844)년泥활자본, 제1엽하엽.

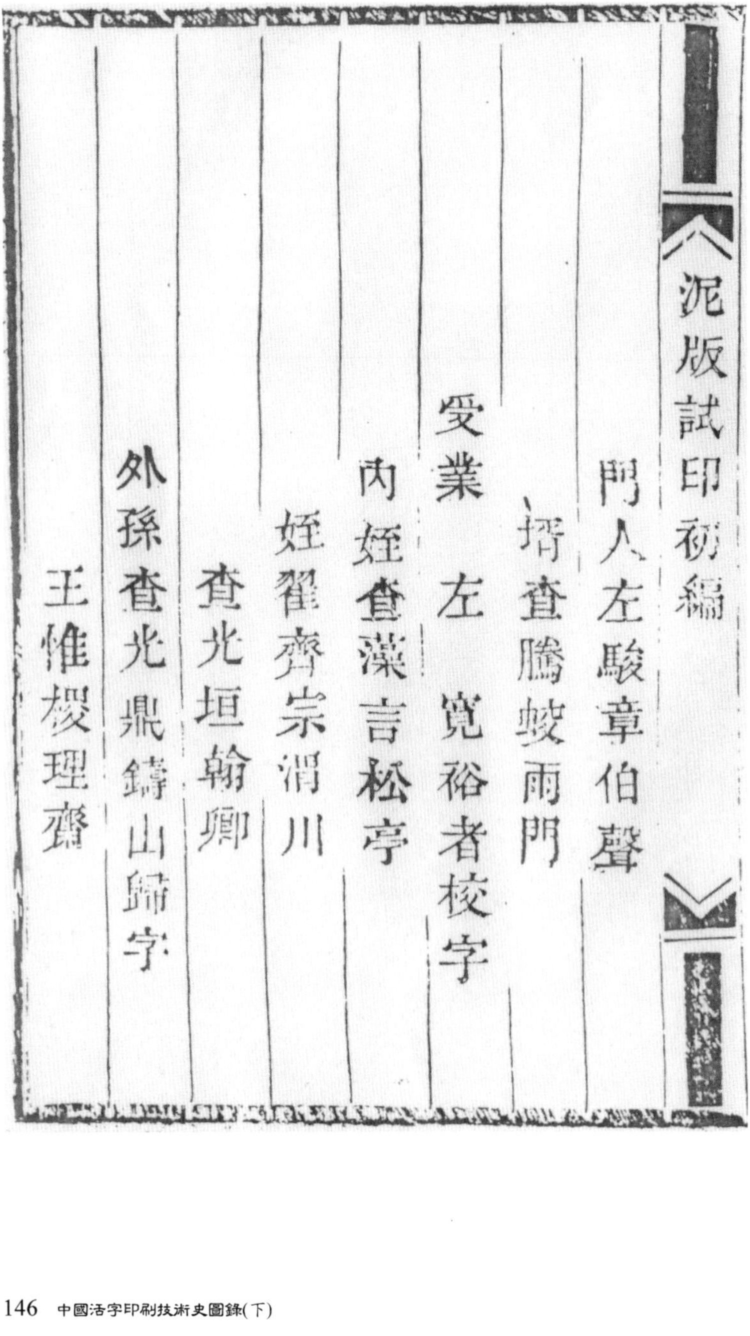

泥版試印初編

門人左駿章伯聲

捐查騰蛟雨門

受業左寬裕者校字

內姪查藻言松亭

姪翟齊宗渭川

查光垣翰卿

外孫查光鼎鑄山歸字

王惟櫻理齋

<서영 10-4> 「泥版試印初編」, 翟金生道光24(1844)년泥활자본, 제1엽상엽. 16.7 × 10.3cm.

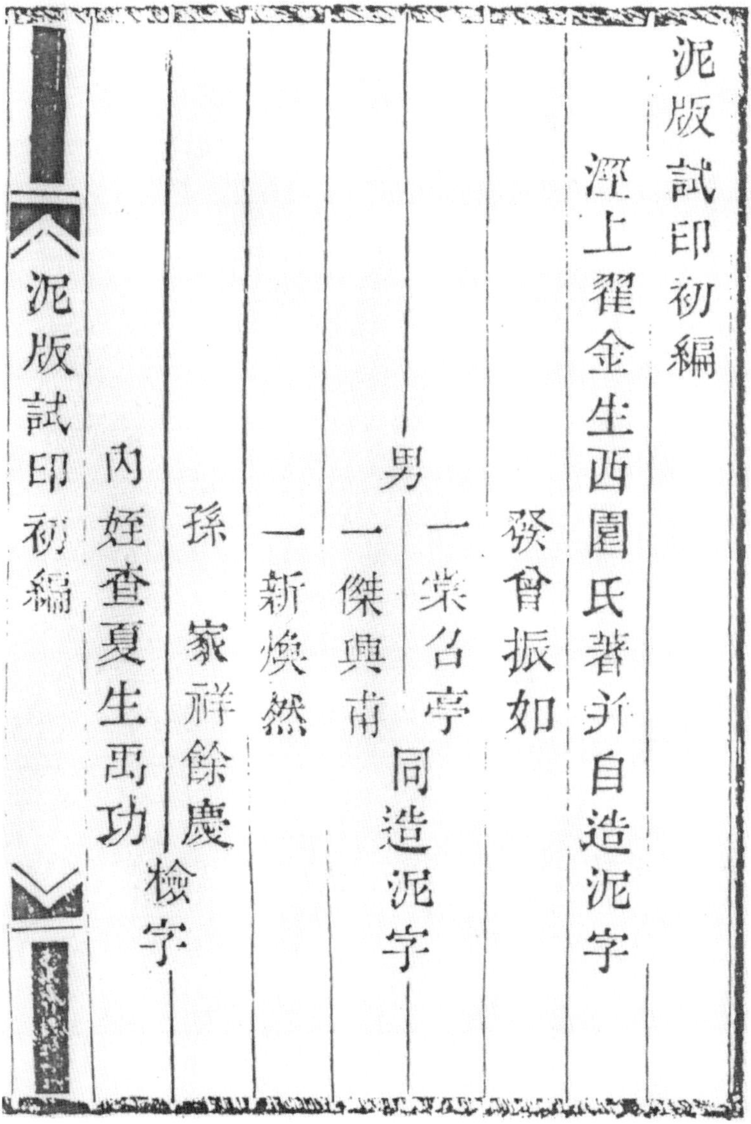
泥版試印初編

涇上翟金生西園氏著并自造泥字

發曾振如

男 一棠名亭 同造泥字

一傑輿甫

一新煥然

孫 家祥餘慶

內姪查夏生禹功 檢字

泥版試印初編

<서영 11-1> 「仙屏書屋初集詩錄」, 翟金生道光27(1847)년泥활자본, 自序 제1엽상엽.

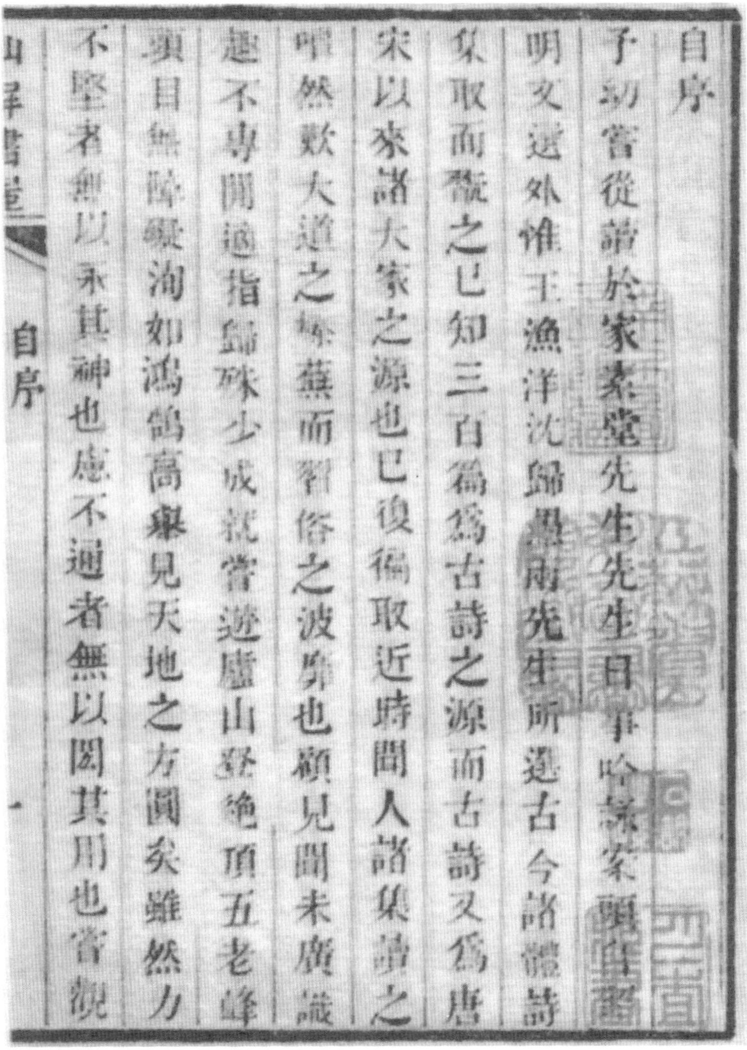

自序
予幼嘗從諳於家素堂先生先生日事吟詠案頭惟置
明文選外惟王漁洋沈歸愚兩先生所選古今諸體詩
集取而讀之已知三百篇爲古詩之源而古詩又爲唐
宋以來諸大家之源也已復稍取近時閩人諸集讀之
喟然歎大道之榛蕪而習俗之波靡也顧見聞未廣識
趣不專闖適指歸殊少成就嘗遊廬山登絕頂五老峰
頭目無障礙洵如鴻鵠高舉見天地之方圓矣雖然力
不堅者無以承其神也慮不遍者無以周其用也嘗觀
仙屏書屋 自序 一

<서영 11-2> 「仙屏書屋初集詩錄」, 翟金生道光27(1847)년泥활자본, 권1 제1엽상엽, 17.4 × 12.7cm.

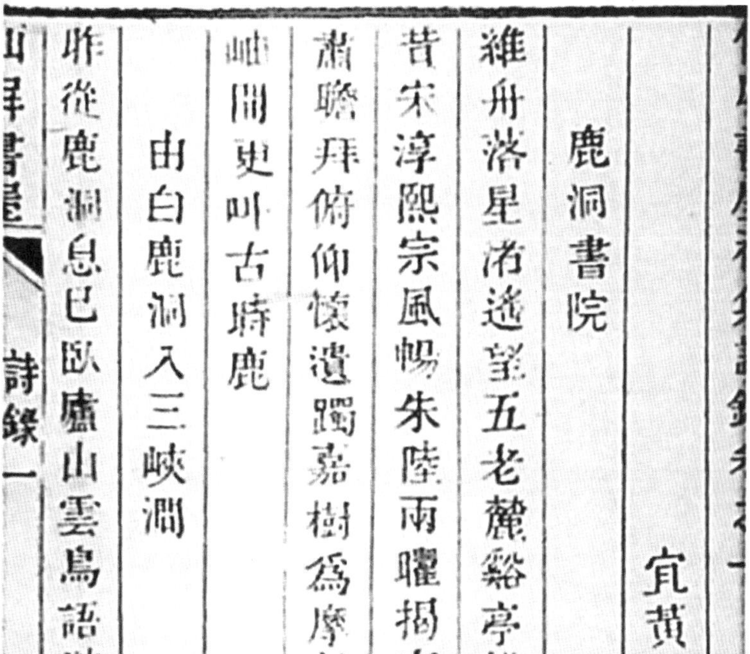

仙屏書屋初集詩錄卷一

宜黃 黃爵滋樹齋著

鹿洞書院

維舟落星渚遙望五老麓谿亭横夕陽洞門隱秋綠緊

昔宋淳熙宗風暢朱陸兩矐揭高言餘光百家燭我來

肅瞻拜俯仰懷遺躅嘉樹爲摩挲天葩散芬馥夜深巖

岫間吏叫古時鹿

由白鹿洞入三峽澗

昨從鹿洞息已臥廬山雲鳥語破殘夢峪徑明初昕出

仙屏書屋 詩錄一

<서영 12-1> 「泥板試印續編」, 翟金生道光28(1848)년泥활자본, 自序 제1엽하엽.

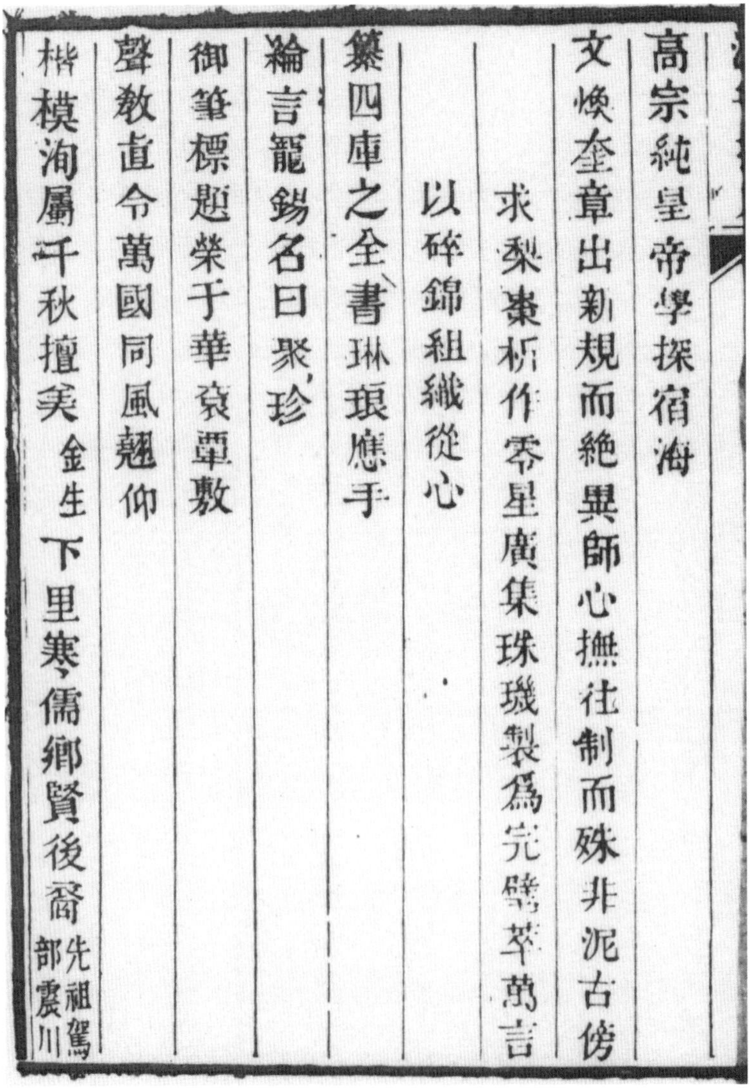

高宗純皇帝學採宿海
文煥奎章出新規而絕異師心撫往制而殊非泥古傍
求梨棗析作零星廣集珠璣製爲完璧萃萬言
以碎錦組織從心
纂四庫之全書琳琅應手
綸言寵錫名曰聚珍
御筆標題榮于華袞覃敷
聲教直令萬國同風翹仰
楷模洵屬千秋擅美金生下里寒儒鄉賢後裔先祖鴛部震川

<서영 12-2> 「泥板試印續編」, 翟金生道光28(1848)년泥활자본, 自序 제2엽상엽.

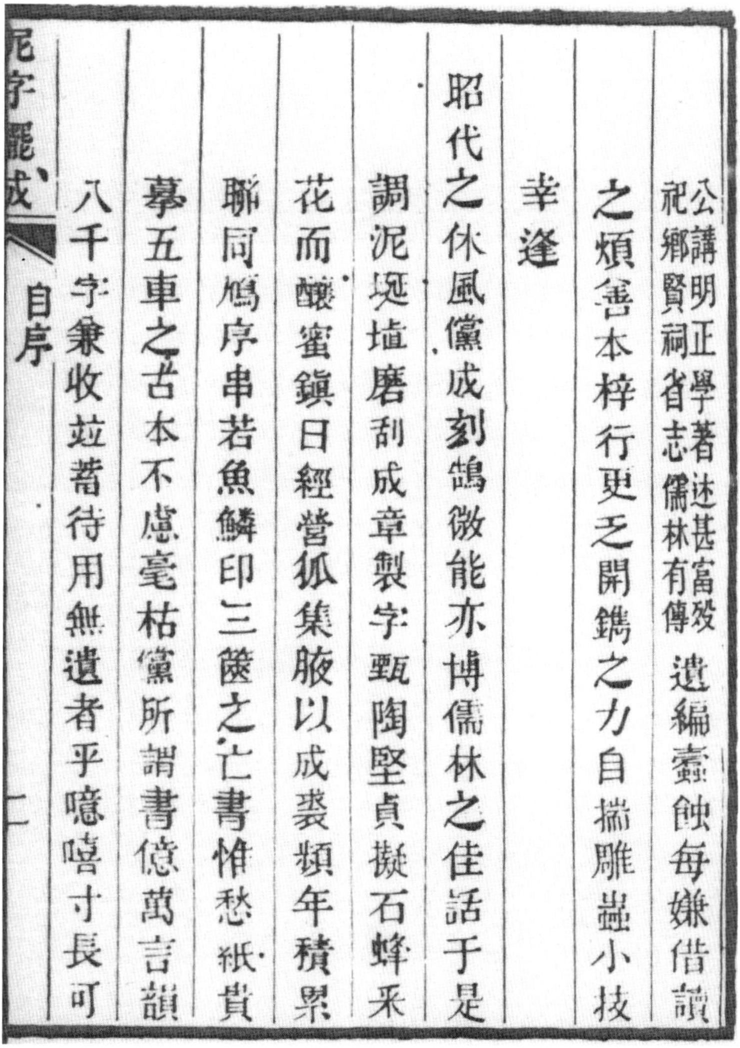
公講明正學著述甚富歿祀鄉賢祠省志儒林有傳遺編蠹蝕每嫌借讀
之煩善本梓行更乏開鐫之力自揣雕蟲小技
幸逢
昭代之休風儻成刻鵠微能亦博儒林之佳話于是
調泥埏埴磨刮成章製字甄陶堅貞擬石蜂采
花而釀蜜鎮日經營狐集腋以成裘頻年積累
聯同鴈序串若魚鱗印三篋之亡書惟愁紙貴
摹五車之古本不慮毫枯儻所謂書億萬言嶺
八千字兼收並蓄待用無遺者乎噫嘻寸長可

泥字罷成 自序 二

<서영 12-3> 「泥板試印續編」, 翟金生道光28(1848)년泥활자본, 제1엽하엽.

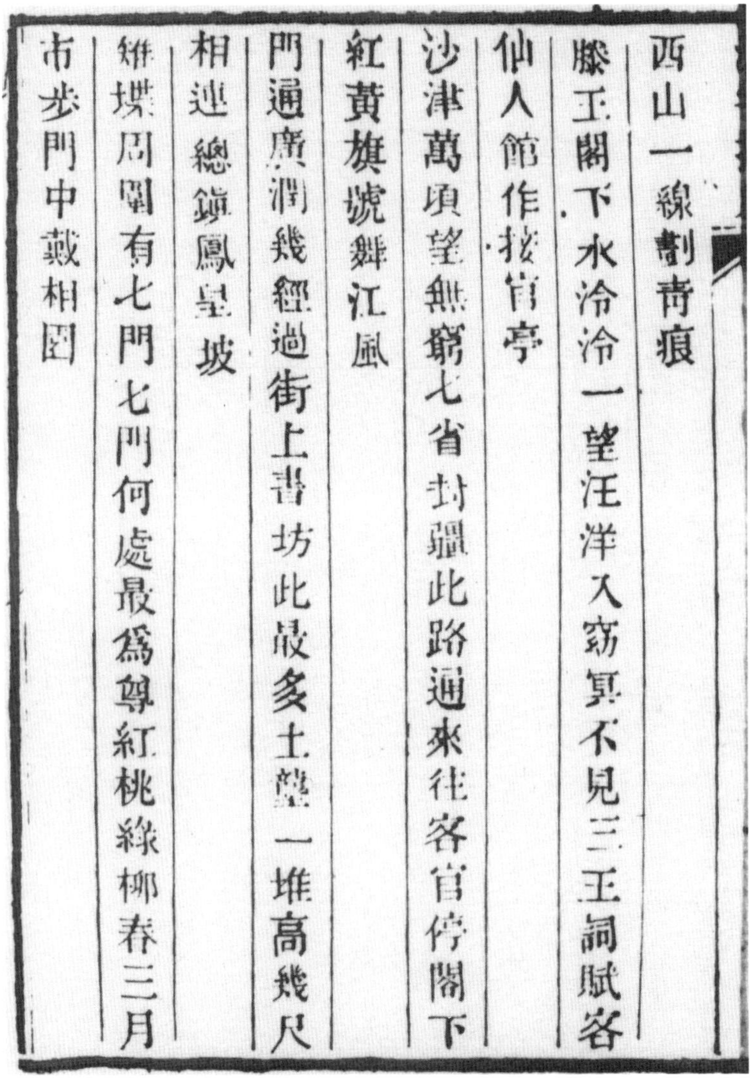

西山一線劃青痕
滕王閣下水泠泠一望汪洋入窈冥不見三王祠賦客
仙人館作接官亭
沙津萬頃望無窮七省封疆此路通來往客官停閣下
紅黃旗號辨江風
門通廣潤幾經過街上書坊此最多土盤一堆高幾尺
相連總鎮鳳凰坡
雉堞周圍有七門七門何處最爲尊紅桃綠柳春三月
市步門中藏相國

<서영 12-4> 「泥板試印續編」, 翟金生道光28(1848)년泥활자본, 제1엽상엽, 16.7 × 10.3cm.

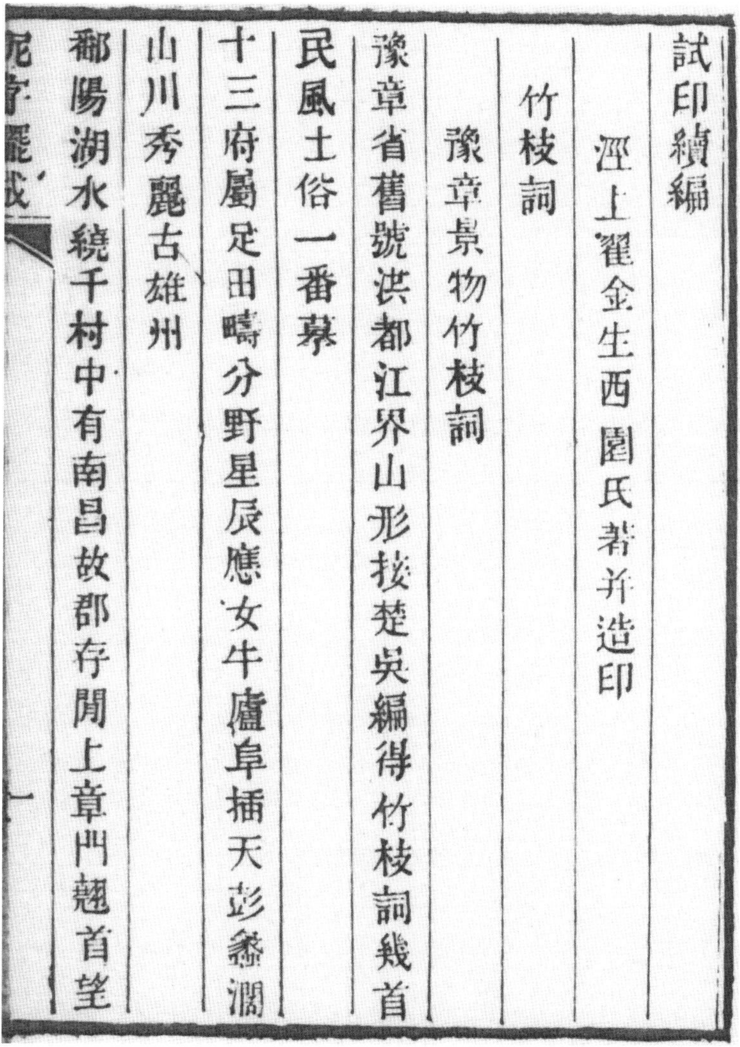

試印續編

涇上翟金生西園氏著并造印

竹枝詞

豫章景物竹枝詞

豫章省舊號洪都江界山形接楚吳編得竹枝詞幾首

民風土俗一番摹

十三府屬足田疇分野星辰應女牛廬阜插天彭蠡濶

山川秀麗古雄州

鄱陽湖水繞千村中有南昌故郡存閒上章門翹首望

<서영 13> 「修業堂集」, 翟廷珍道光28(1848)년翟金生泥활자본, 권7 제1엽상엽.

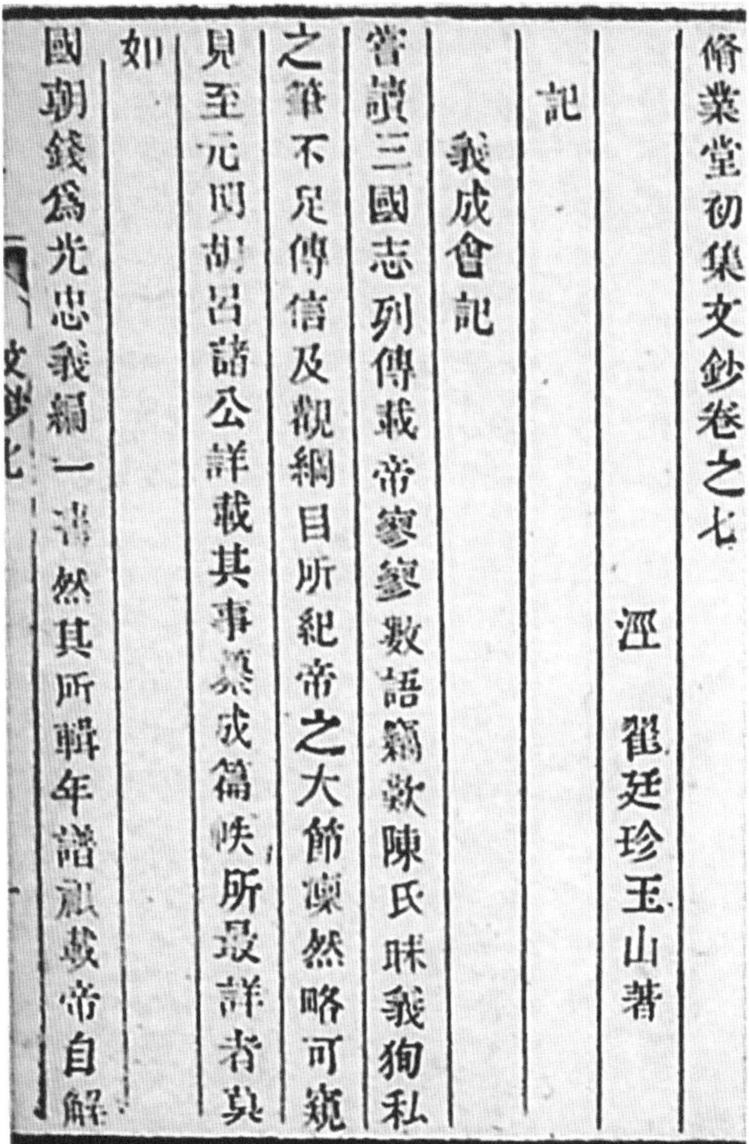
脩業堂初集文鈔卷之七

涇　翟廷珍玉山著

記

義成會記

嘗讀三國志列傳載帝寥寥數語竊歎陳氏昧義狗私之筆不足傳信及觀綱目所紀帝之大節凛然略可窺見至元明胡呂諸公詳載其事彙成篇帙所最詳者莫如

國朝錢爲光忠義編一書然其所輯年譜覩載帝自解

文鈔七

<서영 14> 「涇川水東翟氏宗譜」, 翟家祥咸豊7(1857)년翟金生泥활자본, 序 제1엽상엽.

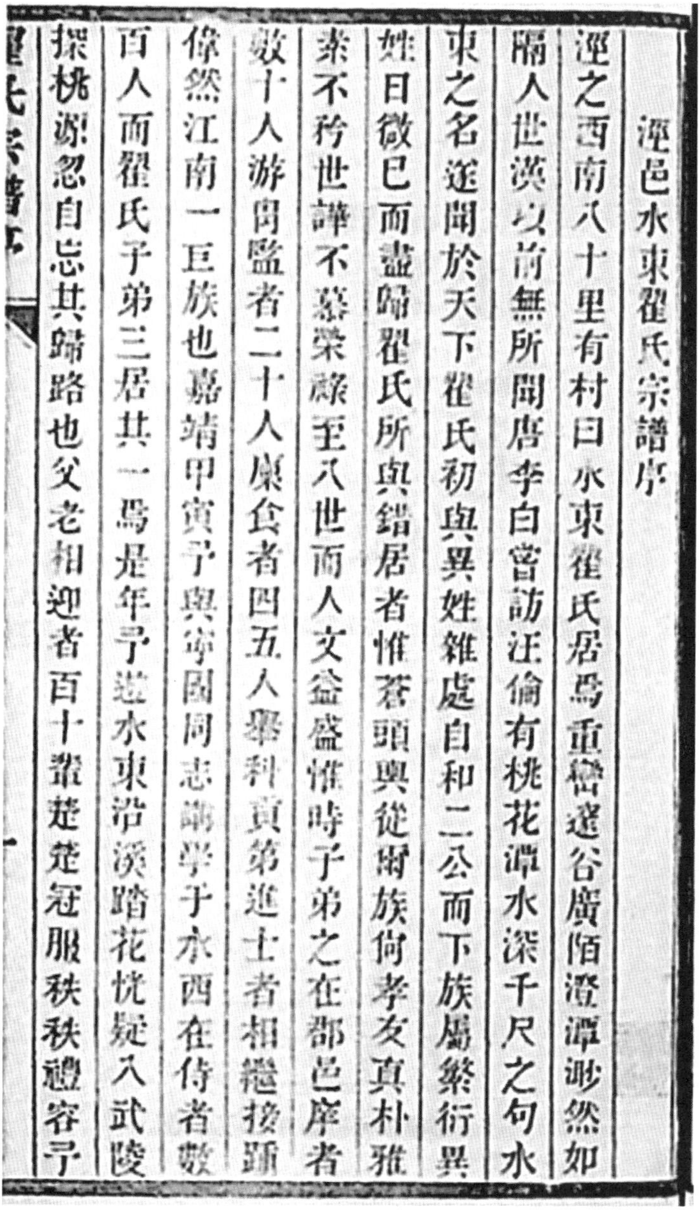
涇邑水東翟氏宗譜序

涇之西南八十里有村曰水東翟氏居焉重巒遝谷廣陌澄潭渺然如隔人世漢以前無所聞唐李白嘗訪汪倫有桃花潭水深千尺之句水東之名遂聞於天下翟氏初與異姓雜處自和二公而下族屬繁衍異姓日微已而盡歸翟氏所與錯居者惟蒼頭與從爾族尙孝友真朴雅素不矜世譁不慕榮祿至八世而人文益盛惟時子弟之在郡邑庠者數十人游國監者二十人廩食者四五人舉科貢第進士者相繼接踵儼然江南一巨族也嘉靖甲寅予與寧國同志講學于水西在侍者數百人而翟氏子弟三居其一焉是年予遊水東沿溪踏花恍疑入武陵探桃源忽自忘其歸路也父老相迎者百十輩楚楚冠服秩秩禮容予

翟氏宗譜序　一

<서영 15-1> 「海國圖志」, 薛子瑜道光24(1844)년목활자본, 권1 제1엽상엽, 19.9 × 13.9cm.

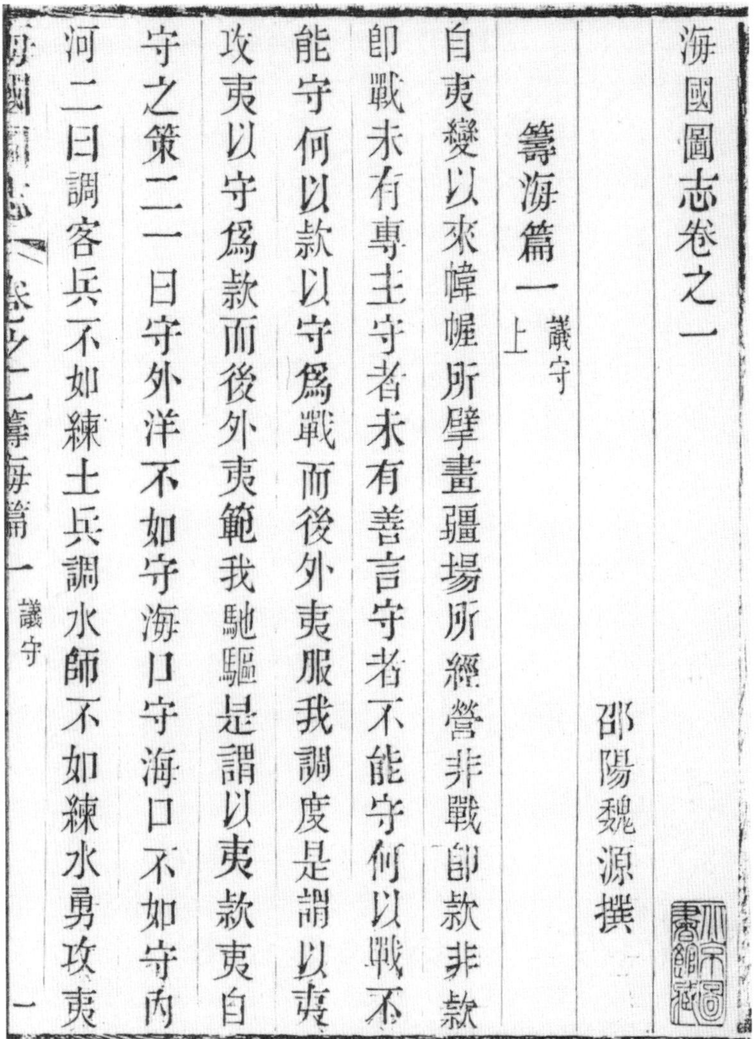

海國圖志卷之一

邵陽魏源撰

籌海篇一 議守上

自夷變以來幃幄所擘畫疆場所經營非戰卽款非款
卽戰未有專主守者未有善言守者不能守何以戰不
能守何以款以守爲戰而後外夷服我調度是謂以夷
攻夷以守爲款而後外夷範我馳驅是謂以夷款夷自
守之策二一曰守外洋不如守海口守海口不如守內
河二曰調客兵不如練土兵調水師不如練水勇攻夷

海國圖志卷之一籌海篇一 議守 一

<서영 15-2> 「海國圖志」, 薛子瑜道光24(1844)년목활자본, 권50 말엽하엽.

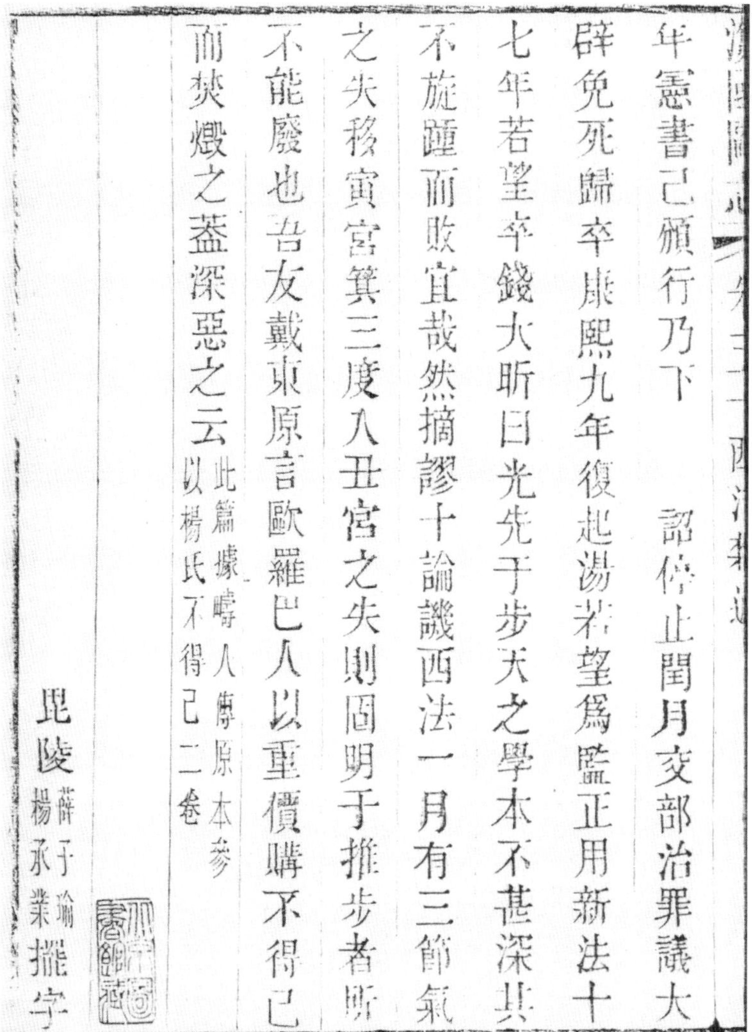

年憲書已頒行乃下 詔停止閏月交部治罪議大
辟免死歸卒康熙九年復起湯若望爲監正用新法十
七年若望卒錢大昕曰光先于步天之學本不甚深其
不旋踵而敗宜哉然摘謬十論識西法一月有三節氣
之失移寅宮箕三度入丑宮之失則固明于推步者所
不能廢也吾友戴東原言歐羅巴人以重價購不得已
而焚燬之蓋深惡之云 此篇據疇人傳原本參以楊氏不得已二卷

毘陵 薛子瑜 楊承業 擺字

<서영 16-1> 「音論」, 林春祺道光26(1846)년福田書海동활자본, 卷首 銅板敍 제1엽상엽.

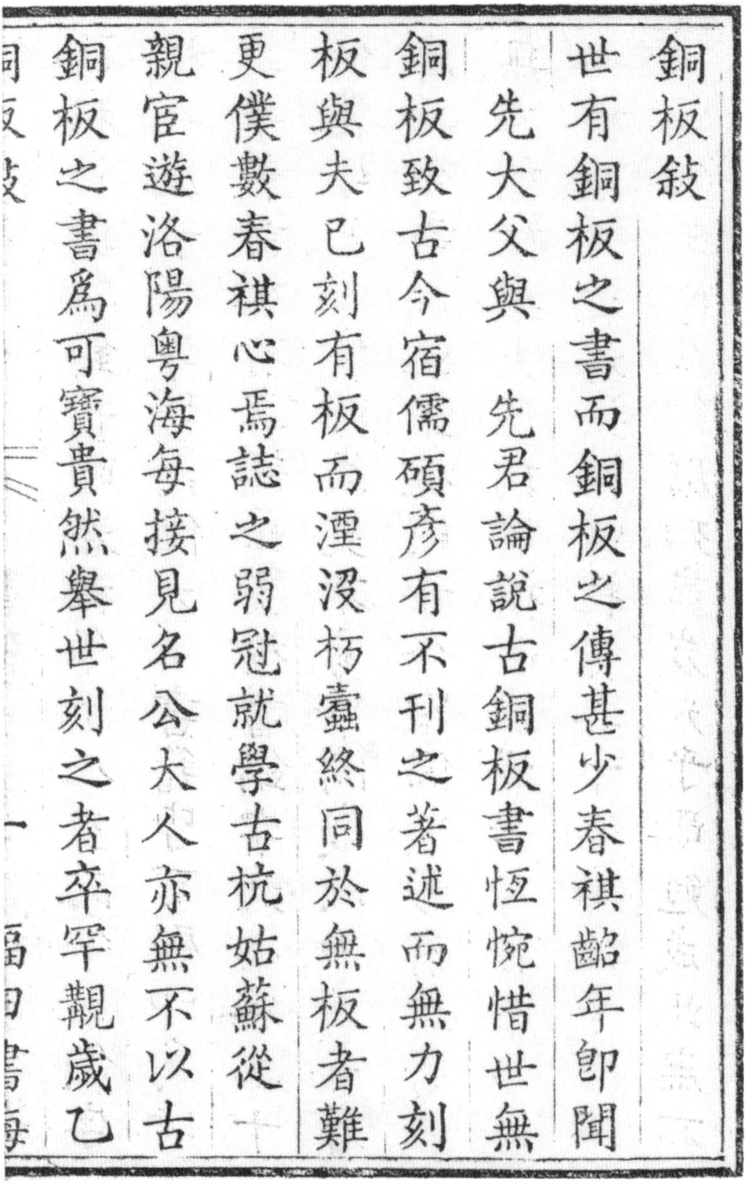

銅板敍
世有銅板之書而銅板之傳甚少春祺齠年卽聞
先大父與　先君論說古銅板書恆惋惜世無
銅板致古今宿儒碩彥有不刊之著述而無力刻
板與夫已刻有板而湮沒朽蠹終同於無板者難
更僕數春祺心焉誌之弱冠就學古杭姑蘇從
親宦遊洛陽粤海每接見名公大人亦無不以古
銅板之書爲可寶貴然舉世刻之者卒罕覯歲乙
銅板敍　一　福田書海

<서영 16-2> 「音論」, 林春祺道光26(1846)년福田書海동활자본, 권상 제1엽상엽, 16.4 × 10.1cm.

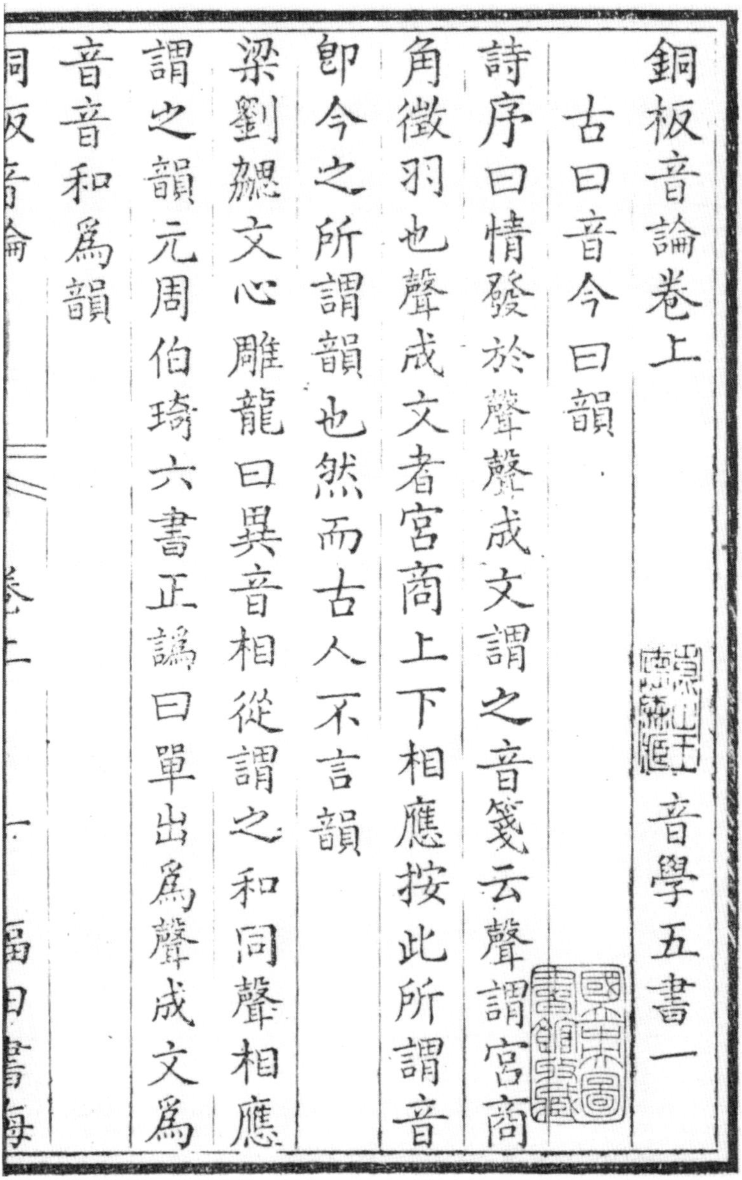

銅板音論卷上　音學五書一
古曰音今曰韻
詩序曰情發於聲聲成文謂之音箋云聲謂宮商
角徵羽也聲成文者宮商上下相應按此所謂音
卽今之所謂韻也然而古人不言韻
梁劉勰文心雕龍曰異音相從謂之和同聲相應
謂之韻元周伯琦六書正譌曰單出爲聲成文爲
音音和爲韻
銅板音論　卷上　一　福田書海

<서영 17-1> 「詩本音」, 林春祺道光26(1846)년福田書海동활자본, 권1 제1엽상엽.

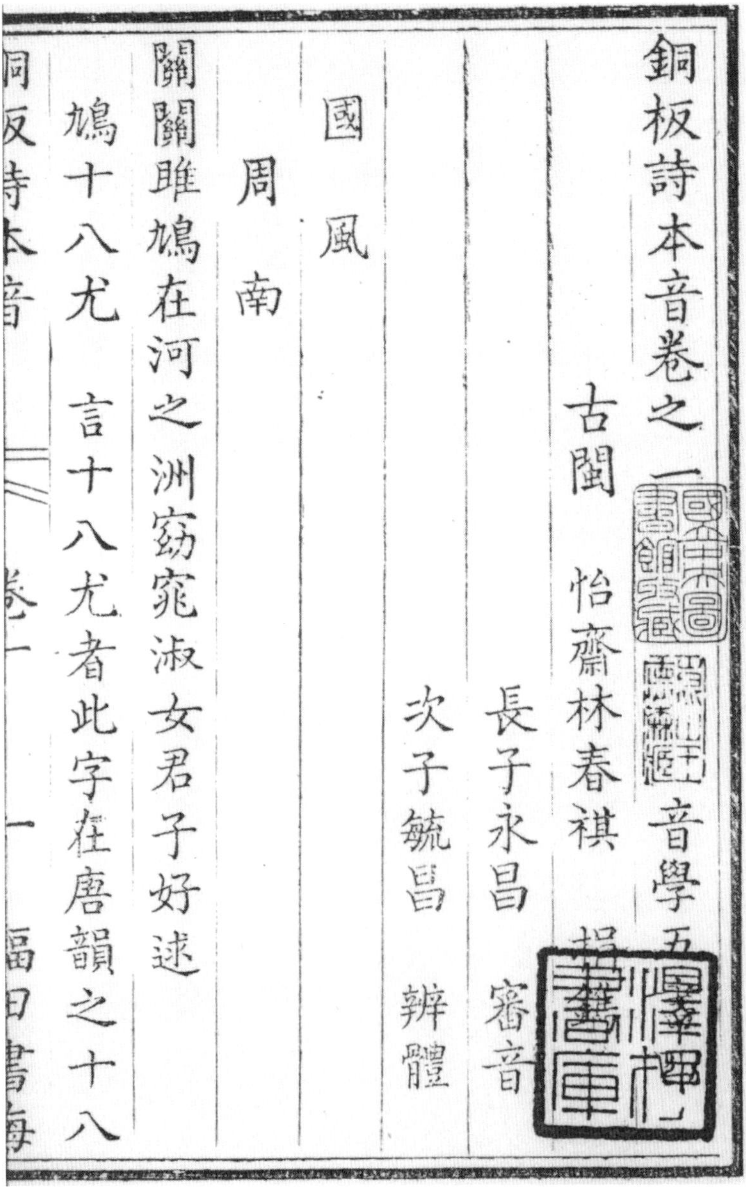
銅板詩本音卷之一 音學五
古閩 怡齋林春祺
長子永昌 審音
次子毓昌 辨體

國風
周南
關關雎鳩在河之洲窈窕淑女君子好逑
鳩十八尤 言十八尤者此字在唐韻之十八
銅板詩本音 卷一 一 福田書海

<서영 17-2> 「詩本音」, 林春祺道光26(1846)년福田書海동활자본, 권2 제5엽하엽.

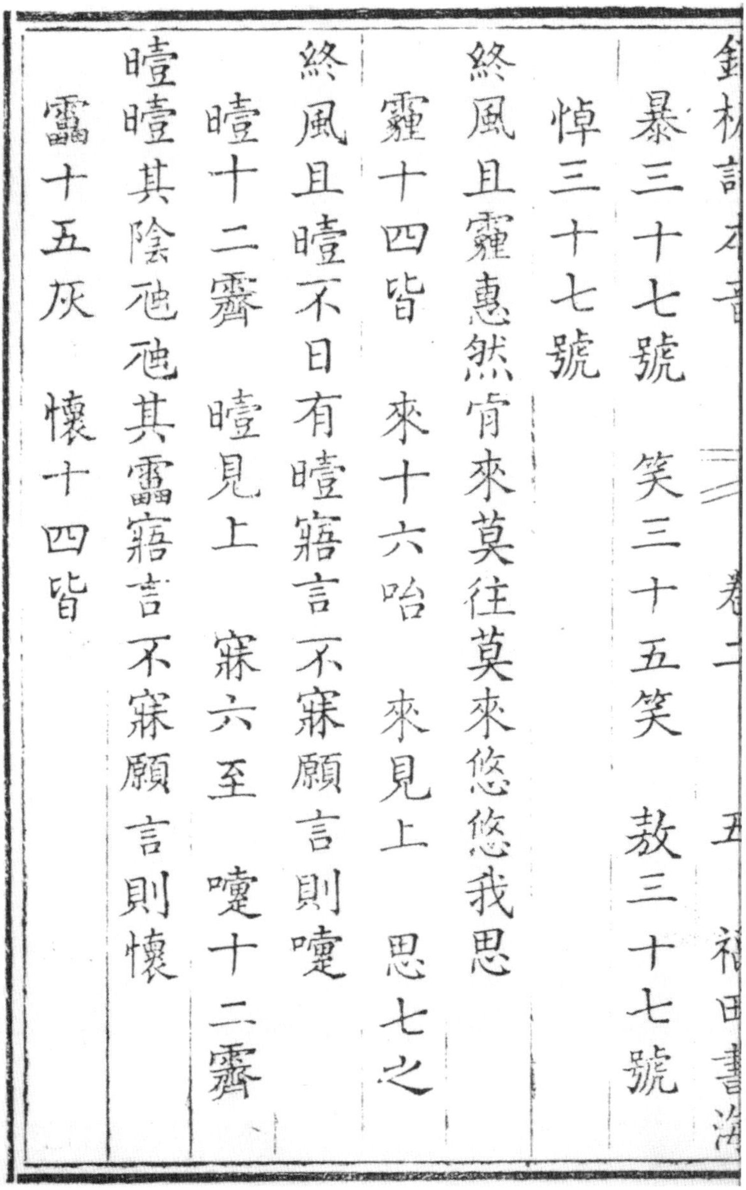
銅板詩本音　卷二　五　福田書海

暴三十七號　笑三十五笑　敖三十七號

悼三十七號

終風且霾惠然肯來莫往莫來悠悠我思

霾十四皆　來十六咍　來見上　思七之

終風且曀不日有曀寤言不寐願言則嚔

曀十二齊　曀見上　寐六至　嚔十二齊

曀曀其陰虺虺其靁寤言不寐願言則懷

靁十五灰　懷十四皆

<서영 17-3> 「詩本音」, 林春祺道光26(1846)년福田書海동활자본, 권9 제28엽하엽.

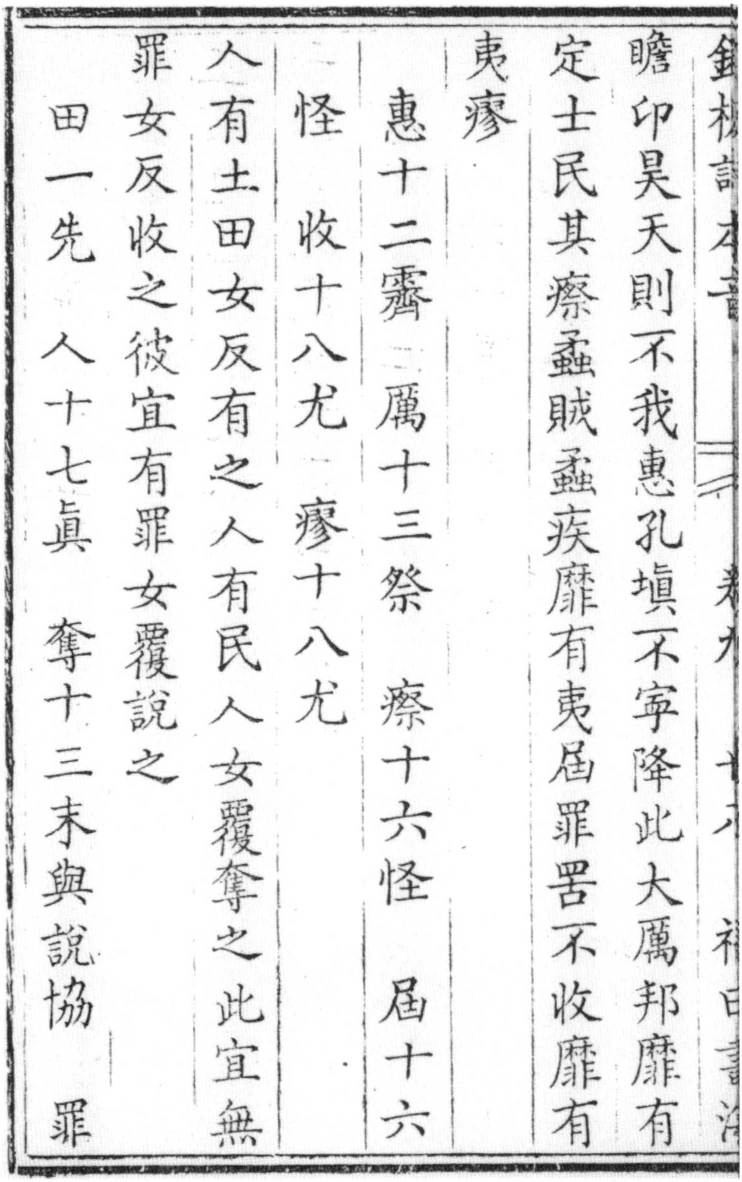
銅板詩本音　卷九　廿八　福田書海

瞻卬昊天則不我惠孔塡不寧降此大厲邦靡有
定士民其瘵蟊賊蟊疾靡有夷届罪罟不收靡有
夷瘳
惠十二霽　厲十三祭　瘵十六怪　届十六
怪　收十八尤　瘳十八尤
人有土田女反有之人有民人女覆奪之此宜無
罪女反收之彼宜有罪女覆說之
田一先　人十七眞　奪十三末與說協　罪

<서영 17-4> 「詩本音」, 林春祺道光26(1846)년福田書海동활자본, 권10 제1엽상엽.

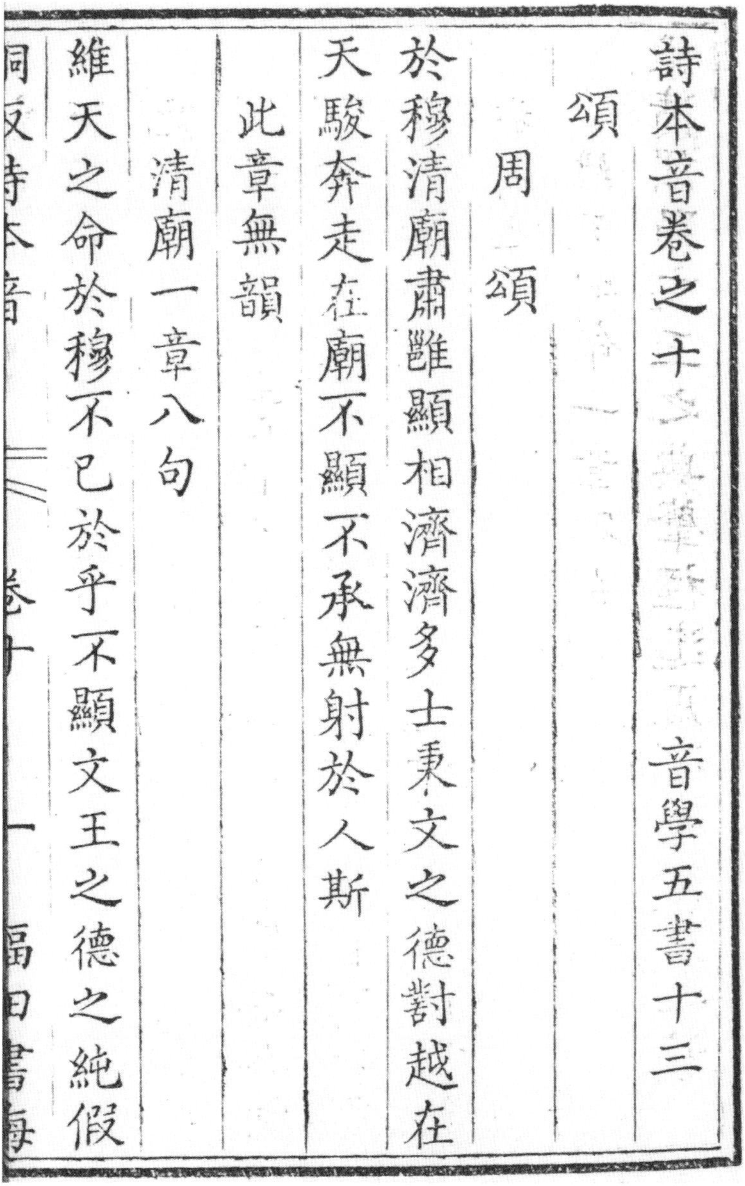
詩本音卷之十　音學五書十三

頌

周頌

於穆清廟肅雝顯相濟濟多士秉文之德對越在

天駿奔走在廟不顯不承無射於人斯

此章無韻

清廟一章八句

維天之命於穆不已於乎不顯文王之德之純假

同文詩本音　卷十　一　福田書海

<서영 18-1> 「軍中醫方備要」, 林春祺福田書海동활자본, 권상 제1엽상엽, 16.5 × 10.1cm.

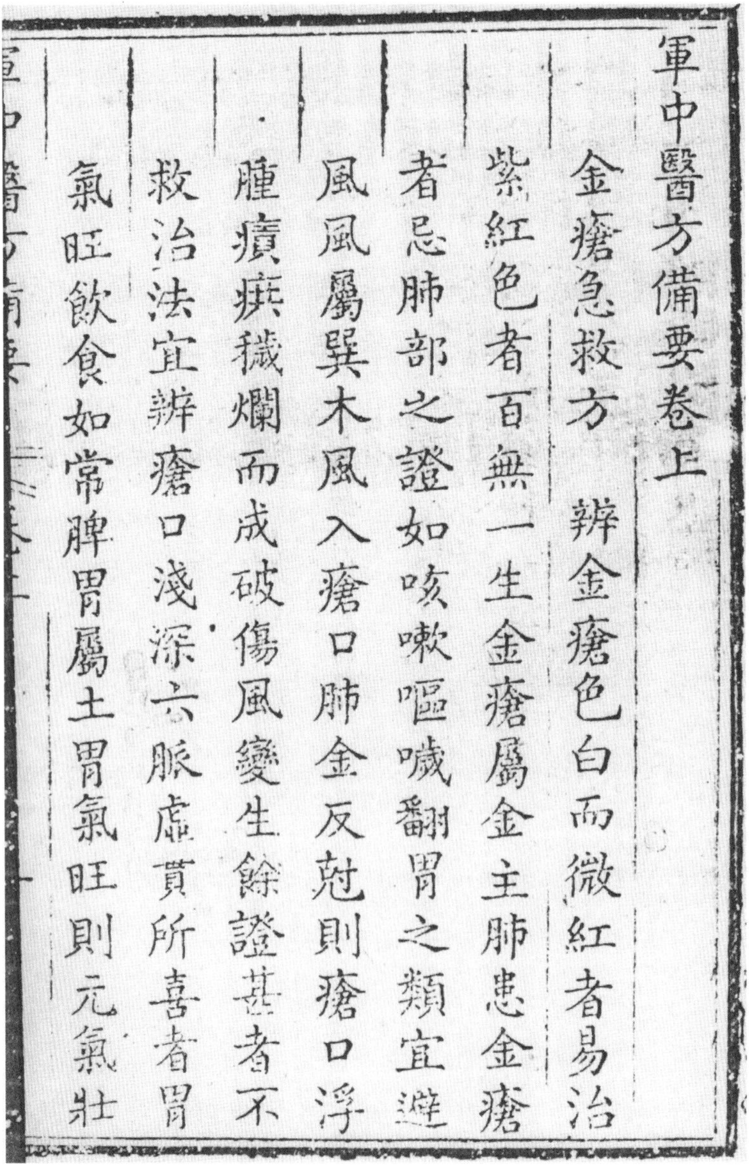
軍中醫方備要卷上
金瘡急救方　辨金瘡色白而微紅者易治
紫紅色者百無一生金瘡屬金主肺患金瘡
者忌肺部之證如咳嗽嘔噦翻胃之類宜避
風風屬巽木風入瘡口肺金反尅則瘡口浮
腫㿉疾纖爛而成破傷風變生餘證甚者不
救治法宜辨瘡口淺深六脈虛實所喜者胃
氣旺飲食如常脾胃屬土胃氣旺則元氣壯
軍中醫方備要　卷上

<서영 18-2> 「軍中醫方備要」, 林春祺福田書海동활자본, 권하 제1엽상엽.

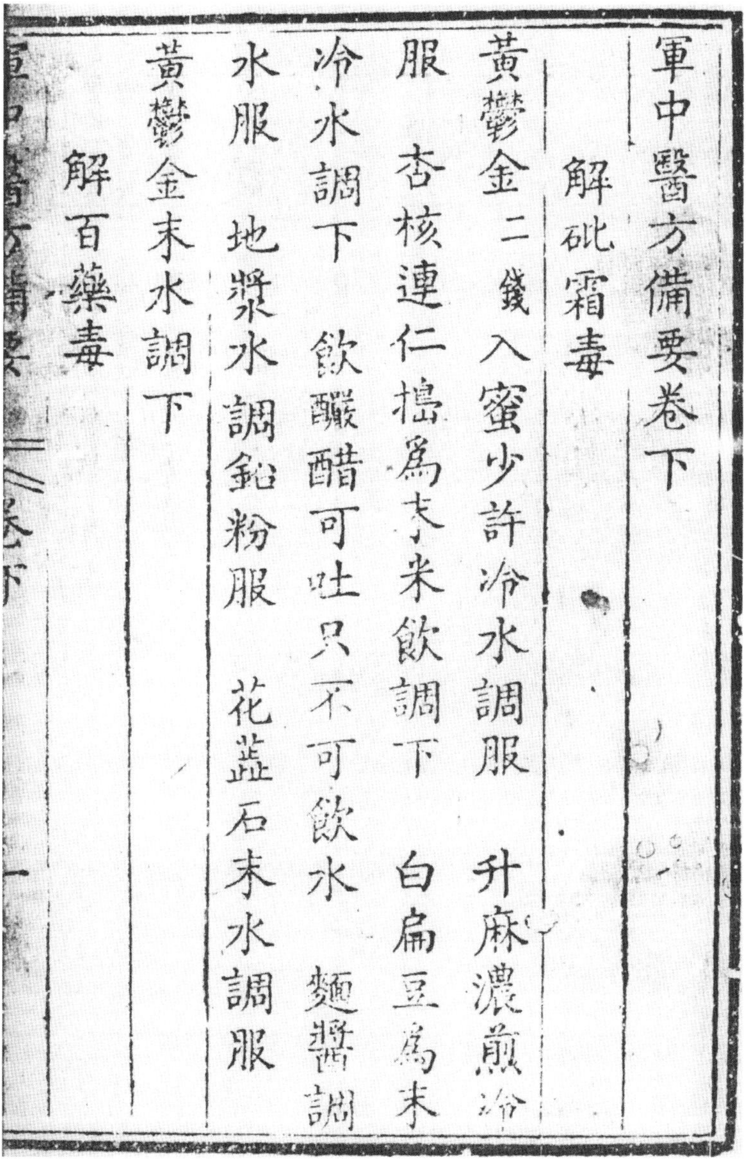

軍中醫方備要卷下

解砒霜毒

黃鬱金二錢入蜜少許冷水調服　升麻濃煎冷服　杏核連仁擣爲末米飲調下　白扁豆爲末冷水調下　飲釅醋可吐只不可飲水　麵醬調水服　地漿水調鉛粉服　花蕋石末水調服

黃鬱金末水調下

解百藥毒

軍中醫方備要　卷下　一

<서영 18-3> 「軍中醫方備要」, 林春祺福田書海동활자본, 권하 제17엽하엽.

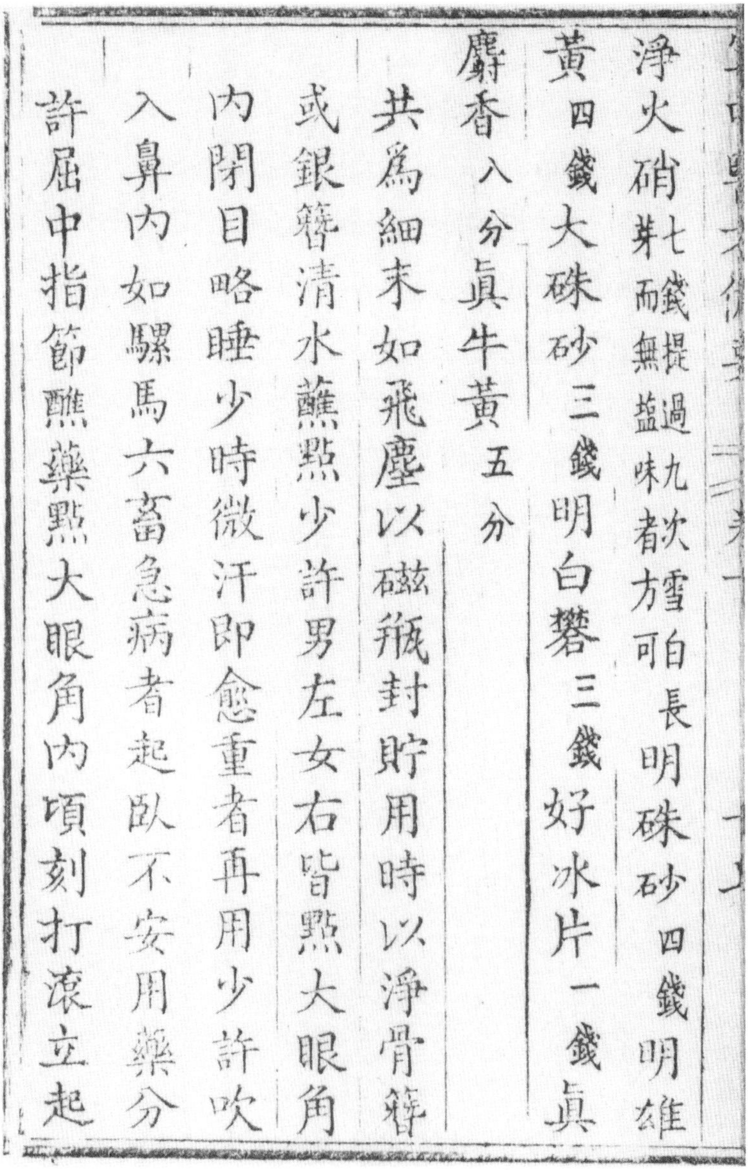
淨火硝七錢提過九次雪白芽而無鹽味者方可長明硃砂四錢明雄
黃四錢大硃砂三錢明白礬三錢好冰片一錢眞
麝香八分眞牛黃五分
共爲細末如飛塵以磁瓶封貯用時以淨骨簪
或銀簪清水蘸點少許男左女右皆點大眼角
內閉目略睡少時微汗即愈重者再用少許吹
入鼻內如騾馬六畜急病者起卧不安用藥分
許屈中指節蘸藥點大眼角內頃刻打滾立起

<서영 18-4> 「**軍中醫方備要**」, 林春祺福田書海동활자본, 권하 제18엽상엽.

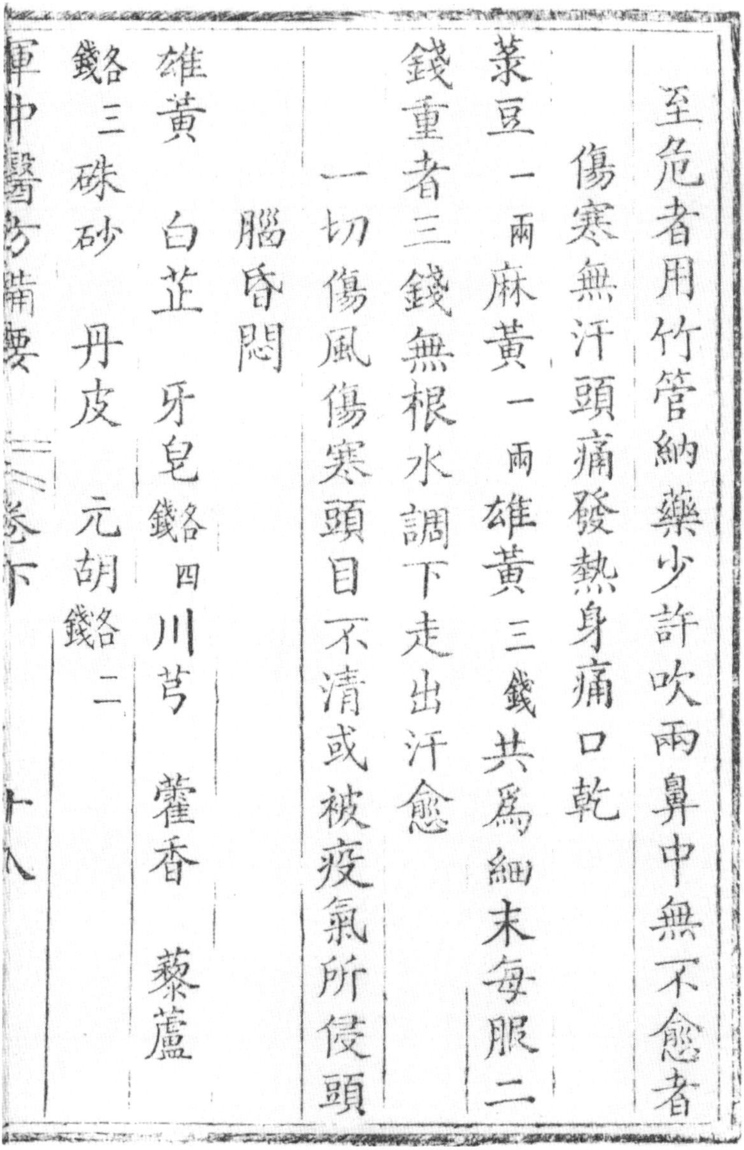
至危者用竹管納藥少許吹兩鼻中無不愈者
傷寒無汗頭痛發熱身痛口乾
菉豆一兩麻黃一兩雄黃三錢共爲細末每服二
錢重者三錢無根水調下走出汗愈
一切傷風傷寒頭目不清或被疫氣所侵頭
腦昏悶
雄黃 白芷 牙皂錢各四 川芎 藿香 藜蘆
錢各三 硃砂 丹皮 元胡錢各二
軍中醫方備要 卷下 十八

<서영 19> 「四書便蒙」, 林春祺福田書海동활자본.

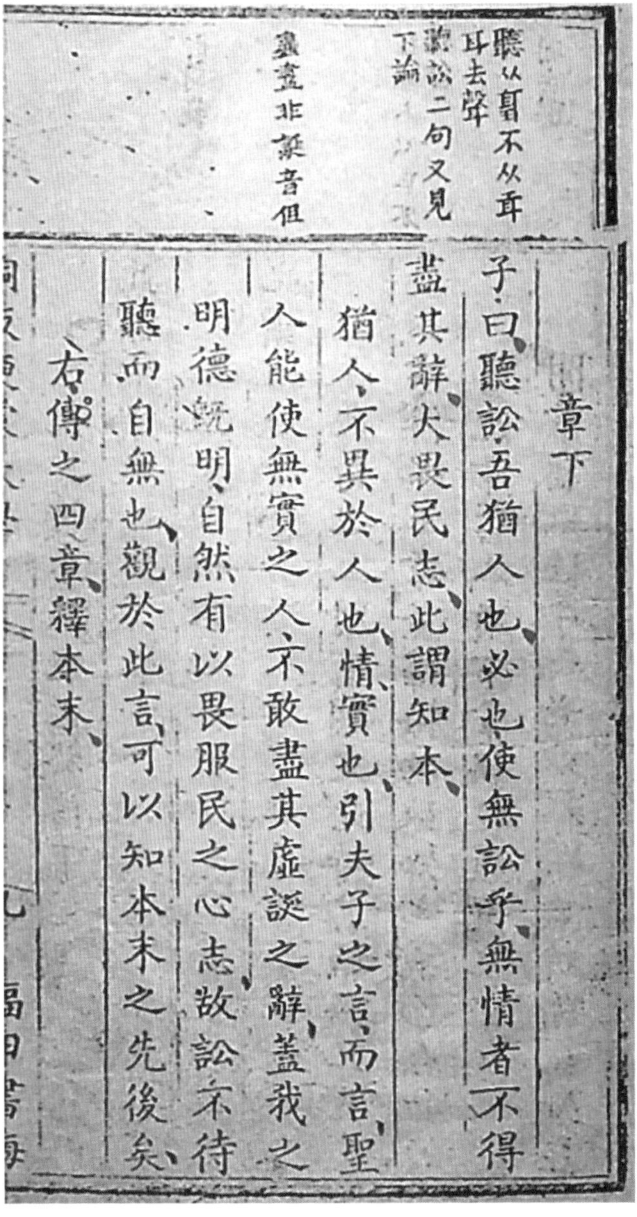
聽从㥁不从耳耳去聲
聽訟二句又見下論
盡盡非盡音但

章下
子曰聽訟吾猶人也必也使無訟乎無情者不得
盡其辭大畏民志此謂知本
猶人不異於人也情實也引夫子之言而言聖
人能使無實之人不敢盡其虛誕之辭蓋我之
明德既明自然有以畏服民之心志故訟不待
聽而自無也觀於此言可以知本末之先後矣
右傳之四章釋本末

<서영 20-1> 「安吳四種」, 倦游閣道光26(1846)년목활자본, 권수 제4엽하엽.

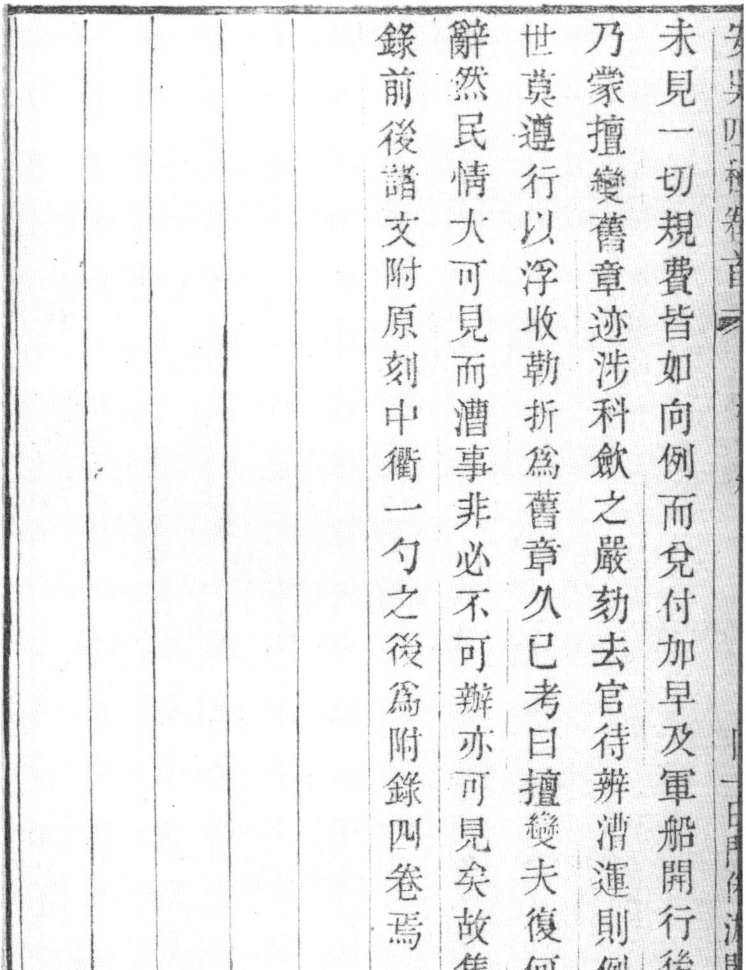

未見一切規費皆如向例而兌付加早及軍船開行後
乃蒙擅變舊章迹涉科歛之嚴劾去官待辦漕運則例
世莫遵行以浮收勒折爲舊章久已考曰擅變夫復何
辭然民情大可見而漕事非必不可辦亦可見矣故集
錄前後諸文附原刻中衢一句之後爲附錄四卷焉

<서영 20-2> 「安吳四種」, 倦游閣道光26(1846)년목활자본, 권1 제1엽하엽.

撫以爲然刪潤再三初繕摺而浙江巡撫已論罷其
事竟以中止予以其關係極重故刪爲議以俟後日
之謀國是君子推取焉
駁海運之說者三一曰洋氛方警適資盜糧二曰重洋
深阻漂沒不時三曰糧艘須別造舵水須另招事非旦
夕費更不貲然三者皆書生迂譚請得一一折之以事
實而後伸正義出吳淞口迤南由浙及閩粵皆爲南洋
迤北由通海山東直隸及關東皆爲北洋南洋多磯島
水深浪巨非鳥船不行北洋多沙磧水淺礁硬非沙船
不行小鳥船不吃水丈餘沙船大者才四五尺洋氛在

<서영 20-3> 「安吳四種」, 倦游閣道光26(1846)년목활자본, 권1 제1엽상엽, 17.9 × 12.9cm.

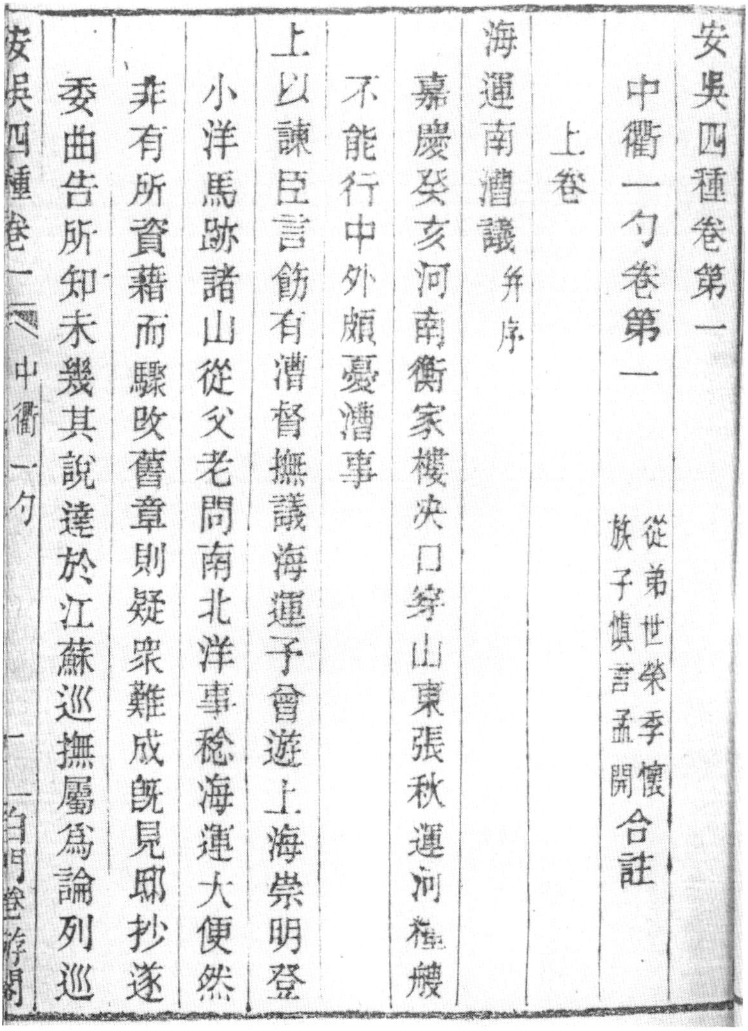
安吳四種卷第一
中衢一勺卷第一　從弟世榮季懷　族子愼言孟開　合註
上卷
海運南漕議 并序
嘉慶癸亥河南衡家樓決口穿山東張秋運河梗艘
不能行中外頗憂漕事
上以諫臣言飭有漕督撫議海運予會遊上海崇明登
小洋馬跡諸山從父老問南北洋事稔海運大便然
非有所資藉而驟改舊章則疑衆難成旣見邸抄遂
委曲告所知未幾其說達於江蘇巡撫屬爲論列巡
安吳四種卷一 中衢一勺　一　白門倦游閣

<서영 20-4> 「安吳四種」, 倦游閣道光26(1846)년목활자본, 권4 제27엽하엽.

殆遍未有如吾子所言之切要明晰者郎日當以吾子意作書告芥航芥航爲人有魄力而胸懷空洞必能擇善而執者也爭謝不敏而退都下諸公漸聞此說紛來咨至口難縷陳故筆記之以應問者實四月朔日

北沙卽海防廳所轄之馬起營工一名大寺與北岸雲梯關相値西至童家營六十里東至陳家浦五十里集鎮人多遷徙爲難勢不得不繞越之以行河然河道迂曲則有坐灣頂溜之處故措置不易太下河自東壩達禦壩一平直如衡而低窪之運河緊當東壩之下故禦壩外一被黃水頂阻淸卽退回折下運河黃勢躡後故倒灌甚易雙金閘在中河東北岸下有引河引水入塩河以運左營正料淮北塩引在高家灣下廿里楊庄上十二里中河廳所轄現在河灘居民甚多故不願遷者不必相强 堤壓者創築新堤田畝被壓也挖廢者挑挖新河田畝被廢也劉老澗在仰化集西北七里宿遷縣東南鄉地有

<서영 20-5> 「安吳四種」, 倦游閣道光26(1846)년목활자본, 권5 제23엽하엽.

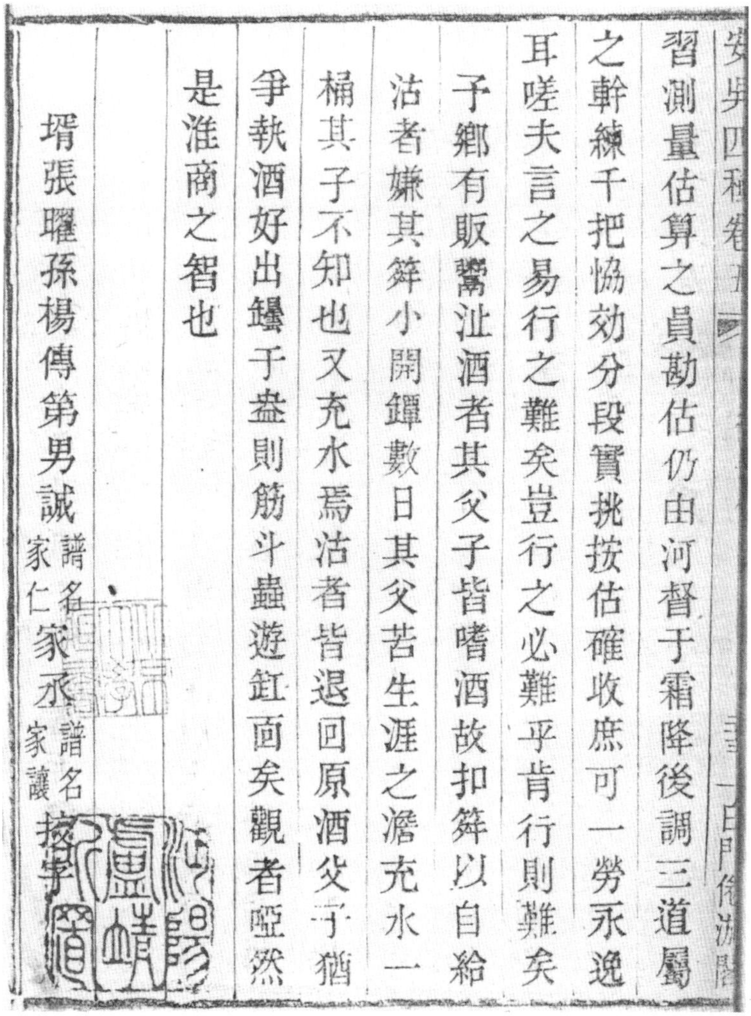

安吳四種卷五 白門倦游閣

習測量估算之員勘估仍由河督于霜降後調三道屬
之幹練千把恊効分段實挑拔估確收庶可一勞永逸
耳嗟夫言之易行之難矣豈行之必難乎肯行則難矣
予鄉有販鬻泩酒者其父子皆嗜酒故扣筭以自給
沽者嫌其筭小開罈數日其父苦生涯之澹充水一
桶其子不知也又充水焉沽者皆退回原酒父子猶
爭執酒好出罏于盎則筋斗蟲遊缸面矣觀者啞然
是淮商之智也

壻張曜孫楊傳第男誠譜名家仁 家承譜名家讓 挍字

<서영 21> 「帝里明代人文略」, 津逮樓道光30(1850)년동?활자본, 권3 제1엽상엽.

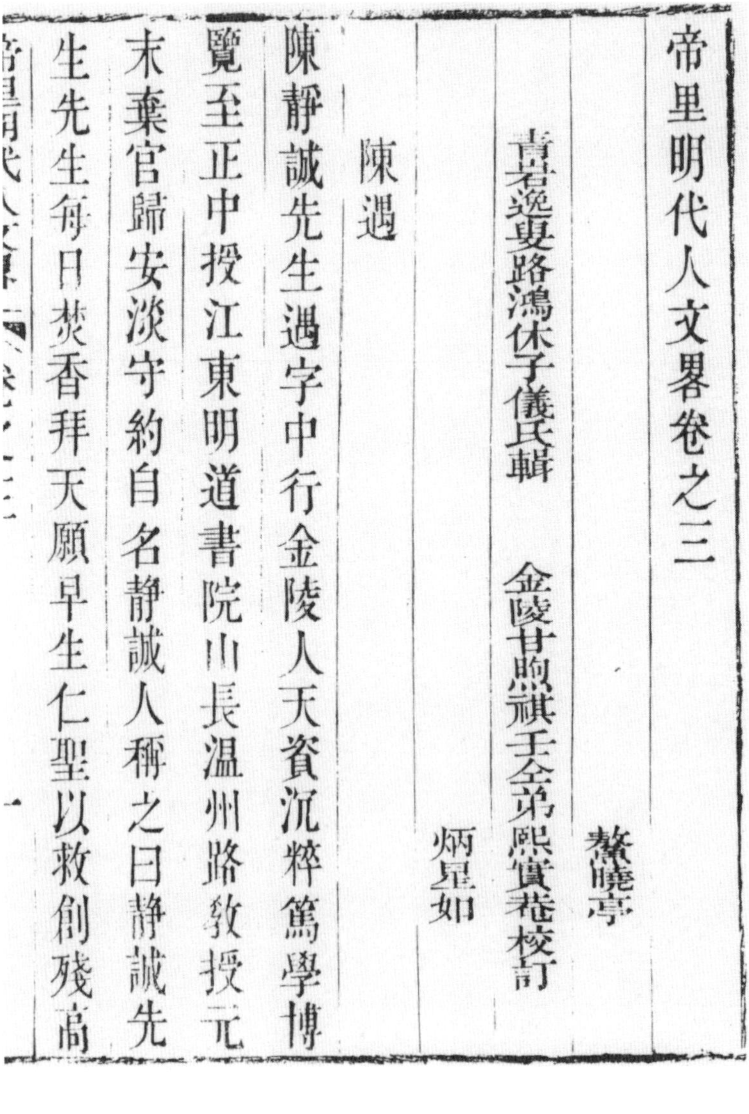
帝里明代人文畧卷之三

青若逸叟路鴻休子儀氏輯　金陵甘煦祺壬仝弟熙實菴校訂

鰲曉亭

炳星如

陳遇

陳靜誠先生遇字中行金陵人天資沉粹篤學博覽至正中授江東明道書院山長温州路教授元末棄官歸安淡守約自名靜誠人稱之曰靜誠先生先生每日焚香拜天願早生仁聖以救創殘高

帝里明代人文畧　卷之三　一

<서영 22> 「逆臣傳」, 淸芬館道光연간(1821-1850)목활자본.

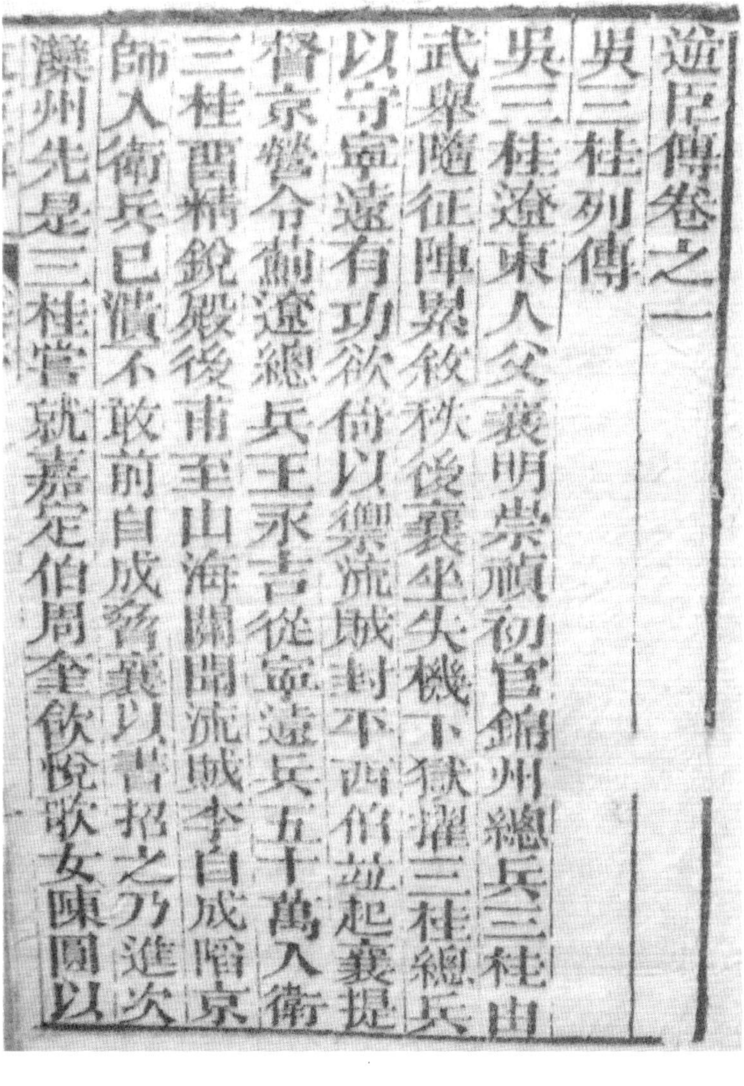
逆臣傳卷之一
吳三桂列傳
吳三桂遼東人父襄明崇禎初官錦州總兵三桂由
武舉隨征陣累敘秩後襄坐失機下獄擢三桂總兵
以守寧遠有功欲倚以禦流賊封平西伯並起襄提
督京營令薊遼總兵王永吉從寧遠兵五十萬入衛
三桂簡精銳殿後甫至山海關聞流賊李自成陷京
師入衛兵已潰不敢前自成脅襄以書招之乃進次
灤州先是三桂嘗就嘉定伯周奎飲悅歌女陳圓以

<서영 23-1> 「明季五藩實錄」, 半松居士嘉慶(1796-1820)·道光연간(1821-1850)목활자본, 序 제1엽상엽, 16.7 × 11.8cm.

明末五小史序
天之愛民甚矣豈其使一人肆於民上以縱其
淫哉何明自中葉以後生民之憔悴如此其無
極也主昏於上政出凶閹民窮於下翦爲流寇
鄙夫蠹國竭民淸流矜高炫異無非啓宗社之
殷憂釀黎元之奇禍焉耳 懷宗鑒前事之失力
翦元凶痛懲夙謬庶幾宵旰勤勞者矣然無知
人之哲矜明察而愈惑無持久之力好更張而
五藩實錄 序 一 金

<서영 23-2> 「明季五藩實錄」, 半松居士嘉慶(1796-1820)・道光연간(1821-1850)목활자본, 福藩 제1엽상엽.

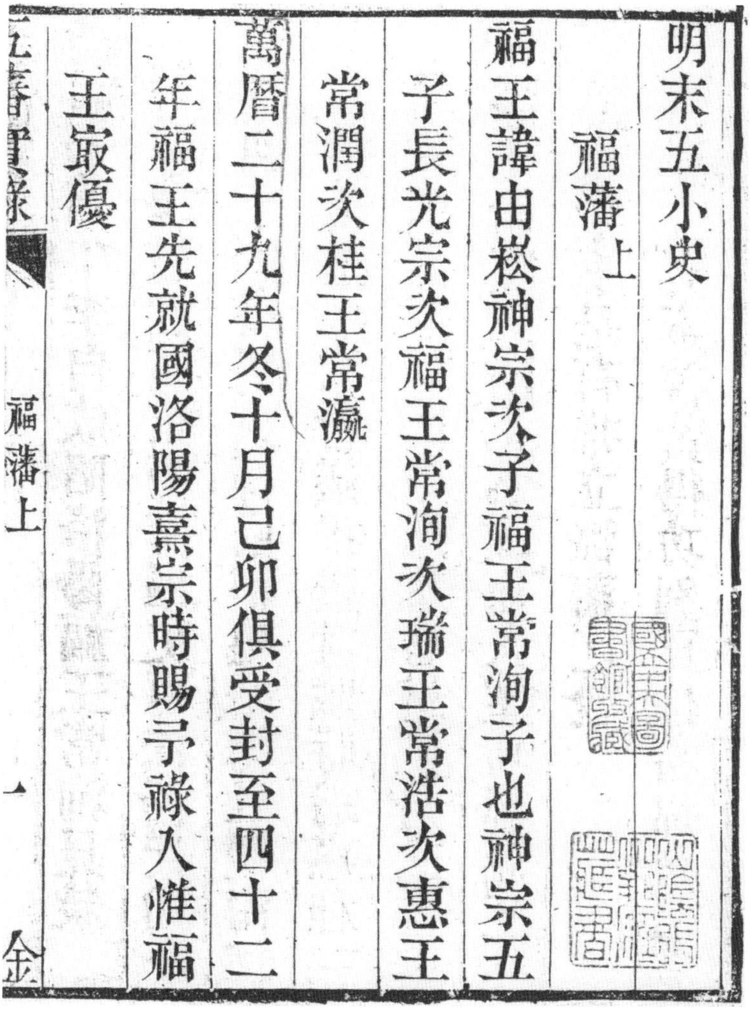
明末五小史
福藩上
福王諱由崧神宗次子福王常洵子也神宗五
子長光宗次福王常洵次瑞王常浩次惠王
常潤次桂王常瀛
萬曆二十九年冬十月己卯俱受封至四十二
年福王先就國洛陽熹宗時賜寺祿入惟福
王㝡優
五藩實錄 福藩上 一 金

<서영 23-3> 「明季五藩實錄」, 半松居士嘉慶(1796-1820)·道光연간(1821-1850)목활자본, 唐藩 제34엽하엽.

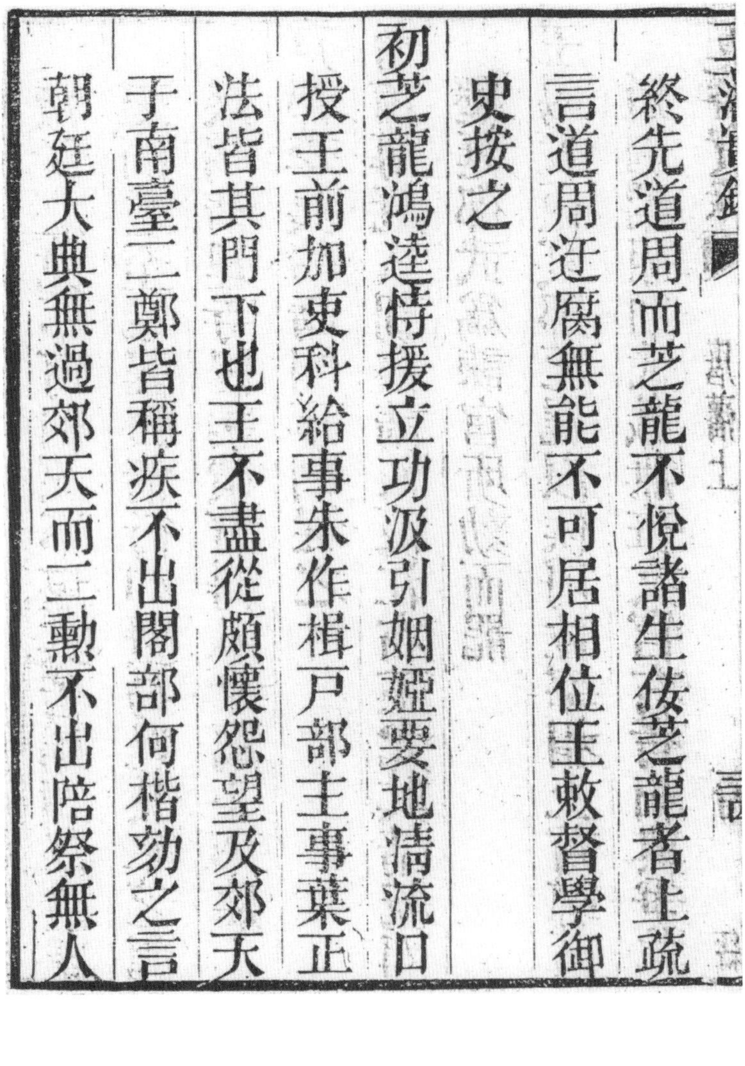

終先道周而芝龍不悅諸生侫芝龍者上疏
言道周迂腐無能不可居相位王敕督學御
史援之
初芝龍鴻逵恃援立功汲引姻婭要地淸流口
授王前加吏科給事朱作楫戶部主事葉正
法皆其門下也王不盡從頗懷怨望及郊天
于南臺二鄭皆稱疾不出閣部何楷劾之言
朝廷大典無過郊天而二勳不出陪祭無人

<서영 23-4> 「明季五藩實錄」, 半松居士嘉慶(1796-1820)·道光연간(1821-1850)목활자본, 唐藩 제35엽상엽.

臣禮王重其風裁令掌都察院事已而鴻逵
扇于殿上楷呵止之二鄭益怒楷知不爲二
鄭所容請告再三王欲兩全之暫令回籍諭
以收復兩京即召總憲楷出都南四十里遇
盜戕其一耳蓋芝龍使其部曲楊耿爲之也
時曠昭巡撫江西而
皇朝大將劉一鵬統數百騎至南昌牌先至昭即
命士民出迎而身自扁舟遁去江省風靡獨

五藩實錄 唐藩上 卅五 繇

<서영 23-5> 「明季五藩實錄」, 半松居士嘉慶(1796-1820) · 道光연간(1821-1850)목활자본, 魯藩 제1엽상엽.

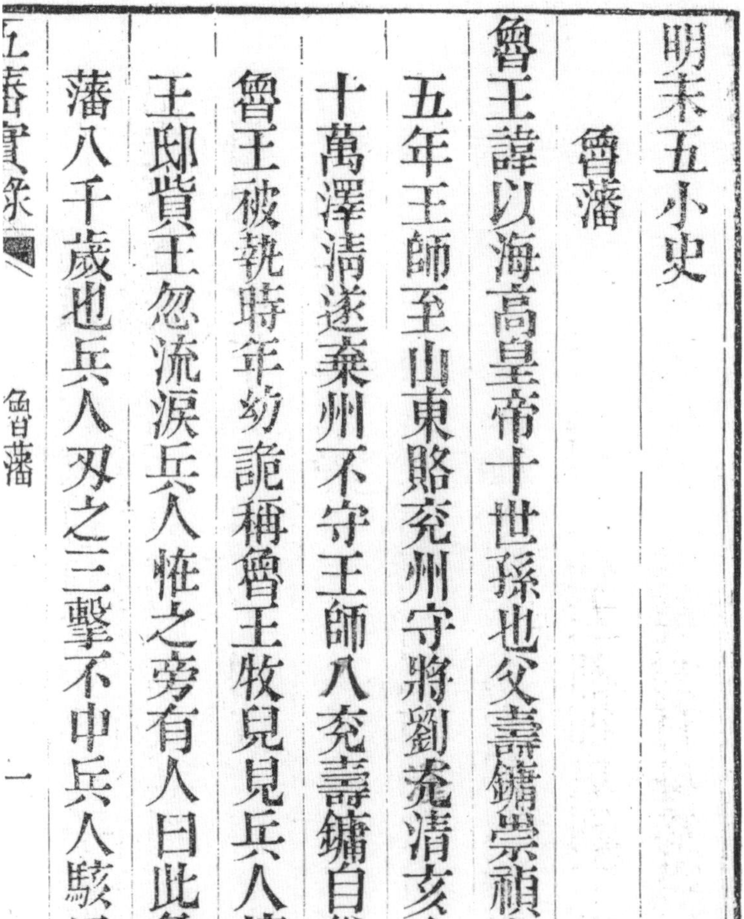
明末五小史

魯藩

魯王諱以海高皇帝十世孫也父壽鏞崇禎十
五年王師至山東略兗州守將劉充清亥金
十萬澤清遂棄州不守王師入兗壽鏞自縊
魯王被執時年幼詭稱魯王牧見兵入掠
王邸貴王忽流淚兵入惟之旁有人曰此魯
藩八千歲也兵入刃之三擊不中兵入駭曰

五藩實錄 魯藩 一

<서영 23-6> 「明季五藩實錄」, 半松居士嘉慶(1796-1820)·道光연간(1821-1850)목활자본,
桂藩 제1엽상엽, 16.7 × 11.8cm.

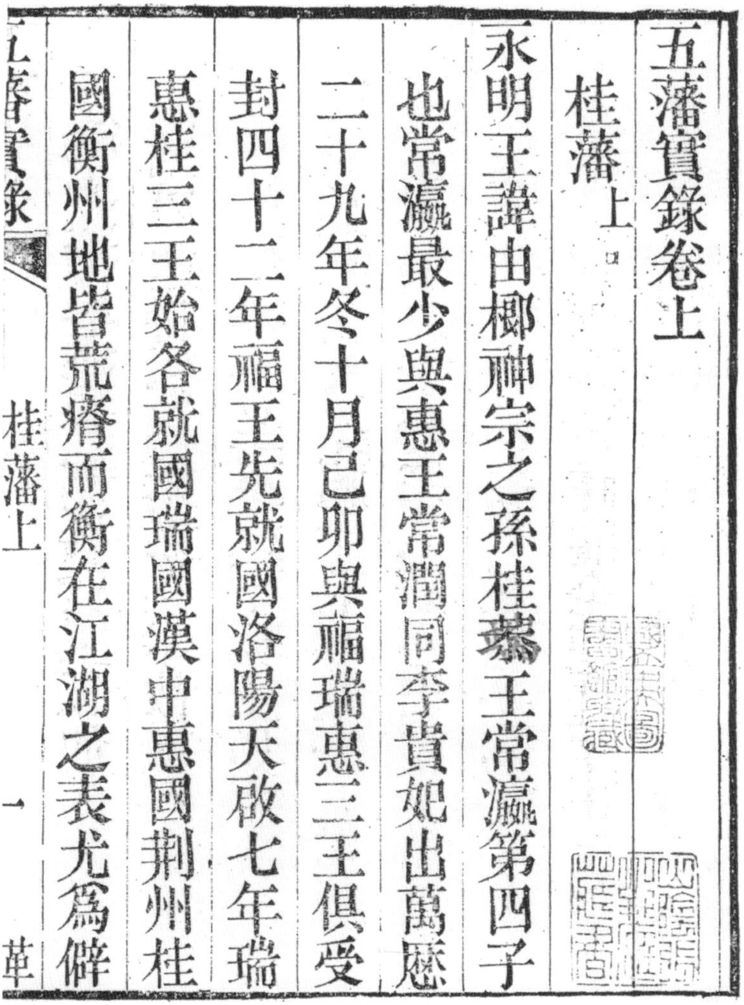

五藩實錄卷上

桂藩上

永明王諱由榔神宗之孫桂端王常瀛第四子
也常瀛最少與惠王常潤同李貴妃出萬歷
二十九年冬十月己卯與福瑞惠三王俱受
封四十二年福王先就國洛陽天啟七年瑞
惠桂三王始各就國瑞國漢中惠國荊州桂
國衡州地皆荒瘠而衡在江湖之表尤為僻

五藩實錄 桂藩上 一 革

<서영 24-1> 「南宋文範」, 道光연간(1821-1850)목활자본, 권1 제1엽하엽.

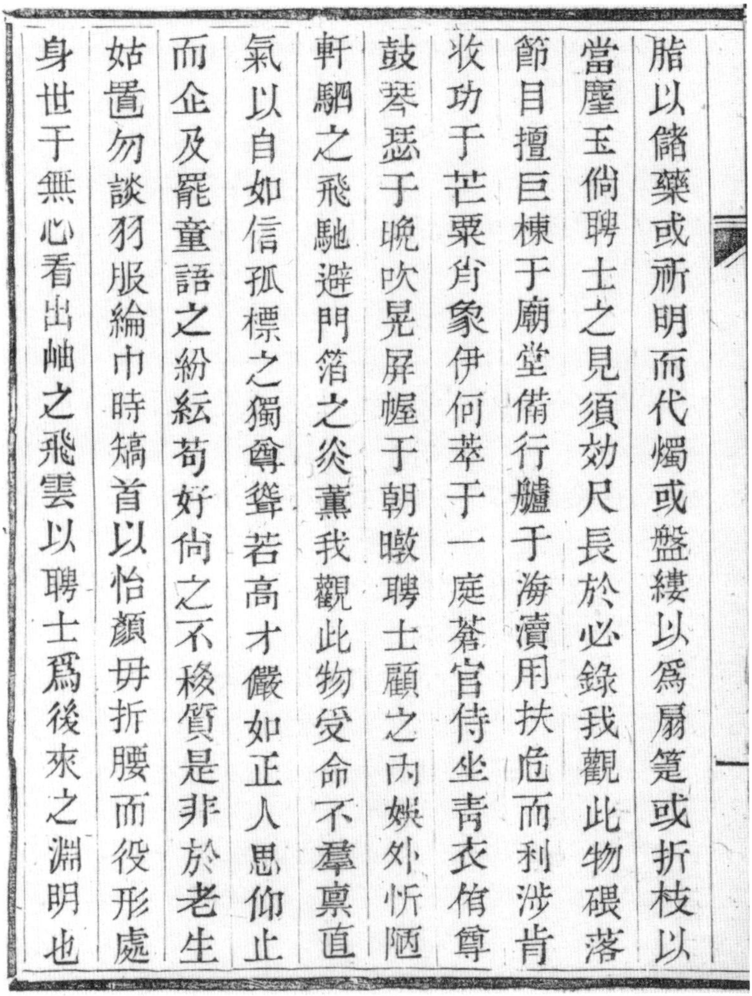

脂以儲藥或所明而代燭或盤縷以爲扇箑或折枝以
當麈玉倘聘士之見須効尺長於必錄我觀此物硯落
節目擅巨棟于廟堂備行艫于海瀆用扶危而利涉肯
妝功于芒粟肖象伊何萃于一庭蒼官侍坐青衣侑尊
鼓琴瑟于晩吹晃屏幄于朝暾聘士顧之内娛外忻陋
軒騆之飛馳避門箔之炎薰我觀此物受命不羣稟直
氣以自如信孤標之獨尊聳若高才儼如正人思仰止
而企及罷童語之紛紜苟好尚之不稼質是非於老生
姑置勿談羽服綸巾時犒首以怡顏毋折腰而役形處
身世于無心看出岫之飛雲以聘士爲後來之淵明也

<서영 24-2> 「南宋文範」, 道光연간(1821-1850)목활자본, 권1 제1엽상엽, 17.8 × 13.4cm.

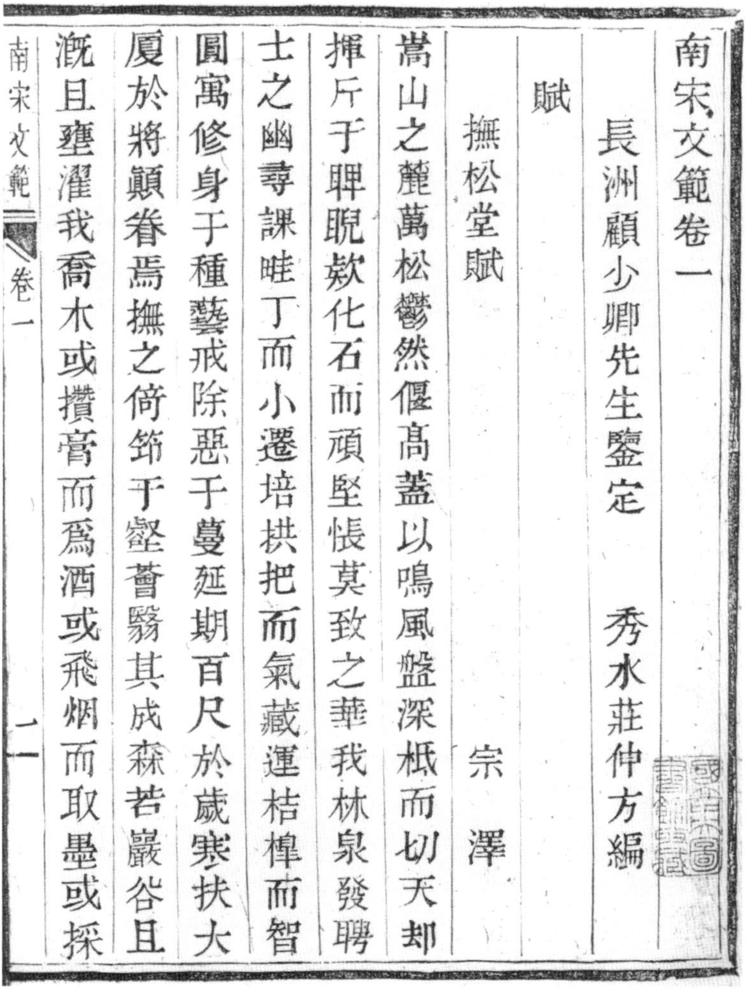

南宋文範卷一

長洲顧少卿先生鑒定　秀水莊仲方編

賦

撫松堂賦　宗澤

嵩山之麓萬松鬱然偃高蓋以鳴風盤深柢而切天却揮斤于睥睨欵化石而頑堅悵莫致之華我林泉發聘士之幽尋課畦丁而小遷培拱把而氣藏運桔槔而智圓寓修身于種藝戒除惡于蔓延期百尺於歲寒扶大厦於將顛眷焉撫之倚節于磐薔翳其成森若巖谷且溉且壅濯我喬木或攢膏而爲酒或飛烟而取墨或採

南宋文範 卷一 一

<서영 24-3> 「南宋文範」, 道光연간(1821-1850)목활자본, 권1 제17엽하엽.

白鹿洞賦　朱熹

白鹿洞賦者洞主晦翁之所作也翁旣復作書

院洞中又賦其事以示學者其詞曰

承后皇之嘉惠宅廬阜之南疆閔原田之告病惕農扈

之非良粤冬孟之旣望夙余駕乎山之塘徑北原以東

騖陟李氏之崇岡地名李家山揆厥號之所繇得頹址於榛

荒曰昔山人之隱處兮今永久而流芳陳舜俞廬山記云唐李渤字濬之與兄涉偕隱白鹿洞後爲江州刺史乃卽洞創臺榭環以流水雜植花木爲一時之勝自昇元之

有士始變塾而爲庠儼衣冠與弦誦紛濟濟而洋洋廬山記又云南唐昇元中因洞建學館置田以給諸生學者大集乃以國子監九經李善道爲洞主掌其敎授江南

<서영 24-4> 「南宋文範」, 道光연간(1821-1850)목활자본, 권1 제18엽상엽.

野史亦云當時謂之白鹿國庠在叔季而且然矧休明之景運皇穆穆
以當天一軌文而來混念敦篤於化原乃搜剔乎遺遯
勝黃卷以置鄒廣青衿之疑問樂菁莪之長育拔雋髦
而登進謹按國朝會要太平興國二年知江州周述乞以九經賜白鹿洞詔從其請仍驛送之六年以
洞主明起爲蔡州褒信主簿旌儒學樂鄉校也追繼照於咸平又增修而罔倦
廬山記又云咸平五年敕重修又塑宣聖十哲之象旋錫冕以華其歸琛亦肯堂
而詒孫子郭祥正書院記云祥符初直史館孫冕以疾辭歸朝願得白鹿洞以歸老詔從之冕未及歸而
卒皇祐五年其子比部郎中琛即學之故址爲屋榜曰書堂俾子弟居而學焉四方之士來者亦給其食悵
茂草於熙寧尚茲今其奚論廬山記熙寧中作已云鞠爲茂草矣夫既啓
余以堂壇友又訂余以册書尋訪之初得樵者指告其處客楊方子直遂贊與作
南宋文範 卷一 十九

<서영 25-1> 「甲遁眞授秘集」, 花雨書巢主人咸豊2(1852)년목활자본, 序 제1엽상엽, 20.4 × 12.0cm.

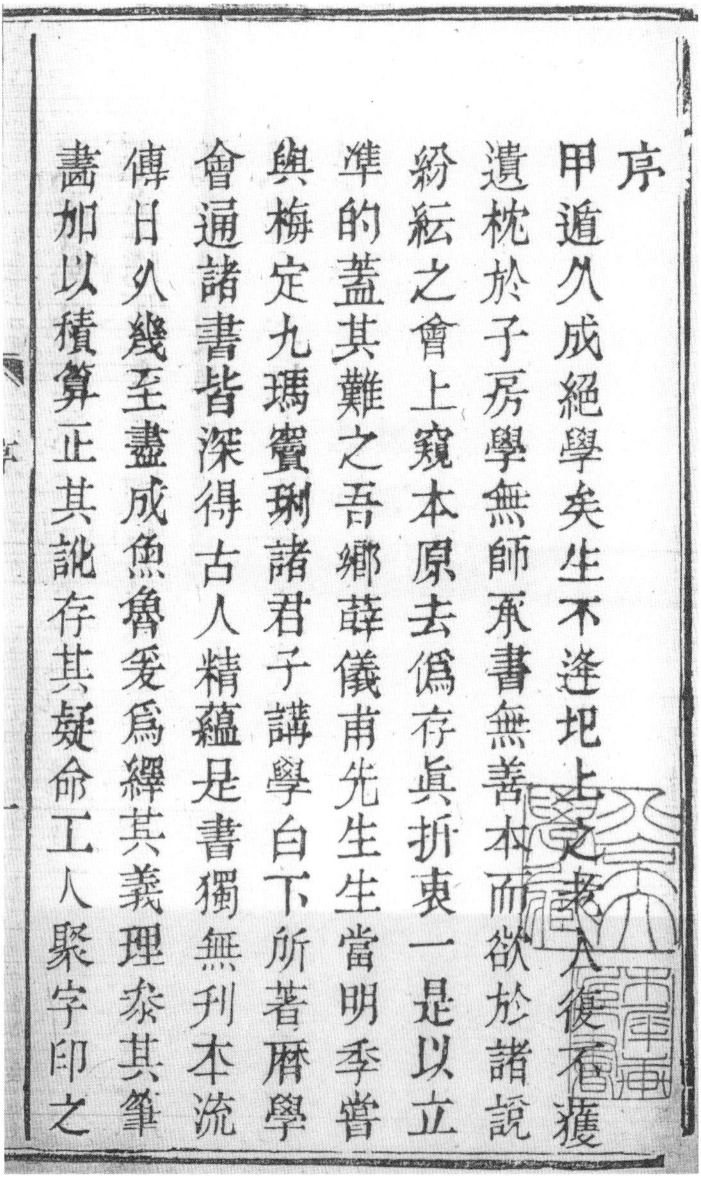
序
甲遁久成絕學矣生不逢圯上之老人復不獲
遺枕於子房學無師承書無善本而欲於諸說
紛紜之會上窺本原去僞存眞折衷一是以立
準的蓋其難之吾鄉薛儀甫先生生當明季嘗
與梅定九瑪賚琍諸君子講學白下所著曆學
會通諸書皆深得古人精蘊是書獨無刊本流
傳日久幾至盡成魚魯爰爲繹其義理參其筆
譌加以積算正其訛存其疑命工人聚字印之

<서영 25-2> 「甲遁眞授秘集」, 花雨書巢主人咸豊2(1852)년목활자본, 樂 제1엽상엽,
20.2 × 11.9cm.

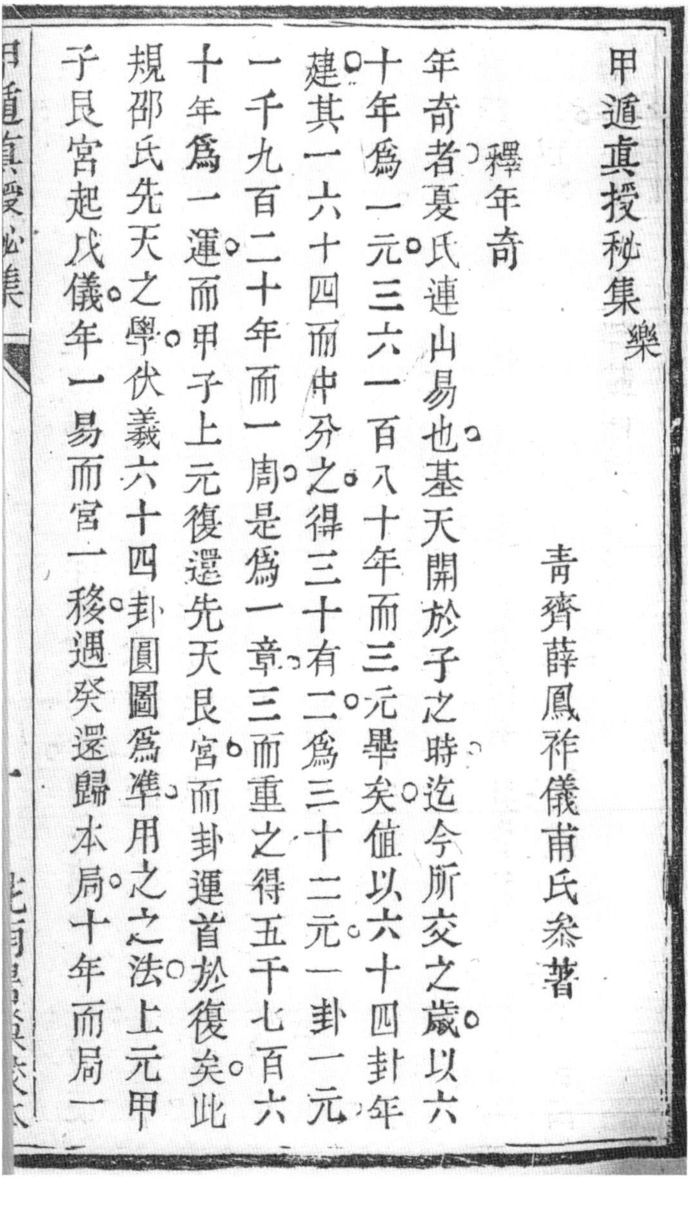
甲遁眞授秘集 樂

青齊薛鳳祚儀甫氏叅著

釋年奇

年奇者夏氏連山易也。基天開於子之時。迄今所交之歲。以六十年爲一元。三六一百八十年而三元畢矣。値以六十四卦年建。其一六十四而中分之。得三十有二。爲三十二元。一卦一元一千九百二十年而一周。是爲一章。三而重之得五千七百六十年爲一運。而甲子上元復還先天艮宮。而卦運首於復矣。此規邵氏先天之學。伏羲六十四卦圓圖爲準。用之之法。上元甲子艮宮起戊儀。年一易而宮一移。遇癸還歸本局。十年而局一

甲遁眞授秘集 一 花雨書巢叢

<서영 25-3> 「甲遁眞授秘集」, 花雨書巢主人咸豊2(1852)년목활자본, 樂 제24엽하엽.

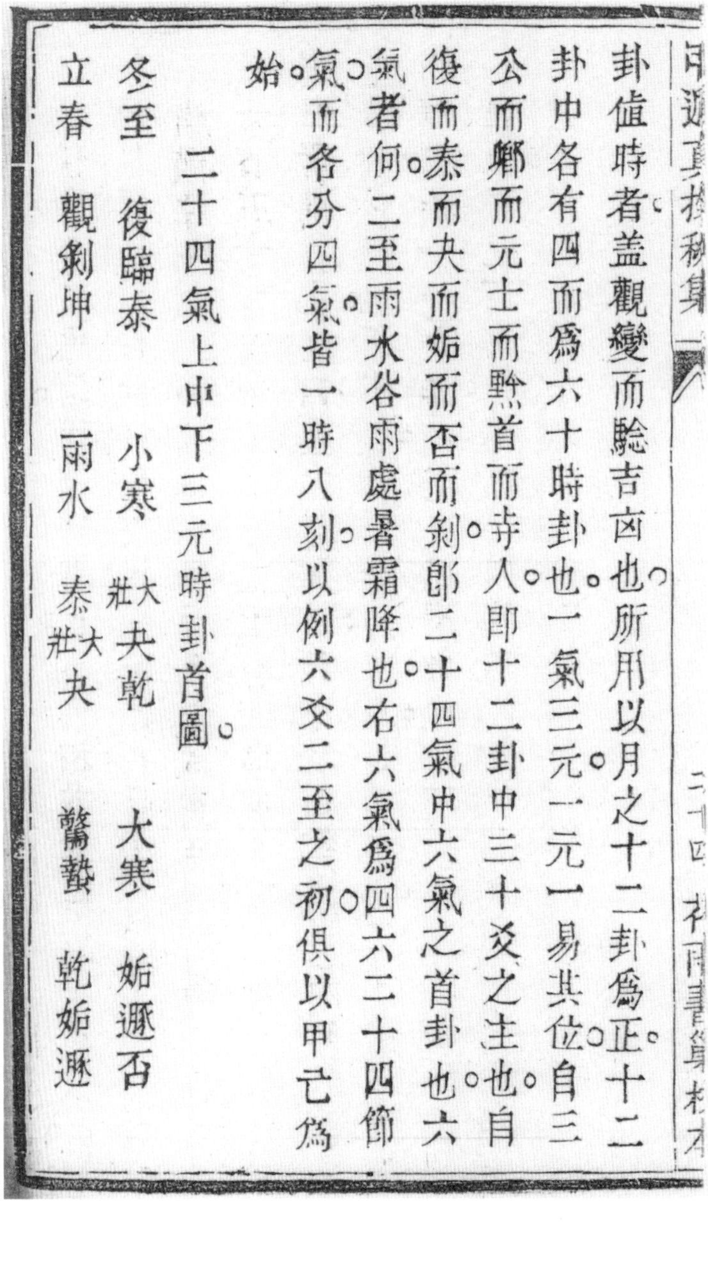
甲遁眞授秘集 一　二十四　花雨書巢校本

卦値時者蓋觀變而驗吉凶也。所用以月之十二卦爲正。十二
卦中各有四而爲六十時卦也。一氣三元。一元一易其位。自三
公而卿而元士而黔首而寺人即十二卦中三十爻之主也。自
復而泰而夬而姤而否而剝郎二十四氣中六氣之首卦也。六
氣者何。二至雨水谷雨處暑霜降也。右六氣爲四六二十四節
氣。而各分四氣。皆一時八刻。以例六爻。二至之初俱以甲己爲
始。

二十四氣上中下三元時卦首圖。

冬至　復臨泰　小寒　大壯夬乾　大寒　姤遯否
立春　觀剝坤　雨水　泰大壯夬　驚蟄　乾姤遯

<서영 25-4> 「甲遁眞授秘集」, 花雨書巢主人咸豊2(1852)년목활자본, 樂 제25엽상엽.

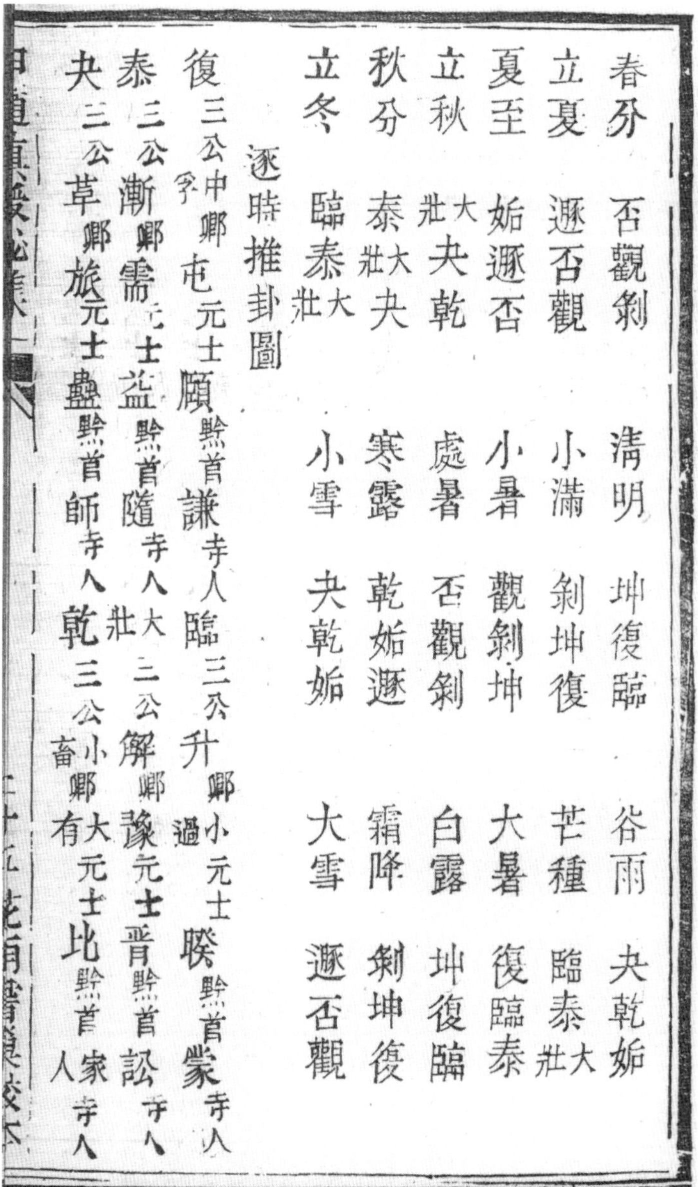
春分 否觀剝 淸明 坤復臨 谷雨 夬乾姤
立夏 遯否觀 小滿 剝坤復 芒種 臨泰大壯
夏至 姤遯否 小暑 觀剝坤 大暑 復臨泰
立秋 大壯夬乾 處暑 否觀剝 白露 坤復臨
秋分 泰大壯夬 寒露 乾姤遯 霜降 剝坤復
立冬 臨泰大壯 小雪 夬乾姤 大雪 遯否觀
逐時推卦圖
復三公 中孚卿 屯元士 頤辟首 謙寺人 臨三公 升卿 小過元士 睽辟首 蒙寺人
泰三公 漸卿 需元士 益辟首 隨寺人 大壯三公 解卿 豫元士 晉辟首 訟寺人
夬三公 革卿 旅元士 蠱辟首 師寺人 乾三公 小畜卿 大有元士 比辟首 家人寺人
甲遁眞授秘集 卷一 二十五 花雨書巢校本

<서영 26> 「水陸攻守戰略秘書」, 「兵法心要」, 麟桂咸豊3(1853)년福田書海동활자본, 內集 권1 제1엽상엽, 16.5 × 10.3cm.

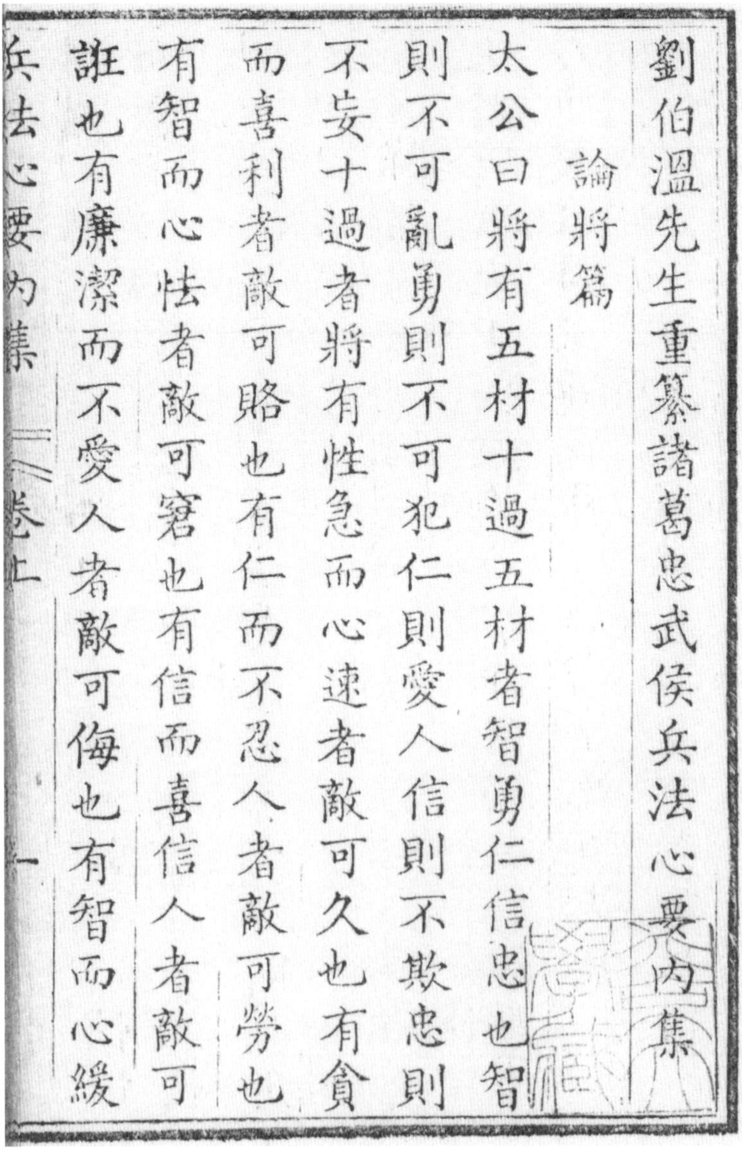

劉伯溫先生重纂諸葛忠武侯兵法心要內集

論將篇

太公曰將有五材十過五材者智勇仁信忠也智則不可亂勇則不可犯仁則愛人信則不欺忠則不妄十過者將有性急而心速者敵可久也有貪而喜利者敵可賂也有仁而不忍人者敵可勞也有智而心怯者敵可窘也有信而喜信人者敵可誑也有廉潔而不愛人者敵可侮也有智而心緩

兵法心要內集 卷上 一

<서영 27-1> 「水陸攻守戰略秘書」, 「百戰奇略」, 麟桂咸豊3(1853)년福田書海동활자본, 목록 제2엽하엽.

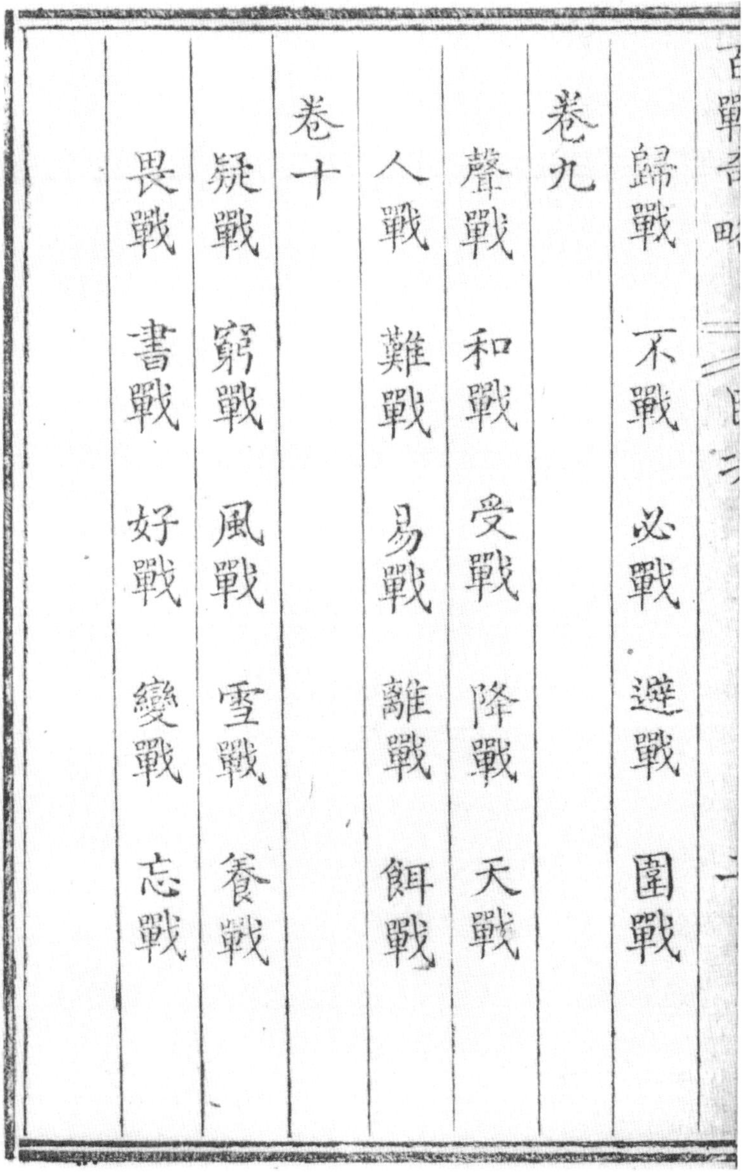
百戰奇略

歸戰 不戰 必戰 避戰 圍戰

卷九

聲戰 和戰 受戰 降戰 天戰

人戰 難戰 易戰 離戰 餌戰

卷十

疑戰 窮戰 風戰 雪戰 養戰

畏戰 書戰 好戰 變戰 忘戰

<서영 27-2> 「水陸攻守戰略秘書」, 「百戰奇略」, 麟桂咸豊3(1853)년福田書海동활자본, 권1 제1엽하엽.

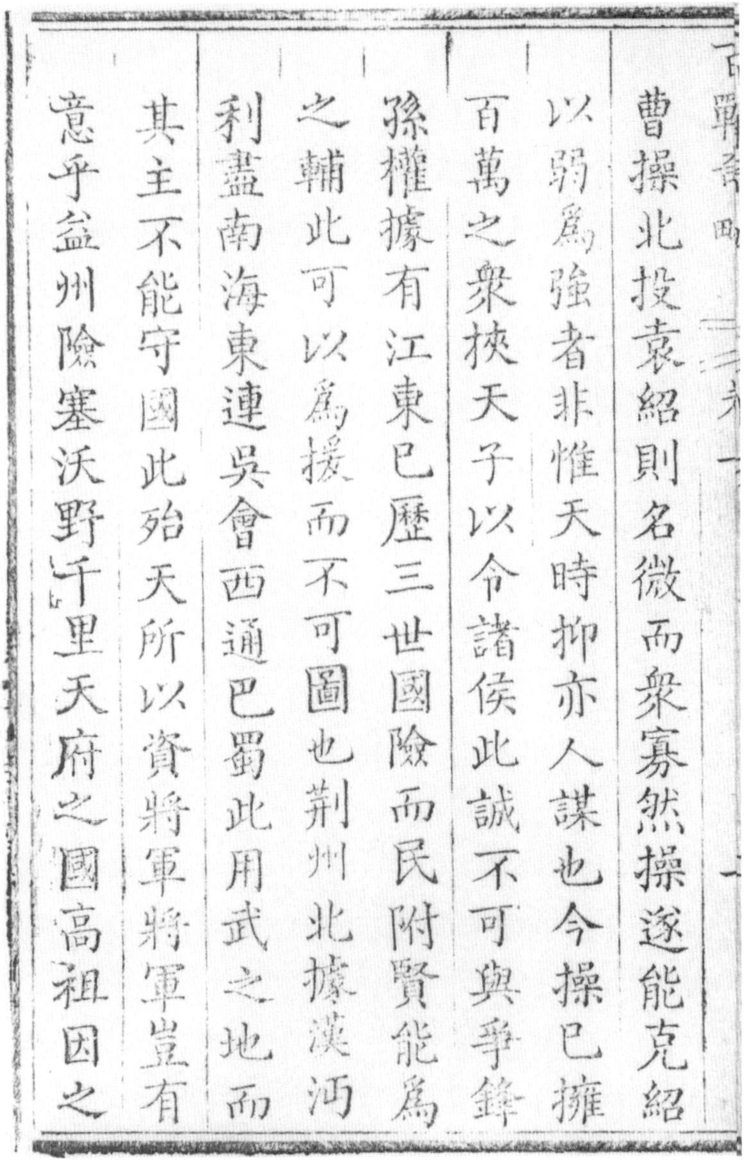
曹操北投袁紹則名微而衆寡然操遂能克紹
以弱爲強者非惟天時抑亦人謀也今操已擁
百萬之衆挾天子以令諸侯此誠不可與爭鋒
孫權據有江東已歷三世國險而民附賢能爲
之輔此可以爲援而不可圖也荊州北據漢沔
利盡南海東連吳會西通巴蜀此用武之地而
其主不能守國此殆天所以資將軍將軍豈有
意乎益州險塞沃野千里天府之國高祖因之

<서영 27-3> 「水陸攻守戰略秘書」, 「百戰奇略」, 麟桂咸豊3(1853)년福田書海동활자본, 권1 제1엽상엽.

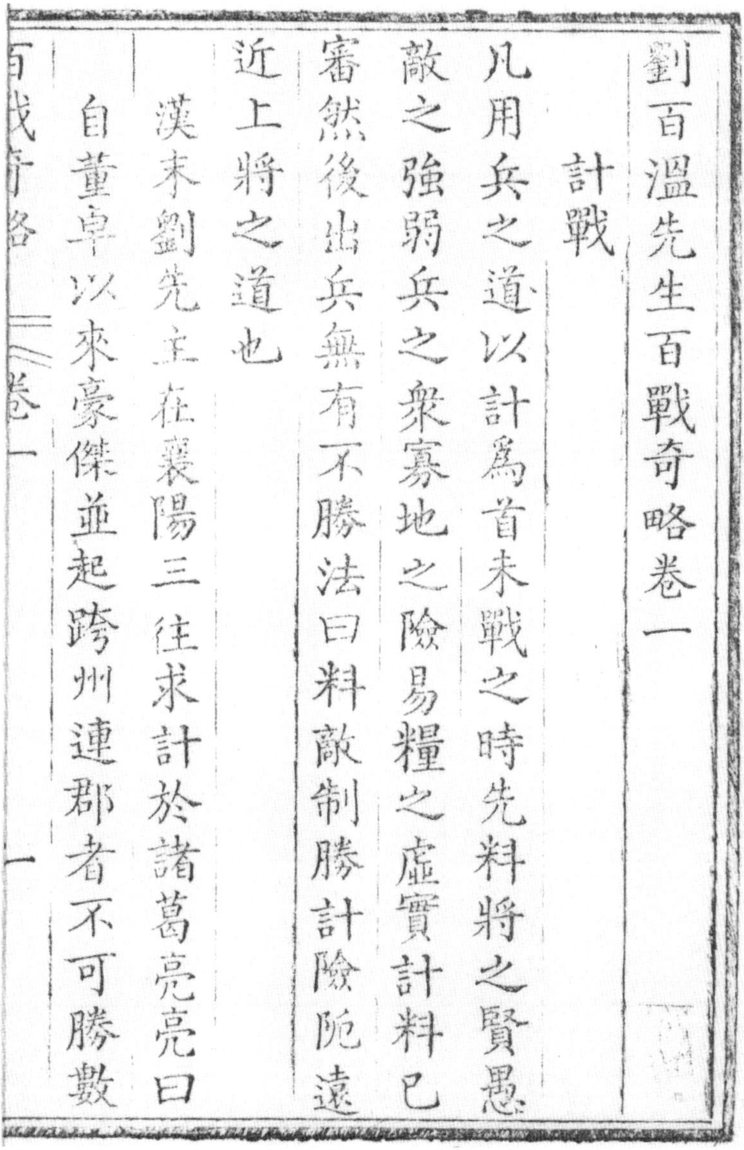

劉百溫先生百戰奇略卷一

計戰

凡用兵之道以計爲首未戰之時先料將之賢愚敵之强弱兵之衆寡地之險易糧之虛實計料已審然後出兵無有不勝法曰料敵制勝計險阨遠近上將之道也

漢末劉先主在襄陽三往求計於諸葛亮亮曰自董卓以來豪傑並起跨州連郡者不可勝數

百戰奇略《卷一》 一

<서영 28-1> 「琳琅秘室叢書」, 「鷄肋編」, 琳琅秘室咸豊3(1853)년목활자본, 권상 제1엽상엽, 19.3 × 12.6cm.

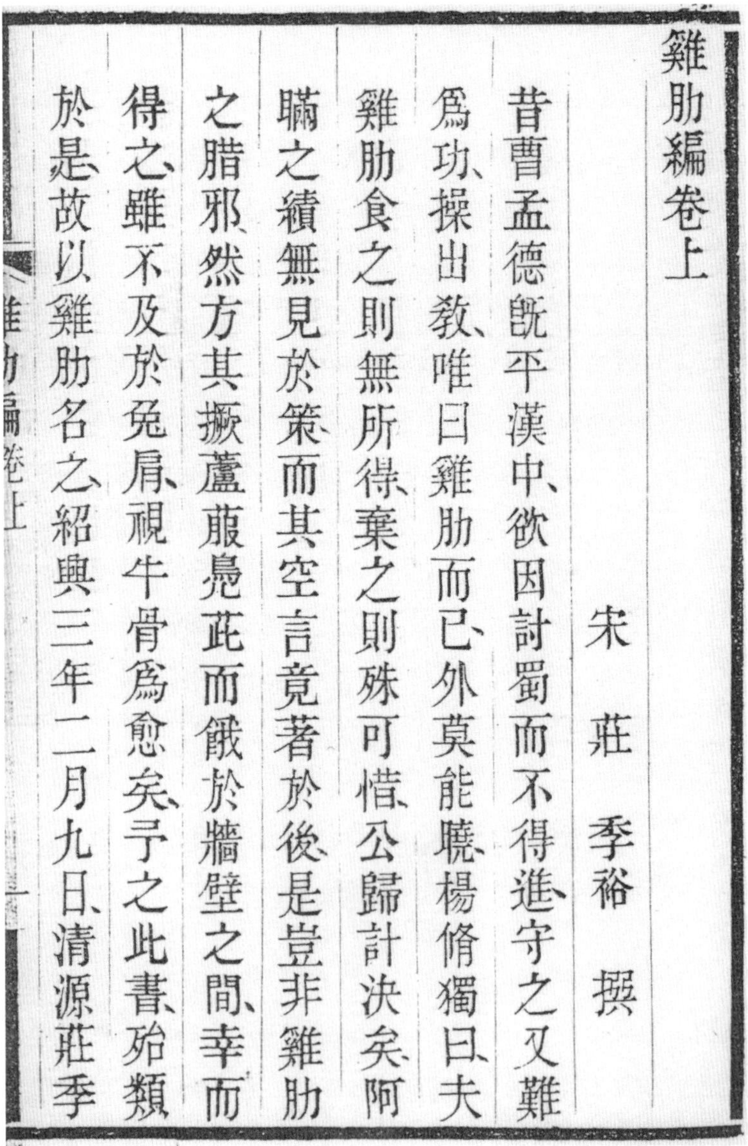

雞肋編卷上

宋 莊 季裕 撰

昔曹孟德旣平漢中、欲因討蜀而不得進、守之又難爲功、操出教、唯曰雞肋而已、外莫能曉、楊脩獨曰、夫雞肋食之則無所得、棄之則殊可惜、公歸計決矣、阿瞞之績無見於策而其空言竟著於後是豈非雞肋之腊邪、然方其擨蘆菔鳧茈而餓於牆壁之間、幸而得之、雖不及於兔肩、視牛骨爲愈矣、予之此書、殆類於是故以雞肋名之紹興三年二月九日、清源莊季

雞肋編卷上

<서영 28-2> 「琳琅秘室叢書」, 「鷄肋編」, 琳琅秘室咸豊3(1853)년목활자본, 권하 제1엽상엽.

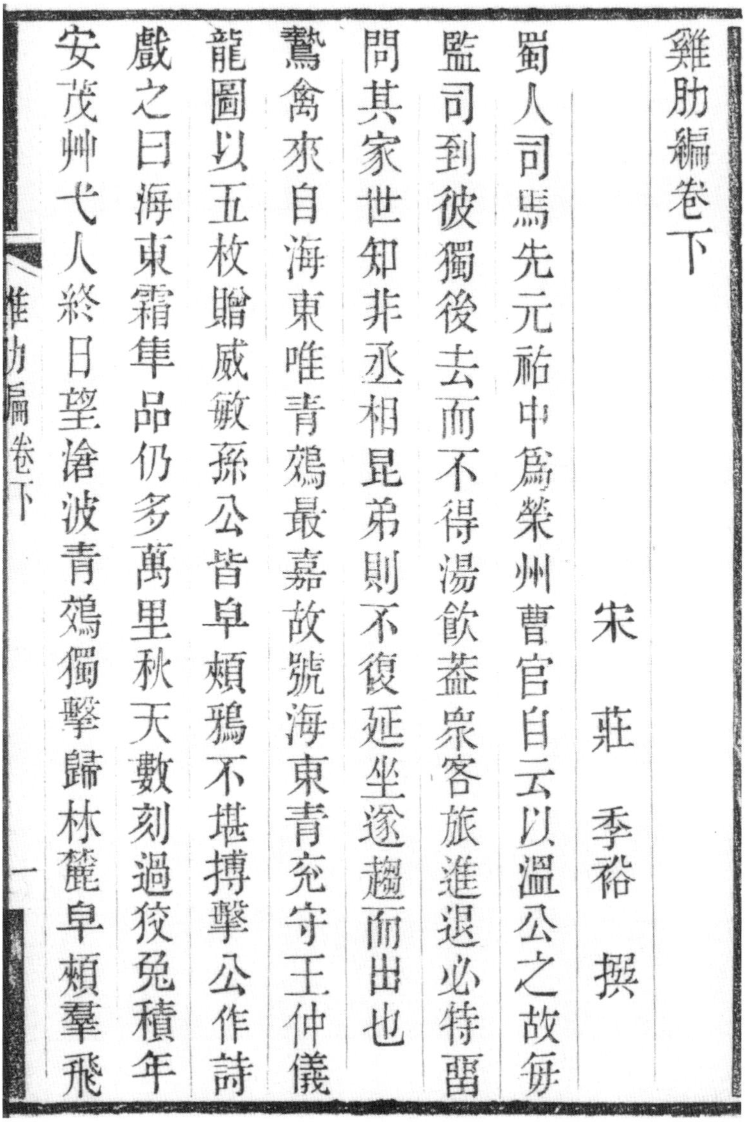

雞肋編卷下

宋 莊 季裕 撰

蜀人司馬先元祐中爲榮州曹官自云以温公之故毎
監司到彼獨後去而不得湯飲蓋衆客旅進退必特留
問其家世知非丞相昆弟則不復延坐遂趨而出也
鷙禽來自海東唯青鶻最嘉故號海東青兗守王仲儀
龍圖以五枚贈威敏孫公皆阜頰鶻不堪搏擊公作詩
戲之曰海東霜隼品仍多萬里秋天數刻過狡兔積年
安茂艸弋人終日望滄波青鶻獨擊歸林麓阜頰羣飛

雞肋編卷下 一

<서영 28-3> 「琳琅秘室叢書」, 「鷄肋編」, 琳琅秘室咸豊3(1853)년목활자본, 권하 제18엽하엽.

十四、檐宇楠榴屋垂梠檽聯櫋橝㡇廡槾梍𢊁舉折名三、陠峻陠峭舉折烏頭門名
三、烏頭大門表楬閥閱今呼為欞星門平基名三、平機平橑平基俗謂之平起以方椽施素版者
謂之平闇鬪八藻井名三、藻井圜泉方井今謂之鉤闌名八、檽檻軒檻櫳梐牢闌
楯柃階檻拒馬叉子名四、梐枑梐柱柜桁馬屏風名四、皇邸後板扆屏風露籬
名五、欏柵據藩落今謂之塗名四、塓墐塗泥階名四、階陛陔墑瓦名二、瓦甍甎
名四、甓瓴甋㲉甗甎又云、史記居千章之萩、注章材也說文栔、注栔櫼也
音至按構屋之法皆以材為祖、祖有八等度屋之大小、因
而用之凡屋之高深名物之長短曲直舉折之勢規矩
繩墨之宜皆以所用材之分以為制度材上加栔者謂

<서영 28-4> 「琳琅秘室叢書」, 「鷄肋編」, 琳琅秘室咸豊3(1853)년목활자본, 권하 제18엽상엽.

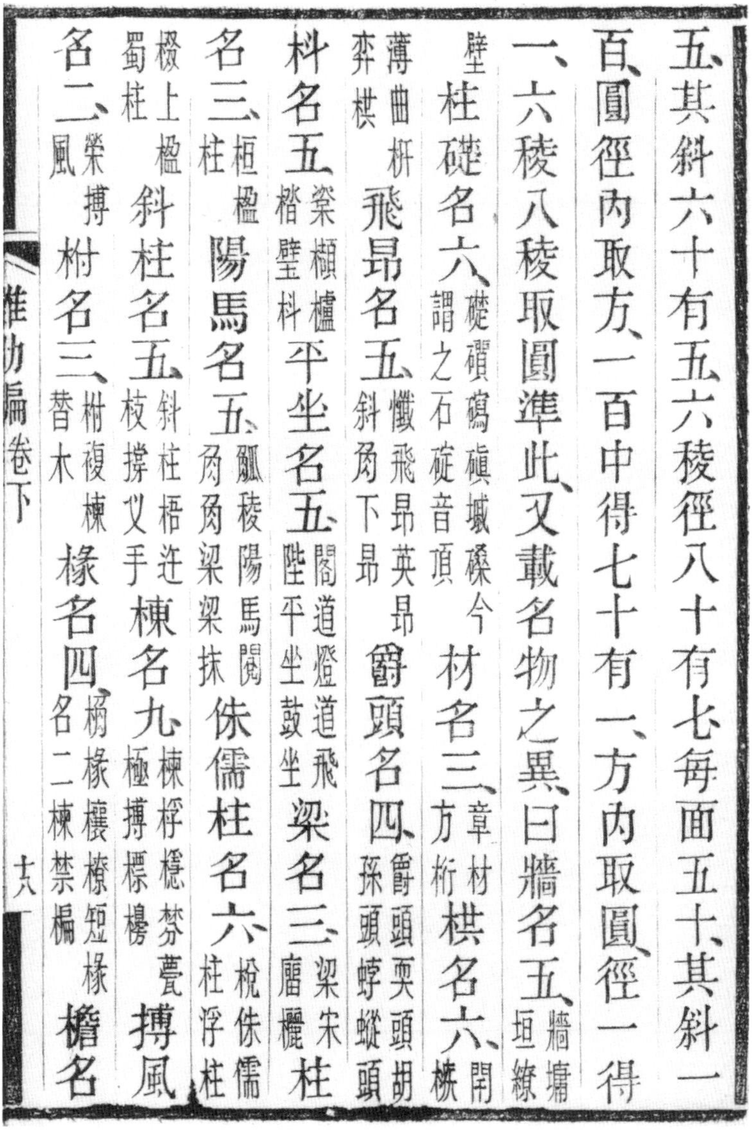

五其斜六十有五六稜徑八十有七每面五十其斜一
百圓徑內取方一百中得七十有一方內取圓徑一得
一六稜八稜取圓準此又載名物之異曰牆名五牆墉垣繚
壁柱礎名六礎礩磶磌墄磉今謂之石碇音頂材名三章材方桁栱名六閈槉
薄曲枅弈栱飛昂名五櫼飛昂英昂斜角下昂爵頭名四爵頭耍頭胡孫頭蜉蜒頭
枓名五楶櫍櫨楷壁枓平坐名五閣道墱道飛陛平坐鼓坐梁名三梁杗廇欐柱
名三桓楹柱陽馬名五觚稜陽馬闕角角梁梁抹侏儒柱名六梲侏儒柱浮柱
棳上楹蜀柱斜柱名五斜柱梧迕枝撐叉手棟名九棟桴穩棼甍極槫檁櫋搏風
名二榮搏風柎名三柎複棟替木椽名四桷椽榱橑短椽名二棟禁楄檐名

雞肋編卷下　十八

<서영 29> 「討粵匪檄」, 咸豊연간(1851-1861)목활자본.

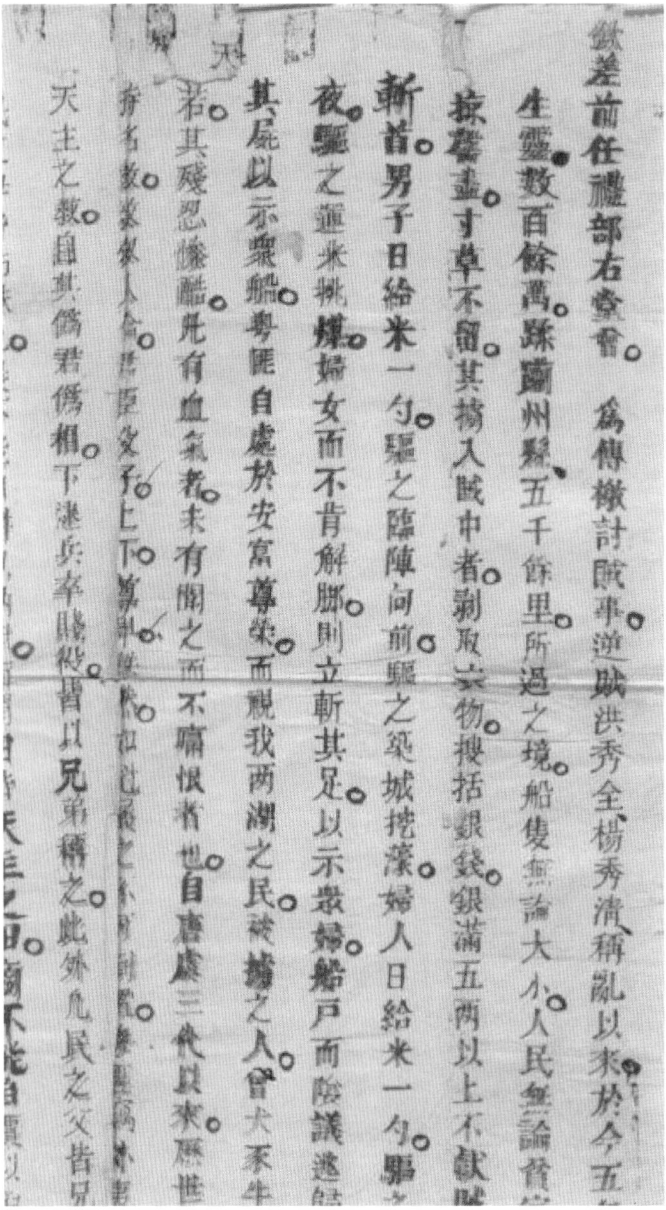
欽差前任禮部右堂曾　為傳檄討賊事逆賊洪秀全楊秀清稱亂以來於今五
生靈數百餘萬蹂躪州縣五千餘里所過之境船隻無論大小人民無論貧
掠罄盡寸草不留其擄入賊中者剝取衣物搜括銀錢銀滿五兩以上不獻賊
斬首男子日給米一合驅之臨陣向前驅之築城挖濠婦人日給米一合驅之
夜驅之運米挑煤婦女而不肯解脚則立斬其足以示衆婦船戶而陰謀逃歸
其屍以示衆船粵匪自處於安富尊榮而視我兩湖之民被擄之人曾犬豕牛
若其殘忍慘酷凡有血氣者未有聞之而不痛恨者也自唐虞三代以來歷世
有名教人倫君臣父子上下尊卑秩然如冠履之不可倒置粵匪竊外夷之緒
天主之教自其偽君偽相下逮兵卒賤役皆以兄弟稱之此外凡民之父皆兄
天王之田商不能自

<서영 30-1> 「趙文肅公文集」, 同治3(1864)년목활자본, 권1 제1엽상엽, 20.7 × 13.5cm.

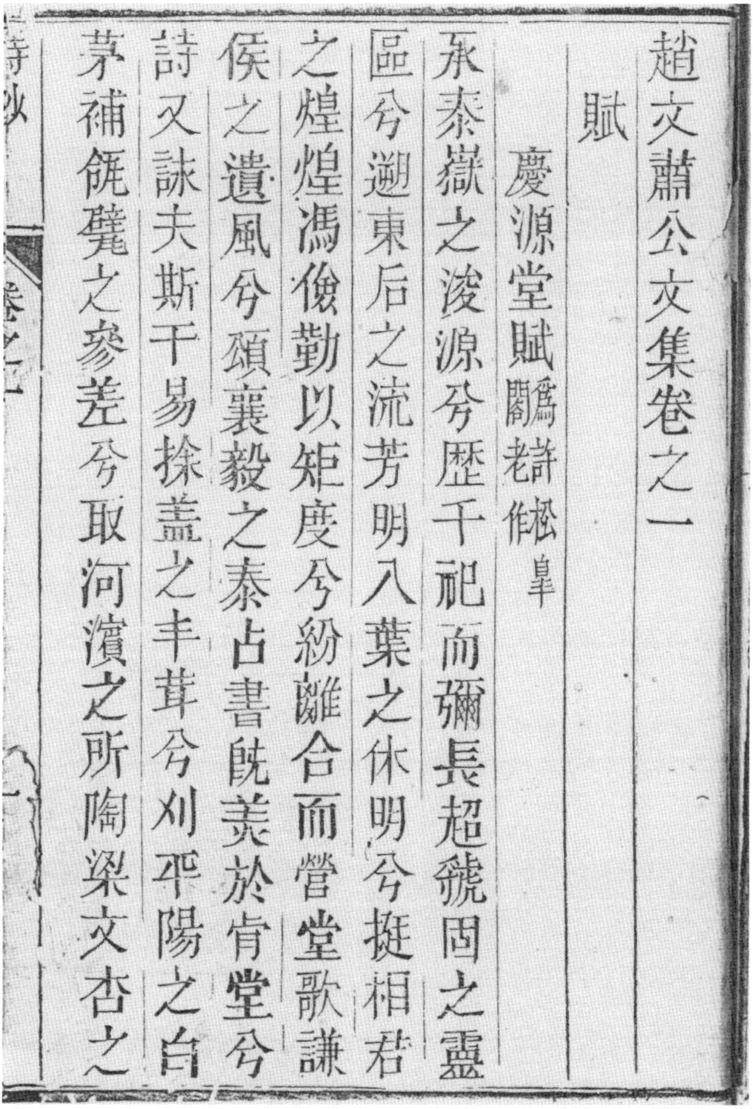

趙文肅公文集卷之一
賦
慶源堂賦 爲許松皐閣老作
承泰嶽之浚源兮歷千祀而彌長超虢固之靈
區兮遡東后之流芳明八葉之休明兮挺相君
之煌煌憑儉勤以矩度兮紛離合而嘗堂歌謙
侯之遺風兮頌襄毅之泰占書旣美於肯堂兮
詩又詠夫斯干易掄蓋之丰茸兮刈平陽之台
茅補僶甓之參差兮取河濱之所陶粱文杏之

<서영 30-2> 「趙文肅公文集」, 同治3(1864)년목활자본, 권2 제25엽하엽.

詩鈔　卷之二　廿五

九日蒹葭水一方懷予送酒渡滄浪鴈啄蘆花
依錦水鷗鄉松子落華廂垂老歸來思避俗囿
田新卜無高築抱得醽樽不即開檢點奇書與
佳菊任達我無元亮真若才十倍江州人暫停
秉燭霎談塵為阻維摩示疾身道人示疾心不
異擊鼓吹螺皆法事三徑那由得就荒九秋雲
物既清光待予蒸取半升鐺中一粒粟與子掇
英醉酒無弦琴上操羲皇頭餘傷秋擁毳逅蹁二旬九日無賓門徑
落莫動謳吟之思因有惠酒之作王君同道黃岡人為御史有名矣已而落去園不徘官而留

<서영 30-3> 「趙文肅公文集」, 同治3(1864)년목활자본, 권2 제32엽하엽.

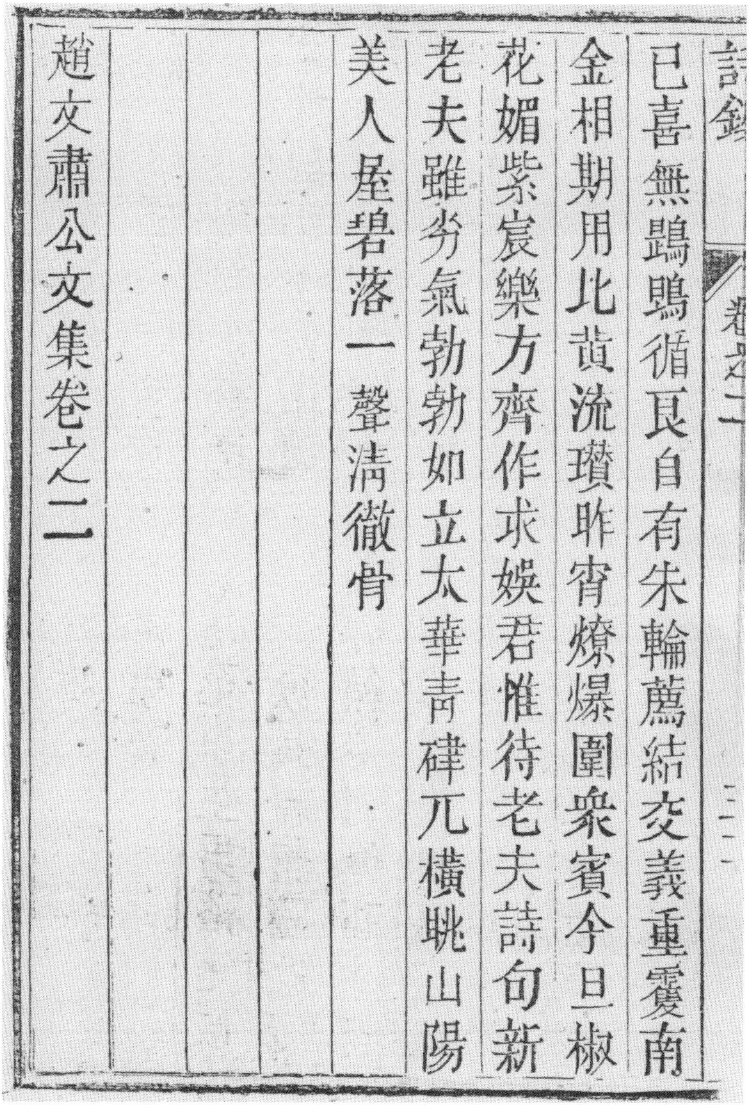
詩錄 卷之二 三二

已喜無鶗鴂循良自有朱輪薦結交義重覆南
金相期用比黃流瓚昨宵燎爆圍衆賓今旦椒
花媚紫宸樂方齊作求娛君惟待老夫詩句新
老夫雖劣氣勃勃如立太華青硉兀橫眺山陽
美人屋碧落一聲清徹骨

趙文肅公文集卷之二

<서영 31-1> 「遲鴻軒所見書畫錄」, 文學山房同治12(1873)년목활자본, 권1 제1엽하엽.

遲鴻軒所見書畫錄 卷一 聚珍板印

乾濕互用風韻蕭然心泉上人藏有墨山水小册八葉尤爲高逸錢陳
羣跋半葉
馮敏昌字伯求號魚山廣東欽州人乾隆戊戌翰林改戶部主事書法二
王善寫松竹蘭卉著河陽金石錄文章心印小羅浮草堂諸集文春闈
直刺藏有大行楷大橫幅何伯瑜處士藏有小行書梓人傳卷近瘞鶴
銘法
馮承輝字承伯號少眉江蘇婁縣人歲貢生工篆刻人物花卉晩年寫梅
號梅花畫隱余外舅張溫和公極推服之著古鐵齋詞鈔印譜印學管
見歷朝印識兩漢碑跋琢玉小志櫻風草堂詩稿韓甪邑比部藏有七
行篆書大幀張子和比部藏有墨梅大卷溫和公題識弟有光字星仲

<서영 31-2> 「遲鴻軒所見書畫錄」, 文學山房同治12(1873)년목활자본 권1 제1엽상엽 18.4 × 12.5cm.

遲鴻軒所見書畫錄卷一
歸安楊 峴庸齋編輯
馮源濟字胎仙順天涿州人馮銓子順治乙未翰林書法南宮畫宗北苑
世篤收藏家㳌快雪堂法帖稱涿榻本清初移石入閩稱建搨後貢內
府有高聖御跋遂稱內搨余藏有綾本行書七律四首立幀欵署子綸
道丈假歸臨別贈言依韻和畬云云吳子復太守藏有青綠仿北苑雲
山立幀屢欲乞歸未允不審何時能再結一重畫緣否
馮景夏字伯陽號樹臣浙江桐鄉人康熙癸未舉人官刑部侍郎山水宗
思白年登大耋尤精小楷上覽其畫定為逸品者少峰觀察藏有壘山
水小卷氣韻精采落筆自矜瑛蘭坡中丞藏有仿思翁雲山亭子便面
遲鴻軒所見書畫錄 卷一 文學山房

<서영 32-1> 「經傳釋詞」, 文學山房목활자본, 권1 제1엽하엽.

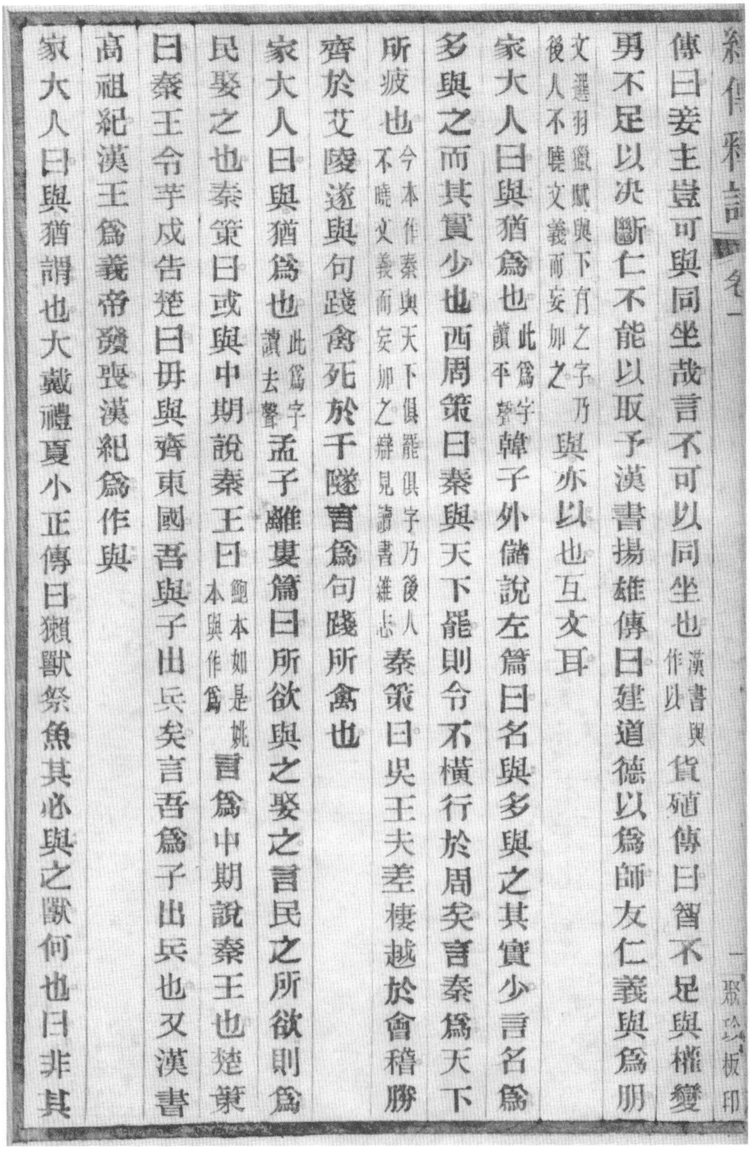
經傳釋詞 卷一 一 聚珍板印

傳曰妾主豈可與同坐哉言不可以同坐也漢書與作以貨殖傳曰智不足與權變
勇不足以決斷仁不能以取予漢書揚雄傳曰建道德以爲師友仁義與爲朋
文選羽獵賦與下有之字乃後人不曉文義而妄加之與亦以也互文耳
家大人曰與猶爲也此爲字讀平聲韓子外儲說左篇曰名與多與之其實少言名爲
多與之而其實少也西周策曰秦與天下罷則令不橫行於周矣言秦爲天下
所疲也今本作秦與天下俱罷俱字乃後人不曉文義而妄加之辯見讀書雜志秦策曰吳王夫差棲越於會稽勝
齊於艾陵遂與句踐禽死於干隧言爲句踐所禽也
家大人曰與猶爲也此爲字讀去聲孟子離婁篇曰所欲與之聚之言民之所欲則爲
民聚之也秦策曰或與中期說秦王曰鮑本如是姚本與作爲言爲中期說秦王也楚策
曰秦王令芊成告楚曰毋與齊東國吾與子出兵矣言吾爲子出兵也又漢書
高祖紀漢王爲義帝發喪漢紀爲作與
家大人曰與猶謂也大戴禮夏小正傳曰獺獸祭魚其必與之獻何也曰非其

<서영 32-2> 「經傳釋詞」, 文學山房목활자본, 권1 제1엽상엽, 22.1 × 14.2cm.

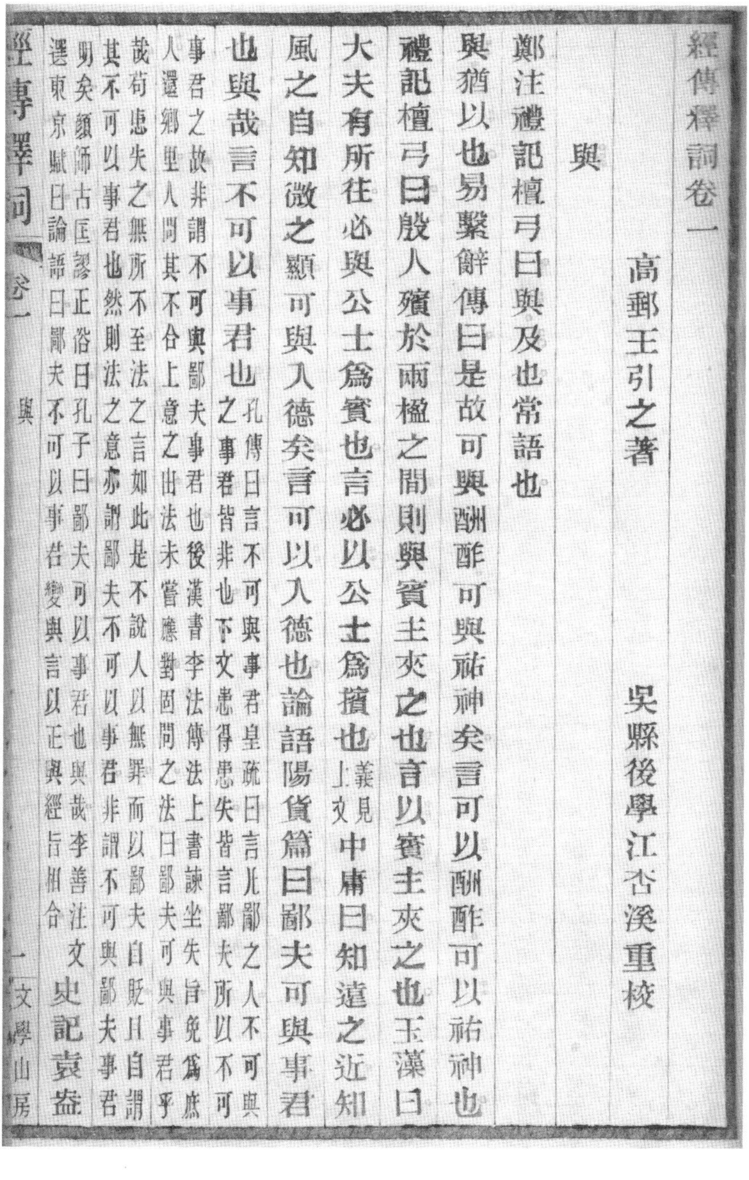

經傳釋詞卷一

高郵王引之著　吳縣後學江杏溪重校

與

鄭注禮記檀弓曰與及也常語也

與猶以也易繫辭傳曰是故可與酬酢可與祐神矣言可以酬酢可以祐神也

禮記檀弓曰殷人殯於兩楹之間則與賓主夾之也言以賓主夾之也玉藻曰

大夫有所往必與公士爲賓也言必以公士爲擯也（義見上文）中庸曰知遠之近知

風之自知微之顯可與入德矣言可以入德也論語陽貨篇曰鄙夫可與事君

也與哉言不可以事君也（孔傳曰言不可與事君皇疏曰言凡鄙之人不可與之事君皆非也下文患得患失皆言鄙夫所以不可事君之故非謂不可與鄙夫事君也後漢書李法傳法上書諫坐失旨免爲庶人還鄉里人問其不合上意之由法未嘗應對固問之法曰鄙夫可與事君乎哉苟患失之無所不至法之言如此是不說人以無畏而以鄙夫自貶且自謂其不可以事君也然則法之意亦謂鄙夫不可以事君非謂不可與鄙夫事君明矣顏師古匡謬正俗曰孔子曰鄙夫可以事君也與哉李善注文選東京賦曰論語曰鄙夫不可以事君變與言以正與經旨相合）史記袁盎

經傳釋詞　卷一　與　一　文學山房

<서영 33> 「化學指南」, 同文館同治12(1873)년기계식鉛활자본, 권1 제10엽상엽, 21.6 × 13.7cm.

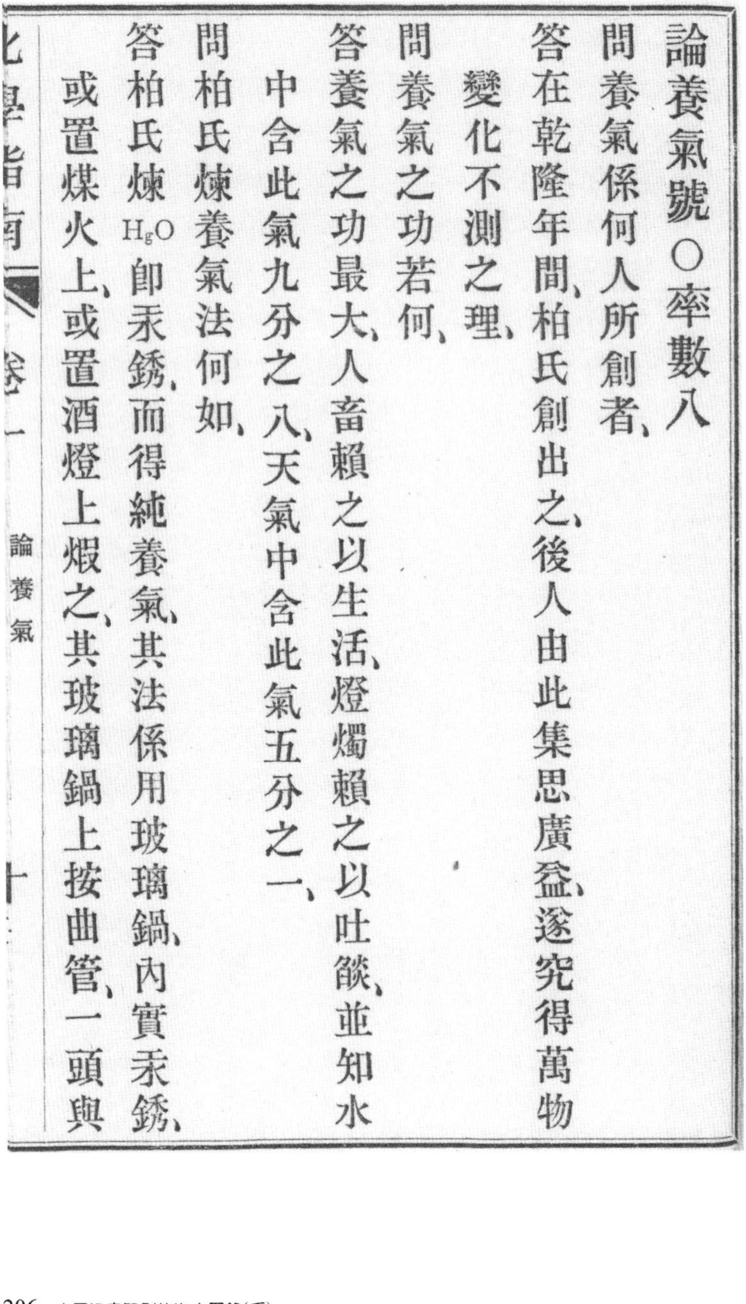

論養氣號○率數八

問養氣係何人所創者、

答在乾隆年間、柏氏創出之、後人由此集思廣益、遂究得萬物
變化不測之理、

問養氣之功若何、

答養氣之功最大、人畜賴之以生活、燈燭賴之以吐燄、並知水
中含此氣九分之八、天氣中含此氣五分之一、

問柏氏煉養氣法何如、

答柏氏煉 HgO 即汞銹、而得純養氣、其法係用玻璃鍋、內實汞銹、
或置煤火上、或置酒燈上煆之、其玻璃鍋上按曲管、一頭與

化學指南 卷一 論養氣 十

<서영 34> 「資治通鑑紀事本末」, 朝宗書屋咸豊(1851-1861)・同治연간(1862-1874)목활자본, 권23 제9엽상엽.

諸曹又其爲薦興奏以爲可試守京兆尹石顯聞知白之上乃
下興捐之獄令顯治之奏興捐之懷詐僞更相薦譽欲得大位
罔上不道捐之竟坐棄市興髡鉗爲城旦
臣光曰君子以正攻邪猶懼不克況捐之以邪攻邪其能免乎
四年夏六月戊寅晦日有食之上於是召諸前言日變在周堪
張猛者責問皆稽首謝因下詔稱堪之美徵詣行在所拜爲光
祿大夫秩中二千石領尚書事猛復爲太中大夫給事中中書
令石顯筦尚書尚書五人皆其黨也堪希得見嘗因顯白事事
決顯口會堪疾瘖不能言而卒顯誣譖猛令自殺於公車

通鑑紀事本末卷二十三　九　朝宗書室

<서영 35> 「陶淵明集」, 4색투인목활자본, 권1 제1엽상엽, 16.7 × 13.7cm.

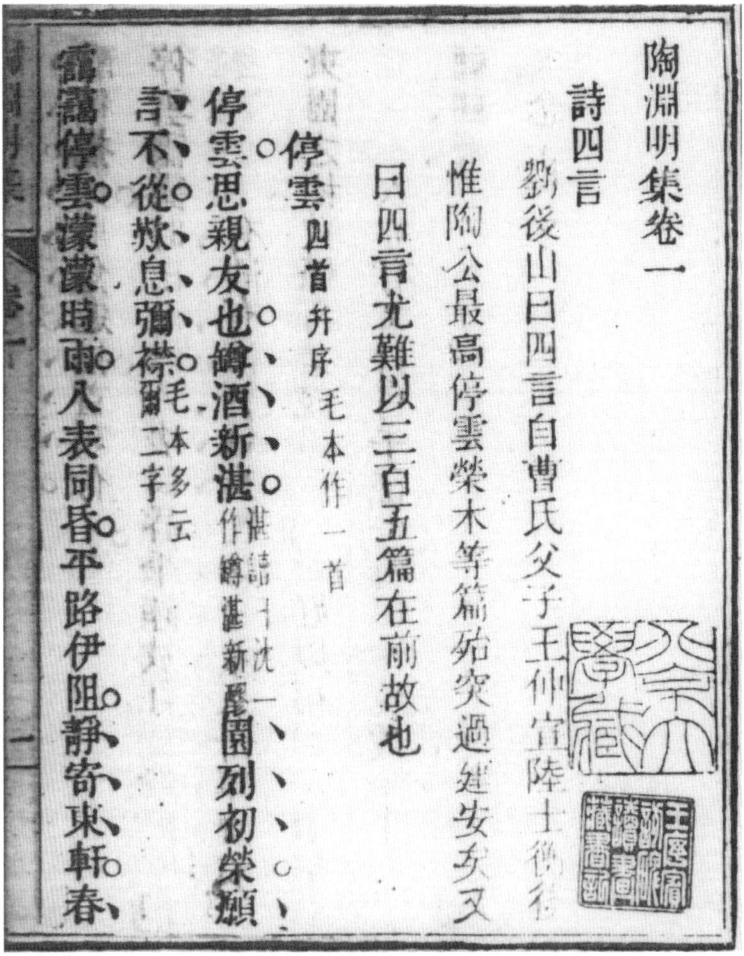

陶淵明集卷一

詩四言

劉後山曰四言自曹氏父子王仲宣陸士衡

惟陶公最高停雲榮木等篇殆突過建安矣又

曰四言尤難以三百五篇在前故也

停雲 四首 幷序 毛本作一首

停雲思親友也罇酒新湛 湛諸本作沈一作罇湛新醪 園列初榮願

言不從歎息彌襟 毛本多云爾二字

靄靄停雲濛濛時雨八表同昏平路伊阻靜寄東軒春

<서영 36> 「蟠室老人文集」, 葛帀棠光緒6(1880)년목활자본, 23.4 × 14.5cm.

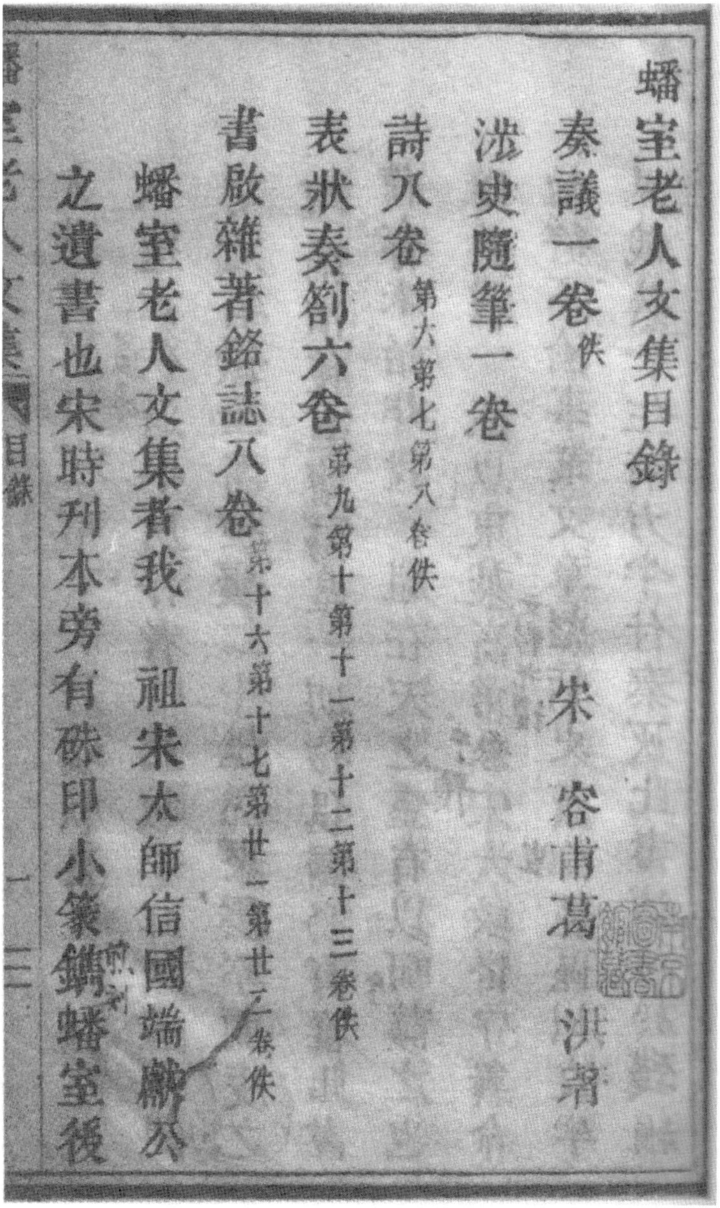

蟠室老人文集目錄

奏議一卷佚　宋　容甫葛　洪著

涉史隨筆一卷

詩八卷第六第七第八卷佚

表狀奏劄六卷第九第十第十一第十二第十三卷佚

書啟雜著銘誌八卷第十六第十七第廿一第廿二卷佚

蟠室老人文集著我　祖宋太師信國端獻公

之遺書也宋時刊本旁有硃印小篆鐫蟠室後

蟠室老人文集　目錄　一　二

<서영 37-1> 「火器略說」, 弢園光緒7(1881)년기계식鉛활자본, 序 제2엽하엽.

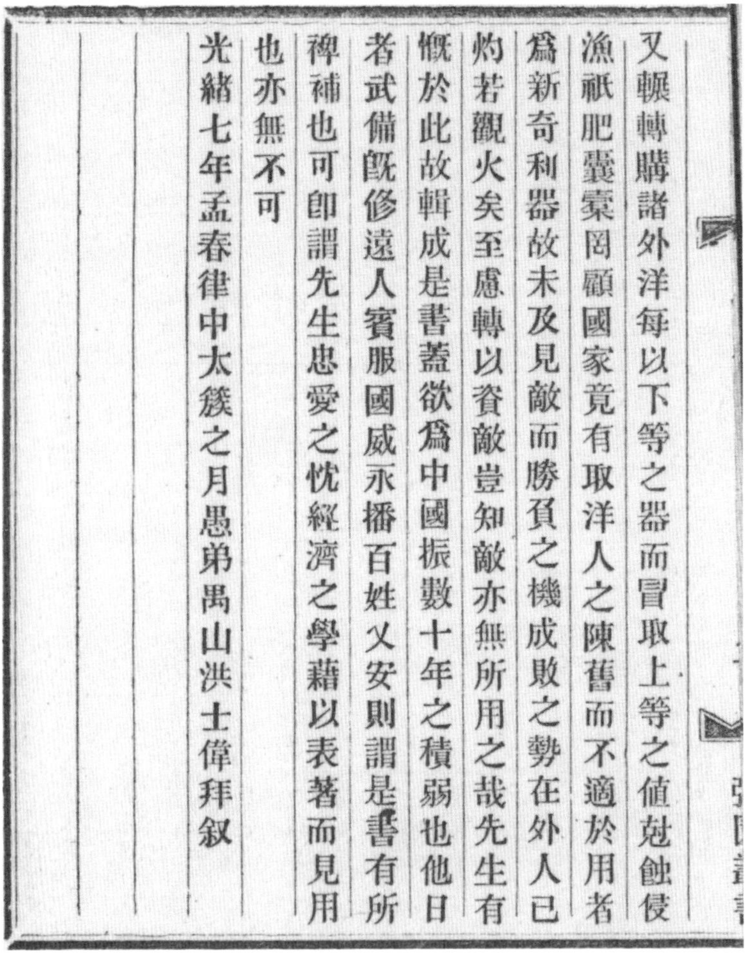
又輾轉購諸外洋每以下等之器而冒取上等之値尅蝕侵
漁祇肥囊橐罔顧國家竟有取洋人之陳舊而不適於用者
爲新奇利器故未及見敵而勝負之機成敗之勢在外人已
灼若觀火矣至慮轉以資敵豈知敵亦無所用之哉先生有
慨於此故輯成是書蓋欲爲中國振數十年之積弱也他日
者武備旣修遠人賓服國威永播百姓乂安則謂是書有所
禆補也可卽謂先生忠愛之忱經濟之學藉以表著而見用
也亦無不可
光緒七年孟春律中太簇之月愚弟禺山洪士偉拜叙

<서영 37-2> 「火器略說」, 弢園光緖7(1881)년기계식鉛활자본, 제1엽상엽, 12.7 × 9.6cm.

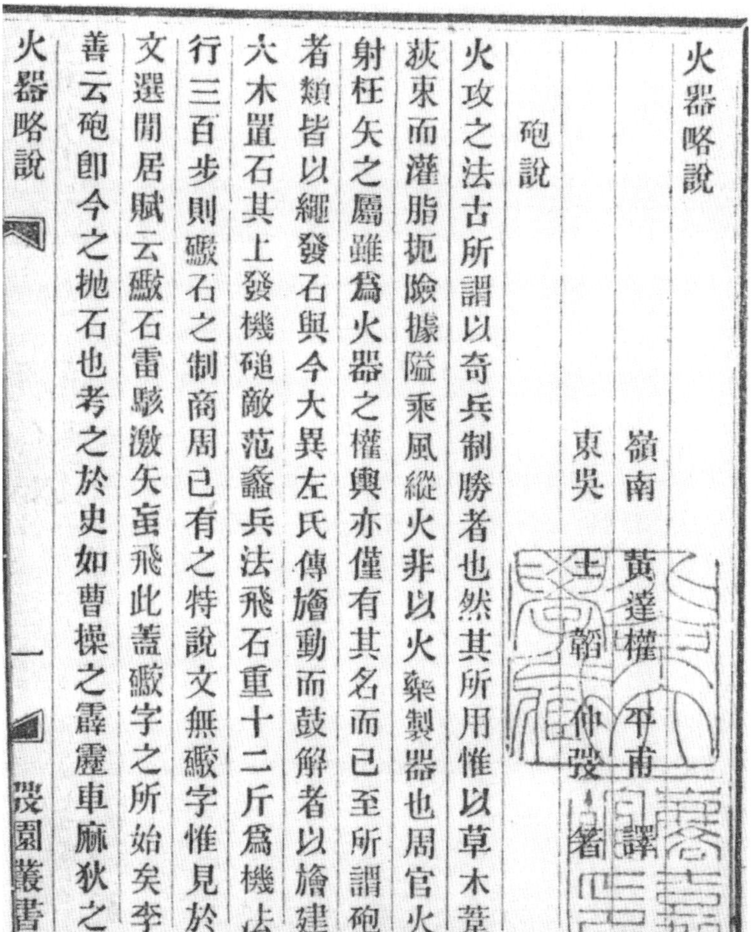

火器略說

嶺南 黃達權平甫譯

東吳 王韜仲弢著

砲說

火攻之法古所謂以奇兵制勝者也然其所用惟以草木葦荻束而灌脂抛險據隘乘風縱火非以火藥製器也周官火射枉矢之屬雖爲火器之權輿亦僅有其名而已至所謂砲者類皆以繩發石與今大異左氏傳旝動而鼓解者以旝建大木置石其上發機以追敵范蠡兵法飛石重十二斤爲機法行三百步則礮石之制商周已有之特說文無礮字惟見於文選閒居賦云礮石雷駭激矢蝱飛此蓋礮字之所始矣李善云砲卽今之抛石也考之於史如曹操之霹靂車麻狄之

火器略說 一 弢園叢書

<서영 38-1> 「容甫先生遺詩」, 述古齋光緖11(1885)년목활자본, 권1 제1엽상엽, 19.5 × 11.9cm.

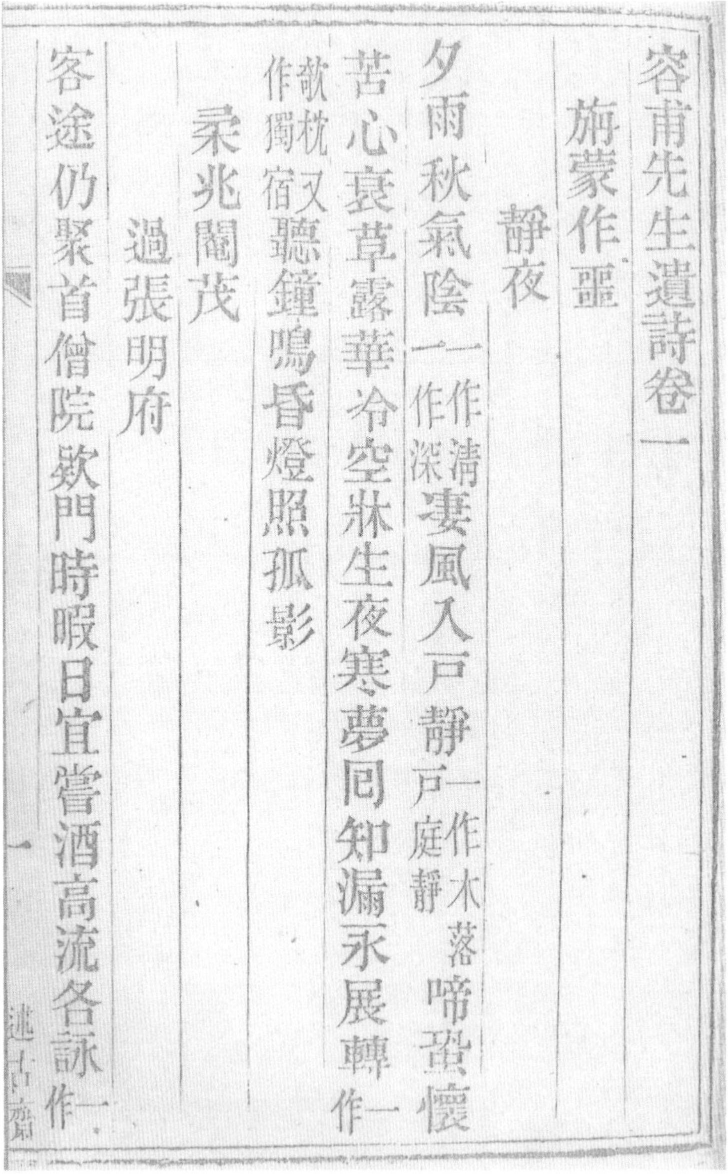
容甫先生遺詩卷一

旃蒙作噩

靜夜

夕雨秋氣陰一作清一作深淒風入戶靜一作木落戶庭靜啼蛩懷
苦心哀草露華冷空牀生夜寒夢同知漏永展轉一作
欹枕又作獨宿聽鐘鳴昏燈照孤影

彔兆閹茂

過張明府

客途仍聚首僧院款門時暇日宜嘗酒高流各詠一作

一

述古齋

<서영 38-2> 「容甫先生遺詩」, 述古齋光緖11(1885)년목활자본, 권5 제1엽상엽.

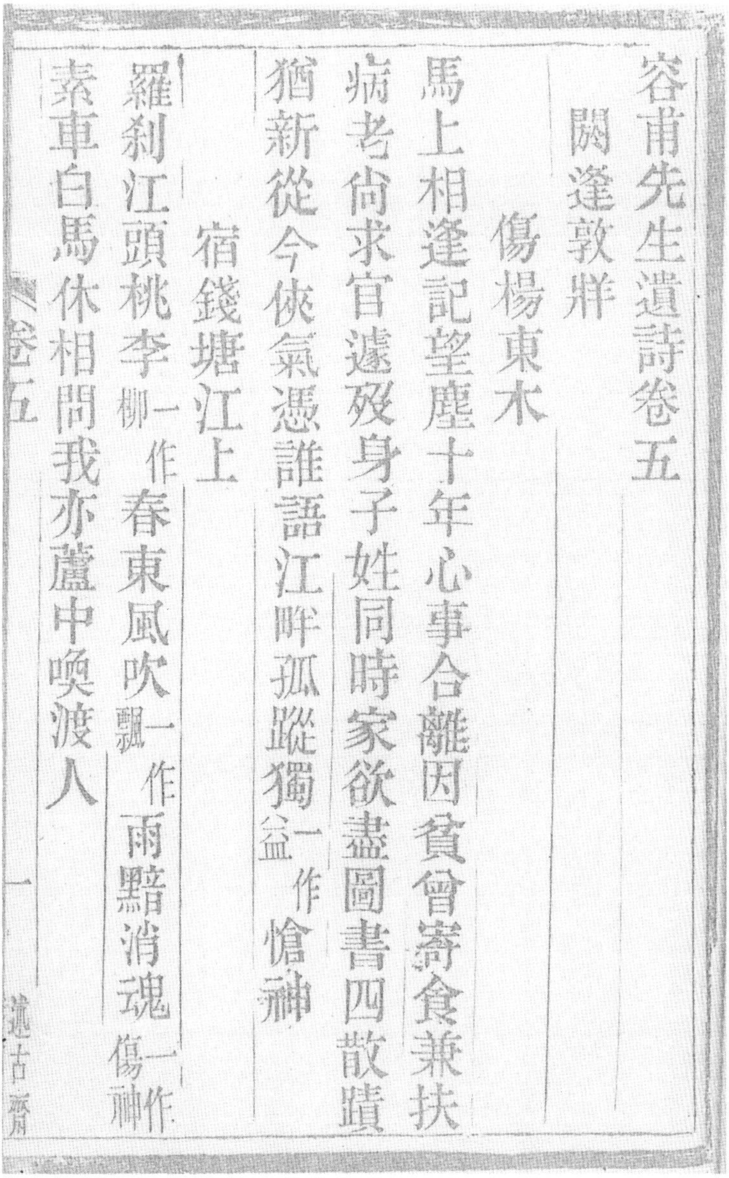

容甫先生遺詩卷五

閼逢敦牂

傷楊東木

馬上相逢記望塵十年心事合離因貧曾寄食兼扶病老尚求官遽歿身子姓同時家欲盡圖書四散蹟猶新從今俠氣憑誰語江畔孤蹤獨(一作益)愴神

宿錢塘江上

羅剎江頭桃李(一作柳)春東風吹(一作飄)雨黯消魂(一作傷神)素車白馬休相問我亦蘆中喚渡人

卷五　一　述古齋

<서영 39-1> 「山西省屯留縣應徵光緒十貳年銀總數民欠未完散數徵信册」, 戸部光緒12(1886)년목활자·목판투인본. 제1엽상엽.

山西省屯留縣應徵光緒拾貳年銀總數民欠未完散
數徵信册
應徵銀總數
光緒拾貳年額徵地丁等項銀貳萬玖千壹百叁拾
肆兩貳錢貳分壹釐
貳拾玖兩捌錢貳分捌釐肆毫肆絲實該徵銀貳萬
捌千玖百肆兩叁錢玖分貳釐伍毫陸絲自光緒拾
貳年貳月初壹日開徵起截至拾叁年叁月底截數
止除已完銀貳萬捌千柒百貳拾玖兩柒錢捌分肆
釐玖毫陸絲無庸開列花戸姓名完納細數外實在

<서영 39-2> 「山西省屯留縣應徵光緒十貳年銀總數民欠未完散數徵信册」, 戶部光緒12(1886)년목활자・목판투인본. 제17엽하엽.

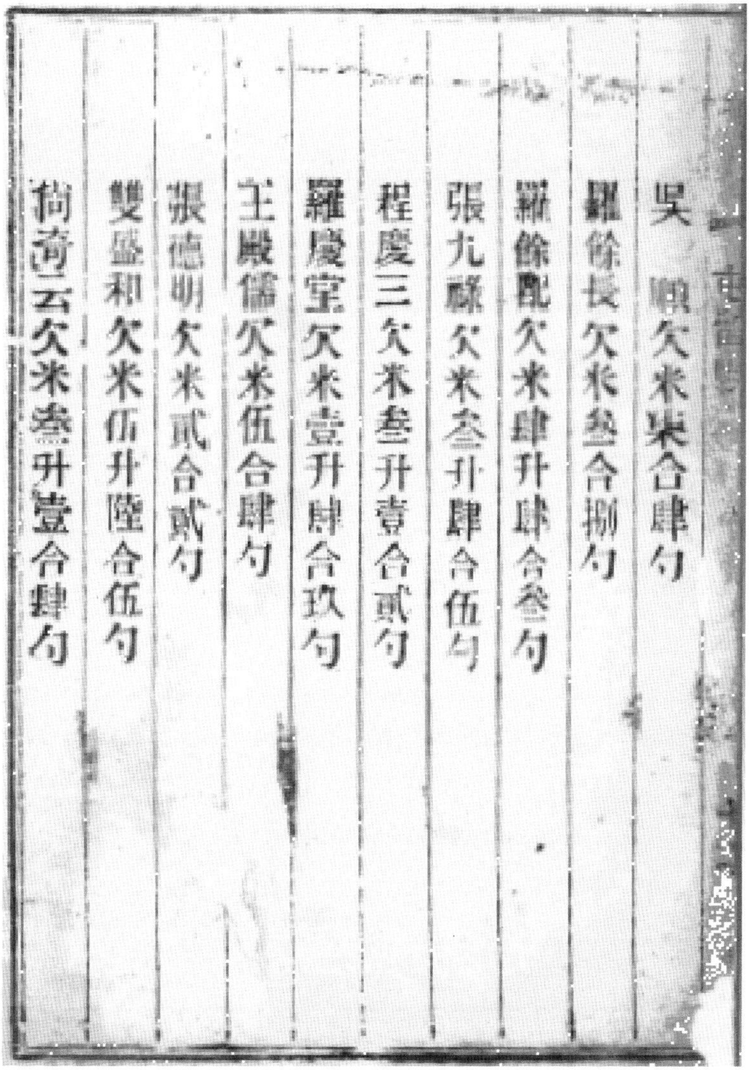

吳興欠米柒合肆勺
羅餘長欠米叁合捌勺
羅餘配欠米肆升肆合叁勺
張九疇欠米叁升肆合伍勺
程慶三欠米叁升壹合貳勺
羅慶宣欠米壹升肆合玖勺
王殿儒欠米伍合肆勺
張德明欠米貳合貳勺
雙盛和欠米伍升陸合伍勺
樹奇云欠米叁升壹合肆勺

<서영 40-1> 「盤洲文集」, 光緖27(1901)년목활자본, 권1 제1엽상엽, 19.6 × 13.1cm.

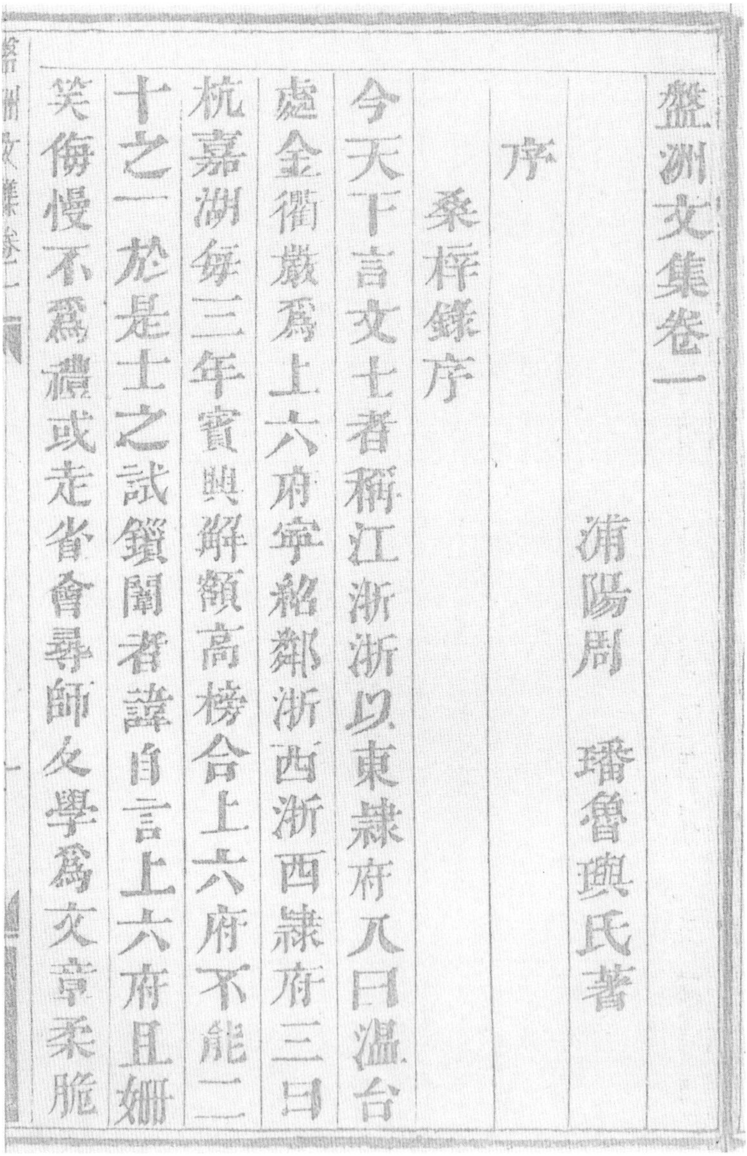

盤洲文集卷一

浦陽周　璠魯璵氏著

序

桑梓錄序

今天下言文士者稱江浙浙以東隸府八曰溫台處金衢嚴爲上六府寧紹鄰浙西浙西隸府三曰杭嘉湖每三年賓興解額高榜合上六府不能二十之一於是士之試鎻闈者諱自言上六府且姍笑侮慢不爲禮或走省會尋師久學爲文章柔脆

盤洲文集卷一

<서영 40-2> 「盤洲文集」, 光緒27(1901)년목활자본, 권2 제1엽상엽.

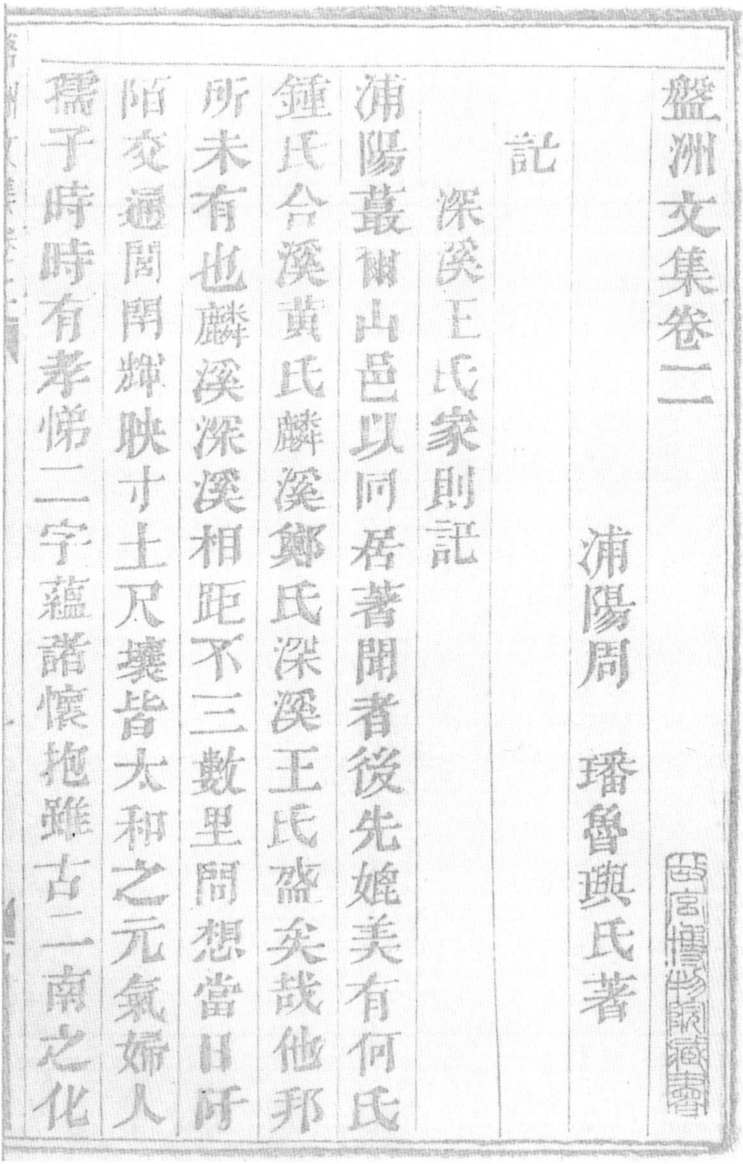

盤洲文集卷二

浦陽周 璠魯璵氏著

記

深溪王氏家則記

浦陽蕞爾山邑以同居著聞者後先媲美有何氏
鍾氏合溪黃氏麟溪鄭氏深溪王氏盛矣哉他邦
所未有也麟溪深溪相距不三數里間想當日阡
陌交通閭閈粦眣寸土尺壤皆太和之元氣婦人
孺子府時有孝悌二字蘊諸懷抱雖古二南之化

<서영 41> 「乙巳東瀛游記」, 周錫璋光緒31(1905)년기계식鉛활자본, 제1엽상엽, 16.9 × 11.0cm.

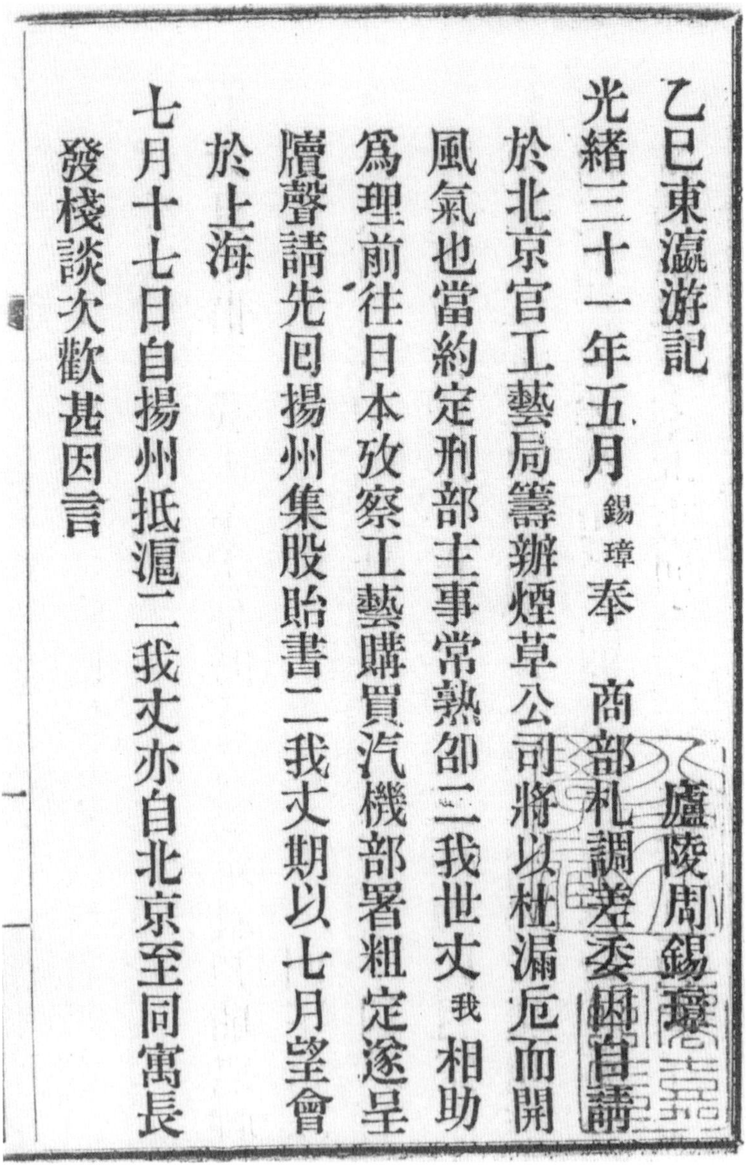

乙巳東瀛游記　　　廬陵周錫璋
光緒三十一年五月錫璋奉　商部札調差委[illegible]自請
於北京官工藝局籌辦煙草公司將以杜漏卮而開
風氣也當約定刑部主事常熟卲二我世丈我相助
爲理前往日本攷察工藝購買汽機部署粗定遂呈
牘聲請先回揚州集股貽書二我丈期以七月望會
於上海
七月十七日自揚州抵滬二我丈亦自北京至同寓長
發棧談次歡甚因言

<서영 42> 「劉氏續修族譜」, 彭城堂光緒33(1907)년목활자·목판朱墨투인본, 권수 제8엽상엽, 22.8 × 15.7cm.

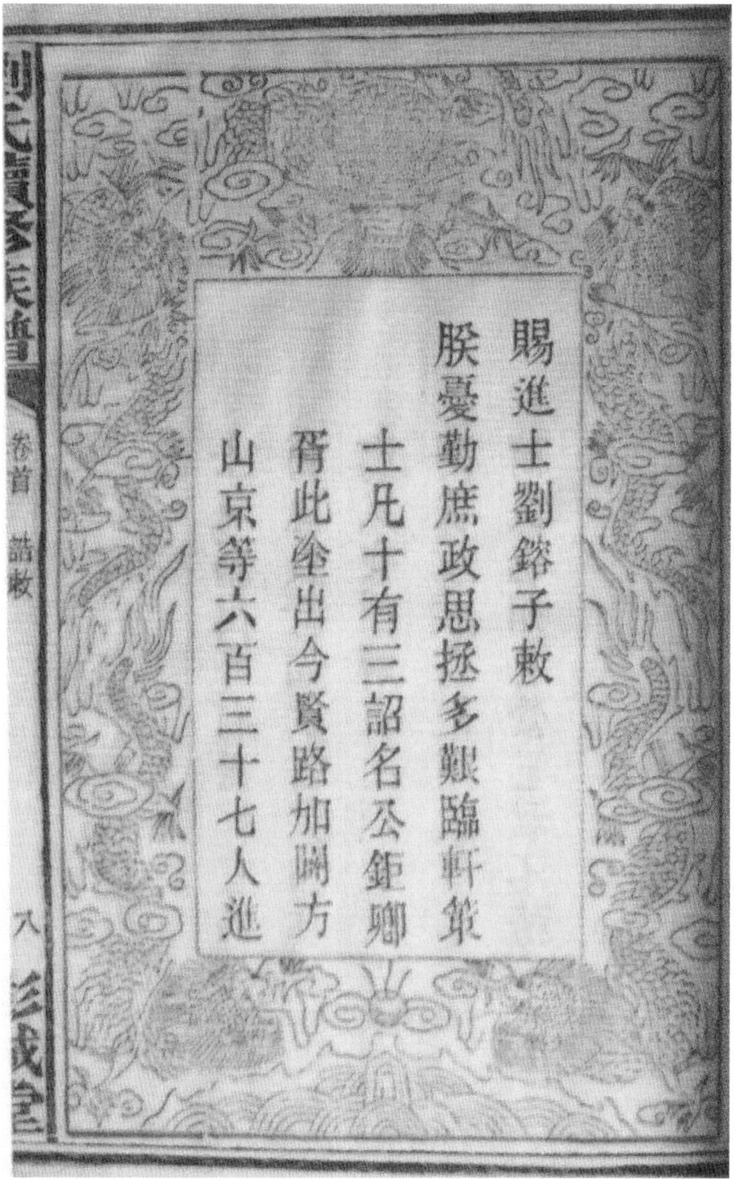
賜進士劉鎔子敕
朕憂勤庶政思拯多艱臨軒策
士凡十有三詔名公鉅卿
胥此坐出今賢路加闢方
山京等六百三十七人進

<서영 43-1> 「皇極會歸寶懺」, 王卓堂光緒33(1907)년활자본, 권5 제20엽하엽.

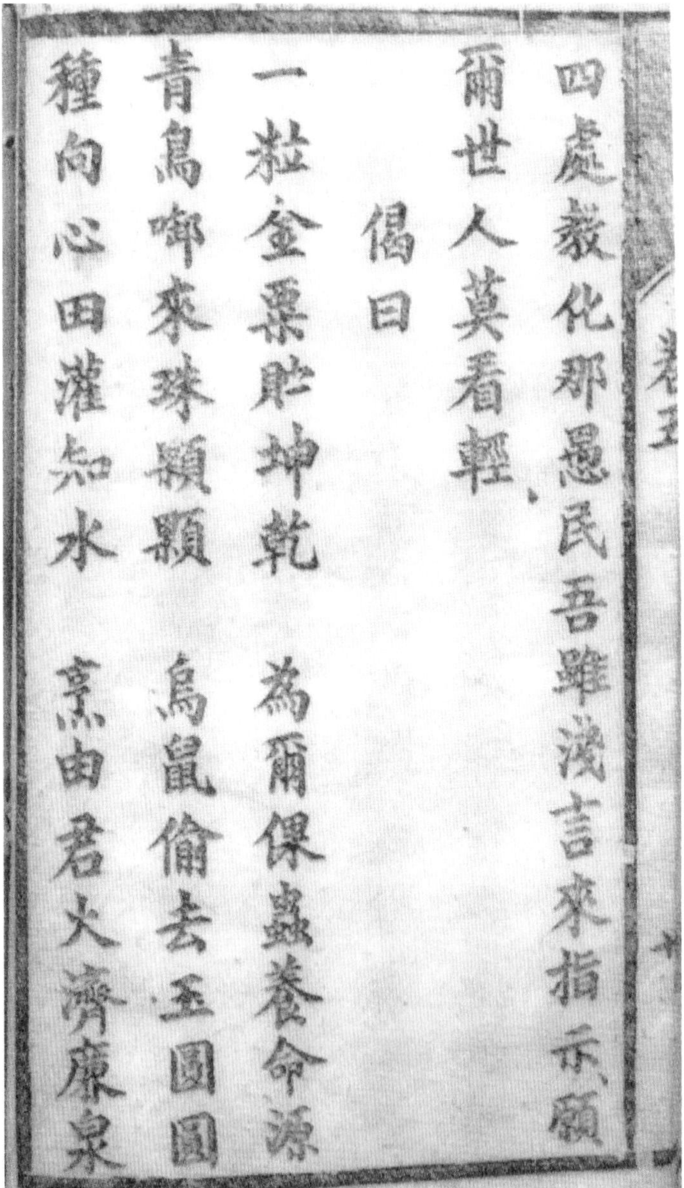
四處教化那愚民吾雖淺言來指示、願
爾世人莫看輕、
偈曰
一粒金粟貯坤乾　為爾倮蟲養命源
青鳥啣來珠顆顆　烏鼠偷去玉圓圓
種向心田灌知水　烹由君火濟康泉

<서영 43-2「皇極會歸寶懺」, 王卓堂光緒33(1907)년활자본, 권5 제21엽상엽, 19.7 × 12.1cm.

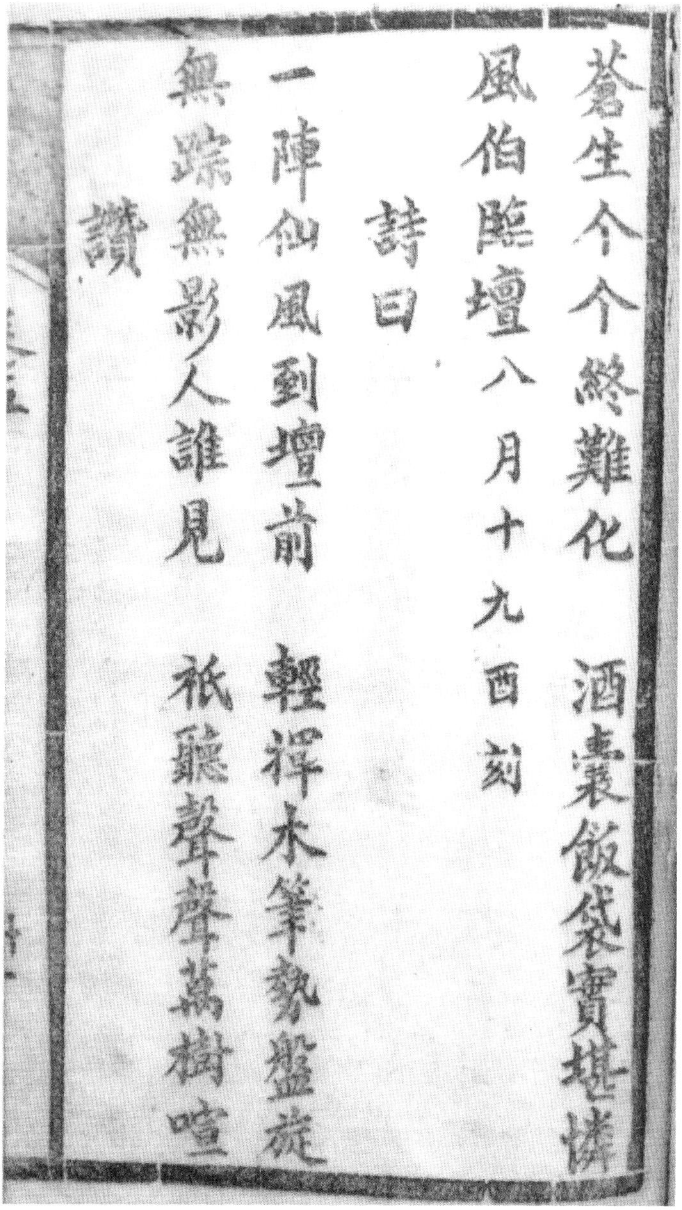

蒼生个个終難化　酒囊飯袋實堪憐
風伯臨壇八月十九酉刻
詩曰
一陣仙風到壇前　輕揮木筆勢盤旋
無踪無影人誰見　祇聽聲聲萬樹喧
讚

<서영 44-1> 「幣制說帖及簡明總要並度支部說帖各督撫議制摺奏及節畧」, 光緒34(1908)년 鉛활자본, 제1엽상엽, 20.7 × 14.0cm.

大學士張　協辦大學士鹿　尚書袁　幣制說帖
竊維圜法者一國自主之權不必徇人而屈已權量者百代相承之制要在因習以宜民
中國用銀向以兩計相沿已數千年雖各地輕重不同而兩之名卒莫能易其自國庫之
出入以逮官司之徵解閭閻之完納固無不準兩計數即市廛之往來交易合全國計之
亦係用兩之處較多於用元用元者僅商民之自相授受而用兩者則官民皆一律通行
此關夫國制不可廢者一也各國貨幣概不相襲我果畫一幣制自能中外信用何必效
人且墨國近已另鑄新幣矣我棄自有之權曲徇他國已廢之制不亦傎乎此關夫主權
不可廢者二也至於民間日用沿習既久觀念自深東南各省雖用墨元然多行於商埠
非遍及於內地且往往按兩折合而其漲落之値亦悉以兩爲準所謂元其名而兩其實
西北各省大都用銀計兩一旦改制愚者駭愕生事必多此關夫民俗不可廢者三也以
兩之不可輕廢如此今議鑄新幣乃欲規倣墨元致與中國數千年習用之兩參差而不
相應其爲不便無俟繁稱請略陳其大者夫徵之於民曰田賦州縣魚鱗册籍已細如牛
毛若再加折合細者愈細其奇零之數積少成多棄之將病國增之實病民其不便一也
徵之於商曰釐稅司事者向以展轉折合爲利今再增一展轉即再增一弊端其不便二
也民間契約轇轕實多孰減孰增錙銖必校愚民智識易惑難曉小者口舌大者爭訟皆
勢所必至其不便三也至於外債償款向皆締有專條今改幣制必改約款彼計利素精

<서영 44-2> 「幣制說帖及簡明總要並度支部說帖各督撫議制摺奏及節署」, 光緒34(1908)년鉛활자본, 제26엽하엽.

收浙江巡撫致軍機處請代　奏電 光緒三十四年正月十九日
上年十一月二十七十二月初三兩日先後欽奉電
旨飭議幣制等因當經調查浙境商埠情形及參證各商會條議謹縷晰陳之東南商務盛於
西北墨銀流入習用久慣似以七二鑄銀一圓爲便其補助幣則十角爲一銀圓十銅圓
爲一銀角十制錢爲一銅圓如此方爲畫一定制各國金銀幣均參銅質如日本金幣純
九百分參一百分銀幣純八百分參二百分無十成足色者幣制沿革向時多用秤量近
時多用計數中國尚用秤量而非計數兩爲衡法枚爲圓法既鑄銀幣宜以圓計勿以兩
計貨幣取便商民商貨出入什倍國課商民稱便利國可知中國名雖用銀實則用銅官
中丁糧固以兩計民間投納向仍折錢浙省則凡輸之於官者在商民皆必先以七二銀
圓折合徒以兩計而不計枚課款繞算之迂折銀價漲落之把持種種弊竇從此而生竊
維同是折合計枚簡於計兩果能畫一定制暢行無阻洋稅賠款照此折合似無不便又
國幣輕重關於民間生活程度之高下幣重用侈幣輕用儉確有實驗若謂龍圓等於墨
銀慮其浸灌然幣制既定同係銀圓無優劣漲落之可言正相抵制故俄盧布日銀圓及
歐洲各國殖民地幣制其重率圓徑皆與墨銀略等無嫌沿襲亦可取證總之就浙省情
形而論以用七二銀圓計枚便臣馮汝騤謹
奏請代

<서영 45> 「佛說高王觀世音經」, 光緖연간목활자본, 제27엽하엽, 20.0 × 13.0cm.

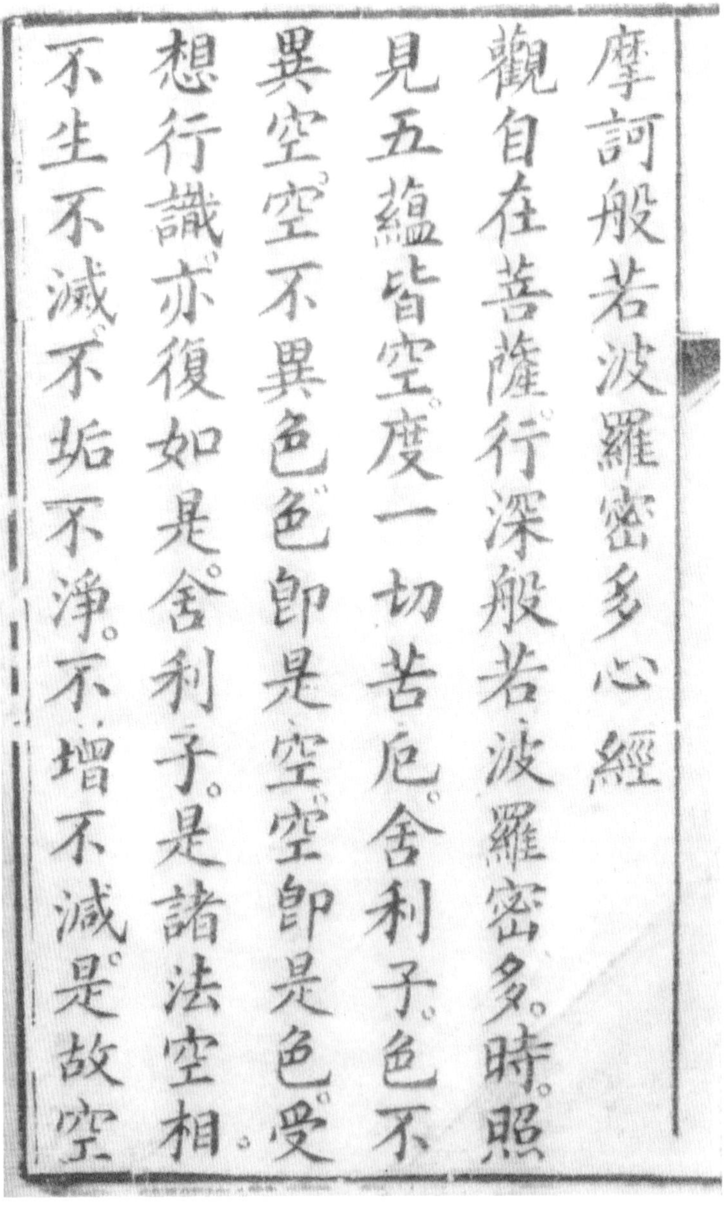
摩訶般若波羅密多心經
觀自在菩薩行深般若波羅密多時照
見五蘊皆空度一切苦厄舍利子色不
異空空不異色色卽是空空卽是色受
想行識亦復如是舍利子是諸法空相
不生不滅不垢不淨不增不減是故空

<서영 46> 「圍棋譜」, 光緖연간(1875-1908)목활자・목판투인본.

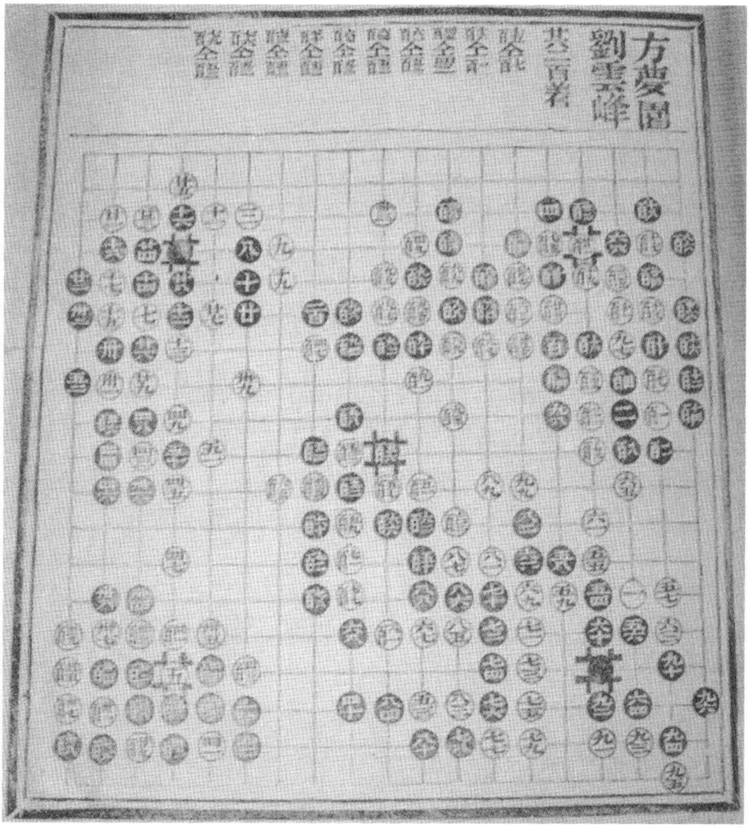

<서영 47> 「二十七年皖局朱道稟裁煤費稿」, 光緖연간(1875-1908)목활자본.

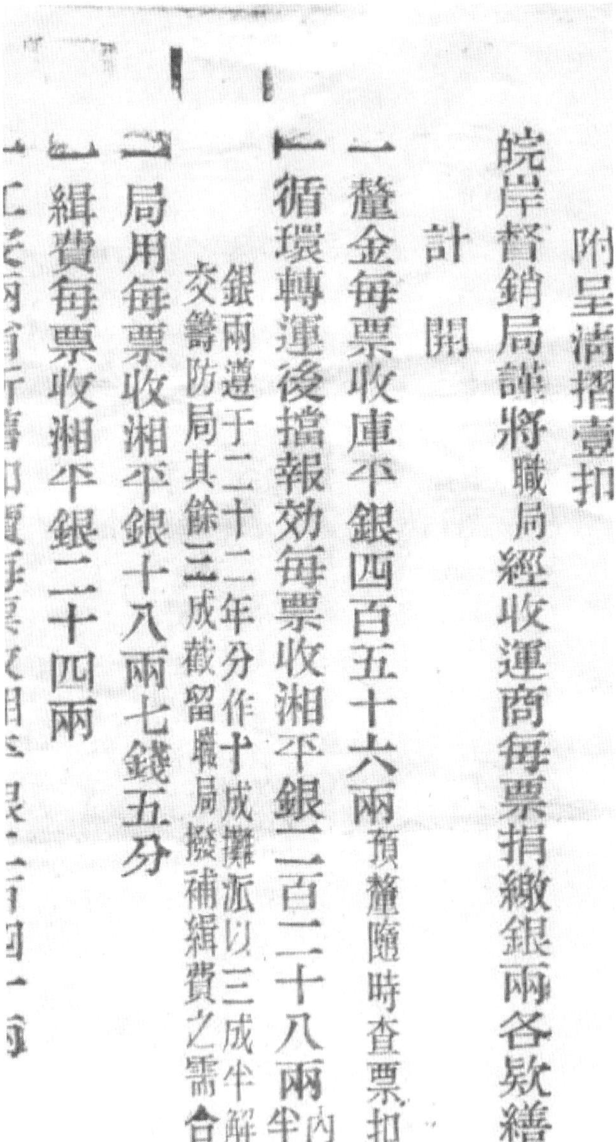
附呈清摺壹扣

皖岸督銷局謹將職局經收運商每票捐繳銀兩各欵繕具

計開

一釐金每票收庫平銀四百五十六兩預釐隨時查票扣算

一循環轉運後擋報效每票收湘平銀二百二十八兩半內有半解

銀兩遵于二十二年分作十成攤派以三成半解交

交籌防局其餘三成截留職局撥補緝費之需合併

一局用每票收湘平銀十八兩七錢五分

一緝費每票收湘平銀二十四兩

一[illegible]

<서영 48-1> 「歷朝聖訓」, 總理各國事務衙門光緖연간(1875-1908)鉛활자본, 권1 제1엽상엽, 20.8 × 15.3cm.

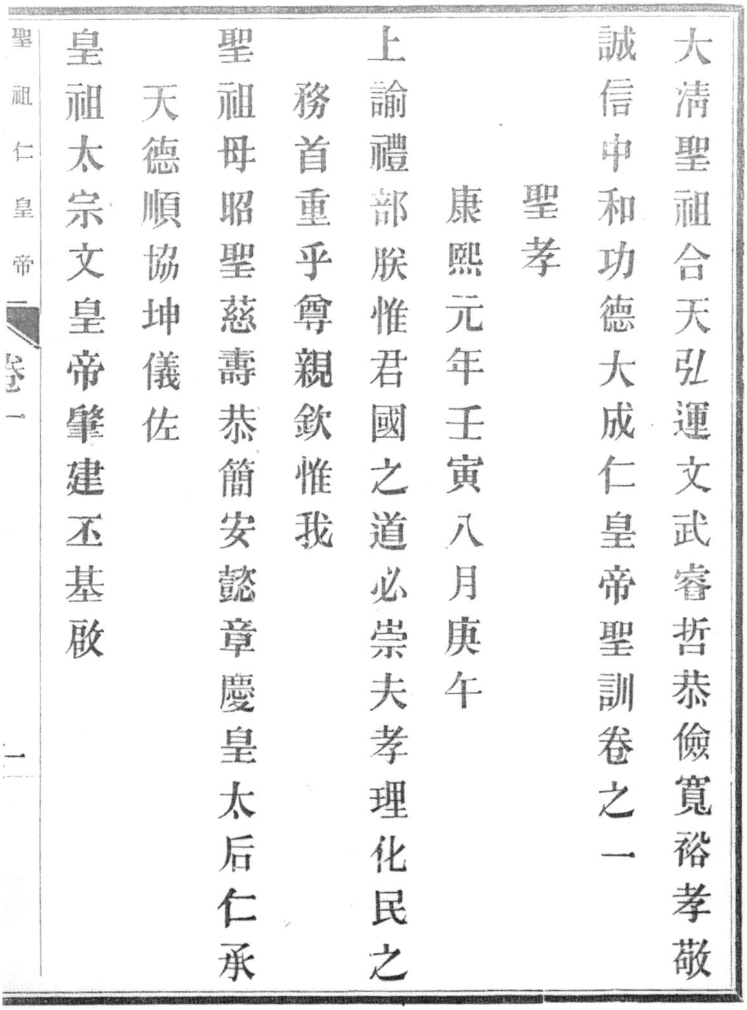

大清聖祖合天弘運文武睿哲恭儉寬裕孝敬
誠信中和功德大成仁皇帝聖訓卷之一
聖孝
康熙元年壬寅八月庚午
上諭禮部朕惟君國之道必崇夫孝理化民之
務首重乎尊親欽惟我
聖祖母昭聖慈壽恭簡安懿章慶皇太后仁承
天德順協坤儀佐
皇祖太宗文皇帝肇建丕基啟

聖祖仁皇帝 卷一 一

<서영 48-2> 「歷朝聖訓」, 總理各國事務衙門光緖연간(1875-1908)鉛활자본, 권11 제12엽하엽.

聖訓 卷十一

太宗文皇帝三年一次遣大臣會盟朕遵行已
久爾等前往不得生事蒙古漸次皆已富饒
亦無大事或有小事來訴爾等但從公審理
而已至蒙古餽爾等馬匹勿得收受亦不得
買其馬匹

大淸聖祖合天弘運文武睿哲恭儉寬裕孝敬
誠信中和功德大成仁皇帝聖訓卷之十一

<서영 49> 「四明文獻集」, 王存善民國5(1916)년기계식鉛활자본, 권1 제1엽상엽, 13.4 × 9.8cm.

四明文獻集卷一

宋王應麟厚齋甫譔　後學鄭眞輯

記

周山川圖記 詞科第一場 二月十二日

相古先民有周德隆澤洽用造區夏章亥所步莫不砥礪建櫜戢武斧
藻王度四岳河海咸秩無文名頌日般裒時之對鄭元以允猶翕河之
語謂按山川圖次序祭之孔氏正義謂共爲一圖雖幾籍方志湮軼亡
傳謹尃繹舊聞而爲記曰太極肇分有浮而清有沈而奧卷石之積結
爲巍巍雲蒸雨霈萬物育焉勺水之積融爲浩浩源迤流衍萬物潤焉
聖人有作迺封迺濬迺栞迺滌肇稱明祀爲民祈禠若封禪於黃望秩
於虞旅祭於禹雖鈔本作維見可觀然風后受圖九州始布山海有經爲篇
十三圖牒猶未詳也蒼姬開統憲章稽古以地圖知山川之數職於司

四明文獻集　卷一　一

<서영 50-1> 「霍氏宗譜」, 敦睦堂民國6(1917)년목활자 · 목판朱墨투인본, 誥命 제1엽상엽.

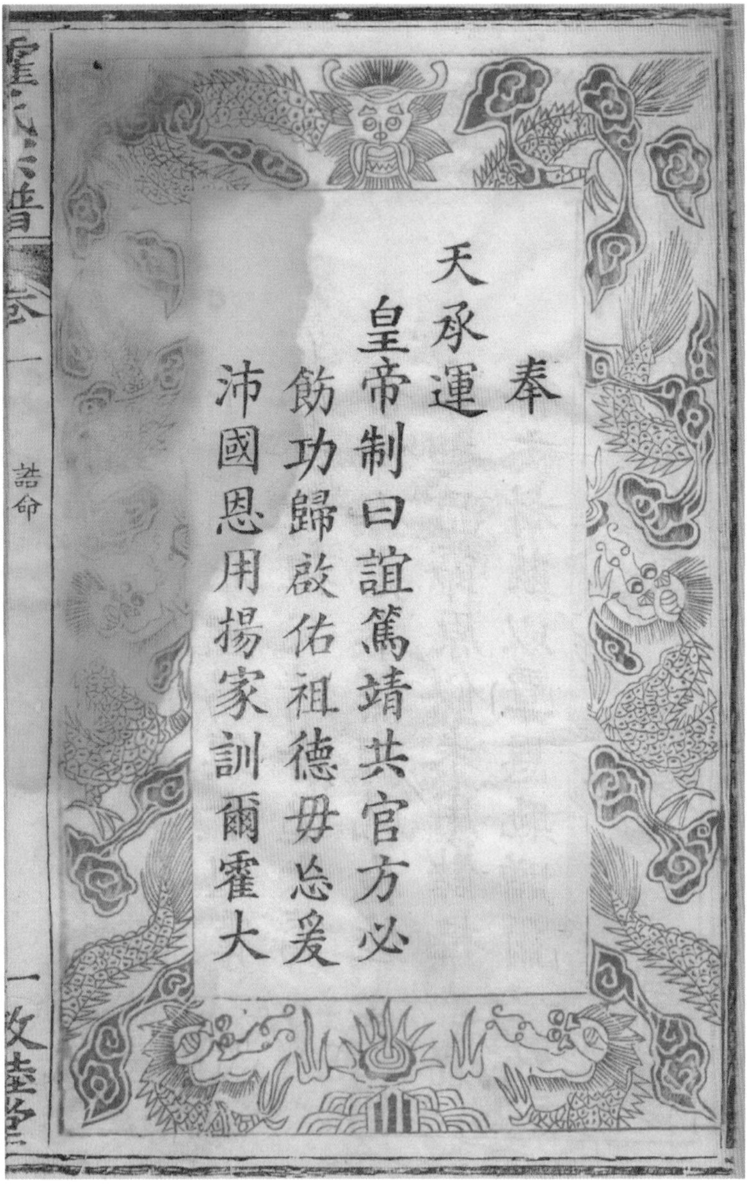
奉
天承運
皇帝制曰誼篤靖共官方必
飭功歸啟佑祖德毋忝爰
沛國恩用揚家訓爾霍大

誥命

<서영 50-2> 「霍氏宗譜」, 敦睦堂民國6(1917)년목활자본, 續修支譜叙 제1엽상엽, 23.6 × 14.4cm.

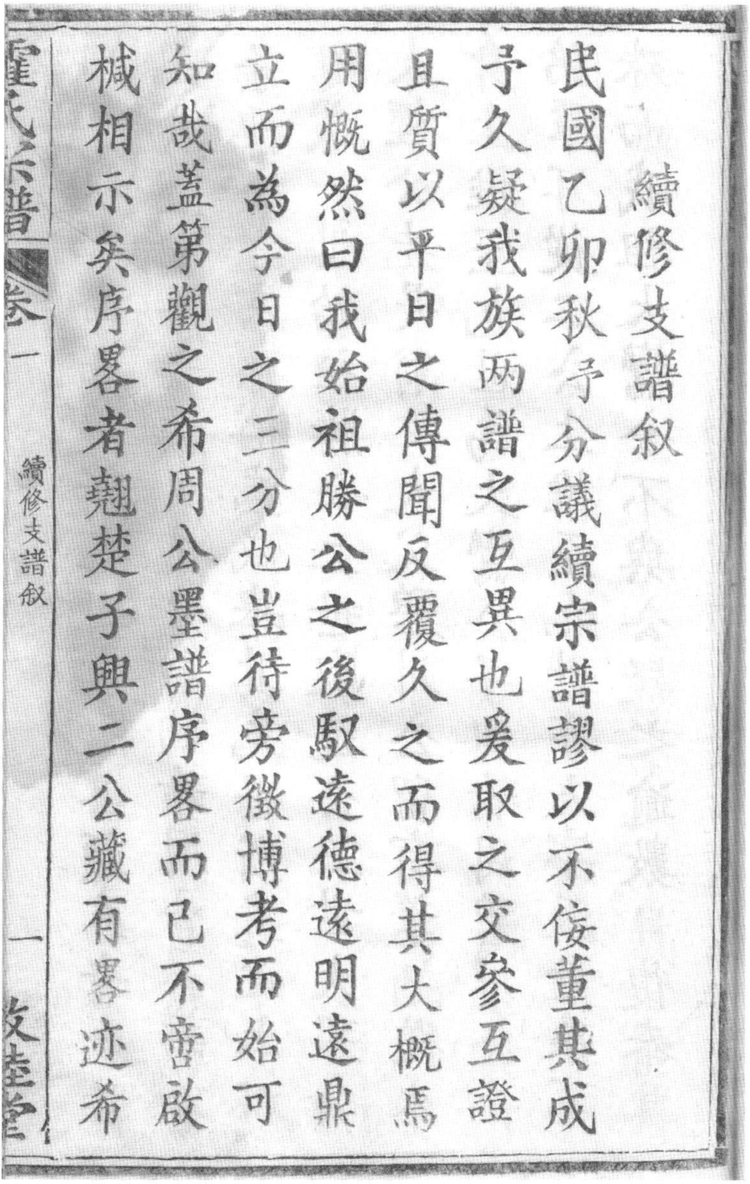

續修支譜叙

民國乙卯秋予分議續宗譜謬以不佞董其成
予久疑我族兩譜之互異也爰取之交參互證
且質以平日之傳聞反覆久之而得其大概焉
用慨然曰我始祖勝公之後馭遠德遠明遠鼎
立而為今日之三分也豈待旁徵博考而始可
知哉蓋第觀之希周公壘譜序畧而已不啻啟
械相示矣序畧者翹楚子與二公藏有畧迹希

霍氏宗譜 卷一 續修支譜叙 一 敦睦堂

<서영 50-3> 「霍氏宗譜」, 敦睦堂民國6(1917)년목활자본, 권4 제1엽하엽.

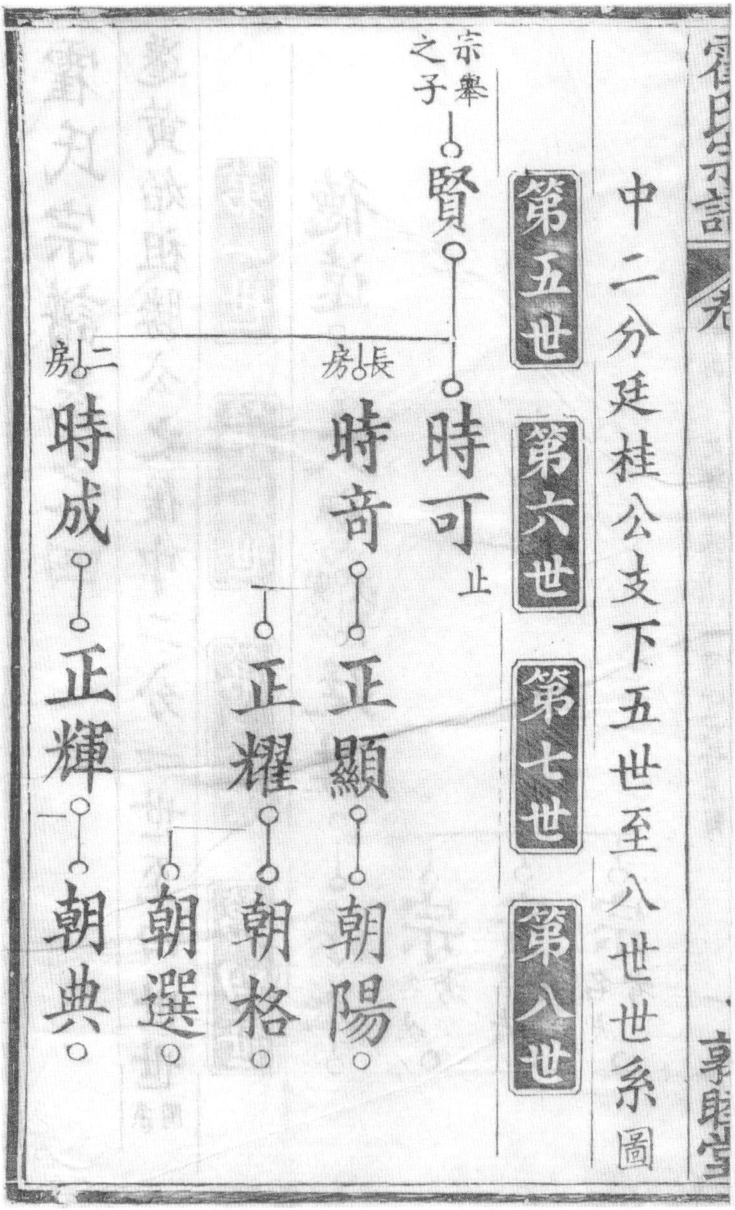

<서영 50-4> 「霍氏宗譜」, 敦睦堂民國6(1917)년목활자본, 권4 제1엽상엽.

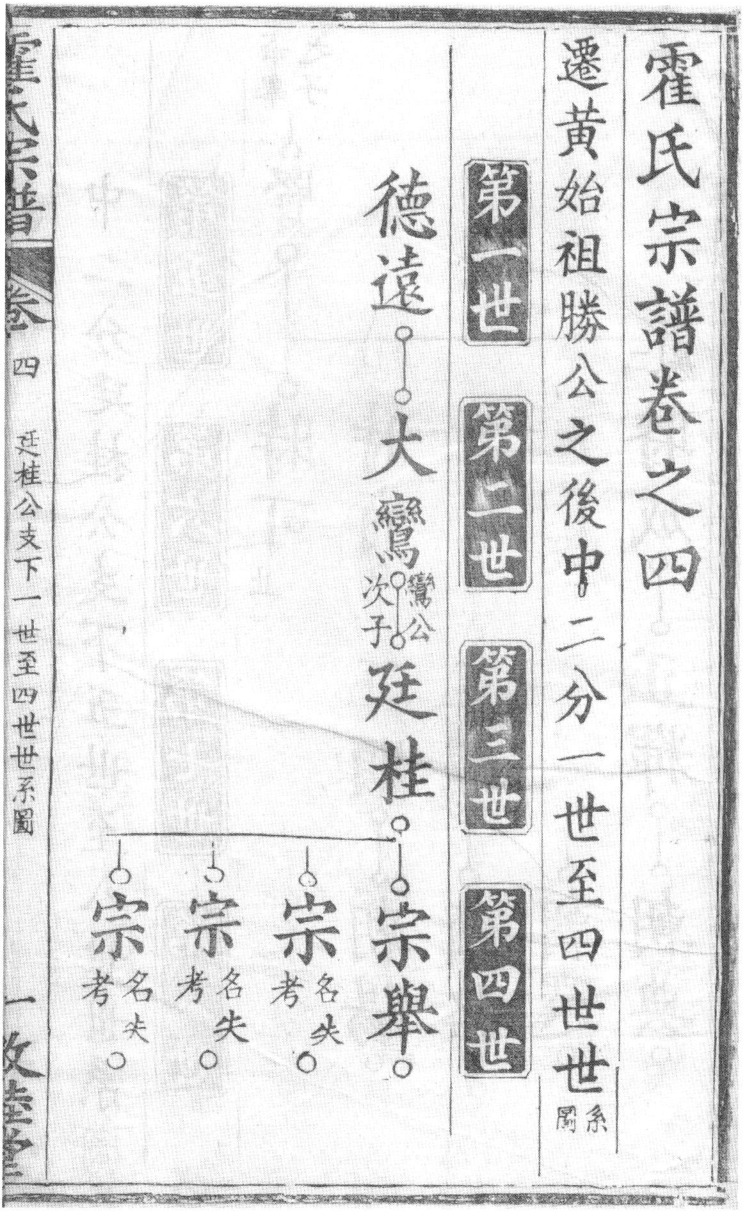
霍氏宗譜卷之四

遷黃始祖勝公之後中二分一世至四世世系圖

第一世 第二世 第三世 第四世

德遠

大鸞 鸞公次子

廷桂

宗舉

宗 名失考

宗 名失考

宗 名失考

霍氏宗譜 卷四 廷桂公支下一世至四世世系圖 一 敦睦堂

<서영 51> 「王子安集佚文」, 民國7(1918)년기계식鉛활자본, 제1엽상엽, 15.7 × 10.3cm.

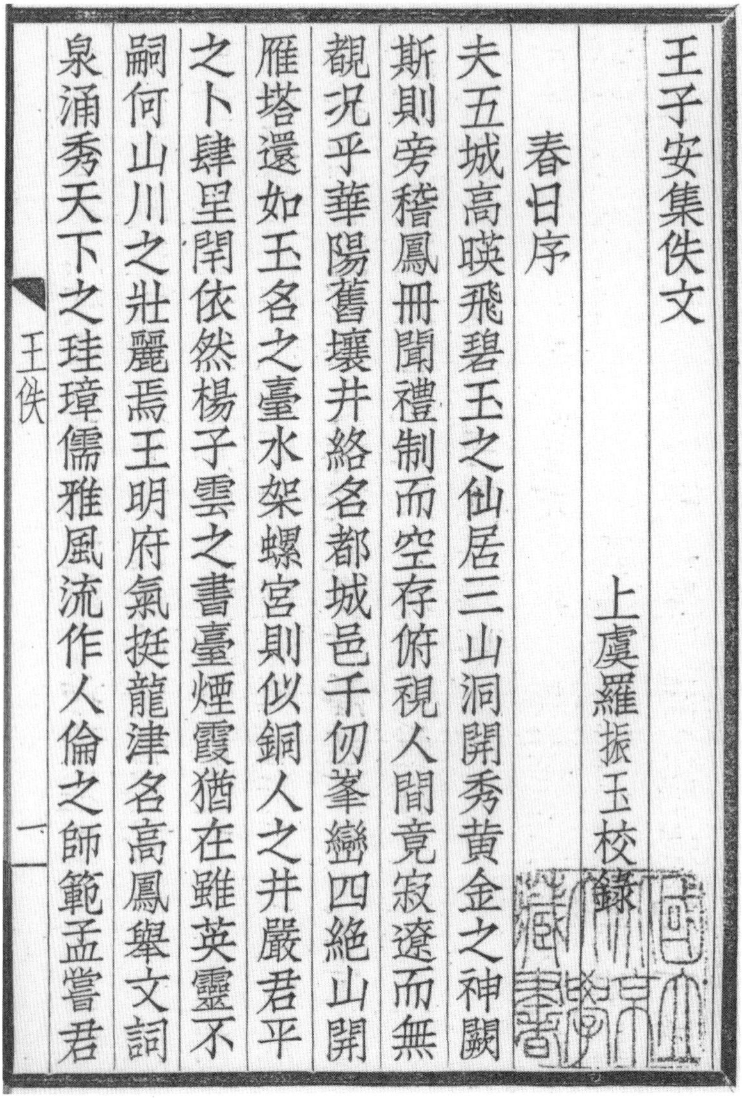

王子安集佚文

上虞羅振玉校錄

春日序

夫五城高暎飛碧玉之仙居三山洞開秀黃金之神闕
斯則旁稽鳳冊聞禮制而空存俯視人間竟寂遼而無
覩况乎華陽舊壤井絡名都城邑千仞峯巒四絕山開
雁塔還如玉名之臺水架螺宮則似銅人之井嚴君平
之卜肆星閑依然楊子雲之書臺煙霞猶在雖英靈不
嗣何山川之壯麗焉王明府氣挺龍津名高鳳舉文詞
泉涌秀天下之珪璋儒雅風流作人倫之師範孟嘗君

王佚　二

<서영 52> 「**朱氏痲科**」, **文明軒民國**9(1920)**년활자본**, 17.5 × 11.2cm.

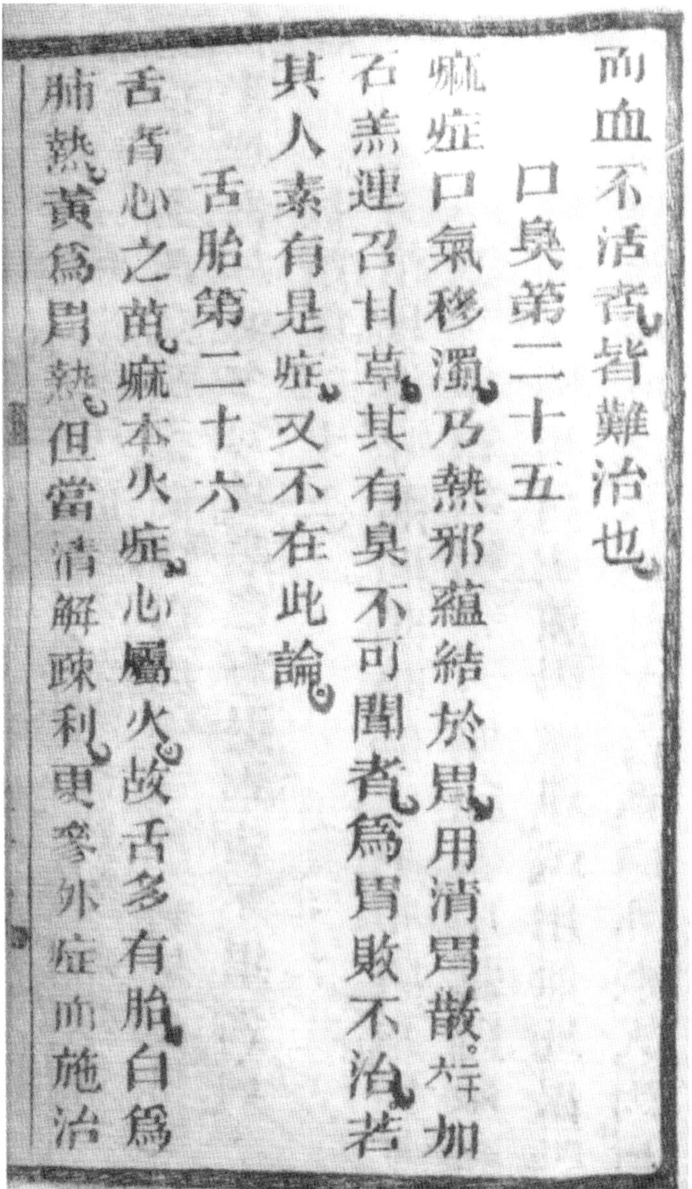
而血不活者皆難治也
口臭第二十五
痲症口氣穢濁乃熱邪蘊結於胃用清胃散(二十六)加
石羔連召甘草其有臭不可聞者爲胃敗不治若
其人素有是症又不在此論
舌胎第二十六
舌者心之苗痲本火症心屬火故舌多有胎白爲
肺熱黃爲胃熱但當清解疎利更參外症而施治

<서영 53> 「五餘讀書廛隨筆」, 勱堂民國9(1920)년기계식鉛활자본, 권상 제1엽상엽, 18.0 × 12.6cm.

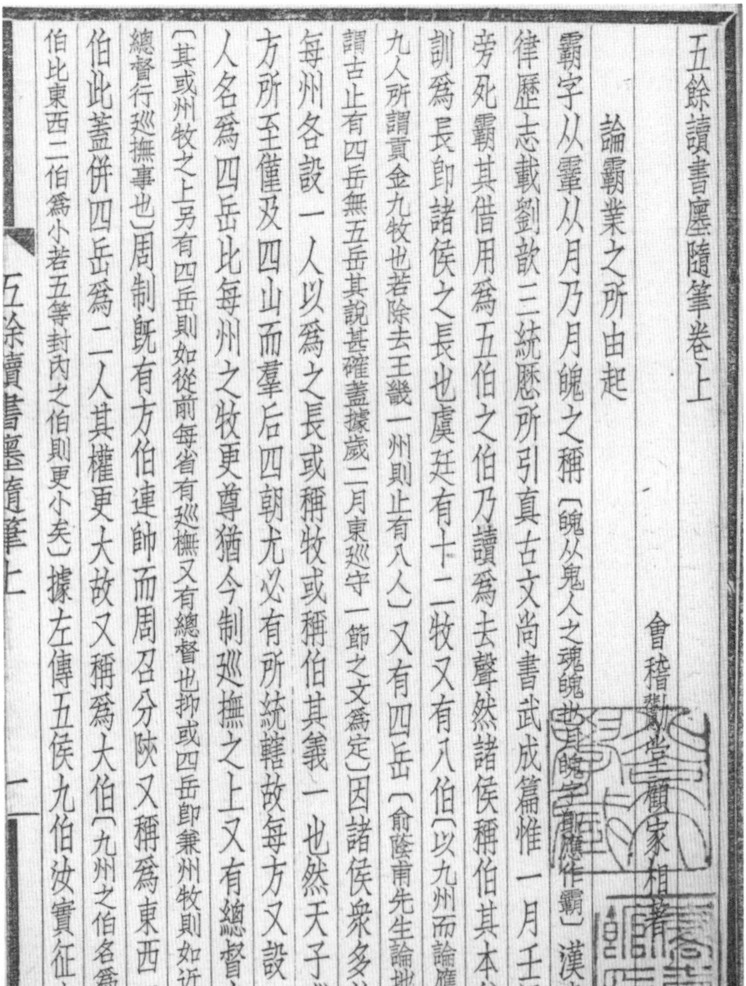
五餘讀書廛隨筆卷上

會稽勱堂顧家相著

論霸業之所由起

霸字从䨣从月乃月魄之稱（魄从鬼人之魂魄也月魄字應作霸）漢書律歷志載劉歆三統歷所引真古文尚書武成篇惟一月壬辰旁死霸其借用爲五伯之伯乃讀爲去聲然諸侯稱伯其本義訓爲長卽諸侯之長也虞廷有十二牧又有八伯（以九州而論應有九人所謂貢金九牧也若除去王畿一州則止有八人）又有四岳（俞蔭甫先生論地理謂古止有四岳無五岳其說甚確蓋據歲二月東巡守一節之文爲定）因諸侯衆多故每州各設一人以爲之長或稱牧或稱伯其義一也然天子巡方所至僅及四山而羣后四朝尤必有所統轄故每方又設一人名爲四岳比每州之牧更尊猶今制巡撫之上又有總督也（其或州牧之上另有四岳則如從前每省有巡撫又有總督也抑或四岳卽兼州牧則如近日總督行巡撫事也）周制既有方伯連帥而周召分陝又稱爲東西二伯此蓋併四岳爲二人其權更大故又稱爲大伯（九州之伯名爲九伯比東西二伯爲小若五等封內之伯則更小矣）據左傳五侯九伯汝實征之

五餘讀書廛隨筆上　一

<서영 54> 「夏侍郎年譜」, 聚珍倣宋印書局民國9(1920)년기계식鉛활자본, 제1엽상엽, 17.6 × 12.6cm.

皇清誥授光祿大夫 毓慶宮行走吏部右侍
郎先考子松府君年譜
府君姓夏氏諱同龢字舜樂號子松浙江杭
州府仁和縣人夏氏系出東樓宋靖康中避
庵公諱榮扈蹕南都積戰功累授兩浙節度
使封英國定公居上虞是爲越中夏氏始祖
傳二十一世至仰園公諱□□於 國初遷
杭樂善務農有隱君子風又五傳至秀卿公
諱廷賢國學生是爲府君之高祖以次孫建
謨公官 贈奉政大夫知州銜山東武定府

<서영 55-1>「文選類詁」, 丁福保民國14(1925)년기계식鉛활자본, 제1엽, 19.8 × 12.0cm.

文選類詁

無錫丁福保仲祜編纂

一畫

【一】道也。(碑文簡栖　按、碑文簡栖、注所出也。詳言之、卽謂此文出於王簡栖頭陀寺碑文也。凡各文類中有多人所作者、文題下均加以姓別。俾易檢查原文。例如論賈、論班等。假如同一類文中撰人有同姓者、則不稱其姓、稱其字。例如贈答惠連、贈答靈運等。本條碑文簡栖、卽同此例。有一人作多首者、則姓或字下加以數目字。例如雜詩鮑壹、行旅靈運肆等。若賦文則略去賦字。如江賦但稱江、文賦但稱文。不著作者姓或字。餘類推。)

【一斤】爲一金。(論班)

【一切】權時也。(琴)

【一介】獨使也。(論陸壹)

【一紀】十二年曰一紀。(魏都)

【乙乙】難出之貌。(文)

二畫

【二八】八元八愷也。(思玄)　【二八】十六日也。(雜詩鮑貳)　【二八】二列也。(招魂)

【二毛】頭白有二色也。(秋興)

【二王】謂夏、殷也。(論陸叁)

【二分】春秋之中者也。(魏都)

【二名】卽有名物始、無名物母也。(游天台山)

【二妃】娥皇、女英。舜妻也。死於江湘之間。俗謂之湘君。(思玄)　湘妃。(離騷)　湘夫人。帝子。公子。佳人。(九歌)

【二老】老子、老萊子也。老萊子古之壽者。(游天台山)

【二別】大別小別。(雜詩玄暉陸)

【二柰】白柰出張掖、赤柰出酒泉。(閒居)

【二紀】日月也。(思玄)

【二軌】謂容兩車也。軌謂轍廣。(魯靈光殿)

【二離】日月也。(贈答傅)

【二霸】齊桓、晉文也。(論李)

【七子】詳昭儀條。

【七臣】蔿國、邊伯、詹父、子禽、祝跪、及頹叔、桃子、賓起也。(論陸叁)

【七里灘】在桐廬縣。其下數里曰嚴陵瀨。(行旅靈運肆)

【七政】日月五星各異政也。(公讌士衡)

【七政】七曜。(公讌士龍)

文選類詁　一畫　二畫　一　無錫丁氏藏版

<서영 55-2> 「文選類詁」, 丁福保民國14(1925)년기계식鉛활자본, 제30엽.

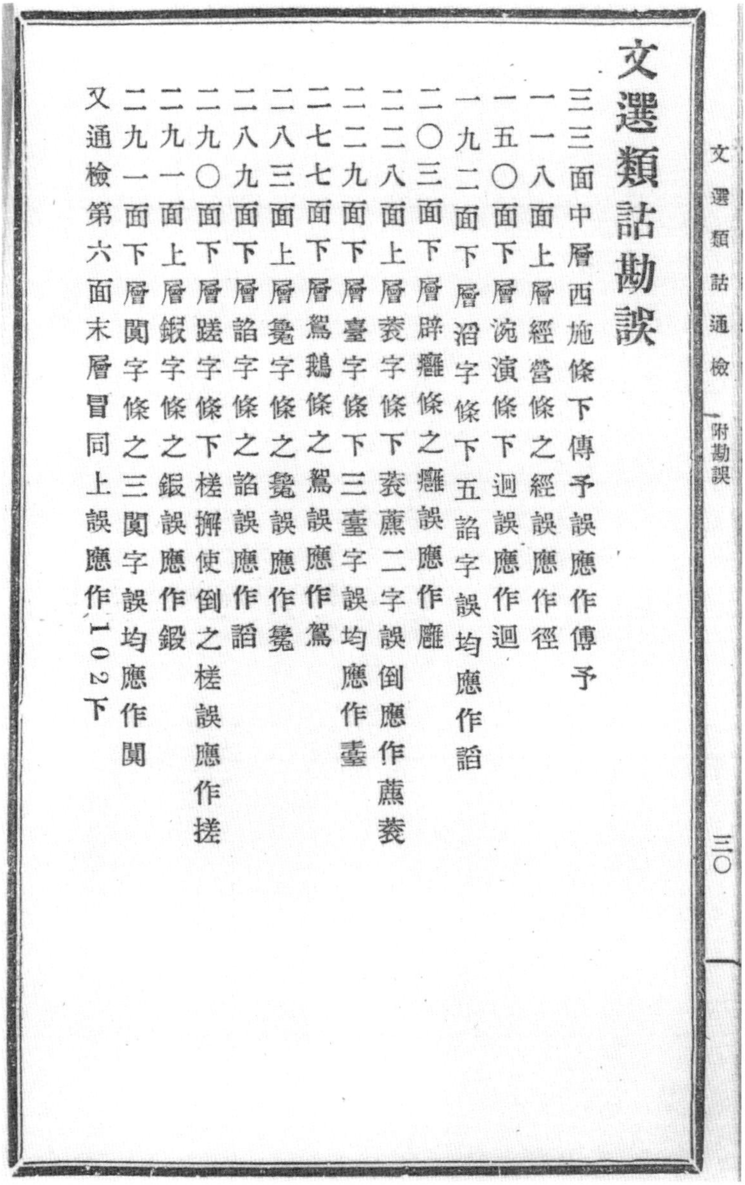

文選類詁勘誤

三三面中層西施條下傳予誤應作傳予
一一八面上層經營條之經誤應作徑
一五〇面下層浣演條下迴誤應作迴
一九二面下層滔字條下五諂字誤均應作謟
二〇三面下層辟癰條之癰誤應作雝
二二八面上層蒃字條下蒃薦二字誤倒應作薦蒃
二二九面下層臺字條下三臺字誤均應作臺
二七七面下層駕鵝條之駕誤應作駕
二八三面上層甕字條之甕誤應作甕
二八九面下層諂字條之諂誤應作諂
二九〇面下層蹉字條下槎擲使倒之槎誤應作搓
二九一面上層鍜字條之鍜誤應作鍛
二九一面下層閺字條之三閺字誤均應作閺
又通檢第六面末層冒同上誤應作102下

文選類詁通檢 附勘誤 三〇

<서영 56-1>「金石學錄」, 西冷印社民國연간(1911-)목활자본, 序 제1엽상엽.

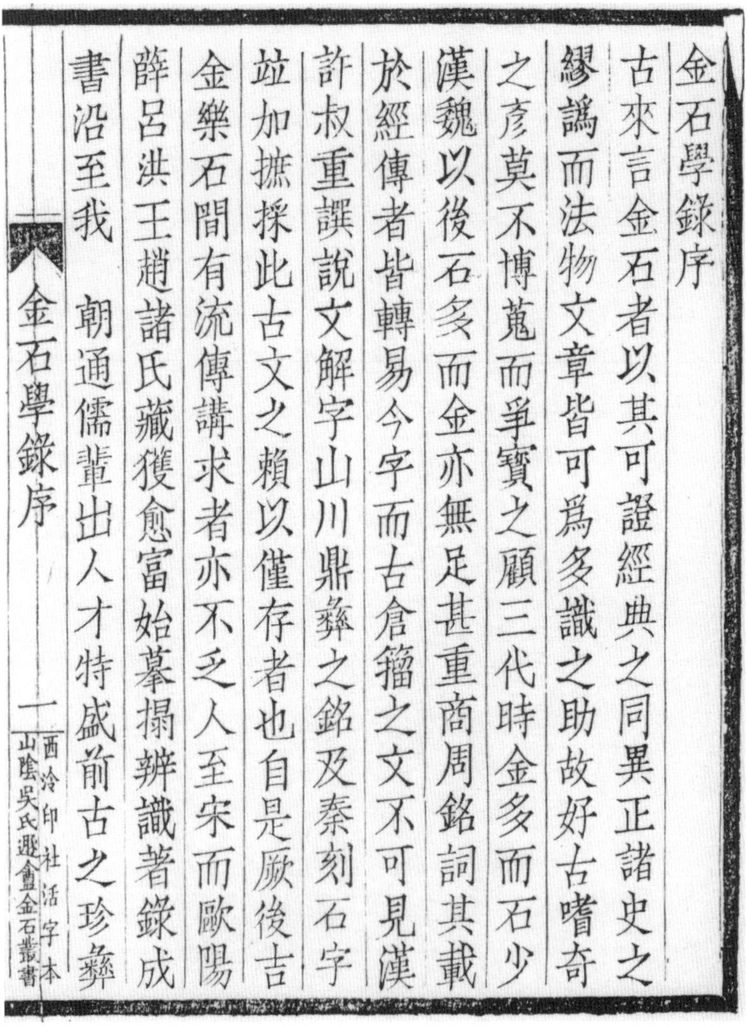

金石學錄序

古來言金石者以其可證經典之同異正諸史之繆譌而法物文章皆可爲多識之助故好古嗜奇之彥莫不博蒐而爭寶之顧三代時金多而石少漢魏以後石多而金亦無足甚重商周銘詞其載於經傳者皆轉易今字而古倉籀之文不可見漢許叔重譔說文解字山川鼎彝之銘及秦刻石字竝加摭採此古文之賴以僅存者也自是厥後吉金樂石間有流傳講求者亦不乏人至宋而歐陽薛呂洪王趙諸氏藏獲愈富始摹搨辨識著錄成書沿至我　朝通儒輩出人才特盛前古之珍彝

金石學錄序　一　西泠印社活字本
山陰吳氏遯盦金石叢書

<서영 56-2> 「金石學錄」, 西冷印社民國연간(1911-)목활자본, 권1 제1엽상엽.

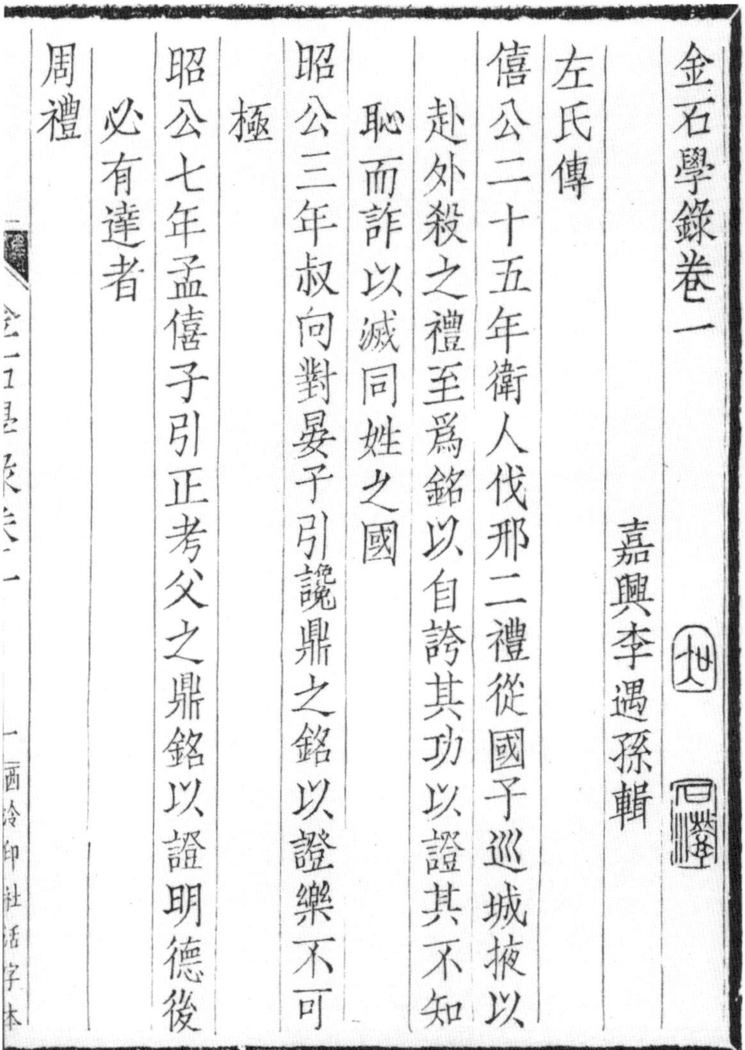

金石學錄卷一

嘉興李遇孫輯

左氏傳

僖公二十五年衛人伐邢二禮從國子巡城掖以赴外殺之禮至爲銘以自誇其功以證其不知恥而詐以滅同姓之國

昭公三年叔向對晏子引讒鼎之銘以證樂不可極

昭公七年孟僖子引正考父之鼎銘以證明德後必有達者

周禮

金石學錄卷一　一　西泠印社活字本

<서영 56-3> 「金石學錄」, 西冷印社民國연간(1911-)목활자본, 권1 제6엽하엽.

金石學錄卷一　六　山陰吳氏遯盦金石叢書

功德時晉兖熙元年秋也皇興初雍州別駕鴈
門段榮於大邗掘得此碑文雖非麗事宜載焉
故錄於傳案兖熙元年至皇興初已百六十餘
年掘得此碑作史者據以入傳金石之不磨滅
如是碑文一千餘言（此條王西沚所引故另列）
顏之推家訓書證篇據秦時鐵稱權旁有銅塗鐫
銘詔丞相狀綰古隸文知俗作隗林之當作隗
狀也
又書證篇柏人城東北有一孤山闕駰十三州志
以爲舜納于大麓即此山上有堯祠世俗或呼
爲宣務山或呼爲虛無山顏氏據城西門内漢

<서영 56-4> 「金石學錄」, 西冷印社民國연간(1911-)목활자본, 권1 제7엽상엽.

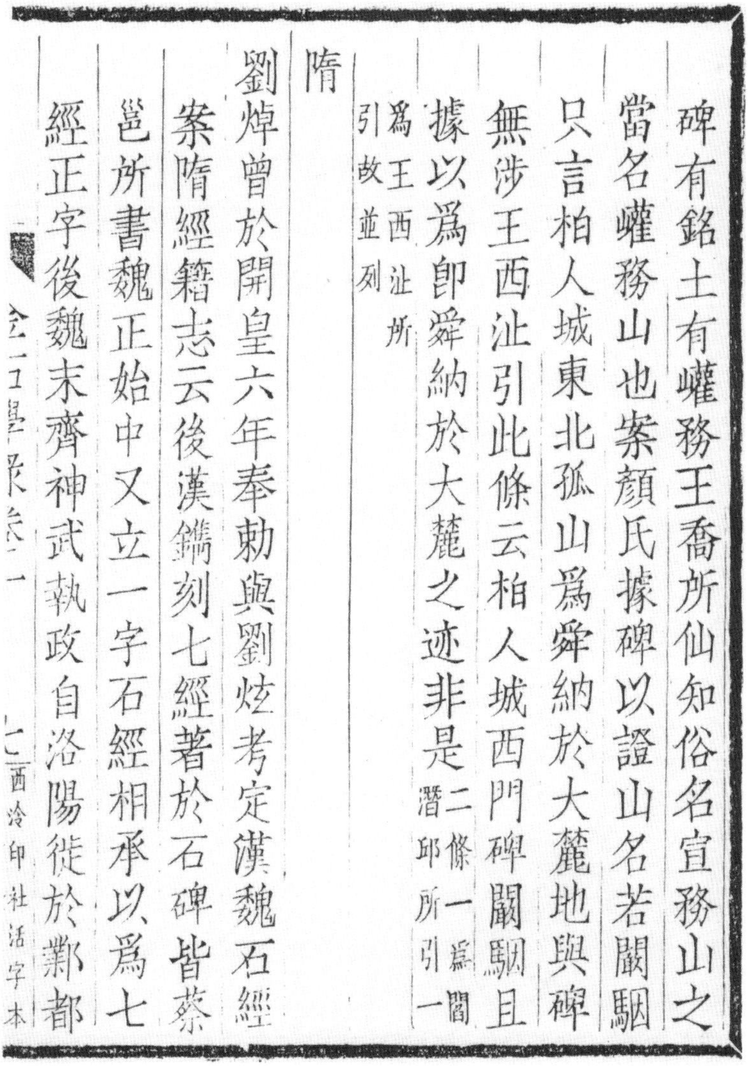

碑有銘土有巏務王喬所仙知俗名宣務山之
當名巏務山也案顏氏據碑以證山名若闞駰
只言柏人城東北孤山爲舜納於大麓地與碑
無涉王西沚引此條云柏人城西門碑闞駰且
據以爲卽舜納於大麓之迹非是二條一爲閻潛邱所引一爲王西沚所引故並列

隋

劉焯曾於開皇六年奉勅與劉炫考定漢魏石經
案隋經籍志云後漢鐫刻七經著於石碑皆蔡
邕所書魏正始中又立一字石經相承以爲七
經正字後魏末齊神武執政自洛陽徙於鄴都

金石學錄卷一 七 西泠印社活字本

<서영 57-1> 「越畫見聞」, 西冷印社民國연간(1911-)목활자본, 序 제1엽상엽.

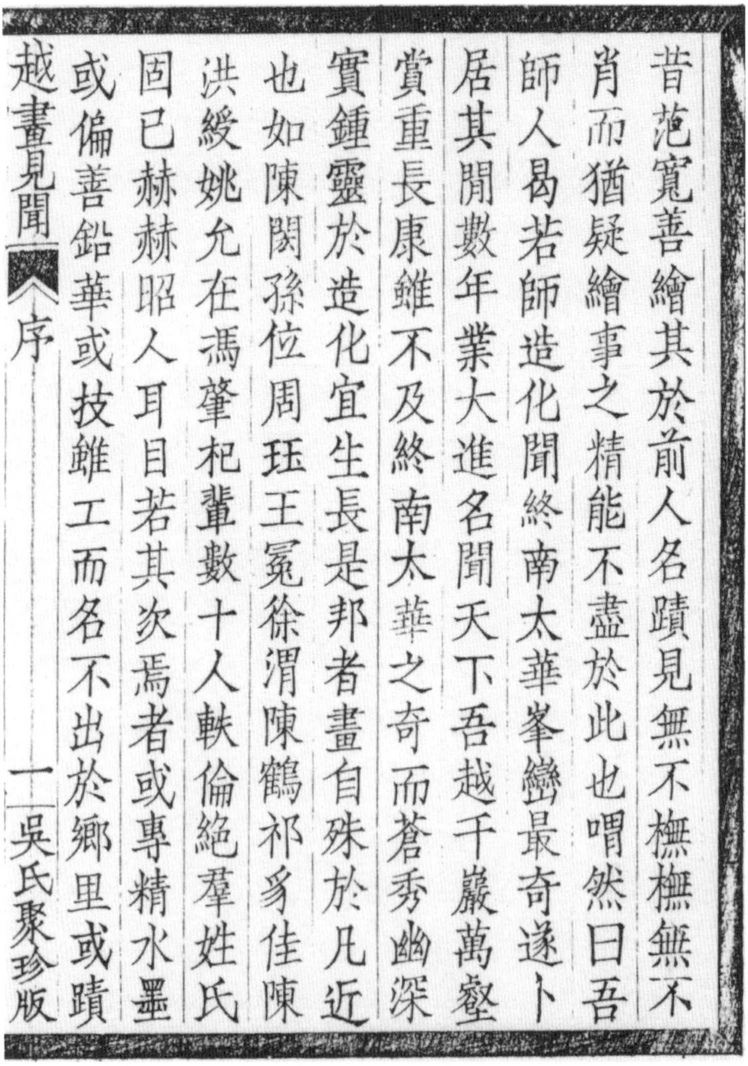
昔范寬善繪其於前人名蹟見無不撫撫無不
肖而猶疑繪事之精能不盡於此也喟然曰吾
師人曷若師造化聞終南太華峯巒最奇遂卜
居其間數年業大進名聞天下吾越千巖萬壑
賞重長康雖不及終南太華之奇而蒼秀幽深
實鍾靈於造化宜生長是邦者畫自殊於凡近
也如陳閎孫位周珏王冕徐渭陳鶴祁豸佳陳
洪綬姚允在馮肇杞輩數十人軼倫絕羣姓氏
固已赫赫昭人耳目若其次焉者或專精水墨
或偏善鉛華或技雖工而名不出於鄉里或蹟
越畫見聞 序 一 吳氏聚珍版

<서영 57-2> 「越畫見聞」, 西泠印社民國연간(1911-)목활자본, 권상 제1엽상엽.

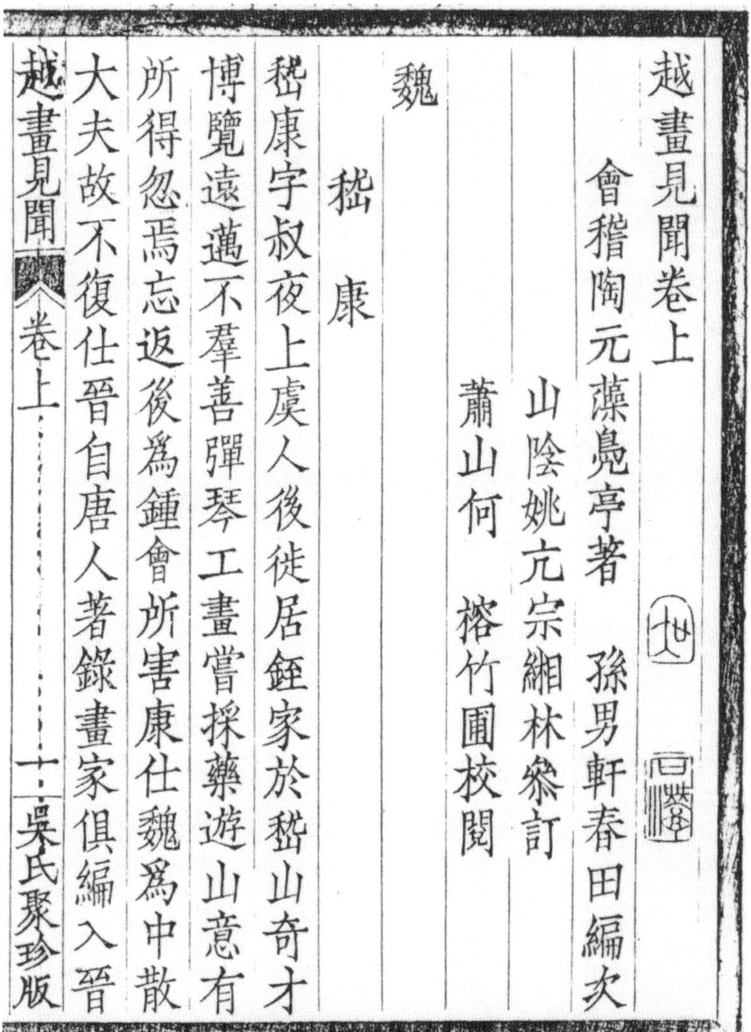

越畫見聞卷上

會稽陶元藻鳧亭著　孫男軒春田編次

山陰姚亢宗緗林參訂

蕭山何　榕竹圃校閱

魏

嵇　康

嵇康字叔夜上虞人後徙居銍家於嵇山奇才博覽遠邁不羣善彈琴工畫嘗採藥遊山意有所得忽焉忘返後爲鍾會所害康仕魏爲中散大夫故不復仕晉自唐人著錄畫家俱編入晉

越畫見聞　卷上　一　吳氏聚珍版

<서영 57-3> 「越畫見聞」, 西泠印社民國연간(1911-)목활자본, 권상 제7엽하엽.

林俊民諸曁人畫山水學范寬官畫院待詔

執煥

執煥會稽人工畫人物故實爲殿前使臣日士
大夫以其能畫皆與之交遂名大振其畫有堯
民擊壤圖一四皓圍棊圖一右軍書扇圖二五
王博戲圖二故實圖十八人物圖十三虢國夫
人夜遊圖一皆爲世所珍重

錢昆

錢昆字裕之會稽人舉湻化中進士累官諫議
大夫以秘書監老於家自畫寒蘆沙鳥於紈扇

<서영 57-4> 「越畫見聞」, 西泠印社民國연간(1911-)목활자본, 권상 제16엽상엽.

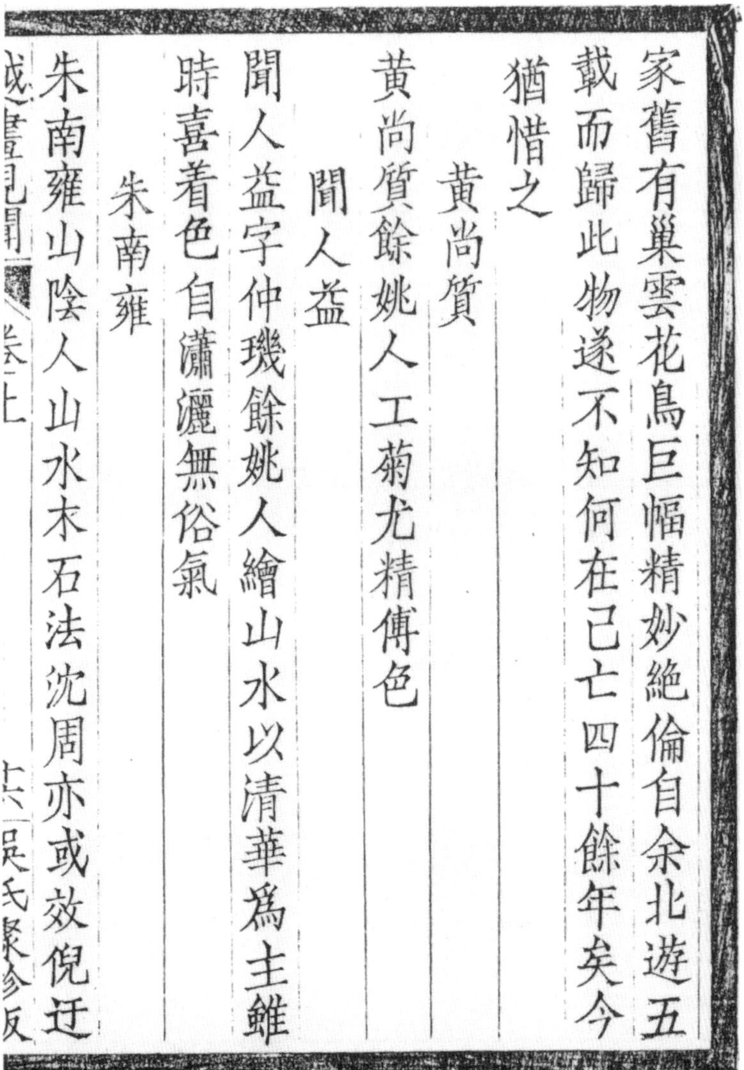

家舊有巢雲花鳥巨幅精妙絶倫自余北遊五
載而歸此物遂不知何在已亡四十餘年矣今
猶惜之
黃尚質
黃尚質餘姚人工菊尤精傅色
聞人益
聞人益字仲璣餘姚人繪山水以清華爲主雖
時喜着色自瀟灑無俗氣
朱南雍
朱南雍山陰人山水木石法沉周亦或效倪迂
越畫見聞 卷上 十六 吳氏聚珍版

<서영 58-1> 「開元天寶遺事」, 西泠印社民國연간(1911-)목활자본, 권상 제1엽하엽.

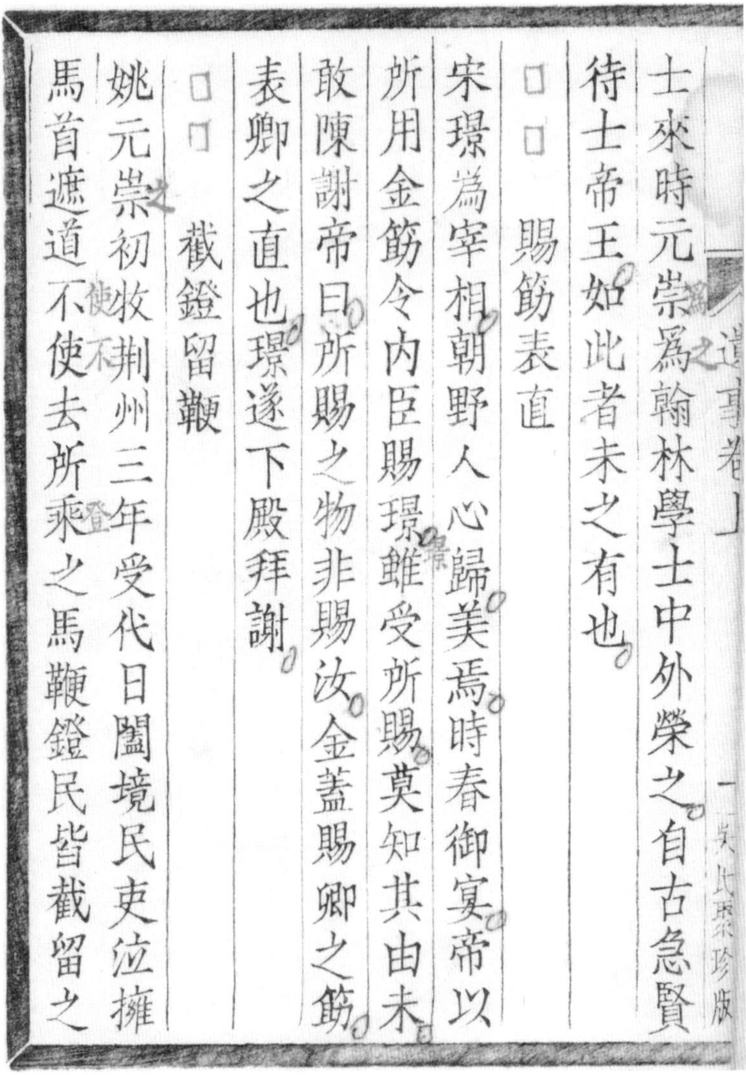

遺事卷上　一　吳氏聚珍版

士來時元崇爲翰林學士中外榮之自古急賢
待士帝王如此者未之有也
□□賜筯表直
宋璟爲宰相朝野人心歸美焉時春御宴帝以
所用金筯令內臣賜璟雖受所賜莫知其由未
敢陳謝帝曰所賜之物非賜汝金蓋賜卿之筯
表卿之直也璟遂下殿拜謝
□□截鐙留鞭
姚元崇初牧荊州三年受代日闔境民吏泣擁
馬首遮道不使去所乘之馬鞭鐙民皆截留之

<서영 58-2> 「開元天寶遺事」, 西泠印社民國연간(1911-)목활자본, 권상 제1엽상엽.

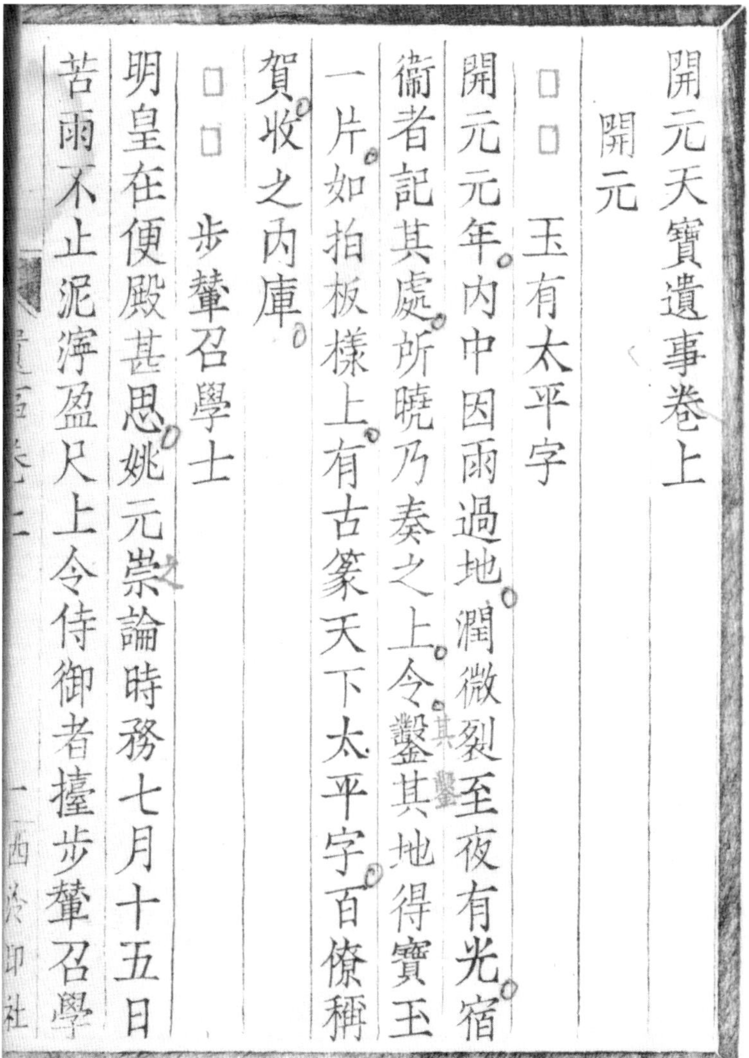

開元天寶遺事卷上

開元

□□玉有太平字

開元元年內中因雨過地潤微裂至夜有光宿衞者記其處所曉乃奏之上令鑿其地得寶玉一片如拍板樣上有古篆天下太平字百僚稱賀收之內庫

□□步輦召學士

明皇在便殿甚思姚元崇論時務七月十五日苦雨不止泥濘盈尺上令侍御者擡步輦召學

遺事卷上 一 西泠印社

<서영 59-1> 「唐詩三百首」, 江蘇古籍出版社1998년泥활자藍印본, 권2 제1엽상엽, 21.0 × 14.0cm.

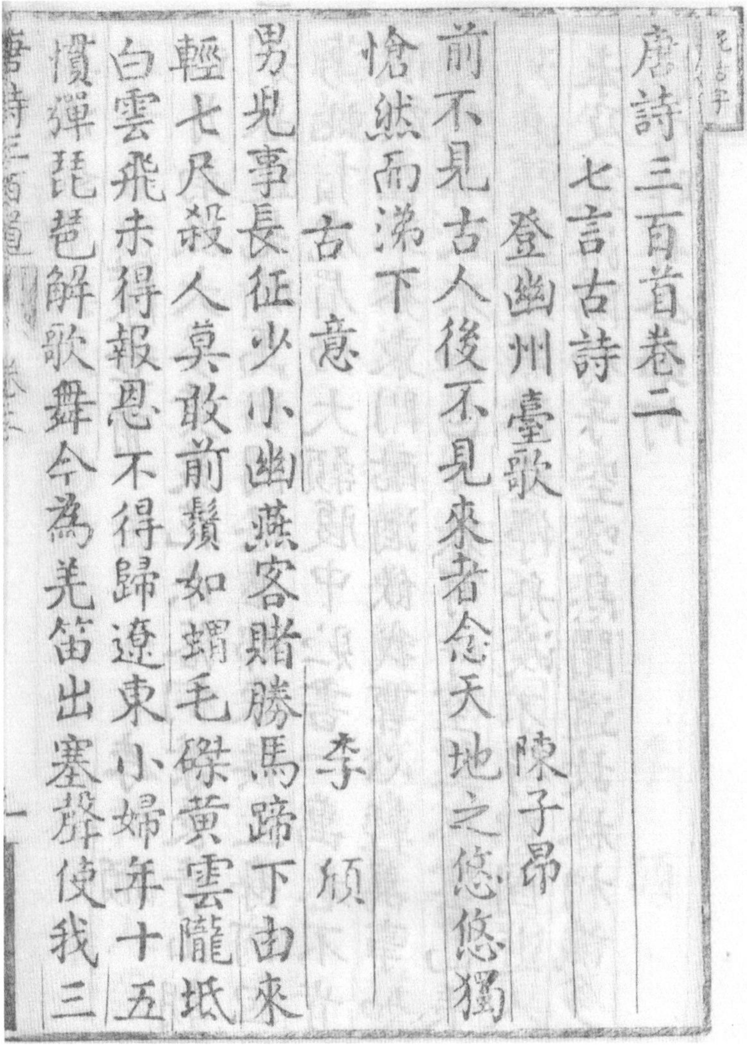

唐詩三百首卷二

七言古詩

登幽州臺歌　陳子昂

前不見古人後不見來者念天地之悠悠獨愴然而涕下

古意　李頎

男兒事長征少小幽燕客賭勝馬蹄下由來輕七尺殺人莫敢前鬚如蝟毛磔黃雲隴底白雲飛未得報恩不得歸遼東小婦年十五慣彈琵琶解歌舞今為羌笛出塞聲使我三

唐詩三百首　卷二　一

<서영 59-2> 「唐詩三百首」, 江蘇古籍出版社1998년주석활자藍印본, 권3 제1엽상엽.

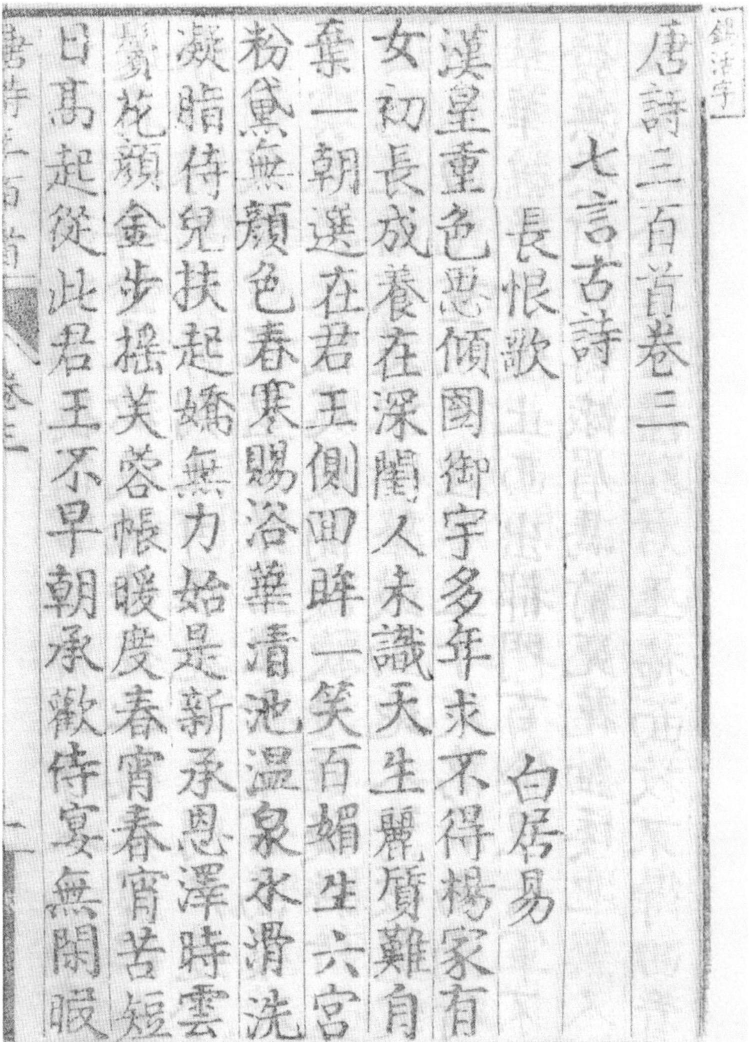
唐詩三百首卷三
七言古詩
長恨歌　白居易
漢皇重色思傾國御宇多年求不得楊家有
女初長成養在深閨人未識天生麗質難自
棄一朝選在君王側回眸一笑百媚生六宮
粉黛無顏色春寒賜浴華清池溫泉水滑洗
凝脂侍兒扶起嬌無力始是新承恩澤時雲
鬢花顏金步搖芙蓉帳暖度春宵春宵苦短
日高起從此君王不早朝承歡侍宴無閑暇
唐詩三百首　卷三　二

<서영 59-3> 「唐詩三百首」, 江蘇古籍出版社1998년동활자朱印본, 권4 제1엽상엽.

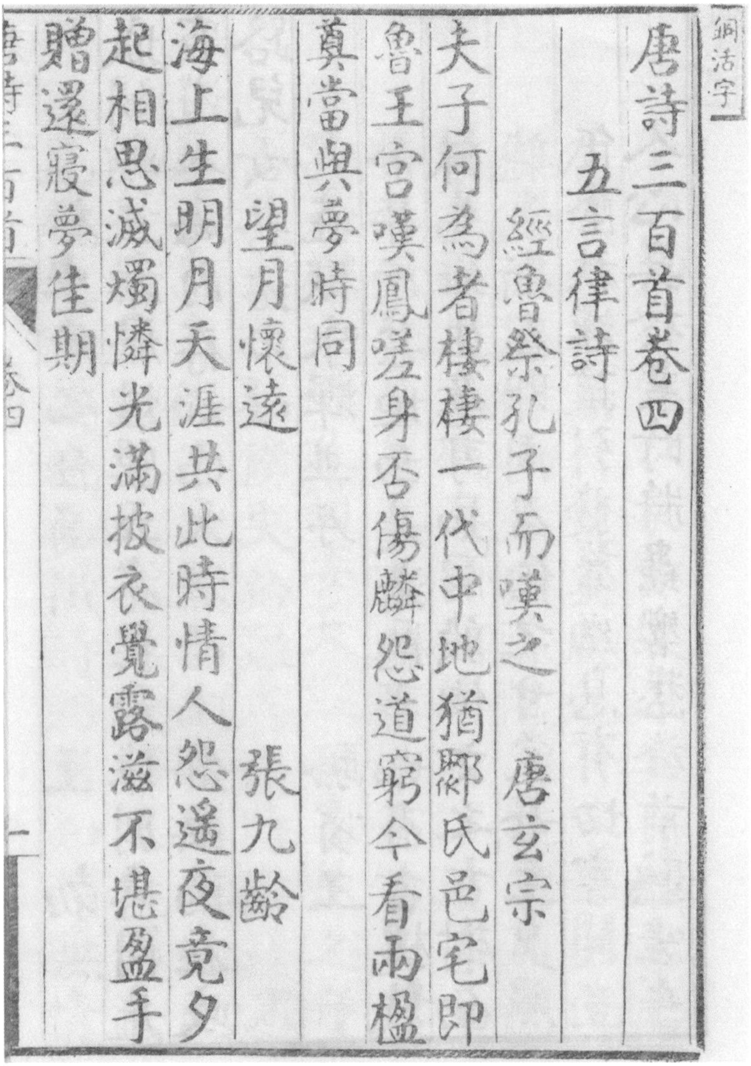

銅活字

唐詩三百首卷四

五言律詩

經魯祭孔子而嘆之　唐玄宗

夫子何為者棲棲一代中地猶鄹氏邑宅即
魯王宮嘆鳳嗟身否傷麟怨道窮今看兩楹
奠當與夢時同

望月懷遠　張九齡

海上生明月天涯共此時情人怨遙夜竟夕
起相思滅燭憐光滿披衣覺露滋不堪盈手
贈還寢夢佳期

唐詩三百首　卷四　一

<서영 59-4> 「唐詩三百首」, 江蘇古籍出版社1998년瓷版朱印본, 권5 제1엽상엽, 18.5 × 12.0cm.

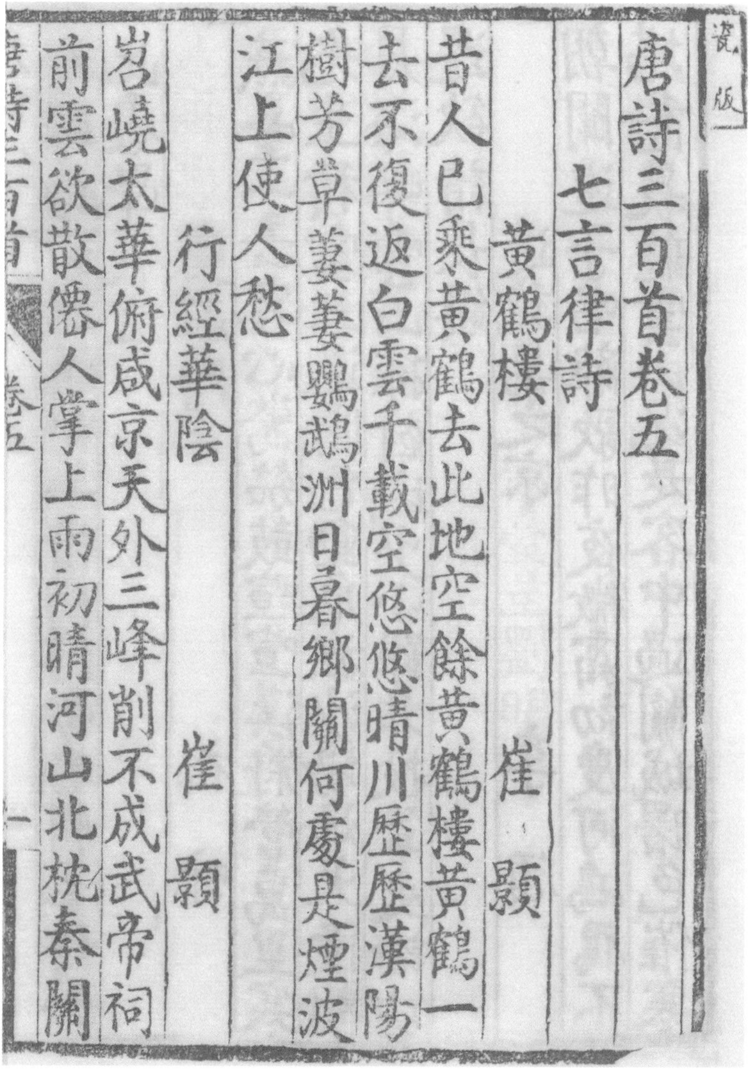

瓷版

唐詩三百首卷五

七言律詩

黃鶴樓 崔顥

昔人已乘黃鶴去此地空餘黃鶴樓黃鶴一
去不復返白雲千載空悠悠晴川歷歷漢陽
樹芳草萋萋鸚鵡洲日暮鄉關何處是煙波
江上使人愁

行經華陰 崔顥

岧嶢太華俯咸京天外三峰削不成武帝祠
前雲欲散仙人掌上雨初晴河山北枕秦關

唐詩三百首 卷五 一

<서영 59-5> 「唐詩三百首」, 江蘇古籍出版社1998년목활자朱印본, 권6 제1엽상엽.

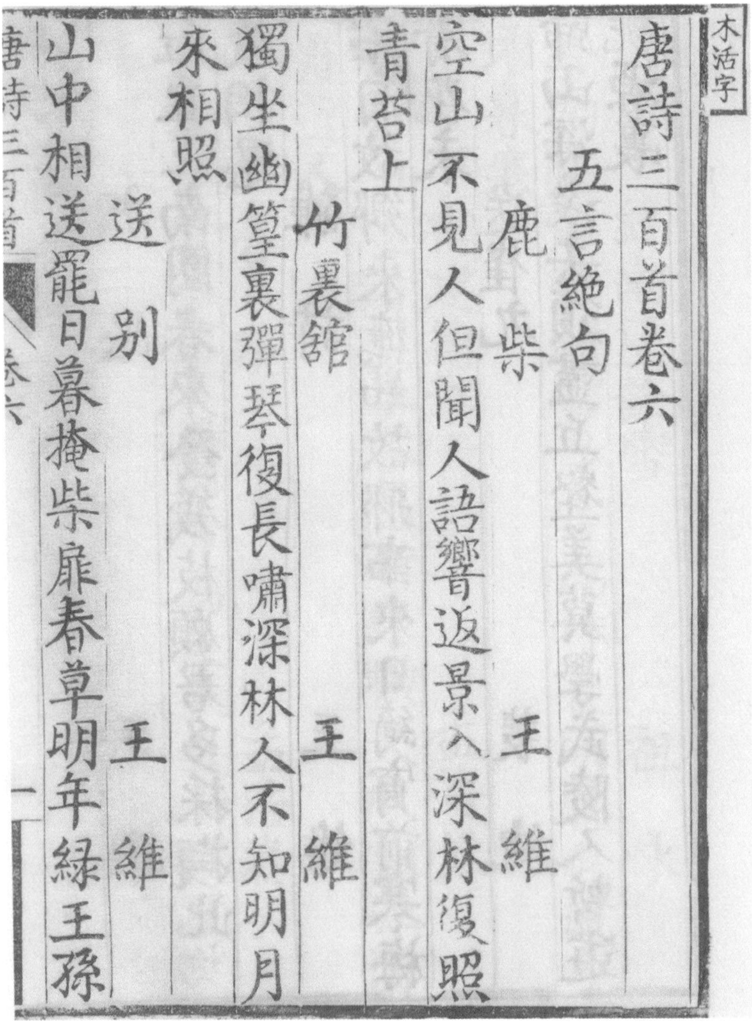

木活字

唐詩三百首卷六

五言絶句

鹿柴　王維

空山不見人但聞人語響返景入深林復照

青苔上

竹裏館　王維

獨坐幽篁裏彈琴復長嘯深林人不知明月

來相照

送別　王維

山中相送罷日暮掩柴扉春草明年緑王孫

唐詩三百首　卷六　一

<서영 60> 「劉氏三修族譜」, 清兩儀堂목활자본.

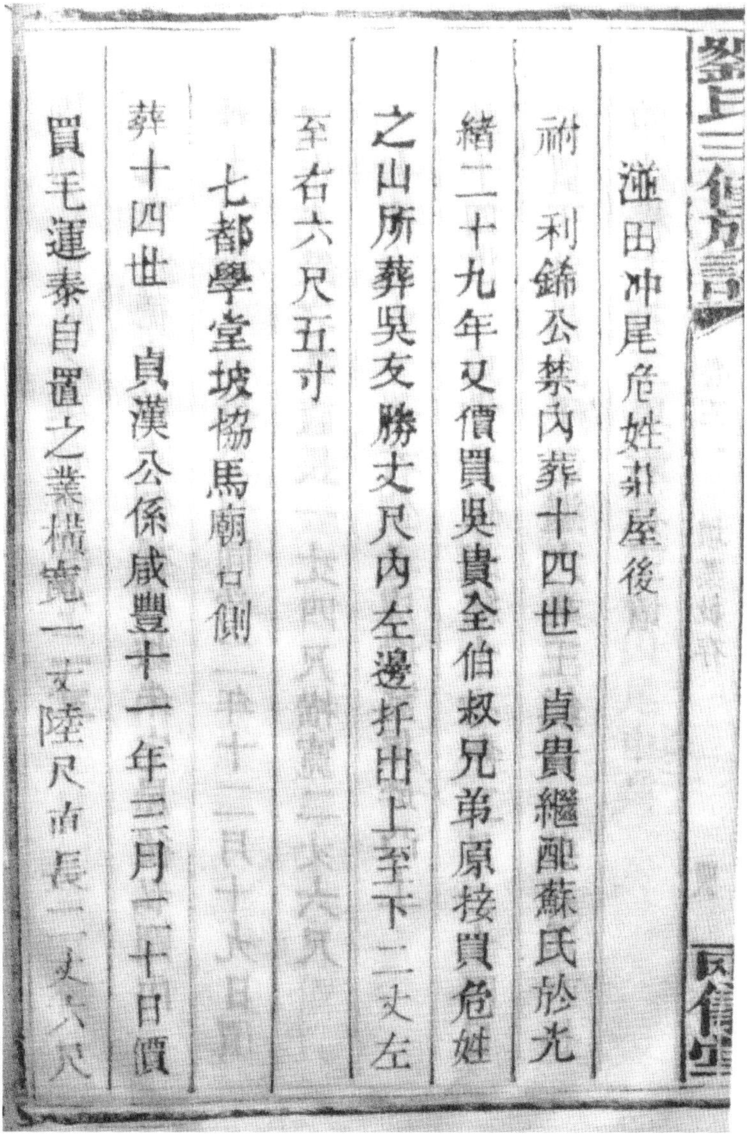
涎田冲尾危姓非屋後
祔 利錦公禁內葬十四世 貞貴繼配蘇氏於光
緒二十九年又價買吳貴全伯叔兄弟原接買危姓
之山所葬吳友勝丈尺內左邊抒出上至下二丈左
至右六尺五寸
七都學堂坡協馬廟右側
葬十四世 貞漢公係咸豐十一年三月二十日價
買毛運泰自置之業横寬一丈陸尺直長二丈八尺

<서영 61-1> 「效驗引編」, 清臨安藥局목활자紅藍인본.

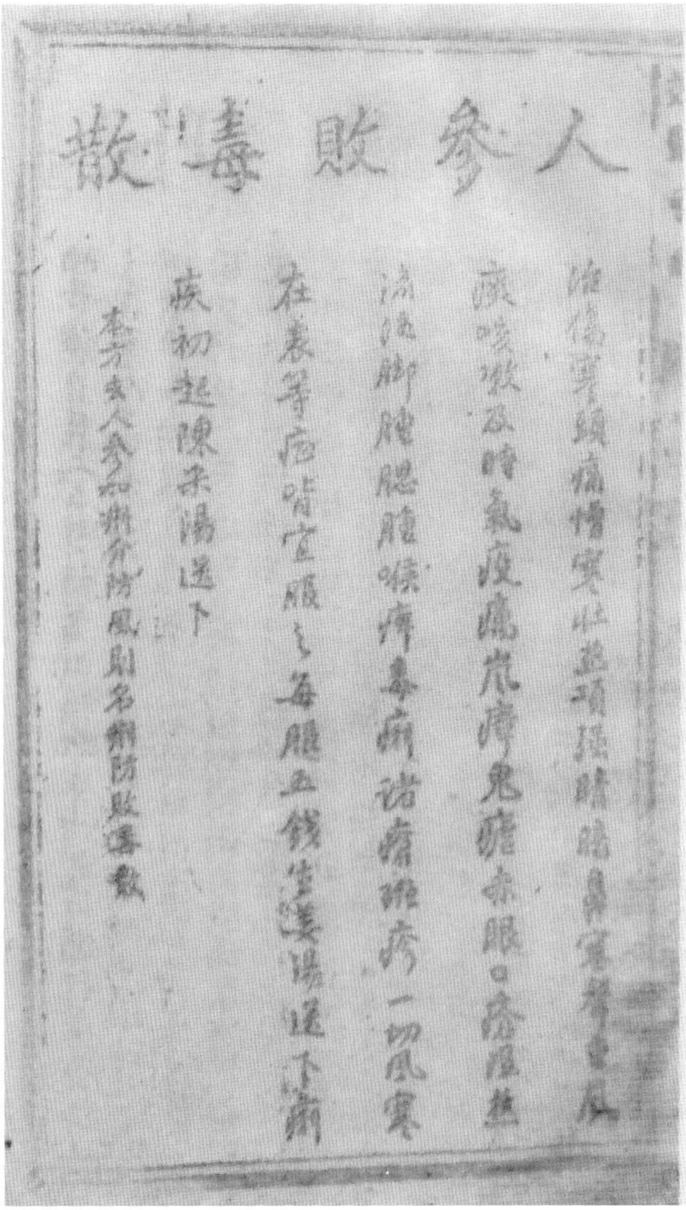
人參敗毒散

治傷寒頭痛憎寒壯熱項強睛暗鼻塞聲重風
痰咳嗽及時氣疫癘嵐瘴鬼瘧赤眼口瘡濕熱
流注腳腫腮腫喉痺毒痢諸瘡斑疹一切風寒
在表等症皆宜服之每服五錢生薑湯送下痢
疾初起陳米湯送下
本方去人參加荊芥防風則名荊防敗毒散

<서영 61-2> 「效驗引編」, 淸臨安藥局목활자紅藍인본.

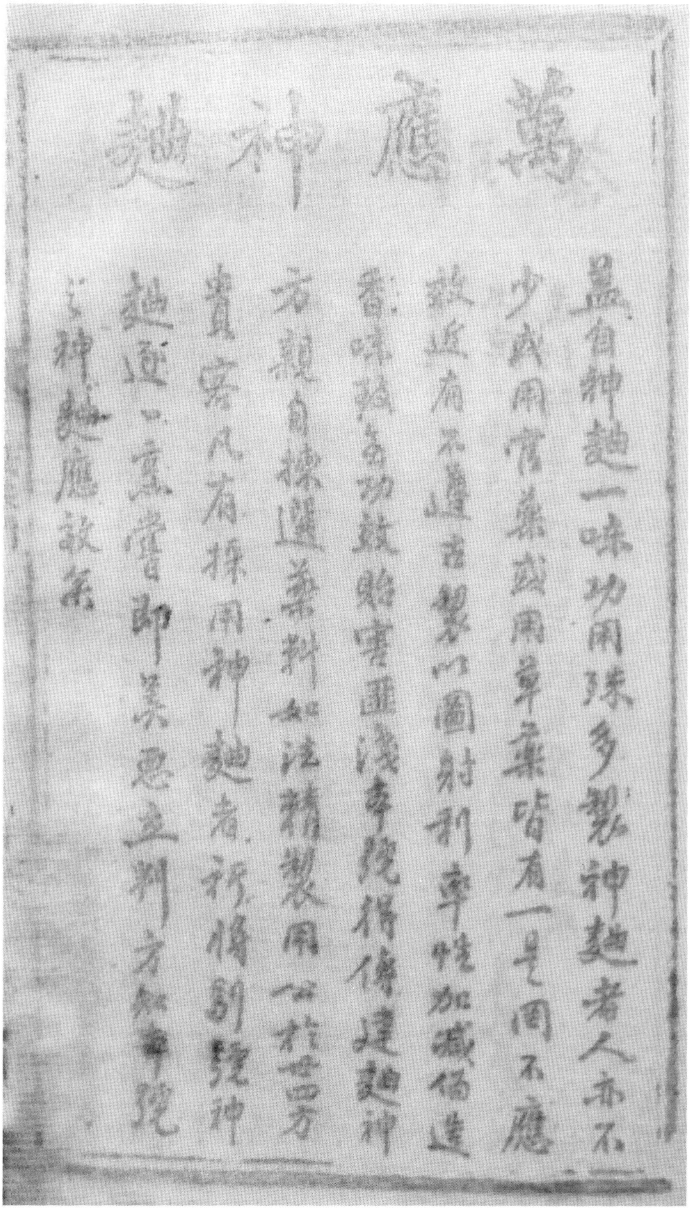

萬應神麯

盖自神麯一味功用殊多製神麯者人亦不少或用官藥或用草藥皆有一是同不應驗近有不遵古製以圖射利率性加減偷造香味雖有功效貽害匪淺本號得傳建麯神方親自揀選藥料如法精製用公於世四方貴客凡有採用神麯者祈認本號神麯近以意嘗即美惡立判方知本號之神麯應效矣

<서영 62-1> 「西藏志」, (淸)徐絅목활자본, 叙 제1엽상엽, 19.3 × 11.1cm.

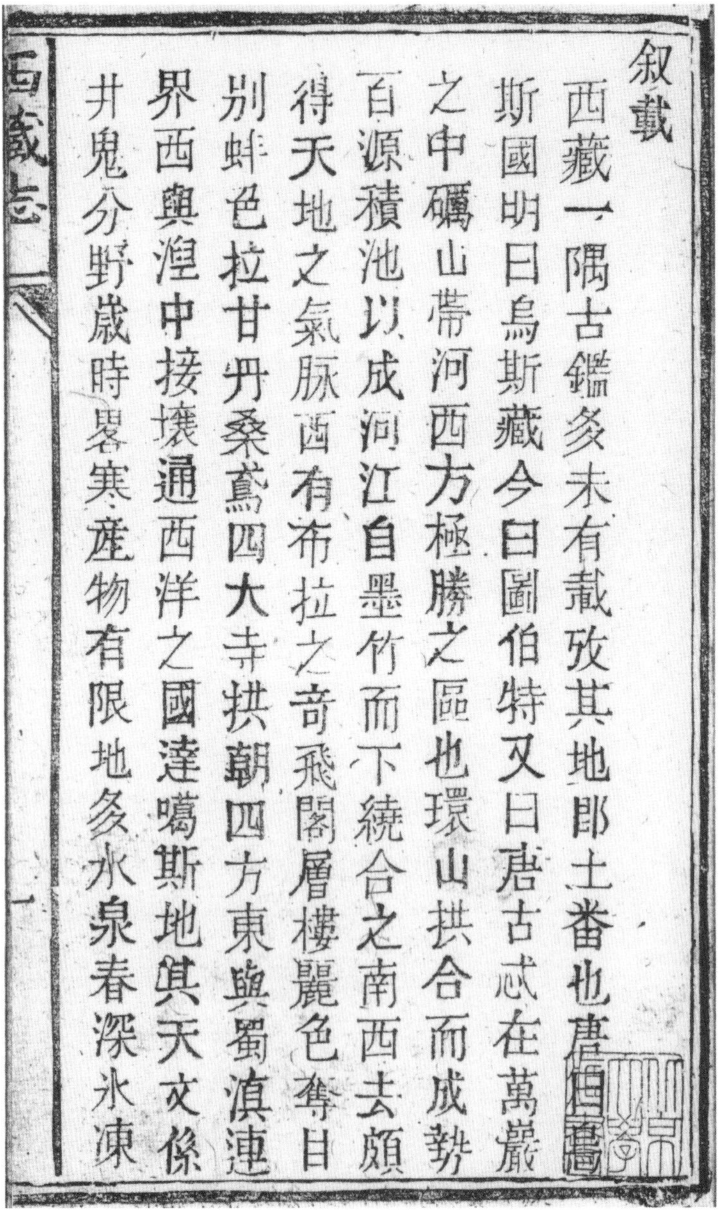
叙載
西藏一隅古鑑多未有載攷其地即土番也唐[illegible]
斯國明曰烏斯藏今曰圖伯特又曰唐古忒在萬巖
之中礪山帶河西方極勝之區也環山拱合而成勢
百源積池以成河江自墨竹而下繞合之南西去頗
得天地之氣脈西有布拉之奇飛閣層樓麗色奪目
別蚌色拉甘丹桑鳶四大寺拱覲四方東與蜀滇連
界西與湟中接壤通西洋之國達噶斯地其天文係
井鬼分野歲時暑寒產物有限地多水泉春深氷凍
西藏志 一 一

<서영 62-2> 「西藏志」, (淸)徐絅목활자본, 제10엽상엽.

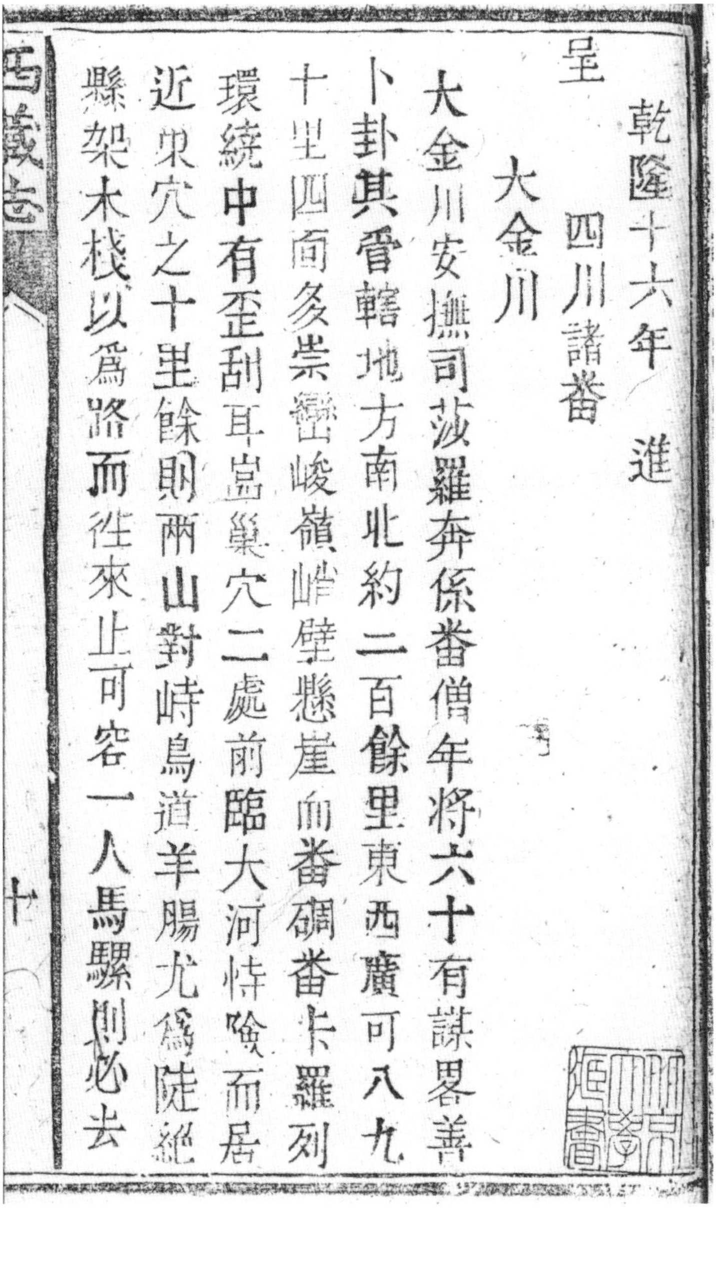

乾隆十六年進
呈
四川諸番
大金川
大金川安撫司莎羅奔係番僧年將六十有謀畧善
卜卦其骨轄地方南北約二百餘里東西廣可八九
十里四面多崇巒峻嶺峭壁懸崖而番碉番卡羅列
環繞中有歪刮耳崑巢穴二處前臨大河恃險而居
近巢穴之十里餘則兩山對峙鳥道羊腸尤爲陡絕
縣架木棧以爲路而往來止可容一人馬騾則必去

西藏志　十

<서영 62-3> 「西藏志」, (淸)徐絅목활자본, 제40엽하엽.

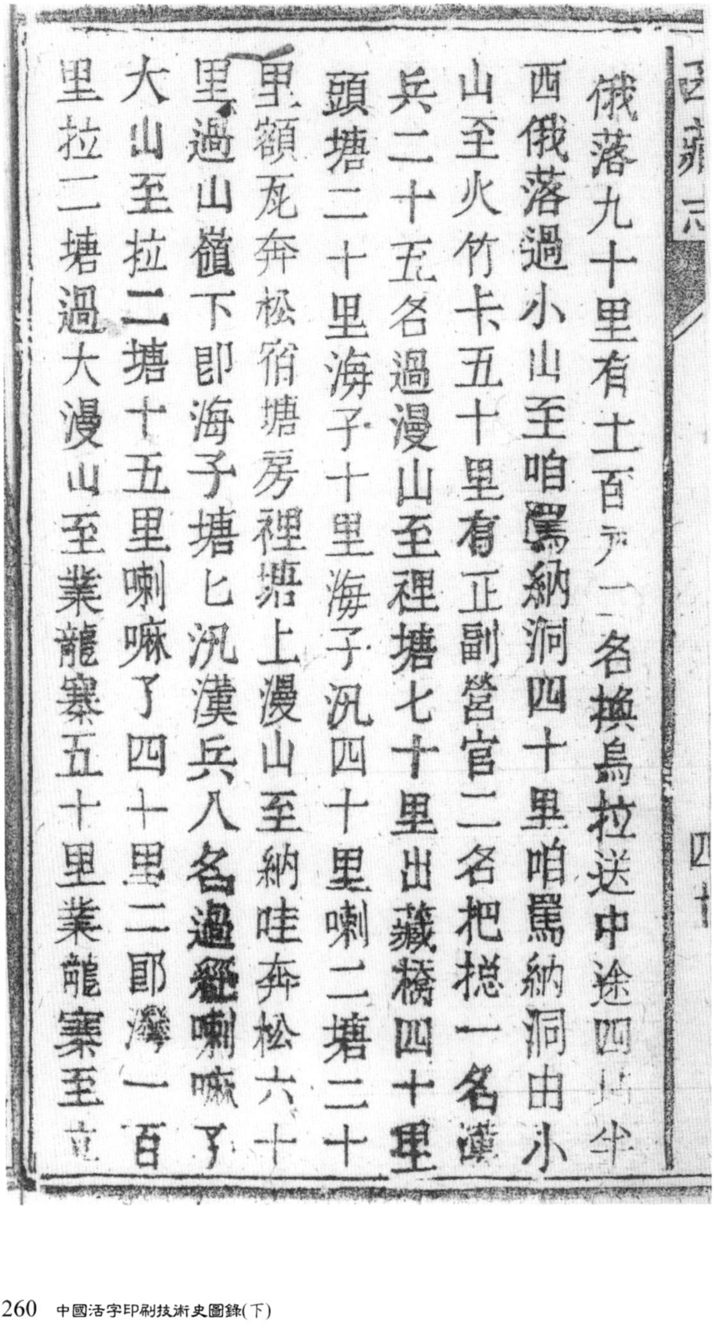
西藏志　四十

俄落九十里有土百户一名換烏拉送中途四站半
西俄落過小山至咱鴷納洞四十里咱鴷納洞由小
山至火竹卡五十里有正副營官二名把總一名漢
兵二十五名過漫山至裡塘七十里出藏橋四十里
頭塘二十里海子十里海子汎四十里喇二塘二十
里額瓦奔松宿塘房裡塘上漫山至納哇奔松六十
里過山嶺下即海子塘匕汎漢兵八名過雞喇嘛了
大山至拉二塘十五里喇嘛了四十里二郎灣一百
里拉二塘過大漫山至業龍寨五十里業龍寨至立

<서영 62-4> 「西藏志」, (淸)徐絅목활자본, 제41엽상엽.

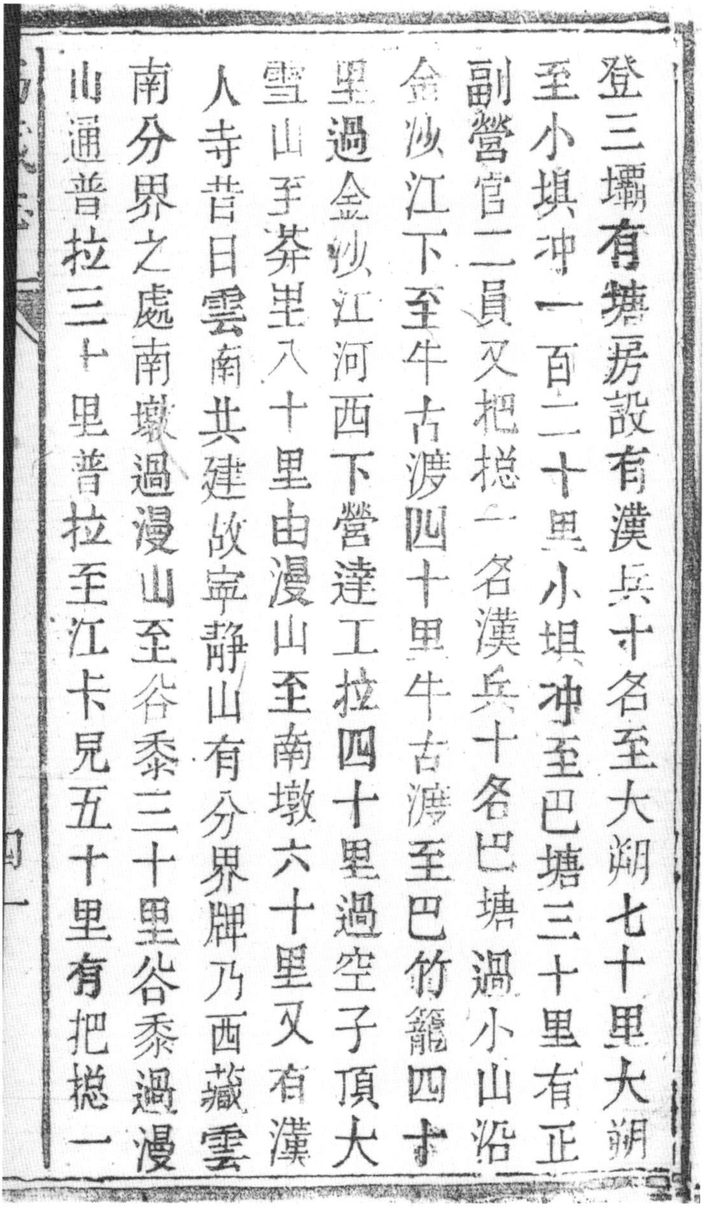
登三壩有塘房設有漢兵十名至大朔七十里大朔
至小埧冲一百二十里小埧冲至巴塘三十里有正
副營官二員又把總一名漢兵十名巴塘過小山沿
金沙江下至牛古渡四十里牛古渡至巴竹籠四十
里過金沙江河西下營達工拉四十里過空子頂大
雪山至莽里八十里由漫山至南墩六十里又有漢
人寺昔日雲南共建設寧靜山有分界牌乃西藏雲
南分界之處南墩過漫山至谷黍三十里谷黍過漫
山通普拉三十里普拉至江卡見五十里有把總一
西藏志 四一

<서영 63-1> 「斜川詩集」, 清목활자본, 권1 제1엽상엽, 17.6 × 12.8cm.

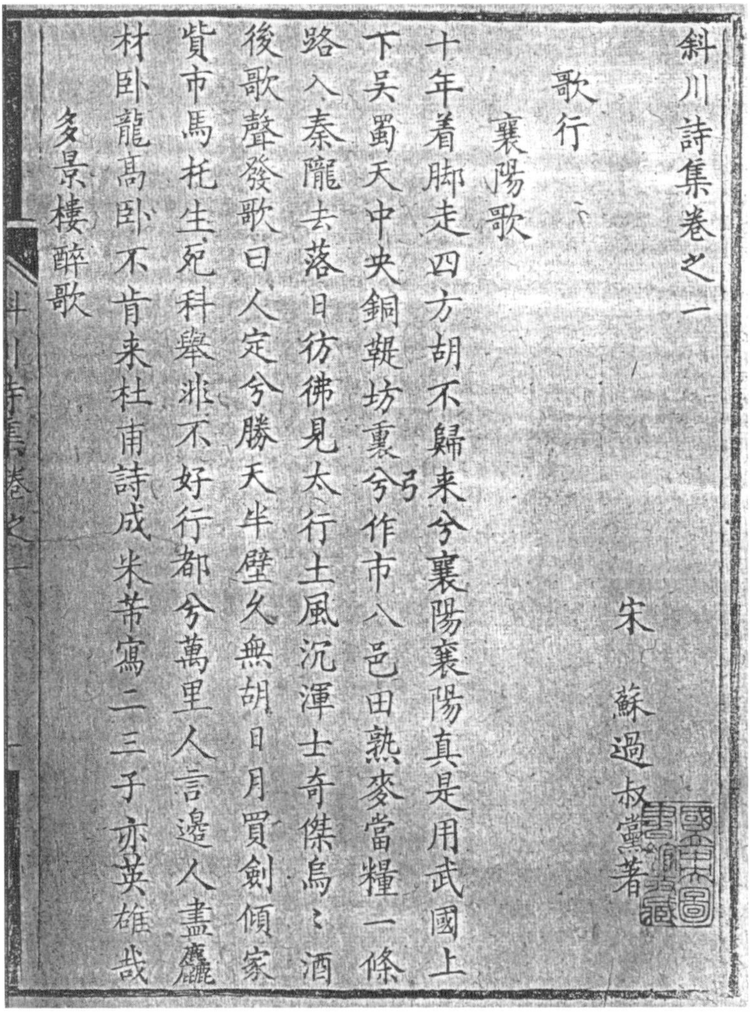

斜川詩集卷之一

宋　蘇過叔黨著

歌行

襄陽歌

十年着脚走四方胡不歸来兮襄陽襄陽真是用武國上
下吴蜀天中央銅鞮坊裏兮作市八邑田熟麥當糧一條
路入秦隴去落日彷彿見太行土風沉渾士奇傑烏々酒
後歌聲發歌曰人定兮勝天半壁久無胡日月買劍傾家
貲市馬托生死科舉非不好行都兮萬里人言邊人盡麤
材卧龍高卧不肯来杜甫詩成米芾寫二三子亦英雄哉

多景樓醉歌

<서영 63-2> 「斜川詩集」, 清목활자본, 권5 제1엽상엽.

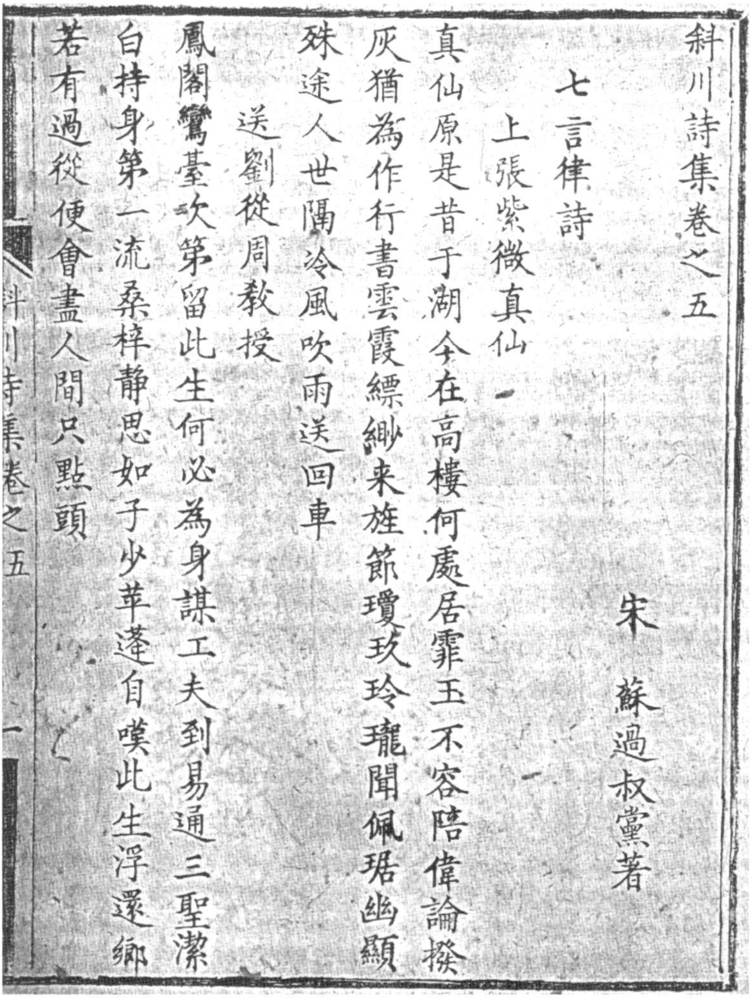
斜川詩集卷之五

宋　蘇過叔黨著

七言律詩

上張紫微真仙

真仙原是昔于湖今在高樓何處居霏玉不容陪偉論撥
灰猶爲作行書雲霞縹緲来旌節瓚玖玲瓏聞佩琚幽顯
殊途人世隔泠風吹雨送回車

送劉從周教授

鳳閣鸞臺次第留此生何必爲身謀工夫到易通三聖潔
白持身第一流桑梓靜思如子少華遂自嘆此生浮還鄉
若有過從便會盡人間只點頭

斜川詩集卷之五　一

<서영 64> 「唱道眞言」, 淸목활자본.

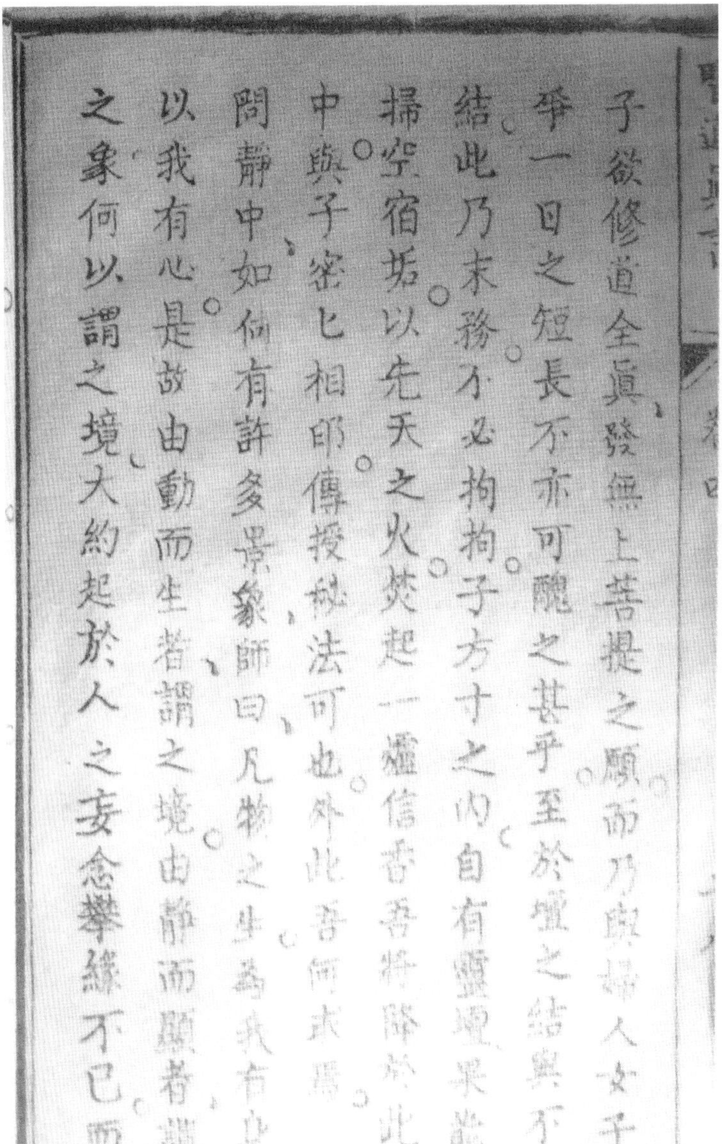

子欲修道全眞發無上菩提之願而乃與婦人女子
爭一日之短長不亦可醜之甚乎至於壇之結與不
結此乃末務不必拘拘子方寸之內自有靈壇果能
掃空宿垢以先天之火焚起一瓣信香吾將降於此
中與子密密相印傳授秘法可也外此吾何求焉
問靜中如何有許多景象師曰凡物之生爲我有身
以我有心是故由動而生者謂之境由靜而顯者謂
之象何以謂之境大約起於人之妄念攀緣不已而

<서영 65-1> 「國史經籍志」, (清)徐象橒목활자본, 권1 제1엽상엽, 17.4 × 12.6cm.

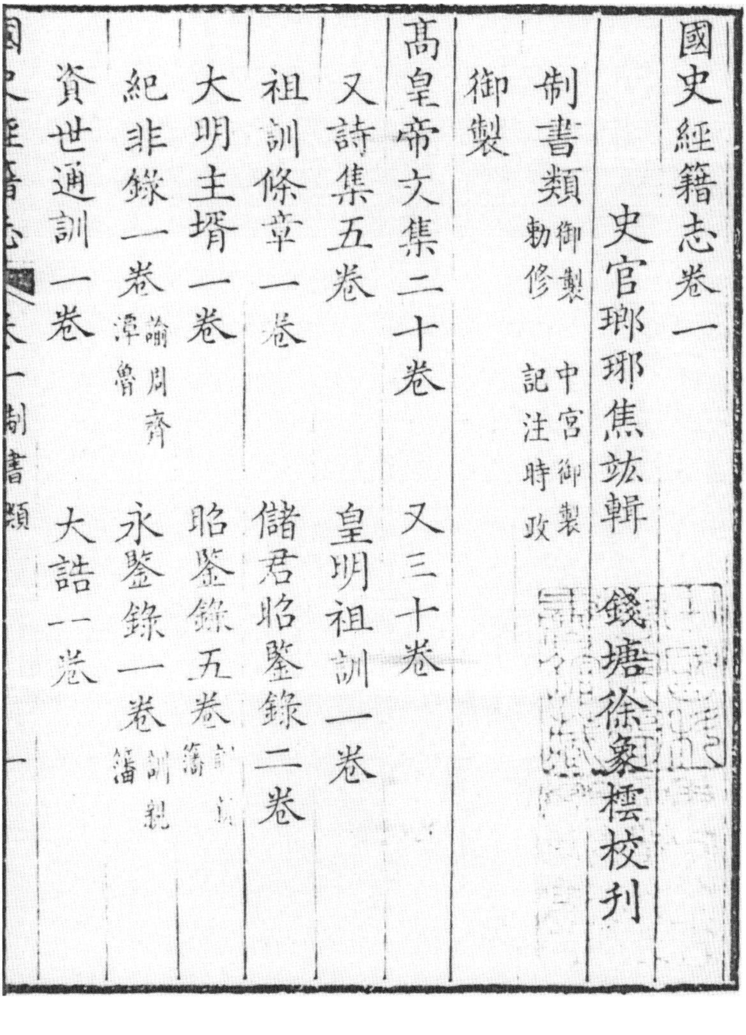

國史經籍志卷一

史官瑯琊焦竑輯　錢塘徐象橒校刊

制書類 御製勅修 中宮御製 記注時政

御製

高皇帝文集二十卷　又三十卷

又詩集五卷　皇明祖訓一卷

祖訓條章一卷　儲君昭鑒錄二卷

大明主壻一卷　昭鑒錄五卷 訓諸藩

紀非錄一卷 諭周齊潭魯　永鑒錄一卷 訓親藩

資世通訓一卷　大誥一卷

國史經籍志卷一　制書類　一

<서영 65-2> 「國史經籍志」, (淸)徐象樗목활자본, 권2 제21엽하엽.

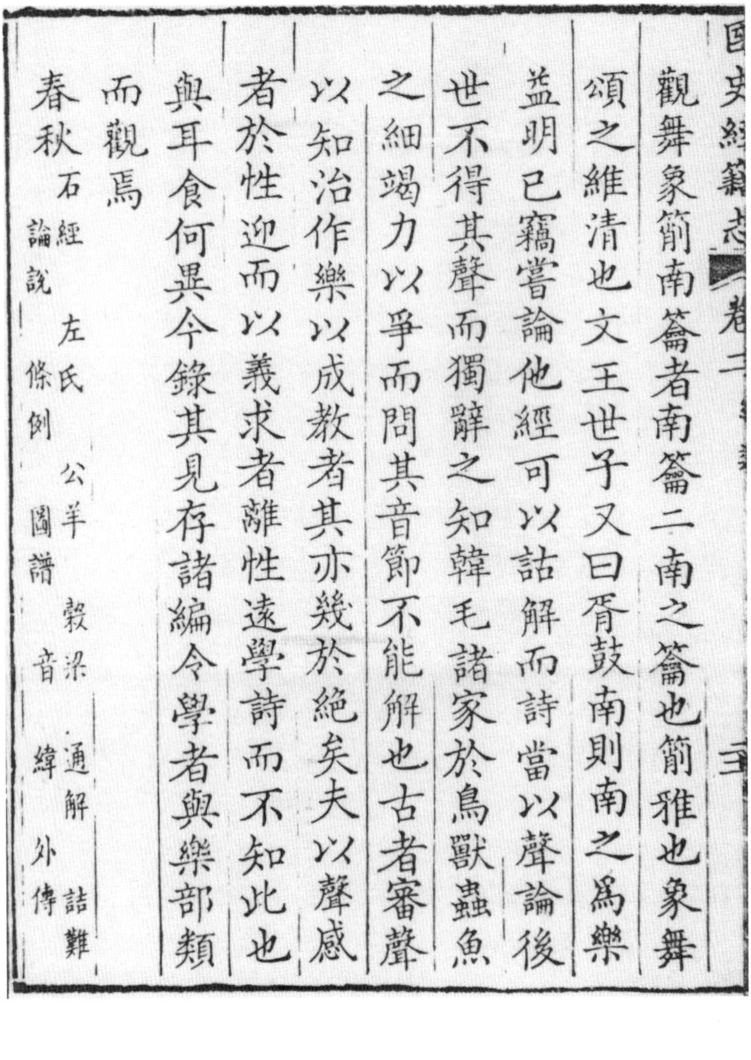
國史經籍志 卷二

觀舞象箾南籥者南籥二南之籥也箾雅也象舞頌之維清也文王世子又曰胥鼓南則南之爲樂益明已竊嘗論他經可以詁解而詩當以聲論後世不得其聲而獨辭之知韓毛諸家於鳥獸蟲魚之細竭力以爭而問其音節不能解也古者審聲以知治作樂以成教者其亦幾於絶矣夫以聲感者於性迎而以義求者離性遠學詩而不知此也與耳食何異今錄其見存諸編令學者與樂部類而觀焉

春秋 石經 左氏 公羊 穀梁 通解 詰難 論說 條例 圖譜 音 緯 外傳

<서영 65-3> 「國史經籍志」, (清)徐象橒목활자본, 권2 제21엽하엽.

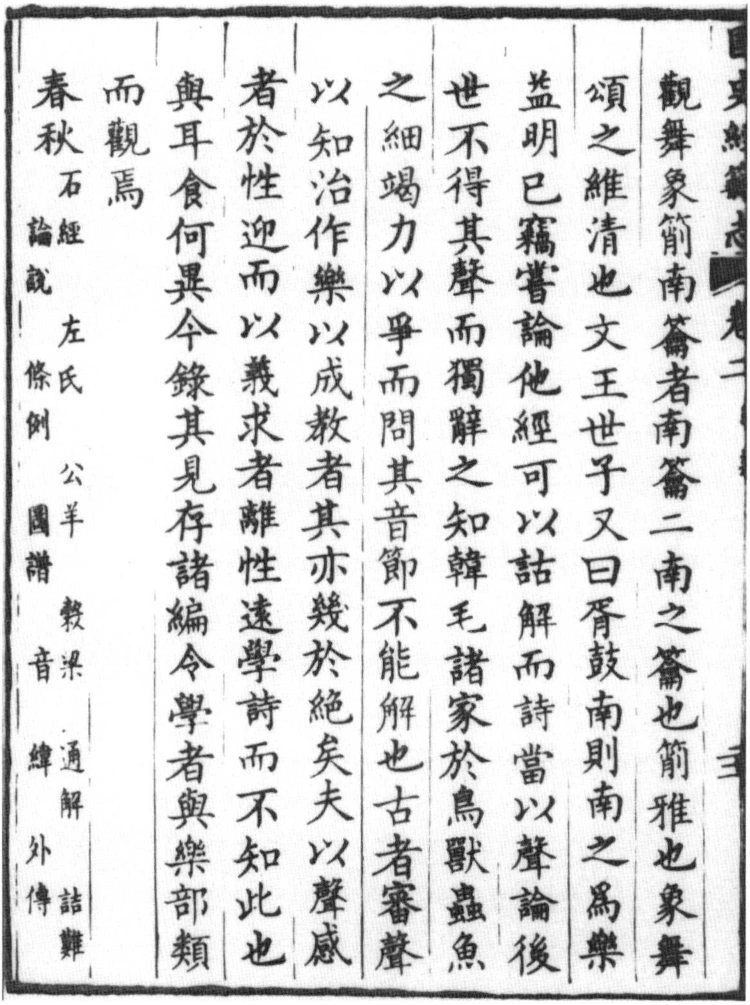
國史經籍志 卷二

觀舞象箾南籥者南籥二南之籥也箾雅也象舞頌之維清也文王世子又曰胥鼓南則南之爲樂葢明已竊嘗論他經可以詁解而詩當以聲論後世不得其聲而獨辭之知韓毛諸家於鳥獸蟲魚之細竭力以爭而問其音節不能解也古者審聲以知治作樂以成教者其亦幾於絕矣夫以聲感者於性迎而以義求者離性遠學詩而不知此也與耳食何異今錄其見存諸編令學者與樂部類而觀焉

春秋 石經 左氏 公羊 穀梁 通解 詰難 論說 條例 國譜 音 緯 外傳

<서영 65-4> 「國史經籍志」, (淸)徐象橒목활자본, 권4下 제73엽하엽.

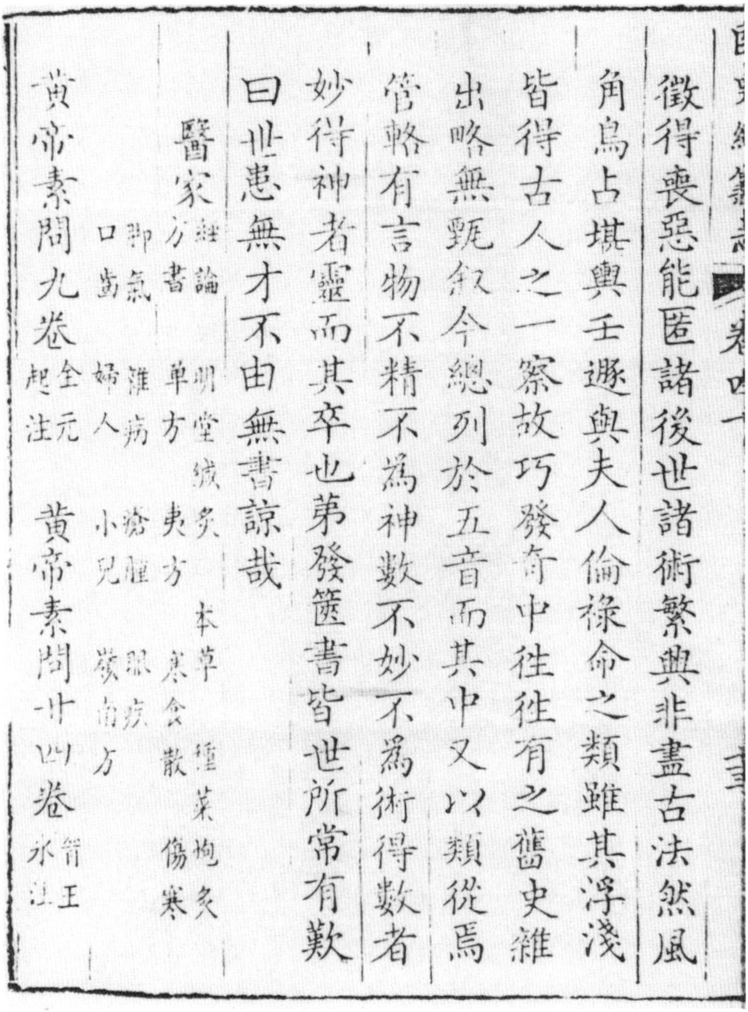

徵得喪惡能匿諸後世諸術繁與非盡古法然風
角鳥占堪輿壬遯與夫人倫祿命之類雖其浮淺
皆得古人之一察故巧發奇中往往有之舊史雜
出略無甄叙今總列於五音而其中又以類從焉
管輅有言物不精不爲神數不妙不爲術得數者
妙得神者靈而其卒也第發篋書皆世所常有歎
曰世患無才不由無書諒哉

醫家 經論 方書 明堂鍼灸 單方 夷方 本草 寒食散 種菜 炮炙 傷寒 脚氣 口齒 雜病 婦人 瘡腫 小兒 眼疾 嶺南方

黃帝素問九卷 全元起注 黃帝素問廿四卷 唐王冰注

<서영 65-5> 「國史經籍志」, (清)徐象橒목활자본, 권4下 제73엽하엽.

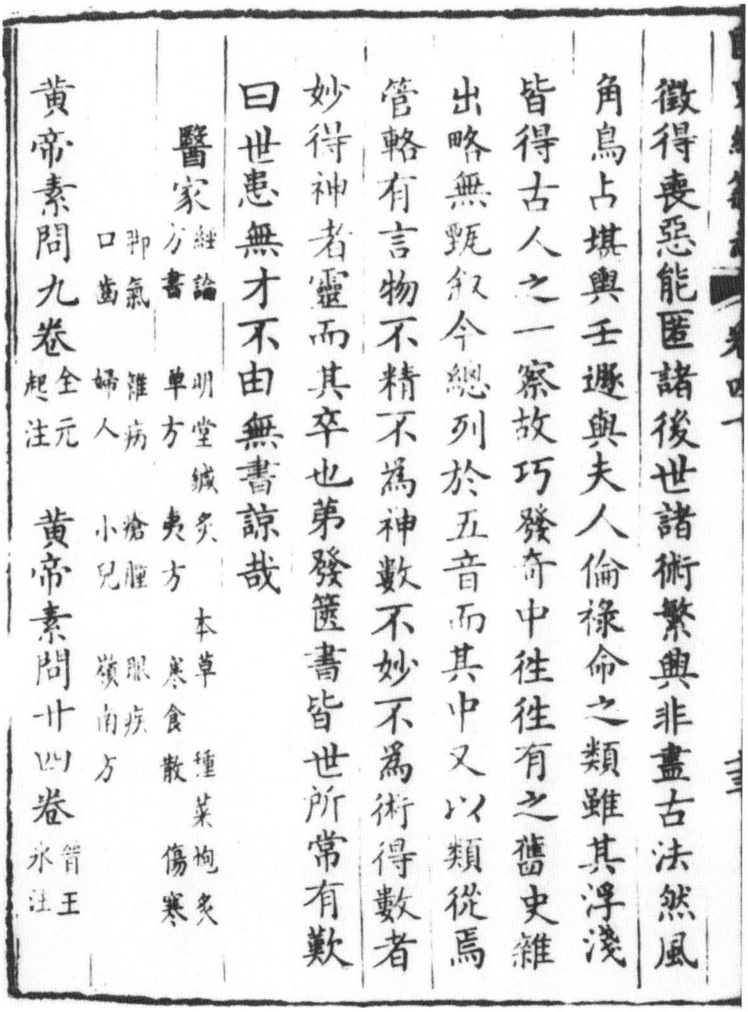

徵得喪惡能匿諸後世諸術繁興非盡古法然風
角鳥占堪輿壬遁與夫人倫祿命之類雖其浮淺
皆得古人之一察故巧發奇中往往有之舊史雜
出略無甄叙今總列於五音而其中又以類從焉
管輅有言物不精不爲神數不妙不爲術得數者
妙得神者靈而其卒也第發篋書皆世所常有歎
曰世患無才不由無書諒哉

醫家 經論 明堂鍼灸 本草 種菜炮炙 方書 單方 夷方 寒食散 傷寒 脚氣 雜病 瘡腫 眼疾 口齒 婦人 小兒 嶺南方

黃帝素問九卷 全元起注 黃帝素問卄四卷 晉王冰注

<서영 66-1> 「包村紀略」, (淸)沈溪書屋목활자본, 제1엽하엽.

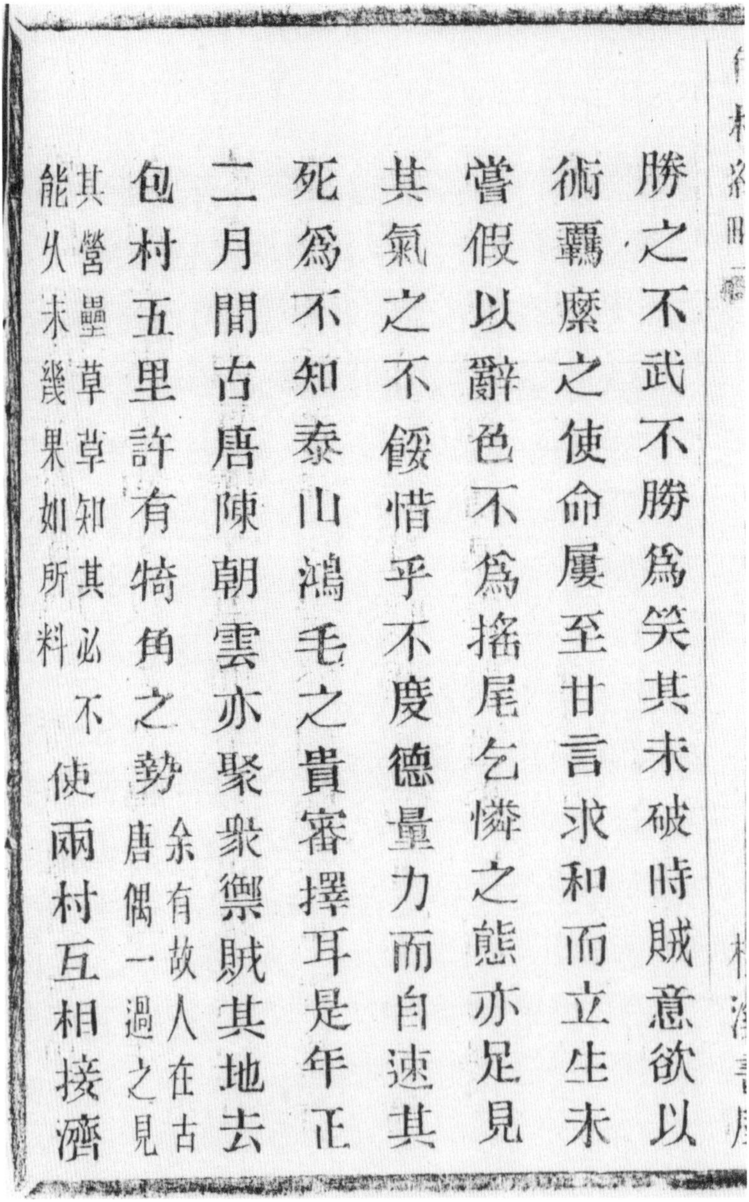

勝之不武不勝爲笑其未破時賊意欲以
術羈縻之使命屢至甘言求和而立生未
嘗假以辭色不爲搖尾乞憐之態亦足見
其氣之不餒惜乎不度德量力而自速其
死爲不知泰山鴻毛之貴審擇耳是年正
二月間古唐陳朝雲亦聚衆禦賊其地去
包村五里許有犄角之勢余有故人在古唐偶一過之見
其營壘草草知其必不能久未幾果如所料使兩村互相接濟

<서영 66-2> 「包村紀略」, (淸)沈溪書屋목활자본, 제1엽상엽, 19.4 × 11.8cm.

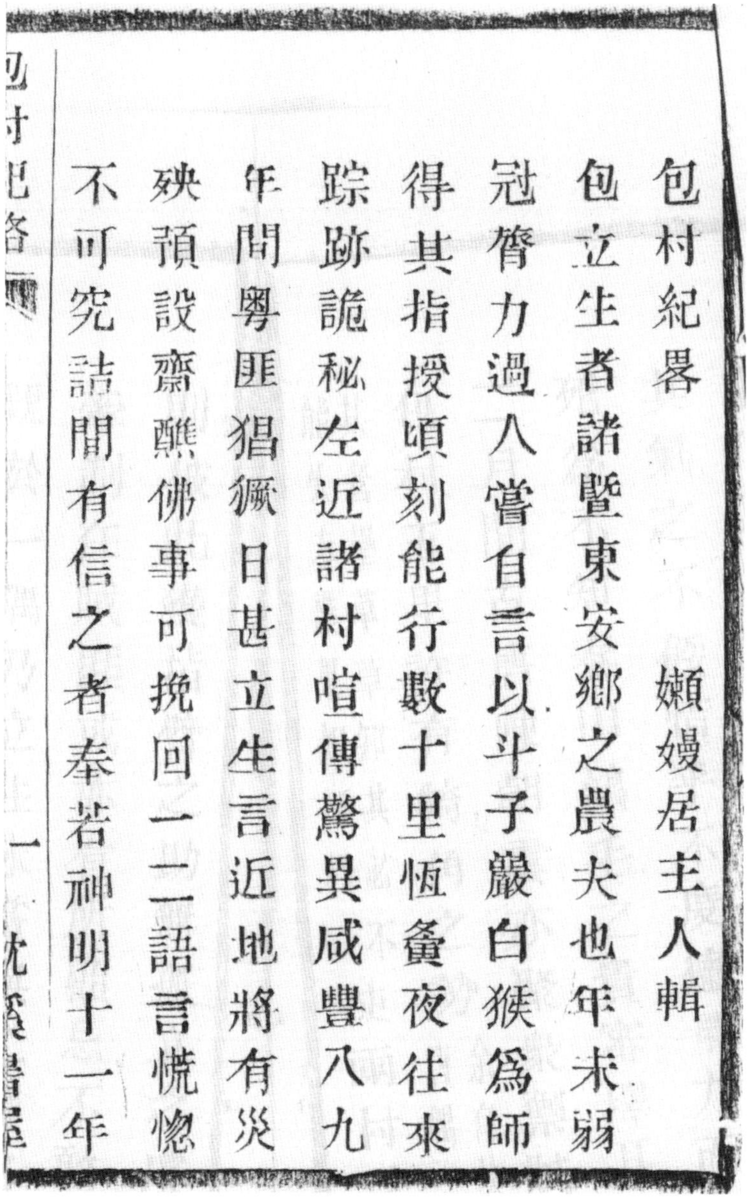
包村紀畧

嬾嫚居主人輯

包立生者諸曁東安鄉之農夫也年未弱
冠膂力過人嘗自言以斗子巖白猴爲師
得其指授頃刻能行數十里恆飧夜往來
踪跡詭秘左近諸村喧傳驚異咸豐八九
年間粵匪猖獗日甚立生言近地將有災
殃須設齋醮佛事可挽回一二語言慌惚
不可究詰間有信之者奉若神明十一年

包村紀畧 一 沈溪書屋

<서영 67-1> 「唐荊川先生纂輯武編」, 淸목활자본, 전편 권1 제1엽상엽, 20.0 × 14.0cm.

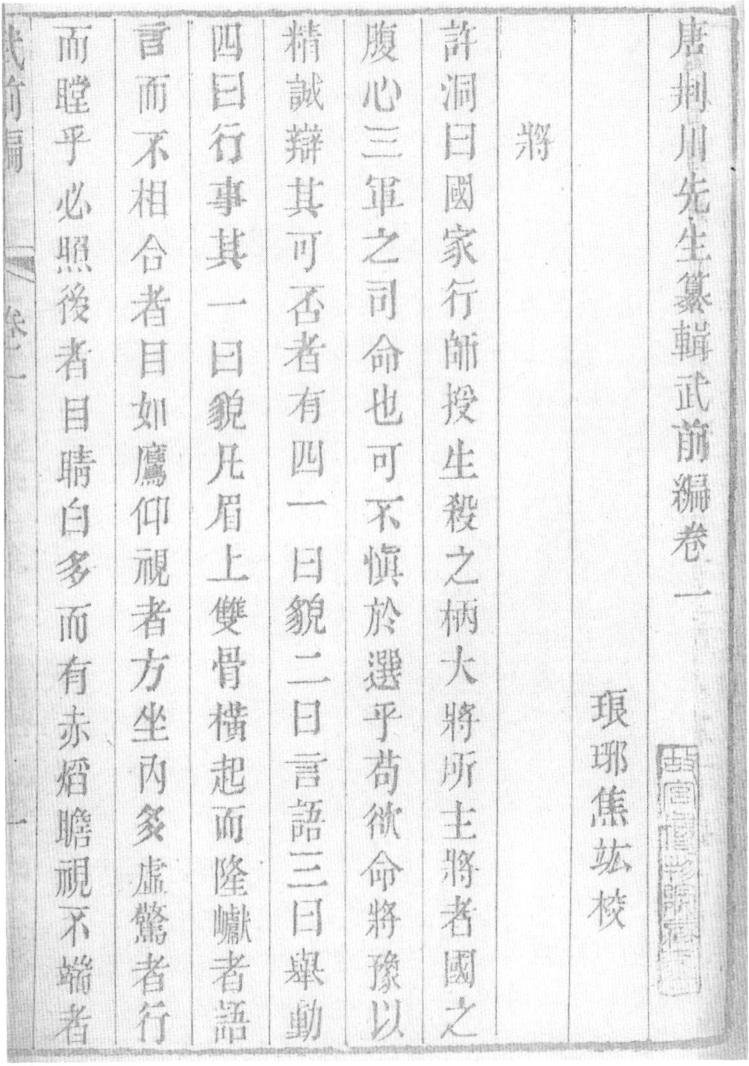
唐荊川先生纂輯武前編卷一

瑯琊焦竑校

將

許洞曰國家行師授生殺之柄大將所主將者國之腹心三軍之司命也可不慎於選乎苟欲命將豫以精誠辯其可否者有四一曰貌二曰言語三曰舉動四曰行事其一曰貌凡眉上雙骨横起而隆巘者語言而不相合者目如鷹仰視者方坐內多虛驚者行而瞠乎必照後者目睛白多而有赤縚瞻視不端者

武前編 卷一 一

<서영 67-2> 「唐荊川先生纂輯武編」, 淸목활자본, 전편 권2 제1엽상엽.

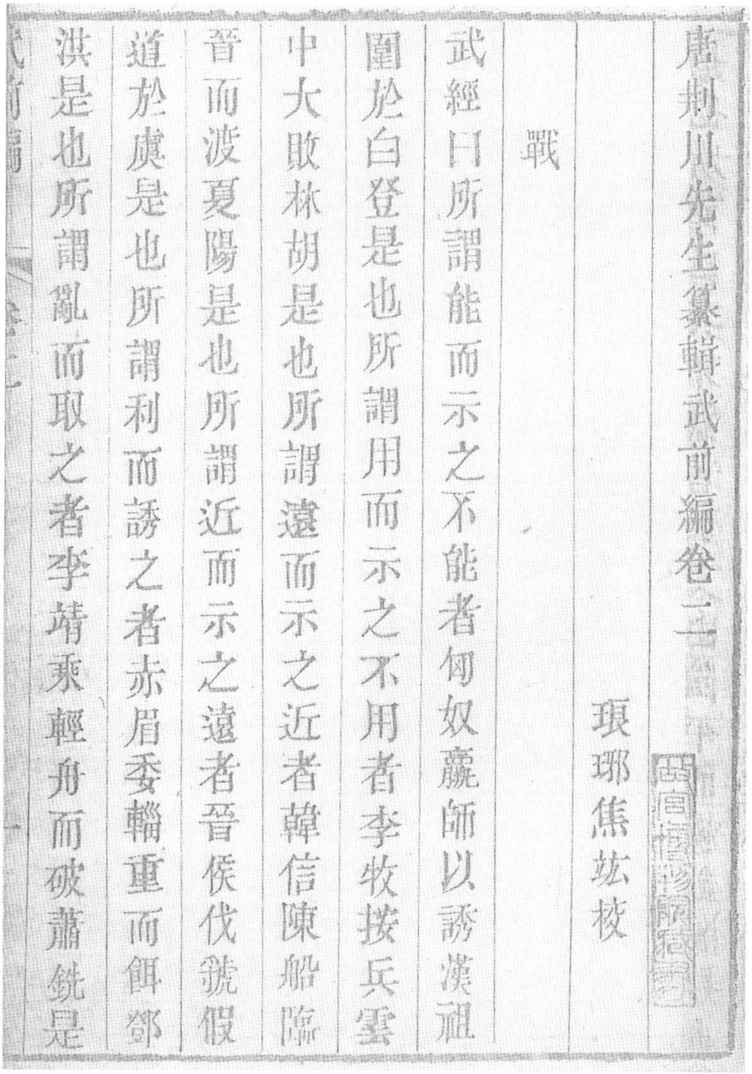
唐荊川先生纂輯武前編卷二

瑯琊焦竑校

戰

武經曰所謂能而示之不能者匈奴羸師以誘漢祖圍於白登是也所謂用而示之不用者李牧按兵雲中大敗林胡是也所謂遠而示之近者韓信陳船臨晉而渡夏陽是也所謂近而示之遠者晉侯伐虢假道於虞是也所謂利而誘之者赤眉委輜重而餌鄧洪是也所謂亂而取之者李靖乘輕舟而破蕭銑是

<서영 67-3> 「唐荊川先生纂輯武編」, 清목활자본, 후편 권2 제1엽상엽.

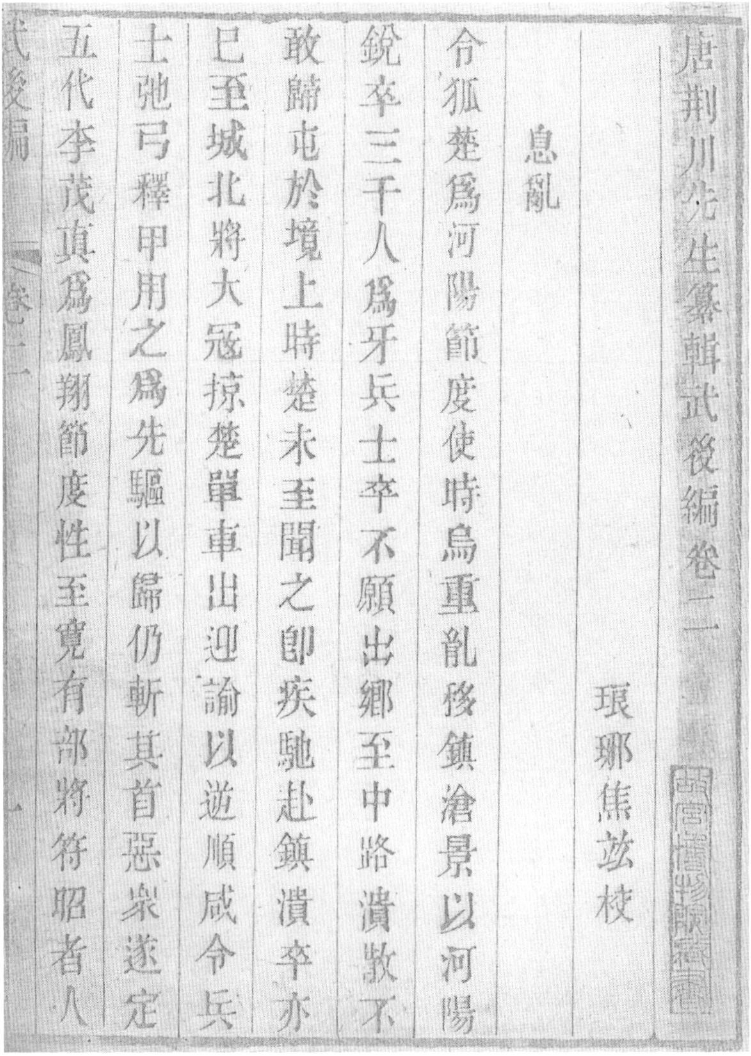

唐荊川先生纂輯武後編卷二

琅琊焦竑校

息亂

令狐楚爲河陽節度使時烏重亂移鎮滄景以河陽銳卒三千人爲牙兵士卒不願出鄉至中路潰散不敢歸屯於境上時楚未至聞之即疾馳赴鎮潰卒亦已至城北將大寇掠楚單車出迎諭以逆順咸令兵士弛弓釋甲用之爲先驅以歸仍斬其首惡衆遂定

五代李茂貞爲鳳翔節度性至寬有部將符昭者人

武後編 卷二 一

<서영 68> 「城步縣志」, 淸활자본.

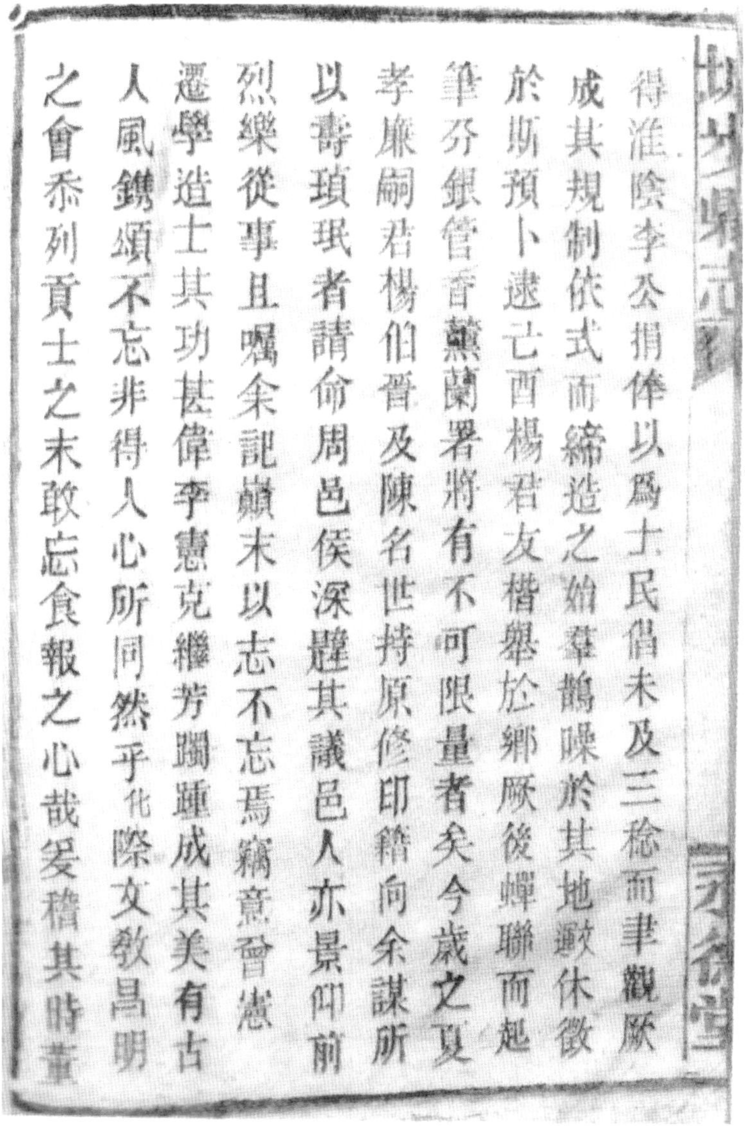

得淮陰李公捐俸以爲士民倡未及三稔而聿觀厥
成其規制依式而締造之始韋鵲噪於其地歟休徵
於斯預卜遠己酉楊君友楷舉於鄉厥後蟬聯而起
筆分銀管香爇蘭署將有不可限量者矣今歲之夏
孝廉嗣君楊伯晉及陳名世持原修印籍向余謀所
以壽項珉者請命周邑侯深韙其議邑人亦景仰前
烈樂從事且囑余記巔末以志不忘焉竊意曾憲
遷學造士其功甚偉李憲克繼芳躅踵成其美有古
人風鐫頌不忘非得人心所同然乎化際文教昌明
之會忝列貢士之末敢忘食報之心哉爰稽其時輩

<서영 69> 「傷寒附翼」, 淸활자본, 권상, 제1엽상엽.

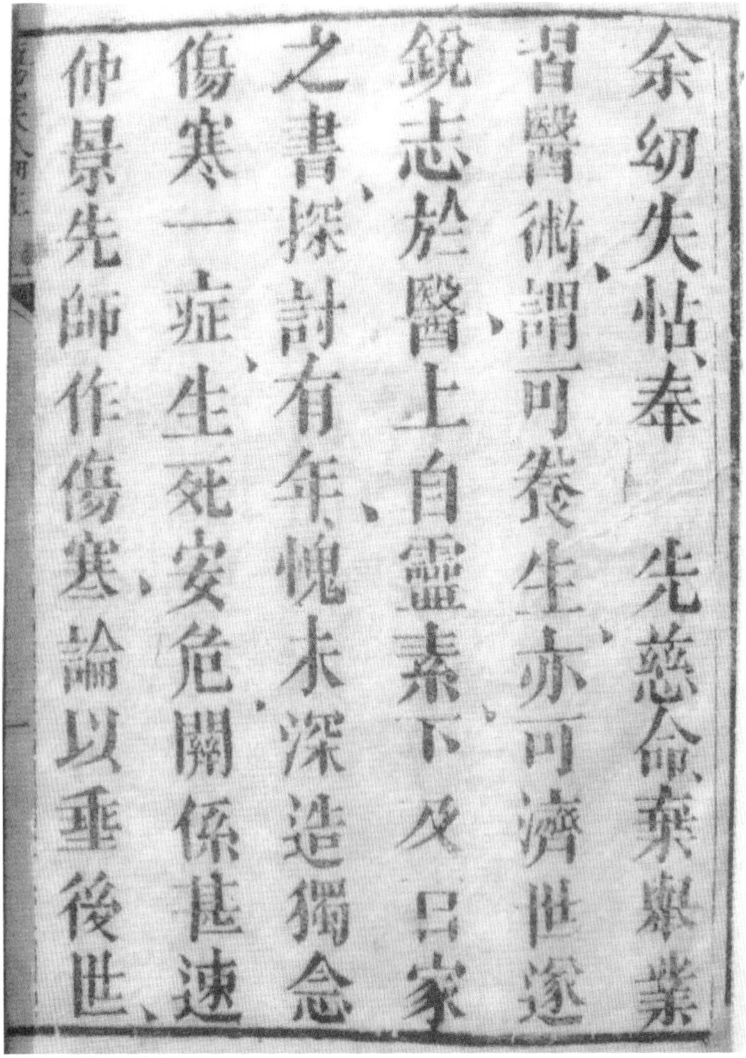
余幼失怙奉　先慈命棄舉業
習醫術謂可養生亦可濟世遂
銳志於醫上自靈素下及呂家
之書探討有年愧未深造獨念
傷寒一症生死安危關係甚速
仲景先師作傷寒論以垂後世

<서영 70-1> 「巫氏房譜」, 淸활자본, 권4 제24엽상엽.

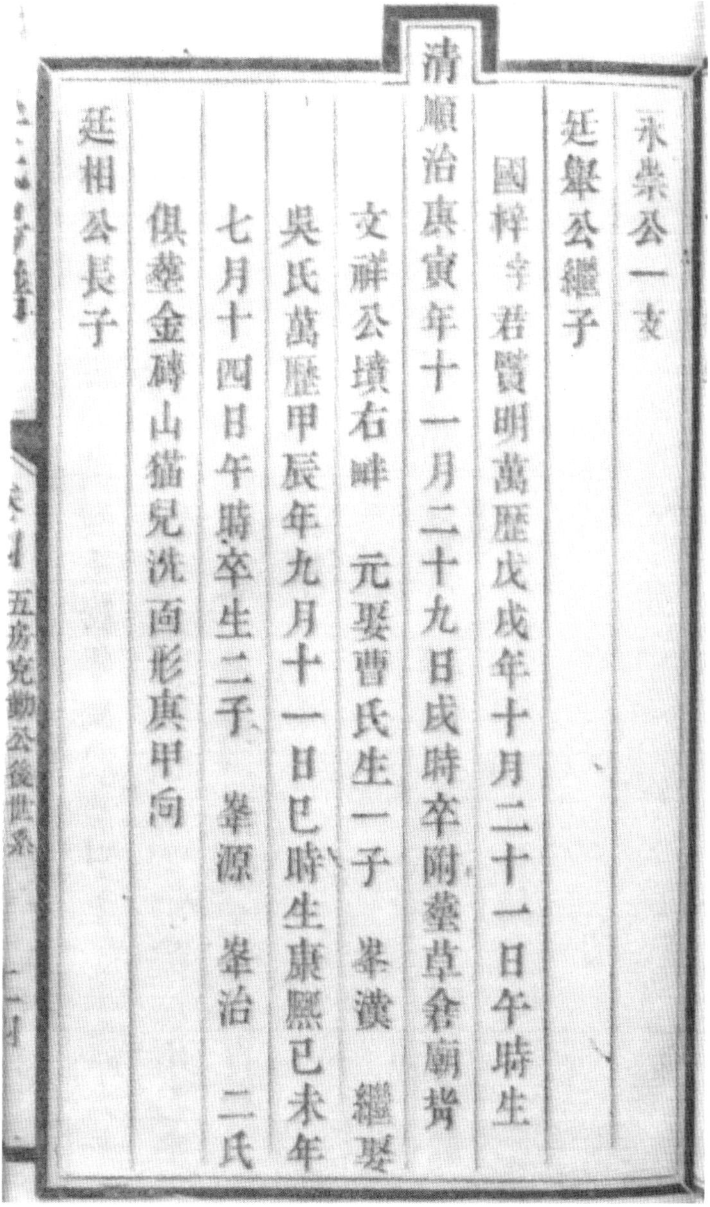
永崇公一支
廷舉公繼子
國梓字若賢明萬歷戊戌年十月二十一日午時生
淸順治庚寅年十一月二十九日戌時卒附葬草倉廟背
文祥公墳右畔　元娶曹氏生一子　峯濮　繼娶
吳氏萬歷甲辰年九月十一日巳時生康熙己未年
七月十四日午時卒生二子　峯源　峯治　二氏
俱葬金磚山猫兒洗面形庚甲向
廷相公長子

五房克勤公後世系

<서영 70-2> 「巫氏房譜」, 淸활자본, 권5 제41엽하엽.

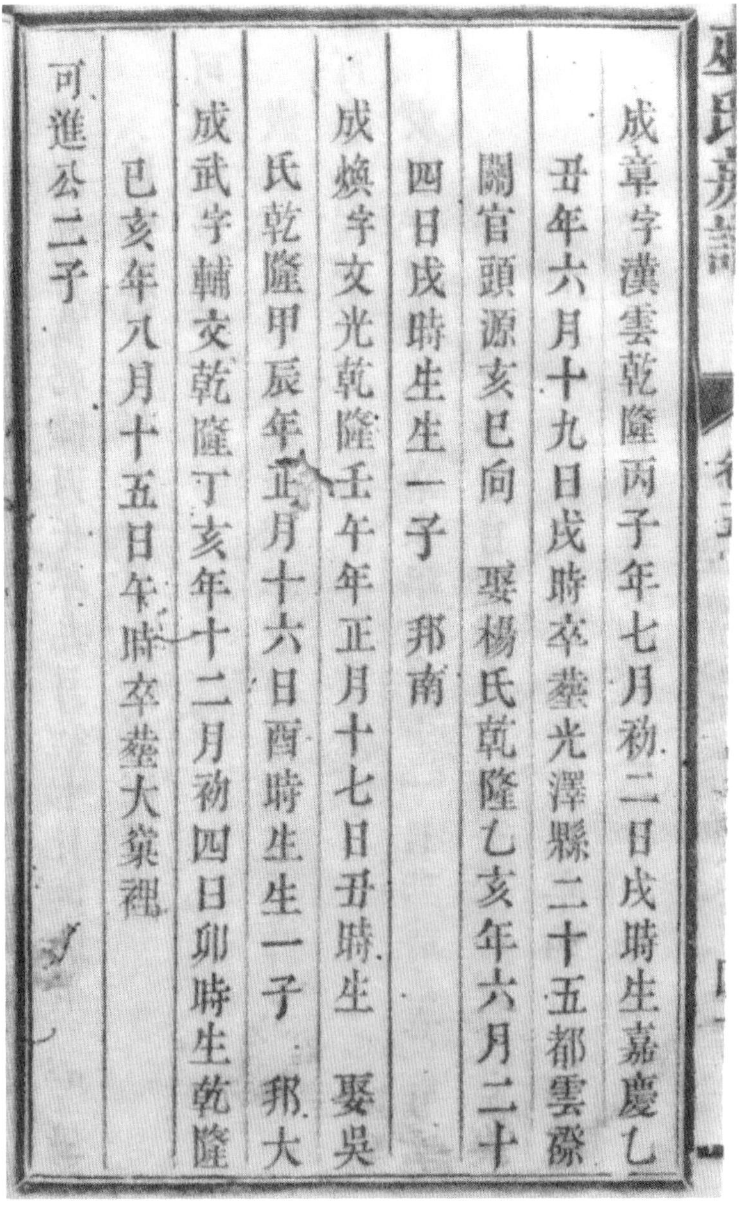
成章字漢雲乾隆丙子年七月初二日戌時生嘉慶乙
丑年六月十九日戌時卒葬光澤縣二十五都雲際
關官頭源亥巳向　娶楊氏乾隆乙亥年六月二十
四日戌時生生一子　邦南
成煥字文光乾隆壬午年正月十七日丑時生　娶吳
氏乾隆甲辰年正月十六日酉時生生一子　邦大
成武字輔交乾隆丁亥年十二月初四日卯時生乾隆
己亥年八月十五日午時卒葬大槳裡
可進公二子

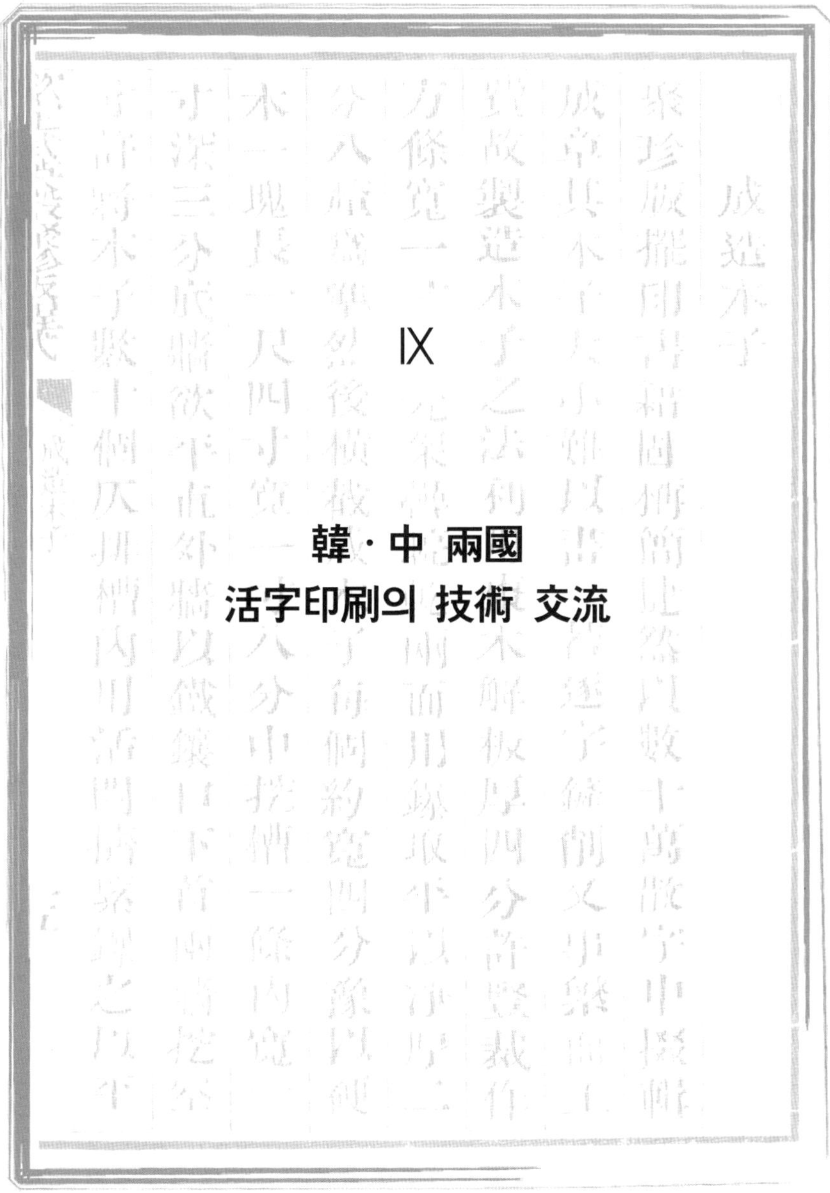

Ⅸ

韓·中 兩國 活字印刷의 技術 交流

Ⅸ. 韓·中 兩國 活字印刷의 技術 交流

Exchange of Typography between Korea and China

◁ 目 次 ▷

1. 서영 목차 및 판본 사항

<서영 1> 「容齋隨筆」, 會通館弘治8(1495)년銅版朱錫활자본.

<서영 2> 「吳中水利通志」, 桂坡館嘉靖3(1524)년活字銅板본.

<서영 3> 「墨子」, 姚奎嘉靖31(1552)년동활자藍인본.

<서영 4> 「唐柳先生集」, 朝鮮甲寅字1440년인본.

<서영 5> 「周易傳義」, 朝鮮乙亥字1466년인본.

<서영 6> 「王荊文公詩」, 朝鮮甲辰字1485년인본.

中國活字印刷技術史圖錄

2. 서영

<서영 1> 「容齋隨筆」, 會通館弘治8(1495)년銅版朱錫활자본, 권1 제1엽상엽, 23.7 × 16.1cm.

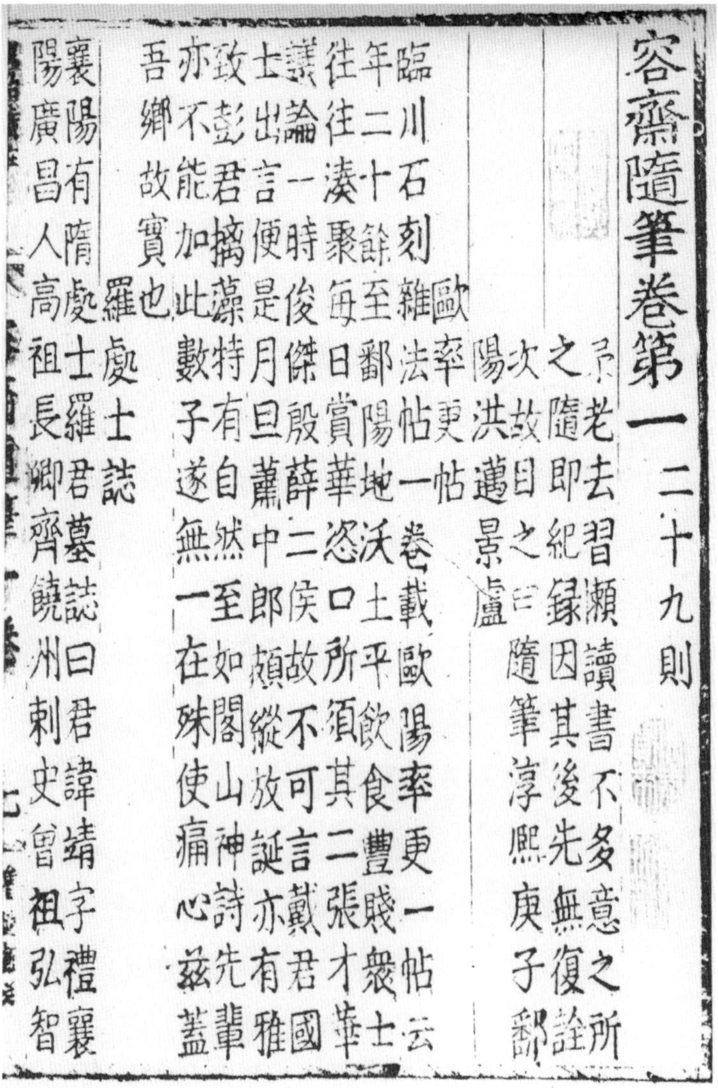

容齋隨筆卷第一
二十九則
予老去習懶讀書不多意之所
之隨即紀錄因其後先無復詮
次故目之曰隨筆淳熙庚子鄱
陽洪邁景盧
歐率更帖
臨川石刻雜法帖一卷載歐陽率更一帖云
年二十餘至鄱陽地沃土平飲食豐賤衆士
往往湊聚每日賞華恣口所須其二張才華
議論一時俊傑殷薛二侯故不可言戴君國
士出言便是月旦蕭中郎頗縱放誕亦有雅
致彭君摛藻特有自然至如閣山神詩先輩
亦不能加此數子遂無一在殊使痛心茲蓋
吾鄉故實也
羅處士誌
襄陽有隋處士羅君墓誌曰君諱靖字禮襄
陽廣昌人高祖長卿齊饒州刺史曾祖弘智

<서영 2> 「吳中水利通志」, 桂坡館嘉靖3(1524)년活字銅板본, 권1 제1엽상엽, 19.9 × 14.1cm.

吳中水利通志卷第一
蘇州府
叙水
太湖在郡西南三十餘里即禹貢之震澤
周禮之具區左氏傳之笠澤又謂之
五湖而其說不同一云周行五百里故
名一云太湖東通松江南通霅溪西通
荊溪北通隔湖東連韭溪凡五道故名
一云太湖上稟咸池五車之氣故一水
五名然今湖亦自有五名自莫菱湖莫
鼇山東與徐侯山相值者中爲鼇
西北與菱莫湖南連莫湖東胥湖長山
湖連者爲逼胥山者爲東曰

<서영 3> 「墨子」, 姚奎嘉靖31(1552)년동활자藍인본, 권1 제1엽상엽, 19.4 × 13.0cm.

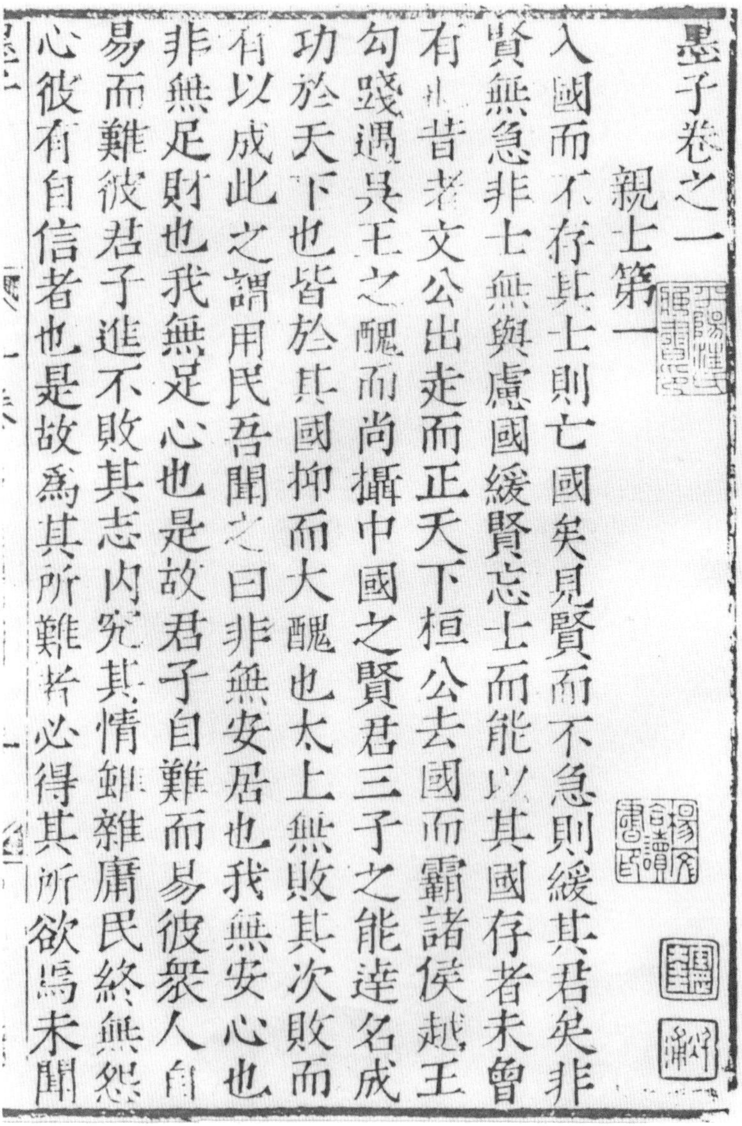

墨子卷之一

親士第一

入國而不存其士則亡國矣見賢而不急則緩其君矣非賢無急非士無與慮國緩賢忘士而能以其國存者未曾有也昔者文公出走而正天下桓公去國而霸諸侯越王勾踐遇吳王之醜而尚攝中國之賢君三子之能達名成功於天下也皆於其國抑而大醜也太上無敗其次敗而有以成此之謂用民吾聞之曰非無安居也我無安心也非無足財也我無足心也是故君子自難而易彼衆人自易而難彼君子進不敗其志內究其情雖雜庸民終無怨心彼有自信者也是故爲其所難者必得其所欲焉未聞

<서영 4> 「唐柳先生集」, 朝鮮甲寅字1440년인본, 권41 제1엽상엽, 26.7 × 17.5cm.

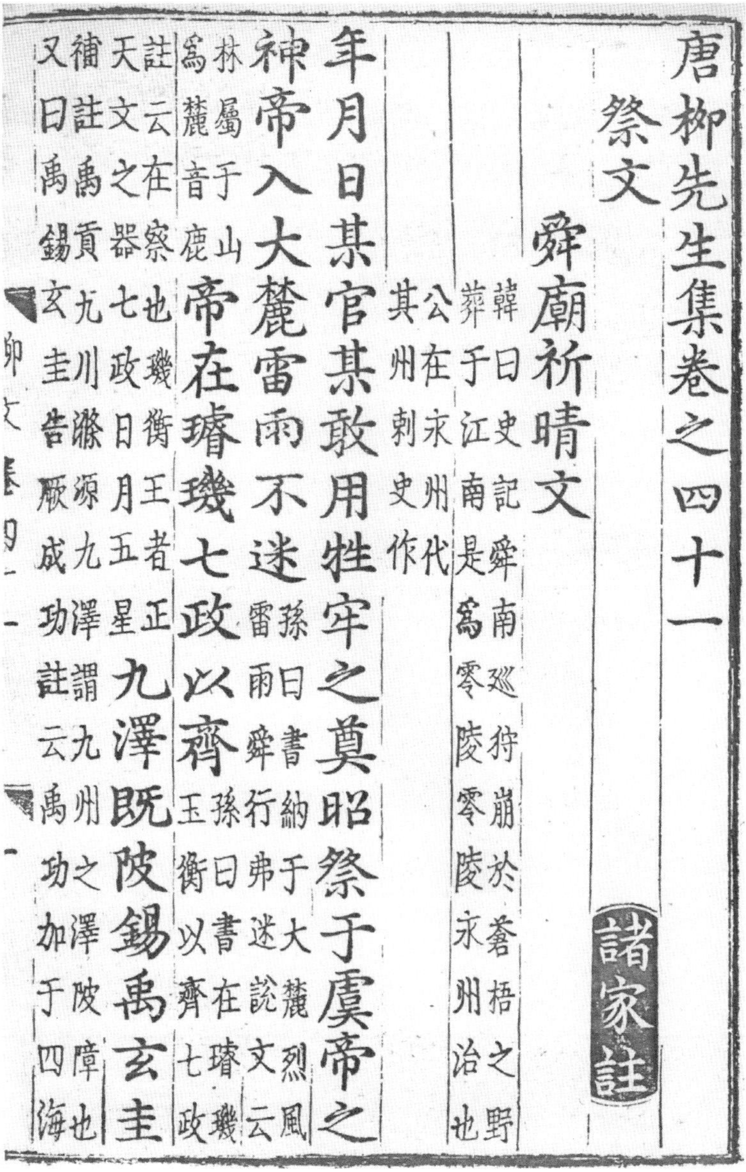
唐柳先生集卷之四十一

祭文

舜廟祈晴文

諸家註

韓日史記舜南巡狩崩於蒼梧之野葬于江南是爲零陵零陵永州治也公在永州代其州刺史作

年月日其官其敢用牲牢之奠昭祭于虞帝之

神帝入大麓雷雨不迷孫日書納于大麓烈風雷雨舜行弗迷誃文云林屬于山爲麓音鹿帝在璿璣七政以齊孫日書在璿璣玉衡以齊七政註云在察也璣衡王者正天文之器七政日月五星九澤既陂錫禹玄圭補註禹貢九川滌源九澤謂九州之澤陂障也又日禹錫玄圭告厥成功註云禹功加于四海

柳文卷四十一

<서영 5> 「周易傳義」, 朝鮮乙亥字1466년인본, 권20 제7엽하엽, 22.2 × 15.5cm.

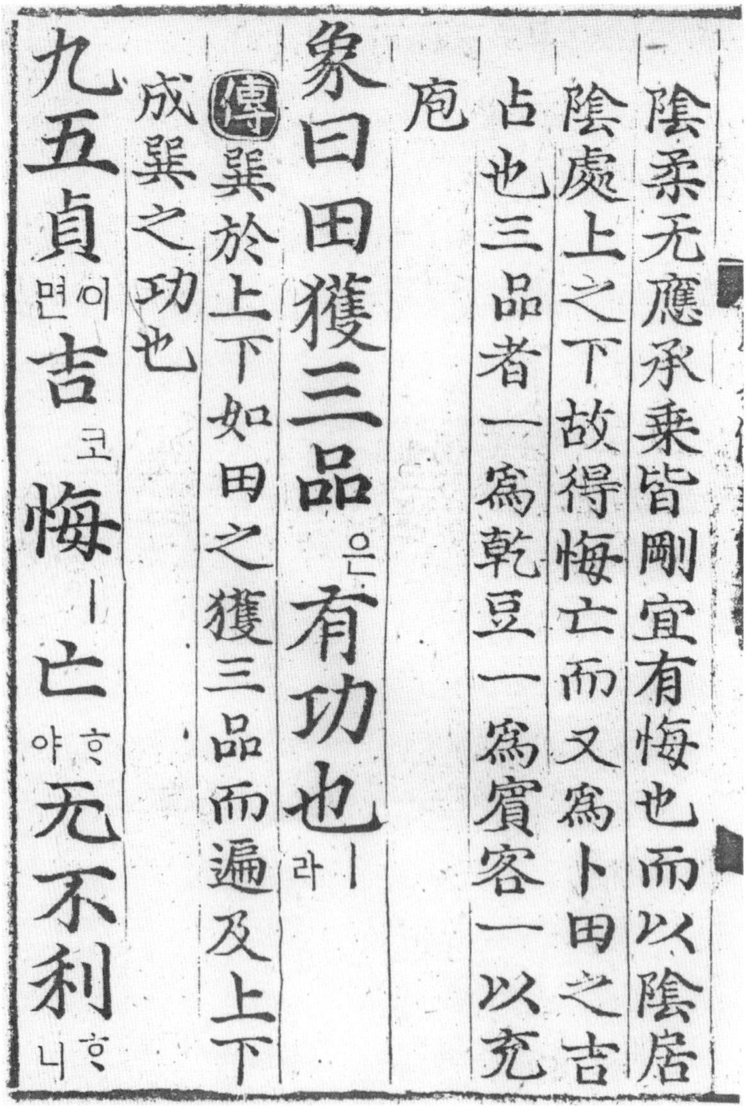

陰柔无應承乘皆剛宜有悔也而以陰居
陰處上之下故得悔亡而又爲卜田之吉
占也三品者一爲乾豆一爲賓客一以充
庖
象曰田獲三品은有功也ㅣ라
傳 巽於上下如田之獲三品而遍及上下
成巽之功也
九五貞이면吉코悔ㅣ亡ᄒᆞ야无不利ᄒᆞ니

<서영 6> 「王荊文公詩」, 朝鮮甲辰字1485년인본, 권41 제1엽상엽, 21.0 × 15.0cm.

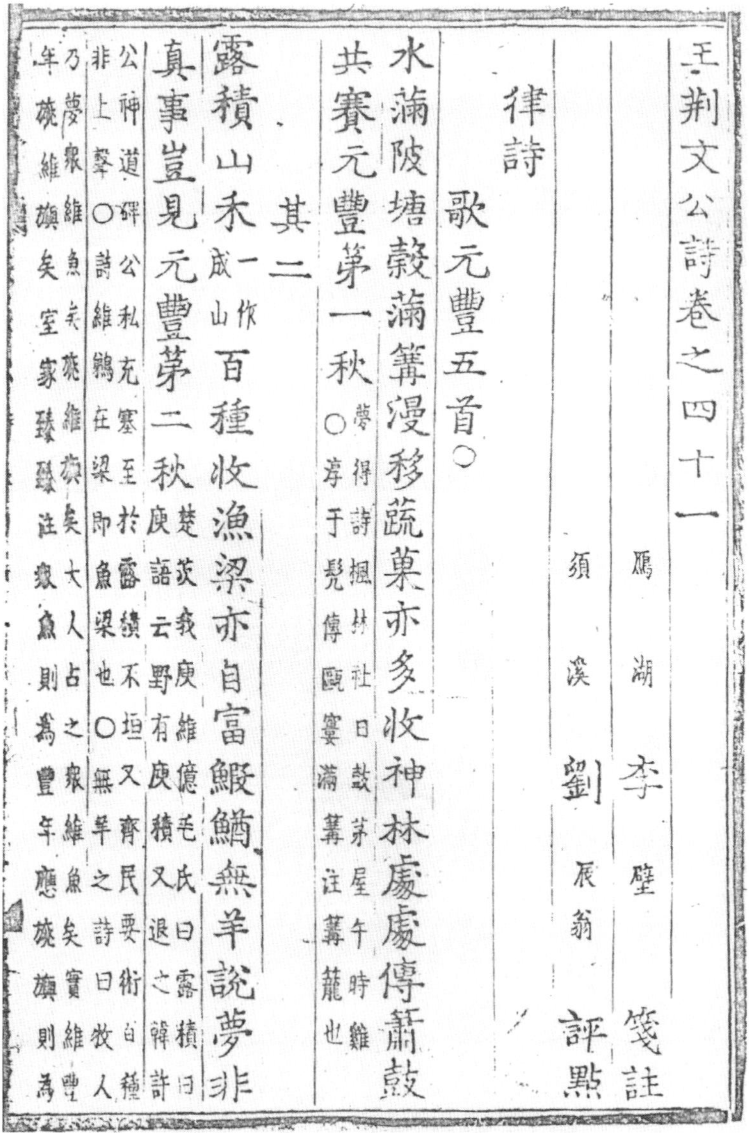

王荊文公詩卷之四十一

鴈湖 李壁 箋註

須溪 劉辰翁 評點

律詩

歌元豐五首○

水滿陂塘穀滿篝漫移蔬果亦多收神林處處傳簫鼓共賽元豐第一秋 夢得詩楓林社日鼓茅屋午時雞○淳于髠傳甌窶滿篝注篝籠也

其二

露積山禾一作成山百種收漁梁亦自富鰕鰌無羊說夢非真事豈見元豐第二秋 楚茨我庾維億毛氏曰露積曰庾語云野有庾積又退之韓詩公神道碑公私充塞至於露積不垣又齊民要術白穜非上擘○詩維鶉在梁即魚梁也○無羊之詩曰牧人乃夢衆維魚矣旐維旟矣大人占之衆維魚矣實維豐年旐維旟矣室家溱溱注衆魚則為豐年旐旟則為

X

미정리 서영

Ⅹ. 미정리 서영

Unresearched Sample Pages

◁ 目 次 ▷

1. 서영 목차 및 기본 사항

<서영 1> 「同人集」

<서영 2> 「投壺譜」

中國活字印刷技術史圖錄

2. 서영

<서영 1-1> 「同人集」, 권1 제1엽상엽.

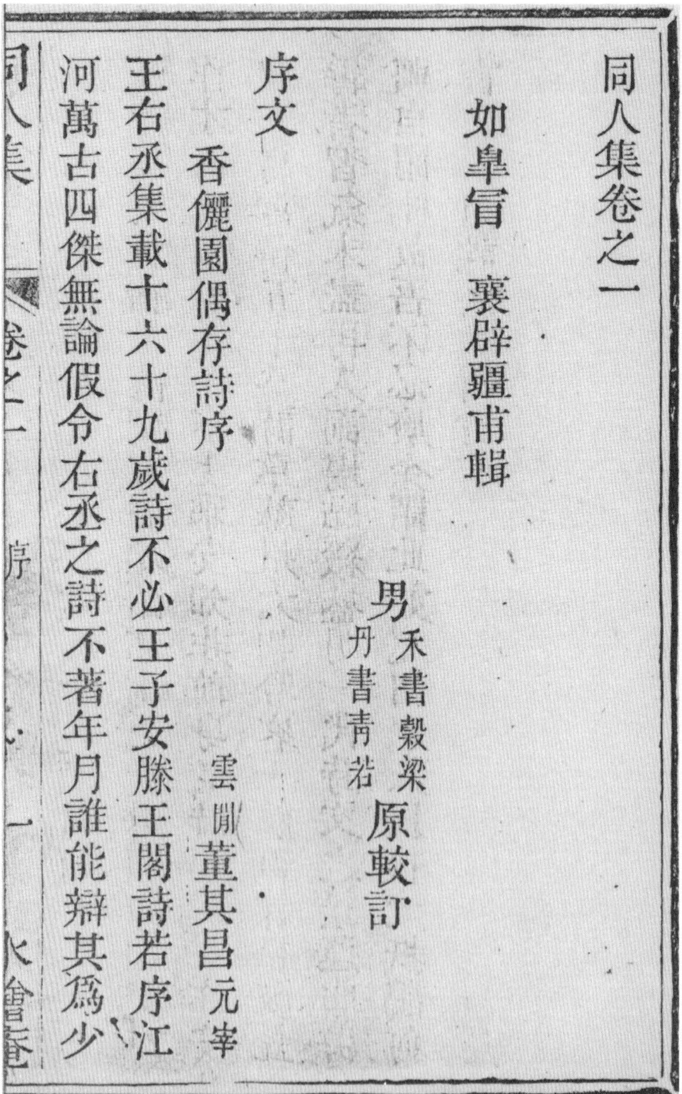

同人集卷之一

如皐冒　襄辟疆甫輯

男　禾書穀梁　丹書青若　原較訂

序文

香儷園偶存詩序　雲間董其昌元宰

王右丞集載十六十九歲詩不必王子安滕王閣詩若序江

河萬古四傑無論假令右丞之詩不著年月誰能辯其爲少

同人集　卷之一　序　一　水繪菴

<서영 1-2> 「同人集」, 권11 제1엽상엽.

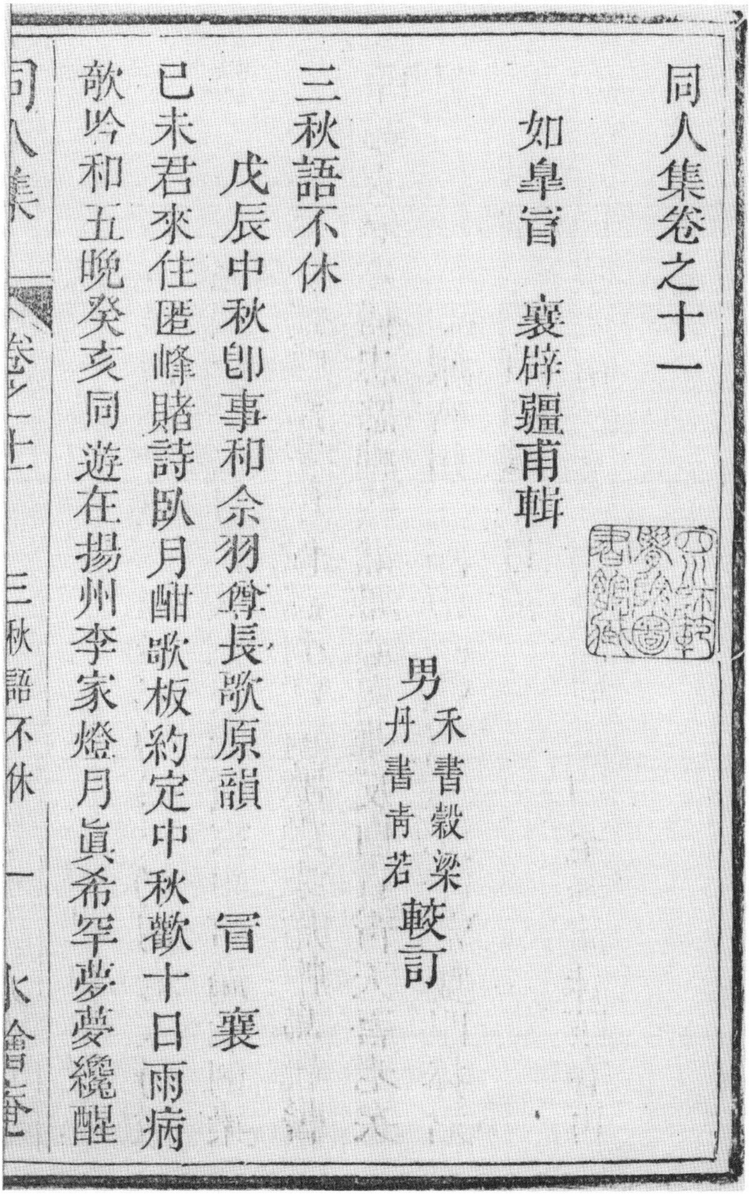

同人集卷之十一
如皋冒　襄辟疆甫輯
男　禾書穀梁　丹書青若　較訂
三秋語不休
戊辰中秋即事和余羽尊長歌原韻　冒　襄
已未君來住匿峰賭詩臥月酣歌板約定中秋歡十日雨病
歎吟和五晩癸亥同遊在揚州李家燈月眞希罕夢夢纔醒

同人集　卷之十一上　三秋語不休　一　水繪菴

<서영 2-1> 「投壺譜」, 序 제1엽상엽.

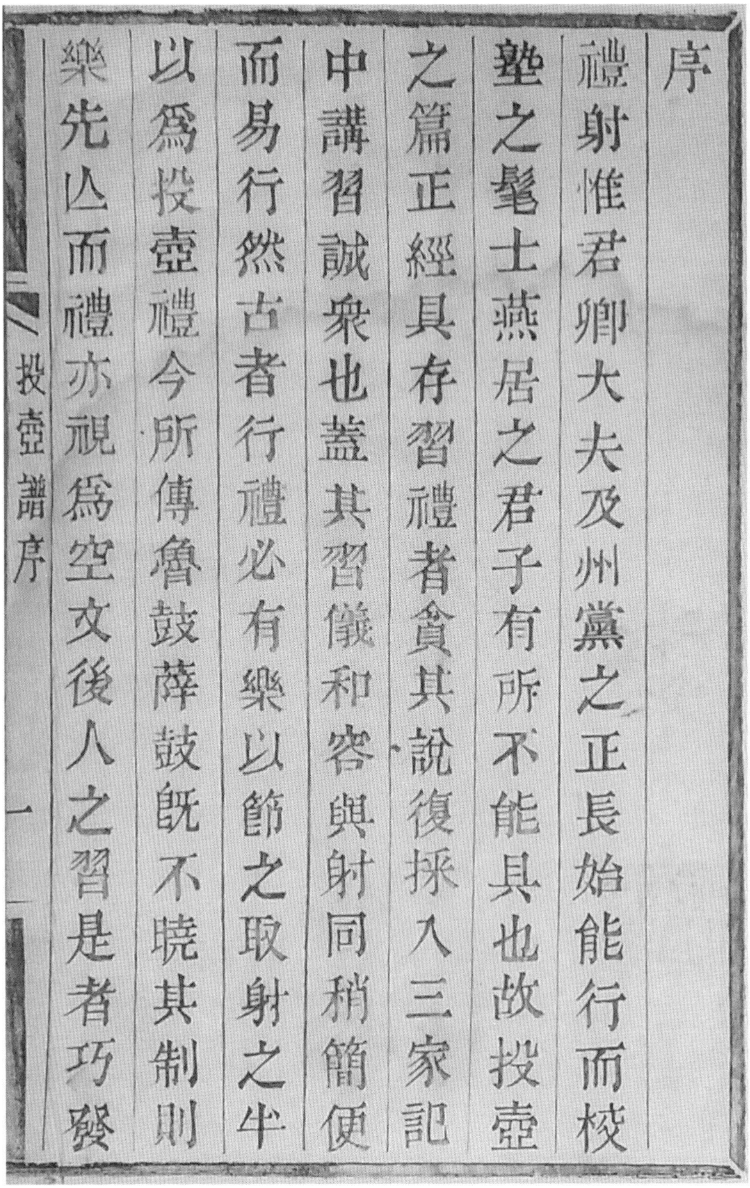

序

禮射惟君卿大夫及州黨之正長始能行而校
塾之髦士燕居之君子有所不能具也故投壺
之篇正經具存習禮者貪其說復採入三家記
中講習誠衆也蓋其習儀和容與射同稍簡便
而易行然古者行禮必有樂以節之取射之半
以爲投壺禮今所傳魯鼓薛鼓既不曉其制則
樂先亾而禮亦視爲空文後人之習是者巧發

投壺譜序　一

<서영 2-2> 「投壺譜」, 自序 제1엽상엽.

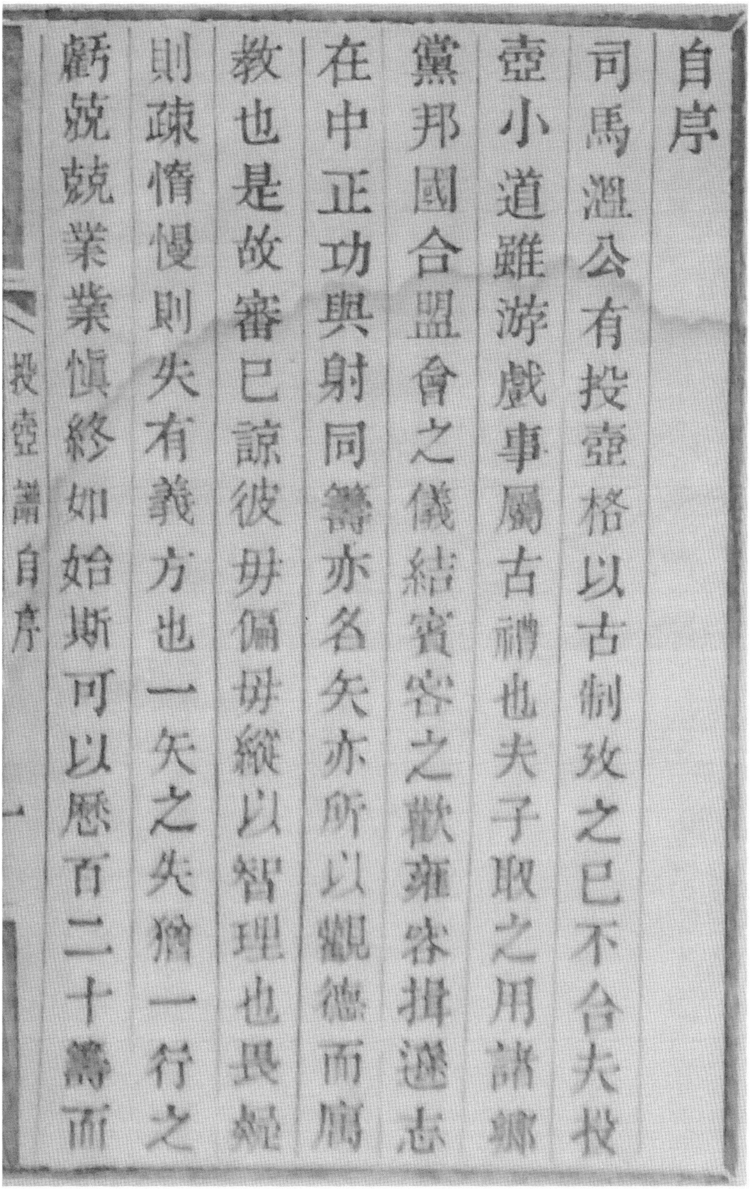

自序

司馬溫公有投壺格以古制攷之已不合夫投
壺小道雖游戲事屬古禮也夫子取之用諸鄉
黨邦國合盟會之儀結賓客之歡雍容揖遜志
在中正功與射同籌亦名矢亦所以觀德而寓
教也是故審已諒彼毋偏毋縱以智理也與緩
則疎惰慢則失有義方也一矢之失猶一行之
虧兢兢業業愼終如始斯可以歷百二十籌而

投壺譜 自序 一

<서영 2-3> 「投壺譜」, 自序 제1엽하엽.

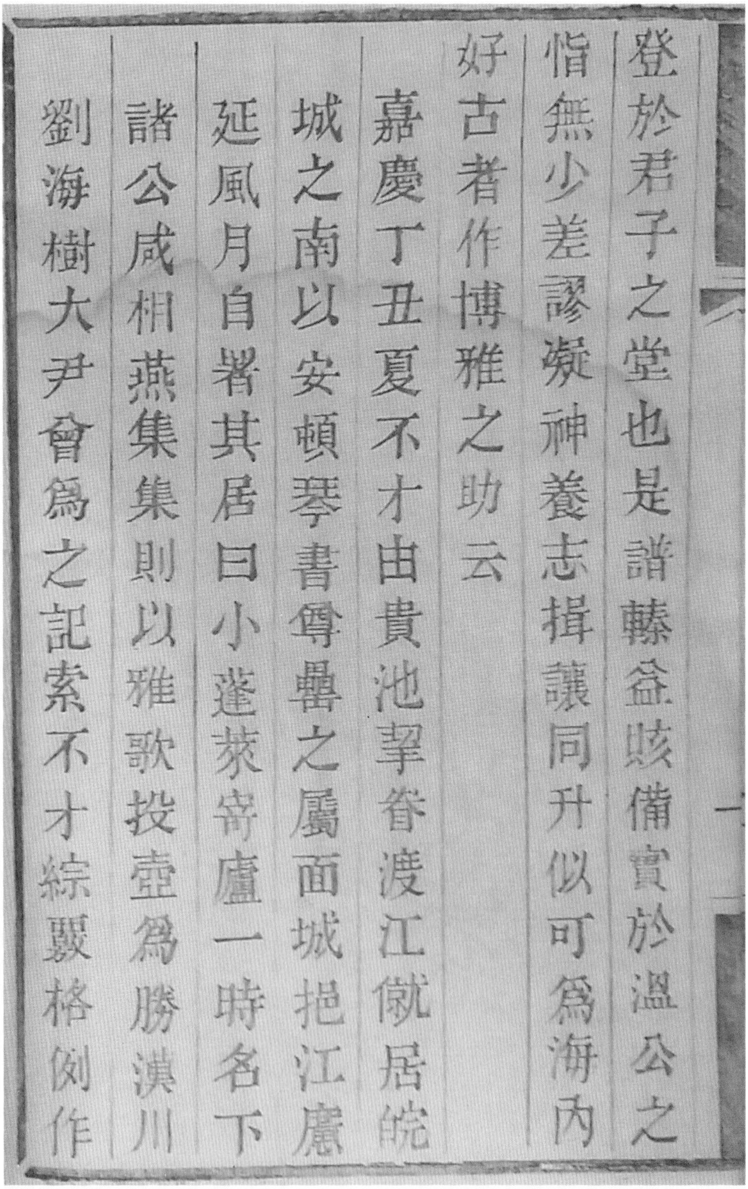

登於君子之堂也是譜轃益賅備實於溫公之
恉無少差謬凝神養志揖讓同升似可爲海內
好古者作博雅之助云
嘉慶丁丑夏不才由貴池挈眷渡江僦居皖
城之南以安頓琴書尊罍之屬面城挹江廬
延風月自署其居曰小蓬萊寄廬一時名下
諸公咸相燕集集則以雅歌投壺爲勝滇川
劉海樹大尹嘗爲之記索不才綜覈格例作

<서영 2-4> 「投壺譜」, 圖 제1엽상엽.

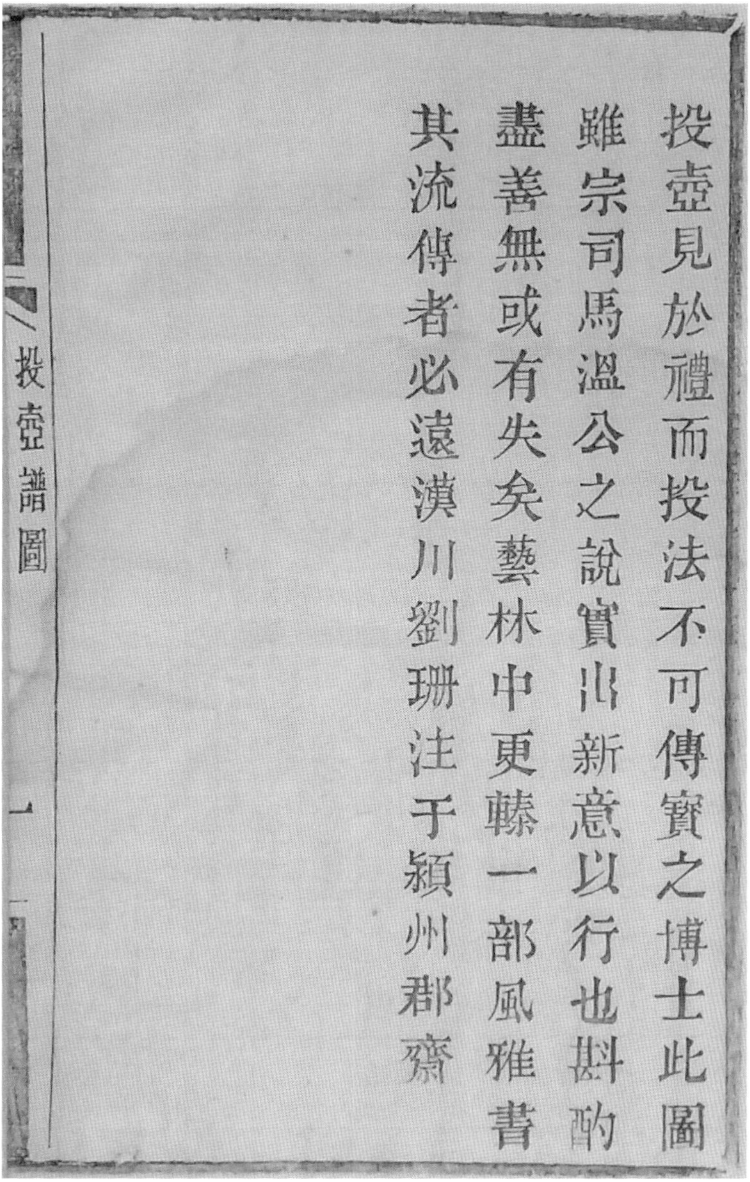

投壺見於禮而投法不可傳寳之博士此圖
雖宗司馬溫公之說實出新意以行也斟酌
盡善無或有失矣藝林中更轃一部風雅書
其流傳者必遠漢川劉珊注于潁州郡齋

投壺譜圖 一

<서영 2-5> 「投壺譜」, 圖 제1엽하엽.

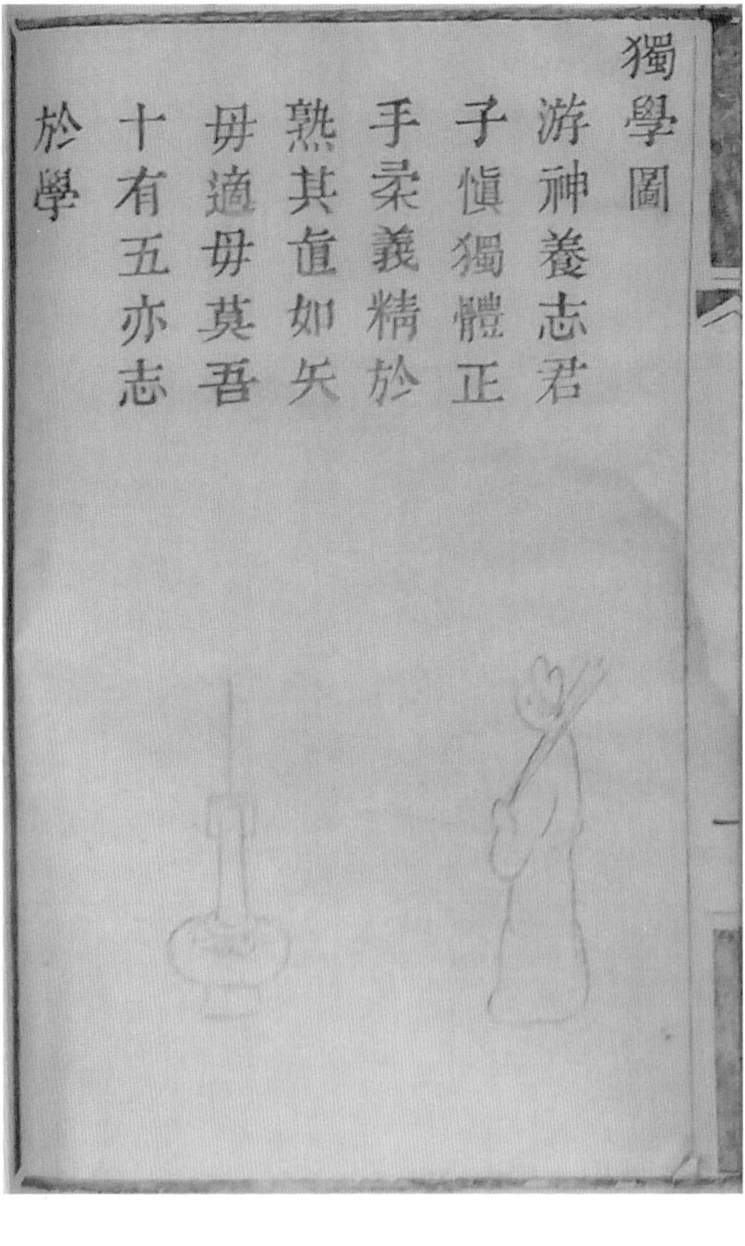

獨學圖

游神養志君
子愼獨體正
手柔義精於
熟其直如矢
毋適毋莫吾
十有五亦志
於學

부록

韓國活字本圖錄

〈부록〉

Appendix

부록: 韓國活字本圖錄

Appx. The Sample Collection from Korean Type Edition

◁ 目 次 ▷

1. 韓國 古活字 年表

	활자의 명칭	별칭	조성 연대	저본	재질	규격(cm)	비고
1	高麗활자		1126 ~ 1232 년간		銅	1.2 × 1.0	
2	南明泉자		1232 년 이전		금속	1.2 × 1.2	
3	詳定禮文자		1234 ~ 1241 년간		금속		

	활자의 명칭	별칭	조성 연대	저본	재질	규격(cm)	비고
4	直指활자	興德寺자, 高麗寺鑄활자	1377		금속	1.0 × 1.0	
5	書籍院 목활자	徐賛 목각자	1395		木		
6	功臣都監 목활자	錄券 목활자	1397		木	1.1 × 1.4	
7	釋氏要覽 목활자		1400		木	1.1 × 1.2	
8	癸未자		1403	古注「詩」·「書」·「左傳」	銅	1.4 × 1.7(대) 1.1 × 0.8(소)	수십만 개
9	庚子자		1420	南宋本 또는 元刻本 古注「詩」·「書」·「左氏傳」	銅	1.1 × 1.3(대) 1.1 × 0.6(소)	
10	甲寅자	위부인자	1434	明刻本「孝順事實」·「爲善陰騭」·「論語」·晉陽大君 필사	銅	1.4 × 1.6(대) 1.4 × 0.8(소)	20여만 개
11	丙辰자		1436	晉陽大君 필사	鉛	2.3 × 3.4	
12	釋譜詳節 한글자		1447	「釋譜詳節」 서체	銅	1.4 × 1.8(대) 1.4 × 1.5(중) 1.4 × 0.9(소)	
13	東國正韻자 병용 한글자		1448	晉陽大君·安平大君 필사	木·銅(음각·한글)	2.0 × 1.9(대) 1.9 × 1.8(음각) 1.9 × 1.6(한글)	
14	庚午자	안평대군자	1450	安平大君 필사	銅	1.5 × 1.6(대) 1.4 × 0.8(소)	
15	洪武正韻자 병용 한글자		1455	晉陽大君 필사	木	1.9 × 1.8 1.9 × 0.6(한글)	
16	乙亥자 병용 한글자	姜希顔자	1455	姜希顔 필사	銅	1.8 × 2.3(대) 1.2 × 1.5(중) 1.2 × 0.8(소) 1.2 × 1.0(한글)	

	활자의 명칭	별칭	조성 연대	저본	재질	규격(cm)	비고
17	丁丑자	德宗자	1457	德宗 필사「金剛經」· 世祖 필사	銅	1.9 × 2.0	
18	戊寅자	交食자	1458	趙松雪체?· 世祖 필사?	銅	1.7 × 1.9(대) 1.3 × 0.4(소)	
19	訓辭자	世祖자	1461	世祖 필사	銅	1.7 × 2.1(대) 1.2 × 1.4(중) 1.2 × 0.7(소)	
20	乙酉자 병용 한글자	鄭蘭宗자	1465	鄭蘭宗 필사	銅	1.5 × 2.1(대) 1.0 × 1.0(중) 1.0 × 0.6(소) 1.0 × 0.8(한글)	
21	甲辰자		1484	「歐陽文忠公集」· 「列女傳」· 朴耕 필사	銅	1.0 × 1.1(대) 1.0 × 0.5(소)	30여만 개
22	伊路波자		1492		木		
23	癸丑자		1493	明刻本 「資治通鑑綱目」	銅	16 × 2.1(대) 1.6 × 1.0(소)	
24	印經자 병용 한글자	印經 목활자	1495	元刻本「天地冥陽水陸雜文」	木	1.4 × 1.5	
25	丙子자		1516	唐本「資治通鑑」	銅	1.1 × 1.4(대) 1.1 × 0.7(소)	
26	己卯자		1519		銅 (鍮)		
27	再鑄甲寅자	癸酉자	1573	甲寅자	銅鐵 합금	1.4 × 1.6(대) 1.4 × 0.8(소)	
		庚辰자?	1580				
28	再鑄乙亥자 병용 한글자	庚辰자?	1580		銅	1.2 × 1.4(대) 1.2 × 0.7(소) 1.2 × 1.3 (한글 대) 1.2 × 0.7 (한글 소)	
29	新增類合자 병용 연각 한글자	宋寅자	1576 이후		木	4.0 × 4.5(대) 1.7 × 2.0(소) 0.9 × 1.1(한글)	
30	孝經大義자		1589		木	2.5 × 3.2	

	활자의 명칭	별칭	조성 연대	저본	재질	규격(cm)	비고
31	印經鑄字	冊曆자, 觀象監 주자	1592년 이전		鐵	1.0 × 1.5(대) 0.6 × 1.0(소)	
32	訓鍊都監자		1599년 이후 약 60년간	甲寅자	木	1.4 × 1.6(대) 1.4 × 0.8(소)	
				庚午자		1.4 × 1.5(대) 1.0 × 0.6(소)	
				乙亥자		1.2 × 1.4(대) 1.2 × 1.0(소)	
				甲辰자		1.0 × 1.4(대) 1.0 × 0.5(소)	
				丙子자		1.1 × 1.4	
				한글자		1.3 × 1.4(대) 1.3 × 0.7(소)	
33	宣祖實錄자		1603	甲寅자 위주	木	1.4 × 1.3	
34	內醫院자	食物本草자	1607	明本 「食物本草」	鐵	1.0 × 1.0	
35	戊午자	三鑄甲寅자, 光海君 銅자	1618	甲寅자	銅	1.4 × 1.6	
36	仁祖實錄자		1652	甲寅자·庚午자 혼용	木	1.4 × 1.6(대) 1.4 × 0.8(소)	
37	孝宗實錄자		1660	甲寅자	木	1.3 × 1.5	
38	戊申자 병용 한글자	四鑄甲寅자	1668	甲寅자	銅鐵 합금	1.4 × 1.6(대) 1.0 × 0.8(소) 1.4 × 1.2 (한글대) 0.9 × 0.6 (한글소)	대자 66,100여개, 소자 46,600여개
39	洛東契자		1673	晋體	銅	1.3 × 1.4(대) 1.3 × 0.7(소)	85,830개, 1677년 顯宗實錄자와 합병

	활자의 명칭	별칭	조성 연대	저본	재질	규격(cm)	비고
40	倭諺대자	校書館 倭諺자	1676	安愼徽 필사	銅	1.6 × 1.7	
41	印書體 목활자		1676	印書體(匠體)	木	1.0 × 1.3	
42	顯宗實錄자	實錄자	1677	晋體	銅	1.3 × 1.4(대) 1.3 × 0.7(소)	40,825개. 洛東契자와 합하면 126,655개
43	韓構자		1677년 이후	韓構 필사	銅	1.0 × 1.3(대) 1.0 × 0.6(소)	
44	제1校書館 印書體자	제1芸閣印書體자, 文集자, 唐자	1684	明朝印書體	鐵	1.0 × 1.2(대) 1.0 × 0.6(소)	
45	校書館 筆書體자		1688년경	필서체	木 陶?	1.0 × 1.3	
46	元宗자 병용 한글자		1693	元宗 필사 晋體 · 肅宗 필사	鐵	1.4 × 1.6(대) 1.0 × 1.0 (한글)	어필 서문 대자 435개, 맹자 진서자 5,594개, 맹자 언서자 4,605개
47	제2校書館 印書體자	제2芸閣印書體자	1723	明朝印書體	鐵	1.0 × 1.3(대) 1.0 × 0.6(소)	
48	陶활자		1729	李載恒 필사「洪武正韻」서체	陶土		
49	司譯院자		1743	印書體	木	1.0 × 1.2	

	활자의 명칭	별칭	조성 연대	저본	재질	규격(cm)	비고
50	洪啟禧자	錦營자	1749	四庫全書 聚珍版 「康熙字典」체	銅	1.0 × 1.2	
51	印曆목활자	觀象監 목활자	1752 년 이전	「康熙字典」체	木	0.8 × 1.0(대) 0.8 × 0.5(소)	
52	金慶禧자		1764		鐵		陶板 鑄造法
53	壬辰자	五鑄 甲寅자	1772	甲寅자본「心經」· 「萬病回春」	銅	1.4 × 1.6	15만 개
54	倣洪武正 韻자	通鑑 綱目 續編자	1772	「洪武正韻」체	木	2.0 × 3.3	
55	丁酉자 병용 한글자	六鑄 甲寅자	1777	甲寅자	銅	1.4 × 1.6(대) 1.4 × 0.8(소) 1.4 × 1.5 (한글대) 1.4 × 0.8 (한글소)	대자 105,638 개, 소자 44,532개
56	壬寅자	再鑄 韓構자	1782	韓構자	銅	1.0 × 1.3(대) 1.0 × 0.6(소)	83,660개
57	燕貿木字		1790		木	1.06 × 1.44 × 1.99 (요고 대자) 1.07 × 0.7 × 1.99 (요고 소자)	대자 11,500개 소자 11,450개
			1791			1.09 × 1.41 × 0.82 (보통 대자) 1.07 × 0.7 × 0.8 (보통 소자)	대자 9,600개 소자 9,900개
58	生生자		1792	四庫全書 聚珍版 「康熙字典」체	木	1.1 × 1.4(대) 1.1 × 0.7(소)	대자 157,200개 소자 164,300개

	활자의 명칭	별칭	조성 연대	저본	재질	규격(cm)	비고
59	箕營목활자	倣聚珍堂자	1792	四庫全書 武英殿聚珍版 서체	木	1.0 × 1.3(대) 1.0 × 0.6(소)	16만 개
60	整理자	乙卯자	1795	生生자	銅	1.1 × 1.4(대) 1.1 × 0.7(소)	대자 16만 개 소자 14만 개
61	五倫行實諺書자	整理 한글자			木	1.1 × 1.2	4,400개
62	春秋綱자	春秋經文 대자	1797	曺允亨・黃運祚 필사	木	2.4 × 3.5	5,260개
63	希顯堂자	整理字體 鐵활자	1798	整理자	鐵	1.1 × 1.5(대) 1.1 × 0.6(소)	陶板 鑄造法
64	張混자	小型筆書體 목활자	1810	小型筆書體, 張混筆書體?	木	0.9 × 1.2(대) 0.9 × 0.6(소)	
65	聚珍자	聚珍筆書體자	1815년 이전	「錢牧齋初學集」(武英殿聚珍版叢書?)	木	1.1 × 1.4(대) 1.1 × 0.7(소)	
66	全史자	聚珍印書體자, 敎巖印書體자, 雲峴宮활자	1816	「二十一史」(武英殿本)	銅	1.0 × 1.5(대) 1.0 × 0.7(소)	20만 개
67	筆書體鐵활자	印譜목활자, 校書館鐵활자, 芸閣筆書體자	1825년 이전	筆書體	鐵	1.1 × 1.6(대) 1.1 × 0.8(소)	

	활자의 명칭	별칭	조성연대	저본	재질	규격(cm)	비고
68	再鑄整理자 병용 한글자		1858	整理자	銅	1.1 × 1.4(대) 1.1 × 0.7(소) 1.1 × 0.9(한글)	대자 89,203개 소자 39,416개
69	三鑄韓構자		1858	韓構자	銅	1.0 × 1.3(대) 1.0 × 0.6(소)	31,829개
70	全史字體 목활자		1871년 이전	全史자	木		
71	學部新式鉛활자	博文局新鉛활자	1883	印書體	鉛	0.4 × 0.7	
72	學部印書體목활자 병용 한글자		1895	제2校書館印書體자	木	1.0 × 1.4(대) 0.9 × 0.7(소) 0.9 × 0.9(한글)	
73	瓢활자		18세기		박		

2. 서영 목차 및 판본 사항

<서영 1> 「白雲和尙抄錄佛祖直指心體要節」, 直指활자1377년인본.

<서영 2> 「開國原從功臣錄券」, 功臣都監목활자1397년인본.

<서영 3> 「十七史纂古今通要」, 癸未字1412년인본.

<서영 4> 「新刊類編歷擧三場文選對策」, 癸未字소자본.

<서영 5> 「史記」, 庚子字1425년인본.

<서영 6> 「增刊校正王狀元集註分類東坡先生詩」, 甲寅字1434-1450연간인본.

<서영 7> 「思政殿訓義資治通鑑綱目」, 丙辰字1438년인본.

<서영 8> 「釋譜詳節」, 釋譜詳節한글자1449년인본.

<서영 9> 「東國正韻」, 東國正韻자병용한글자1448년인본.

<서영 10> 「詳說古文眞寶大全」, 庚午字1450년인본.

<서영 11> 「周易傳義」, 乙亥字1466년인본.

<서영 12> 「監本附音春秋穀梁傳註疏」, 乙亥字1506-1608연간인본.

<서영 13> 「大明一統志」, 乙亥字1506-1608연간인본.

<서영 14> 「金剛般若波羅密經三家解諺解」, 丁丑字1482년인본.

<서영 15> 「交食推步法」, 戊寅字1458년인본.

<서영 16> 「金剛般若波羅密經」, 乙酉字1465-1484연간인본.

<서영 17> 「新編古今事文類聚」, 甲辰字1493년인본.

<서영 18> 「新增東國輿地勝覽」, 癸丑字1530년인본.

<서영 19> 「天地冥陽水陸雜文」, 印經字1496년경인본.

<서영 20> 「六祖大師法寶壇經」, 印經字1495년인본.

<서영 21> 「纂註分類杜詩」, 丙子字1523년인본.

<서영 22> 「資治通鑑綱目」(중・소자), 再鑄甲寅字1577년인본.

<서영 23> 「孟子諺解」, 再鑄乙亥자병용한글자1590년인본.

<서영 24> 「纂圖互註周禮」, 訓鍊都監字(甲寅자체)1648년인본.

<서영 25> 「史纂」, 訓鍊都監字(庚午자체)1612년인본.

<서영 26> 「東醫寶鑑」, 訓鍊都監字(乙亥자체)1613년인본.

<서영 27> 「象村集」, 訓鍊都監字(甲辰자체)1632년인본.

<서영 28> 「三大家詩全集」, 訓鍊都監字(丙子자체)1658년인본.

<서영 29> 「國朝寶鑑」, 宣祖實錄字1612년인본.

<서영 30> 「書傳大全」, 戊午字本.

<서영 31> 「實錄廳題名記」, 仁祖實錄字本.

<서영 32> 「孝宗實錄」, 孝宗實錄字1661년인본.

<서영 33> 「心經附註」, 戊申字1672년인본.

<서영 34> 「捷解新語」, 倭諺대자1676년인본.

<서영 35> 「周書國編」, 印書體목활자1676년인본.

<서영 36> 「新補彙語」, 印書體목활자1684년인본.

<서영 37> 「南華經註解刪補」, 顯宗實錄字1677년인본.

<서영 38> 「三大家詩集」, 韓構字1677-1684연간인본.

<서영 39> 「尤菴先生文集」, 제1校書館印書體字1717년인본.

<서영 40> 「孔聖家語」, 校書館筆書體字1712년경인본.

<서영 41> 「禮疑類輯」, 제2校書館印書體字1783년인본.

<서영 42> 「歷代總要」, 陶활자본.

<서영 43> 「玉纂」, 陶활자본.

<서영 44> 「栗谷先生全書」, 洪啟禧字1749년인본.

<서영 45> 「大淸光緖十八年歲次壬辰內用三書」, 印曆목활자1892년인본.

<서영 46> 「御製八旬書示後昆錄」, 壬辰字1773년인본.

<서영 47> 「資治通鑑綱目續編」, 倣洪武正韻字1773년인본.

<서영 48> 「書傳大全」, 丁酉字1797년인본.

<서영 49> 「靑丘詩鈔」, 丁酉字1915년인본.

<서영 50> 「進宴儀軌」, 生生字1795년인본.

<서영 51> 「五山集」, 箕營목활자1792년인본.

<서영 52> 「杜律分韻」, 整理字1799년인본.

<서영 53> 「五倫行實圖」, 整理字병용한글자1797년인본.

<서영 54> 「杜律分韻」, 整理字소자1805년인본.

<서영 55> 「春秋左氏傳」, 春秋綱字1797년인본.

<서영 56> 「慶州李氏金石錄」, 希顯堂字1868년인본.

<서영 57> 「詩宗」, 張混字1810년경인본.

<서영 58> 「金陵集」, 聚珍字1815년인본.

<서영 59> 「漢陰先生文稿附錄」, 全史字1869년인본.

<서영 60> 「華音啓蒙諺解」, 全史字1883년인본.

<서영 61> 「三憂堂文先生實記」, 筆書體鐵활자1879년인본.

<서영 62> 「萬國略史」, 再鑄整理자병용한글자1896년인본.

<서영 63> 「東國史略」, 再鑄整理자병용한글자1896년인본.

<서영 64> 「世界萬國年契」, 學部新式鉛활자본.

<서영 65> 「萬國略史」, 學部印書體목활자병용한글자1895년인본.

<서영 66> 「論語集註大全」, 瓢활자본.

<서영 67> 「資治通鑑綱目」(대자), 倣丙辰목활자1577년인본.

<서영 68> 「御試策」, 倣乙亥字小字體목활자본.

<서영 69> 「古史通略」, 倣乙亥字體목활자본.

<서영 70> 「宋元史略」, 倣乙酉字體목활자본.

<서영 71> 「四名子詩集」, 車씨筆書體목활자1850년인본.

<서영 72> 「安陰西門氏世譜」, 永慕齋목활자1907년인본.

<서영 73> 「淸道金氏族譜」, 錦浦堂목활자1925년인본.

<서영 74> 「西溪先生文集」, 지방목활자1833년인본.

<서영 75> 「松都誌補遺」, 지방목활자1785년인본.

<서영 76> 「淸權輯遺」, 지방목활자1845년인본.

<서영 77> 「南坡先生文集」, 지방목활자본(印書體).

<서영 78> 「南坡遺稿」, 지방목활자본(筆書體).

3. 서영

<서영 1-1> 「白雲和尙抄錄佛祖直指心體要節」, 直指활자1377년인본, 권하 제5엽하엽.

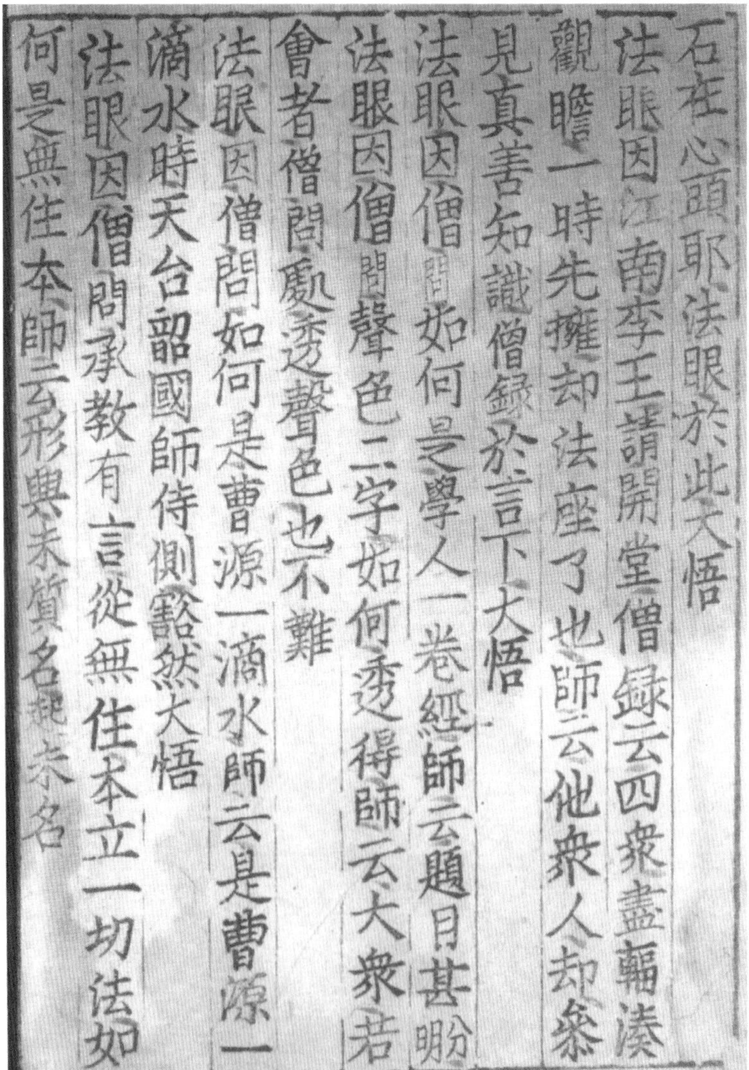
石在心頭耶法眼於此大悟
法眼因江南李王請開堂僧録云四衆盡輻湊
觀瞻一時先擁却法座了也師云他衆人却叅
見真善知識僧録於言下大悟
法眼因僧問如何是學人一卷經師云題目甚分明
法眼因僧問聲色二字如何透得師云大衆若
會者僧問處透聲色也不難
法眼因僧問如何是曹源一滴水師云是曹源一
滴水時天台韶國師侍側豁然大悟
法眼因僧問承教有言從無住本立一切法如
何是無住本師云形興未質名起未名

<서영 1-2> 「白雲和尙抄錄佛祖直指心體要節」, 直指활자1377년인본, 권하 제5엽상엽.

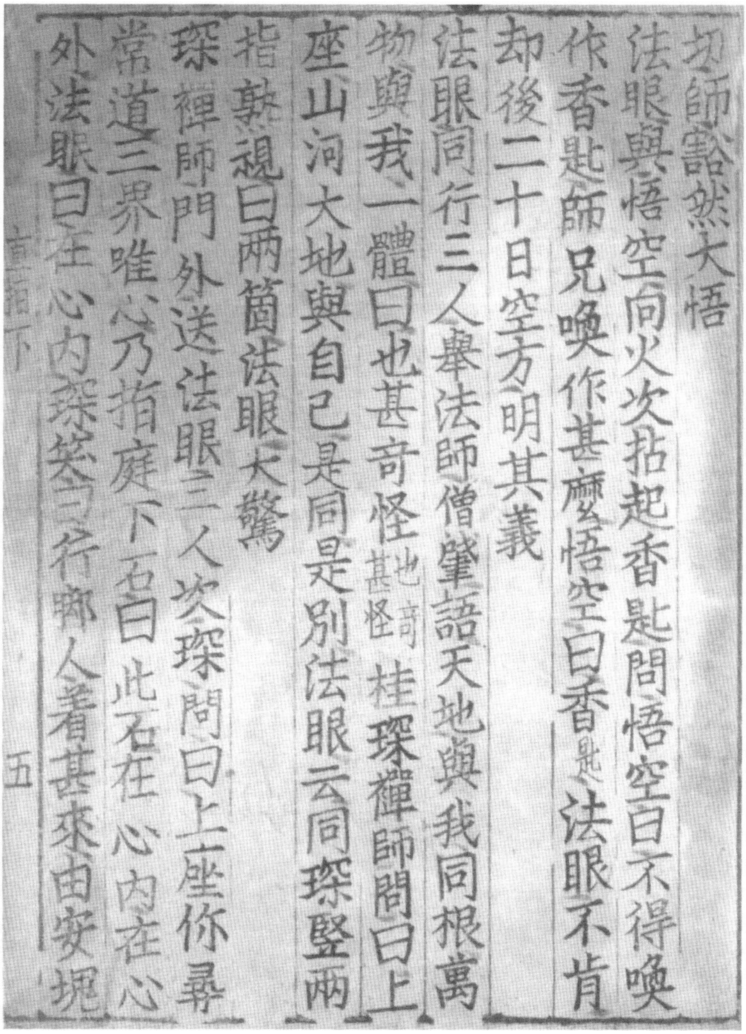
切師豁然大悟
法眼與悟空向火次拈起香匙問悟空曰不得喚
作香匙師兄喚作甚麽悟空曰香匙 法眼不肯
却後二十日空方明其義
法眼同行三人舉法師僧肇語天地與我同根萬
物與我一體曰也甚奇怪也奇甚怪 桂琛禪師問曰上
座山河大地與自己是同是別法眼云同琛竪兩
指熟視曰兩箇法眼大驚
琛禪師門外送法眼三人次琛問曰上座你尋
常道三界唯心乃指庭下石曰此石在心內在心
外法眼曰在心內琛笑曰行脚人着甚來由安塊
直指下 五

<서영 1-3> 「白雲和尙抄錄佛祖直指心體要節」, 直指활자1377년인본, 권하 제39엽상엽.

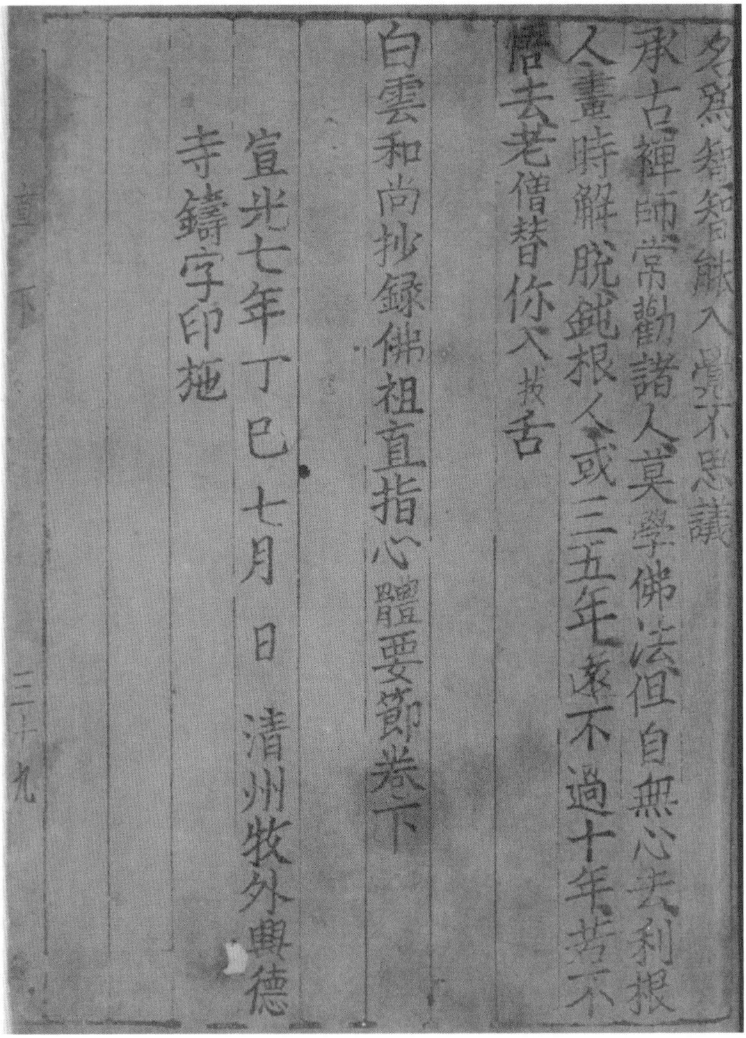
名爲智智能入覺不思議
承古禪師常勸諸人莫學佛法但自無心去利根
人盡時解脫鈍根人或三五年遠不過十年若不
悟去老僧替你入拔舌
白雲和尙抄錄佛祖直指心體要節卷下
宣光七年丁巳七月　日　淸州牧外興德
寺鑄字印施
直　下　三十九

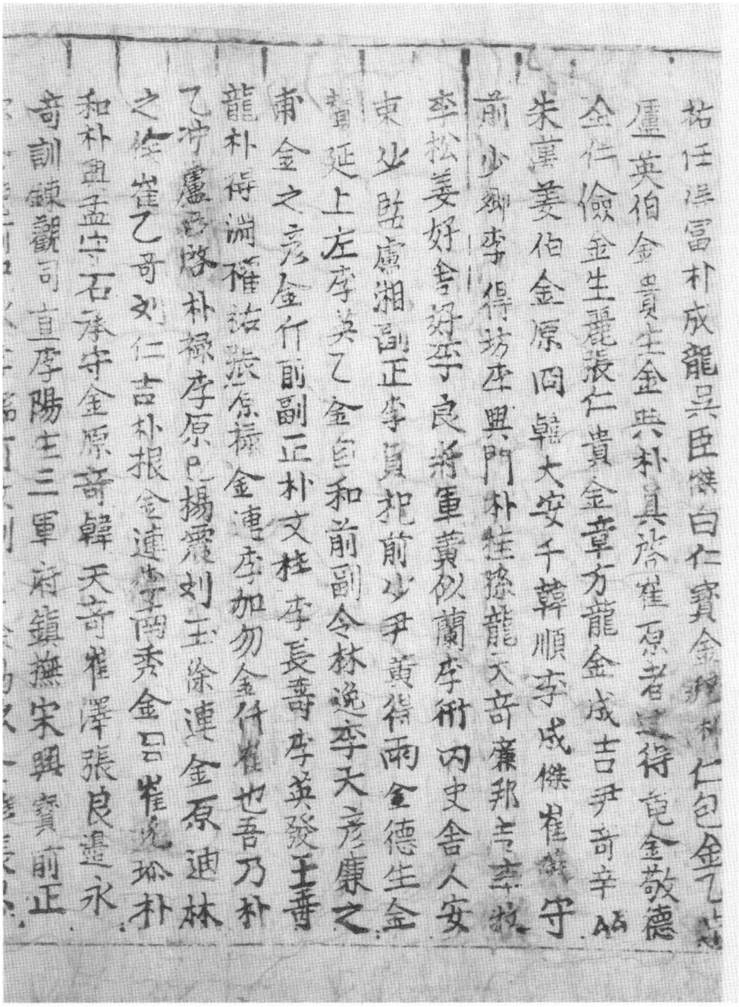
祐任[illegible]富朴成龍吳臣傑白仁寶金[illegible]仁包金乙[illegible]
盧英伯金貴生金共朴真[illegible]崔原者[illegible]得[illegible]金敬德
金仁儉金生麗張仁貴金章方龍金成吉尹奇辛[illegible]
朱富姜伯金原冏韓大安千韓順李成傑崔[illegible]守
前少卿李得芳李興門朴[illegible]孫龍天奇康邦[illegible]李[illegible]
李松姜好金好李良將軍黃似蘭李術內史舍人安
東[illegible]臨盧湘副正李貞[illegible]前少尹黃得雨金德生金
[illegible]延上左李英乙金白和前副令林逸李天彦康之
甫金之彦金仟前副正朴文柱李長壽李英發王壽
龍朴得淵權祐張原祿金連李加勿金仟崔世吾乃朴
乙[illegible]盧[illegible]朴祿李原巳楊震刘玉徐連金原迪林
之[illegible]崔乙奇刘仁吉朴根金連李丙秀金呂崔逸[illegible]朴
和朴[illegible]孟守石存守金原奇韓天奇崔澤張良邉永
奇訓錬觀司直李陽士三軍府鎮撫宋興寶前正

<서영 3> 「十七史纂古今通要」, 癸未字1412년인본.

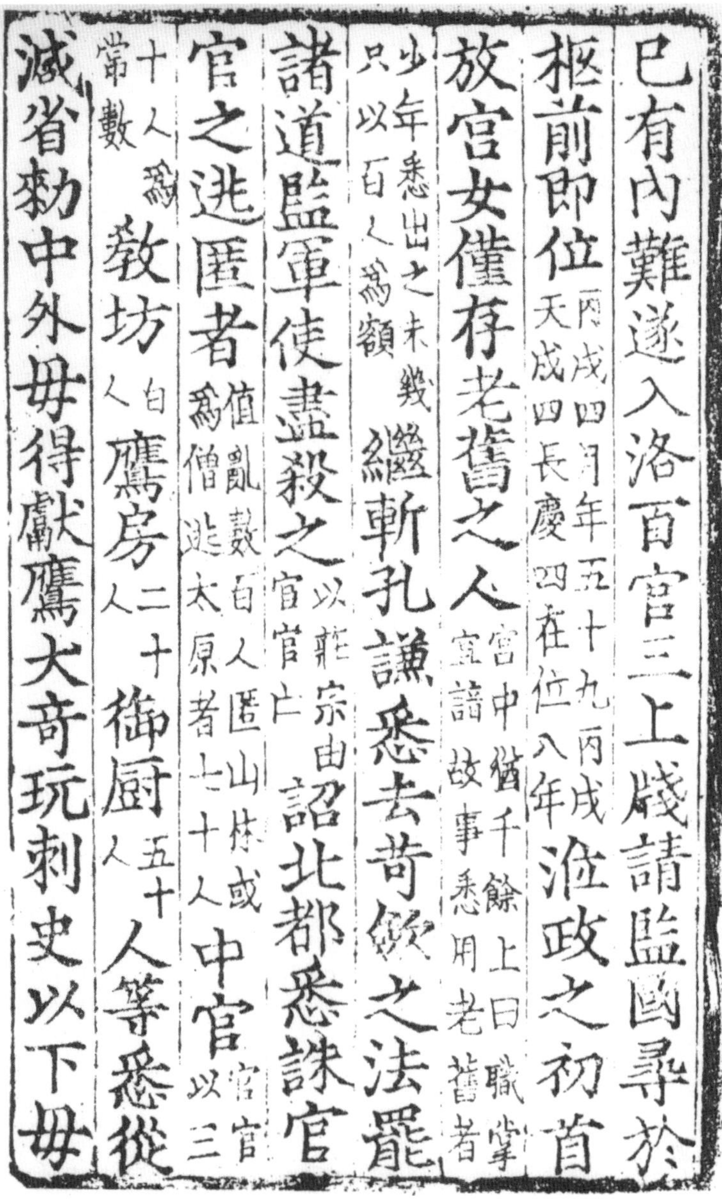
巳有內難遂入洛百官三上牋請監國尋於
柩前即位丙戌四月年五十九丙戌天成四長慶四在位八年涖政之初首
放宮女僅存老舊之人宮中猶千餘上曰職掌宜諳故事悉用老舊者
少年悉出之未幾只以百人爲額繼斬孔謙悉去苛斂之法罷
諸道監軍使盡殺之以莊宗由宦官亡詔北都悉誅宦
官之逃匿者值亂數百人匿山林或爲僧逃太原者七十人中官宦官以三
十人爲常數教坊百人鷹房二十人御厨五十人人等悉從
減省勅中外毋得獻鷹犬奇玩刺史以下毋

<서영 4> 「新刊類編歷擧三場文選對策」, 癸未字소자본, 권5 말엽하엽.

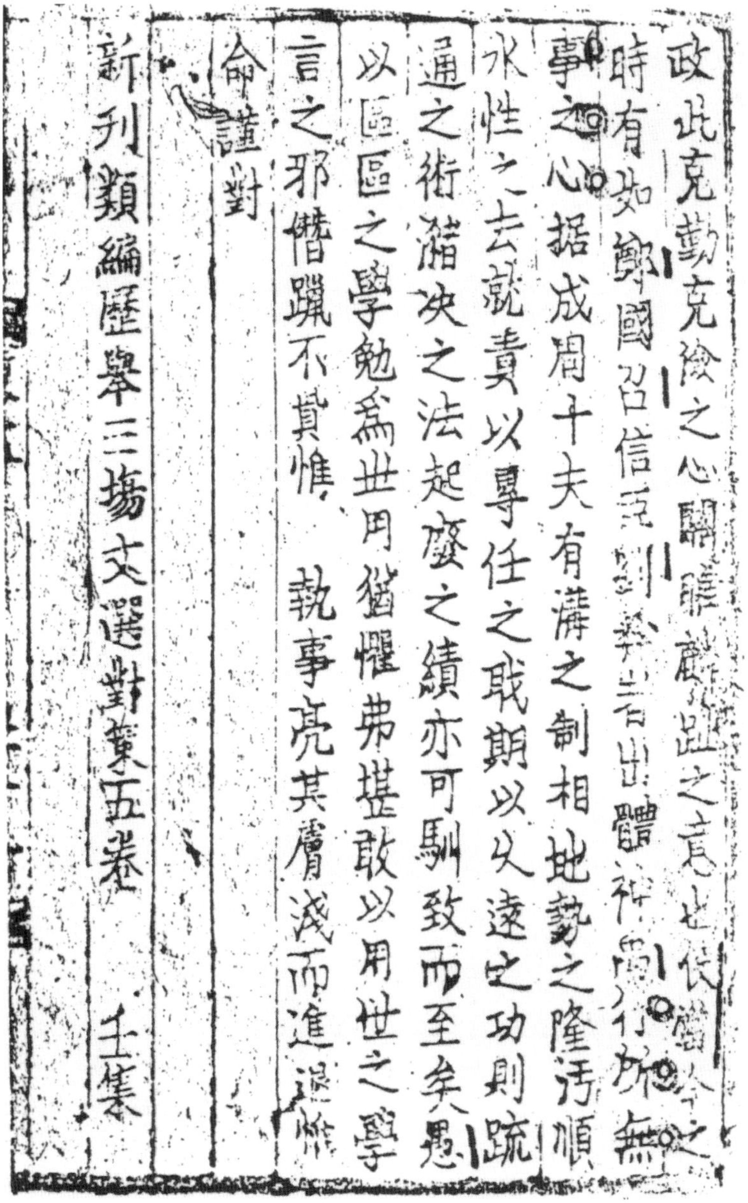
政此克勤克儉之心關雎麟趾之意也
時有如鄭國召信臣
事之心据成周千夫有溝之制相地勢之隆汚順
水性之去就責以專任之職期以久遠之功則疏
通之術瀦決之法起廢之績亦可馴致而至矣愚
以區區之學勉爲世用猶懼弗堪敢以用世之學
言之邪僭躐不貲惟 執事亮其膚淺而進退
命謹對
新刊類編歷擧三場文選對策五卷 壬集

<서영 5-1> 「史記」, 庚子字1425년인본, 권48 제1엽하엽.

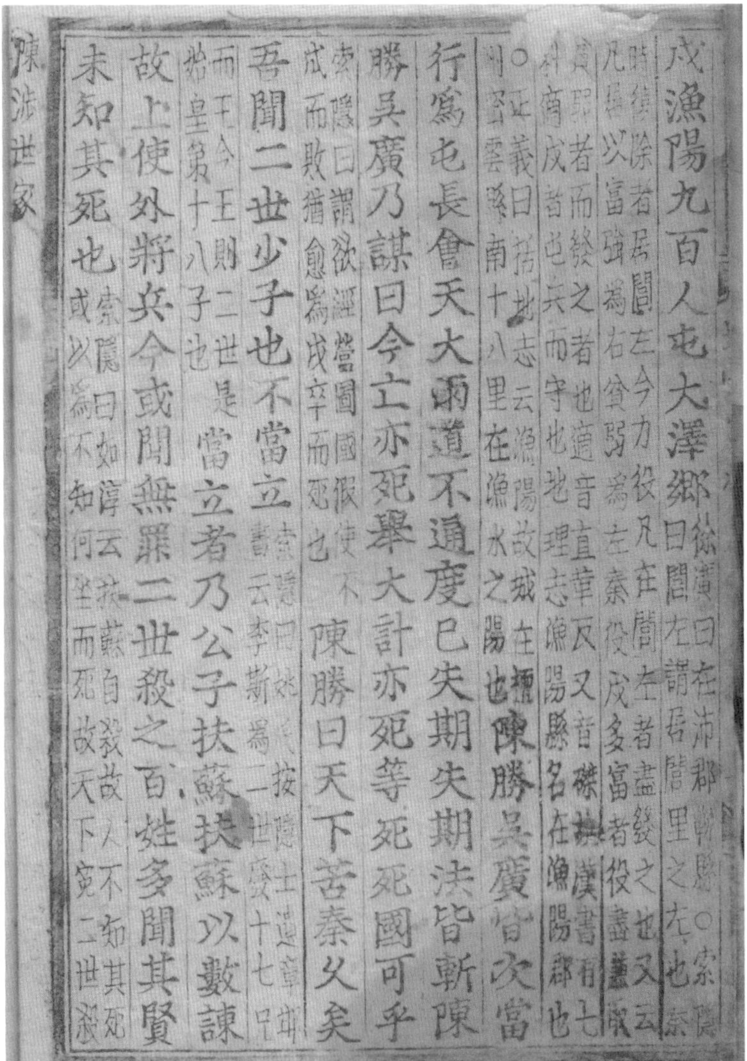
戍漁陽九百人屯大澤鄉徐廣曰在沛郡蘄縣○索隱曰閭左謂居閭里之左也秦
時復除者居閭左今力役凡在閭左者盡發之也又云凡居以富強爲右貧弱爲左秦役戍多富者役盡兼取
貧弱者而發之者也適音直革反又音磔故漢書有七科謫戍者也兵而守也地理志漁陽縣名在漁陽郡也
○正義曰括地志云漁陽故城在檀州密雲縣南十八里在漁水之陽也陳勝吳廣皆次當
行爲屯長會天大雨道不通度已失期失期法皆斬陳
勝吳廣乃謀曰今亡亦死舉大計亦死等死死國可乎
索隱曰謂欲經營國假使不成而敗猶愈爲戍卒而死也陳勝曰天下苦秦久矣
吾聞二世少子也不當立索隱曰姚氏按隱士遺章邯書云李斯爲二世廢十七兄
而立今王則二世是始皇第十八子也當立者乃公子扶蘇扶蘇以數諫
故上使外將兵今或聞無罪二世殺之百姓多聞其賢
未知其死也索隱曰如淳云扶蘇自殺故人不知其死或以爲不知何罪而死故天下冤二世殺
陳涉世家

<서영 5-2> 「史記」, 庚子字1425년인본, 권48 제1엽상엽, 22.7 × 14.9cm.

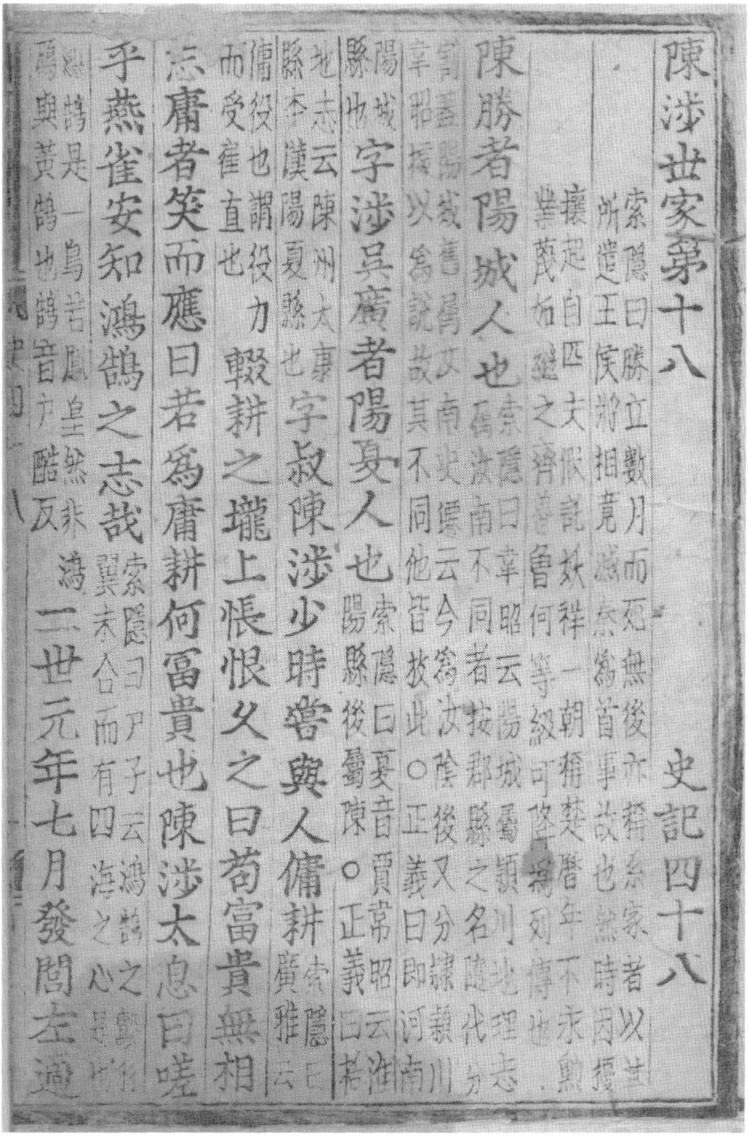
陳涉世家第十八　史記四十八
索隱曰勝立數月而死無後亦稱系家者以其所遣王侯將相竟滅秦爲首事故也然時因擾攘起自匹夫假託妖祥一朝稱楚歷年不永勳業蔑如継之齊魯曾何等級可降爲列傳也
陳勝者陽城人也索隱曰韋昭云陽城屬潁川地理志屬汝南不同者按郡縣之名隨代分割置陽城舊屬汝南史遷云今爲汝陰後又分隸潁川韋昭據以爲說故其不同他皆放此○正義曰即河南陽城縣也字涉吳廣者陽夏人也索隱曰夏音賈韋昭云淮陽縣後屬陳○正義曰括地志云陳州太康縣本漢陽夏縣也字叔陳涉少時嘗與人傭耕索隱曰廣雅云傭役也謂役力而受雇直也輟耕之壟上悵恨久之曰苟富貴無相忘庸者笑而應曰若爲庸耕何富貴也陳涉太息曰嗟乎燕雀安知鴻鵠之志哉索隱曰尸子云鴻鵠之鷇羽翼未合而有四海之心是也鴻鵠是一鳥若鳳皇然非鴻鴈與黃鵠也鵠音户酷反二世元年七月發閭左適

<서영 6-1> 「增刊校正王狀元集註分類東坡先生詩」, 甲寅字1434-1450연간인본, 권6 제1엽하엽.

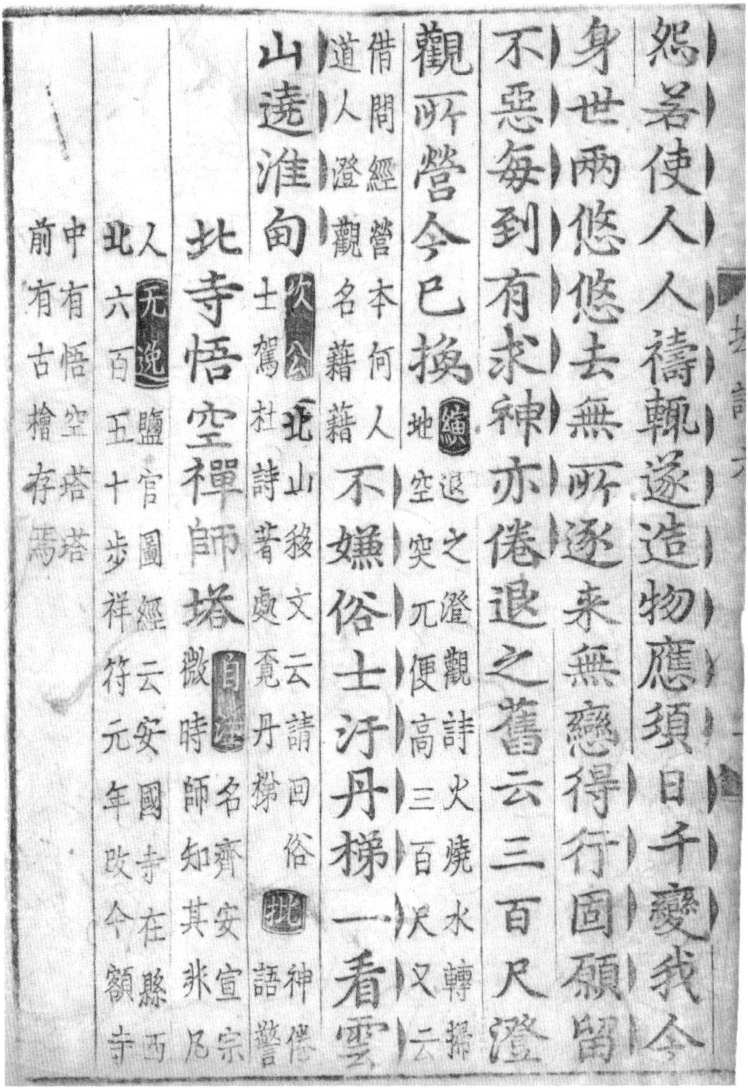

怨若使人人禱輒遂造物應須日千變我今
身世兩悠悠去無所逐來無戀得行固願留
不惡每到有求神亦倦退之舊云三百尺澄
觀所營今已換 續 退之澄觀詩火燒水轉掃地空突兀便高三百尺又云
借問經營本何人道人澄觀名藉藉不嫌俗士汙丹梯一看雲
山遠淮向 次公 北山移文云請回俗士駕杜詩著處覓丹梯 批 神倦語警
北寺悟空禪師塔 自注 名齊安宣宗微時師知其非凡
人 无逸 鹽官圖經云安國寺在縣西北六百五十步祥符元年改今額寺
中有悟空塔塔前有古檜存焉

<서영 6-2> 「增刊校正王狀元集註分類東坡先生詩」, 甲寅字1434-1450연간인본, 권6 제1엽상엽, 25.0 × 17.1cm.

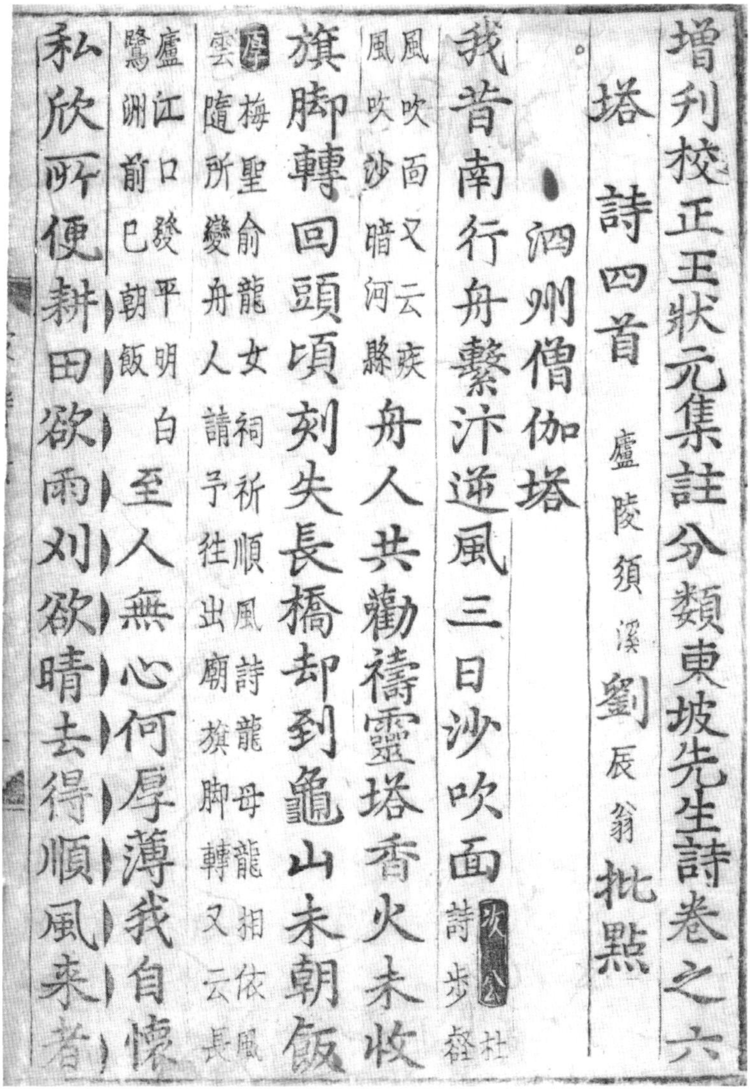

增刊校正王狀元集註分類東坡先生詩卷之六
塔 詩四首 廬陵須溪劉辰翁批點
泗州僧伽塔
我昔南行舟繫汴逆風三日沙吹面 次公 杜 詩步[illegible]
風吹面又云疾 風吹沙暗河縣 舟人共勸禱靈塔香火未收
旗脚轉回頭頃刻失長橋却到龜山未朝飯
厚 梅聖俞龍女祠祈順風詩龍母龍相依風 雲隨所變舟人請予往出廟旗脚轉又云長
廬江口發平明白 鷺洲前已朝飯 至人無心何厚薄我自懷
私欣所便耕田欲雨刈欲晴去得順風來者

<서영 7> 「思政殿訓義資治通鑑綱目」, 丙辰字1438년인본, 권112 제25엽하엽.

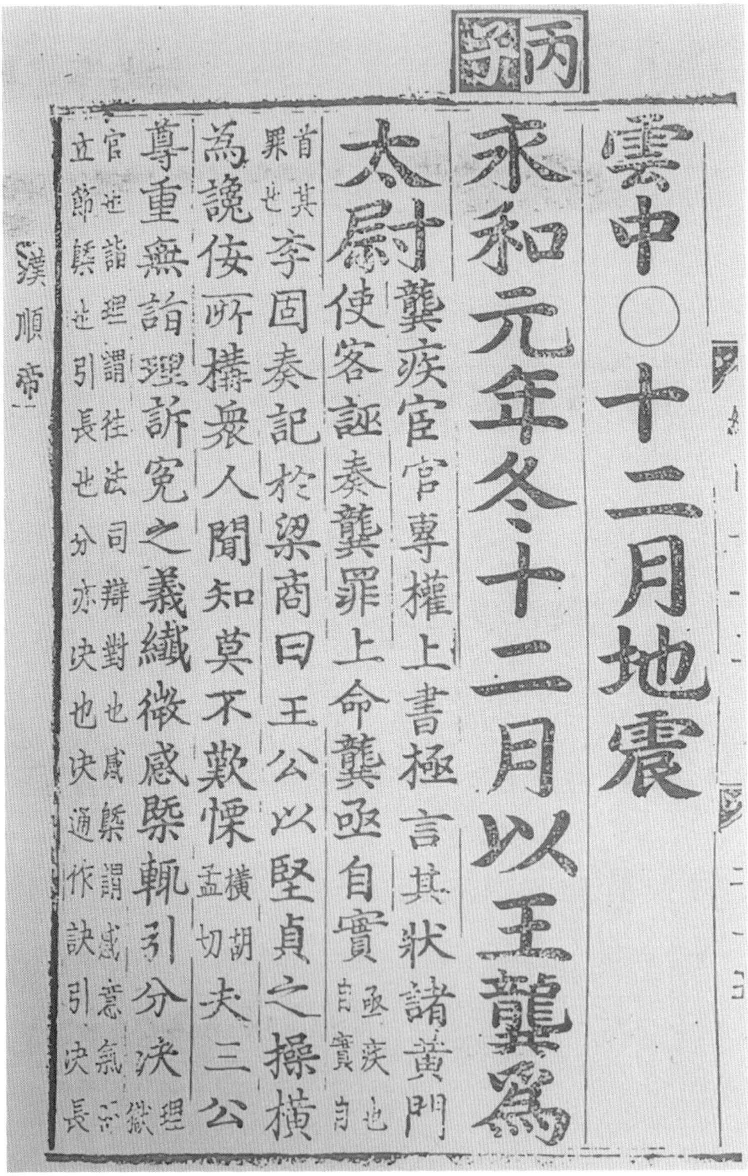
雲中○十二月地震
永和元年冬十二月以王龔爲太尉
龔疾宦官專權上書極言其狀諸黃門
使客誣奏龔罪上命龔亟自實亟疾也自實自
首其界也李固奏記於梁商曰王公以堅貞之操橫
爲讒佞所構衆人聞知莫不歎慄橫胡孟切夫三公
尊重無諂覆訴冤之義纖微感槩輒引分決理纖
官也諂理謂往法司辯對也感槩謂感意氣示
立節槩也引長也分亦決也決通作訣引決長
漢順帝一

<서영 8> 「釋譜詳節」, 釋譜詳節한글자1449년인본, 권6 제13엽상엽.

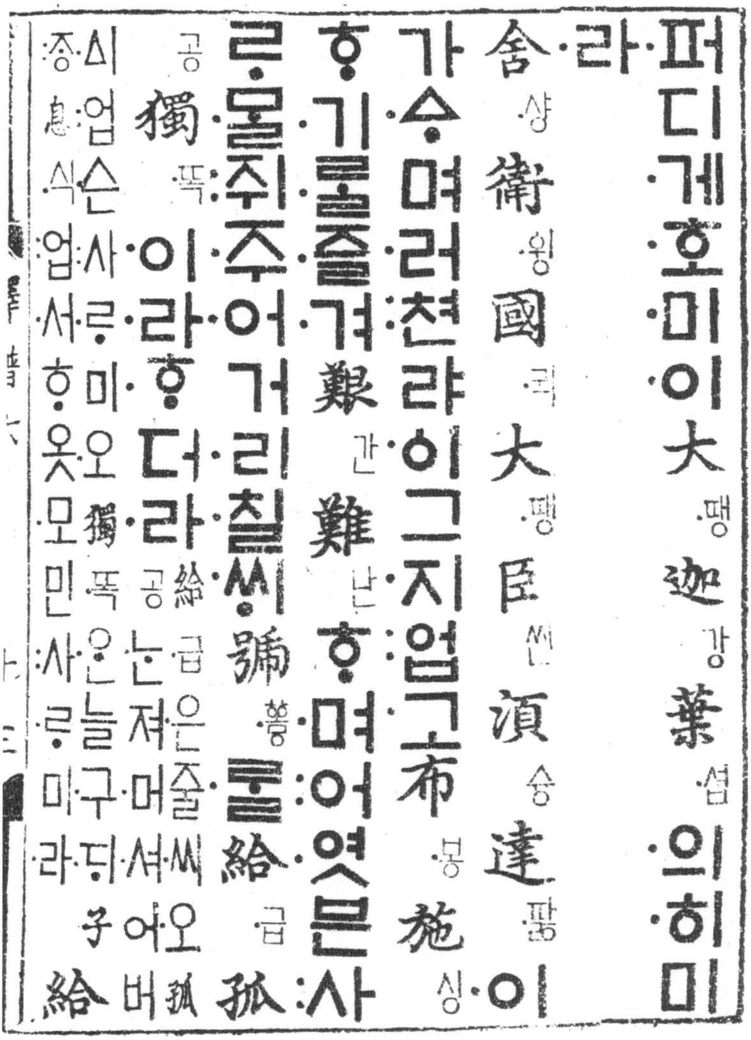

·펴디·계·ᄒᆞ·미·이 大땡迦강葉셥·의·히미
·라
舍·샹衛·윙國귁大·땡臣씬須슝達땋·이
가·ᅀᆞ·며·러:쳔랴·ᅌᅵ·그·지:업·고布봉施싱
ᄒᆞ·기·ᄅᆞᆯ·즐·겨艱간難난ᄒᆞ·며:어·엿·븐:사
ᄅᆞ·ᄆᆞᆯ:쥐·주·어 거·리·칠·씨 [illegible] ·ᄅᆞᆯ 給급孤
공獨·똑·이·라·ᄒᆞ더·라
給급·은 줄·씨오 孤공ᄂᆞᆫ 져·머·셔 어버ᅀᅵ:업ᅀᆞᆫ:사ᄅᆞ·미오 獨똑ᄋᆞᆫ 늘구·듸 子ᄌᆞᇰ息식:업·서ᄒᆞ옷·모민:사·ᄅᆞ미·라 給

<서영 9> 「東國正韻」, 東國正韻자병용한글자1448년인본, 권1 제1엽상엽.

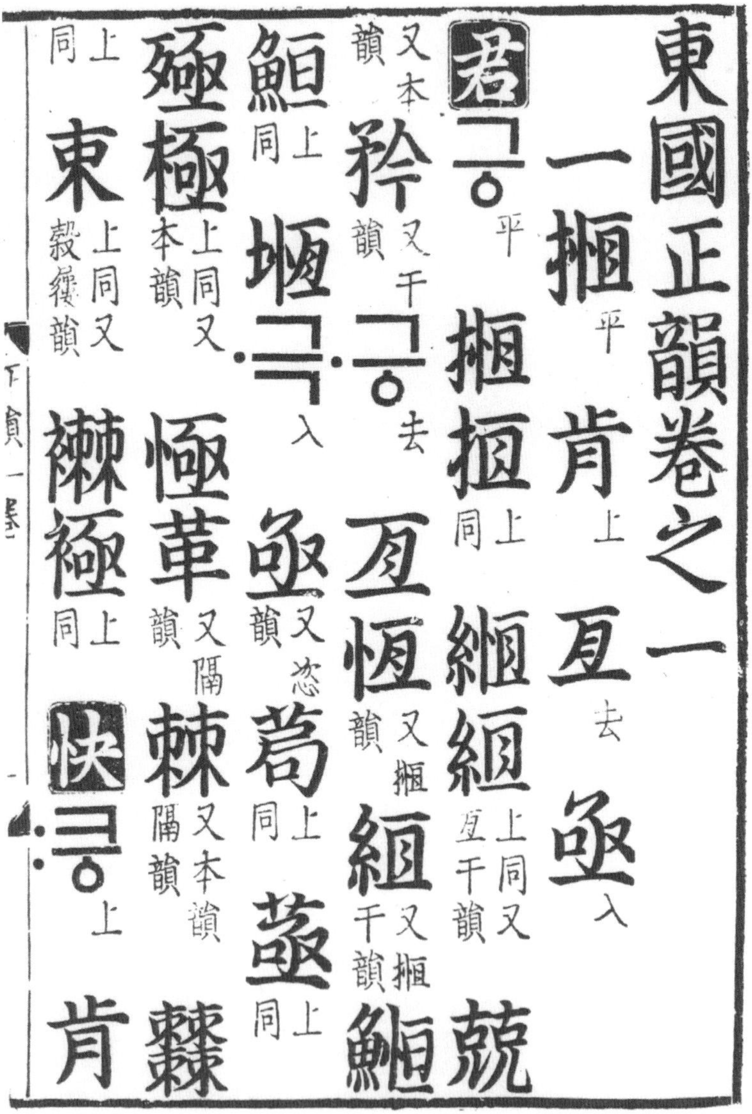

東國正韻卷之一

一 揯平 肯上 亘去 亟入

君 ᄀᆼ平 揯 搄同上 緪 絚上同又亘干韻 兢又本韻 矜又干韻

ᄀᆼ去 亙 恒又揯韻 緪又揯干韻 魱 鮔同上 堩

ᄀᆨ入 亟又恣韻 蒚同上 䓧同上 殛 極上同又本韻 㥛 革又隔韻 棘又本韻隔韻 䩯

上同 東上同又穀韈韻 𣚍 極同上 快 ᄏᆼ上 肯

<서영 10> 「詳說古文眞寶大全」, 庚午字1450년인본, 권11 제1엽상엽.

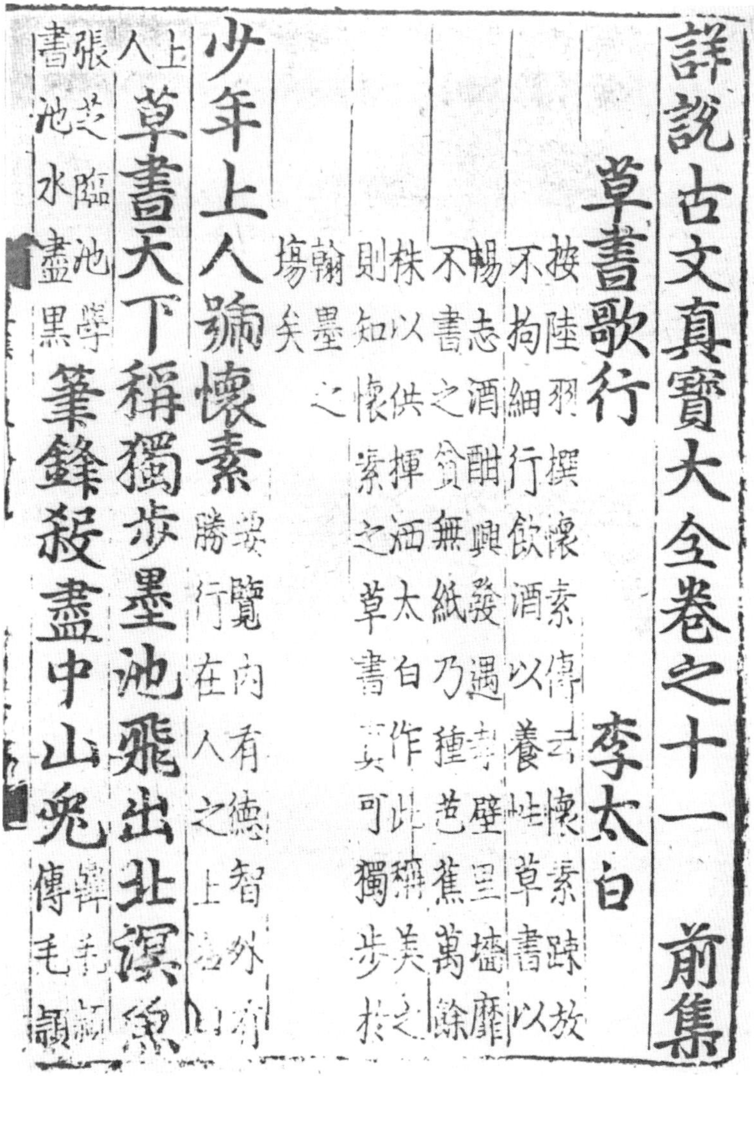
詳說古文眞寶大全卷之十一 前集

草書歌行 李太白

按陸羽撰懷素傳云懷素疏放不拘細行飲酒以養性草書以暢志酒酣興發遇寺壁里墻靡不書之貧無紙乃種芭蕉萬餘株以供揮洒太白作此稱美之則知懷素之草書眞可獨步於翰墨之場矣

少年上人號懷素 要覽內有德智外有勝行在人之上[illegible]上人

草書天下稱獨步 墨池飛出北溟魚 張芝臨池學書池水盡黑

筆鋒殺盡中山兎 韓[illegible][illegible]傳毛穎

<서영 11> 「周易傳義」, 乙亥字1466년인본, 권13 제38엽상엽, 21.9 × 14.6cm.

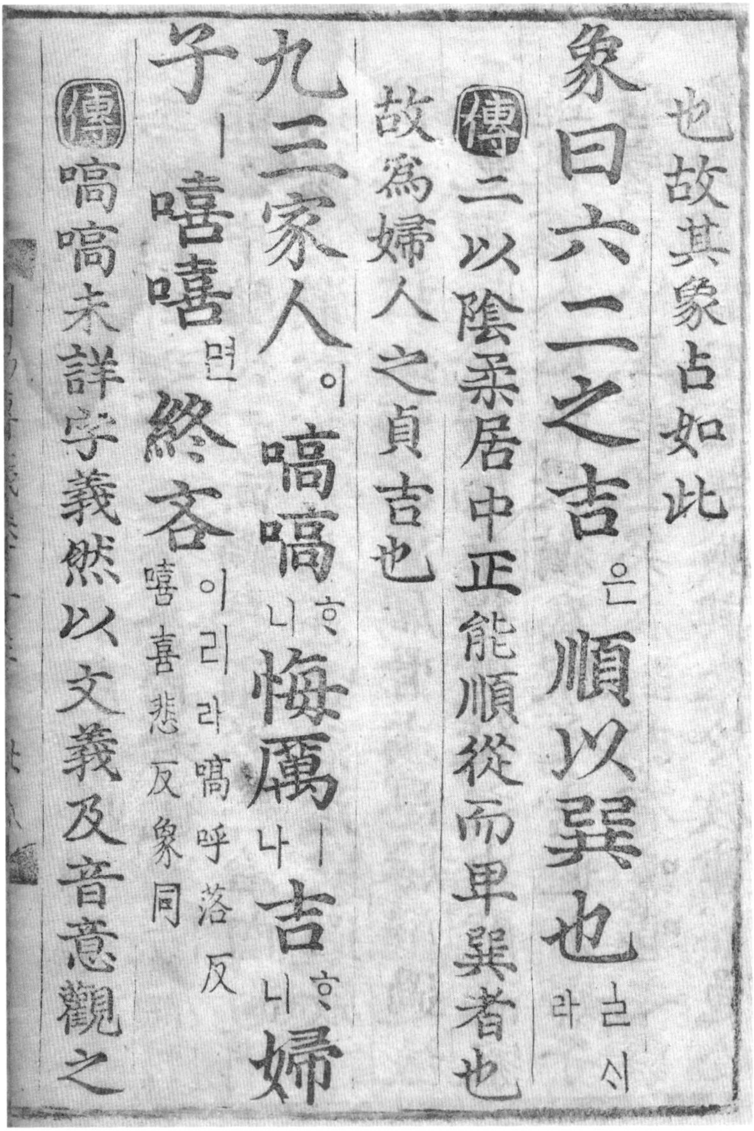

也故其象占如此
象曰六二之吉은 順以巽也ᄅᆞ시라
傳 二以陰柔居中正能順從而卑巽者也
故爲婦人之貞吉也
九三家人이 嗃嗃ᄒᆞ니 悔厲ㅣ나 吉ᄒᆞ니 婦
子ㅣ 嘻嘻면 終吝이리라 嗃呼落反 嘻喜悲反象同
傳 嗃嗃未詳字義然以文義及音意觀之

<서영 12> 「監本附音春秋穀梁傳註疏」, 乙亥字1506-1608연간인본, 권1 제1엽상엽, 23.5 × 16.5cm.

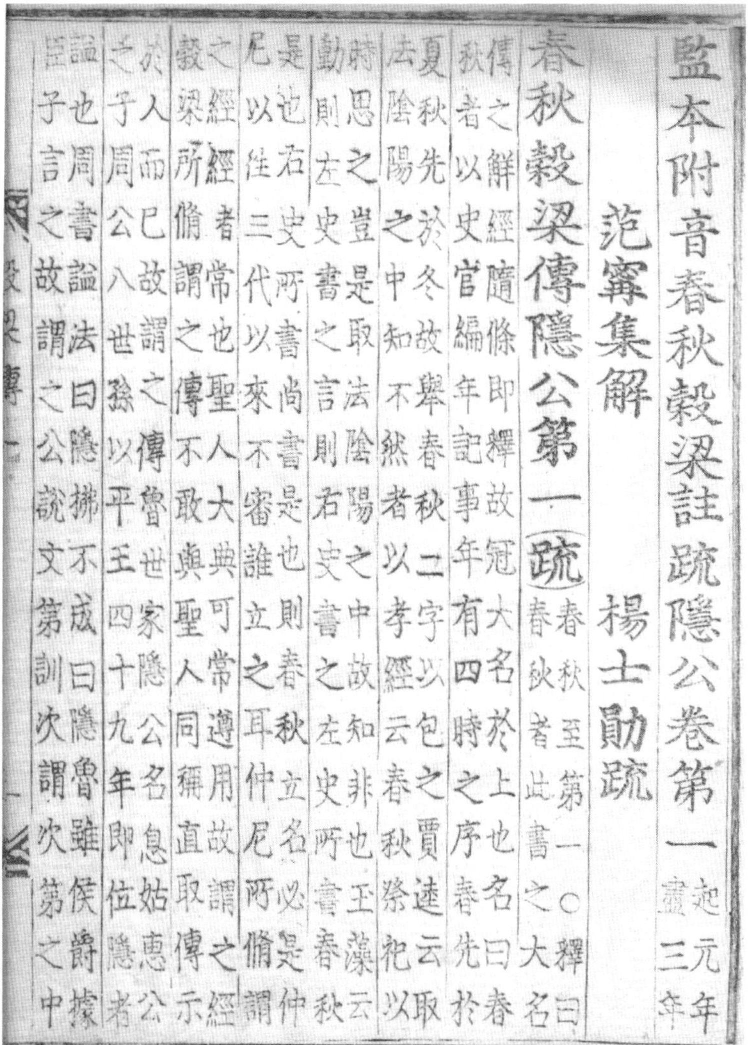

監本附音春秋穀梁註疏隱公卷第一 起元年盡三年

范甯集解 楊士勛疏

春秋穀梁傳隱公第一 疏 春秋至第一○釋曰春秋者此書之大名

傳之解經隨條即釋故冠大名於上也名曰春秋者以史官編年記事年有四時之序春先於夏秋先於冬故舉春秋二字以包之賈逵云取法陰陽之中知不然者以孝經云春秋祭祀以時思之豈是取法陰陽之中故知非也王藻云動則左史書之言則右史書之左史所書春秋是也右史所書尚書是也則春秋立名必是仲尼以往三代以來不審誰立之耳仲尼所脩謂之經經者常也聖人大典可常遵用故謂之經穀梁所脩謂之傳不敢與聖人同稱直取傳示於人而已故謂之傳魯世家隱公名息姑惠公之子周公八世孫以平王四十九年即位隱者謚也周書謚法曰隱拂不成曰隱魯雖侯爵據臣子言之故謂之公疏文第訓次謂次第之中

<서영 13-1> 「大明一統志」, 乙亥字1506-1608연간인본, 권86 제1엽하엽.

永寧順寧一十二府曲靖姚安鶴慶武定尋
甸麗江元江七軍民府北勝一州者樂甸馬
龍他郎甸二長官司蠻夷孟定孟艮二府孟
養軍民指揮使司車里木邦老撾緬甸八百
大甸五宣慰使司干崖南甸隴川三宣撫司
鎮康灣甸大候威遠四州芒市鈕兀二長官
司置雲南都指揮使司領雲南左雲南右雲
南中雲南前雲南後廣南大理臨安曲靖景
東楚雄洱海平夷越州蒙化六凉一十六衛
金齒瀾滄騰衝三軍民指揮使司宜良易門

<서영 13-2> 「大明一統志」, 乙亥字1506-1608연간인본, 권86 제1엽상엽

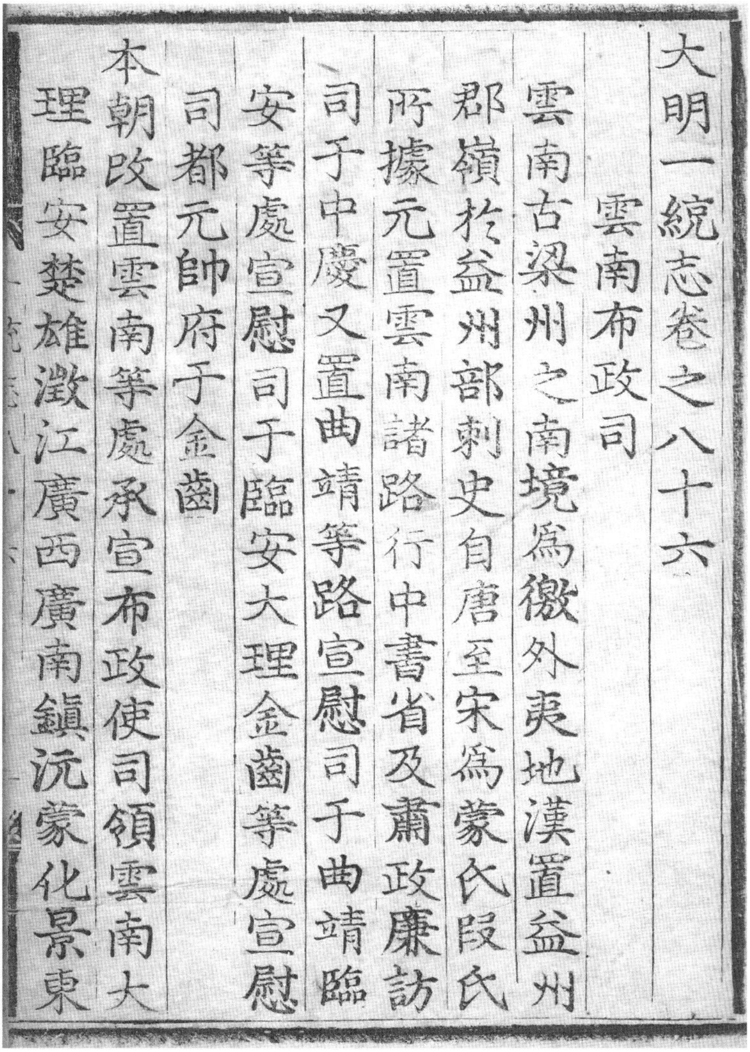

大明一統志卷之八十六

雲南布政司

雲南古梁州之南境爲徼外夷地漢置益州

郡隸於益州部刺史自唐至宋爲蒙氏段氏

所據元置雲南諸路行中書省及肅政廉訪

司于中慶又置曲靖等路宣慰司于曲靖臨

安等處宣慰司于臨安大理金齒等處宣慰

司都元帥府于金齒

本朝改置雲南等處承宣布政使司領雲南大

理臨安楚雄澂江廣西廣南鎭沅蒙化景東

<서영 14> 「金剛般若波羅密經三家解諺解」, 丁丑字1482년인본, 권4 제1엽상엽.

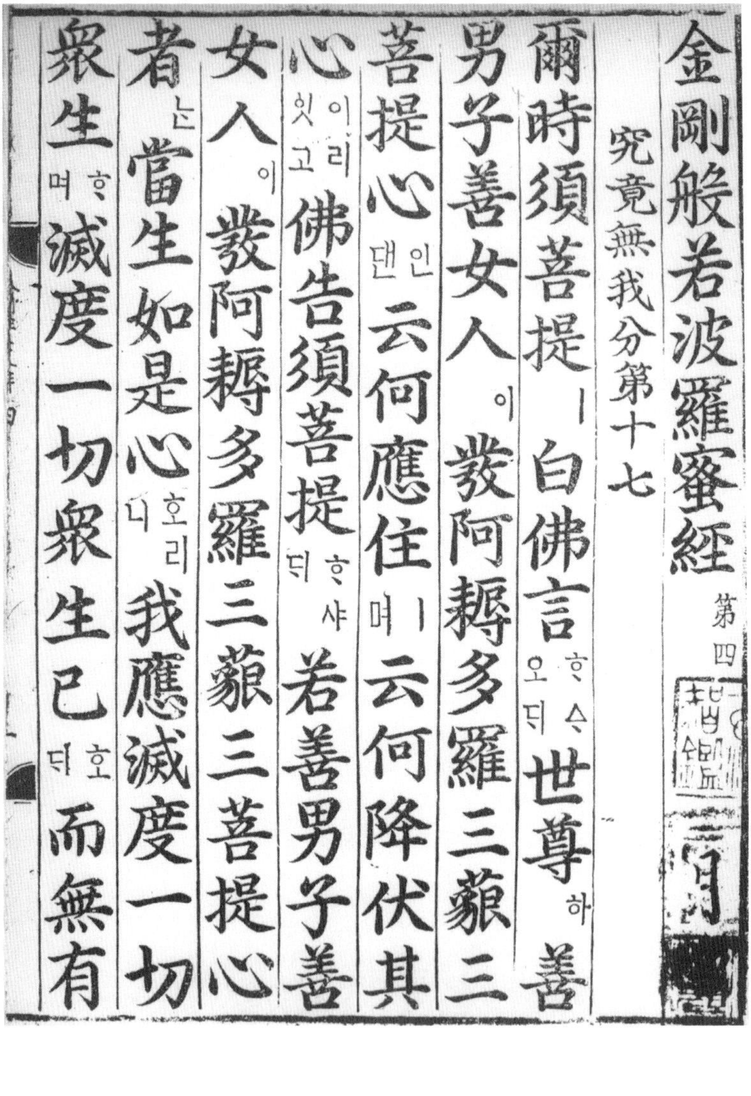
金剛般若波羅蜜經 第四
究竟無我分第十七
爾時須菩提ㅣ白佛言ᄒᆞᅀᆞ오ᄃᆡ世尊하善
男子善女人이發阿耨多羅三藐三
菩提心인댄云何應住ㅣ며云何降伏其
心이리잇고佛告須菩提ᄒᆞ샤ᄃᆡ若善男子善
女人이發阿耨多羅三藐三菩提心
者ᄂᆞᆫ當生如是心ᄒᆞ리니我應滅度一切
衆生ᄒᆞ며滅度一切衆生已ᄒᆞᆫᄃᆡ而無有

<서영 15> 「交食推步法」, 戊寅字1458년인본, 제1엽상엽.

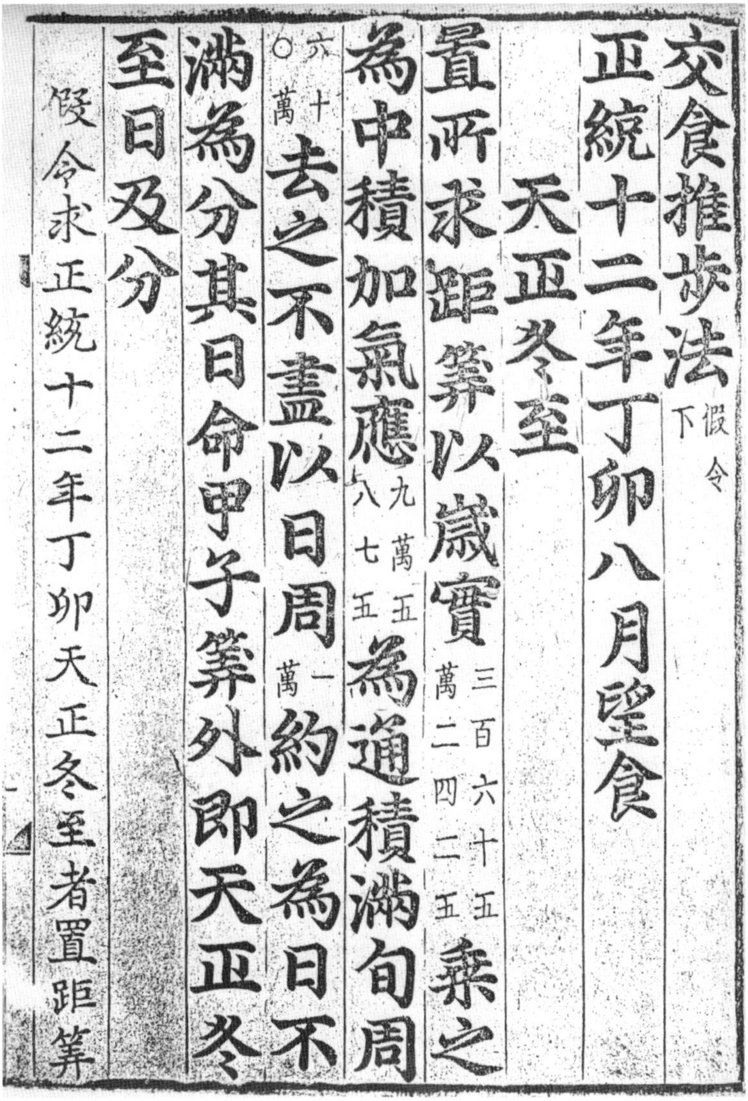

交食推步法 假令下

正統十二年丁卯八月望食

天正冬至

置所求距筭以歲實 三百六十五萬二四二五 乘之

爲中積加氣應 九萬五八七五 爲通積滿旬周

六十○萬 去之不盡以日周 一萬 約之爲日不

滿爲分其日命甲子筭外卽天正冬

至日及分

假令求正統十二年丁卯天正冬至者置距筭

<서영 16-1> 「金剛般若波羅蜜經」, 乙酉字1465-1484연간인본, 제2엽하엽.

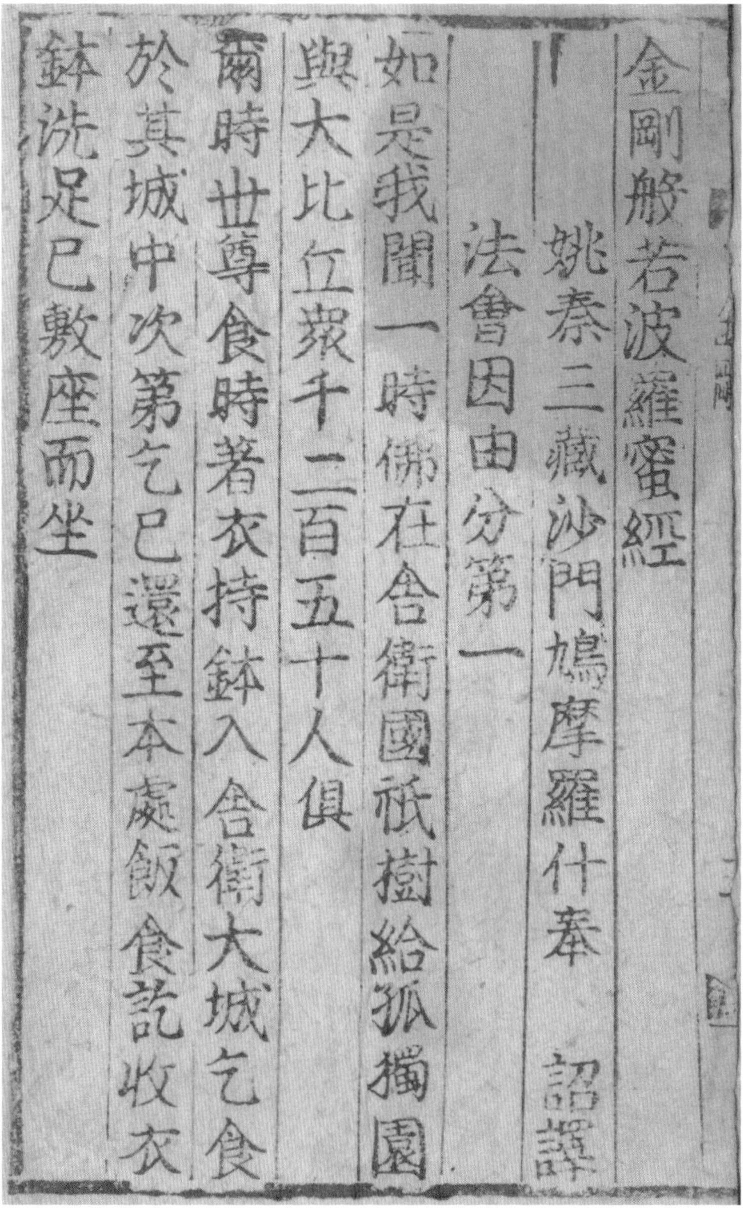

金剛般若波羅蜜經

姚秦三藏沙門鳩摩羅什奉　詔譯

法會因由分第一

如是我聞一時佛在舍衛國祇樹給孤獨園

與大比丘衆千二百五十人俱

爾時世尊食時著衣持鉢入舍衛大城乞食

於其城中次第乞已還至本處飯食訖收衣

鉢洗足已敷座而坐

<서영 16-2> 「金剛般若波羅密經」, 乙酉字1465-1484연간인본, 제3엽상엽, 17.2 × 10.2cm.

善現啓請分第二
時長老須菩提在大衆中即從座起偏袒右
肩右膝著地合掌恭敬而白佛言希有世尊
如來善護念諸菩薩善付囑諸菩薩世尊善
男子善女人發阿耨多羅三藐三菩提心云
何應住云何降伏其心佛言善哉善哉須菩
提如汝所說如來善護念諸菩薩善付囑諸
菩薩汝今諦聽當爲汝說善男子善女人發

<서영 17-1> 「新編古今事文類聚」, 甲辰字1493년인본, 권29 제1엽하엽.

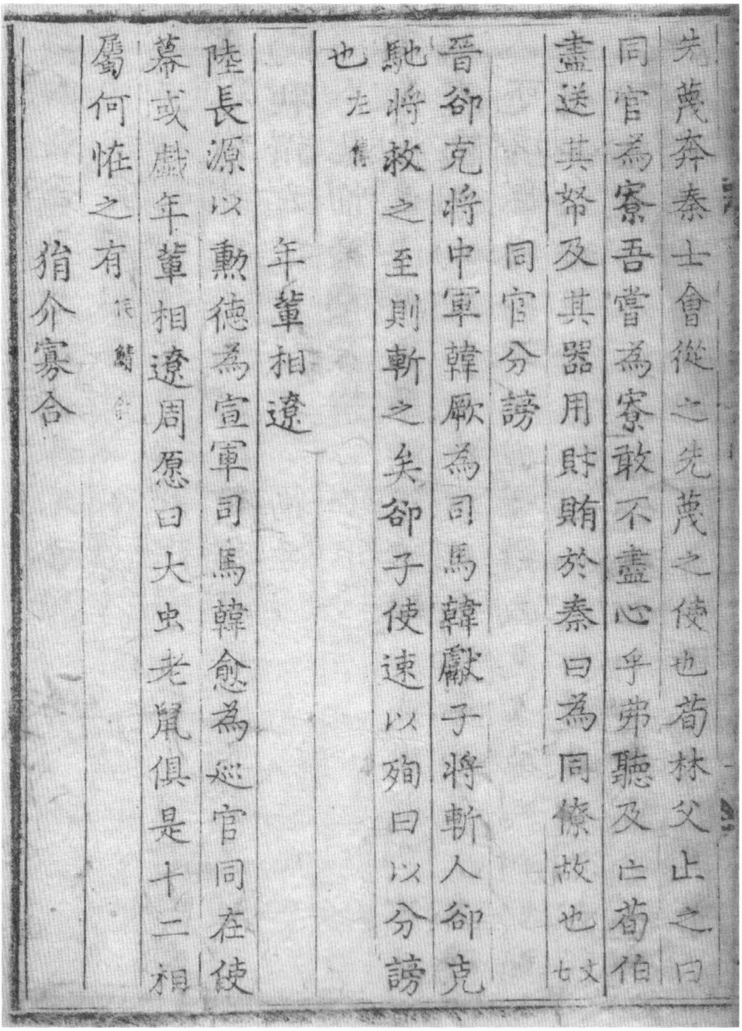
先蔑奔秦士會從之先蔑之使也荀林父止之曰
同官爲寮吾嘗爲寮敢不盡心乎弗聽及亡荀伯
盡送其帑及其器用財賄於秦曰爲同僚故也文七

同官分謗

晉郤克將中軍韓厥爲司馬韓獻子將斬人郤克
馳將救之至則斬之矣郤子使速以徇曰以分謗
也左傳

年輩相遼

陸長源以勳德爲宣軍司馬韓愈爲巡官同在使
幕或戲年輩相遼周愿曰大虫老鼠俱是十二相
屬何怪之有張鷟僉

猜介寡合

<서영 17-2> 「新編古今事文類聚」, 甲辰字1493년인본, 권29 제1엽상엽, 20.9 × 15.2cm.

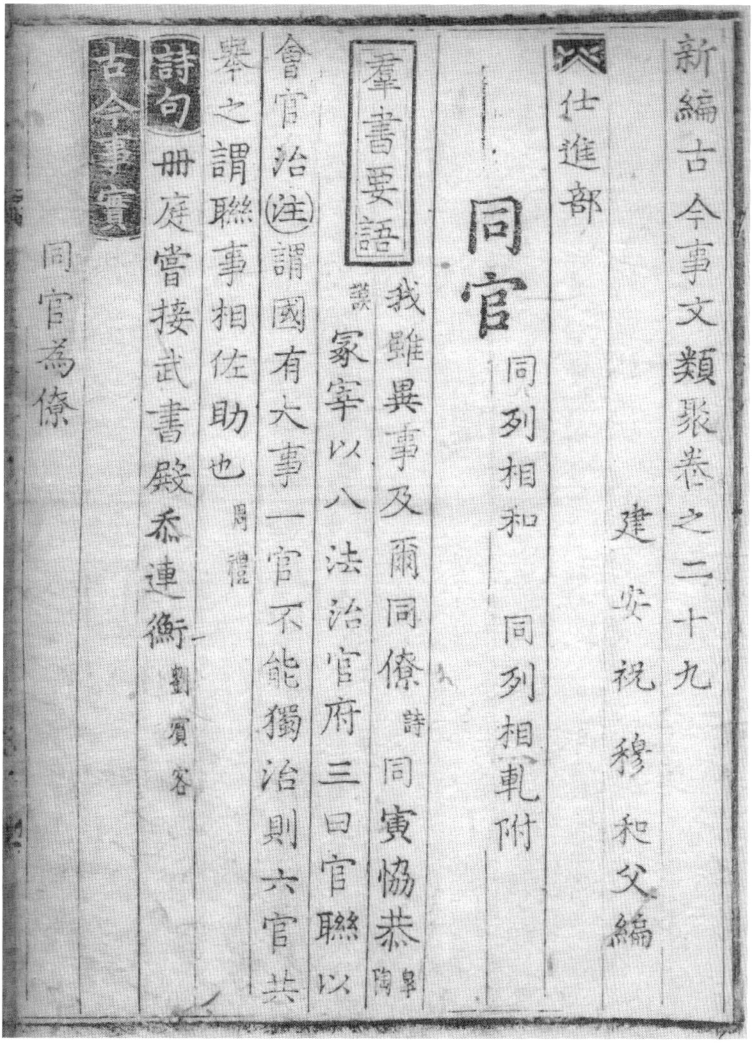

新編古今事文類聚卷之二十九　建安祝穆和父編

仕進部

同官　同列相和　同列相軋附

羣書要語　我雖異事及爾同僚 詩　同寅協恭 皐陶謨　冢宰以八法治官府三曰官聯以會官治 注 謂國有大事一官不能獨治則六官共擧之謂聯事相佐助也 周禮

詩句　冊庭嘗接武書殿忝連衘 劉賓客

古今事實　同官爲僚

<서영 18> 「新增東國輿地勝覽」, 癸丑字1530년인본, 권53 제1엽상엽.

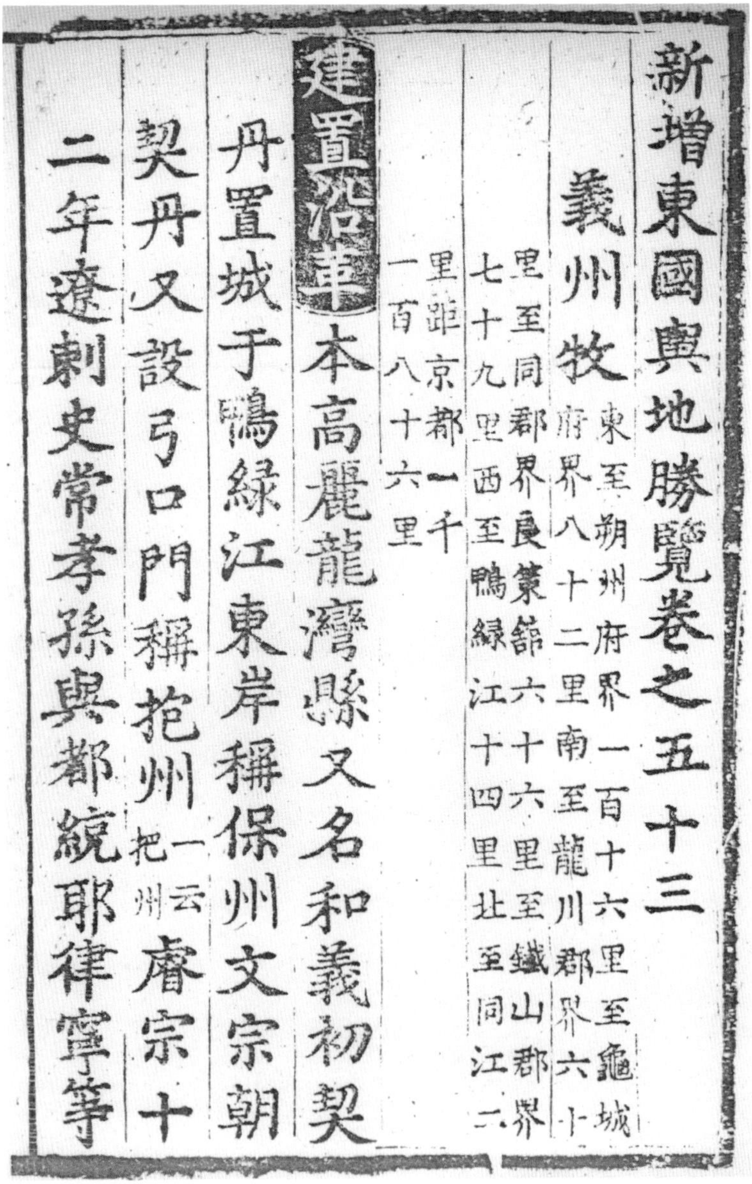
新增東國輿地勝覽卷之五十三

義州牧 東至朔州府界一百十六里至龜城府界八十二里南至龍川郡界六十里至同郡界良策站六十六里至鐵山郡界七十九里西至鴨綠江十四里北至同江一里距京都一千一百八十六里

建置沿革 本高麗龍灣縣又名和義初契丹置城于鴨綠江東岸稱保州文宗朝契丹又設弓口門稱抱州 一云把州 睿宗十二年遼刺史常孝孫與都統耶律寧等

<서영 19> 「天地冥陽水陸雜文」, 印經字1496년경인본, 제1엽상엽.

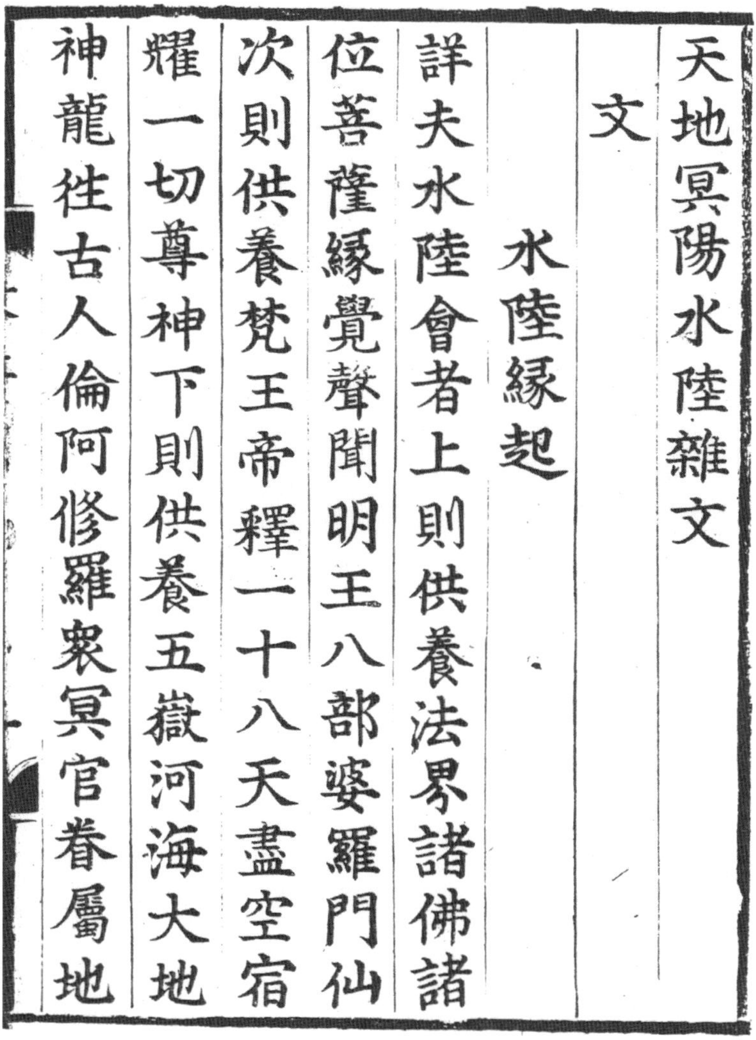

天地冥陽水陸雜文
文
水陸緣起
詳夫水陸會者上則供養法界諸佛諸
位菩薩緣覺聲聞明王八部婆羅門仙
次則供養梵王帝釋一十八天盡空宿
耀一切尊神下則供養五嶽河海大地
神龍往古人倫阿修羅衆冥官眷屬地

<서영 20> 「六祖大師法寶壇經」, 印經字1495년인본, 권1 제14엽하엽.

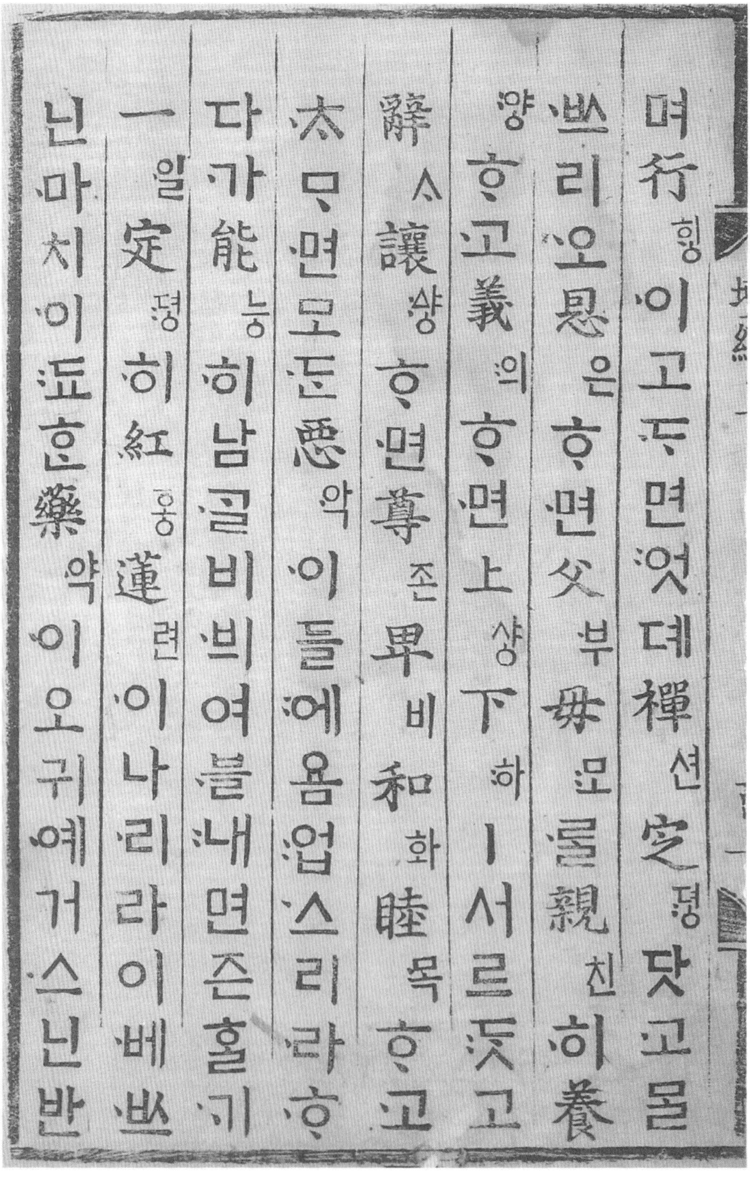
며行힝이고ᄃᆞ면엇뎨禪션定뎡닷고몰
ᄡᅳ리오恩은ᄒᆞ면父부母모ᄅᆞᆯ親친히養
양ᄒᆞ고義의ᄒᆞ면上샹下하ㅣ서르ᄃᆞᆺ고
辭ᄉᆞ讓샹ᄒᆞ면尊존卑비和화睦목ᄒᆞ고
ᄎᆞᄆᆞ면모ᄃᆞᆫ惡악이들에욤업스리라ᄒᆞ
다가能능히남ᄀᆞᆯ비븨여블내면즈홀ᄀᆡ
一일定뎡히紅홍蓮련이나리라이베ᄡᅳ
닌마치이ᄡᅳᆫ藥약이오귀예거스닌반

<서영 21-1> 「纂註分類杜詩」, 丙子字1523년인본, 권5, 제1엽하엽.

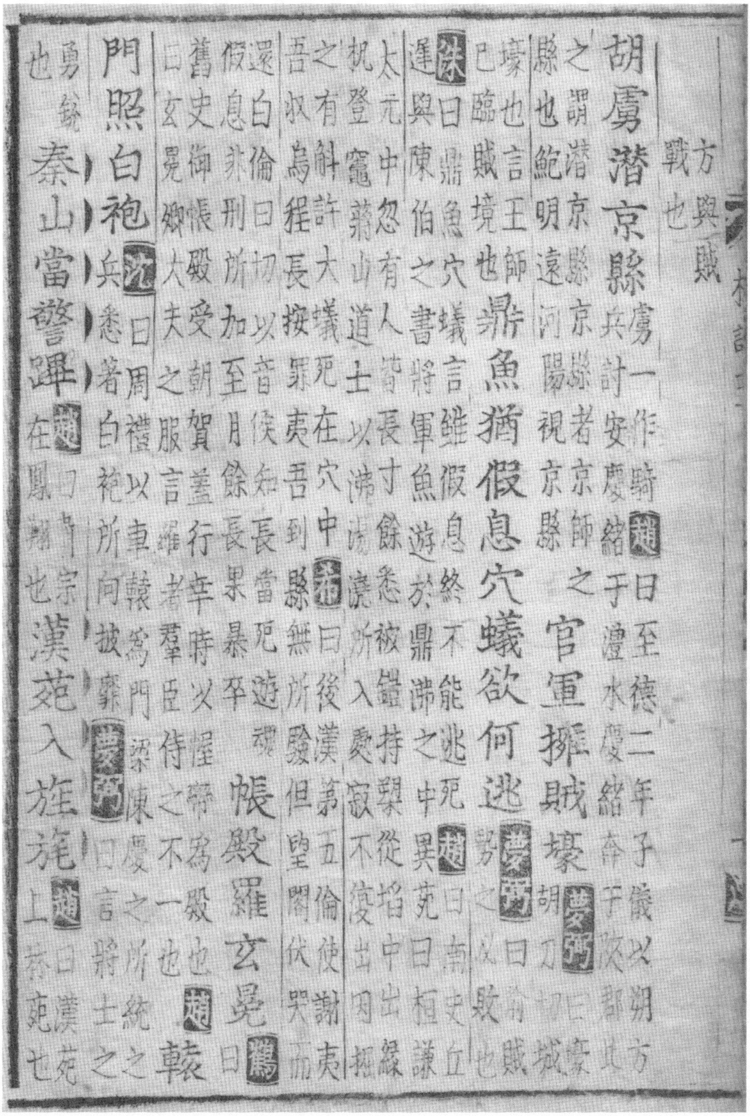
胡虜潛京縣
官軍擁賊壕
鼎魚猶假息
穴蟻欲何逃
帳殿羅玄冕
轅門照白袍
秦山當警蹕
漢苑入旌旄

<서영 21-2> 「纂註分類杜詩」, 丙子字1523년인본, 권5, 제1엽상엽, 22.8 × 15.2cm.

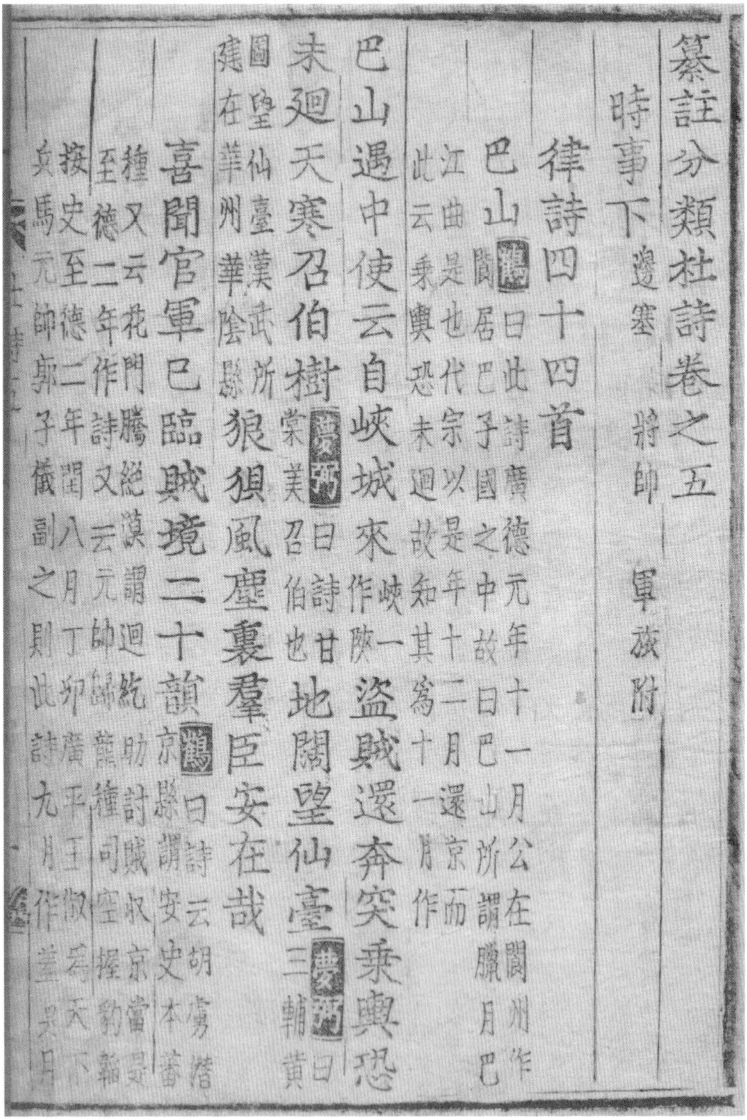

纂註分類杜詩卷之五

時事下 邊塞 將帥 軍旅附

律詩四十四首

巴山 鶴曰此詩廣德元年十一月公在閬州作閬居巴子國之中故曰巴山所謂臘月巴江曲是也代宗以是年十二月還京而此云乘輿恐未迴故知其爲十一月作

巴山遇中使云自峽城來 峽一作陜 盜賊還奔突乘輿恐未迴天寒召伯樹 夢弼曰詩甘棠美召伯也 地闊望仙臺 夢弼曰三輔黃圖望仙臺漢武所建在華州華陰縣 狼狽風塵裏羣臣安在哉

喜聞官軍已臨賊境二十韻 鶴曰詩云胡虜潛京縣謂安史本蕃種又云花門騰絕漠謂迴紇助討賊收京當是至德二年作詩又云元帥歸龍種司空握豹韜按史至德二年閏八月丁卯廣平王俶爲天下兵馬元帥郭子儀副之則此詩九月作差早月

<서영 22-1> 「資治通鑑綱目」(중・소자), 再鑄甲寅字1577년인본, 권54하, 제36엽하엽.

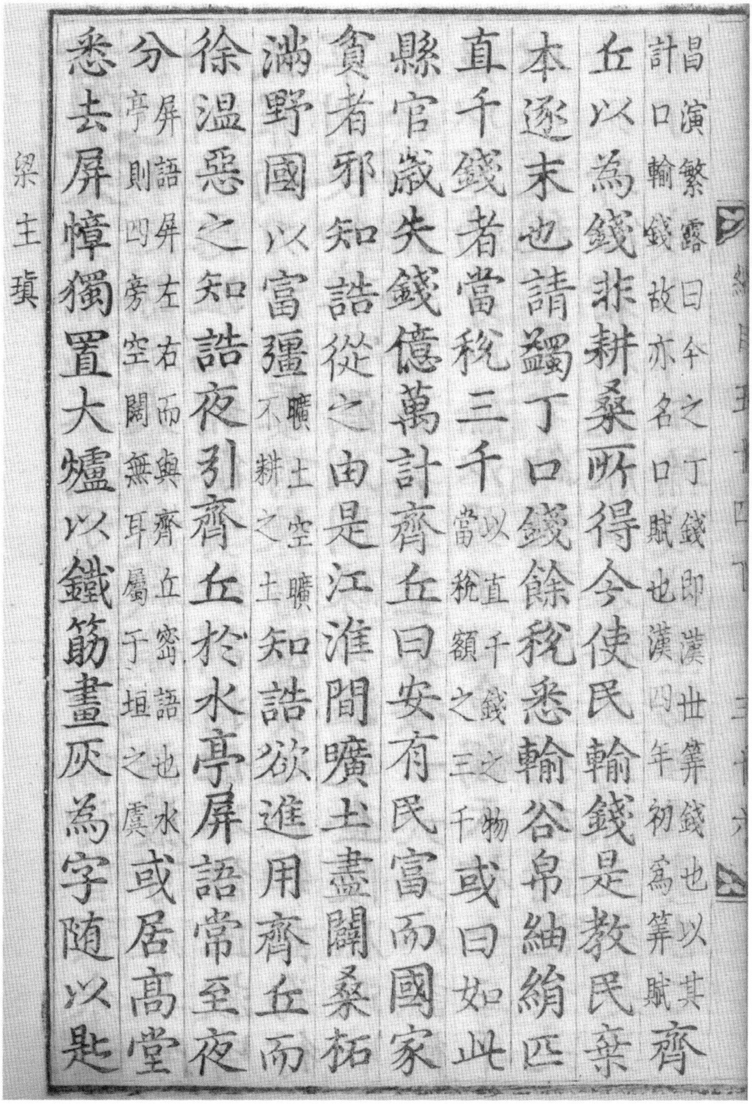

昌演繁露曰今之丁錢即漢世筭錢也以其計口輸錢故亦名口賦也漢四年初爲筭賦齊

丘以爲錢非耕桑所得今使民輸錢是教民棄

本逐末也請蠲丁口錢餘稅悉輸谷帛紬絹匹

直千錢者當稅三千以直千錢之物當稅額之三千或曰如此

縣官歲失錢億萬計齊丘曰安有民富而國家

貧者邪知誥從之由是江淮閒曠土盡闢桑柘

滿野國以富彊曠土空曠不耕之土知誥欲進用齊丘而

徐溫惡之知誥夜引齊丘於水亭屛語常至夜

分屛語屛左右而與齊丘密語也水亭則四旁空闊無耳屬于垣之虞或居高堂

悉去屛幛獨置大爐以鐵筯畫灰爲字隨以匙

梁主瑱

<서영 22-2> 「資治通鑑綱目」(중·소자), 再鑄甲寅字 1577년인본, 권54하, 제38엽상엽, 26.5 × 16.7cm.

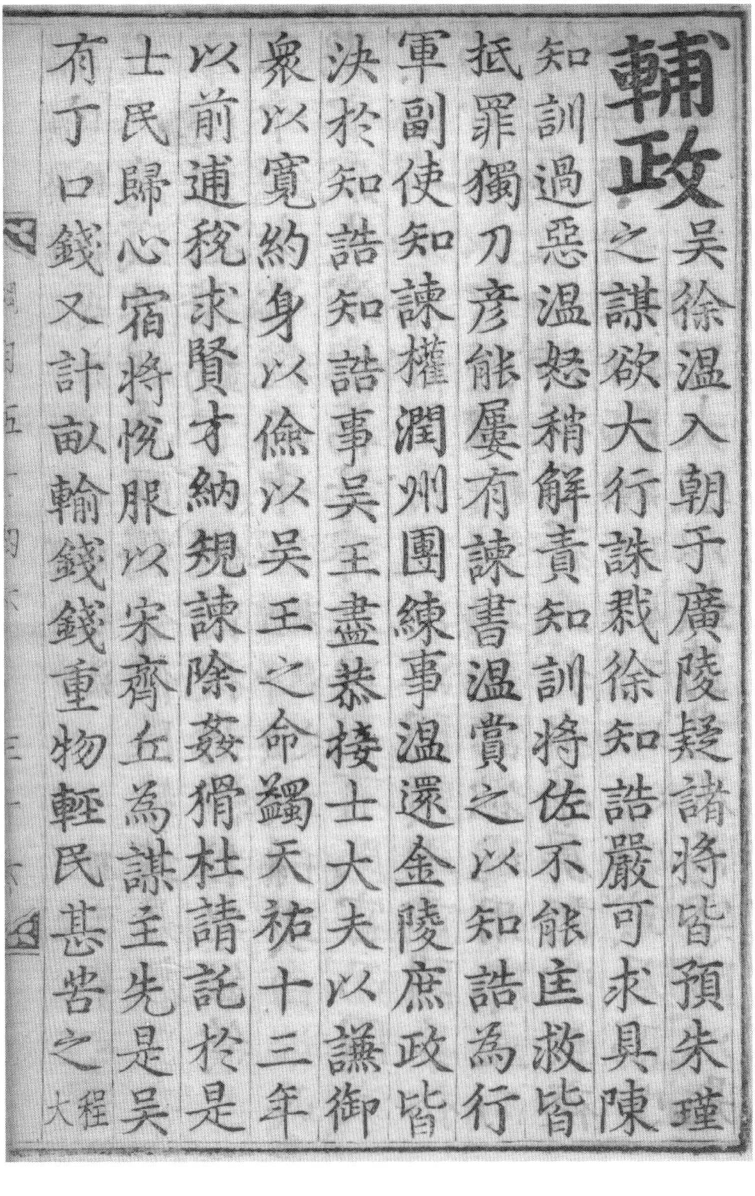

輔政 吳徐溫入朝于廣陵疑諸將皆預朱瑾
知之謀欲大行誅戮徐知誥嚴可求具陳
知訓過惡溫怒稍解責知訓將佐不能匡救皆
抵罪獨刁彥能屢有諫書溫賞之以知誥爲行
軍副使知諫權潤州團練事溫還金陵庶政皆
決於知誥知誥事吳王盡恭接士大夫以謙御
衆以寬約身以儉以吳王之命蠲天祐十三年
以前逋稅求賢才納規諫除姦猾杜請託於是
士民歸心宿將悅服以宋齊丘爲謀主先是吳
有丁口錢又計畝輸錢錢重物輕民甚苦之程大

<서영 23> 「孟子諺解」, 再鑄乙亥자병용한글자1590년인본, 권12 제1엽상엽.

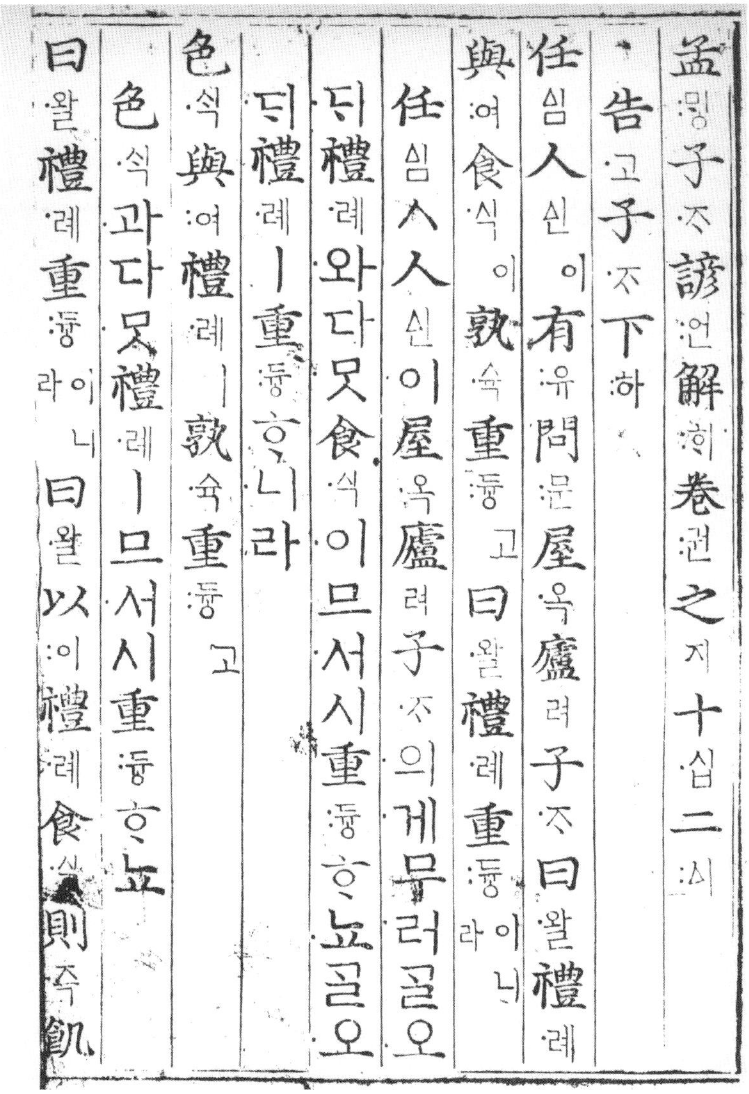
孟밍子ᄌᆞ諺언解ᄒᆡ卷권之지十십二ᅀᅵ
告고子ᄌᆞ下하
任심人신이有유問문屋옥廬려子ᄌᆞ曰왈禮례
與여食식이孰슉重듕고 曰왈禮례重듕이니라
任심人신이屋옥廬려子ᄌᆞ의게무러ᄀᆞᆯ오
ᄃᆡ禮례와다ᄆᆞᆺ食식이므서시重듕ᄒᆞ뇨ᄀᆞᆯ오
ᄃᆡ禮례ㅣ重듕ᄒᆞ니라
色ᄉᆡᆨ與여禮례ㅣ孰슉重듕고
色ᄉᆡᆨ과다ᄆᆞᆺ禮례ㅣ므서시重듕ᄒᆞ뇨
曰왈禮례重듕이니라 曰왈以이禮례食식則즉飢

<서영 24-1> 「纂圖互註周禮」, 訓鍊都監字(甲寅자체)1648년인본, 권3 제1엽하엽.

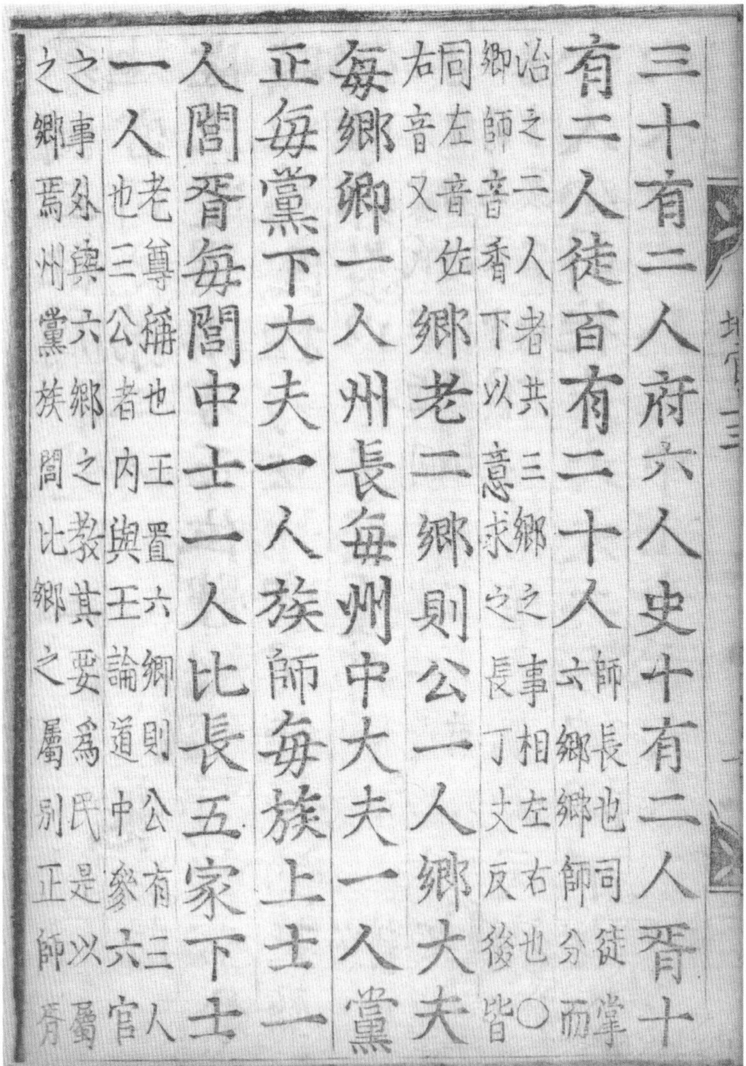
三十有二人府六人史十有二人胥十有二人徒百有二十人師長也司徒掌六鄉鄉師分而治之二人者共三鄉之事相左右也○鄉師音香下以意求之長丁丈反後皆同左音佐右音又鄉老二鄉則公一人鄉大夫每鄉卿一人州長每州中大夫一人黨正每黨下大夫一人族師每族上士一人閭胥每閭中士一人比長五家下士一人老尊稱也王置六卿則公有三人也三公者內與王論道中參六官之事外與六鄉之教其要爲民是以屬之鄉焉州黨族閭比鄉之屬別正師胥

<서영 24-2> 「纂圖互註周禮」, 訓鍊都監字(甲寅자체)1648년인본, 권3 제1엽상엽, 21.2 × 14.4.

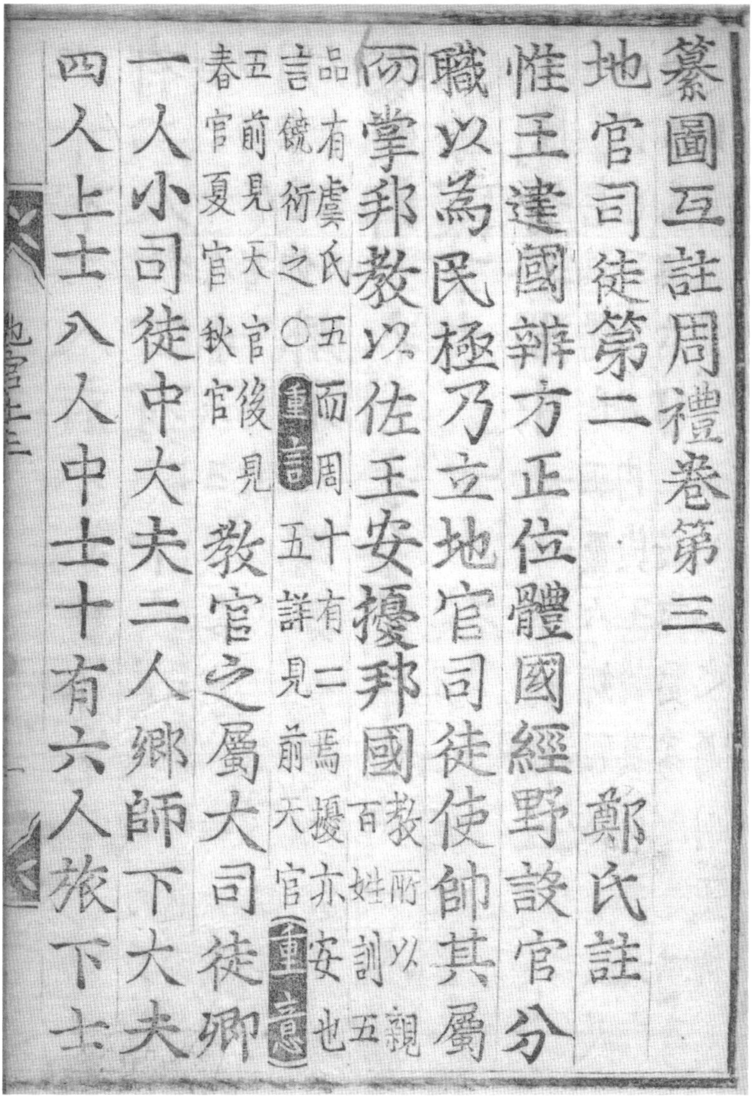

纂圖互註周禮卷第三

地官司徒第二　　鄭氏註

惟王建國辨方正位體國經野設官分職以為民極乃立地官司徒使帥其屬而掌邦教以佐王安擾邦國（教所以親百姓訓五品有虞氏五而周十有二焉擾亦安也言饒衍之○［重言］五詳見前天官［重意］五前見天官後見春官夏官秋官）教官之屬大司徒卿一人小司徒中大夫二人鄉師下大夫四人上士八人中士十有六人旅下士

<서영 25-1> 「史纂」, 訓鍊都監字(庚午자체)1612년인본, 권2 제1엽하엽.

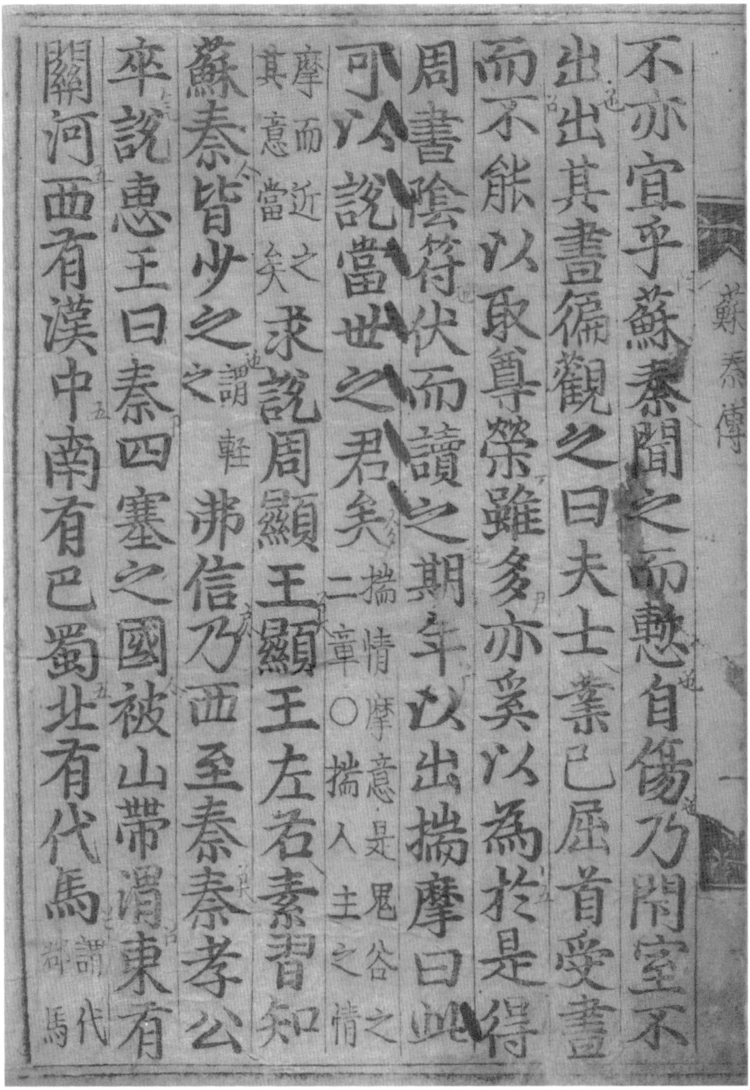
不亦宜乎蘇秦聞之而慙自傷乃閉室不
出出其書偏觀之曰夫士業已屈首受書
而不能以取尊榮雖多亦奚以為於是得
周書陰符伏而讀之期年以出揣摩曰此
可以說當世之君矣揣情摩意是鬼谷之二章○揣人主之情
摩而近之其意當矣求說周顯王顯王左右素習知
蘇秦皆少之謂輕之弗信乃西至秦秦孝公
卒說惠王曰秦四塞之國被山帶渭東有
關河西有漢中南有巴蜀北有代馬謂代郡馬

蘇秦傳 一

<서영 25-2> 「史纂」, 訓鍊都監字(庚午자체)1612년인본, 권2 제1엽상엽, 23.6 × 16.1cm.

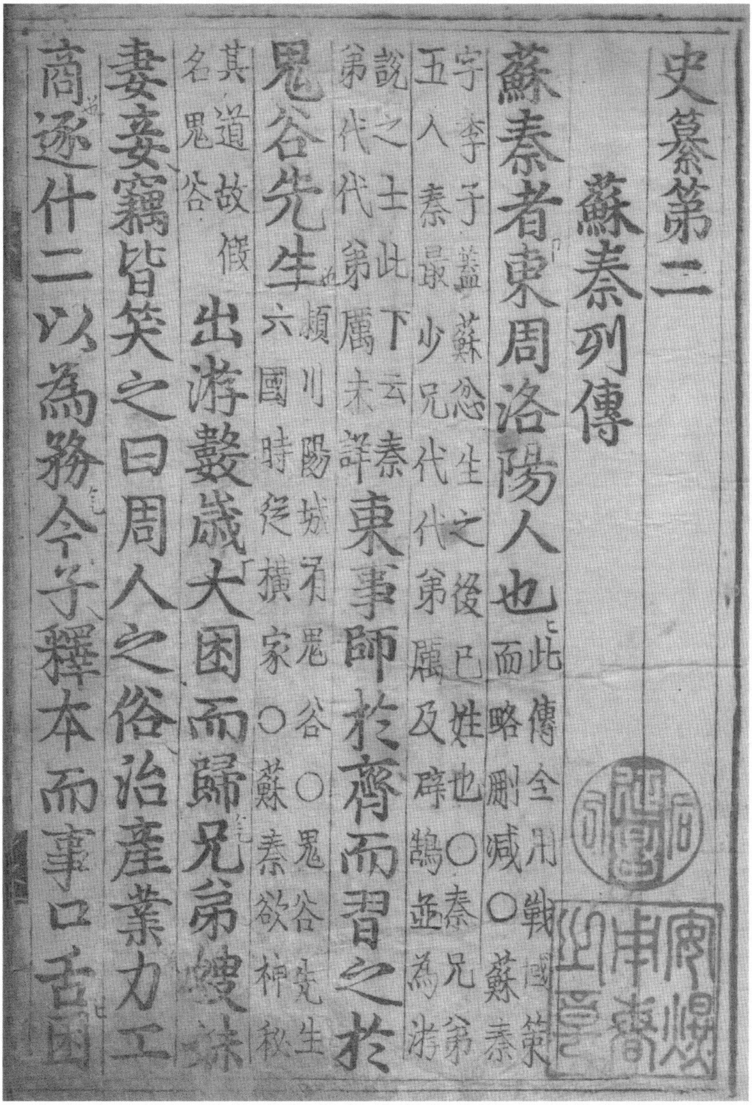
史纂第二
蘇秦列傳
蘇秦者東周洛陽人也此傳全用戰國策而略刪減○蘇秦
字李子蓋蘇忿生之後巳姓也○秦兄弟五人秦最少兄代代弟厲及辟鵠並為游
說之士此下云秦弟代代弟厲未詳東事師於齊而習之於
鬼谷先生潁川陽城有鬼谷○鬼谷先生六國時縱横家○蘇秦欲神秘
其道故假名鬼谷出游數歲大困而歸兄弟嫂妹
妻妾竊皆笑之曰周人之俗治産業力工
商逐什二以為務今子釋本而事口舌困

<서영 26> 「東醫寶鑑」, 訓鍊都監字(乙亥자체)1613년인본, 권7 제1엽상엽.

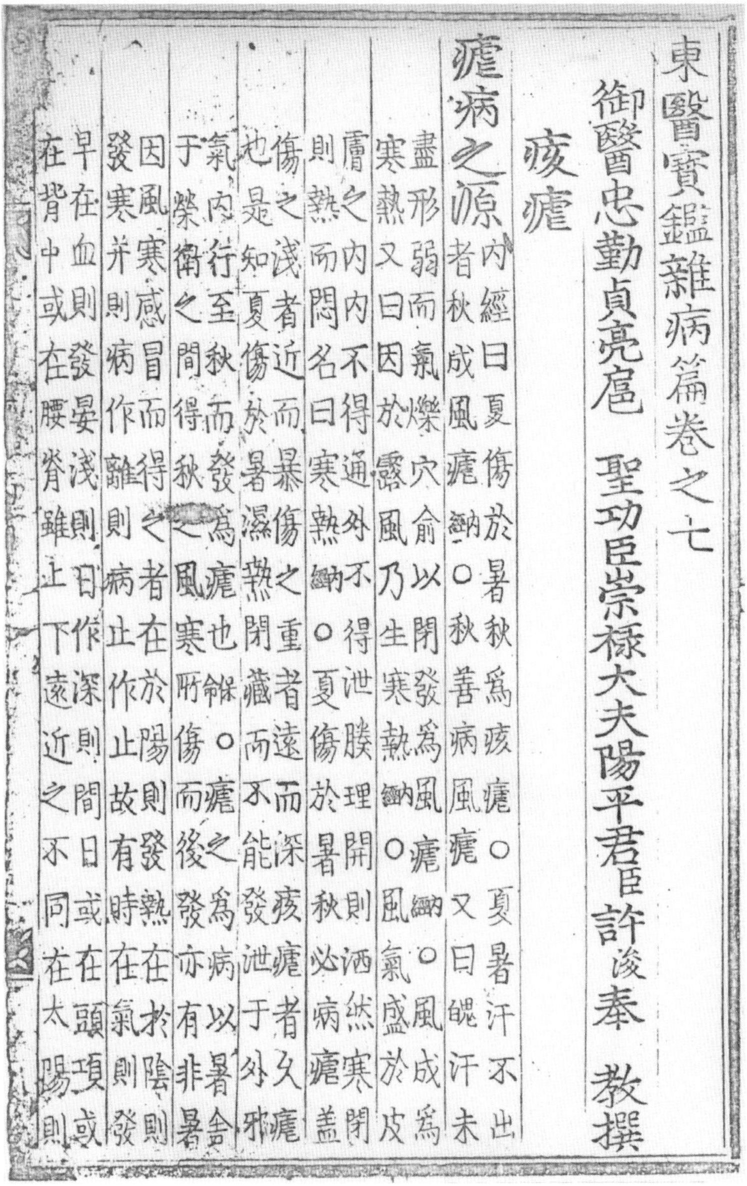

東醫寶鑑雜病篇卷之七
御醫忠勤貞亮扈　聖功臣崇祿大夫陽平君臣許浚奉　教撰
痎瘧
瘧病之源 内經曰夏傷於暑秋爲痎瘧○夏暑汗不出
者秋成風瘧綱目○秋善病風瘧又曰魄汗未
盡形弱而氣爍穴俞以閉發爲風瘧綱目○風成爲
寒熱又曰因於露風乃生寒熱綱目○風氣盛於皮
膚之内内不得通外不得泄腠理開則洒然寒閉
則熱而悶名曰寒熱綱目○夏傷於暑秋必病瘧盖
傷之淺者近而暴傷之重者遠而深痎瘧者久瘧
也是知夏傷於暑濕熱閉藏而不能發泄于外邪
氣内行至秋而發爲瘧也綱目○瘧之爲病以暑舍
于榮衛之間得秋風寒所傷而後發亦有非暑
因風寒感冒而得之者在於陽則發熱在於陰則
發寒并則病作離則病止作止故有時在氣則發
早在血則發晏淺則日作深則間日或在頭項或
在背中或在腰脊雖上下遠近之不同在太陽則

<서영 27> 「象村集」, 訓鍊都監字(甲辰자체)1632년인본, 권41 제1엽상엽.

象村稿卷之四十一　內稿第二

雜著二

治亂（治亂治其亂也）篇

治將亂難治已亂易將亂者上恣肆而不知戒也下
阿縱而不知匡也漫漫乎其流也靡靡乎其趨也雖
有聖智莫敢防其頹也雖有英俊莫敢塞其嵎也先
事而言則以為妖言當事而言則以為謗言論其變
倖則以為誣罔而斥之論其隱慝則以為沽直而排
之所當是而是之則以為非是而必以已之所是為
是所當非而非之則以為非非而必以已之所非為
非所公賢而賢之則以為非賢而必以已之所賢為

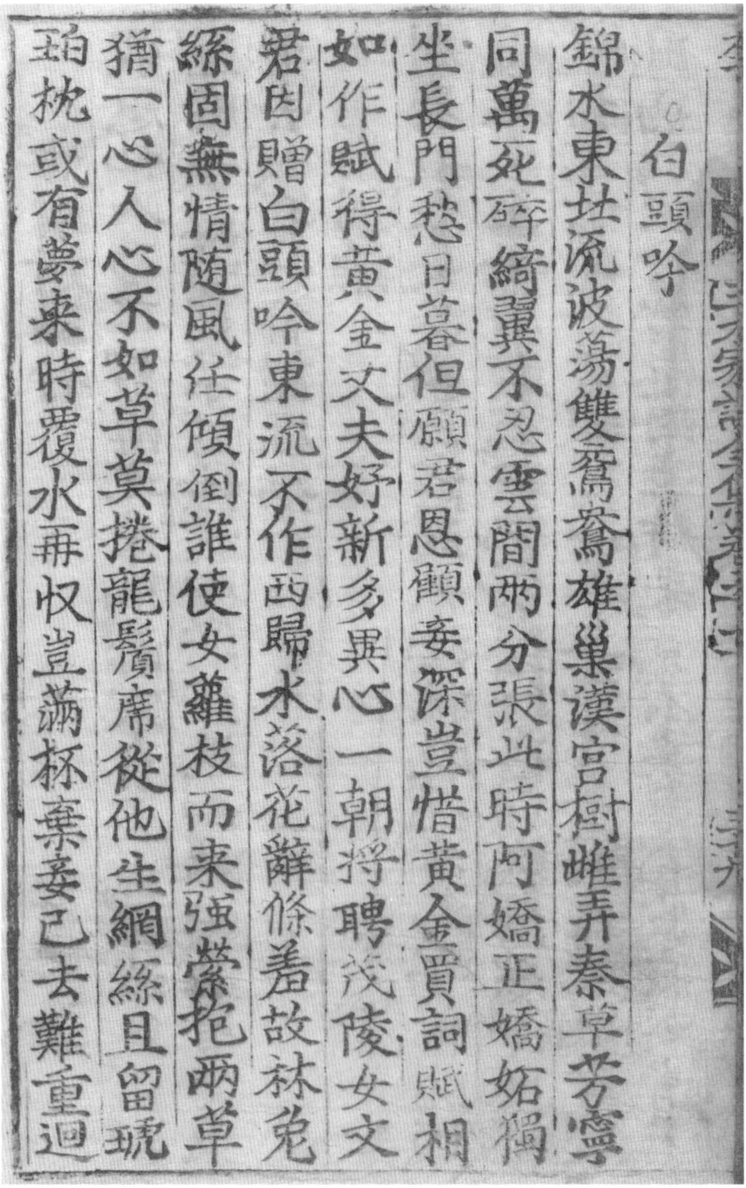
白頭吟
錦水東北流波蕩雙鴛鴦雄巢漢宮樹雌弄秦草芳寧
同萬死碎綺翼不忍雲間兩分張此時阿嬌正嬌妬獨
坐長門愁日暮但願君恩顧妾深豈惜黃金買詞賦相
如作賦得黃金丈夫好新多異心一朝將聘茂陵女文
君因贈白頭吟東流不作西歸水落花辭條羞故林兎
絲固無情隨風任傾倒誰使女蘿枝而來强縈抱兩草
猶一心人心不如草莫捲龍鬚席從他生網絲且留琥
珀枕或有夢來時覆水再收豈滿杯棄妾已去難重迴

<서영 28-1> 「三大家詩全集」, 訓鍊都監字(丙子자체)1658년인본, 권7 제39엽하엽.

<서영 28-2> 「三大家詩全集」, 訓鍊都監字(丙子자체) 1658년인본, 권7 제39엽상엽, 20.7 × 12.5cm.

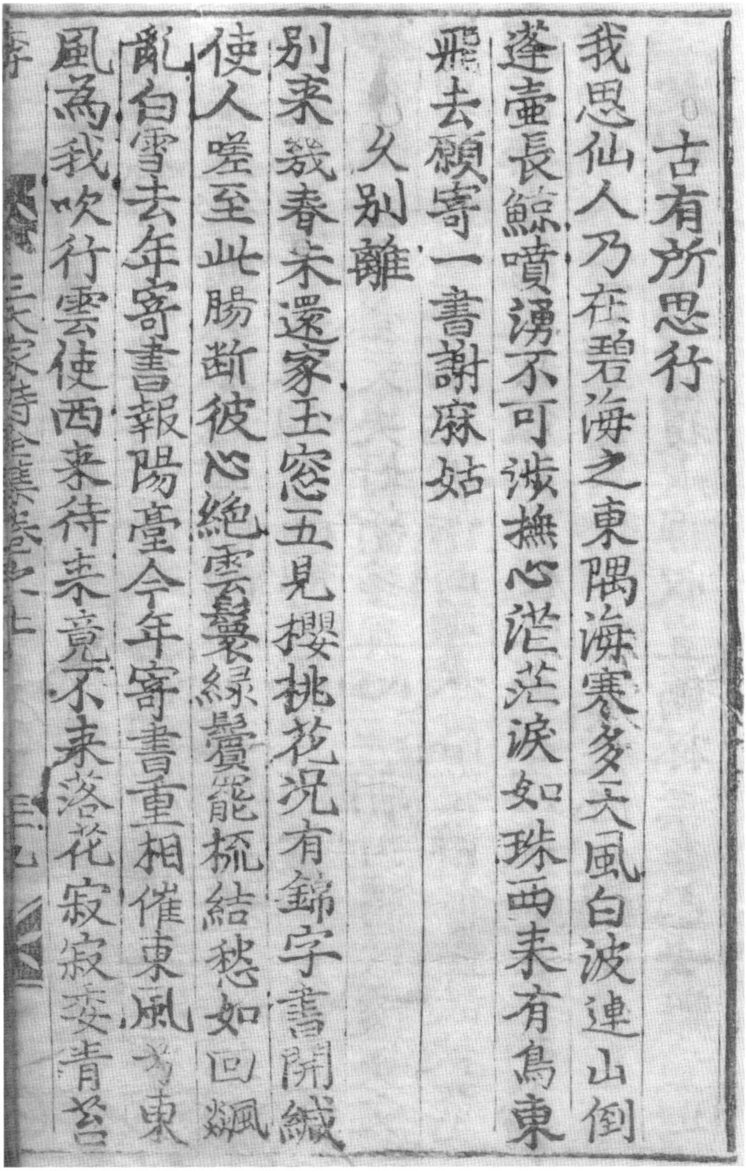

古有所思行

我思仙人乃在碧海之東隅海寒多天風白波連山倒
蓬壺長鯨噴湧不可涉撫心茫茫淚如珠西來有鳥東
飛去願寄一書謝麻姑

久別離

別來幾春未還家玉窓五見櫻桃花況有錦字書開緘
使人嗟至此腸斷彼心絶雲鬟綠鬢罷梳結愁如回飆
亂白雪去年寄書報陽臺今年寄書重相催東風兮東
風爲我吹行雲使西來待來竟不來落花寂寂委青苔

李 三大家詩全集卷之七 三九

<서영 29> 「國朝寶鑑」, 宣祖實錄字1612년인본, 권2 제1엽상엽.

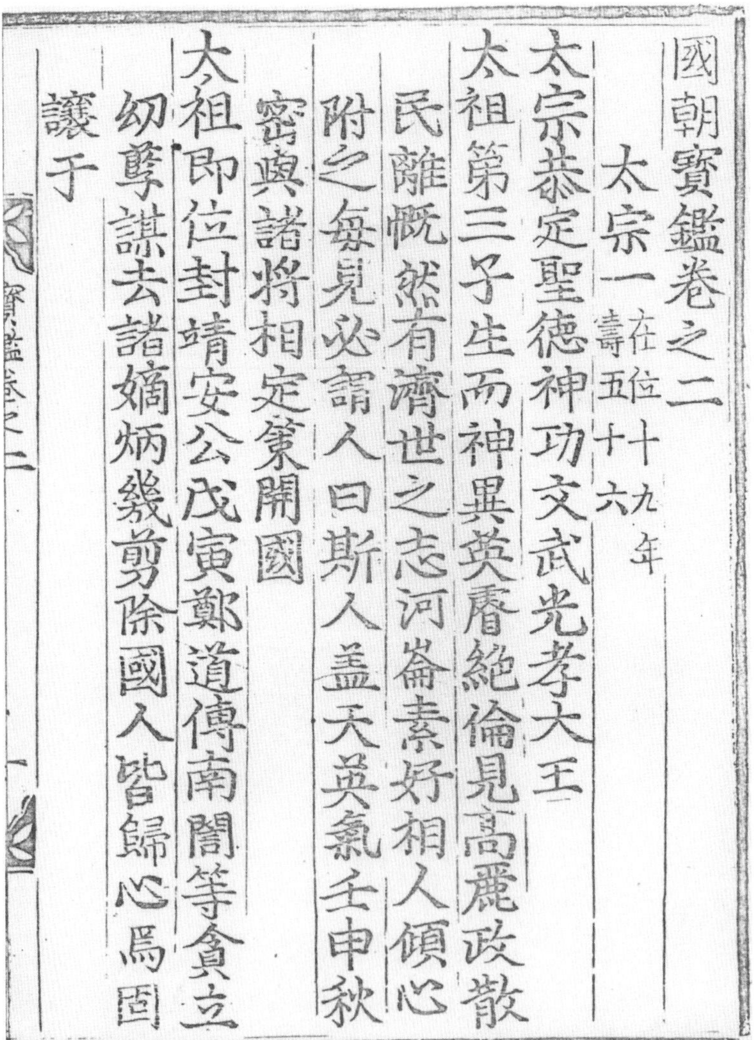
國朝寶鑑卷之二
太宗一 在位十九年 壽五十六
太宗恭定聖德神功文武光孝大王
太祖第三子生而神異英睿絶倫見高麗政散
民離慨然有濟世之志河崙素好相人傾心
附之每見必語人曰斯人蓋天與英氣壬申秋
竊與諸將相定策開國
太祖即位封靖安公戊寅鄭道傳南誾等貪立
幼孽謀去諸嫡炳幾剪除國人皆歸心焉固
讓于
寶鑑卷之二
一

<서영 30-1> 「書傳大全」, 戊午字本, 권3 제29엽상엽.

合流數百里至湖口而後與豫章江會又合流千餘里而後入海不復可指為三矣蘇氏知其說不通遂有味別之說禹之治水本為民去害豈如陸羽輩辨味烹茶為口腹計耶亦可見其說之窮矣以其說易以惑人故并及之或曰江漢之水揚州巨浸何以不書曰禹貢書法費疏鑿者雖小必記無施勞者雖大亦略江漢荆州而下安於故道無俟濬治故在不書況朝宗于海荆州固備言之是亦可以互見矣此正禹貢之書法也朱子曰三江之說多

<서영 30-2> 「書傳大全」, 戊午字本, 권7 제43엽상엽.

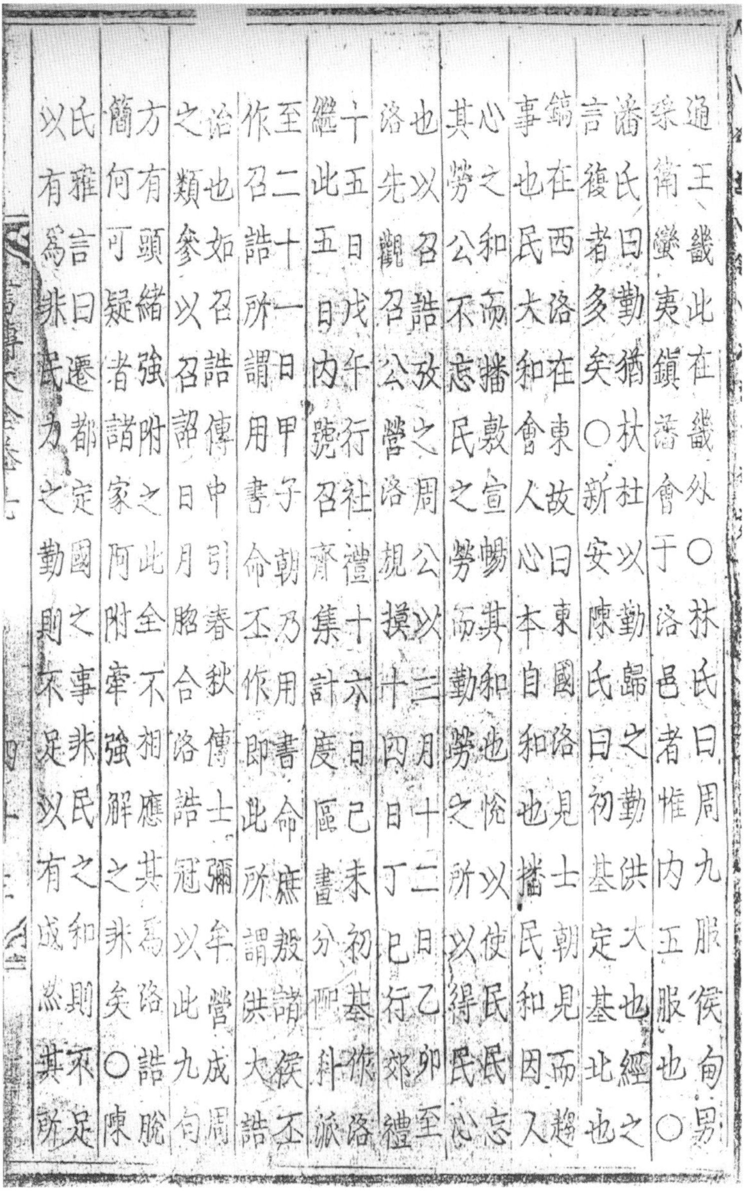
逾王畿此在畿外○林氏曰周九服侯甸男
采衛蠻夷鎮藩會于洛邑者惟内五服也○
藩氏曰勤猶扶以勤歸之勤供大也經之
言復者多矣○新安陳氏曰初基定基北也
鎬在西洛在東故曰東國洛見士朝見而趨
事也民大和會人心本自和也播民和因人
心之和而播敷宣暢其和也悅以使民民忘
其勞公不忘民之勞而勤勞之所以得民心
也以召誥攷之周公以三月十二日乙卯至
洛先觀召公營洛規摸卄四日丁巳行郊禮
十五日戊午行社禮十六日己未初基作洛
繼此五日内號召齊集計度區畫分而幷派
至二十一日甲子朝乃用書命庶殷諸侯丕
作召誥所謂用書命丕作即此所謂洪大誥
治也如召誥傳中引春秋傳士彌牟營成周
之類參以召誥日月脗合洛誥冠以此九句
方有頭緒強附之此全不相應其爲洛誥脫
簡何可疑者諸家阿附牽強解之非矣○陳
氏雅言曰遷都定國之事非民之和則不足
以有爲非民力之勤則不足以有成然其所

<서영 31> 「實錄廳題名記」, 仁祖實錄字本, 序 제1엽상엽.

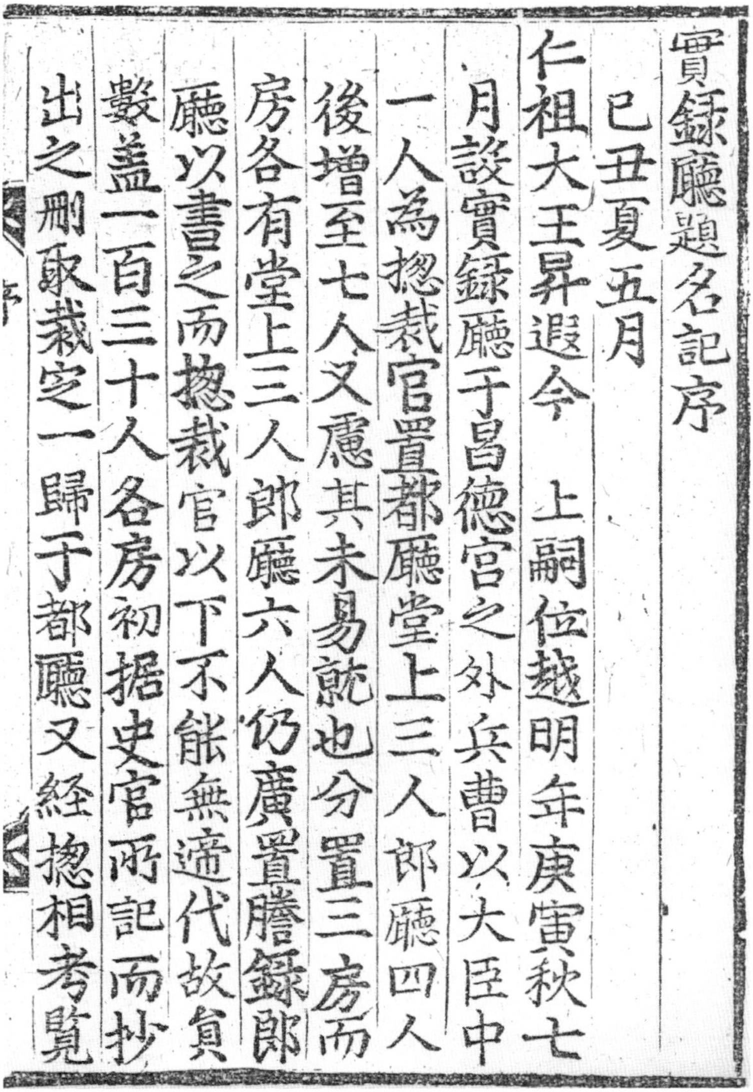

實錄廳題名記序
己丑夏五月
仁祖大王昇遐今 上嗣位越明年庚寅秋七
月設實錄廳于昌德宮之外兵曹以大臣中
一人為摠裁官置都廳堂上三人郎廳四人
後增至七人又慮其未易就也分置三房而
房各有堂上三人郎廳六人仍廣置謄錄郎
廳以書之而摠裁官以下不能無遞代故員
數盖一百三十人各房初据史官所記而抄
出之刪取裁定一歸于都廳又經摠相考覽

<서영 32> 「孝宗實錄」, 孝宗實錄字1661년인본.

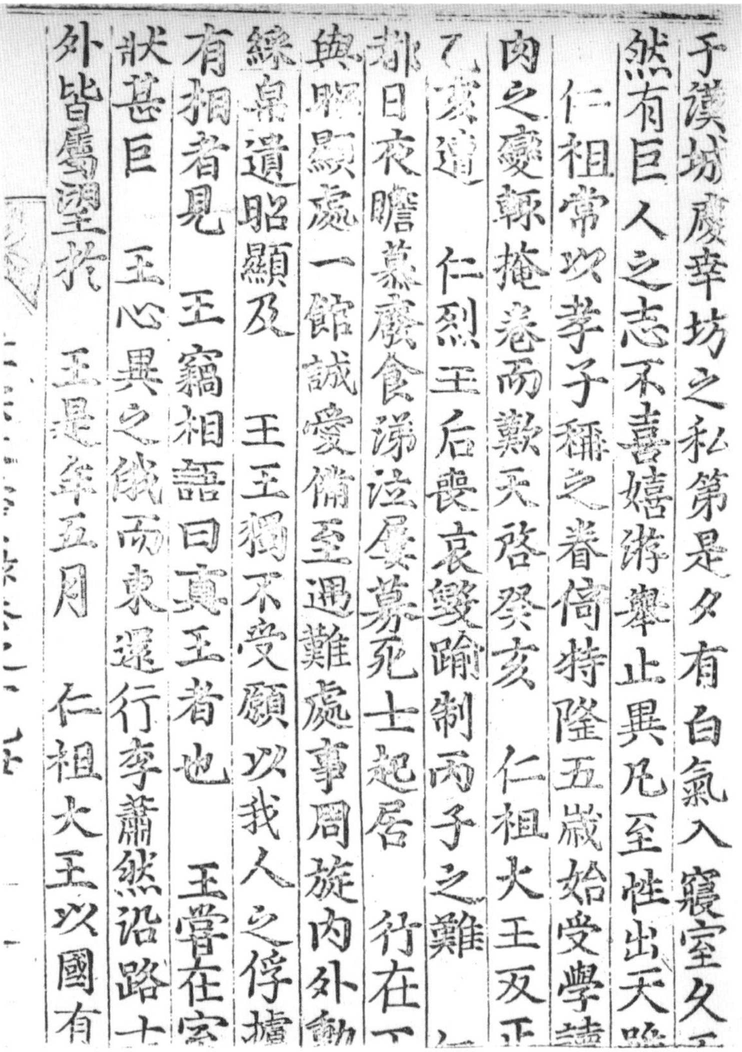
于漢城慶幸坊之私第是夕有白氣入寢室久
然有巨人之志不喜嬉游舉止異凡至性出天
仁祖常以孝子稱之眷倚特隆五歲始受學
內之變輙掩卷而歎天啓癸亥 仁祖大王反
乙丑遭 仁烈王后喪哀毀踰制丙子之難
排日夜瞻慕廢食涕泣屢募死士起居 行在
與聯鋪處一館誠愛備至遇難處事周旋內外
綵帛遺昭顯及 王王獨不受願以我人之俘擄
有捐者見 王竊相語曰眞王者也 王嘗在
狀甚巨 王心異之俄而東還行李蕭然沿路
外皆屬望於 王是年五月 仁祖大王以國有

<서영 33-1> 「心經附註」, 戊申字1672년인본, 권1 제1엽하엽.

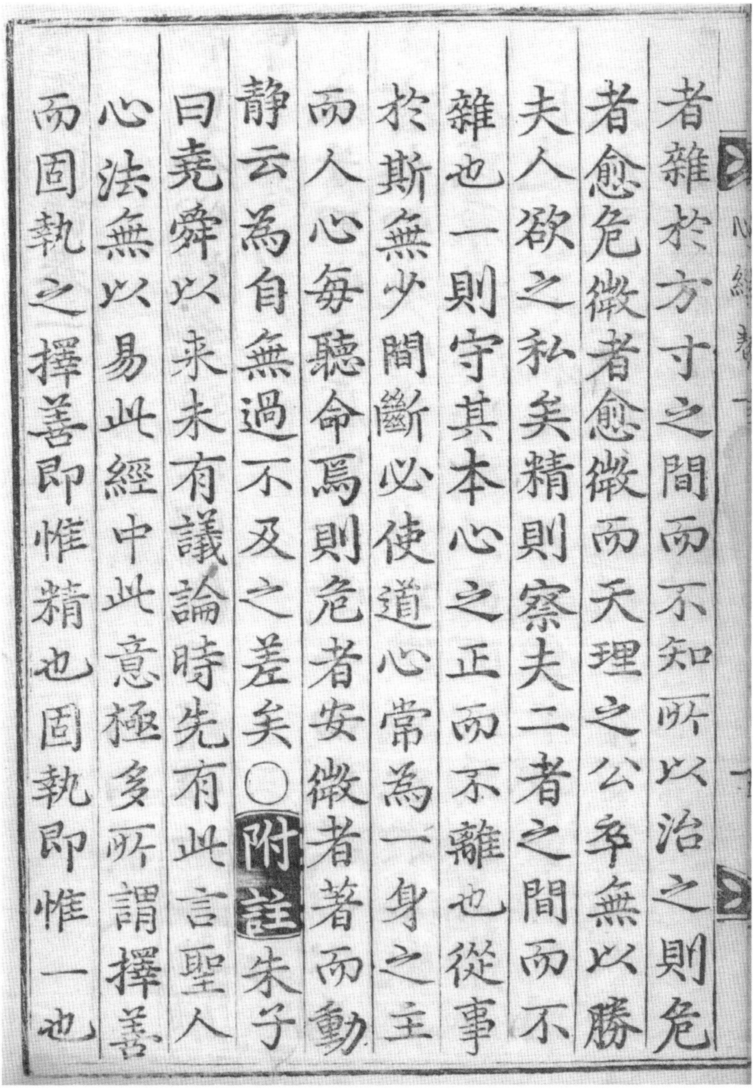
者雜於方寸之間而不知所以治之則危
者愈危微者愈微而天理之公卒無以勝
夫人欲之私矣精則察夫二者之間而不
雜也一則守其本心之正而不離也從事
於斯無少間斷必使道心常為一身之主
而人心每聽命焉則危者安微者著而動
靜云為自無過不及之差矣○附註朱子
曰堯舜以來未有議論時先有此言聖人
心法無以易此經中此意極多所謂擇善
而固執之擇善即惟精也固執即惟一也

<서영 33-2> 「心經附註」, 戊申字1672년인본, 권1 제1엽상엽, 29.8 × 16.8cm.

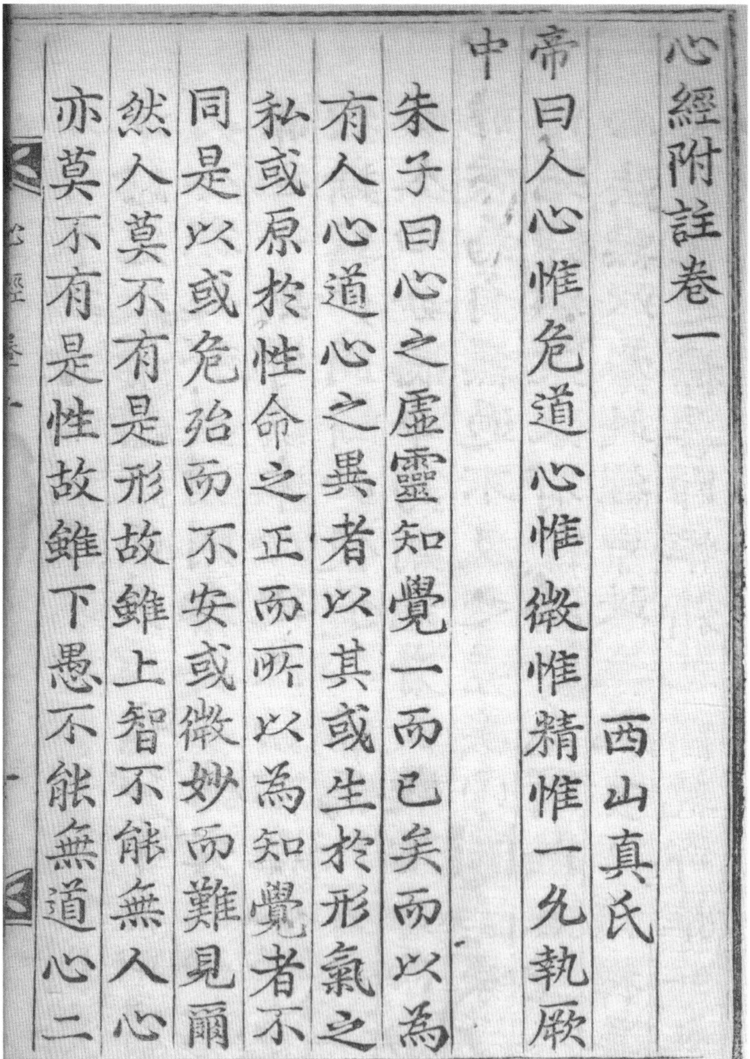

心經附註卷一

西山真氏

帝曰人心惟危道心惟微惟精惟一允執厥
中
朱子曰心之虛靈知覺一而已矣而以為
有人心道心之異者以其或生於形氣之
私或原於性命之正而所以為知覺者不
同是以或危殆而不安或微妙而難見爾
然人莫不有是形故雖上智不能無人心
亦莫不有是性故雖下愚不能無道心二

<서영 34> 「捷解新語」, 倭諺대자1676년인본, 권10 제24엽하엽.

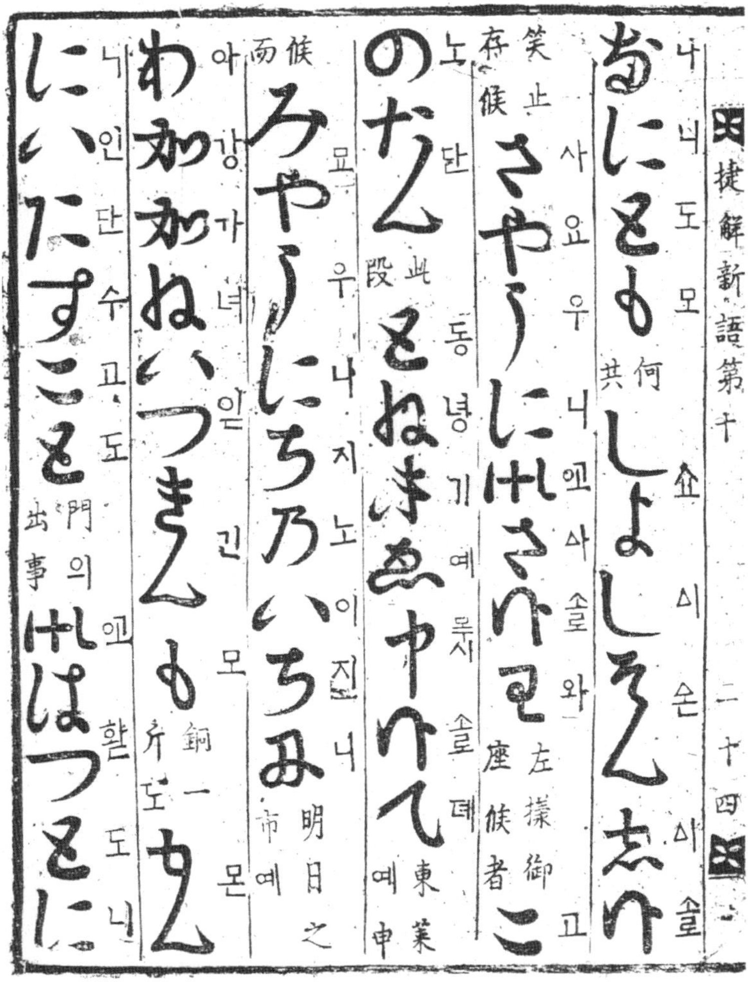

<서영 35> 「周書國編」, 印書體목활자1676년인본, 권9 제1엽상엽.

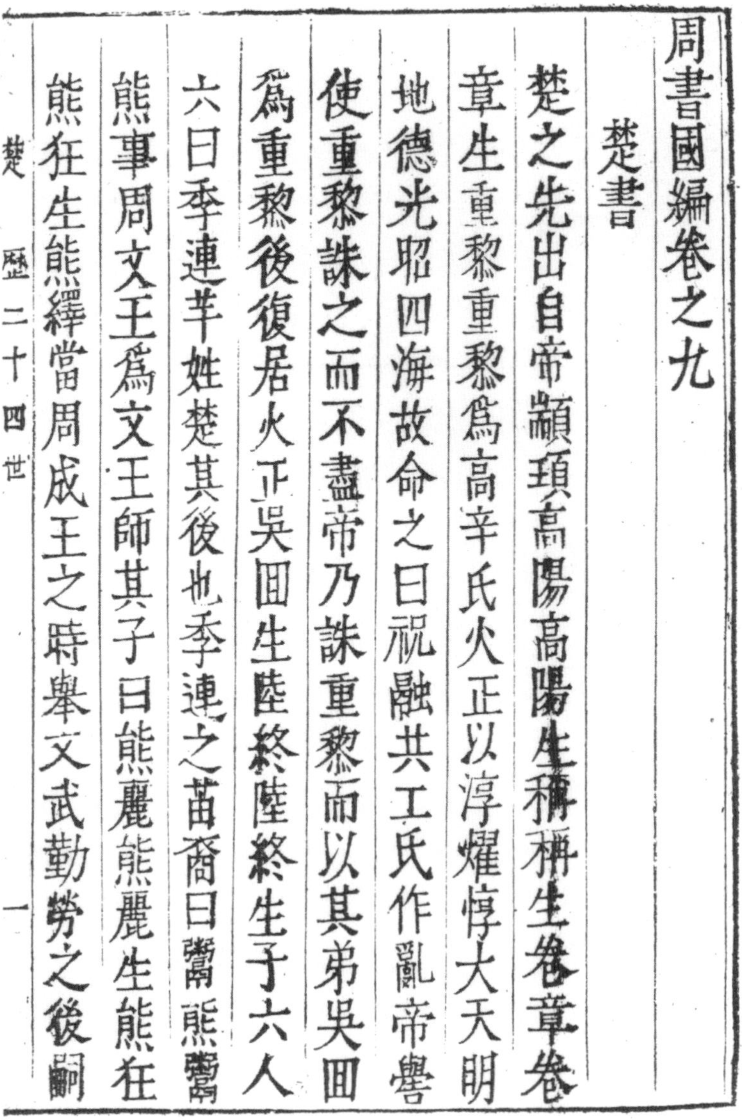

周書國編卷之九

楚書

楚之先出自帝顓頊高陽高陽生稱稱生卷章卷
章生重黎重黎爲高辛氏火正以淳燿惇大天明
地德光昭四海故命之曰祝融共工氏作亂帝嚳
使重黎誅之而不盡帝乃誅重黎而以其弟吳回
爲重黎後復居火正吳回生陸終陸終生子六人
六曰季連芈姓楚其後也季連之苗裔曰鬻熊鬻
熊事周文王爲文王師其子曰熊麗熊麗生熊狂
熊狂生熊繹當周成王之時舉文武勤勞之後嗣

楚 歷二十四世 一

<서영 36> 「新補彙語」, 印書體목활자1684년인본, 권25 제1엽상엽, 20.5 × 13.7cm.

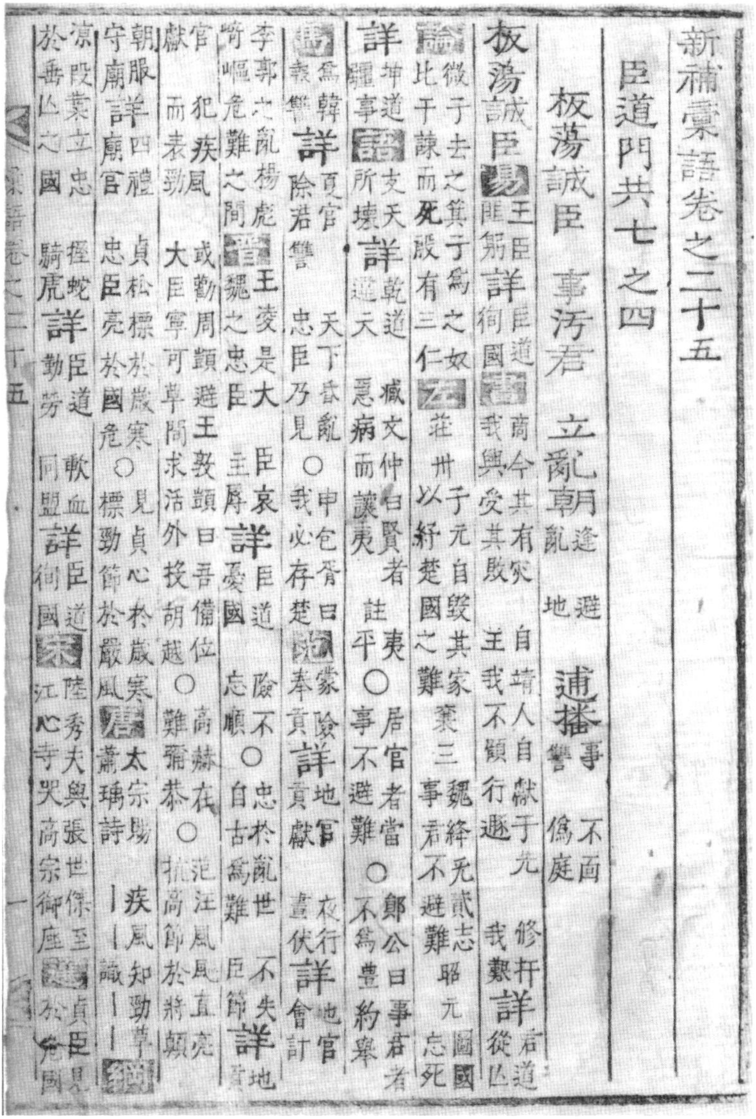

新補彙語卷之二十五

臣道門共七之四

板蕩誠臣 事汚君 立亂朝 逢亂避地 逋播事讐 不面僞庭

板蕩誠臣【易】王臣匪躬 詳 臣道徇國【書】商今其有災 我興受其敗 自靖人自獻于先王 我不顧行遯 修扞我艱 詳 君道從亡

【論】微子去之 箕子爲之奴 比干諫而死 殷有三仁【左】莊卅 于元自毁其家 以紓楚國之難 褒三事 魏絳无貳志 事君不避難 昭元 圖國忘死

詳 坤道疆事【語】支天所壞 詳 乾道避天 臧文仲曰 賢者急病而讓夷 註 夷平 ○ 居官者當事不避難 ○ 鄭公曰 事君者不爲豊約擧

【歐】爲韓襄讐 詳 夏官除君讐 天下昏亂 忠臣乃見 ○ 申包胥曰 我必存楚【說】蒙險奉貢 詳 地官貢獻 夜行晝伏 詳 會計地官

李郭之亂 楊虎崎嶇危難之間【晉】王夌是大臣 魏之忠臣 臣哀主辱 詳 臣道憂國 險不忘順 ○ 忠於亂世 自古爲難 不失臣節 詳 地

官犯疾風而表勁 或勸周顗避王敦 顗曰 吾備位大臣 寧可草間求活 外投胡越 ○ 高赫在難而恭 ○ 范汪風直亮 抗高節於將頹

朝服 詳 四禮 守廟 廟官 貞松標於歲寒 忠臣亮於國危 ○ 見貞心於歲寒 標勁節於嚴風【唐】太宗賜蕭瑀詩 疾風知勁草 ｜｜識｜｜【綱】

凉段業立忠於垂亡之國 握蛇騎虎 詳 臣道勤勞 歃血同盟 詳 臣道徇國【宋】陸秀夫與張世傑至江心寺哭高宗御座【遼】貞臣見於危國

彙語卷之二十五 一

<서영 37-1> 「南華經註解刪補」, 顯宗實錄字1677년인본, 권2 제1엽하엽.

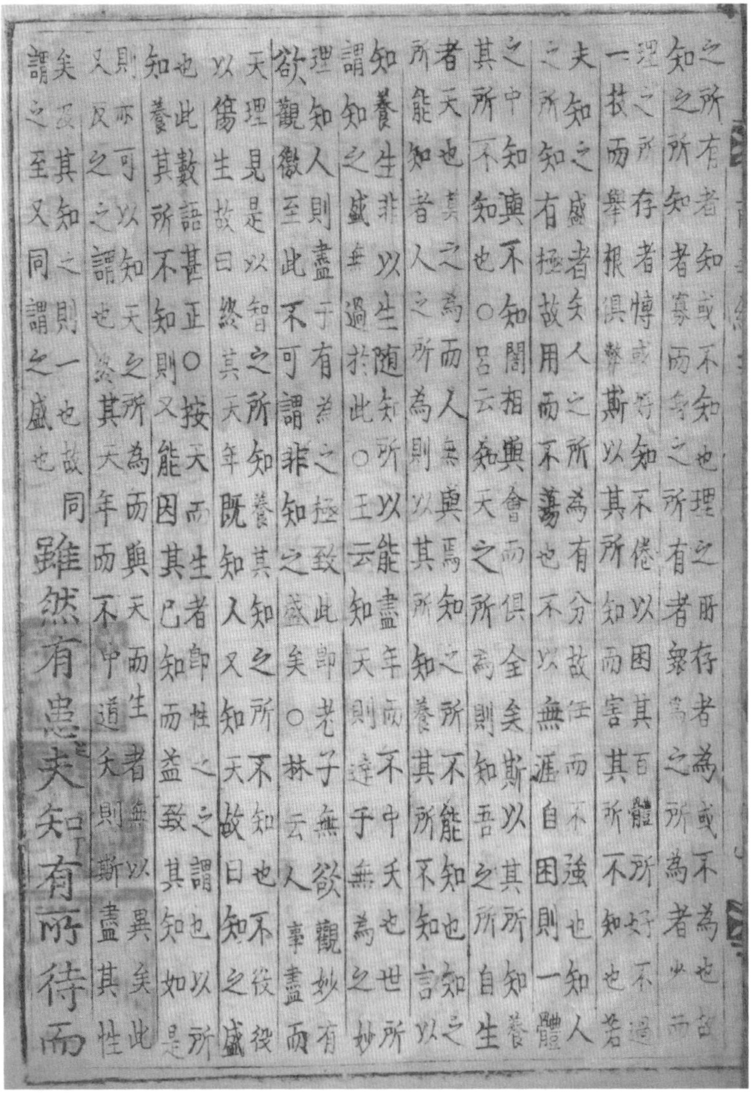
之所有者知或不知也理之所存者為或不為也古知之所知者寡而多之所有者衆為之所為者少而
理之所存者慱或符知不倦以困其百體所好不過一枝而舉根俱弊斯以知其所知而害其所不知也若
夫知之盛者矣人之所為有分故任而不強也知人之所知有極故用而不蕩也不以無涯自困則一體
之中知與不知闇相與會而俱全矣斯以其所知養其所不知知也○呂云知天之所為則知吾之所自生
者天也其之為而人無與焉知之所不能知也知之所能知者人之所為則以其所知養其所不知言以
知養生以生隨知所以能盡年而不中夭也世所謂知之盛無過於此○王云知天則達于無為之妙
理知人則盡于有為之極致此即老子無欲觀妙有欲觀徼至此不可謂非知之盛矣○林云人事盡而
天理見是以智之所知養其知之所不知也不役役以傷生故曰終其天年既知人又知天故曰知之盛
也此數語甚正○按天而生者即性之之謂也以所知養其所不知則又能因其已知而益致其知如是
則亦可以知天之所為而與天而生者無以異矣此又反之之謂也終其天年而不中道夭則斯盡其性
矣及其知之則一也故同謂之至又同謂之盛也
雖然有患夫知有所待而

<서영 37-2> 「南華經註解刪補」, 顯宗實錄字1677년인본, 권2 제1엽상엽, 24.6 × 17.5cm.

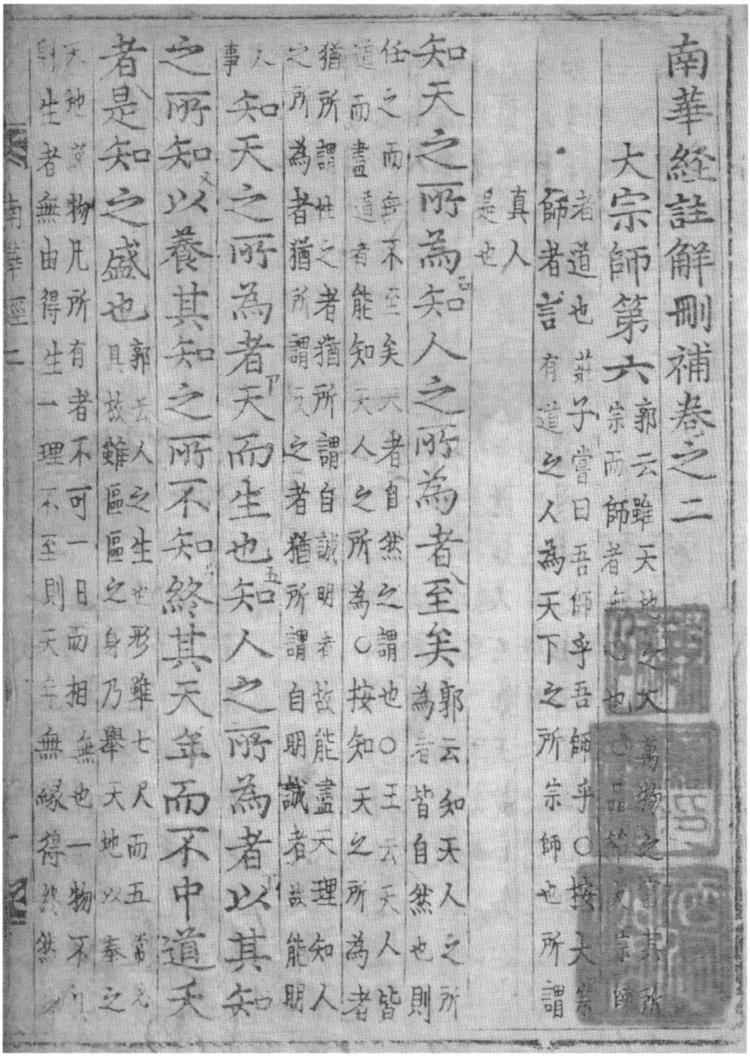

<서영 38-1> 「三大家詩集」, 韓構字1677-1684연간인본, 권3 제1엽하엽.

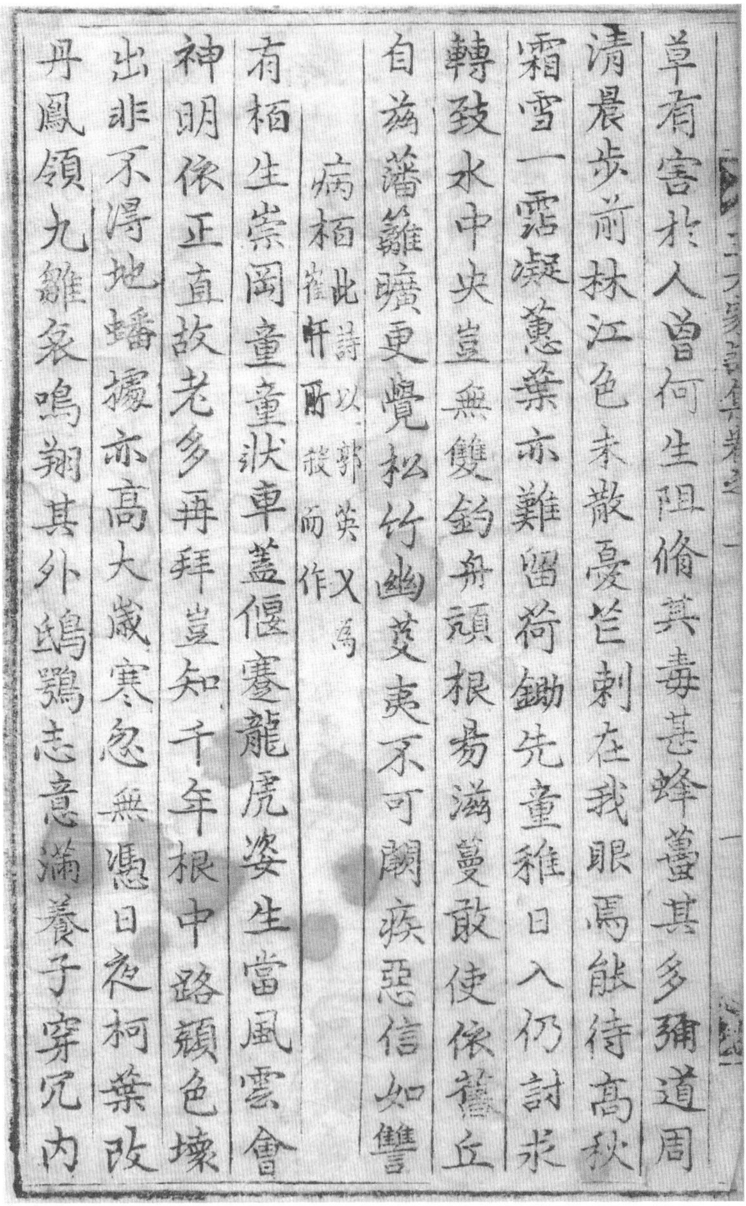
草有害於人曾何生阻脩其毒甚蜂蠆其多弥道周
清晨步前林江色未散憂芒刺在我眼焉能待高秋
霜雪一霑凝蕙葉亦難留荷鋤先童稚日入仍討求
轉致水中央豈無雙釣舟頑根易滋蔓敢使依舊丘
自爲蕃籬曠更覺松竹幽芟夷不可闕疾惡信如讐
病栢 此詩以郭英又爲崔軒所殺而作
有栢生崇岡童童狀車蓋偃蹇龍虎姿生當風雲會
神明依正直故老多再拜豈知千年根中路顚色壞
出非不得地蟠據亦高大歲寒忽無憑日夜柯葉改
丹鳳領九雛哀鳴翔其外鵷鶵志意滿養子穿穴內

<서영 38-2> 「三大家詩集」, 韓構字1677-1684연간인본, 권3 제1엽상엽, 20.8 × 12.8cm.

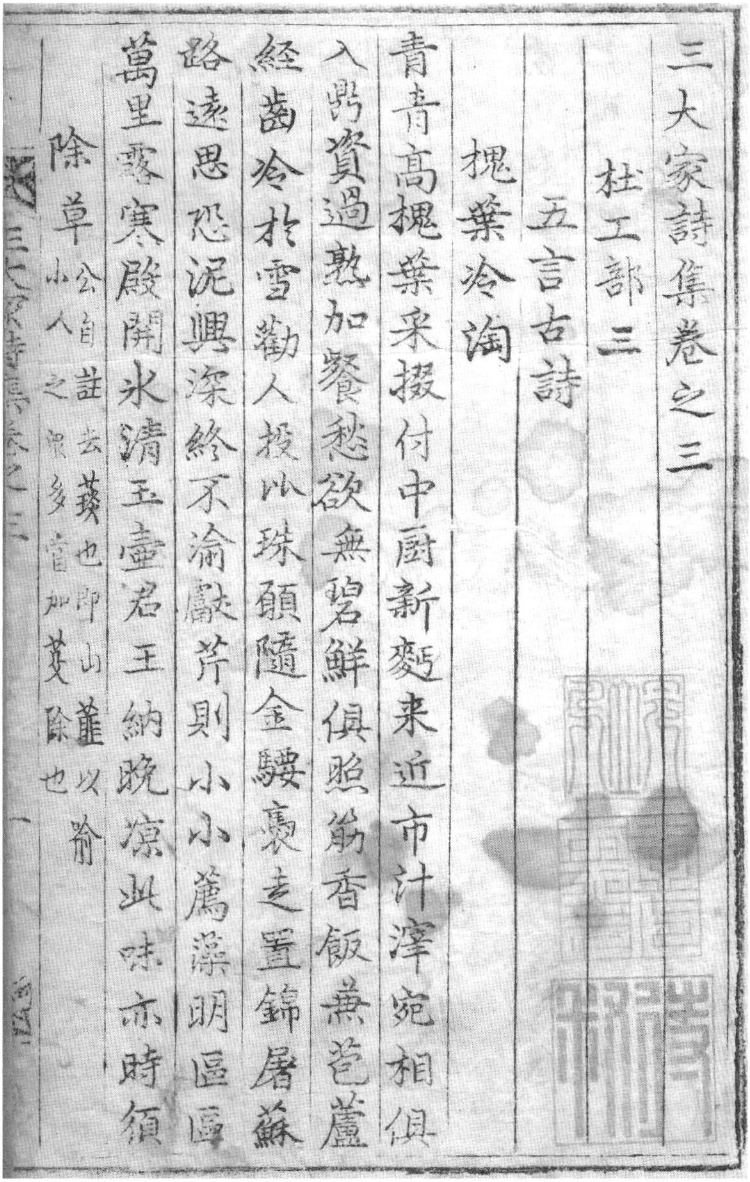
三大家詩集卷之三
杜工部三
五言古詩
槐葉冷淘
青青高槐葉采掇付中廚新麪來近市汁滓宛相俱
入鼎資過熟加餐愁欲無碧鮮俱照筯香飯兼苞蘆
經齒冷於雪勸人投比珠願隨金騕褭走置錦屠蘇
路遠思恐泥興深終不渝獻芹則小小薦藻明區區
萬里露寒殿開氷清玉壺君王納晚凉此味亦時須
除草 公自註去蕘也卽山韭以斧小人之恨多曾加芟除也
三大家詩集卷之三 一

<서영 39-1> 「尤菴先生文集」, 제1校書館印書體字1717년인본, 권100 제1엽하엽.

曰彼人於我讐敵忍奉其書不泚于額即日謝歸中
心靡怍 寧考更始舍生拭目連爲字牧惠愛淸白
身雖外官心則 王室極思時宜密告樞軸 聖上
初服遂隮臺職君笑曰玆豈是我直透遼求外莫彼
海曲仍尋舊隱期以終畢略歸京邑居然不淑嗚呼
君於斯世論人太精獨玆無狀惟我輝兄是友是愛
始終竽笙乙亥之疏陰陽之爭洪水崩山隻手思擎
輝兄之沒君愈惸惸普亂之亡盖復零丁有子者罍
影吊其形兄嘗託我如質神明豈敢相負視異所生
惟是奉塋不符人情我嘗相告兄不我聽況聞普墳
尤非其吉顧念後人憂慮常切聞兄之疾亟裁一札

<서영 39-2> 「尤菴先生文集」, 제1校書館印書體字1717년인본, 권100 제1엽상엽, 21.3 × 14.5cm.

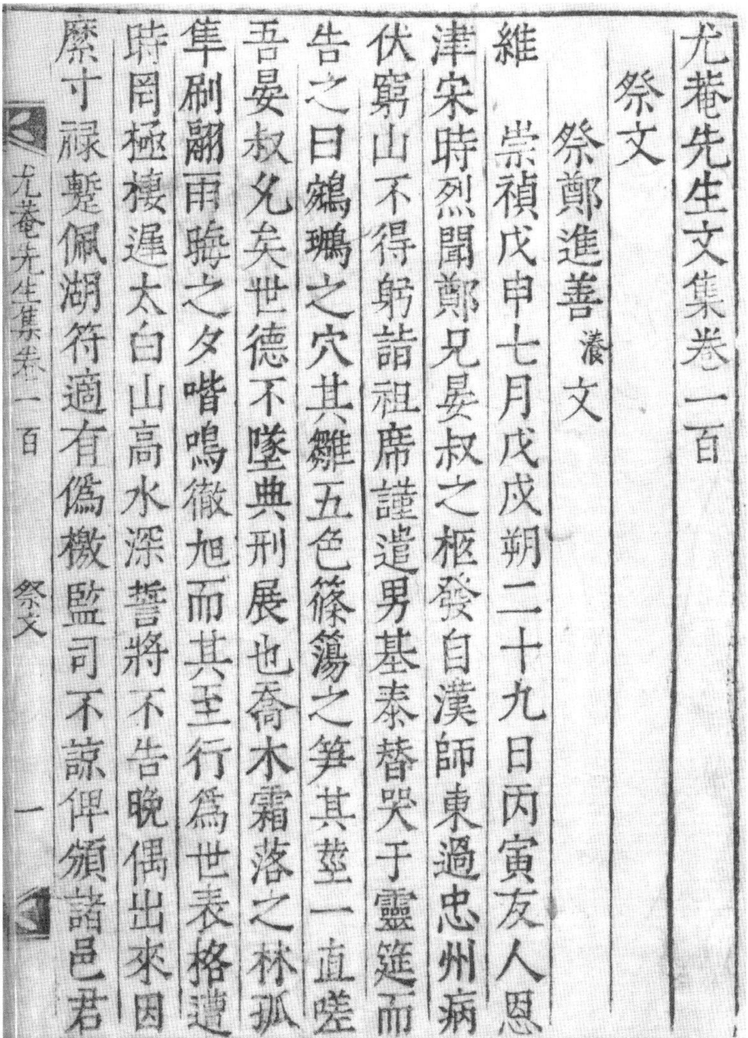

尤菴先生文集卷一百

祭文

祭鄭進善瀁文

維 崇禎戊申七月戊戌朔二十九日丙寅友人恩
津宋時烈聞鄭兄晏叔之柩發自漢師東過忠州病
伏窮山不得躬詣祖席謹遣男基泰替哭于靈筵而
告之曰鵷鳿之穴其雛五色篠簜之筍其莖一直嗟
吾晏叔允矣世德不墜典刑展也喬木霜落之林孤
隼刷翮雨驟之夕喈鳴徹旭而其至行爲世表格遺
時罔極樓遲太白山高水深誓將不告晩偶出來因
縻寸祿甓佩湖符適有僞檄監司不諒俾領諸邑君

尤菴先生集卷一百 祭文 一

<서영 40-1> 「孔聖家語」, 校書館筆書體字1712년경인본, 권4 제1엽하엽.

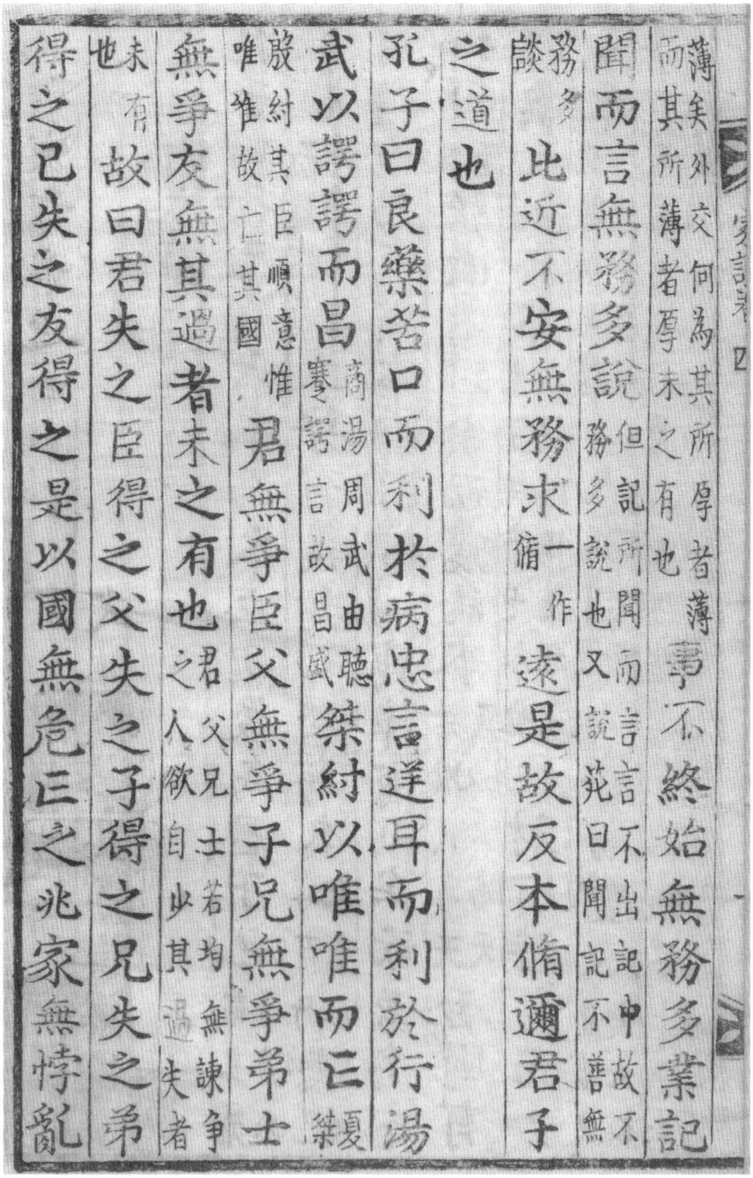

薄矣外交何為其所厚者薄而其所薄者厚未之有也事不終始無務多業記
聞而言無務多說但記所聞而言言不出記中故不務多說也又說苑曰聞記不善無
務多談比近不安無務求脩一作遠是故反本脩邇君子
之道也
孔子曰良藥苦口而利於病忠言逆耳而利於行湯
武以諤諤而昌商湯周武由聽蹇諤言故昌盛桀紂以唯唯而亡夏桀
殷紂其臣順意惟唯唯故亡其國君無爭臣父無爭子兄無爭弟士
無爭友無其過者未之有也君父兄士若均無諫爭之人欲自少其過失者
未有也故曰君失之臣得之父失之子得之兄失之弟
得之己失之友得之是以國無危亡之兆家無悖亂

<서영 40-2> 「孔聖家語」, 校書館筆書體字1712년경인본, 권4 제1엽상엽, 20.9 × 13.3cm.

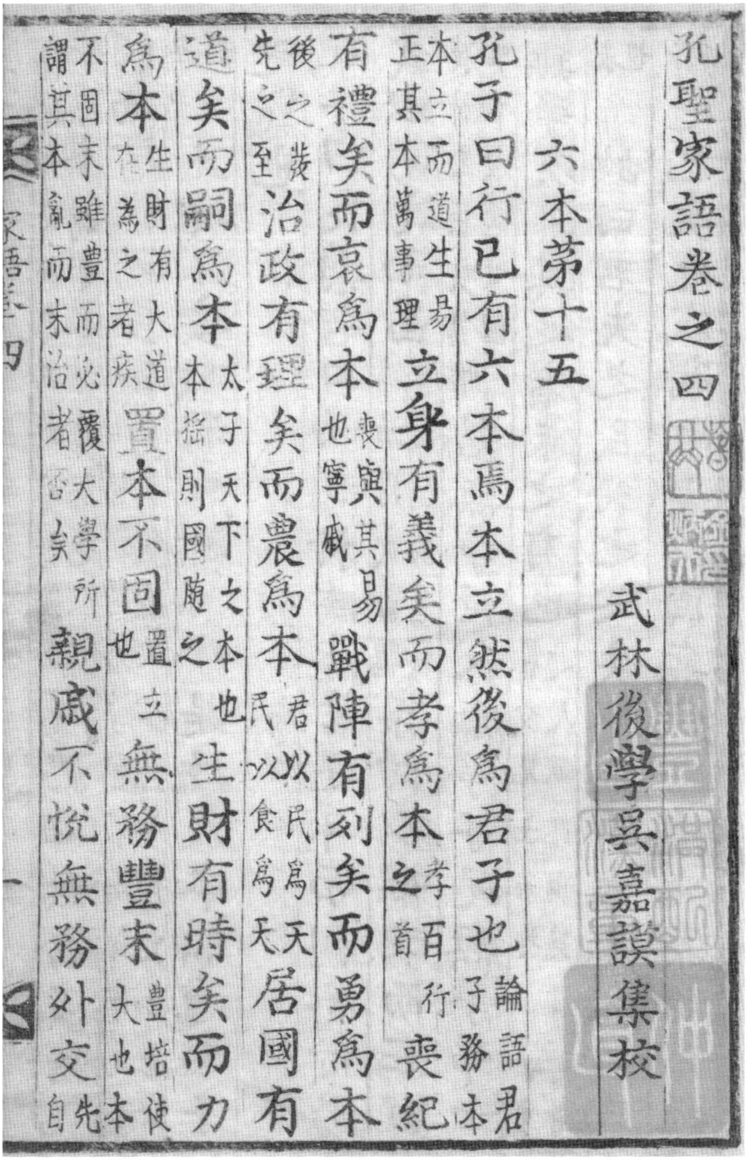

孔聖家語卷之四

武林後學吳嘉謨集校

六本第十五

孔子曰行己有六本焉本立然後爲君子也論語君子務本本立而道生易正其本萬事理立身有義矣而孝爲本孝百行之首喪紀有禮矣而哀爲本喪與其易也寧戚戰陣有列矣而勇爲本治政有理矣而農爲本君以民爲天民以食爲天居國有道矣而嗣爲本太子天下之本也本搖則國隨之生財有時矣而力爲本生財有大道在爲之者疾置本不固置立也無務豐末豐培使大也本不固末雖豐而必覆大學所謂其本亂而末治者否矣親戚不悅無務外交先自

家語卷四 一

<서영 41-1> 「禮疑類輯」, 제2校書館印書體字1783년인본, 권1 제1엽하엽.

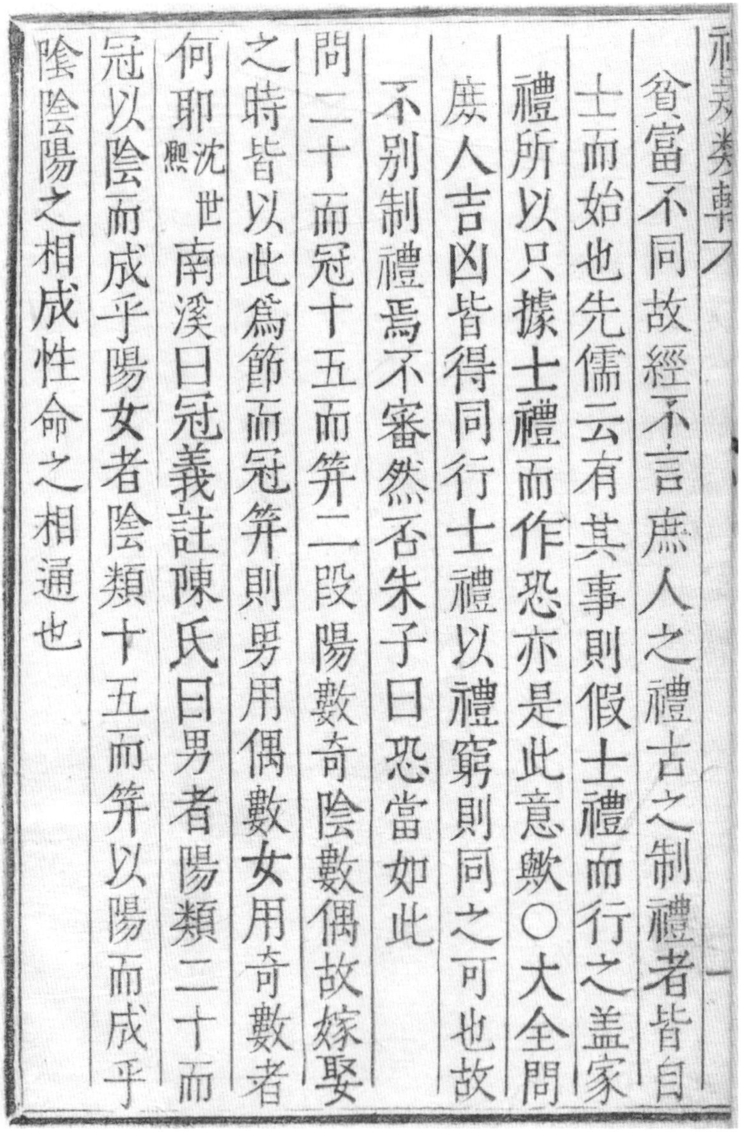

貧富不同故經不言庶人之禮古之制禮者皆自
士而始也先儒云有其事則假士禮而行之盖家
禮所以只據士禮而作恐亦是此意歟○大全問
庶人吉凶皆得同行士禮以禮窮則同之可也故
不别制禮焉不審然否朱子曰恐當如此
問二十而冠十五而笄二段陽數奇陰數偶故嫁娶
之時皆以此爲節而冠笄則男用偶數女用奇數者
何耶沈世熈 南溪曰冠義註陳氏曰男者陽類二十而
冠以陰而成乎陽女者陰類十五而笄以陽而成乎
陰陰陽之相成性命之相通也

<서영 41-2> 「禮疑類輯」, 제2校書館印書體字1783년인본, 권1 제1엽상엽, 21.6 × 13.8cm.

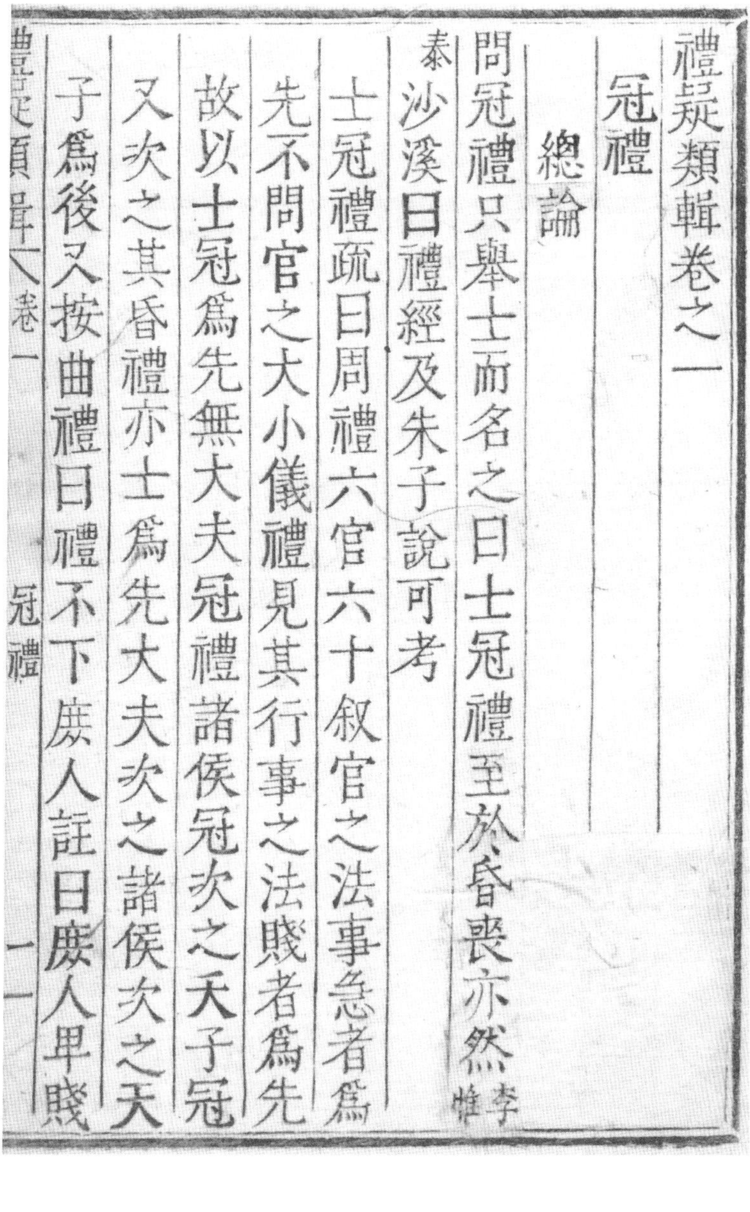
禮疑類輯卷之一

冠禮

總論

問冠禮只擧士而名之曰士冠禮至於昏喪亦然 李惟泰 沙溪曰禮經及朱子說可考

士冠禮疏曰周禮六官六十敘官之法事急者爲先不問官之大小儀禮見其行事之法賤者爲先故以士冠爲先無大夫冠禮諸侯冠次之天子冠又次之其昏禮亦士爲先大夫次之諸侯次之天子爲後又按曲禮曰禮不下庶人註曰庶人卑賤

禮疑類輯卷一 冠禮 一

<서영 42-1> 「歷代總要」, 陶활자본, 권4 제1엽하엽.

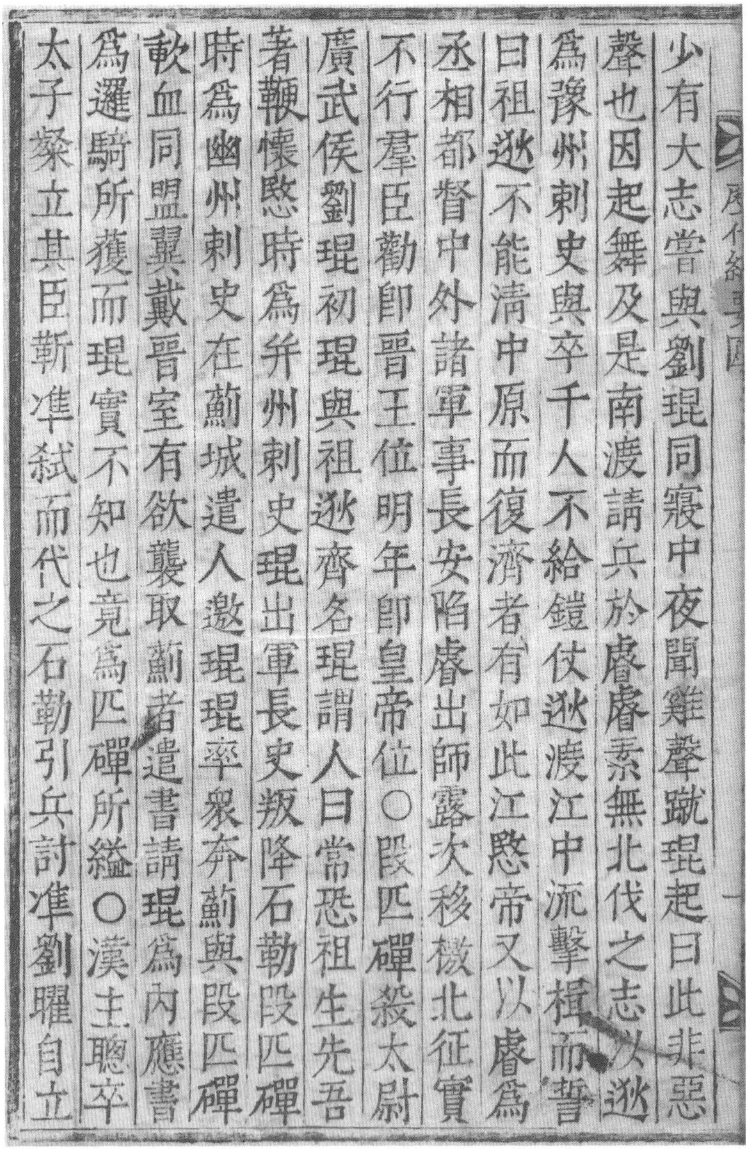
歷代總要 一

少有大志嘗與劉琨同寢中夜聞雞聲蹴琨起曰此非惡
聲也因起舞及是南渡請兵於睿睿素無北伐之志以逖
爲豫州刺史與卒千人不給鎧仗逖渡江中流擊楫而誓
曰祖逖不能淸中原而復濟者有如此江慜帝又以睿爲
丞相都督中外諸軍事長安陷睿出師露次移檄北征實
不行羣臣勸卽晉王位明年卽皇帝位○段匹磾殺太尉
廣武侯劉琨初琨與祖逖齊名琨謂人曰常恐祖生先吾
著鞭懷慜時爲幷州刺史琨出軍長史叛降石勒段匹磾
時爲幽州刺史在薊城遣人邀琨琨率衆奔薊與段匹磾
歃血同盟翼戴晉室有欲襲取薊者遺書請琨爲內應書
爲邏騎所獲而琨實不知也竟爲匹磾所縊○漢主聰卒
太子粲立其臣靳準弑而代之石勒引兵討準劉曜自立

<서영 42-2> 「歷代總要」, 陶활자본, 권4 제1엽상엽, 23.7 × 15.4cm.

歷代總要四

東晋

中宗元皇帝 名睿琅邪王伷之孫也宣帝懿生伷伷生覲或曰睿母實與琅邪小吏牛金通而生於惠懷爲再從兄弟睿嗣覲爲王懷帝時爲安東將軍都督揚州諸軍事鎭建業以王導爲謀主每事咨焉睿名論素輕吳人初不附導勸用諸名勝顧榮賀循紀瞻等爲掾屬撫綏新舊江東歸心焉後又得庾亮卞壼等百餘人謂之百六掾桓彝避亂過江見睿微弱憂之既而見導退謂周顗曰江左有管夷吾吾無憂矣諸名士遊宴新亭顗中坐而歎曰風景不殊擧目有江河之異因相視流涕導曰當戮力王室共復神州何至作楚囚對泣邪愍帝以睿爲左丞相范陽祖逖

<서영 43-1> 「玉纂」, 陶활자본, 권2 제1엽하엽.

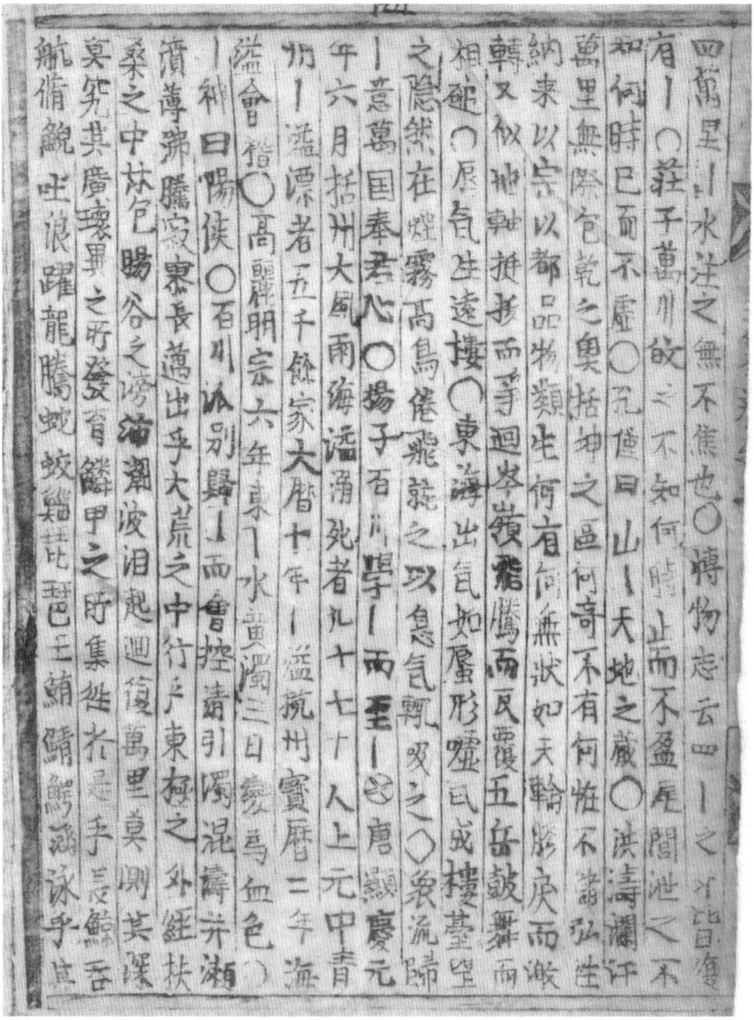
四萬里丨水注之無不焦也○博物志云四丨之水皆復
有丨○莊子萬川歸之不知何時止而不盈尾閭泄之不
知何時已而不虛○孔僖曰山丨天地之藏○洪濤瀾汗
萬里無際包乾之奧括坤之區何奇不有何怪不蓄弘往
納來以宗以都品物類生何有何無狀如天輪膠戾而激
轉又似地軸挺拔而爭迴岑嶺飛騰而反覆五嶽鼓舞而
相磓○蜃氣生遠樓○東海出氣如蜃形噓氣成樓臺望
之隱然在煙霧高鳥倦飛就之以息氣輒吸之○衆流歸
丨意萬國奉君心○揚子百川學丨而至丨○唐顯慶元
年六月括州大風雨海溢溺死者九十七人上元中青
州丨溢漂者五千餘家大曆十年丨溢杭州寶曆二年海
溢會稽○高麗明宗六年東丨水黃濁三日變為血色○
丨神曰陽侯○百川派別歸丨而會控清引濁混濤并瀨
濆薄沸騰寂寥長邁逌出乎大荒之中行乎東極之外經扶
桑之中林包暘谷之滂沛潮波汩起迴復萬里莫測其深
莫究其廣瓌異之所發育鱗甲之所集繼於是乎長鯨吞
航脩鯢吐浪躍龍騰蛇蛟鯔琵琶王鮪鯖鰐涵泳乎其

<서영 43-2> 「玉纂」, 陶활자본, 권2 제1엽상엽, 20.8 × 15.5cm.

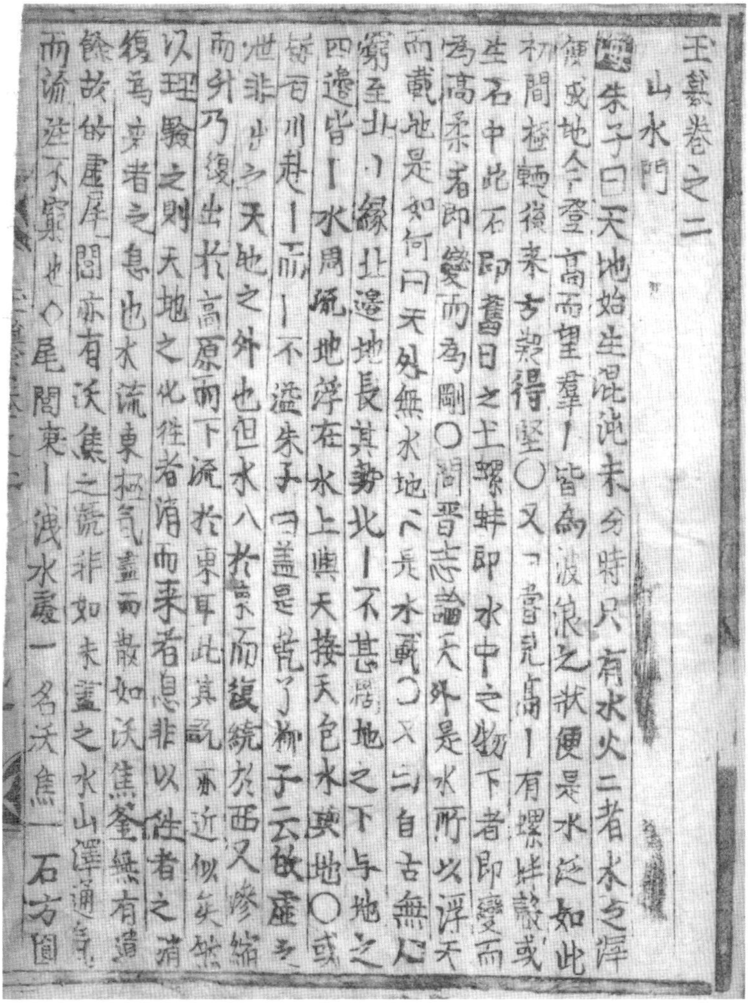
玉纂卷之二
山水門
朱子曰天地始生混沌未分時只有水火二者水之滓
便成地今登高而望群山皆為波浪之狀便是水泛如此
初間極輭後來方凝得堅○又曰嘗見高山有螺蚌殼或
生石中此石即舊日之土螺蚌即水中之物下者卻變而
為高柔者卻變而為剛○問晋志論天外是水所以浮天
而載地是如何曰天外無水地下是水載○又曰自古無人
窮至北海緣北邊地長其勢北海不甚居地之下與地之
四邊皆海水周流地浮在水上與天接天包水與地○或
疑百川赴海而海不溢朱子曰蓋是乾了柳子云故虛之
泄非也天地之外也但水入於東而復繞於西又滲縮
而升乃復出於高原而下流於東耳此其說亦近似矣然
以理驗之則天地之化往者消而來者息非以往者之消
復為來者之息也水流東極氣盡而散如沃焦釜無有遺
餘故能廣尾閭亦有沃焦之說非如未盡之水山澤通氣
而流注不窮也○尾閭東海水處一名沃焦一石方圓

<서영 44-1> 「栗谷先生全書」, 洪啟禧字1749년인본, 권16 제1엽하엽.

栗谷全書 雜著三

而損益之規模可觀第恨李公還朝鄉人意沮竟爲
文具余承二侯之囑遂採前規參以呂氏鄉約煩者
簡之疎者密之更爲條約雖不敢自謂得中而勸懲
之術庶幾無大滲漏矣旣而竊思邑主無躬行之實
則無以令契長契長非正直之士則無以糾鄉人鄉
人之趨善去惡繫於契長契長之觀感激厲繫於邑
主余當敦求善言自勗不懈契長有司亦宜體我之
意先自修飭以起鄉人鄉人若無疾視之意以致草
偃則西原之俗其不丕變乎嗚呼懋戒哉 隆慶五年
季秋訒齋書
凡善惡之事皆自立約後行賞罰約前雖有罪惡皆

<서영 44-2> 「栗谷先生全書」, 洪啟禧字1749년인본, 권16 제1엽상엽, 21.6 × 15.0cm.

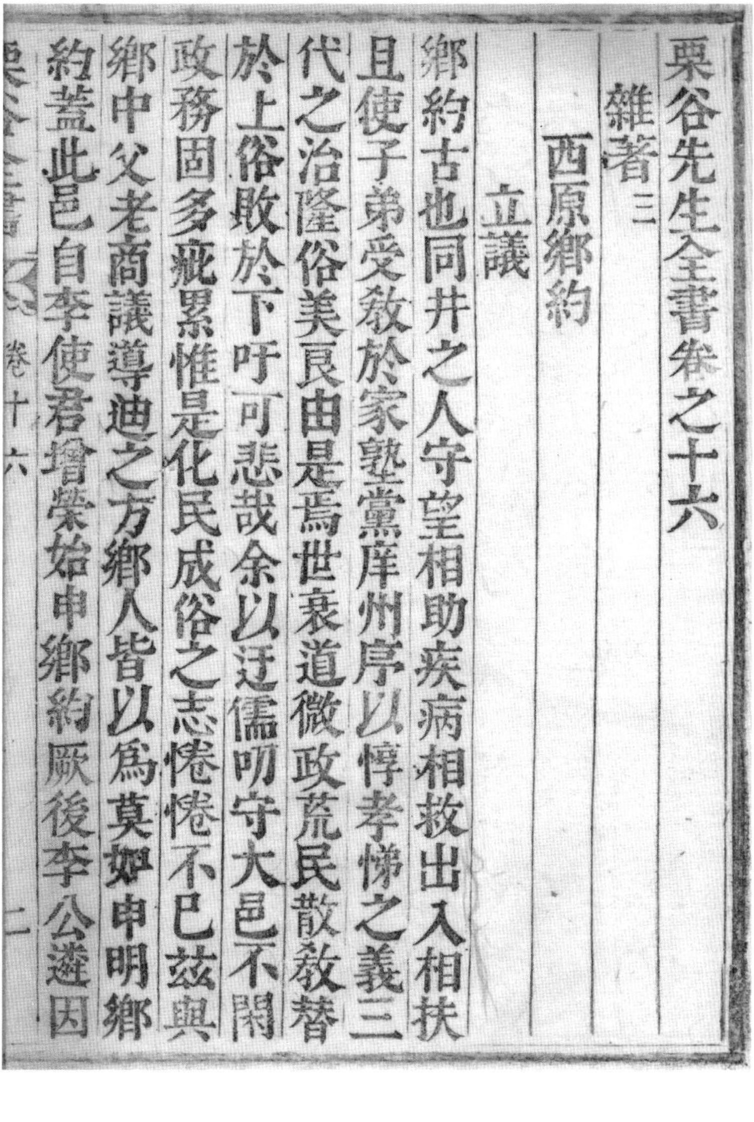

栗谷先生全書卷之十六

雜著三

西原鄉約

立議

鄉約古也同井之人守望相助疾病相救出入相扶且使子弟受敎於家塾黨庠州序以惇孝悌之義三代之治隆俗美良由是焉世衰道微政荒民散敎替於上俗敗於下吁可悲哉余以迂儒叨守大邑不閑政務固多疵累惟是化民成俗之志惓惓不已玆與鄉中父老商議導迪之方鄉人皆以爲莫如申明鄉約蓋此邑自李使君增榮始申鄉約厥後李公遴因

栗谷全書 卷十六 二

<서영 45> 「大清光緒十八年歲次壬辰內用三書」, 印曆목활자1892년인본, 제1엽상엽.

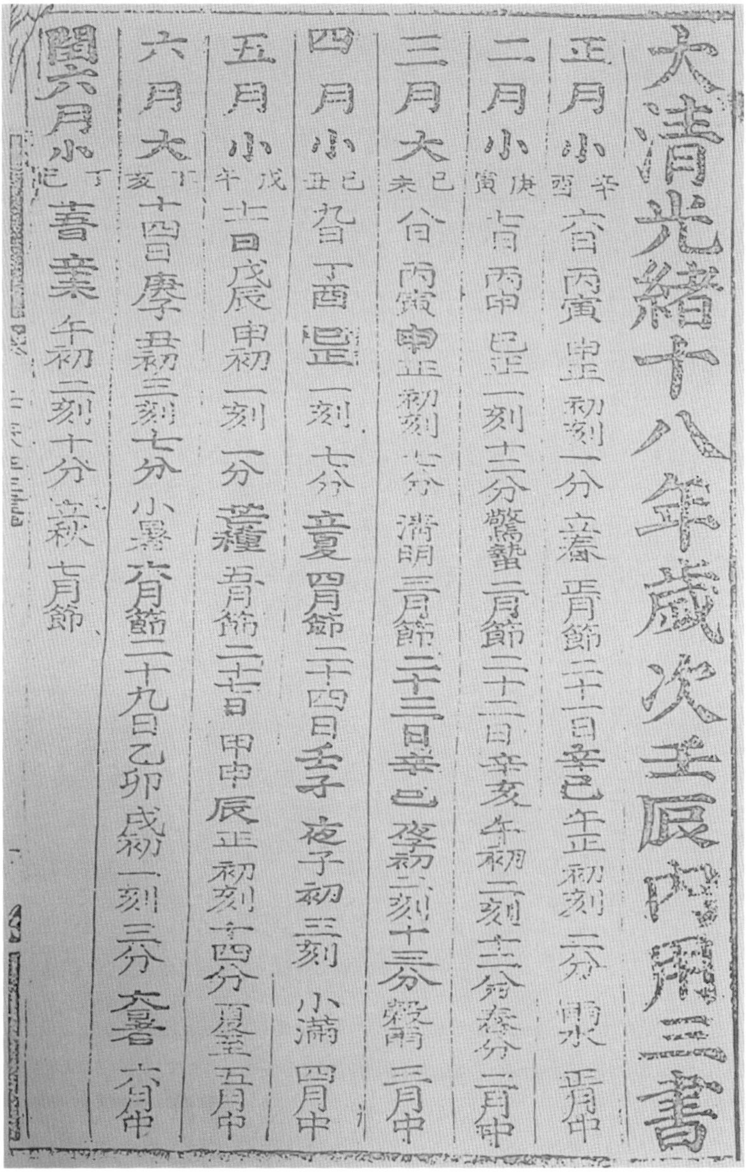

大清光緒十八年歲次壬辰內用三書

正月小 辛酉 初六日丙寅申正初刻一分立春正月節 二十一日辛巳午正初刻二分雨水正月中

二月小 庚寅 初六日丙申巳正一刻十二分驚蟄二月節 二十一日辛亥午初二刻十三分春分二月中

三月大 己未 初八日丙寅申正初刻七分淸明三月節 二十三日辛巳亥初二刻十三分穀雨三月中

四月小 己丑 初九日丁酉卯正一刻七分立夏四月節 二十四日壬子夜子初三刻小滿四月中

五月小 戊午 十一日戊辰申初一刻一分芒種五月節 二十七日甲申辰正初刻十四分夏至五月中

六月大 丁亥 十四日庚子丑初三刻七分小暑六月節 二十九日乙卯戌初一刻三分大暑六月中

閏六月小 丁巳 十六日辛未午初二刻十分立秋七月節

<서영 46-1> 「御製八旬書示後昆錄」, 壬辰字1773년인본, 제1엽하엽.

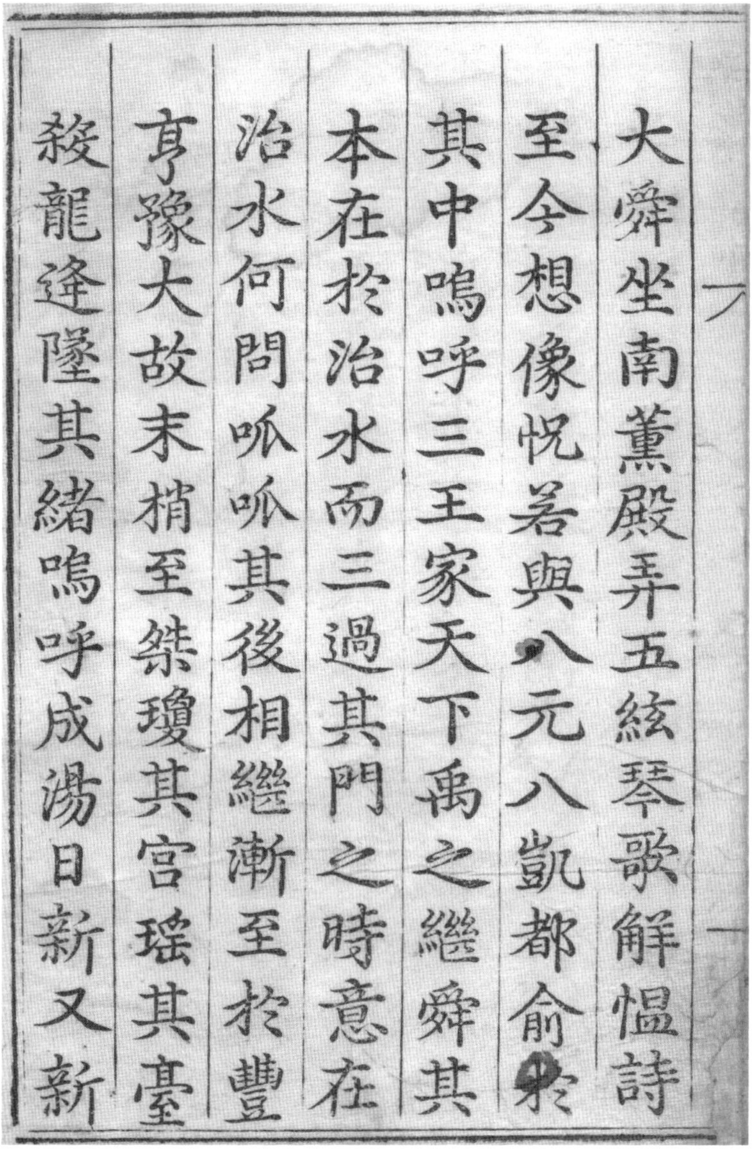
大舜坐南薰殿弄五絃琴歌解慍詩
至今想像怳若與八元八凱都俞於
其中嗚呼三王家天下禹之繼舜其
本在於治水而三過其門之時意在
治水何問呱呱其後相繼漸至於豐
亨豫大故末稍至桀瓊其宮瑤其臺
殺龍逢墜其緒嗚呼成湯日新又新

<서영 46-2> 「御製八旬書示後昆錄」, 壬辰字1773년인본, 제1엽상엽, 21.5 × 13.4cm.

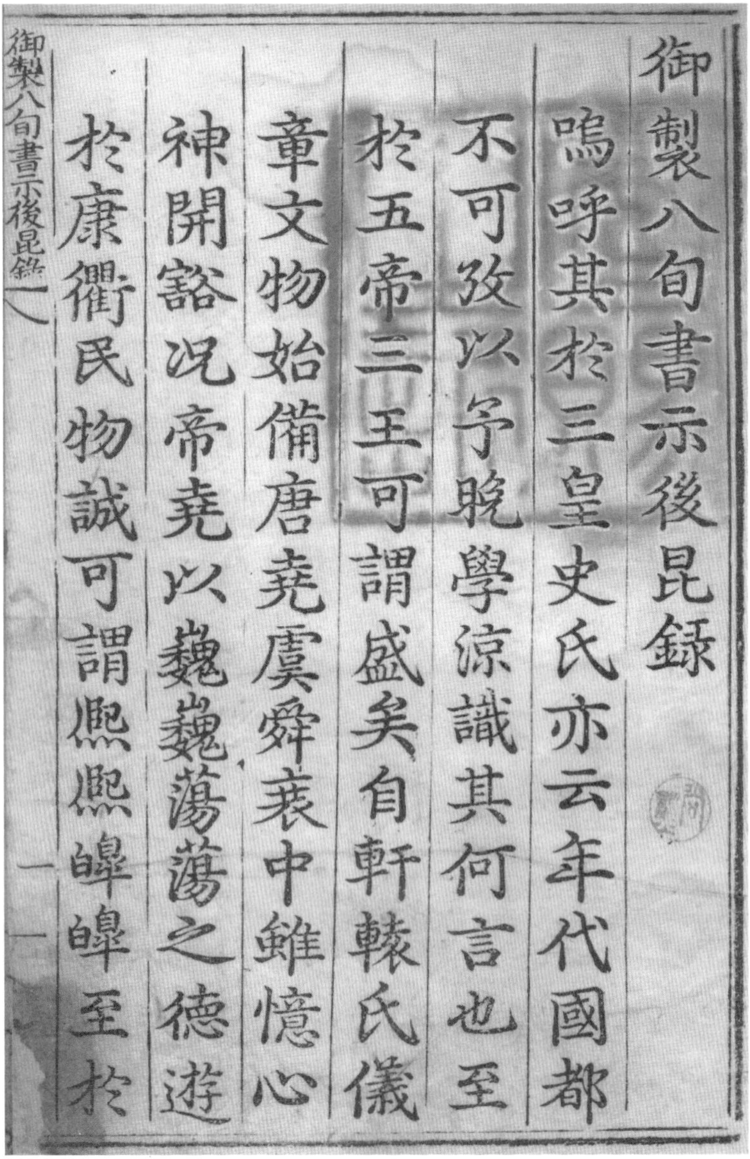

御製八旬書示後昆錄
嗚呼其於三皇史氏亦云年代國都
不可攷以予晩學淺識其何言也至
於五帝三王可謂盛矣自軒轅氏儀
章文物始備唐堯虞舜衷中雖憶心
神開豁況帝堯以巍巍蕩蕩之德遊
於康衢民物誠可謂熈熈皡皡至於

御製八旬書示後昆錄 一 一

<서영 47> 「資治通鑑綱目續編」, 倣洪武正韻字1773년인본, 권12상 제1엽상엽.

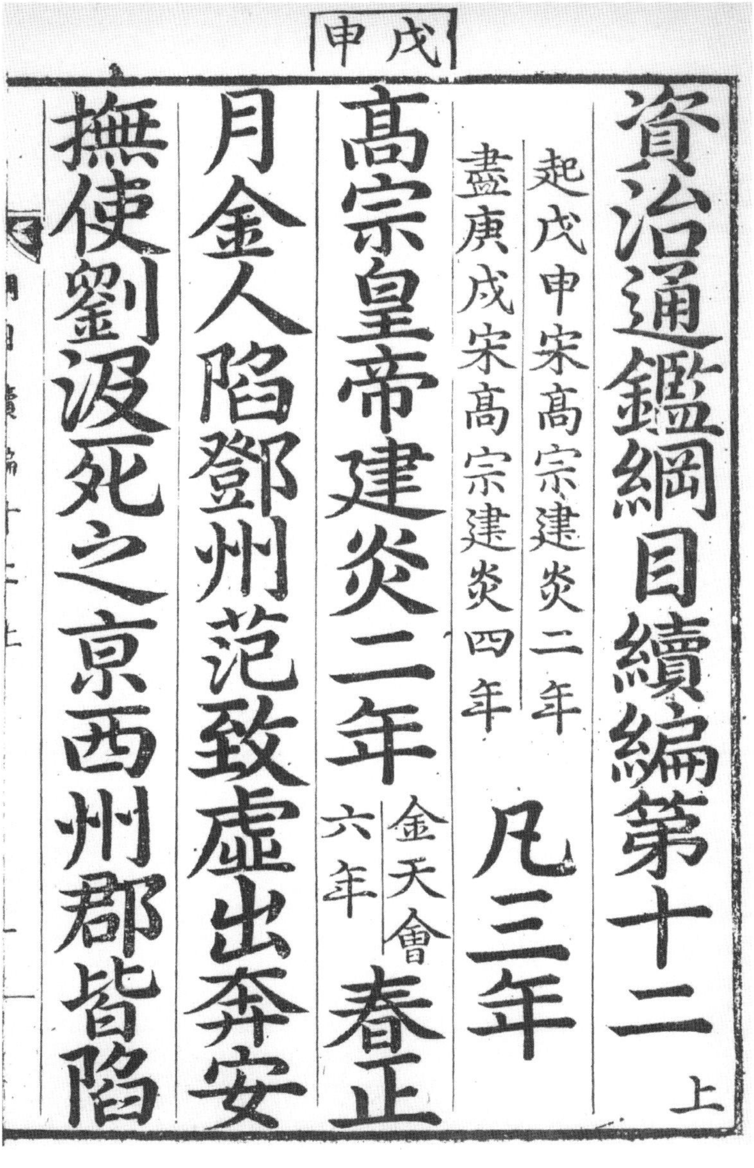

戊申

資治通鑑綱目續編第十二 上

起戊申宋高宗建炎二年
盡庚戌宋高宗建炎四年 凡三年

高宗皇帝建炎二年 金天會六年 春正

月金人陷鄧州范致虛出奔安

撫使劉汲死之京西州郡皆陷

<서영 48> 「書傳大全」, 丁酉字1797년인본, 권10 제1엽하엽, 24.8 × 16.9cm.

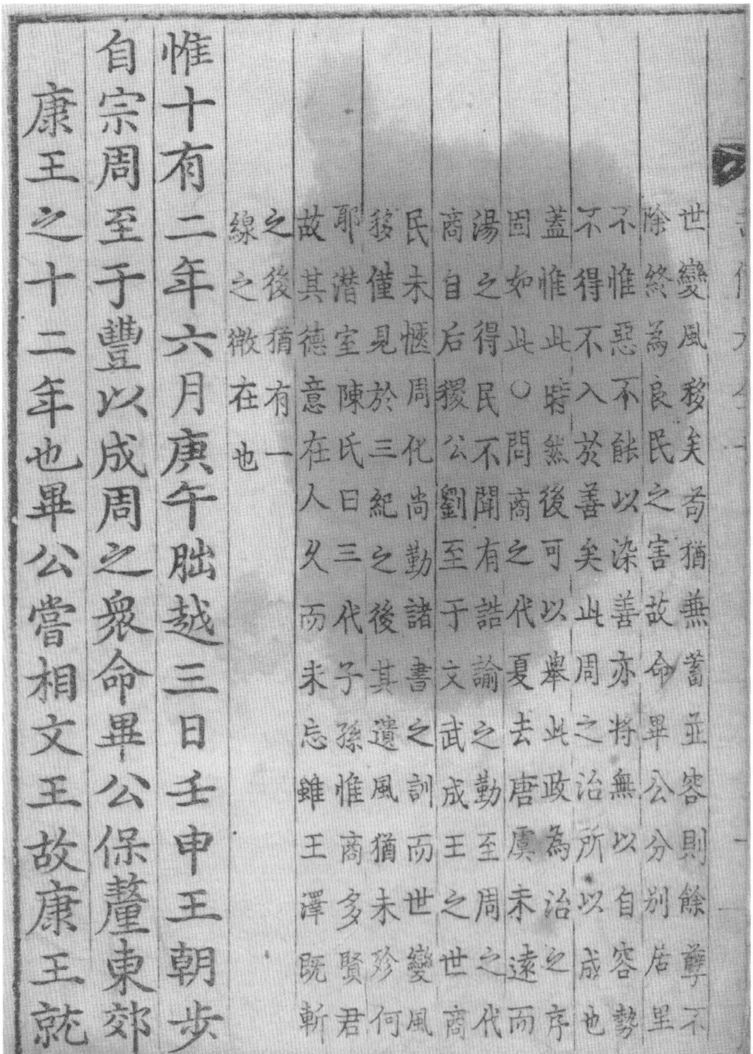

世變風移矣苟猶無蓄疵容則餘孽不
除終爲良民之害故命畢公分別居里
不惟惡不能以涂善亦將無以自容勢
不得不入於善矣此周之治所以成也
蓋惟此時然後可以舉此政爲治之序
固如此○問商之代夏去唐虞未遠而
湯之得民不聞有誥諭之勤至周之代
商自后稷公劉至于文武成王之世商
民未愜周化尚勤諸書之訓而世變風
移僅見於三紀之後其遺風猶未殄何
耶潜室陳氏曰三代子孫惟商多賢君
故其德意在人久而未忘雖王澤既斬
之後猶有一
綫之微在也
惟十有二年六月庚午朏越三日壬申王朝步
自宗周至于豐以成周之衆命畢公保釐東郊
康王之十二年也畢公嘗相文王故康王就

<서영 49> 「青丘詩鈔」, 丁酉字1915년인본, 序 제1엽상엽, 26.6 × 17.1cm.

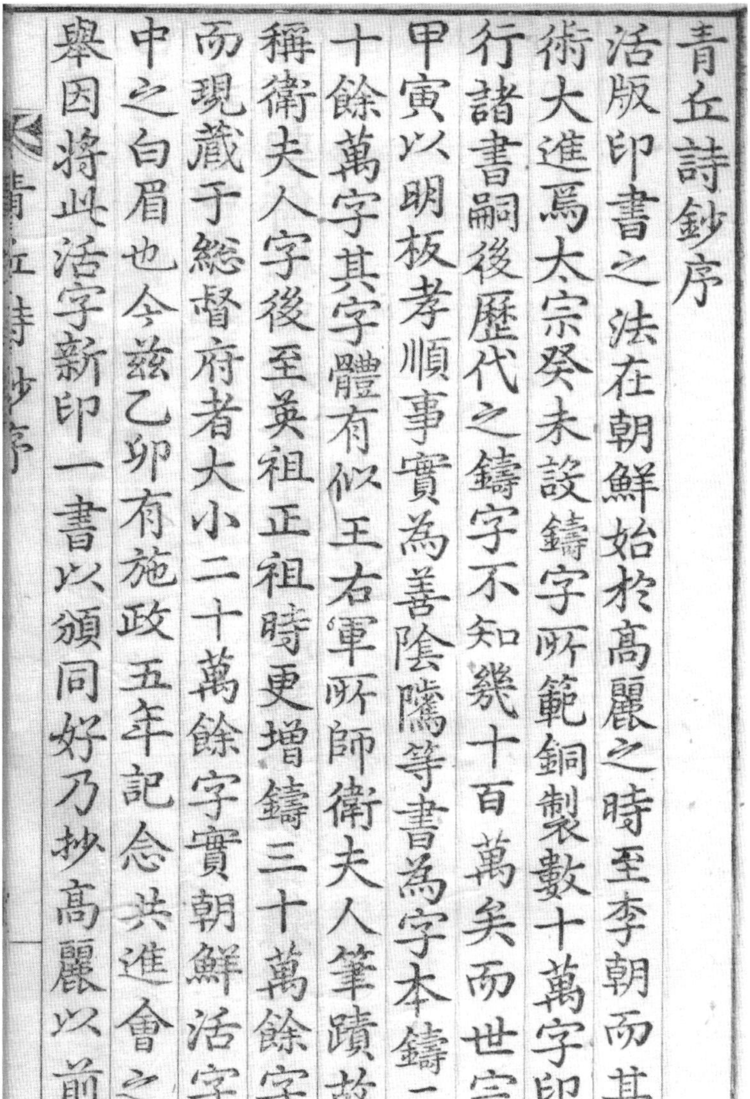

青丘詩鈔序

活版印書之法在朝鮮始於高麗之時至李朝而其
術大進爲太宗癸未設鑄字所範銅製數十萬字印
行諸書嗣後歷代之鑄字不知幾十百萬矣而世宗
甲寅以明板孝順事實爲善陰隲等書爲字本鑄二
十餘萬字其字體有似王右軍所師衛夫人筆蹟故
稱衛夫人字後至英祖正祖時更增鑄三十萬餘字
而現藏于總督府者大小二十萬餘字實朝鮮活字
中之白眉也今玆乙卯有施政五年記念共進會之
擧因將此活字新印一書以頒同好乃抄高麗以前

<서영 50-1> 「進宴儀軌」, 生生字1795년인본, 권1 제1엽하엽.

進宴儀軌 卷一
萬壽聖節乃慶年之慶節也稽于 祖宗已行之例不啻
有可援而可徵者粵我 純祖朝有將躋四旬洽滿四旬
飾喜稱觴之儀 兩殿之慶比歲後先朝廷耆舊尚有及
見傳以爲昭世盛事竊惟今年之慶自有當行之禮無待
於小子之請而雖以我 父皇陛下崇儉謙挹之大德亦
不可使國家彝典有闕今年亦我 母后陛下恰滿五旬
之慶年而瞻望 景孝之殿無由得舞斑彩而供歡愉小
子今日之私豈有其旣而其欲備物盡禮慶我 父皇陛
下今年之慶善頌善禱於萬有千歲無疆之 寶籙受天
申休益迓景命者又豈有其旣哉而惟我 母后陛下之
靈宜亦悅也興慨有蔟於今年而其將悅豫於呼嵩擘斗
之日宜其若身親見之矣小子不忍畢其辭而 父皇陛

<서영 50-2> 「進宴儀軌」, 生生字1795년인본, 권1 제1엽상엽, 24.7 × 17.5cm.

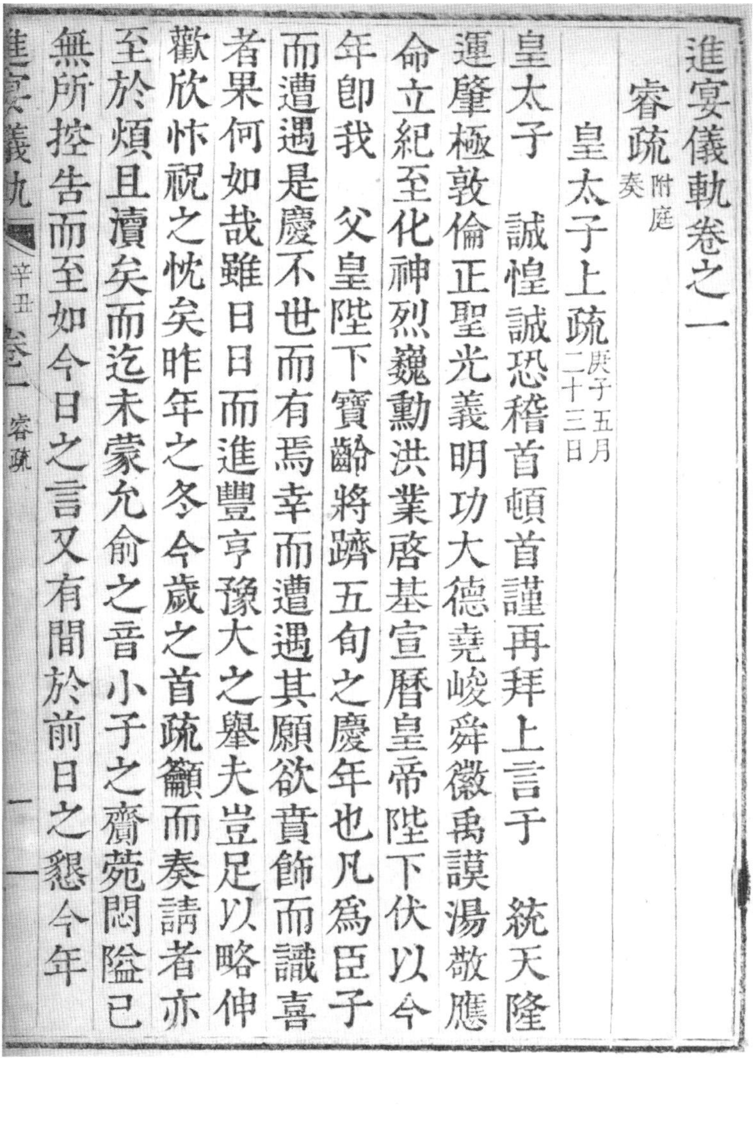

進宴儀軌卷之一

睿疏 附庭奏

皇太子上疏 庚子五月二十三日

皇太子 誠惶誠恐稽首頓首謹再拜上言于 統天隆
運肇極敦倫正聖光義明功大德堯峻舜徽禹謨湯敬應
命立紀至化神烈巍勳洪業啓基宣曆皇帝陛下伏以今
年卽我 父皇陛下寶齡將躋五旬之慶年也凡爲臣子
而遭遇是慶不世而有焉幸而遭遇其願欲賁飾而識喜
者果何如哉雖日日而進豐亨豫大之舉夫豈足以略伸
懽欣忭祝之忱矣昨年之冬今歲之首疏籲而奏請者亦
至於煩且瀆矣而迄未蒙允俞之音小子之齋菀悶隘已
無所控告而至如今日之言又有間於前日之懇今年

進宴儀軌 卷一 辛丑 卷一 睿疏 一

<서영 51> 「五山集」, 箕營목활자1792년인본, 권4 제1엽상엽.

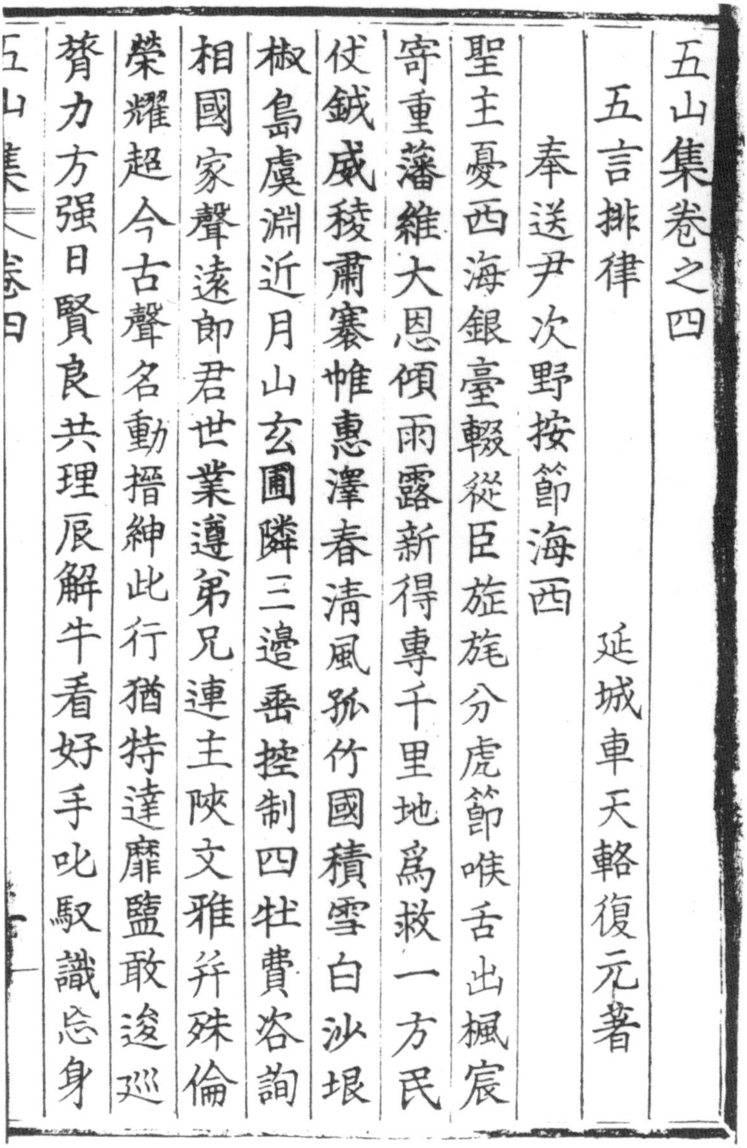

五山集卷之四

五言排律　　延城車天輅復元著

奉送尹次野按節海西

聖主憂西海銀臺輟從臣旌旄分虎節喉舌出楓宸
寄重藩維大恩傾雨露新得專千里地爲救一方民
仗鉞威稜肅褰帷惠澤春清風孤竹國積雪白沙垠
椒島虞淵近月山玄圃隣三邊垂控制四牡費咨詢
相國家聲遠郎君世業遵弟兄連主陝文雅幷殊倫
榮耀超今古聲名動搢紳此行猶特達靡盬敢逡巡
膂力方强日賢良共理辰解牛看好手叱馭識忘身

五山集卷四

<서영 52-1> 「杜律分韻」, 整理字1799년인본, 권5 제1엽하엽.

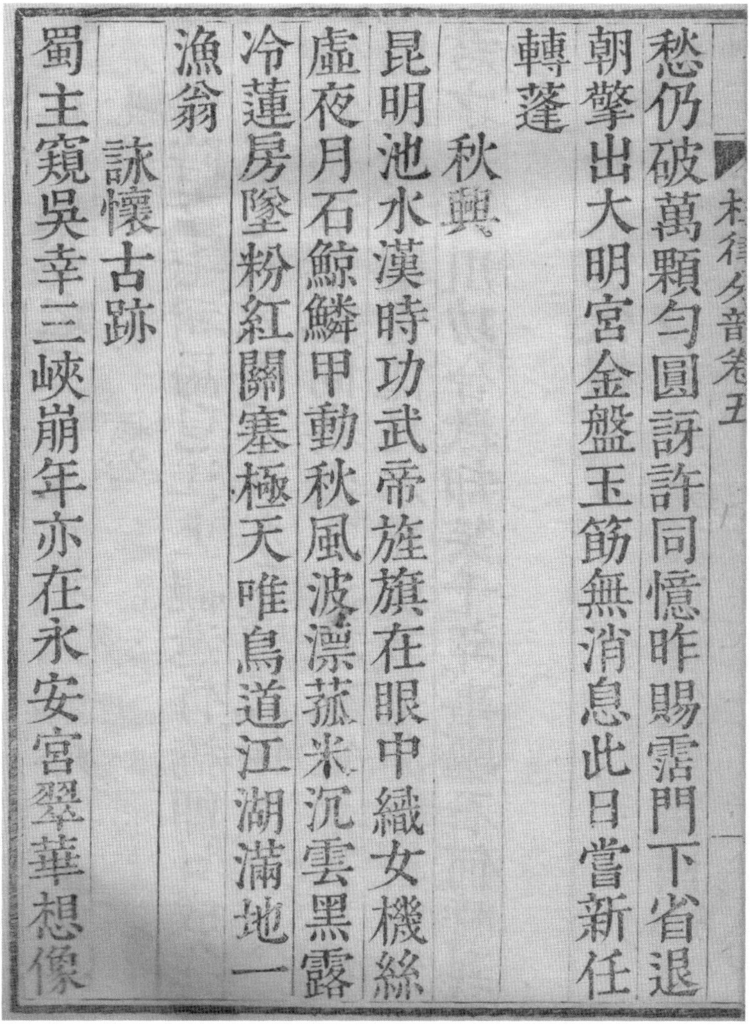

杜律分韻卷五

愁仍破萬顆勻圓訝許同憶昨賜霑門下省退
朝擎出大明宮金盤玉筯無消息此日嘗新任
轉蓬

秋興

昆明池水漢時功武帝旌旗在眼中織女機絲
虛夜月石鯨鱗甲動秋風波漂菰米沉雲黑露
冷蓮房墜粉紅關塞極天唯鳥道江湖滿地一
漁翁

詠懷古跡

蜀主窺吳幸三峽崩年亦在永安宮翠華想像

<서영 52-2> 「杜律分韻」, 整理字1799년인본, 권5 제1엽상엽, 19.5 × 13.9cm.

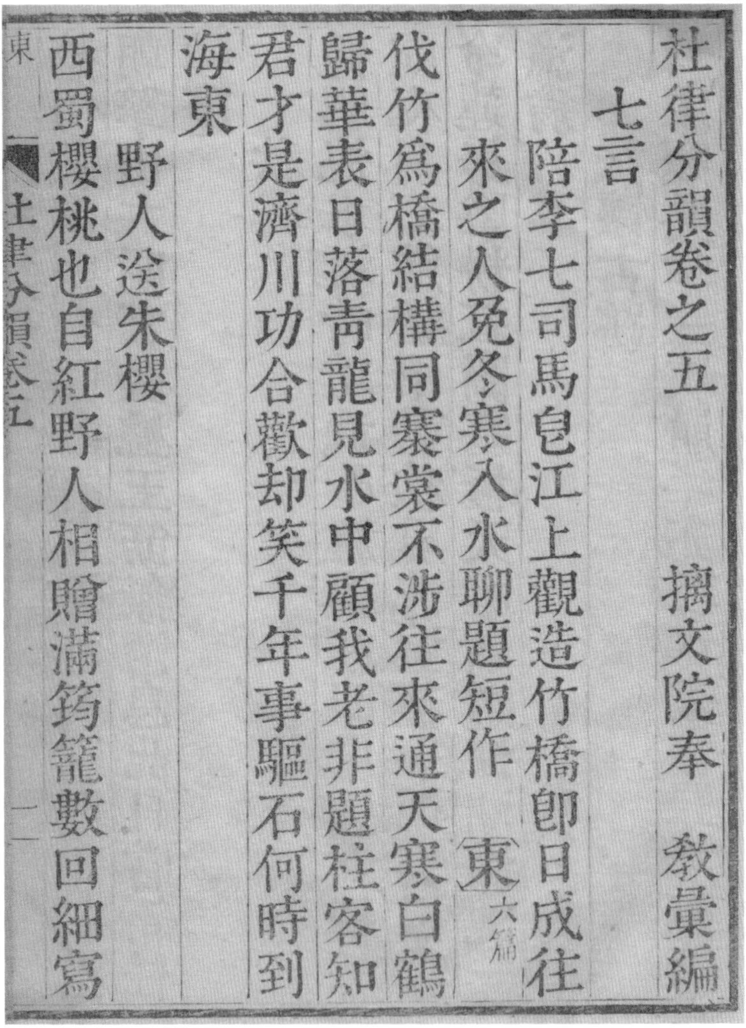

杜律分韻卷之五　摛文院奉　敎彙編

七言

陪李七司馬皀江上觀造竹橋卽日成往

來之人免冬寒入水聊題短作〔東〕六篇

伐竹爲橋結構同褰裳不涉往來通天寒白鶴

歸華表日落青龍見水中顧我老非題柱客知

君才是濟川功合歡却笑千年事驅石何時到

海東

野人送朱櫻

西蜀櫻桃也自紅野人相贈滿筠籠數回細寫

東　杜律分韻卷五　一

<서영 53> 「五倫行實圖」, 整理字병용한글자1797년인본, 권3 제50엽상엽.

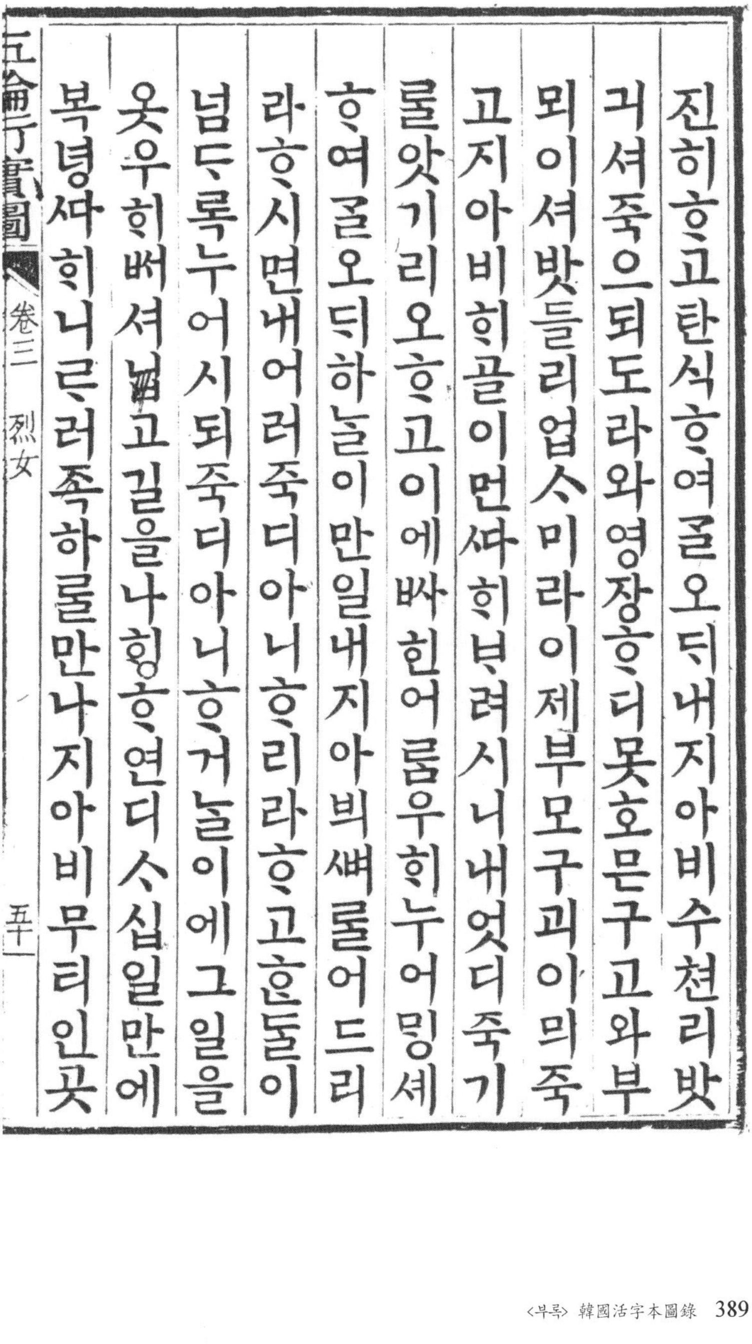
진히ᄒᆞ고탄식ᄒᆞ여ᄀᆞᆯ오ᄃᆡ내지아비수쳔리밧
긔셔죽으되도라와영장ᄒᆞ디못ᄒᆞ믄구고와부
뫼이셔밧들리업ᄉᆞ미라이제부모구괴아믜죽
고지아비희골이먼ᄯᅡ희ᄇᆞ려시니내엇디죽기
롤앗기리오ᄒᆞ고이에ᄲᅡ힌어룸우희누어ᄆᆡᆼ셰
ᄒᆞ여ᄀᆞᆯ오ᄃᆡ하ᄂᆞᆯ이만일내지아븨ᄲᅧ롤어드리
라ᄒᆞ시면내어려죽디아니ᄒᆞ리라ᄒᆞ고ᄒᆞᆫ돌이
넘ᄃᆞ록누어시되죽디아니ᄒᆞ거ᄂᆞᆯ이에그일을
옷우희뻐셔넘고길을나힝ᄒᆞ연디ᄉᆞ십일만에
복녕ᄯᅡ희니ᄅᆞ러죡하롤만나지아비무리인곳

五倫行實圖 卷三 烈女 五十

<서영 54> 「杜律分韻」, 整理字소자1805년인본, 권1 제1엽상엽, 14.9 × 9.6cm.

東

杜律分韻卷之一　摛文院奉　敎彙編

五言

送裴二虬作尉永嘉

孤嶼亭何處天涯水氣中故人官就此絶境與誰同

隱吏逢梅福遊山憶謝公扁舟吾已僦把釣待秋風

對雪

戰哭多新鬼愁吟獨老翁亂雲低薄暮急雪舞廻風

瓢棄樽無淥爐存火似紅數州消息斷愁坐正書空

哭長孫侍御

道爲詩書重名因賦頌雄禮闈曾擢桂憲府屢乘驄

杜律分韻卷一　一

<서영 55-1> 「春秋左氏傳」, 春秋綱字1797년인본, 권1 제1엽하엽.

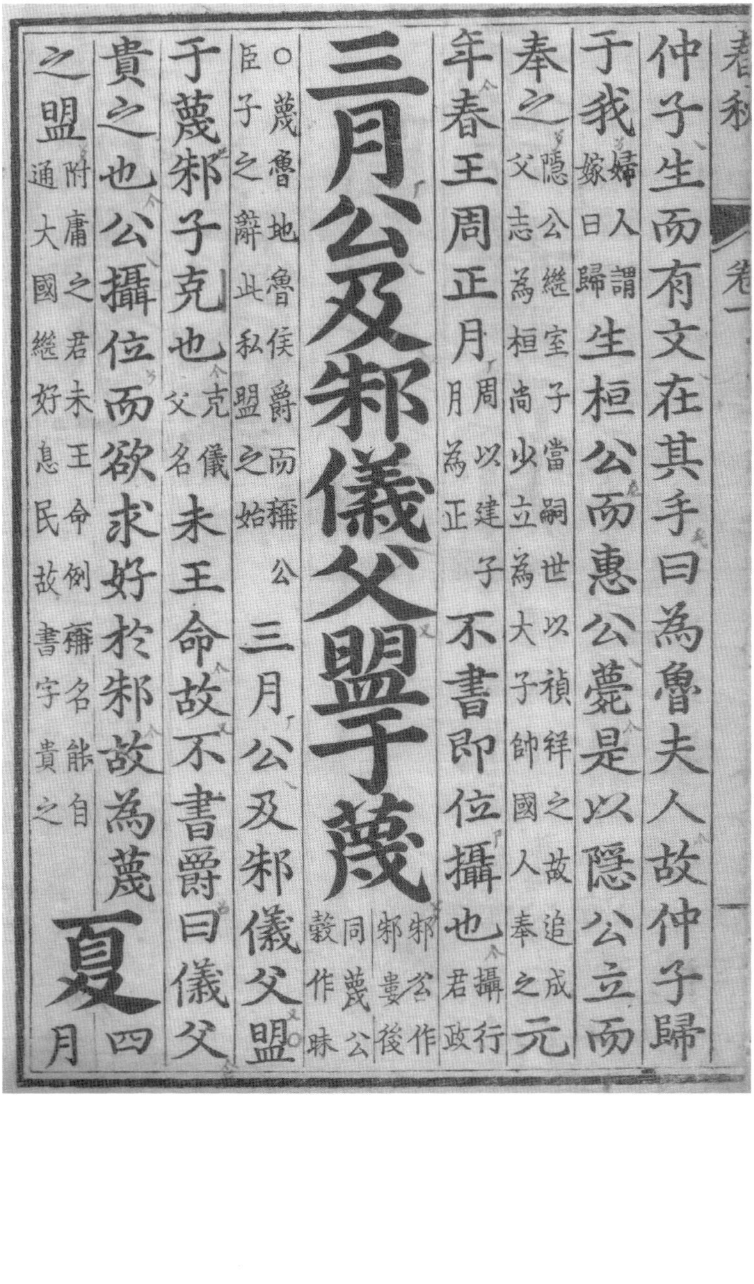
春秋 卷一

仲子生而有文在其手曰為魯夫人故仲子歸于我婦人謂嫁曰歸生桓公而惠公薨是以隱公立而奉之隱公繼室子當嗣世以禎祥之故追成父志為桓尚少立為大子帥國人奉之元年春王周正月周以建子月為正不書即位攝也攝行君政

三月公及邾儀父盟于蔑邾公作邾婁後同蔑公穀作昧

○蔑魯地魯侯爵而稱公臣子之辭此私盟之始三月公及邾儀父盟于蔑邾子克也克儀父名未王命故不書爵曰儀父貴之也公攝位而欲求好於邾故為蔑之盟附庸之君未王命例稱名能自通大國繼好息民故書字貴之

夏四月

<서영 55-2> 「春秋左氏傳」, 春秋綱字1797년인본, 권1 제1엽상엽, 25.2 × 16.8cm.

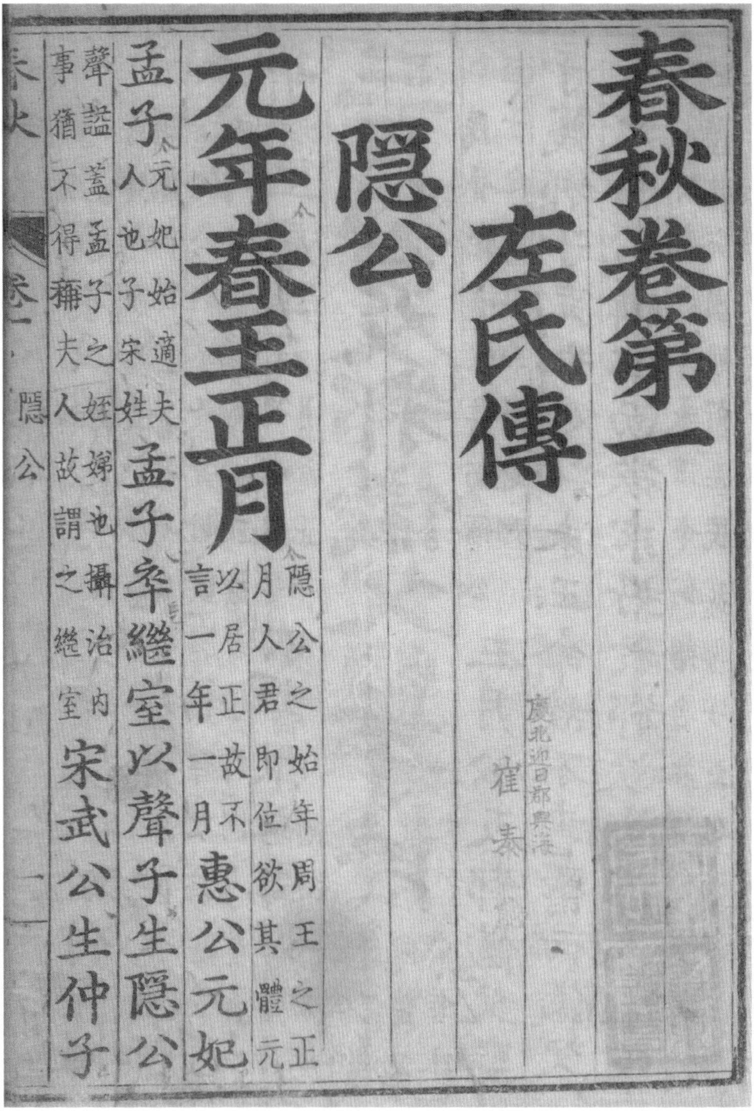

<서영 56-1> 「慶州李氏金石錄」, 希顯堂字1868년인본, 권12 제1엽하엽.

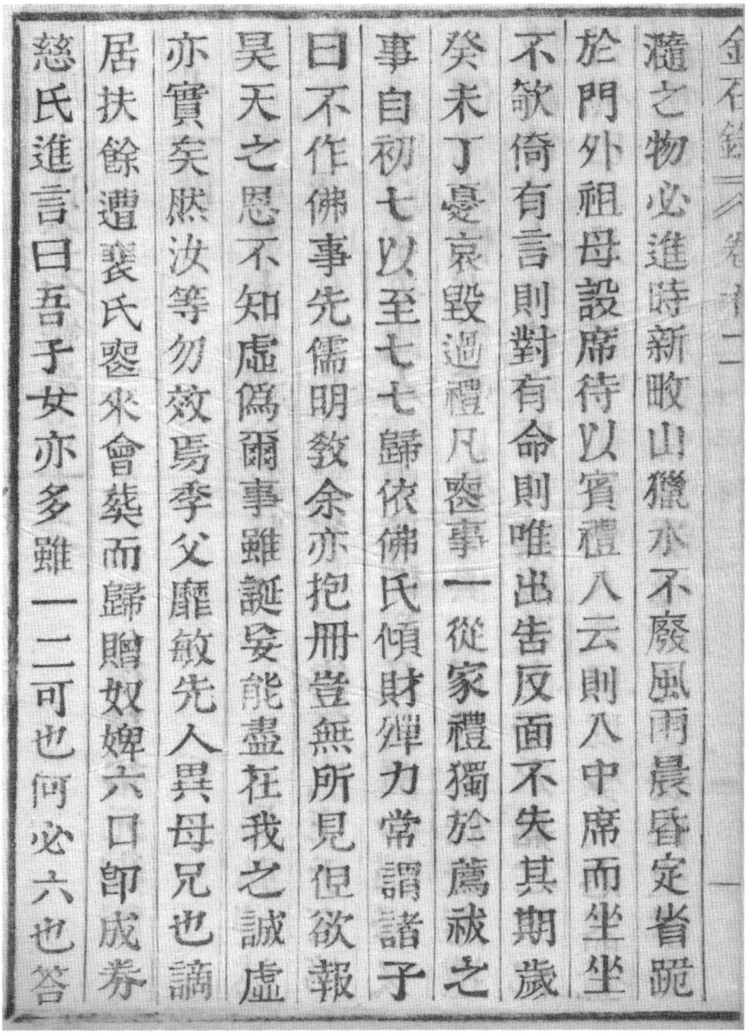
金石錄 卷十二

瀡之物必進時新畋山獵水不廢風雨晨昏定省跪
於門外祖母設席待以賓禮入云則入中席而坐坐
不敢倚有言則對有命則唯出告反面不失其期歲
癸未丁憂哀毀過禮凡喪事一從家禮獨於薦祓之
事自初七以至七七歸依佛氏傾財殫力常謂諸子
曰不作佛事先儒明敎余亦抱冊豈無所見但欲報
昊天之恩不知虛僞爾事雖誕妄能盡在我之誠慮
亦實矣然汝等勿效焉季父靡敏先人異母兄也謫
居扶餘遭裵氏喪來會葬而歸贈奴婢六口卽成券
慈氏進言曰吾子女亦多雖一二可也何必六也答

<서영 56-2> 「慶州李氏金石錄」, 希顯堂字1868년인본, 권12 제1엽상엽, 22.8 × 15.9cm.

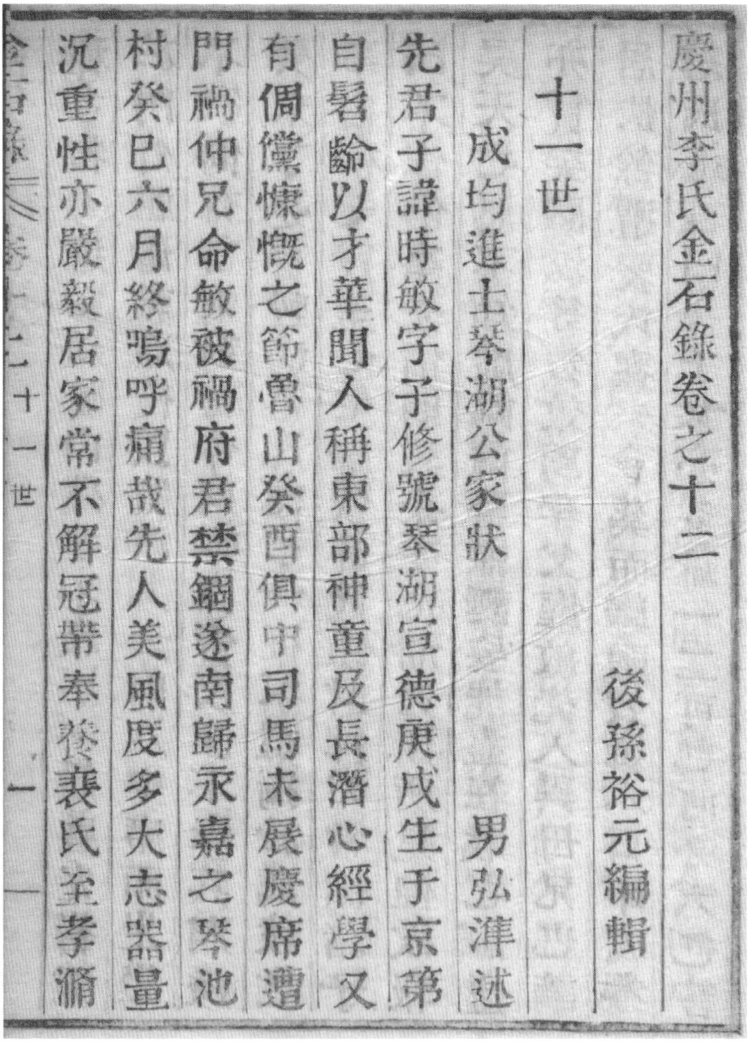

慶州李氏金石錄卷之十二
後孫裕元編輯

十一世
成均進士琴湖公家狀　男弘準述
先君子諱時敏字子修號琴湖宣德庚戌生于京第
自髫齡以才華聞人稱東部神童及長潛心經學又
有倜儻慷慨之節魯山癸酉俱中司馬未展慶席遭
門禍仲兄命敏被禍府君禁錮遂南歸永嘉之琴池
村癸巳六月終嗚呼痛哉先人美風度多大志器量
沉重性亦嚴毅居家常不解冠帶奉養裵氏至孝滫

金石錄卷之十二　十一世　一

<서영 57-1> 「詩宗」, 張混字1810년경인본, 권12 제1엽하엽.

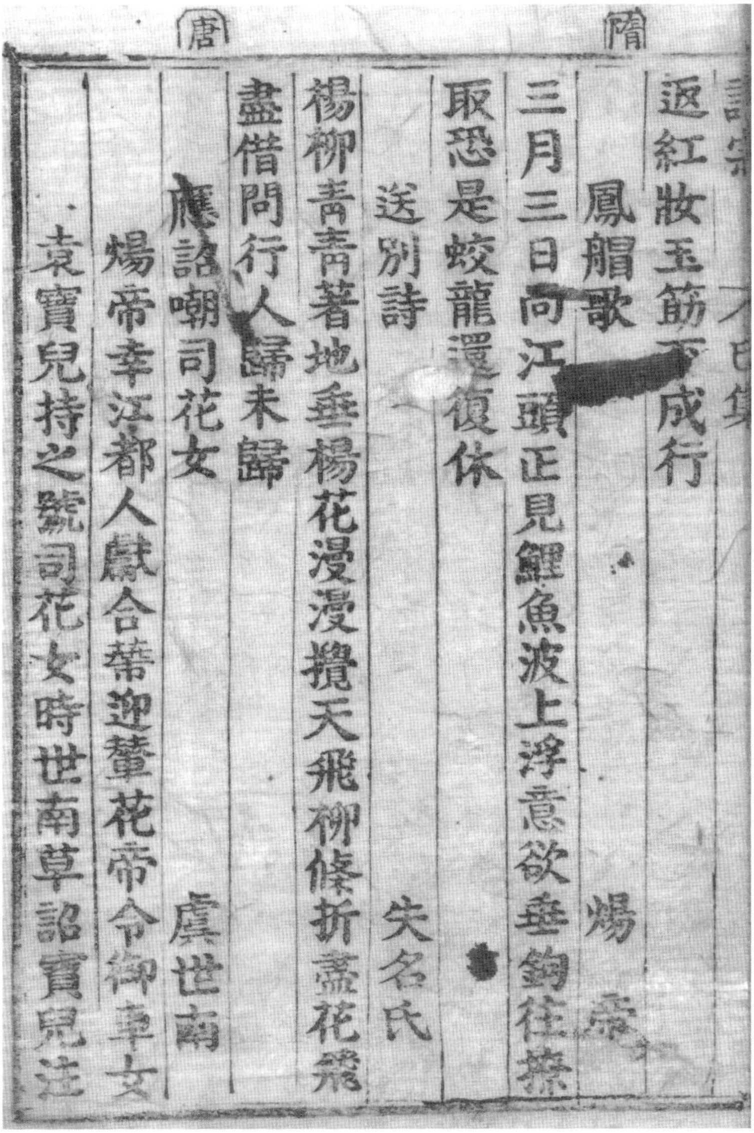

隋

返紅妝玉筯下成行

鳳艒歌　煬帝

三月三日向江頭正見鯉魚波上浮意欲垂鉤往撩

取恐是蛟龍還復休

送別詩　失名氏

楊柳青青著地垂楊花漫漫攪天飛柳條折盡花飛

盡借問行人歸未歸

唐

應詔嘲司花女　虞世南

煬帝幸江都人獻合蔕迎輦花帝令御車女

袁寶兒持之號司花女時世南草詔寶兒注

<서영 57-2> 「詩宗」, 張混字1810년경인본, 권12 제1엽상엽, 17.9 × 12.3cm.

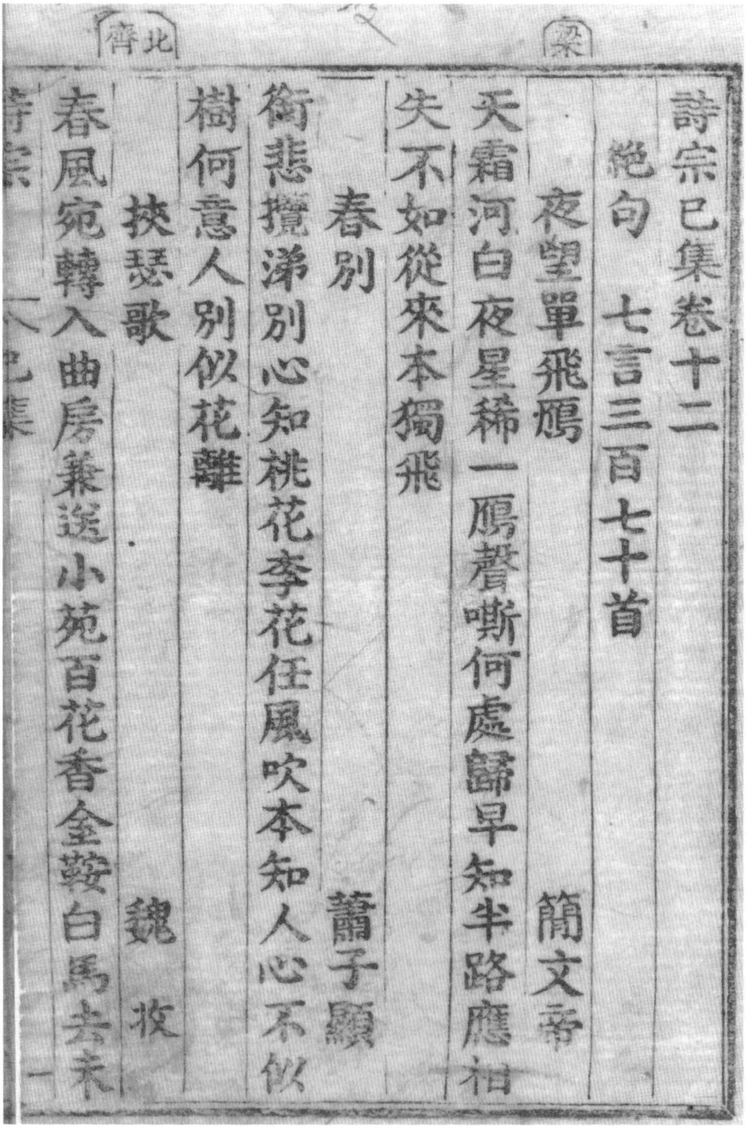
梁
北齊
詩宗己集卷十二
絶句 七言三百七十首
夜望單飛鴈 簡文帝
天霜河白夜星稀一鴈聲嘶何處歸早知半路應相
失不如從來本獨飛
春別 蕭子顯
銜悲攬涕別心知桃花李花任風吹本知人心不似
樹何意人別似花離
挾瑟歌 魏收
春風宛轉入曲房兼送小苑百花香金鞍白馬去來
詩宗 己集 一

<서영 58> 「金陵集」, 聚珍字1815년인본, 권1 제1엽상엽.

金陵集卷之一

宜寧 南公轍 元平 著

賦

琴賦

粤神農之上世削桐爲琴繩絲爲絃下方法地上圓
象天覽五行而合作取六律而諧和心得之而應手
聲動之而被調凡人之懽愉和佚與夫憂愁不平詈
罵怨嗟各引類而互發在聽者之如何若夫按五絃
於南風會君臣而合歡此聽和聽也拘於羑里七作
履霜此聽憂聽也游杏壇而按調卧陋巷而奏曲此

<서영 59-1> 「漢陰先生文稿附錄」, 全史字1869년인본, 권2 제1엽하엽.

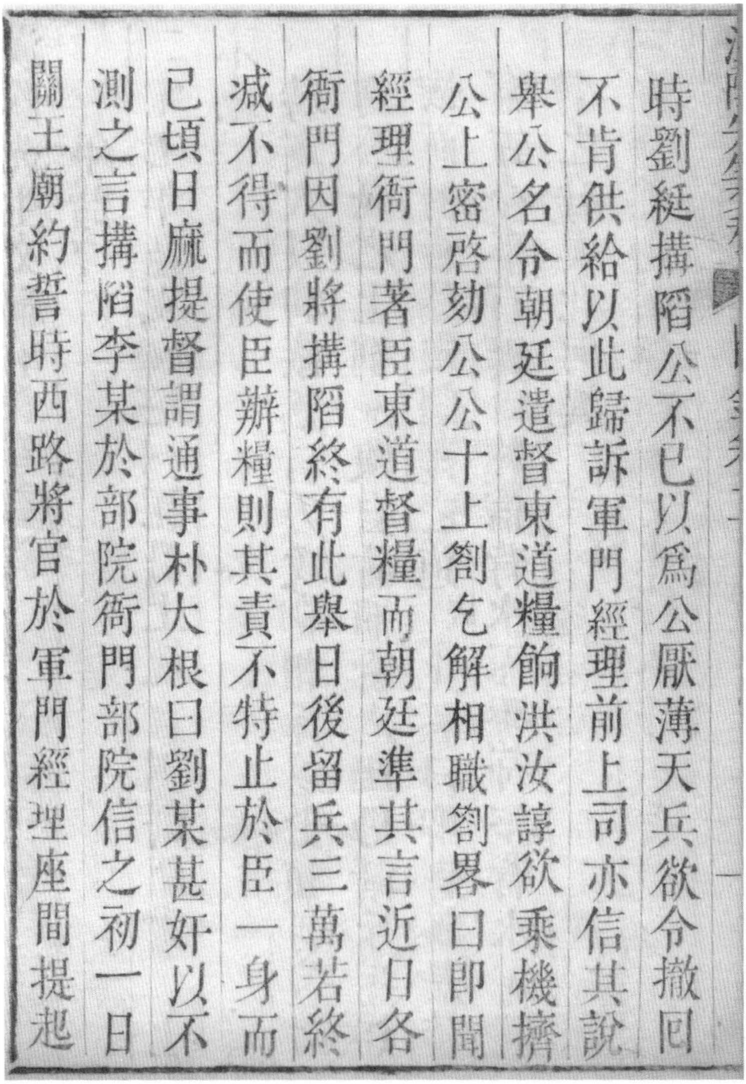
時劉綎搆陷公不已以爲公厭薄天兵欲令撤回
不肯供給以此歸訴軍門經理前上司亦信其說
擧公名令朝廷遣督東道糧餉洪汝諄欲乘機擠
公上密啓劾公公十上劄乞解相職劄畧曰卽聞
經理衙門著臣東道督糧而朝廷準其言近日各
衙門因劉將搆陷終有此擧日後留兵三萬若終
減不得而使臣辦糧則其責不特止於臣一身而
已頃日麻提督謂通事朴大根曰劉某甚奸以不
測之言搆陷李某於部院衙門部院信之初一日
關王廟約誓時西路將官於軍門經理座間提起

<서영 59-2> 「漢陰先生文稿附錄」, 全史字1869년인본, 권2 제1엽상엽, 21.4 × 14.8cm.

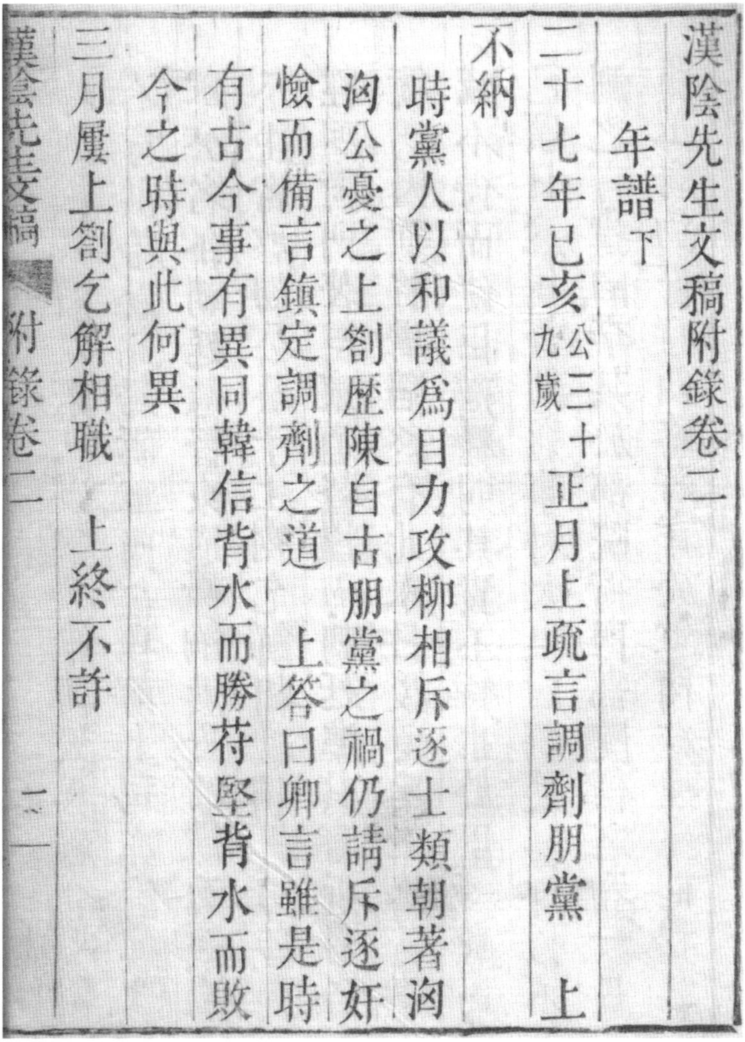

漢陰先生文稿附錄卷二

年譜下

二十七年己亥公三十九歲正月上疏言調劑朋黨　上

不納

時黨人以和議爲目力攻柳相斥逐士類朝著洶

洶公憂之上劄歷陳自古朋黨之禍仍請斥逐奸

憸而備言鎭定調劑之道　上答曰卿言雖是時

有古今事有異同韓信背水而勝苻堅背水而敗

今之時與此何異

三月屢上劄乞解相職　上終不許

漢陰先生文稿　附錄卷二　一

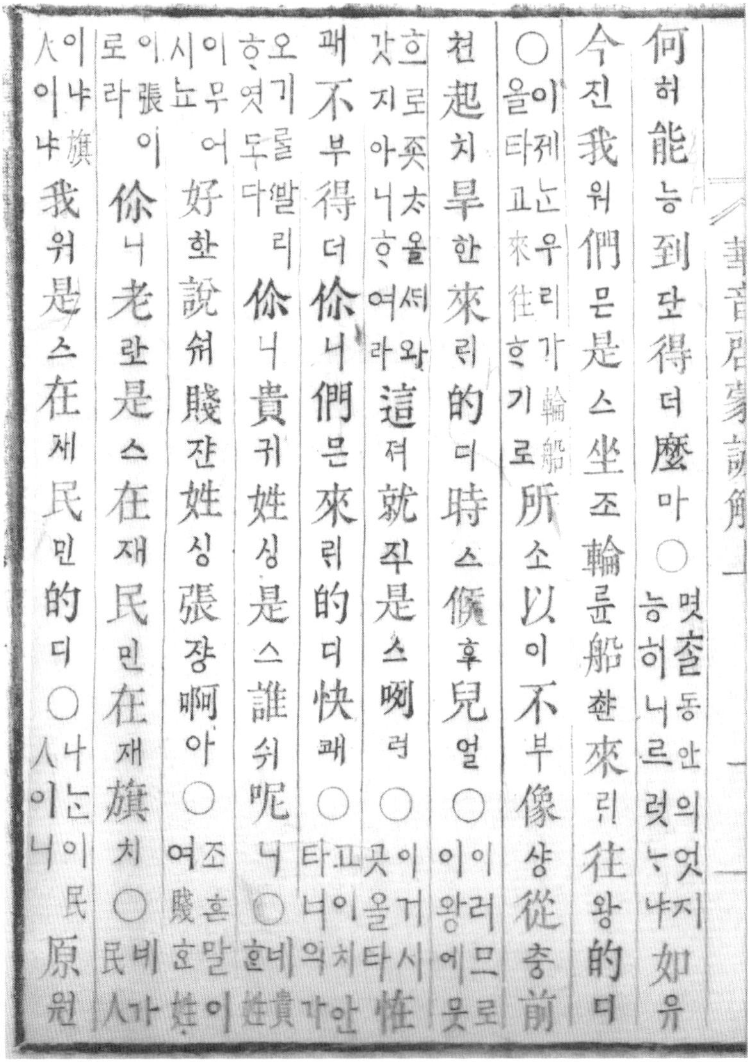

<서영 60-1> 「華音啓蒙諺解」, 全史字1883년인본, 권상 제1엽하엽.

<서영 60-2> 「**華音啓蒙諺解**」, **全史字**1883**년인본, 권상 제**1**엽상엽**, 22.7 × 15.4cm.

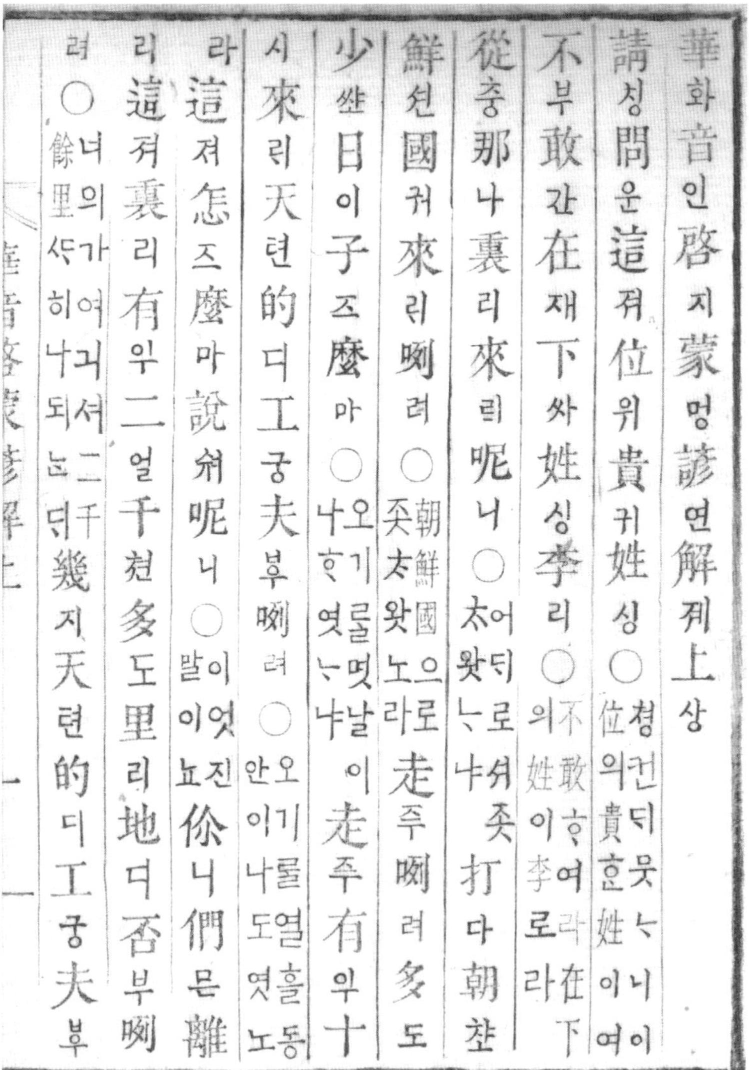

華화音인啓지蒙멍諺연解계上상

請칭問운這져位위貴귀姓싱 ○ 쳥컨ᄃᆡ 뭇ᄂᆞ니 이 位의 貴ᄒᆞᆫ 姓이여

不부敢간在재下쌰姓싱李리 ○ 不敢ᄒᆞ여라 在下의 姓이 李로라

從충那나裏리來리呢니 ○ 어ᄃᆡ로셔 좃차 왓ᄂᆞ냐 打다朝챠

鮮션國궈來리咧려 ○ 朝鮮國으로 좃차 왓노라 走주咧려多도

少쌴日이子즈麼마 ○ 오기를 몃날이나 ᄒᆞ엿ᄂᆞ냐 走주有우十

시來리天텬的디工궁夫부咧려 ○ 오기를 열흘동 안이나 도엿노

라 這져怎즈麼마說쉬呢니 ○ 이엇진 말이뇨 你니們믄離

리這져裏리有우二얼千쳔多도里리地디否부咧

려 ○ 너의 가 여긔셔 二千餘里 ᄯᅡ히 나 되ᄂᆞᆫ 듸 幾지天텬的디工궁夫부

華音啓蒙諺解上 一

<서영 61-1> 「三憂堂文先生實記」, 筆書體鐵활자1879년인본, 권3 제1엽하엽.

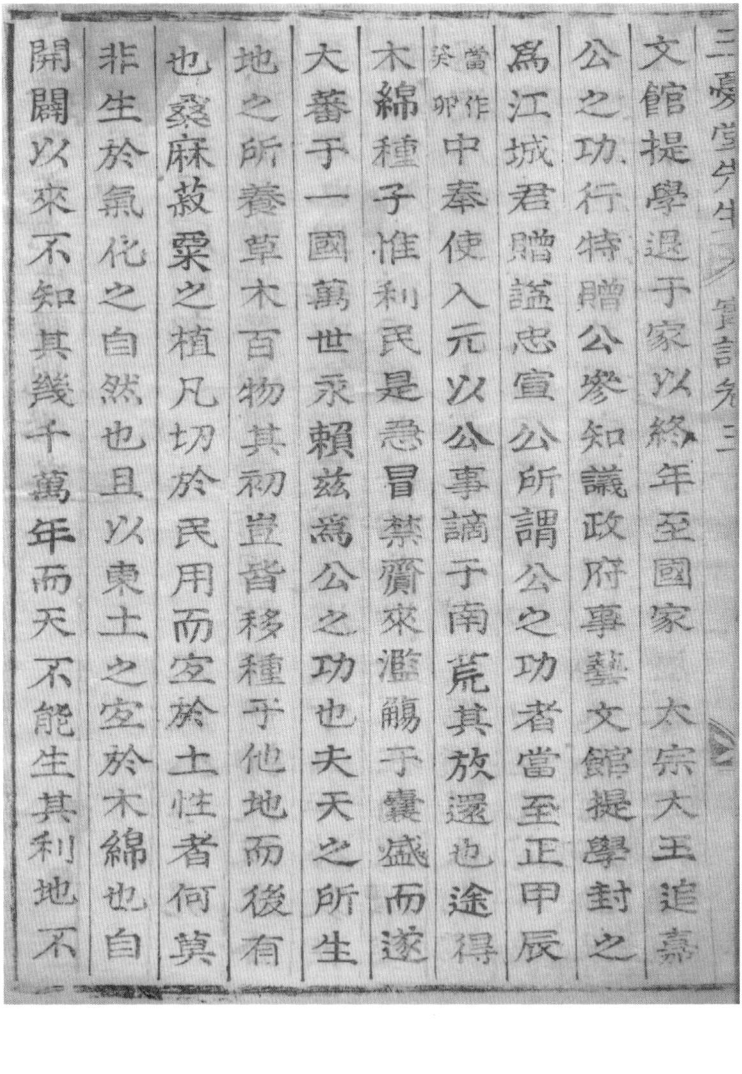

三憂堂先生實記卷三

文館提學退于家以終年至國家 太宗大王追嘉

公之功行特贈公參知議政府事藝文館提學封之

爲江城君贈謚忠宣公所謂公之功者當至正甲辰

當作癸卯中奉使入元以公事謫于南荒其放還也途得

木綿種子惟利民是急冒禁齎來濫觴于囊盛而遂

大蕃于一國萬世永賴茲爲公之功也夫天之所生

地之所養草木百物其初豈皆移種于他地而後有

也桑麻菽粟之植凡切於民用而宜於土性者何莫

非生於氣化之自然也且以東土之宜於木綿也自

開闢以來不知其幾千萬年而天不能生其利地不

<서영 61-2> 「三憂堂文先生實記」, 筆書體鐵활자1879년인본, 권3 제1엽상엽, 21.5 × 15.9cm.

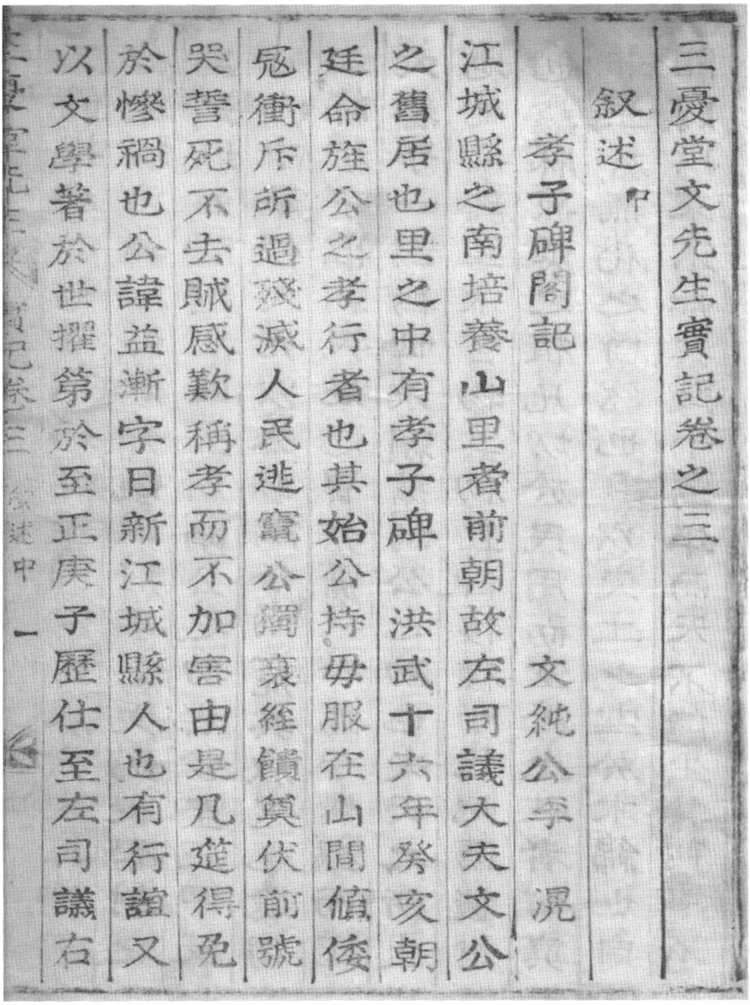

三憂堂文先生實記卷之三
敍述 中
孝子碑閣記　文純公李滉
江城縣之南培養山里者前朝故左司議大夫文公
之舊居也里之中有孝子碑洪武十六年癸亥朝
廷命旌公之孝行者也其始公持母服在山間値倭
寇衝斥所過殘滅人民逃竄公獨衰絰饋奠伏前號
哭誓死不去賊感歎稱孝而不加害由是几筵得免
於慘禍也公諱益漸字日新江城縣人也有行誼又
以文學著於世擢第於至正庚子歷仕至左司議右

<서영 62> 「萬國略史」, 再鑄整理자병용한글자1896년인본, 권2 제1엽하엽, 23.2 × 14.3cm.

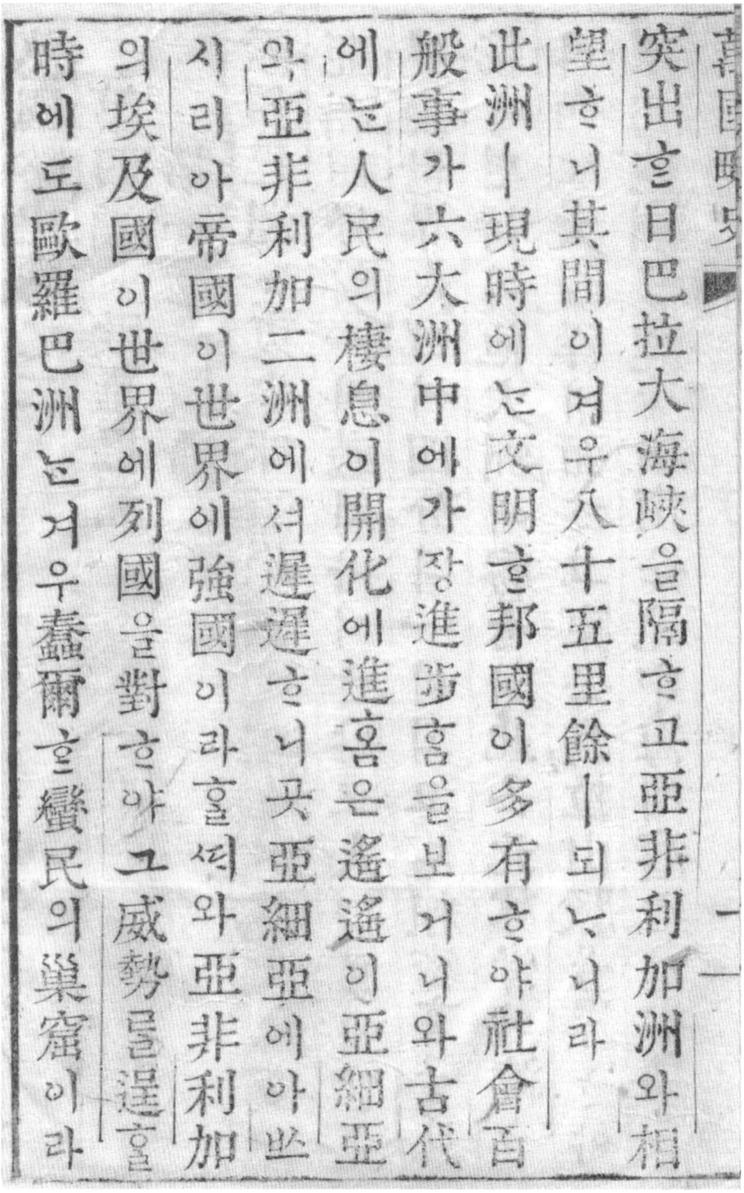
萬國略史 一

突出ᄒᆞᆫ日巴拉大海峽을隔ᄒᆞ고亞非利加洲와相
望ᄒᆞ니其間이겨우八十五里餘ㅣ되ᄂᆞ니라
此洲ㅣ現時에ᄂᆞᆫ文明ᄒᆞᆫ邦國이多有ᄒᆞ야社會百
般事가六大洲中에가장進步ᄒᆞᆷ을보거니와古代
에ᄂᆞᆫ人民의棲息이開化에進ᄒᆞᆷ은遙遙이亞細亞
와亞非利加二洲에셔遲遲ᄒᆞ니곳亞細亞에아ᄡᅳ
시리아帝國이世界에强國이라ᄒᆞᆯᄯᅢ와亞非利加
의埃及國이世界에列國을對ᄒᆞ야그威勢를逞ᄒᆞᆯ
時에도歐羅巴洲ᄂᆞᆫ겨우蠢爾ᄒᆞᆫ蠻民의巢窟이라

<서영 63> 「東國史略」, 再鑄整理자병용한글자1896년인본, 권2 제1엽상엽, 22.6 × 15.6cm.

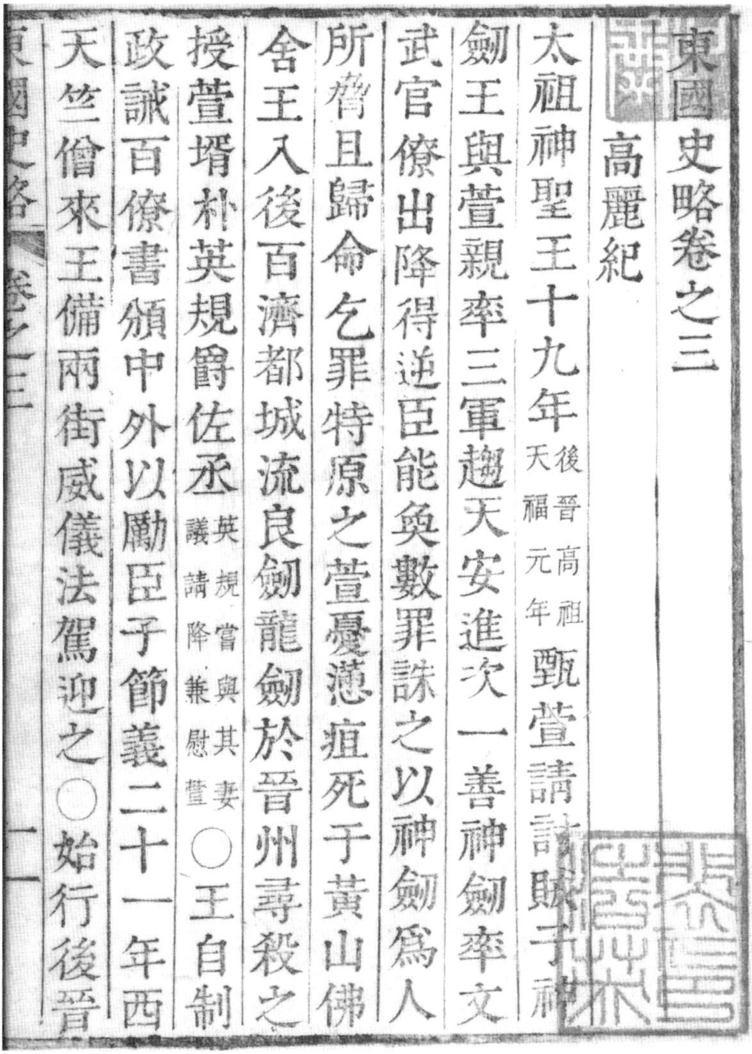

東國史略卷之三

高麗紀

太祖神聖王十九年 後晋高祖天福元年 甄萱請討賊于神劒王與萱親率三軍趨天安進次一善神劒率文武官僚出降得逆臣能奐數罪誅之以神劒爲人所脅且歸命乞罪特原之萱憂懣疽死于黃山佛舍王入後百濟都城流良劒龍劒於晋州尋殺之授萱壻朴英規爵佐丞 英規嘗與其妻議請降兼慰萱 ○王自制政誡百僚書頒中外以勵臣子節義二十一年西天竺僧來王備兩街威儀法駕迎之○始行後晋

東國史略 卷之三 一

<서영 64-1> 「世界萬國年契」, 學部新式鉛활자본, 제1엽하엽.

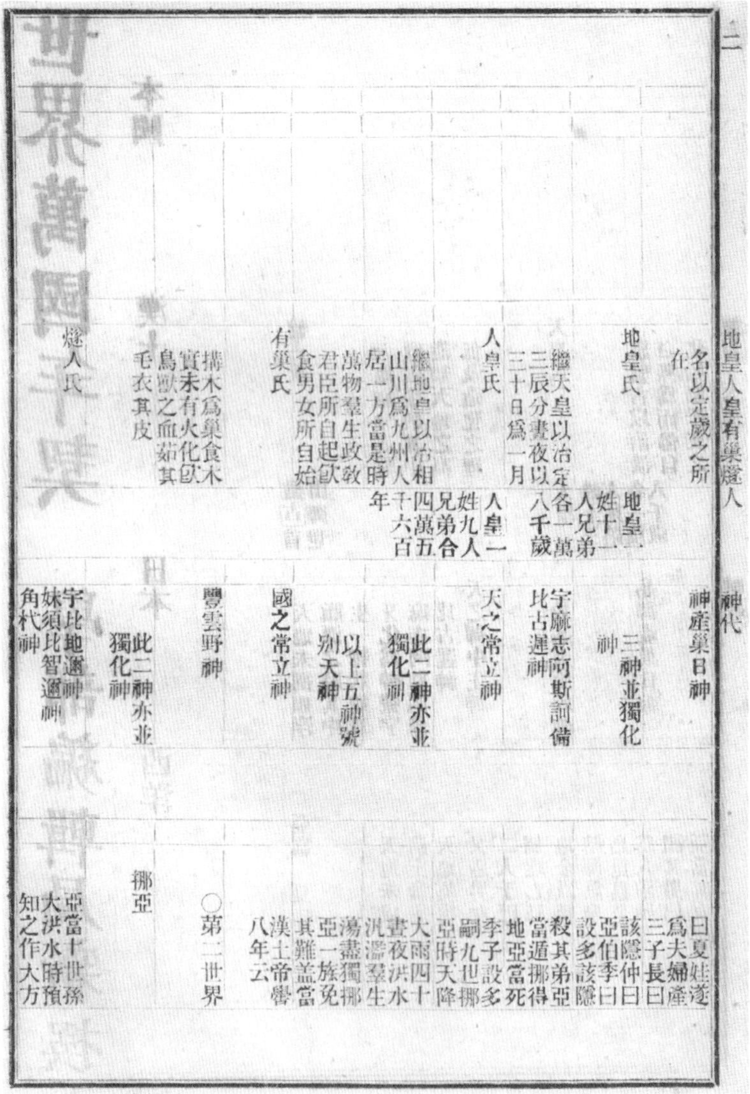

二

地皇人皇有巢燧人

名以定歲之所在

地皇氏 繼天皇以治定三辰分晝夜以三十日爲一月

人皇氏 繼地皇以治相山川爲九州人居一方當是時萬物羣生政教君臣所自起飮食男女所自始

有巢氏 搆木爲巢食木實未有火化飮鳥獸之血茹其毛衣其皮

燧人氏

地皇一 姓十一人兄弟各一萬八千歲

人皇一 姓九人兄弟合四萬五千六百年

神代

日本

神產巢日神

三神並獨化神

宇麻志阿斯訶備比古遲神

天之常立神

此二神亦並獨化神

以上五神號別天神

國之常立神

豐雲野神

此二神亦並獨化神

宇比地邇神妹須比智邇神

角杙神

曰夏娃遂爲夫婦產三子長曰該隱仲曰亞伯季曰設多該隱殺其弟亞當遁挪得地亞當死季子設多嗣九世挪亞時天降大雨四十晝夜洪水汎濫羣生蕩盡獨挪亞一族免其難蓋當漢土帝嚳八年云

○第二世界

挪亞

亞當十世孫大洪水時預知之作大方

<서영 64-2> 「世界萬國年契」, 學部新式鉛활자본, 제1엽상엽, 22.6 × 15.1cm.

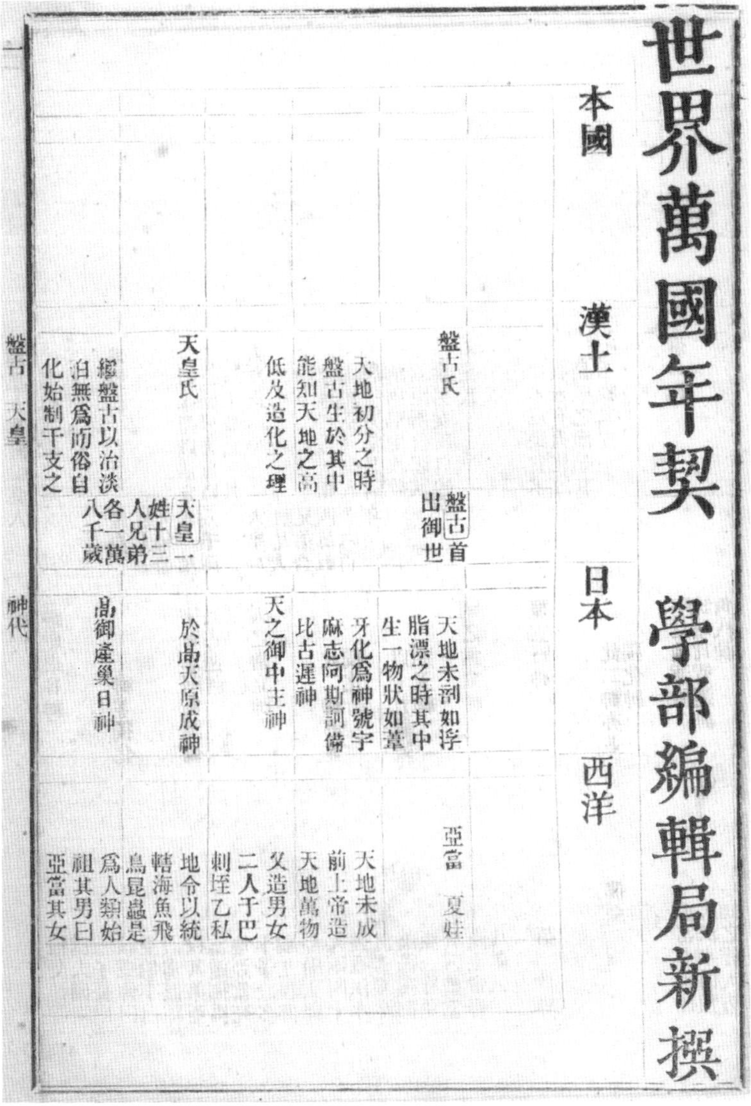

世界萬國年契　學部編輯局新撰

本國

漢土

盤古氏

天地初分之時盤古生於其中能知天地之高低及造化之理

盤古首出御世

天皇氏

天皇一姓十三人兄弟各一萬八千歲

繼盤古以治淡泊無爲而俗自化始制干支之

日本

天地未剖如浮脂漂之時其中生一物狀如葦牙化爲神號宇麻志阿斯訶備比古遲神

天之御中主神

於高天原成神

高御產巢日神

西洋

亞當　夏娃

天地未成前上帝造天地萬物又造男女二人于巴剌埵乙私地令以統轄海魚飛鳥昆蟲是爲人類始祖其男曰亞當其女

盤古　天皇

神代

<서영 65-1> 「萬國略史」, 學部印書體목활자병용한글자1895년인본, 제1엽하엽.

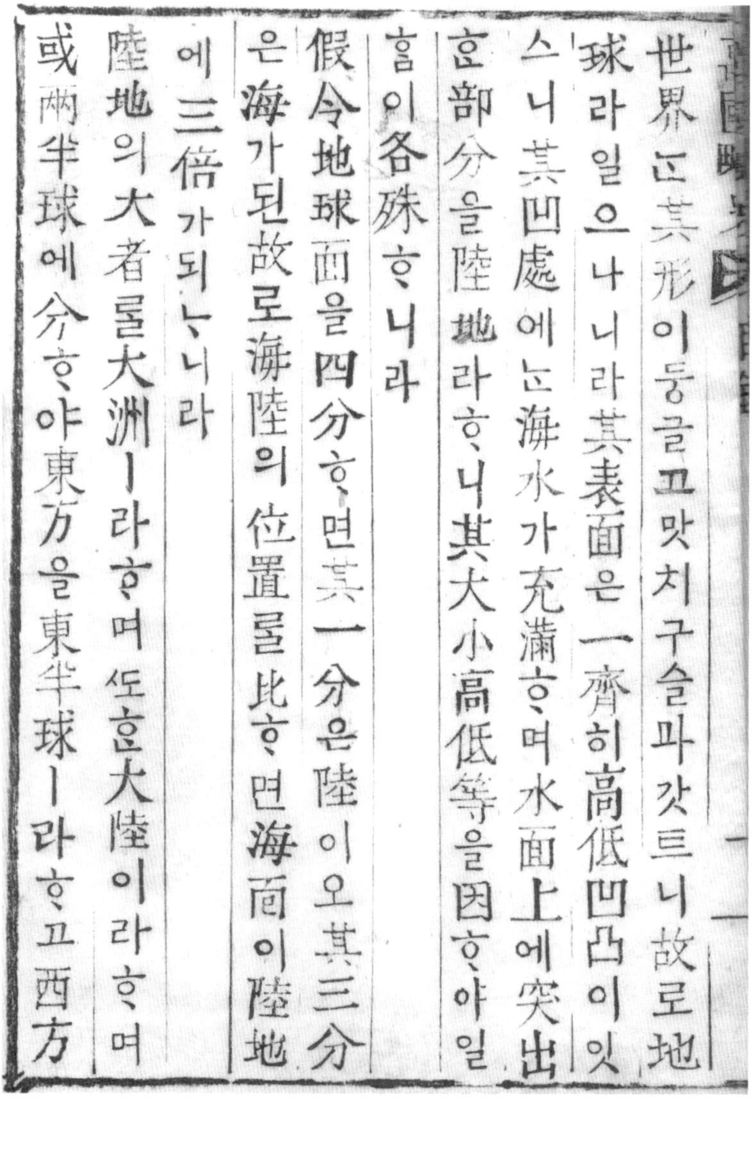
世界ᄂᆞᆫ其形이둥글고맛치구슬과갓트니故로地球라일으나니라其表面은一齊히高低凹凸이잇스니其凹處에ᄂᆞᆫ海水가充滿ᄒᆞ며水面上에突出ᄒᆞᆫ部分을陸地라ᄒᆞ니其大小高低等을因ᄒᆞ야일ᄏᆞᆷ이各殊ᄒᆞ니라
假令地球面을四分ᄒᆞ면其一分은陸이오其三分은海가된故로海陸의位置를比ᄒᆞ면海面이陸地에三倍가되ᄂᆞ니라
陸地의大者를大洲ㅣ라ᄒᆞ며ᄯᅩᄒᆞᆫ大陸이라ᄒᆞ며或兩半球에分ᄒᆞ야東方을東半球ㅣ라ᄒᆞ고西方

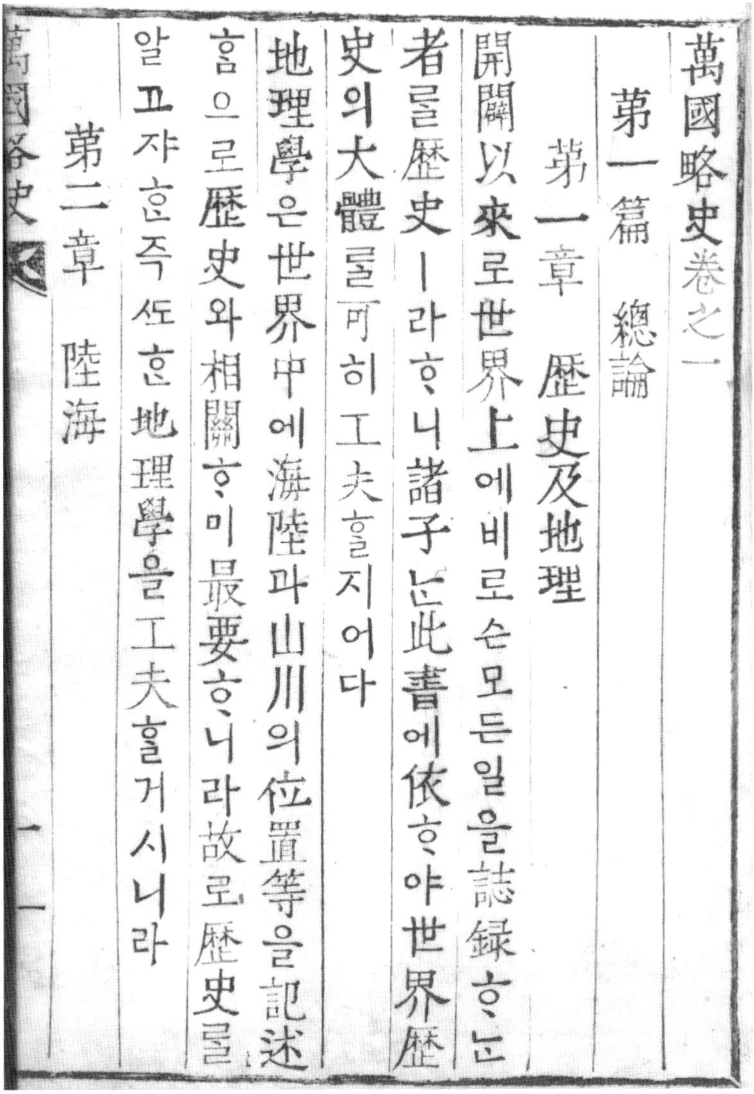
萬國略史卷之一

第一篇 總論

第一章 歷史及地理

開闢以來로世界上에비로소모든일을誌録ᄒᆞᄂᆞᆫ者를歷史ㅣ라ᄒᆞ니諸子ᄂᆞᆫ此書에依ᄒᆞ야世界歷史의大體를可히工夫ᄒᆞᆯ지어다

地理學은世界中에海陸과山川의位置等을記述ᄒᆞᆷ으로歷史와相關ᄒᆞ미最要ᄒᆞ니라故로歷史를알고자ᄒᆞᆫ즉ᄯᅩᄒᆞᆫ地理學을工夫ᄒᆞᆯ거시니라

第二章 陸海

萬國略史 一

<서영 66-1> 「論語集註大全」, 瓢활자본, 권5, 제1엽하엽.

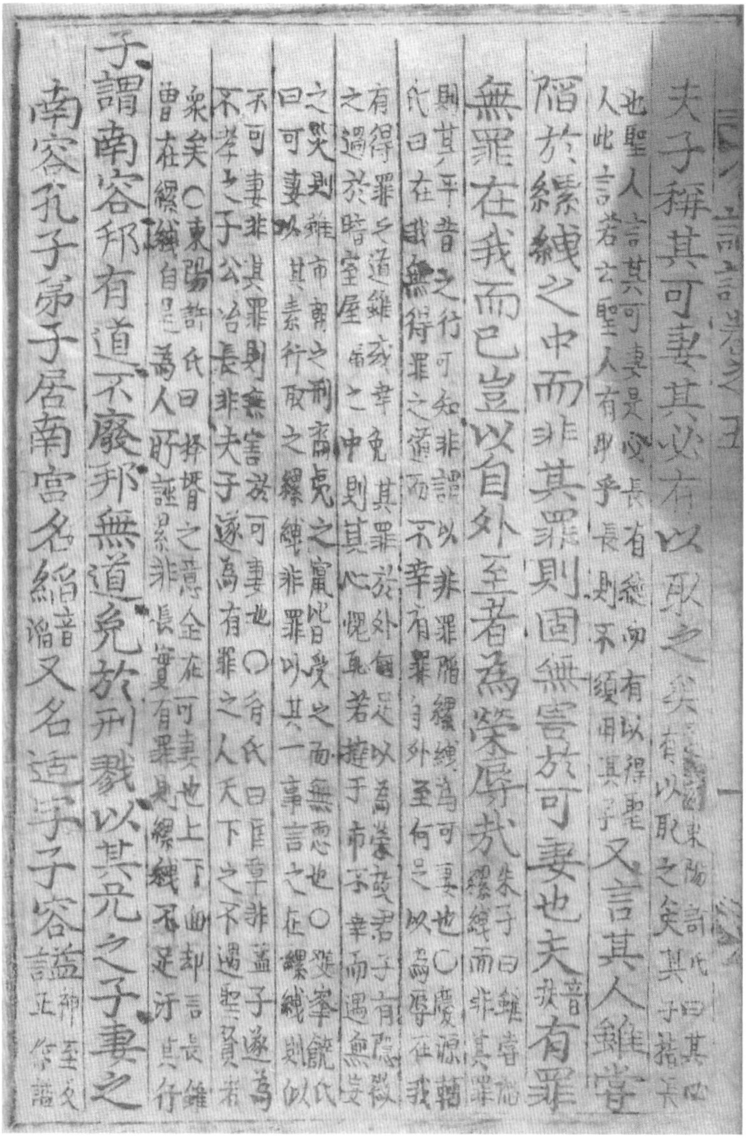

論語集註大全卷之五 一

夫子稱其可妻其必有以取之矣東陽許氏曰其必有以取之矣其子指長也聖人言其可妻是必長有德而有以得聖人此言若云聖人有取乎長則不須用其子又言其人雖嘗陷於縲絏之中而非其罪則固無害於可妻也夫音扶有罪無罪在我而已豈以自外至者為榮辱哉朱子曰雖嘗陷縲絏而非其罪則其平昔之行可知非謂以非罪陷縲絏為可妻也○慶源輔氏曰在我無得罪之道而不幸有罪自外至何足以為辱在我有得罪之道雖或幸免其罪於外而不足以為榮君子有隱微之過於暗室屋漏之中則其心愧恥若撻于市不幸而遇無妄之災則雖市朝之刑為免之寓皆受之而無愧也○雙峯饒氏曰可妻以其素行取之縲絏非罪以其一事言之在縲絏則似不可妻非其罪則無害於可妻也○胥氏曰臣章非蓋子遂為不孝之子公冶長非夫子遂為有罪之人天下之不遇聖賢者衆矣○東陽許氏曰揀婿之意全在可妻也上下曲却言長雖曾在縲絏自是為人所誣累非長實有罪見縲絏不足汙其行

子謂南容邦有道不廢邦無道免於刑戮以其兄之子妻之

南容孔子弟子居南宮名縚音滔又名适字子容謚神至反

<서영 66-2> 「論語集註大全」, 瓢활자본, 권5, 제1엽상엽, 18.0 × 11.8cm.

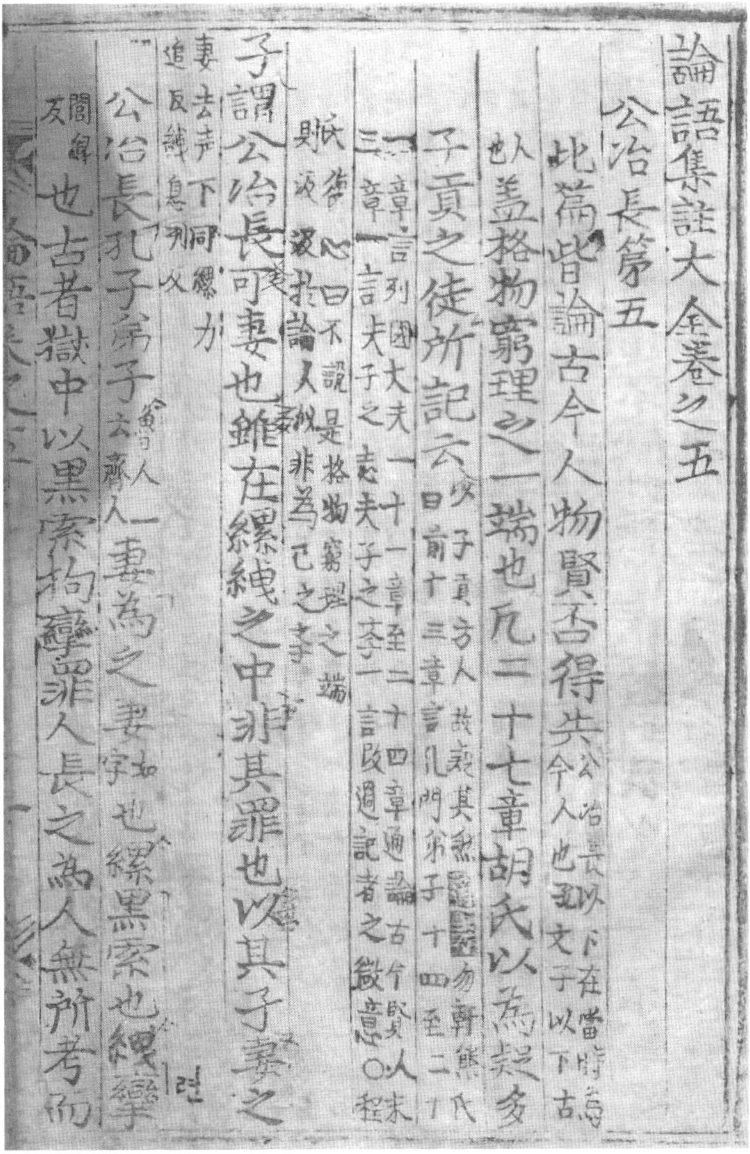
論語集註大全卷之五

公冶長第五

此篇皆論古今人物賢否得失 公冶長以下在當時今人也孔文子以下古人也 蓋格物窮理之一端也凡二十七章胡氏以為疑多子貢之徒所記云

子謂公冶長可妻也雖在縲絏之中非其罪也以其子妻之

妻去聲下同 縲力追反 絏息列反

公冶長孔子弟子 魯人一云齊人 妻為之妻也縲黑索也絏攣也古者獄中以黑索拘攣罪人長之為人無所考而

<서영 67-1> 「資治通鑑綱目」(대자), 倣丙辰목활자1577년인본, 권54하 제1엽하엽.

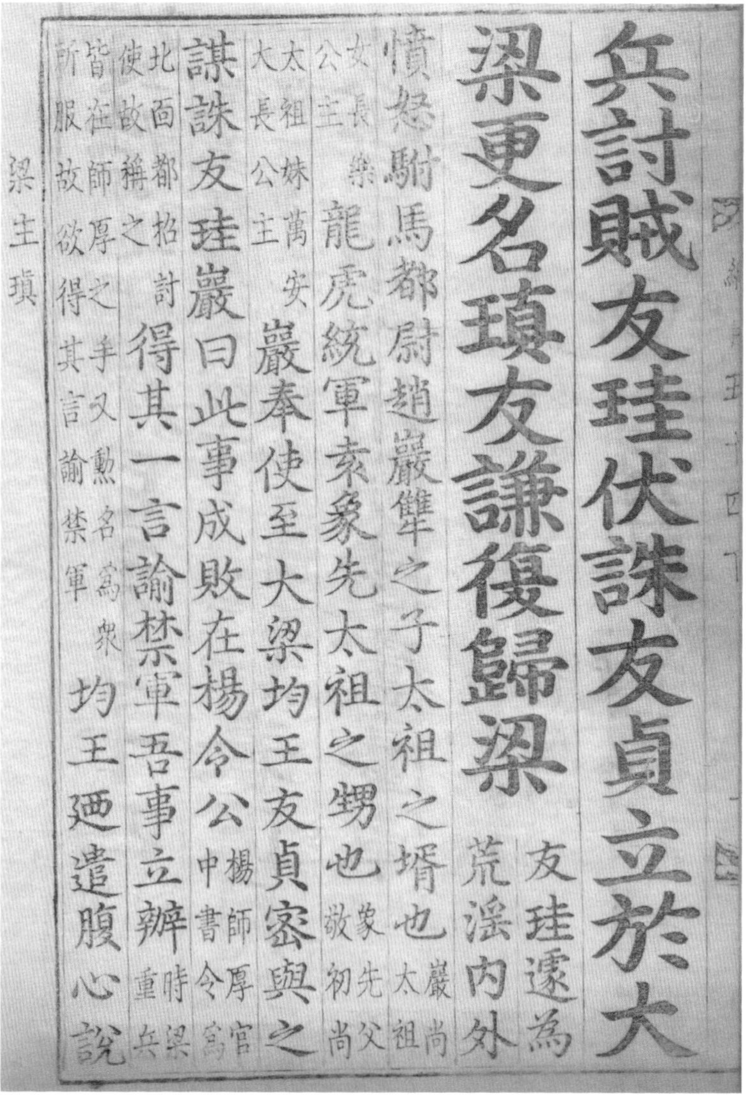
兵討賊友珪伏誅友貞立於大
梁更名瑱友謙復歸梁友珪遂爲荒淫內外
憤怒駙馬都尉趙巖犨之子太祖之壻也巖尚太祖
女長樂公主龍虎統軍袁象先太祖之甥也象先父敬初尚
太祖妹萬安大長公主巖奉使至大梁均王友貞密與之
謀誅友珪巖曰此事成敗在楊令公楊師厚官中書令爲
北面都招討使故稱之得其一言諭禁軍吾事立辦時梁重兵
皆在師厚之手又勳名爲衆所服故欲得其言諭禁軍均王遣腹心說
梁生瑱

<사영 67-2> 「資治通鑑綱目」(대자), 倣丙辰목활자 1577년인본, 권54하 제1엽상엽, 26.5 × 16.7cm.

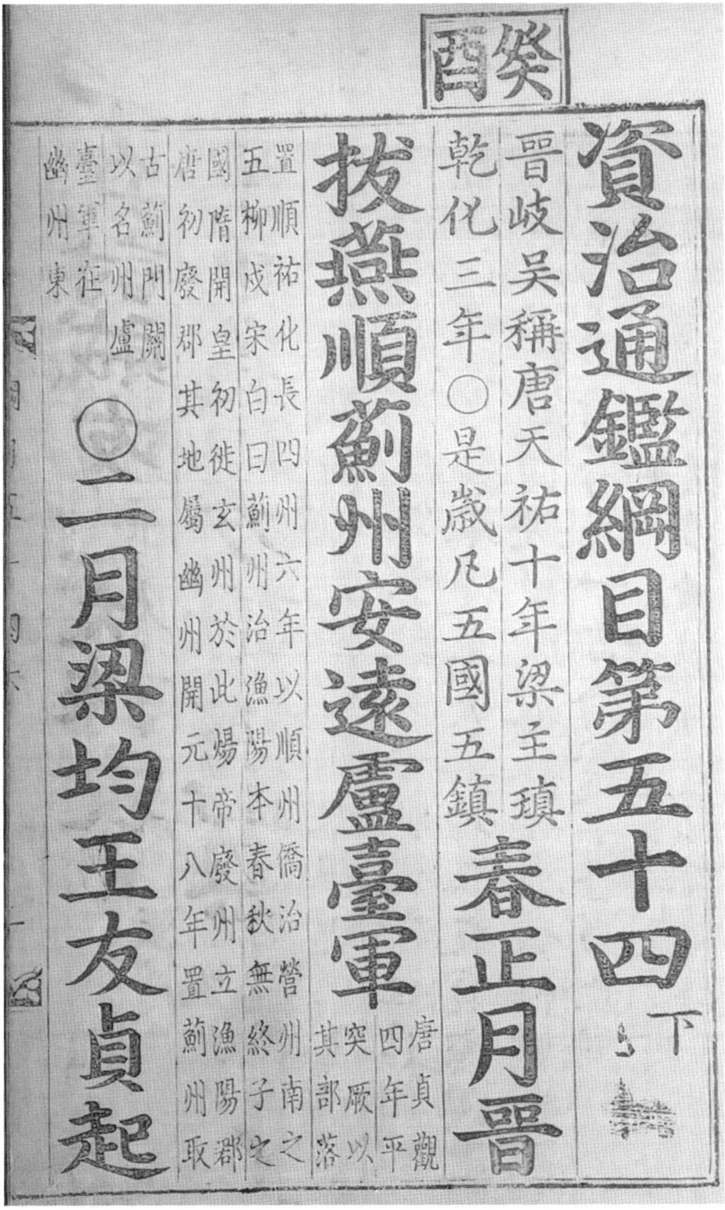
癸酉

資治通鑑綱目第五十四下

晉岐吳稱唐天祐十年梁主瑱
乾化三年○是歲凡五國五鎮春正月晉

拔燕順薊州安遠盧臺軍唐貞觀四年平突厥以其部落

置順祐化長四州六年以順州僑治營州南之
五柳戍宋白曰薊州治漁陽本春秋無終子之
國隋開皇初徙玄州於此煬帝廢州立漁陽郡
唐初廢郡其地屬幽州開元十八年置薊州取
古薊門關以名州盧臺軍在幽州東

○二月梁均王友貞起

<서영 68-1> 「御試策」, 倣乙亥字小字體목활자본, 제1엽하엽.

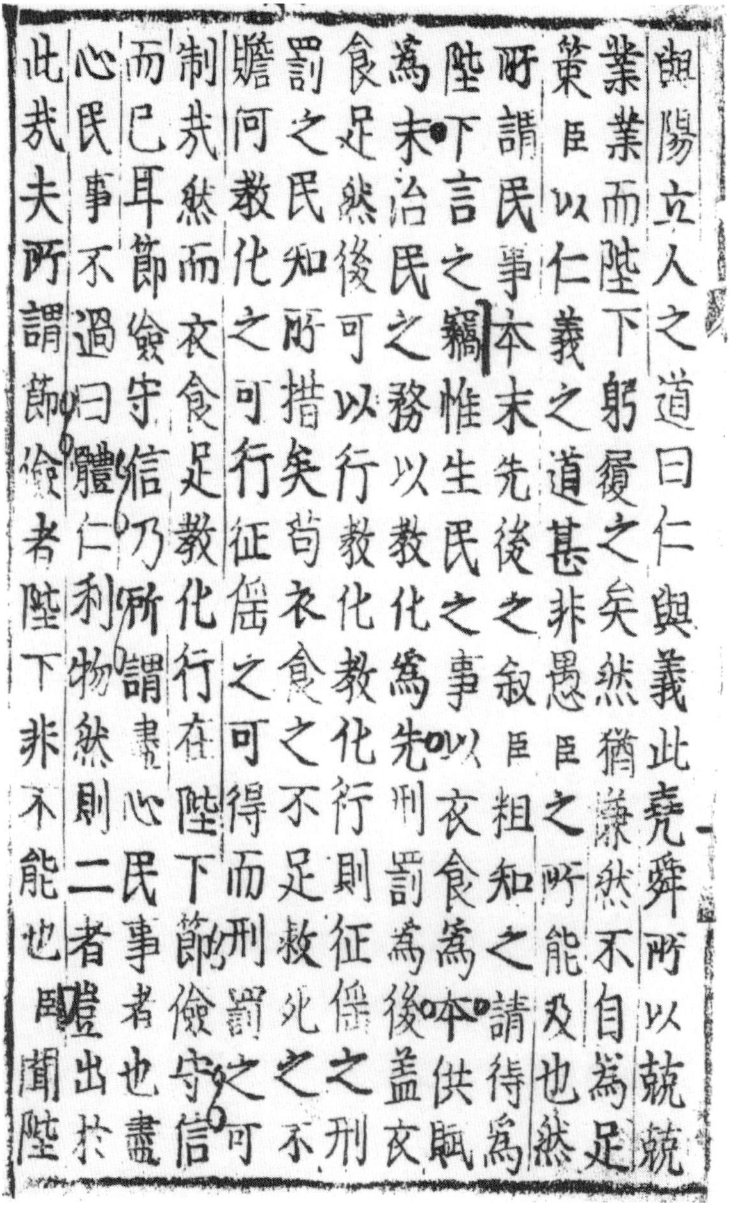

與陽立人之道曰仁與義此堯舜所以兢兢
業業而陛下躬覆之矣然猶嫌然不自爲足
策臣以仁義之道甚非愚臣之所能及也然
所謂民事本末之道先後之叙臣粗知之請待爲
陛下言之竊惟生民之事以衣食爲本供賦
爲末治民之務以教化爲先刑罰爲後蓋衣
食足然後可以行教化教化行則征傜之刑
罰之民知所措矣苟衣食之不足救死之不
贍何教化之可行征傜之可得而刑罰之可
制哉然而衣食足教化行在陛下節儉守信
而已耳節儉守信乃所謂盡心民事者也盡
心民事不過曰體仁利物然則二者豈出於
此哉夫所謂節儉者陛下非不能也臣聞陛

<서영 68-2> 「御試策」, 倣乙亥字小字體목활자본, 제1엽상엽.

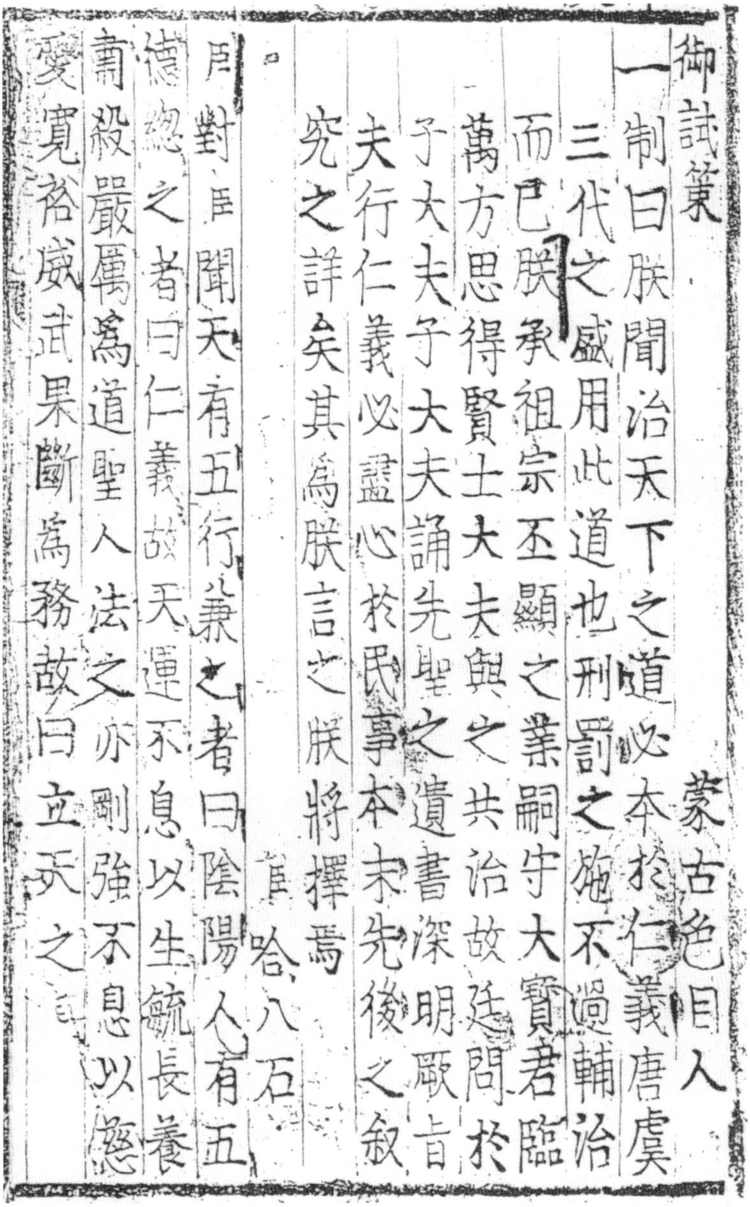

御試策 蒙古色目人

制曰朕聞治天下之道必本於仁義唐虞
三代之盛用此道也刑罰之施不過輔治
而已朕承祖宗丕顯之業嗣守大寶君臨
萬方思得賢士大夫與之共治故廷問於
子大夫子大夫誦先聖之遺書深明厥旨
夫行仁義必盡心於民事本末先後之叙
究之詳矣其爲朕言之朕將擇焉

臣哈八石

臣對臣聞天有五行兼之者曰陰陽人有五
德總之者曰仁義故天運不息以生毓長養
肅殺嚴厲爲道聖人法之亦剛強不息以慈
愛寬裕威武果斷爲務故曰立天之道

<서영 69> 「古史通略」, 倣乙亥字體목활자본, 권상 제1엽상엽.

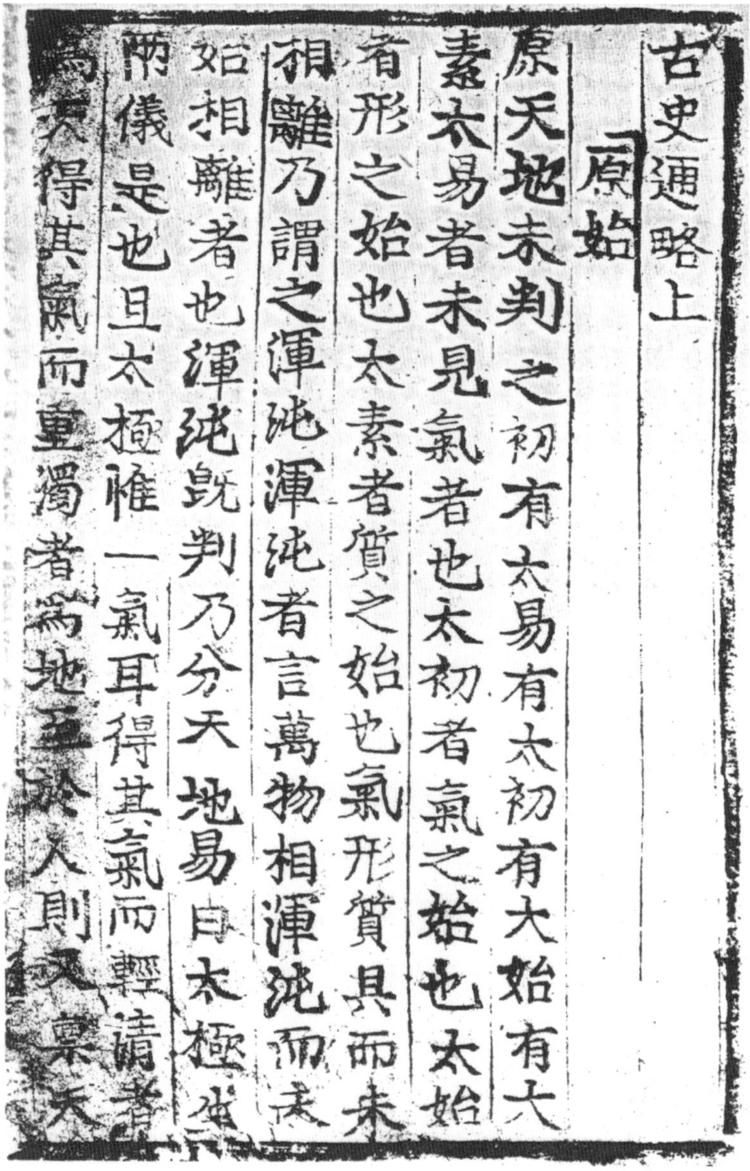

古史通略上

原始

原天地未判之初有太易有太初有大始有大
素太易者未見氣者也太初者氣之始也太始
者形之始也太素者質之始也氣形質具而未
相離乃謂之渾沌渾沌者言萬物相渾沌而未
始相離者也渾沌既判乃分天地易自太極生
兩儀是也且太極惟一氣耳得其氣而輕清者
爲天得其氣而重濁者爲地至於人則又稟天

<서영 70> 「宋元史略」, 倣乙酉字體목활자본, 권상 제1엽상엽.

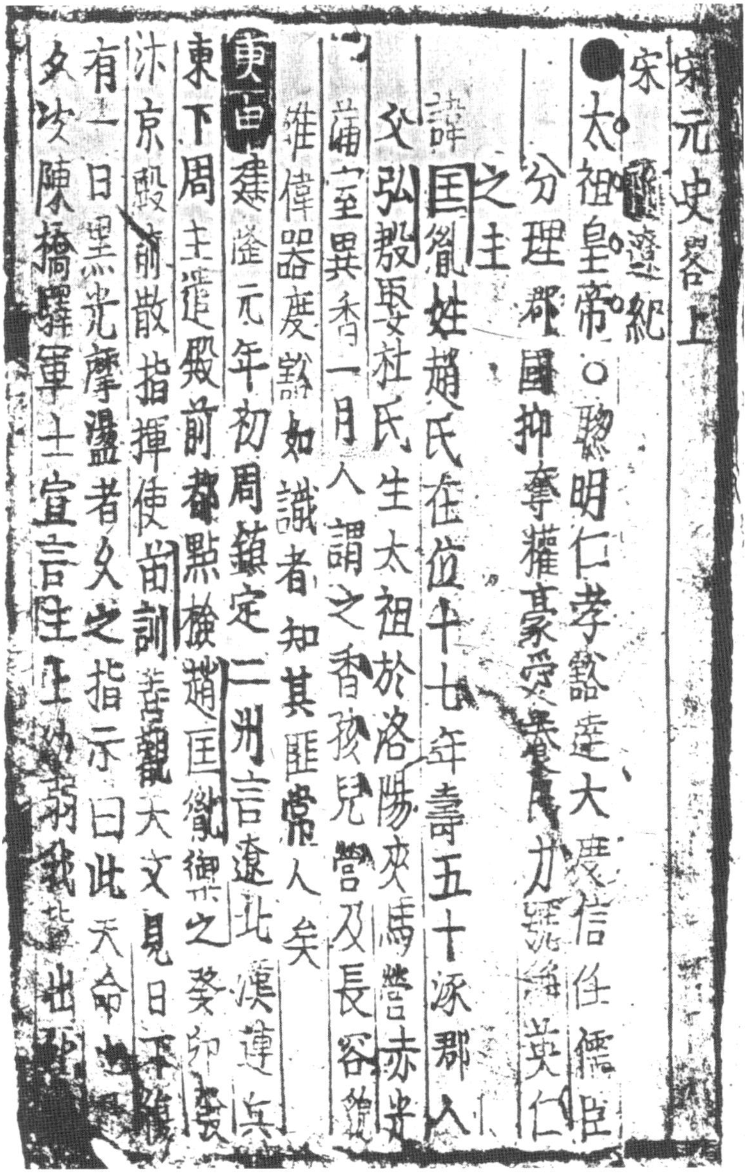
宋元史略上
宋 附遼紀
太祖皇帝聰明仁孝豁達大度信任儒臣
分理郡國抑奪權豪受長乃號爲英仁之主
諱匡胤姓趙氏在位十七年壽五十涿郡人
父弘殷娶杜氏生太祖於洛陽夾馬營赤光
滿室異香一月人謂之香孩兒營及長容貌
雄偉器度豁如識者知其匪常人矣
庚申建隆元年初周鎮定二州言遼北漢連兵
東下周主遣殿前都點檢趙匡胤御之癸卯發
汴京殿前散指揮使苗訓善觀天文見日下復
有一日黑光摩盪者久之指示曰此天命也
夕次陳橋驛軍士宣言主幼弱我輩出死

<서영 71-1>「四名子詩集」, 車씨筆書體목활자1850년인본, 序 제1엽하엽.

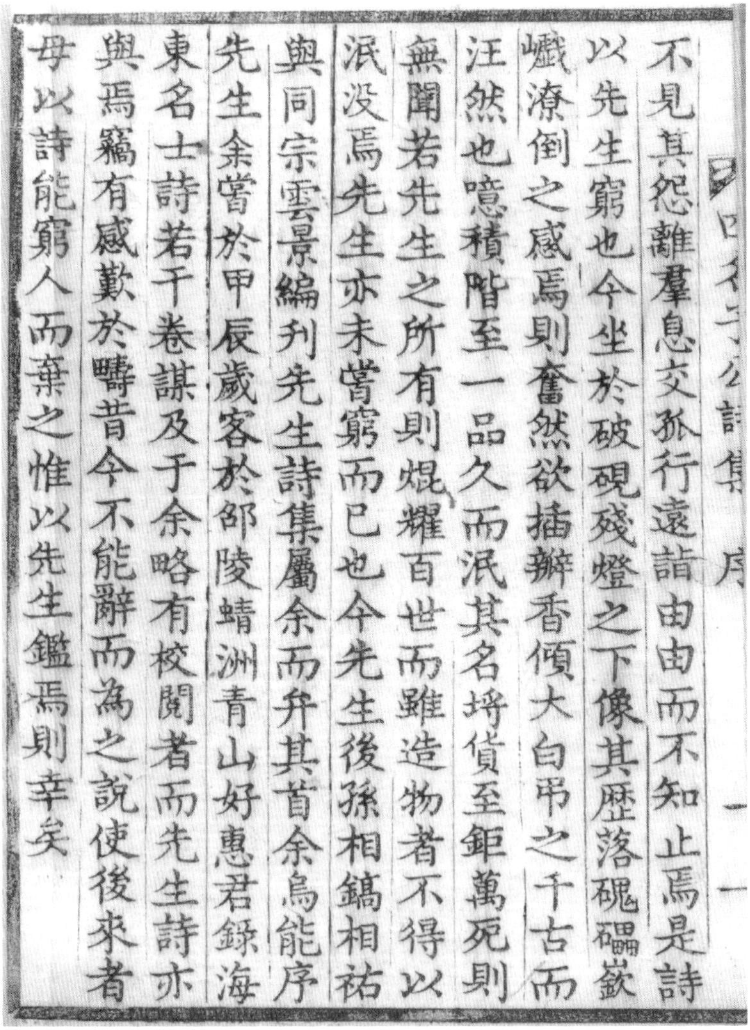

四名子詩集 序 一

不見其怨離羣息交孤行遠詣由由而不知止焉是詩以先生窮也今坐於破硯殘燈之下像其歷落磈礧嶔巇潦倒之感焉則奮然欲插辦香傾大白弔之千古而汪然也噫積階至一品久而泯其名埒貨至鉅萬死則無聞若先生之所有則焜耀百世而雖造物者不得以泯沒焉先生亦未嘗窮而已也今先生後孫相鎬相祜與同宗雲景編刋先生詩集屬余而弁其首余烏能序先生余嘗於甲辰歲客於郚陵蜻洲青山好惠君錄海東名士詩若干卷謀及于余略有校閱者而先生詩亦與焉竊有感歎於疇昔今不能辭而為之說使後來者毋以詩能窮人而棄之惟以先生鑑焉則幸矣

<서영 71-2>「四名子詩集」, 車씨筆書體목활자1850년인본, 序 제1엽상엽, 23.1 × 16.1cm.

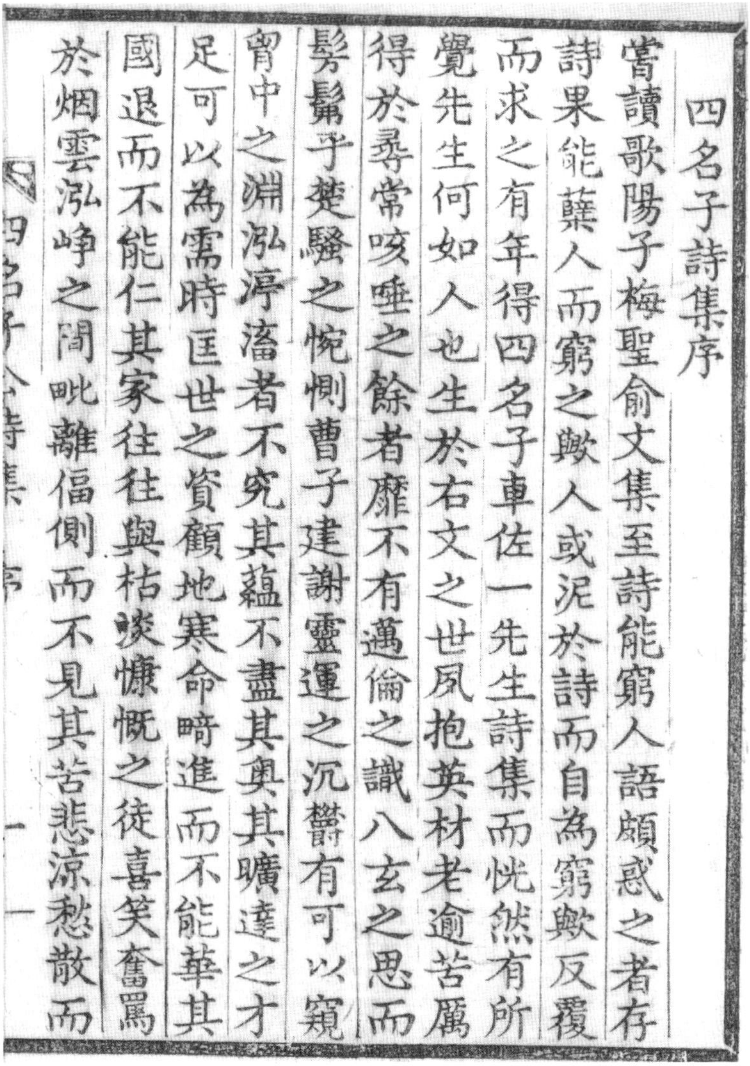

四名子詩集序

嘗讀歐陽子梅聖俞文集至詩能窮人語頗感之者存詩果能蘖人而窮之歟人或泥於詩而自爲窮歟反覆而求之有年得四名子車佐一先生詩集而恍然有所覺先生何如人也生於右文之世夙抱英材老適苦厲得於尋常咳唾之餘者靡不有邁倫之識八玄之思而髣髴乎楚騷之惋惻曹子建謝靈運之沉鬱有可以窺胷中之淵泓渟滀者不究其蘊不盡其奥其曠達之才足可以爲需時匡世之資顧地寒命畸進而不能華其國退而不能仁其家往往與枯淡慷慨之徒喜笑奮罵於烟雲泓峥之間眺離偪側而不見其苦悲涼愁散而

四名子詩集 序 一

<서영 72-1> 「安陰西門氏世譜」, 永慕齋목활자1907년인본, 重刊序 제1엽하엽.

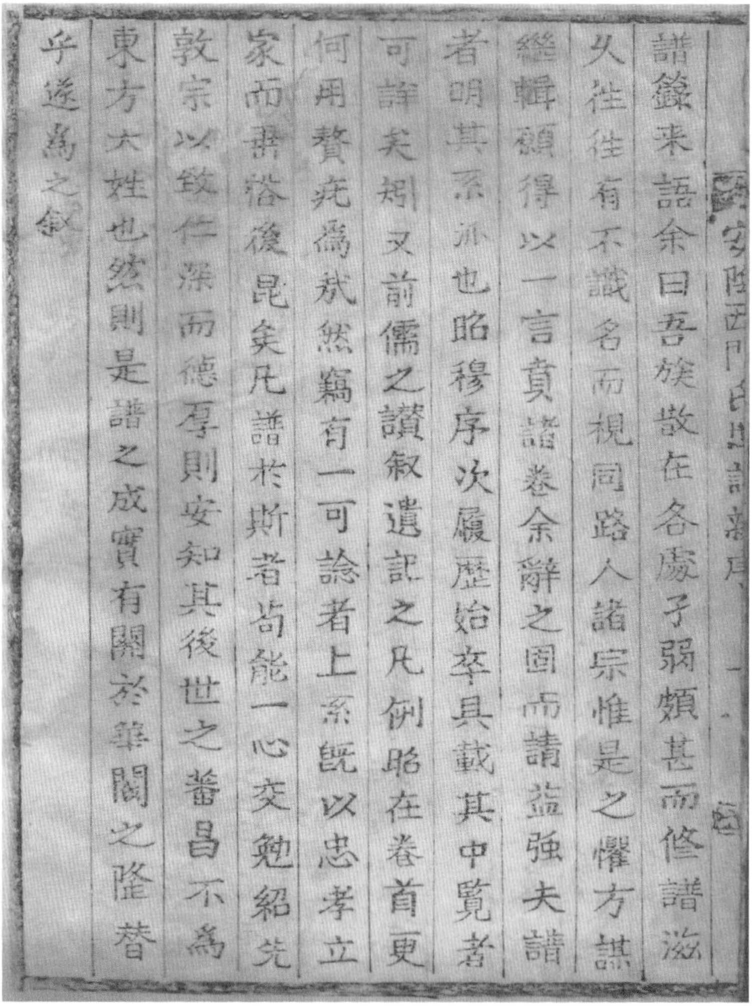
安陰西門氏世譜新序 一
譜錄来語余曰吾族散在各處子弱頗甚而修譜滋
久往往有不識名而視同路人諸宗惟是之懼方謀
繼輯願得以一言賁諸卷余辭之固而請益強夫譜
者明其系派也昭穆序次履歷始卒具載其中覽者
可詳矣矧又前儒之讚敘遺訓之凡例昭在卷首更
何用贅疣爲哉然竊有一可諗者上系旣以忠孝立
家而垂裕後昆矣凡譜於斯者苟能一心交勉紹先
敦宗以致仁深而德厚則安知其後世之蕃昌不爲
東方大姓也然則是譜之成實有關於華閥之隆替
乎遂爲之敍

<서영 72-2> 「安陰西門氏世譜」, 永慕齋목활자1907년인본, 重刊序 제1엽상엽, 22.9 × 16.8cm.

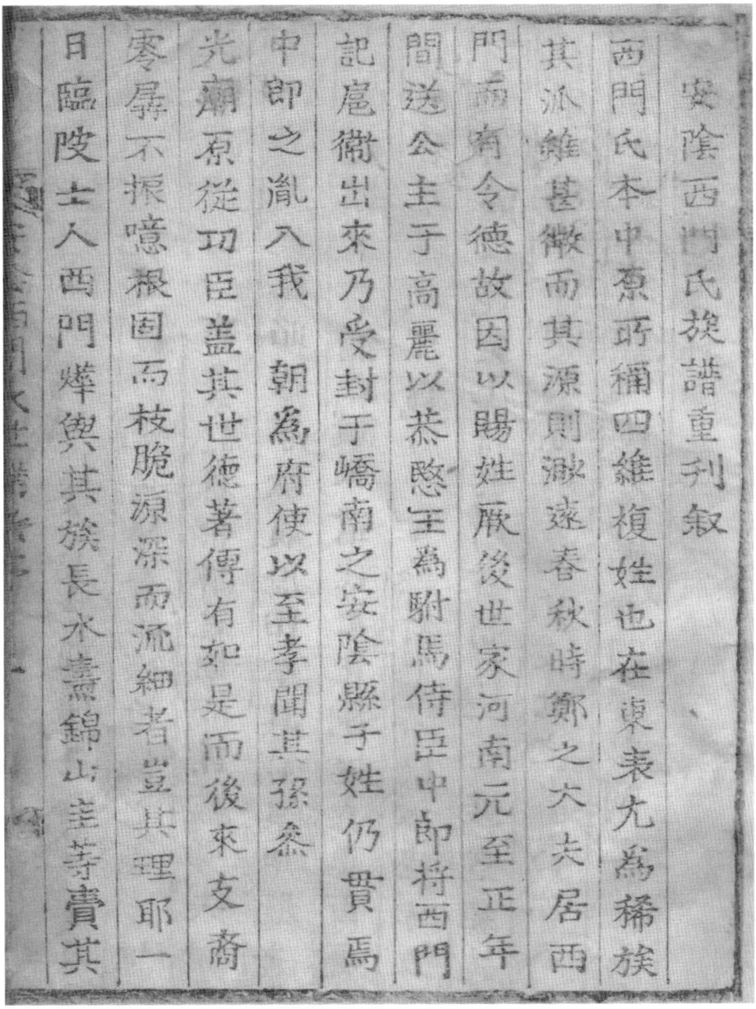

安陰西門氏族譜重刊叙

西門氏本中原所稱四維複姓也在東表尤爲稀族其派雖甚微而其源則遡遠春秋時鄭之大夫居西門而有令德故因以賜姓厥後世家河南元至正年間送公主于高麗以恭愍王爲駙馬侍臣中郎將西門記扈衛出來乃受封于嶠南之安陰縣子姓仍貫焉中郎之亂入我 朝爲府使以至孝聞其孫參光廟原從功臣盖其世德著傳有如是而後來支裔零孱不振噫根固而枝脆源深而流細者豈其理耶一日臨陂士人西門燁與其族長永熹錦山主簿賁其

<서영 73-1> 「淸道金氏族譜」, 錦浦堂목활자1925년인본, 跋 제1엽하엽.

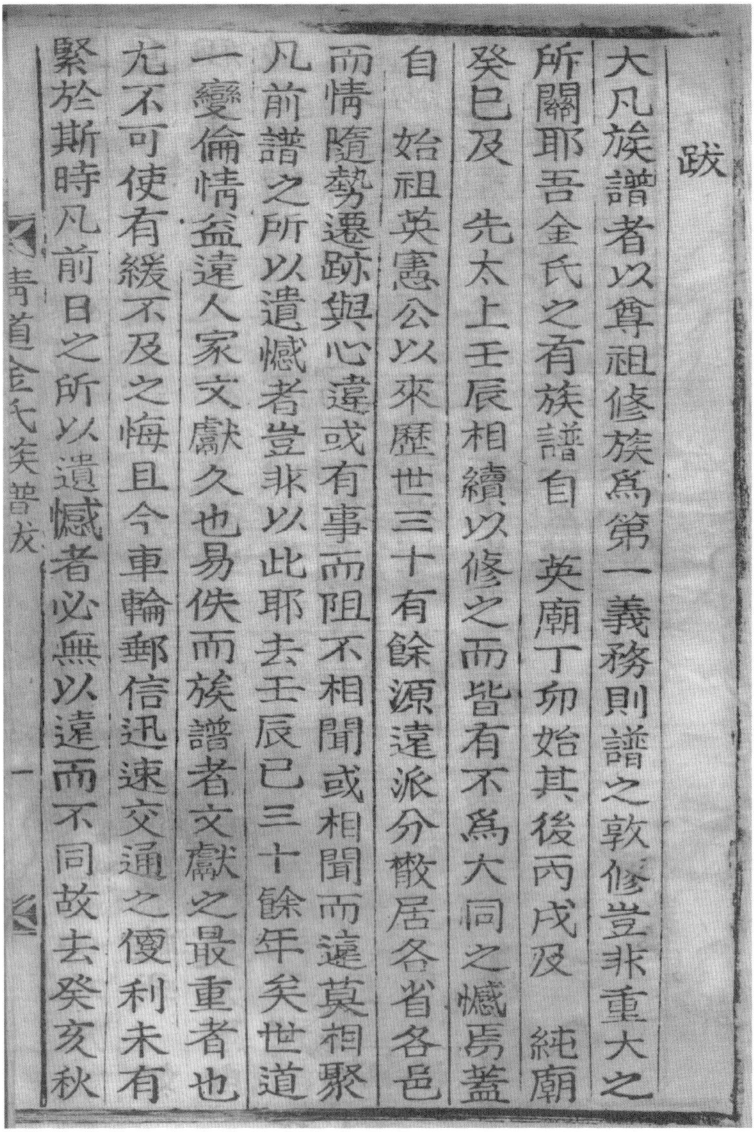

跋
大凡族譜者以尊祖修族爲第一義務則譜之較修豈非重大之
所關耶吾金氏之有族譜自　英廟丁卯始其後丙戌及　純廟
癸巳及　先太上壬辰相續以修之而皆有不爲大同之憾焉蓋
自　始祖英憲公以來歷世三十有餘源遠派分散居各省各邑
而情隨勢遷跡與心違或有事而阻不相聞或相聞而違莫相聚
凡前譜之所以遺憾者豈非以此耶去壬辰已三十餘年矣世道
一變倫情益遠人家文獻久也易佚而族譜者文獻之最重者也
尤不可使有緩不及之悔且今車輪郵信迅速交通之便利未有
緊於斯時凡前日之所以遺憾者必無以遠而不同故去癸亥秋
淸道金氏族譜跋
一

<서영 73-2> 「淸道金氏族譜」, 錦浦堂목활자1925년인본, 跋 제1엽상엽, 26.5 × 17.4cm.

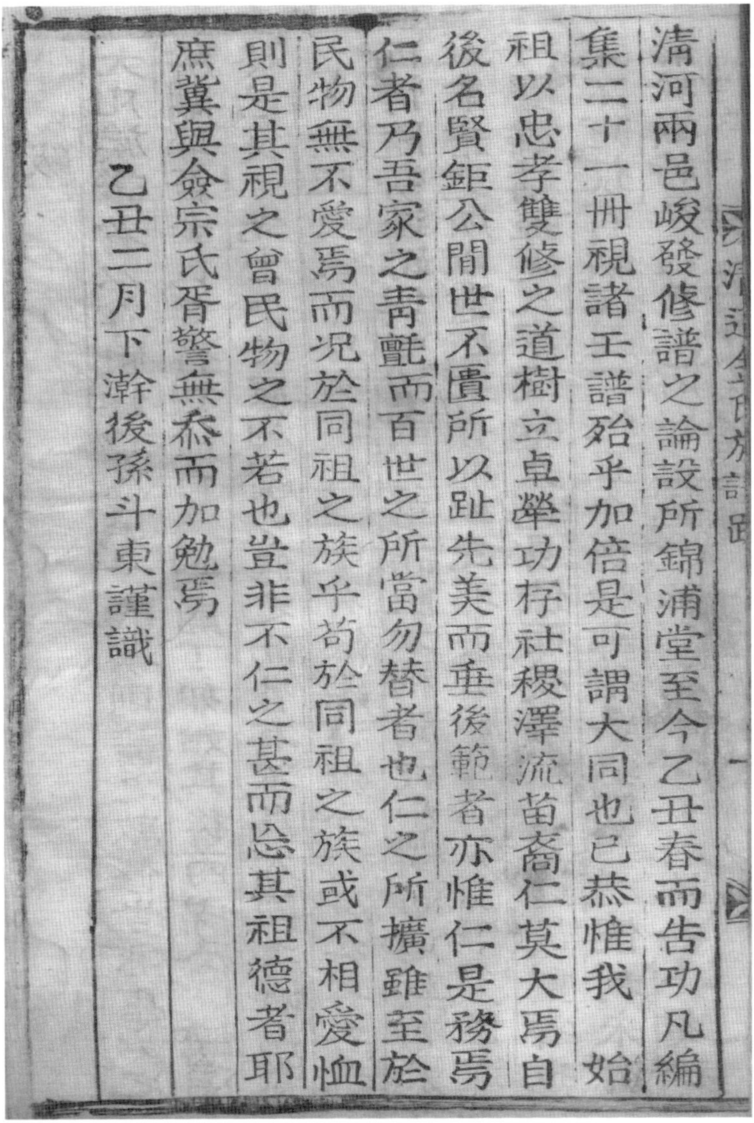

淸河兩邑峻發修譜之論設所錦浦堂至今乙丑春而告功凡編
集二十一冊視諸壬譜殆乎加倍是可謂大同也已恭惟我　始
祖以忠孝雙修之道樹立卓犖功存社稷澤流苗裔仁莫大焉自
後名賢鉅公間世不匱所以趾先美而垂後範者亦惟仁是務焉
仁者乃吾家之靑氈而百世之所當勿替者也仁之所擴雖至於
民物無不愛焉而況於同祖之族乎苟於同祖之族或不相愛恤
則是其視之曾民物之不若也豈非不仁之甚而忘其祖德者耶
庶冀與僉宗氏胥警無忝而加勉焉
乙丑二月下澣後孫斗東謹識

<서영 74-1> 「西溪先生文集」, 지방목활자1833년인본, 권1 제1엽하엽.

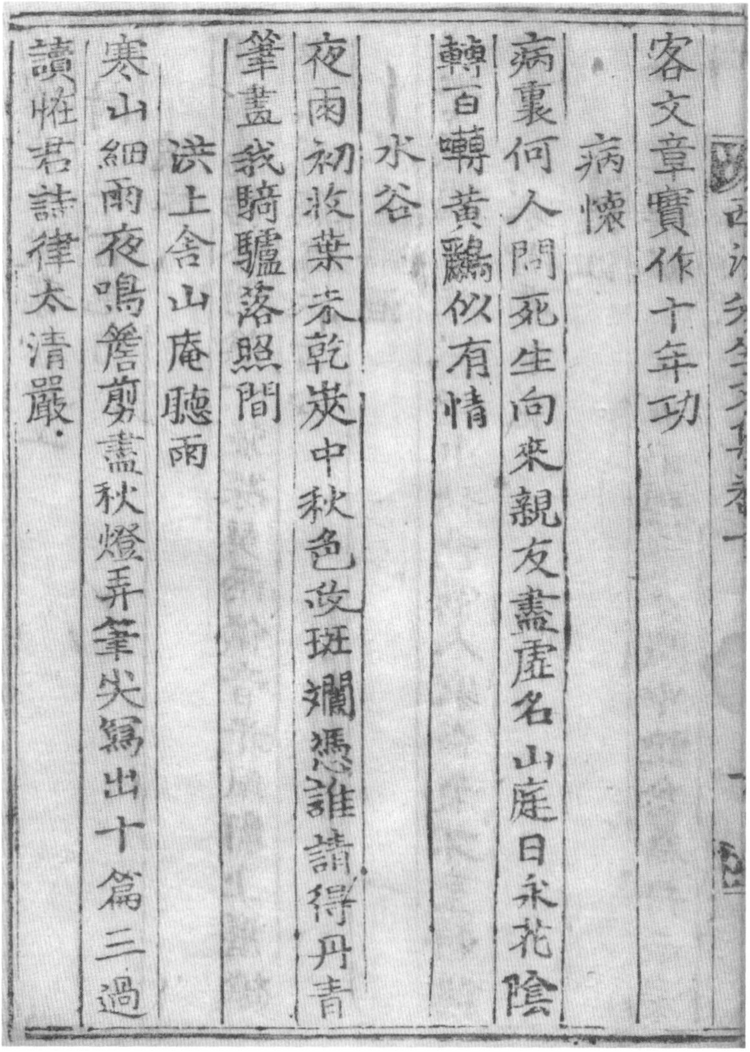
客文章實作十年功
病懷
病裏何人問死生向來親友盡虛名山庭日永花陰
轉百囀黃鸝似有情
水谷
夜雨初收葉未乾炭中秋色政斑斕憑誰請得丹青
筆盡我騎驢落照間
洪上舍山庵聽雨
寒山細雨夜鳴簷剪盡秋燈弄筆尖寫出十篇三過
讀恠君詩律太清嚴

<서영 74-2> 「西溪先生文集」, 지방목활자1833년인본, 권1 제1엽상엽, 21.1 × 14.8cm.

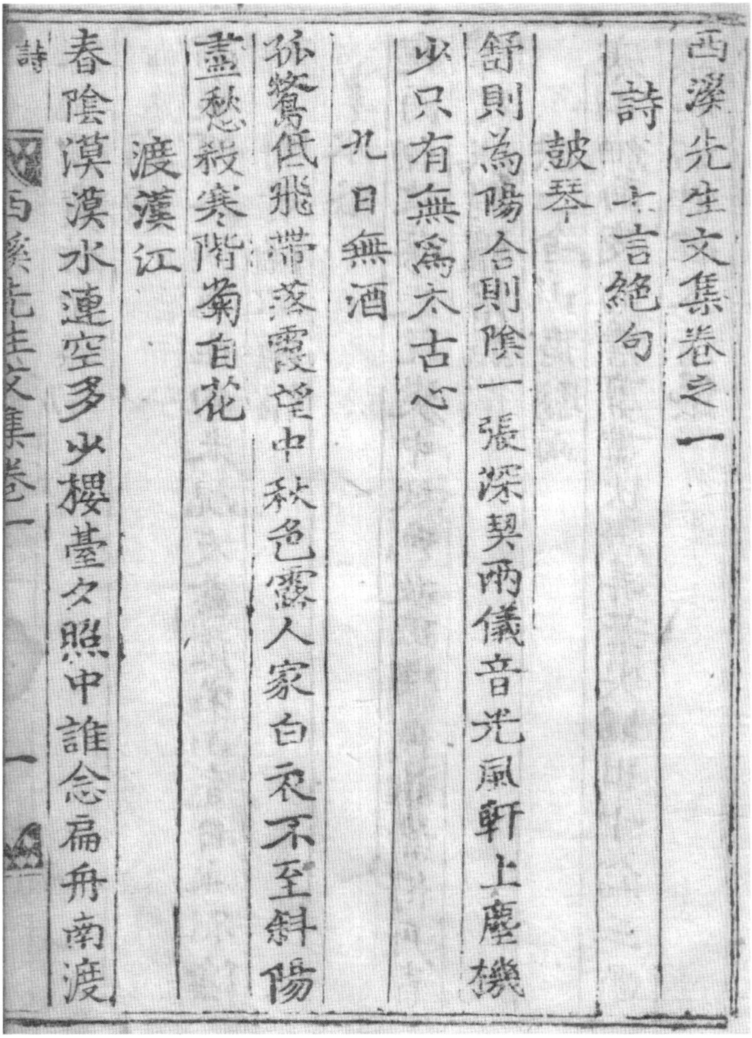

西溪先生文集卷之一

詩 七言絶句

皷琴

舒則爲陽合則陰一張深契兩儀音光風軒上塵機少只有無爲太古心

九日無酒

孤鶩低飛帶落霞望中秋色露人家白衣不至斜陽盡愁殺寒階菊自花

渡漢江

春陰漠漠水連空多少櫻臺夕照中誰念扁舟南渡

詩 西溪先生文集卷一 一

<서영 75-1> 「松都誌補遺」, 지방목활자1785년인본, 권1 제1엽하엽.

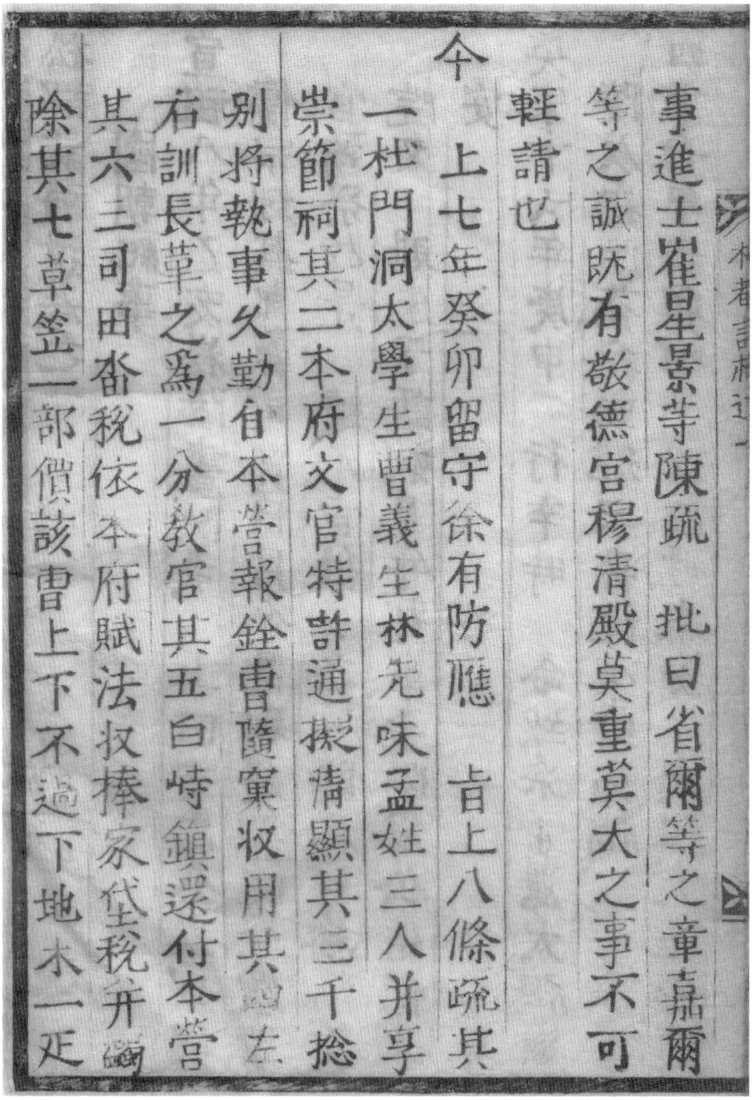

事進士崔星景等陳疏 批曰省爾等之章嘉爾
等之誠旣有敬德宮穆清殿莫重莫大之事不可
輕請也
今
上七年癸卯留守徐有防應 旨上八條疏其
一杜門洞太學生曹義生林先味孟姓三人幷享
崇節祠其二本府文官特許通擬清顯其三千摠
別將執事久勤自本營報銓曹隨窠收用其四左
右訓長董之爲一分敎官其五白峙鎭還付本營
其六三司田畓稅依本府賦法收捧家垈稅幷蠲
除其七草笠一部價該曹上下不過下地木一疋

<서영 75-2> 「松都誌補遺」, 지방목활자1785년인본, 권1 제1엽상엽, 20.9 × 14.2cm.

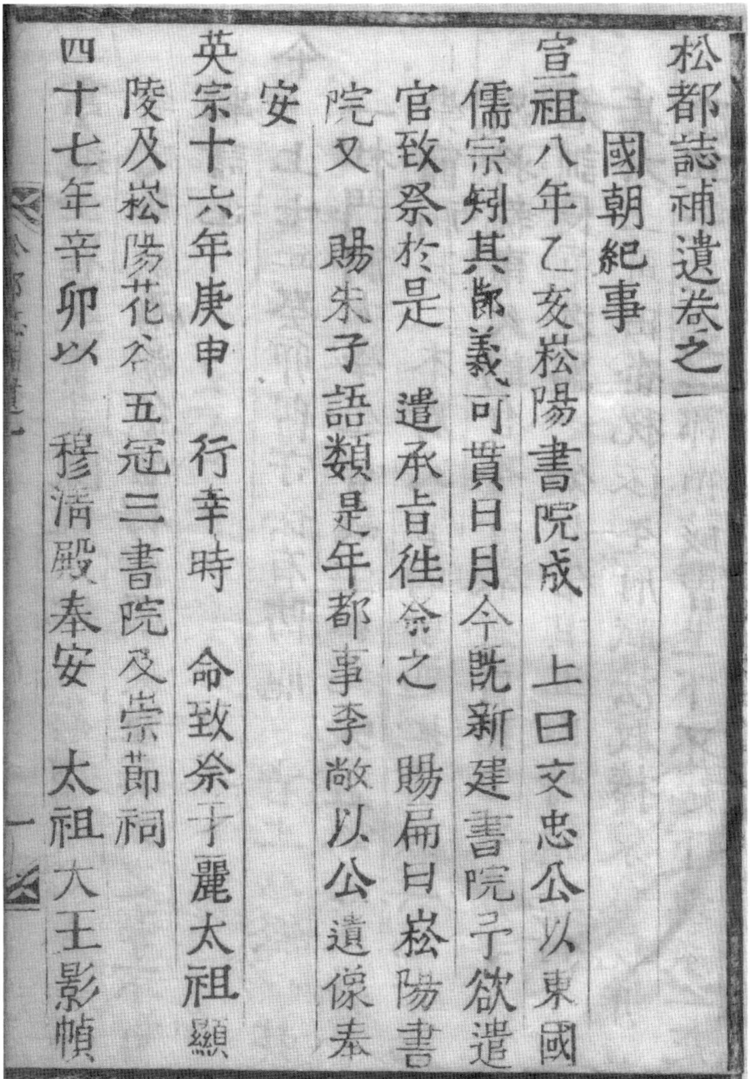

松都誌補遺卷之一

國朝紀事

宣祖八年乙亥崧陽書院成 上曰文忠公以東國儒宗刱其節義可貫日月今旣新建書院予欲遣官致祭於是 遣承旨往祭之 賜扁曰崧陽書院又 賜朱子語類是年都事李敞以公遺像奉安

英宗十六年庚申 行幸時 命致祭于麗太祖顯陵及崧陽花谷五冠三書院及崇節祠

四十七年辛卯以 穆淸殿奉安 太祖大王影幀

<서영 76-1> 「淸權輯遺」, 지방목활자1845년인본, 제1엽하엽.

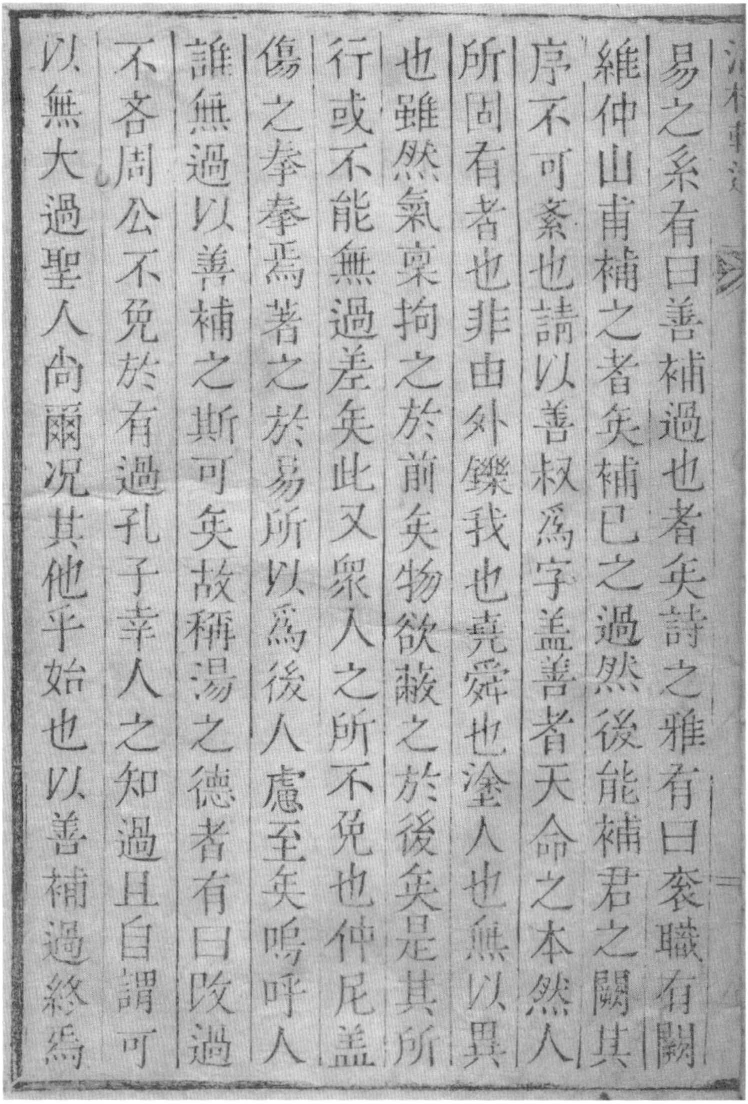
易之系有曰善補過也者矣詩之雅有曰袞職有闕
維仲山甫補之者矣補已之過然後能補君之闕其
序不可紊也請以善叔爲字盖善者天命之本然人
所固有者也非由外鑠我也堯舜也塗人也無以異
也雖然氣稟拘之於前矣物欲蔽之於後矣是其所
行或不能無過差矣此又衆人之所不免也仲尼盖
傷之拳拳焉著之於易所以爲後人慮至矣嗚呼人
誰無過以善補之斯可矣故稱湯之德者有曰改過
不吝周公不免於有過孔子幸人之知過且自謂可
以無大過聖人尚爾况其他乎始也以善補過終爲

<서영 76-2> 「**清權輯遺**」, **지방목활자**1845**년인본**, **제**1**엽상엽**, 21.3 × 14.4cm.

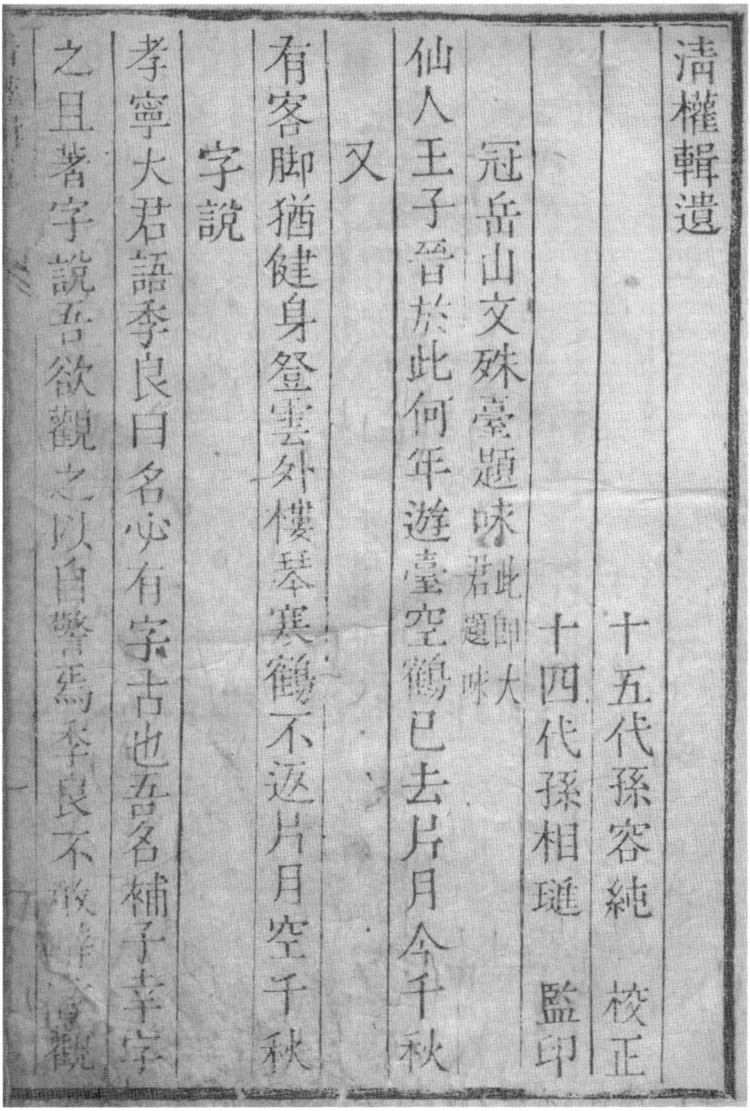
清權輯遺
十五代孫容純 校正
十四代孫相璡 監印
冠岳山文殊臺題咏 此卽大君題咏
仙人王子昔於此何年遊臺空鶴已去片月今千秋
又
有客脚猶健身登雲外樓琴寒鶴不返片月空千秋
字說
孝寧大君語李良曰名必有字古也吾名補子幸字
之且著字說吾欲觀之以自警焉李良不敢辭[illegible]觀

<서영 77> 「南坡先生文集」, 지방목활자본(印書體), 권2 제1엽상엽.

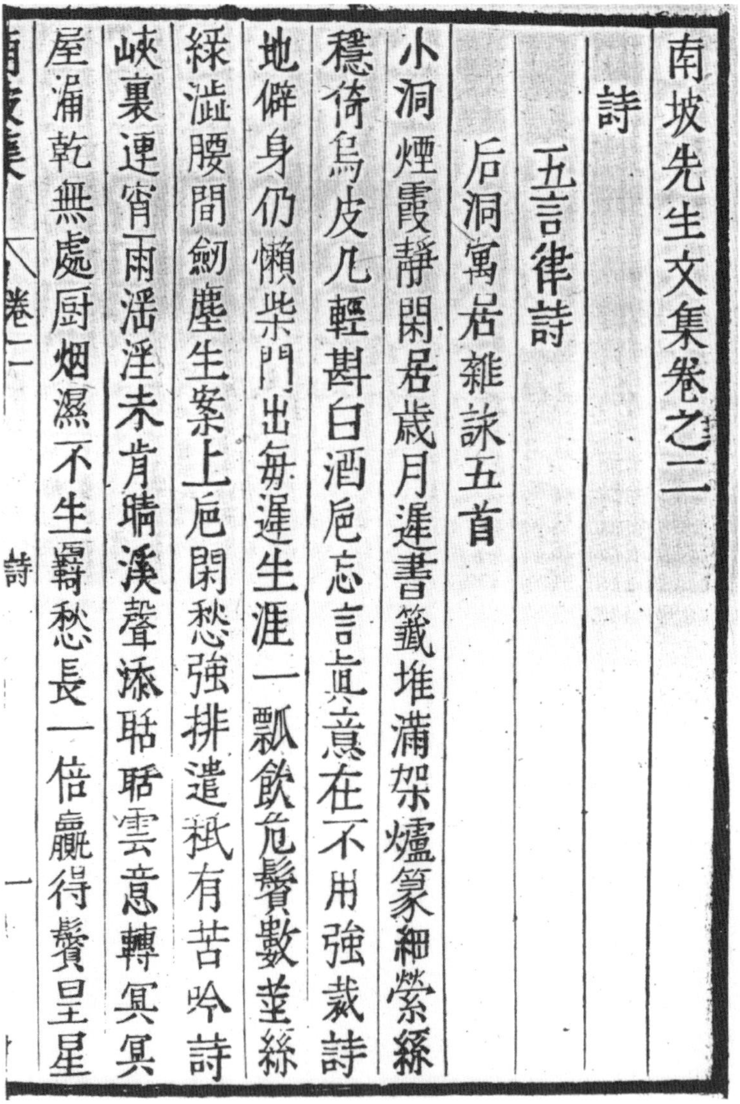

南坡先生文集卷之二

詩

五言律詩

后洞寓居雜詠五首

小洞煙霞靜閑居歲月遲書籤堆滿架爐篆細縈絲

穩倚烏皮几輕斟白酒巵忘言眞意在不用強裁詩

地僻身仍懶柴門出每遲生涯一瓢飮危鬢數莖絲

綠澁腰間劒塵生案上巵閑愁強排遣秖有苦吟詩

峽裏連宵雨滛淫未肯晴溪聲添聒聒雲意轉冥冥

屋漏乾無處廚烟濕不生羈愁長一倍羸得鬢星星

南坡集 卷二 詩 一

<서영 78> 「南坡遺稿」, 지방목활자본(筆書體), 권5 제1엽상엽.

南坡遺稿卷之五

序

錦溪公墓契案序

後孫於先祖之事何嘗立契而後盡其誠哉雖然終
者人之所易忽也而歲月侵尋孫而至曾曾而至玄
世代漸遠誠意未繼則不與忘期而忘自至此人家
追遠契所由生也嗚呼昔我五代祖考錦溪公之墓
在於新修洞高巖公墓下而世世繼葬至於祖考溪
隱公之墓亦在同岡而莎隱公咸勤竪碑之役至於
歲一祭之節亦纖悉無遺誠矣哉至今百餘年之間

南坡遺稿卷之一

조형진(曺炯鎭 · Cho, Hyung-Jin)

중앙대학교, 문학학사
中華民國 國立臺灣大學, 문학석사
中華民國 中國文化大學, 문학박사 수학
중앙대학교, 문학박사

미국 University of Washington, Visiting Scholar
日本 帝京大學, 客員研究員
강남대학교, 교수(정년)

저서

中韓兩國古活字印刷技術之比較研究
「直指」 復原 硏究
「慵齋叢話」 "活字"條 實驗 硏究
中國活字印刷技術史

中國活字印刷技術史圖錄(下)

초판인쇄 2023년 9월 22일
초판발행 2023년 9월 22일

지은이 조형진
펴낸이 채종준
펴낸곳 한국학술정보㈜
주 소 경기도 파주시 회동길 230(문발동)
전 화 031) 908-3181(대표)
팩 스 031) 908-3189
홈페이지 http://ebook.kstudy.com
E-mail 출판사업부 publish@kstudy.com
등 록 제일산-115호(2000. 6. 19)

ISBN 979-11-6983-664-7 93010